全国公共图书馆 缩微文献联合目录 古籍编

本书编委会◎编

{ 3 }

国家圖書館出版社
National Library of China Publishing House

《全国公共图书馆缩微文献联合目录·古籍编》

第三卷编辑委员会

主编：槐　燕　程学军

编委：陈　婷　周　兵　樊佳琦　谷韶军

第三卷目录

子部

总类

00O001074
纂图互注五子：五十卷
明(1368-1644)刻本
1985年摄制. -- 2盘卷片(40.2米878拍) : 1:10, 2B ; 35mm银盐
收藏馆：缩微中心，国图

00O001865
纂图互注五子：四十卷
明(1368-1644)刻本
1985年摄制. -- 1盘卷片(32米669拍) : 1:10, 2B ; 35mm银盐
收藏馆：缩微中心，国图

00O005799
六子书：六十二卷 / (明)许宗鲁编
明嘉靖六年(1527)许宗鲁王崟樊川别业刻本
1987年摄制. -- 1盘卷片(30米683拍) : 1:10, 2B ; 35mm银盐
收藏馆：缩微中心，国图

00O015090
六子书：六十二卷 / (明)许宗鲁编
明嘉靖六年(1527)许宗鲁王崟樊川别业刻本
1992年摄制. -- 1盘卷片(29米583拍) : 1:10, 2B ; 35mm银盐
收藏馆：缩微中心，国图

00O004971
六子书：六十二卷 / (明)许宗鲁编
明(1368-1644)芸窗书院刻本
1987年摄制. -- 1盘卷片(28米631拍) : 1:10, 2B ; 35mm银盐
收藏馆：缩微中心，国图

00O001935
六子书：六十二卷
明嘉靖十二年(1533)周洞耶山精舍刻本
1986年摄制. -- 1盘卷片(29米644拍) : 1:10, 2B ; 35mm银盐
收藏馆：缩微中心，国图

00O000042
六子书：六十卷 / (明)顾春编
明嘉靖十二年(1533)顾春世德堂刻本
1986年摄制. -- 3盘卷片(83.1米1682拍) : 1:10, 2B ; 35mm银盐
收藏馆：缩微中心，山西

00O031166
六子书：六十二卷 / (明)顾春编
明嘉靖十二年(1533)顾春世德堂刻本
2004年摄制. -- 3盘卷片(77米1670拍) : 1:10, 2B ; 35mm银盐
收藏馆：缩微中心，国图

00O006383
六子书：六十卷
明(1368-1644)桐阴书屋刻本
1987年摄制. -- 3盘卷片(76米1700拍) : 1:10, 2B ; 35mm银盐
收藏馆：缩微中心，国图

00O014021
新刊五子书：二十卷 / (明)李瀚编
明弘治九年(1496)李瀚刻本
1991年摄制. -- 1盘卷片(11米193拍) : 1:10, 2B ; 35mm银盐
收藏馆：缩微中心，国图

00O004972
五子书：八卷 / (明)欧阳清编
明嘉靖二十三年(1544)欧阳清刻本
1987年摄制. -- 1盘卷片(12米248拍) : 1:10, 2B ; 35mm银盐
收藏馆：缩微中心，国图

00O003198
杨升庵先生评注先秦五子全书：五卷 / (明)张懋宷编
明天启五年(1625)武林张懋宷横秋阁刻本
1986年摄制. -- 1盘卷片(8米151拍) : 1:10, 2B ; 35mm银盐
收藏馆：缩微中心，国图

00O028146
杨升庵先生评注先秦五子全书：五卷 / (明)张懋宷编
明天启五年(1625)张懋宷横秋阁刻本. -- (清)王芑孙跋。
1996年摄制. -- 1盘卷片(8米144拍) : 1:10, 2B ; 35mm银盐
收藏馆：缩微中心，南京

00O012256
十二子：十五卷
明正德年至嘉靖(1506-1566)刻本. -- (清)丁丙跋。
1990年摄制. -- 1盘卷片(14米335拍) : 1:10, 2B ; 35mm银盐
收藏馆：缩微中心，南京

00O009009
十二子：十二卷附二种二卷 / (明)方凝编
明(1368-1644)刻本
1988年摄制. -- 1盘卷片(17米334拍)：
1:10，2B；35mm银盐
收藏馆：缩微中心，湖北

00O017556
刘宋二子：四卷
明嘉靖三十五年(1556)何镗刻本
1993年摄制. -- 1盘卷片(12米205拍)：
1:10，2B；35mm银盐
收藏馆：缩微中心，国图

00O027969
刘宋二子：四卷
明嘉靖三十五年(1556)何镗刻本. -- (清)丁
丙跋。
1996年摄制. -- 1盘卷片(12米228拍)：
1:10，2B；35mm银盐
收藏馆：缩微中心，南京

00O004020
子汇：三十四卷
明(1368-1644)南京国子监刻本. -- 缺四卷：
子华子二卷、刘子二卷。
1985年摄制. -- 2盘卷片(39.5米869拍)：
1:10，2B；35mm银盐
收藏馆：缩微中心，国图

00O006927
子汇二十四种：三十四卷 / (明)周子义编
明万历四年至五年(1576-1577)南京国子监刻
本
1986年摄制. -- 2盘卷片(48.3米1064拍)：
1:10，2B；35mm银盐
收藏馆：缩微中心，国图

00O006932
二十家子书：二十八卷 / (明)谢汝韶编
明万历六年(1578)吉藩崇德书院刻本
1986年摄制. -- 2盘卷片(48米1044拍)：
1:10，2B；35mm银盐
收藏馆：缩微中心，国图

00O008465
二十家子书：二十八卷 / (明)谢汝韶编
明万历六年(1578)吉藩崇德书院刻本
1988年摄制. -- 2盘卷片(46米1012拍)：
1:10，2B；35mm银盐
收藏馆：缩微中心，国图

00O023875
中立四子集：六十四卷 / (明)朱东光编；(明)张
登云参补
明万历七年(1579)刻朱印本
1993年摄制. -- 2盘卷片(59米1355拍)：
1:10，2B；35mm银盐
收藏馆：缩微中心，南京

00O009426
中立四子集：六十四卷 / (明)朱东光编；(明)张
登云参补
明万历七年(1579)刻本
1987年摄制. -- 2盘卷片(59.1米1308拍)：
1:10，2B；35mm银盐
收藏馆：缩微中心，重庆

00O022444
中立四子集：六十四卷 / (明)朱东光辑订；(明)
张登云参补
明万历七年(1579)刻本
1995年摄制. -- 2盘卷片(56米1146拍)：
1:10，2B；35mm银盐
收藏馆：缩微中心，国图

00O006381
中立四子集：六十四卷 / (明)朱东光辑订；(明)
张登云参补
明万历(1573-1620)刻本. -- 缺一卷：淮南子
卷六。
1987年摄制. -- 2盘卷片(54米1189拍)：
1:10，2B；35mm银盐
收藏馆：缩微中心，国图

00O000746
先秦诸子合编：十六种三十五卷 / (明)冯梦祯编
明万历三十年(1602)緜眇阁刻本
1985年摄制. -- 2盘卷片(39.6米867拍)：
1:10，2B；35mm银盐
收藏馆：缩微中心，国图

00O007330
二十子全书：一百六十九卷 / (明)吴勉学编
明(1368-1644)吴勉学刻本
1987年摄制. -- 5盘卷片(138.5米3113拍)：
1:10，2B；35mm银盐
收藏馆：缩微中心，国图

00O030430
二十子全书：一百六十九卷 / (明)吴勉学编
明(1368-1644)吴勉学刻本
2002年摄制. -- 5盘卷片(145米3142拍)：
1:10，2B；35mm银盐
收藏馆：缩微中心，国图

000O024838
六子全书：六十卷
明隆庆五年(1571)陈昆泉积善堂刻本
1995年摄制. -- 2盘卷片(46米912拍)：
1:10, 2B；35mm银盐
收藏馆：缩微中心，浙江

000O013274
六子全书：二十一卷 / (明)陶原煍辑
明末(1621-1644)聚奎楼刻本
1991年摄制. -- 1盘卷片(24米537拍)：
1:10, 2B；35mm银盐
收藏馆：缩微中心，湖北

000O029984
六子：六卷
明(1368-1644)刻本
2001年摄制. -- 1盘卷片(9米165拍)：1:10,
2B；35mm银盐
收藏馆：缩微中心，国图

000O017007
谢禹铭五刻：□□卷
明崇祯八年(1635)谢镛刻本. -- 存二种三
卷：黄帝玉诀阴符经一卷、鬼谷子一卷、外篇
一卷。
1993年摄制. -- 1盘卷片(4米47拍)：1:10,
2B；35mm银盐
收藏馆：缩微中心，国图

000O016745
十子：十一卷
明(1368-1644)刻本
1993年摄制. -- 1盘卷片(12米202拍)：
1:10, 2B；35mm银盐
收藏馆：缩微中心，国图

000O030428
十子：十三卷 / (唐)逢行珪注
明(1368-1644)刻本
2002年摄制. -- 1盘卷片(17米343拍)：
1:10, 2B；35mm银盐
收藏馆：缩微中心，国图

000O006934
且且庵初笺十六子：三十七卷
明(1368-1644)刻本
1986年摄制. -- 2盘卷片(36.2米781拍)：
1:10, 2B；35mm银盐
收藏馆：缩微中心，国图

000O003222
合诸名家批点诸子全书：□□卷

明天启(1621-1627)武林坊刻本
1986年摄制. -- 2盘卷片(57米1258拍)：
1:10, 2B；35mm银盐
收藏馆：缩微中心，国图

000O009079
诸子褒异集：十六卷 / (明)汪定国辑
明末(1621-1644)刻本
1988年摄制. -- 2盘卷片(54.5米1173拍)：
1:10, 2B；35mm银盐
收藏馆：缩微中心，湖南

000O021111
子品金函：四卷 / (明)陈仁锡编
明(1368-1644)刻本
1994年摄制. -- 1盘卷片(22米449拍)：
1:10, 2B；35mm银盐
收藏馆：缩微中心，国图

儒家类

000O000674
曾思二子全书：二卷 / (宋)汪晫辑
明隆庆四年(1570)汪文川[等]刻本
1985年摄制. -- 1盘卷片(7米114拍)：1:10,
2B；35mm银盐
收藏馆：缩微中心，国图

000O004718
诸儒鸣道：七十二卷
清初(1644-1722)宋氏荣光楼抄本. -- (清)宋
筠校，(清)完颜景贤、傅增湘跋。
1987年摄制. -- 2盘卷片(38米837拍)：
1:10, 2B；35mm银盐
收藏馆：缩微中心，国图

000O000369
宋四子抄释：二十一卷 / (明)吕柟撰
明嘉靖十六年(1537)汪克俭[等]刻本
1985年摄制. -- 1盘卷片(20.1米440拍)：
1:10, 2B；35mm银盐
收藏馆：缩微中心，国图

000O016804
合刻周张两先生全书：二十二卷
明万历三十四年(1606)徐必达刻本
1993年摄制. -- 1盘卷片(25米508拍)：
1:10, 2B；35mm银盐
收藏馆：缩微中心，国图

000O022848
周张全书：二十二卷 / (明)徐必达编
明万历三十四年(1606)徐必达刻本. -- (明)

吕枏批。

1995年摄制. -- 1盘卷片(25米530拍)：
1:10, 2B ；35mm银盐

收藏馆：缩微中心，南京

000O018888
皇明三儒言行要录：十四卷 / (明)郜永春[等]辑

明隆庆二年(1568)刻本. -- 卷十四：第十九
页至二十页为一页。

1994年摄制. -- 1盘卷片(20米439拍)：
1:10, 2B ；35mm银盐

收藏馆：缩微中心，天津

000O005297
六子书：六种十六卷 / (明)于孔兼辑

明万历(1573-1620)刻本

1986年摄制. -- 3盘卷片(69.6米1531拍)：
1:10, 2B ；35mm银盐

收藏馆：缩微中心，国图

000O028180
理学类编：八卷 / (明)张九韶撰

明嘉靖二十一年(1542)益府刻本. -- (清)丁
丙跋。

1996年摄制. -- 1盘卷片(10米180拍)：
1:10, 2B ；35mm银盐

收藏馆：缩微中心，南京

000O013055
理学类编：八卷 / (明)张九韶撰

明(1368-1644)张克文刻本

1991年摄制. -- 1盘卷片(10米183拍)：
1:10, 2B ；35mm银盐

收藏馆：缩微中心，国图

000O021946
性理大全书：七十卷 / (明)胡广[等]撰

明永乐十三年(1415)内府刻本. -- 存二十五
卷：卷二十六至卷二十八、卷四十至卷
四十二、卷四十九至卷五十一、卷五十五至卷
七十。

1995年摄制. -- 2盘卷片(38米739拍)：
1:10, 2B ；35mm银盐

收藏馆：缩微中心，国图

000O022264
性理大全书：七十卷 / (明)胡广[等]撰

明永乐十三年(1415)内府刻本

1995年摄制. -- 4盘卷片(107米2149拍)：
1:10, 2B ；35mm银盐

收藏馆：缩微中心，国图

000O012849
性理大全书：七十卷 / (明)胡广[等]撰

明嘉靖二十二年(1543)应天府刻本

1990年摄制. -- 4盘卷片(114米2459拍)：
1:10, 2B ；35mm银盐

收藏馆：缩微中心，浙江

000O021953
性理大全书：七十卷 / (明)胡广[等]撰

明(1368-1644)抄本. -- 存九卷：卷五十二至
卷六十。

1995年摄制. -- 1盘卷片(13米249拍)：
1:10, 2B ；35mm银盐

收藏馆：缩微中心，国图

000O022267
性理大全书：七十卷 / (明)胡广[等]撰

明(1368-1644)抄本. -- 存四十卷：卷一至卷
十、卷十四至卷十五、卷二十六至卷二十八、
卷三十八至卷三十九、卷四十六至卷五十八、
卷六十一至卷七十。

1995年摄制. -- 2盘卷片(63米1288拍)：
1:10, 2B ；35mm银盐

收藏馆：缩微中心，国图

000O011332
新刊性理大全：七十卷 / (明)胡广[等]撰

明嘉靖十七年(1538)黄氏集义堂刻本

1989年摄制. -- 3盘卷片(93米2108拍)：
1:10, 2B ；35mm银盐

收藏馆：缩微中心，辽宁

000O005326
新刊性理大全：七十卷 / (明)胡广[等]撰

明嘉靖二十六年(1547)郑氏宗文堂刻本

1986年摄制. -- 4盘卷片(93米2031拍)：
1:10, 2B ；35mm银盐

收藏馆：缩微中心，国图

000O022556
新刊性理大全书：七十卷 / (明)胡广[等]撰

明嘉靖三十一年(1552)叶氏广勤堂刻本

1995年摄制. -- 4盘卷片(95米1900拍)：
1:10, 2B ；35mm银盐

收藏馆：缩微中心，湖北

000O026664
新刊宪台厘正性理大全：七十卷 / (明)胡广撰

明嘉靖三十一年(1552)余氏自新斋刻本. --
佚名朱笔圈点。

1997年摄制. -- 4盘卷片(106米2055拍)：
1:10, 2B ；35mm银盐

收藏馆：缩微中心，苏州

000O025674
性理群书集览大全：七十卷 / [题](□)玉峯道人辑
明正德六年(1511)宗德书堂刻本. -- (清)丁丙跋。
1996年摄制. -- 4盘卷片(103米2354拍)：
1:10，2B；35mm银盐
收藏馆：缩微中心，南京

000O023825
性理会通：七十卷续编四十二卷 / (明)钟人杰辑
明崇祯(1628-1644)刻本
1995年摄制. -- 6盘卷片(164米3365拍)：
1:10，2B；35mm银盐
收藏馆：缩微中心，浙江

000O006380
唐荆川先生编纂诸儒语要：十卷 / (明)唐顺之辑
明万历三十年(1602)吴达可刻本
1987年摄制. -- 1盘卷片(28米615拍)：
1:10，2B；35mm银盐
收藏馆：缩微中心，国图

000O014230
唐荆川先生编纂诸儒语要：十卷 / (明)唐顺之撰
明万历三十九年(1611)黄一腾刻本
1992年摄制. -- 1盘卷片(26米548拍)：
1:10，2B；35mm银盐
收藏馆：缩微中心，国图

000O009570
翠娱阁增订宗方城先生性理抄：八卷 / (明)宗臣辑;(明)陆云龙增补
明崇祯(1628-1644)刻本
1988年摄制. -- 1盘卷片(25米525拍)：
1:10，2B；35mm银盐
收藏馆：缩微中心，山东

000O008073
大儒心学语录：二十七卷 / (明)王蓂辑
明嘉靖二十八年(1549)抚州儒学刻本
1988年摄制. -- 2盘卷片(40.5米821拍)：
1:10，2B；35mm银盐
收藏馆：缩微中心，湖北

000O026005
新刊性理白文辑略要语：四卷 / (明)黄大廉辑;(明)林东海增订
明嘉靖十年(1531)三槐堂刻本
1996年摄制. -- 1盘卷片(16米314拍)：
1:10，2B；35mm银盐
收藏馆：缩微中心，福建

000O023830
新刊性理集要：八卷 / (明)詹淮辑
明嘉靖四十年(1561)李廷海刻本
1995年摄制. -- 1盘卷片(27米544拍)：
1:10，2B；35mm银盐
收藏馆：缩微中心，浙江

000O023822
性理标题综要：二十二卷 / (明)詹淮撰；(明)陈仁锡订正
明崇祯(1628-1644)刻本
1995年摄制. -- 3盘卷片(69米1410拍)：
1:10，2B；35mm银盐
收藏馆：缩微中心，浙江

000O008710
大儒学粹：九卷 / (明)魏时亮辑
明万历十六年(1588)刻本
1988年摄制. -- 2盘卷片(36.9米790拍)：
1:9，2B；35mm银盐
收藏馆：缩微中心，重庆

000O028077
性理抄：二十卷 / (明)杨道会撰
明万历(1573-1620)刻本
1997年摄制. -- 1盘卷片(23.5米489拍)：
1:10，2B；35mm银盐
收藏馆：缩微中心，福建

000O009813
新镌性理节要：八卷 / (明)苏文韩辑
明万历(1573-1620)刻本
1989年摄制. -- 1盘卷片(26米572拍)：
1:10，2B；35mm银盐
收藏馆：缩微中心，浙江

000O028006
三先生类要：五卷 / (明)徐用检辑
明万历七年(1579)李益斋刻本
1996年摄制. -- 1盘卷片(9米173拍)：1:10，2B；35mm银盐
收藏馆：缩微中心，南京

000O025369
御纂性理精义：十二卷 / (清)李光地纂修
清康熙五十四年(1715)武英殿刻本
1996年摄制. -- 1盘卷片(21米420拍)：
1:10，2B；35mm银盐
收藏馆：缩微中心，国图

000O002103
孔子家语：十卷 / [题](魏)王肃注
明末(1621-1644)毛氏汲古阁刻清(1644-1911)

宝翰楼印本. -- (清)孙淇校并跋。
1986年摄制. -- 1盘卷片(11.6米241拍):
1:10, 2B ; 35mm银盐
收藏馆:缩微中心, 国图

000O003861
孔子家语:十卷 / [题](魏)王肃注
明末(1621-1644)毛氏汲古阁刻本. -- 佚名录
(清)毛扆校。
1985年摄制. -- 1盘卷片(12米248拍):
1:10, 2B ; 35mm银盐
收藏馆:缩微中心, 国图

000O024864
孔子家语:十卷 / [题](魏)王肃注
明末(1621-1644)毛氏汲古阁刻本. -- (清)卢
文弨校并跋, (清)丁丙跋。
1996年摄制. -- 1盘卷片(15米295拍):
1:10, 2B ; 35mm银盐
收藏馆:缩微中心, 南京

000O032092
孔子家语:十卷 / [题](魏)王肃注
明末(1621-1644)毛氏汲古阁刻清(1644-1911)
宝翰楼印本. -- 九行十七字小字双行二十三
字白口左右双边。(清)孙淇校并跋。
2011年摄制. -- 1盘卷片(14米245拍):
1:12, 2B ; 35mm银盐
收藏馆:缩微中心, 国图

000O028195
孔子家语:十卷 / [题](魏)王肃注
明嘉靖三十三年(1554)黄鲁曾刻本. -- (清)
耕兰氏校, (清)丁丙跋。
1996年摄制. -- 1盘卷片(15米293拍):
1:10, 2B ; 35mm银盐
收藏馆:缩微中心, 南京

000O005717
孔子家语注:十卷 / [题](魏)王肃撰
明嘉靖三十三年(1554)黄鲁曾刻本
1987年摄制. -- 1盘卷片(13米275拍):
1:10, 2B ; 35mm银盐
收藏馆:缩微中心, 国图

000O003533
孔子家语:十卷 / [题](魏)王肃注
明隆庆六年(1572)徐祚锡刻本
1985年摄制. -- 1盘卷片(13.5米282拍):
1:10, 2B ; 35mm银盐
收藏馆:缩微中心, 国图

000O006163
孔子家语:十卷 / (魏)王肃注
明万历(1573-1620)吴勉学刻本
1987年摄制. -- 1盘卷片(14米263拍):
1:10, 2B ; 35mm银盐
收藏馆:缩微中心, 四川

000O006882
孔子家语:十卷 / [题](魏)王肃注
明(1368-1644)刻本
1987年摄制. -- 1盘卷片(13.4米276拍):
1:10, 2B ; 35mm银盐
收藏馆:缩微中心, 重庆

000O013968
孔子家语:十卷
明(1368-1644)刻本
1992年摄制. -- 1盘卷片(11米187拍):
1:10, 2B ; 35mm银盐
收藏馆:缩微中心, 国图

000O016501
孔子家语:十卷
明(1368-1644)刻本
1993年摄制. -- 1盘卷片(12米199拍):
1:10, 2B ; 35mm银盐
收藏馆:缩微中心, 国图

000O000708
孔子家语:十卷 / (魏)王肃注
日本宽永十五年(1638)风月宗智刻本
1985年摄制. -- 1盘卷片(12米243拍):
1:10, 2B ; 35mm银盐
收藏馆:缩微中心, 国图

000O003803
孔子家语:十卷 / [题](魏)王肃注
清(1644-1911)抄本
1985年摄制. -- 1盘卷片(12米249拍):
1:10, 2B ; 35mm银盐
收藏馆:缩微中心, 国图

000O006883
家语:十卷 / [题](魏)王肃注 ; (明)何棠评
明末(1621-1644)刻本
1987年摄制. -- 1盘卷片(12.5米255拍):
1:9, 2B ; 35mm银盐
收藏馆:缩微中心, 重庆

000O000679
标题句解孔子家语:三卷 / (元)王广谋撰
日本铜活字印本
1985年摄制. -- 1盘卷片(9米167拍): 1:10,

2B ；35mm银盐
收藏馆：缩微中心，国图

000O006833
新刊标题句解孔子家语：三卷 / (元)王广谋撰．
圣朝通制孔子庙祀：一卷
明初(1368-1424)刻本
1987年摄制． -- 1盘卷片(7米119拍) ：1:10,
2B ；35mm银盐
收藏馆：缩微中心，国图

000O002018
孔子家语：八卷 / (明)何孟春注
明正德十六年(1521)张公瑞刻本． -- 罗振常
跋。
1986年摄制． -- 1盘卷片(9米176拍) ：1:10,
2B ；35mm银盐
收藏馆：缩微中心，国图

000O021215
孔子家语：八卷 / (明)何孟春注
明正德十六年(1521)张公瑞刻本
1995年摄制． -- 1盘卷片(11米180拍) ：
1:10, 2B ；35mm银盐
收藏馆：缩微中心，国图

000O019319
孔子家语补注：八卷 / (明)何孟春撰
明正德十六年(1521)建宁书坊刻本
1994年摄制． -- 1盘卷片(11米183拍) ：
1:10, 2B ；35mm银盐
收藏馆：缩微中心，国图

000O016512
孔子家语：八卷 / (明)何孟春注
明嘉靖二年(1523)高应祯刻本
1993年摄制． -- 1盘卷片(9米161拍) ：1:10,
2B ；35mm银盐
收藏馆：缩微中心，国图

000O015491
孔子家语注：八卷 / (明)何孟春撰
明嘉靖二年(1523)高应祯刻本． -- (明)徐爌
跋。
1993年摄制． -- 1盘卷片(10米160拍) ：
1:10, 2B ；35mm银盐
收藏馆：缩微中心，国图

000O019729
标题句解孔子家语：三卷 / (明)何孟春撰
明(1368-1644)永明书院刻递修本
1994年摄制． -- 1盘卷片(9米142拍) ：1:10,
2B ；35mm银盐

收藏馆：缩微中心，国图

000O006322
标题句解孔子家语：三卷 / (明)何孟春撰
明(1368-1644)刻本
1987年摄制． -- 1盘卷片(9米167拍) ：1:10,
2B ；35mm银盐
收藏馆：缩微中心，吉林

000O014101
标题句解孔子家语：三卷 / (明)何孟春撰
明(1368-1644)刻本
1992年摄制． -- 1盘卷片(9米142拍) ：1:10,
2B ；35mm银盐
收藏馆：缩微中心，国图

000O017408
新锲台阁清讹补注孔子家语：五卷首一卷 / (明)
邹德溥撰
明(1368-1644)刘龙田乔山堂刻本
1993年摄制． -- 1盘卷片(8米128拍) ：1:10,
2B ；35mm银盐
收藏馆：缩微中心，国图

000O019922
新锲订注孔子家语：五卷 / (明)路一麟撰
明万历四十二年(1614)李再白毛应启刻本
1994年摄制． -- 1盘卷片(9米144拍) ：1:10,
2B ；35mm银盐
收藏馆：缩微中心，国图

000O001966
家语：十卷 / (明)吴勉学注
明(1368-1644)刻本． -- (清)汪喜孙校。
1986年摄制． -- 1盘卷片(12米252拍) ：
1:10, 2B ；35mm银盐
收藏馆：缩微中心，国图

000O008413
孔圣家语图集校：十一卷 / (明)吴嘉谟撰
明万历十七年(1589)吴嘉谟刻本． -- 存五
卷：卷一至卷五。
1988年摄制． -- 1盘卷片(10.3米207拍) ：
1:10, 2B ；35mm银盐
收藏馆：缩微中心，国图

000O017539
孔圣家语图集校：十一卷 / (明)吴嘉谟撰
明万历十七年(1589)吴嘉谟刻本
1993年摄制． -- 1盘卷片(15米275拍) ：
1:10, 2B ；35mm银盐
收藏馆：缩微中心，国图

000O020836
孔圣家语图：十一卷 / (明)吴嘉谟辑
明万历十七年(1589)吴嘉谟刻本. -- 存一卷：卷一。
1994年摄制. -- 1盘卷片(5米58拍) ：1:10,
2B ；35mm银盐
收藏馆：缩微中心，国图

000O016425
新刻注释孔子家语衡：二卷首一卷 / (明)周宗建撰
明(1368-1644)刻本
1993年摄制. -- 1盘卷片(8米127拍) ：1:10,
2B ；35mm银盐
收藏馆：缩微中心，国图

000O028429
新刻注释孔子家语：二卷 / (明)夏允彝注释
明(1368-1644)书林郑以祺刻本
1996年摄制. -- 1盘卷片(7.5米126拍) ：
1:10, 2B ；35mm银盐
收藏馆：缩微中心，南京

000O007543
孔子家语考次：不分卷 / (明)刘宗周撰
明末(1621-1644)正气堂抄本. -- 黄裳跋。
1987年摄制. -- 1盘卷片(5米78拍) ：1:10,
2B ；35mm银盐
收藏馆：缩微中心，国图

000O025350
家语疏证：六卷 / (清)孙志祖撰
清(1644-1911)刻本. -- (清)李福臧校。
1996年摄制. -- 1盘卷片(9米135拍) ：1:10,
2B ；35mm银盐
收藏馆：缩微中心，国图

000O031228
家语疏证：六卷 / (清)孙志祖撰
清(1644-1911)刻本
2004年摄制. -- 1盘卷片(8米150拍) ：1:9,
2B ；35mm银盐
收藏馆：缩微中心，国图

000O003612
孔子集语：二卷 / (宋)薛据辑
清(1644-1911)抄本. -- (清)顾之逵跋。
1985年摄制. -- 1盘卷片(5米71拍) ：1:10,
2B ；35mm银盐
收藏馆：缩微中心，国图

000O025345
逸语：十卷 / (清)曹庭栋辑并注

清乾隆十二年(1747)刻本
1996年摄制. -- 1盘卷片(11米189拍) ：
1:10, 2B ；35mm银盐
收藏馆：缩微中心，国图

000O023921
新编颜子：五卷 / (元)李纯仁辑
明(1368-1644)抄本
1996年摄制. -- 1盘卷片(7米122拍) ：1:10,
2B ；35mm银盐
收藏馆：缩微中心，河南

000O028432
颜子：二卷颜子后总论一卷删订诸家总说一卷颜子世家一卷 / (明)潘府集注
明(1368-1644)刻本. -- (清)丁丙跋。
1996年摄制. -- 1盘卷片(5米77拍) ：1:10,
2B ；35mm银盐
收藏馆：缩微中心，南京

000O025703
子曾子：一卷 / (宋)赵汝腾辑
明(1368-1644)抄本
1996年摄制. -- 1盘卷片(7米149拍) ：1:10,
2B ；35mm银盐
收藏馆：缩微中心，河南

000O013654
曾子注释：四卷叙录一卷 / (清)阮元撰
清(1644-1911)阮氏孴经室刻本
1991年摄制. -- 1盘卷片(6米87拍) ：1:10,
2B ；35mm银盐
收藏馆：缩微中心，国图

000O009818
荀子：二十卷 / (战国)荀况撰；(唐)杨倞注
明嘉靖十二年(1533)顾春世德堂刻六子全书本. -- (清)钮树玉批校。
1989年摄制. -- 1盘卷片(18米395拍) ：
1:10, 2B ；35mm银盐
收藏馆：缩微中心，浙江

000O007012
荀子：二十卷 / (唐)杨倞注
明(1368-1644)刻六子全书本
1987年摄制. -- 1盘卷片(25米555拍) ：
1:10, 2B ；35mm银盐
收藏馆：缩微中心，国图

000O020821
荀子：二十卷 / (唐)杨倞注
明(1368-1644)桐阴书屋刻六子书本
1994年摄制. -- 1盘卷片(23米450拍) ：

1:10，2B；35mm银盐
收藏馆：缩微中心，国图

00O008319
荀子：二十卷 / (唐)杨倞注
明(1368-1644)刻本
1996年摄制. -- 1盘卷片(19米362拍)：
1:10，2B；35mm银盐
收藏馆：缩微中心，山东

000O005628
纂图互注荀子：二十卷 / (唐)杨倞注
宋(960-1279)刻元明(1271-1644)递修本
1987年摄制. -- 1盘卷片(15米312拍)：
1:10，2B；35mm银盐
收藏馆：缩微中心，国图

000O003848
纂图互注荀子：二十卷 / (唐)杨倞注
明初(1368-1424)刻本
1985年摄制. -- 1盘卷片(14米298拍)：
1:10，2B；35mm银盐
收藏馆：缩微中心，国图

00O005935
荀子：二十卷 / (唐)杨倞注；(宋)钱佃考异
清(1644-1911)抄本. -- 张允亮校，周叔弢跋。
1987年摄制. -- 1盘卷片(18.7米409拍)：
1:10，2B；35mm银盐
收藏馆：缩微中心，国图

00O010406
荀子：二十卷 / (唐)杨倞注；(明)虞九章,(明)王震亨订正
明(1368-1644)刻本
1989年摄制. -- 1盘卷片(20米384拍)：
1:10，2B；35mm银盐
收藏馆：缩微中心，四川

000O028192
荀子：二十卷 / (唐)杨倞注；(明)虞九章,(明)王震亨订正
明(1368-1644)刻本. -- (清)丁丙跋。
1996年摄制. -- 1盘卷片(20米415拍)：
1:10，2B；35mm银盐
收藏馆：缩微中心，南京

000O013862
荀子：二十卷 / (唐)杨倞注；(宋)刘辰翁[等]评
明末(1621-1644)刻本. -- 评者还有：(明)孙矿。存十七卷：卷四至卷二十。(清)傅山批校。

1992年摄制. -- 1盘卷片(13米234拍)：
1:10，2B；35mm银盐
收藏馆：缩微中心，国图

000O002253
荀子：二十卷 / (唐)杨倞注；(清)谢墉辑补. 荀子校勘补遗：一卷 / (清)谢墉撰. 荀子补注：二卷 / (清)郝懿行撰
清乾隆五十一年(1786)嘉善谢墉刻本. -- (清)翁同龢录(清)方苞圈点，(清)翁同书校跋。
1986年摄制. -- 1盘卷片(20米444拍)：
1:10，2B；35mm银盐
收藏馆：缩微中心，国图

000O018293
荀子：二十卷校勘补遗一卷 / (战国)荀况撰；(唐)杨倞注；(清)谢墉辑校
清乾隆五十一年(1786)嘉善谢氏刻本. -- 钤"小莲""维则曾观"二印。(清)戈襄校并题款。
1993年摄制. -- 1盘卷片(18米380拍)：
1:10，2B；35mm银盐
收藏馆：缩微中心，天津

000O032089
荀子：二十卷 / (唐)杨倞注；(清)谢墉辑补. [荀子]校勘补遗：一卷 / (清)谢墉撰. [荀子]补注：二卷 / (清)郝懿行撰
清乾隆五十一年(1786)嘉善谢墉刻本. -- 十行二十字小字双行同白口左右双边。(清)翁同龢录(清)方苞圈点又录(清)翁同书校跋。
2011年摄制. -- 1盘卷片(24米448拍)：
1:11，2B；35mm银盐
收藏馆：缩微中心，国图

000O003137
荀子考异：一卷 / (宋)钱佃撰
清(1644-1911)抄本
1986年摄制. -- 1盘卷片(3米23拍)：1:10，2B；35mm银盐
收藏馆：缩微中心，国图

000O025457
荀子考异：一卷 / (宋)钱佃撰
瞿氏铁琴铜剑楼抄本
1996年摄制. -- 1盘卷片(3米11拍)：1:10，2B；35mm银盐
收藏馆：缩微中心，国图

000O026006
孔丛子：七卷 / (汉)孔鲋撰
明嘉靖二十九年(1550)蔡宗尧刻本

1996年摄制. -- 1盘卷片（7.6米132拍）：
1:10，2B；35mm银盐
收藏馆：缩微中心，福建

000O005800
孔丛子：三卷 / [题](汉)孔鲋撰
明崇祯六年(1633)孔胤植刻本
1987年摄制. -- 1盘卷片（7米122拍）：1:10，
2B；35mm银盐
收藏馆：缩微中心，国图

000O000305
孔丛子：三卷 / [题](汉)孔鲋撰
清(1644-1911)孔毓圻孔毓埏刻本. -- (清)王
韬校并跋。
1985年摄制. -- 1盘卷片（7米118拍）：1:10，
2B；35mm银盐
收藏馆：缩微中心，国图

000O009290
孔丛子：三卷 / (汉)孔鲋撰
清乾隆(1736-1795)刻四库全书本
1988年摄制. -- 1盘卷片（7.5米136拍）：
1:10，2B；35mm银盐
收藏馆：缩微中心，湖南

000O016019
孔丛子：二卷 / [题](汉)孔鲋撰
清光绪元年(1875)崇文书局刻百子全书本. --
章钰校并跋。
1993年摄制. -- 1盘卷片（7米102拍）：1:10，
2B；35mm银盐
收藏馆：缩微中心，国图

000O004817
孔丛子注：七卷 / (宋)宋咸撰
明(1368-1644)刻本
1986年摄制. -- 1盘卷片（10.6米216拍）：
1:10，2B；35mm银盐
收藏馆：缩微中心，国图

000O007002
孔丛子：七卷释文一卷
明(1368-1644)刻本
1987年摄制. -- 1盘卷片（10米191拍）：
1:10，2B；35mm银盐
收藏馆：缩微中心，国图

000O004094
新语：二卷 / (汉)陆贾撰
明弘治十五年(1502)李廷梧刻本. -- (清)钱
谦益跋。
1986年摄制. -- 1盘卷片（4米47拍）：1:10，

2B；35mm银盐
收藏馆：缩微中心，国图

000O028415
新语：二卷 / (汉)陆贾撰
明万历(1573-1620)程荣刻汉魏丛书本. --
(清)王念曾校并跋
1996年摄制. -- 1盘卷片（4米51拍）：1:10，
2B；35mm银盐
收藏馆：缩微中心，南京

000O028534
新语：二卷 / (汉)陆贾撰
明万历(1573-1620)何允中刻广汉魏丛书
本. -- (清)卢文弨校，(清)丁丙跋。
1996年摄制. -- 1盘卷片（5米51拍）：1:10，
2B；35mm银盐
收藏馆：缩微中心，南京

000O003859
新语：二卷 / (汉)陆贾撰
明(1368-1644)刻本
1985年摄制. -- 1盘卷片（3.4米42拍）：
1:10，2B；35mm银盐
收藏馆：缩微中心，国图

000O024196
新语：二卷 / (汉)陆贾撰
明(1368-1644)刻本. -- 版框高二十一厘米宽
十四厘米
1996年摄制. -- 1盘卷片（3.5米46拍）：
1:10，2B；35mm银盐
收藏馆：缩微中心，广东

000O013340
贾谊新书：十卷 / (汉)贾谊撰
明(1368-1644)刻本
1991年摄制. -- 1盘卷片（8米132拍）：1:10，
2B；35mm银盐
收藏馆：缩微中心，国图

000O023122
贾谊新书：十卷 / (汉)贾谊撰
明(1368-1644)刻本
1995年摄制. -- 1盘卷片（9米136拍）：1:10，
2B；35mm银盐
收藏馆：缩微中心，国图

000O016803
贾谊新书：十卷 / (汉)贾谊撰 . 洛阳贾生传：一卷
明(1368-1644)刻本. -- 存二卷：卷二至卷
三。

1993年摄制. -- 1盘卷片(5米55拍) : 1:10,
2B ; 35mm银盐
收藏馆：缩微中心，国图

00O023850
新书：十卷 / (汉)贾谊撰
明正德九年(1514)陆相刻本. -- (清)陆心源
跋。
1995年摄制. -- 1盘卷片（12米222拍）：
1:10, 2B ; 35mm银盐
收藏馆：缩微中心，浙江

00O004141
新书：十卷 / (汉)贾谊撰
明正德十年(1515)吉府刻本. -- (清)翁安孙
跋。
1986年摄制. -- 1盘卷片（11米214拍）：
1:10, 2B ; 35mm银盐
收藏馆：缩微中心，国图

00O004632
新书：十卷 / (汉)贾谊撰
明正德十年(1515)吉府刻本
1986年摄制. -- 1盘卷片（12.2米253拍）：
1:10, 2B ; 35mm银盐
收藏馆：缩微中心，国图

00O018185
新书：十卷 / (汉)贾谊撰
明正德十年(1515)吉府刻本
1993年摄制. -- 1盘卷片（11米217拍）：
1:10, 2B ; 35mm银盐
收藏馆：缩微中心，山东

00O023192
新书：十卷 / (汉)贾谊撰
明正德十年(1515)吉府刻本
1995年摄制. -- 1盘卷片（12米196拍）：
1:10, 2B ; 35mm银盐
收藏馆：缩微中心，国图

00O013955
新书：十卷附录一卷 / (汉)贾谊撰
明(1368-1644)刻递修本. -- 存八卷：卷一至
卷六、卷九至卷十。
1992年摄制. -- 1盘卷片（9米180拍）：1:10,
2B ; 35mm银盐
收藏馆：缩微中心，国图

00O023851
贾太傅新书：十卷附录二卷 / (汉)贾谊撰
明天启六年(1626)孟称尧刻本
1995年摄制. -- 1盘卷片（13米236拍）：

1:10, 2B ; 35mm银盐
收藏馆：缩微中心，浙江

00O019853
贾太傅新书：十卷 / (汉)贾谊撰
清(1644-1911)抄本
1994年摄制. -- 1盘卷片（9米147拍）：1:10,
2B ; 35mm银盐
收藏馆：缩微中心，国图

00O001959
盐铁论：十卷 / (汉)桓宽撰
明弘治十四年(1501)涂祯刻本
1986年摄制. -- 1盘卷片（8米151拍）：1:10,
2B ; 35mm银盐
收藏馆：缩微中心，国图

00O006341
盐铁论：十卷 / (汉)桓宽撰
明弘治十四年(1501)涂祯刻本
1987年摄制. -- 1盘卷片（8米151拍）：1:10,
2B ; 35mm银盐
收藏馆：缩微中心，国图

00O005339
盐铁论：十卷 / (汉)桓宽撰
明(1368-1644)刻本. -- 孙毓修校。
1986年摄制. -- 1盘卷片（10米188拍）：
1:10, 2B ; 35mm银盐
收藏馆：缩微中心，国图

00O016480
盐铁论：十卷 / (汉)桓宽撰
明(1368-1644)刻本
1992年摄制. -- 1盘卷片（10米170拍）：
1:10, 2B ; 35mm银盐
收藏馆：缩微中心，国图

00O020313
盐铁论：十卷 / (汉)桓宽撰
明(1368-1644)刻本
1994年摄制. -- 1盘卷片（15米286拍）：
1:10, 2B ; 35mm银盐
收藏馆：缩微中心，国图

00O000341
盐铁论：十二卷 / (汉)桓宽撰；(明)张之象注
明嘉靖三十三年(1554)张氏猗兰堂刻本
1985年摄制. -- 1盘卷片（19.8米434拍）：
1:10, 2B ; 35mm银盐
收藏馆：缩微中心，国图

000O006828

盐铁论：十二卷 / (汉)桓宽撰；(明)张之象注

明嘉靖三十三年(1554)张氏猗兰堂刻万历
(1573-1620)程荣重修本. -- 佚名跋并录(清)
卢文弨校。

1987年摄制. -- 1盘卷片(20米438拍)：
1:10, 2B ; 35mm银盐

收藏馆：缩微中心，国图

000O013265

盐铁论：十二卷 / (汉)桓宽撰；(明)张之象注

明嘉靖三十三年(1554)张氏猗兰堂刻万历
(1573-1620)程荣重修本. -- (清)长白熙征校
本。

1991年摄制. -- 1盘卷片(21.5米446拍)：
1:10, 2B ; 35mm银盐

收藏馆：缩微中心，湖北

000O008427

重刊说苑新序：三十卷 / (汉)刘向撰

明嘉靖二十六年(1547)何良俊刻本. -- (清)
朱骏声校。

1988年摄制. -- 1盘卷片(22米474拍)：
1:10, 2B ; 35mm银盐

收藏馆：缩微中心，国图

000O005971

刘氏二书：三十卷 / (汉)刘向撰

明嘉靖三十八年(1559)杨美益刻本

1986年摄制. -- 1盘卷片(21.4米474拍)：
1:10, 2B ; 35mm银盐

收藏馆：缩微中心，国图

000O027437

刘氏二书：三十卷 / (汉)刘向撰

明万历四年(1576)刻本

1996年摄制. -- 1盘卷片(20米435拍)：
1:10, 2B ; 35mm银盐

收藏馆：缩微中心，南京

000O007014

刘氏二书：三十卷 / (汉)刘向撰

明(1368-1644)刻本

1987年摄制. -- 1盘卷片(21米457拍)：
1:10, 2B ; 35mm银盐

收藏馆：缩微中心，国图

000O013951

刘氏二书：三十卷 / (汉)刘向撰

明(1368-1644)刻本

1991年摄制. -- 1盘卷片(23米444拍)：
1:10, 2B ; 35mm银盐

收藏馆：缩微中心，国图

000O016256

刘氏二书：三十卷 / (汉)刘向撰

明(1368-1644)刻本

1993年摄制. -- 1盘卷片(22米424拍)：
1:10, 2B ; 35mm银盐

收藏馆：缩微中心，国图

000O028420

新序：十卷 / (汉)刘向撰

明万历二十年(1592)程荣刻汉魏丛书本. --
(清)陆损之跋并录(清)黄丕烈校，佚名录(清)
顾广圻校跋。

1996年摄制. -- 1盘卷片(8.5米168拍)：
1:10, 2B ; 35mm银盐

收藏馆：缩微中心，南京

000O001582

新序：十卷 / (汉)刘向撰

明(1368-1644)刻本. -- (清)黄丕烈校并跋，
(清)陆损之校，(清)孙星衍跋。

1986年摄制. -- 1盘卷片(7.8米148拍)：
1:10, 2B ; 35mm银盐

收藏馆：缩微中心，国图

000O016118

新序：十卷 / (汉)刘向撰

清初(1644-1722)刻本. -- (清)郑珍校并跋。

1993年摄制. -- 1盘卷片(9米159拍)：1:10,
2B ; 35mm银盐

收藏馆：缩微中心，国图

000O004485

刘向新序：十卷 / (汉)刘向撰

明正德五年(1510)楚府正心书院刻本. --
(清)陈揆校并跋。

1986年摄制. -- 1盘卷片(8米145拍)：1:10,
2B ; 35mm银盐

收藏馆：缩微中心，国图

000O019618

刘向新序：十卷 / (汉)刘向撰

明嘉靖二十六年(1547)何良俊重刻说苑新序
本. -- (清)戴望校并跋，(清)郭柏苍、(清)
周星诒、(清)蒋凤藻跋。

1994年摄制. -- 1盘卷片(8米133拍)：1:10,
2B ; 35mm银盐

收藏馆：缩微中心，国图

000O004714

刘向新序：十卷 / (汉)刘向撰

明嘉靖二十六年(1547)何良俊刻说苑新序本

1987年摄制. -- 1盘卷片(8米147拍)：1:10,
2B ; 35mm银盐

收藏馆：缩微中心，国图

000O003132
刘向新序：十卷 / (汉)刘向撰
明嘉靖三十八年(1559)杨美益刻刘氏二书本. -- (清)蒋杲校并跋。
1986年摄制. -- 1盘卷片(8米152拍)：1:10，2B ；35mm银盐
收藏馆：缩微中心，国图

000O020321
刘向新序：十卷 / (汉)刘向撰
明嘉靖三十八年(1559)杨美益刻刘氏二书本
1994年摄制. -- 1盘卷片(8米132拍)：1:10，2B ；35mm银盐
收藏馆：缩微中心，国图

000O004523
刘向新序：十卷 / (汉)刘向撰
明(1368-1644)刻本. -- (清)顾广圻跋，佚名录(清)何焯校。
1987年摄制. -- 1盘卷片(8米158拍)：1:10，2B ；35mm银盐
收藏馆：缩微中心，国图

000O028190
刘向新序：十卷 / (汉)刘向撰
明(1368-1644)刻本. -- (清)何焯校并跋，(清)丁丙跋。
1996年摄制. -- 1盘卷片(9米150拍)：1:10，2B ；35mm银盐
收藏馆：缩微中心，南京

000O005170
刘向新序：十卷 / (汉)刘向撰
明(1368-1644)刻本
1986年摄制. -- 1盘卷片(8米160拍)：1:10，2B ；35mm银盐
收藏馆：缩微中心，国图

000O003138
刘向新序：十卷 / (汉)刘向撰
明(1368-1644)刻本
1986年摄制. -- 1盘卷片(9米166拍)：1:10，2B ；35mm银盐
收藏馆：缩微中心，国图

000O009402
刘向新序：十卷 / (汉)刘向撰
明(1368-1644)刻本
1988年摄制. -- 1盘卷片(10米148拍)：1:10，2B ；35mm银盐
收藏馆：缩微中心，湖北

000O028715
刘向新序：十卷 / (汉)刘向撰
明(1368-1644)刻本
1997年摄制. -- 1盘卷片(8米184拍)：1:10，2B ；35mm银盐
收藏馆：缩微中心，吉林

000O019631
说苑：二十卷 / (汉)刘向撰
明万历(1573-1620)程荣刻汉魏丛书本. -- 卷一至卷四配清初(1644-1722)抄本。(清)陆贻典校并跋。
1994年摄制. -- 1盘卷片(17米332拍)：1:10，2B ；35mm银盐
收藏馆：缩微中心，国图

000O019670
说苑：二十卷 / (汉)刘向撰
明万历(1573-1620)程荣刻汉魏丛书本. -- (清)王大隆跋并录(清)张绍仁校跋。
1994年摄制. -- 1盘卷片(18米345拍)：1:10，2B ；35mm银盐
收藏馆：缩微中心，国图

000O002169
说苑：二十卷 / (汉)刘向撰
明(1368-1644)抄本
1986年摄制. -- 1盘卷片(23米472拍)：1:10，2B ；35mm银盐
收藏馆：缩微中心，国图

000O004524
说苑：二十卷 / (汉)刘向撰
明(1368-1644)刻本. -- 存十九卷：卷一至卷十三、卷十五至卷二十。(清)孙志祖、(清)吴骞、(清)黄丕烈跋。
1987年摄制. -- 1盘卷片(18米383拍)：1:10，2B ；35mm银盐
收藏馆：缩微中心，国图

000O018712
说苑：二十卷 / (汉)刘向撰
清初(1644-1722)刻本. -- (清)丁晏校。
1994年摄制. -- 1盘卷片(18米338拍)：1:10，2B ；35mm银盐
收藏馆：缩微中心，国图

000O028201
说苑：二十卷 / (汉)刘向撰
清乾隆五十六年(1791)王谟刻增订汉魏丛书本. -- (清)姚觐元校并跋。
1996年摄制. -- 1盘卷片(18米362拍)：1:10，2B ；35mm银盐

收藏馆：缩微中心，南京

00O023832

说苑：二十卷 / (汉)刘向撰
清光绪元年(1875)崇文书局刻本. -- (清)谭
献校并跋。
1995年摄制. -- 1盘卷片(13米244拍) :
1:10, 2B ; 35mm银盐
收藏馆：缩微中心，浙江

00O007507

刘向说苑：二十卷 / (汉)刘向撰
明初(1368-1424)刻本
1987年摄制. -- 1盘卷片(11米212拍) :
1:10, 2B ; 35mm银盐
收藏馆：缩微中心，国图

00O005934

刘向说苑：二十卷 / (汉)刘向撰
明建文四年(1402)钱古训刻本. -- 存十卷：
卷十一至卷二十。
1987年摄制. -- 1盘卷片(9米169拍) : 1:10,
2B ; 35mm银盐
收藏馆：缩微中心，国图

00O022920

刘向说苑：二十卷 / (汉)刘向撰
明正德五年(1510)楚藩刻本. -- 版框高
二十六厘米宽十七厘米。
1993年摄制. -- 1盘卷片(18.2米386拍) :
1:10, 2B ; 35mm银盐
收藏馆：缩微中心，广东

00O004441

刘向说苑：二十卷 / (汉)刘向撰
明嘉靖二十六年(1547)何良俊重刻说苑新序
本. -- 存十卷：卷一至卷十。吴梅跋。
1986年摄制. -- 1盘卷片(9米161拍) : 1:10,
2B ; 35mm银盐
收藏馆：缩微中心，国图

00O011243

刘向说苑：二十卷 / (汉)刘向撰
明嘉靖二十六年(1547)何良俊重刻说苑新序
本. -- 缪荃孙校。
1989年摄制. -- 1盘卷片(18米354拍) :
1:10, 2B ; 35mm银盐
收藏馆：缩微中心，四川

00O005107

刘向说苑：二十卷 / (汉)刘向撰
明(1368-1644)刻本. -- (清)袁芳瑛跋，邓邦
述校。

1986年摄制. -- 1盘卷片(15米327拍) :
1:10, 2B ; 35mm银盐
收藏馆：缩微中心，国图

00O032035

刘向说苑：二十卷 / (汉)刘向撰
明(1368-1644)刻本. -- 十行十九字黑口四周
双边.(清)袁芳瑛跋，邓邦述校。
2011年摄制. -- 1盘卷片(19米332拍) :
1:14, 2B ; 35mm银盐
收藏馆：缩微中心，国图

00O003133

刘向说苑：二十卷 / (汉)刘向撰
明(1368-1644)刻本
1986年摄制. -- 1盘卷片(15米311拍) :
1:10, 2B ; 35mm银盐
收藏馆：缩微中心，国图

00O028211

刘向说苑：二十卷 / (汉)刘向撰
明(1368-1644)刻本. -- (清)顾观光校。
1996年摄制. -- 1盘卷片(18米383拍) :
1:10, 2B ; 35mm银盐
收藏馆：缩微中心，南京

00O007928

刘向说苑：二十卷 / (汉)刘向撰
明(1368-1644)刻本
1988年摄制. -- 1盘卷片(15.8米325拍) :
1:10, 2B ; 35mm银盐
收藏馆：缩微中心，湖南

00O009457

刘向说苑：二十卷 / (汉)刘向撰
明(1368-1644)刻本
1988年摄制. -- 1盘卷片(17.7米377拍) :
1:10, 2B ; 35mm银盐
收藏馆：缩微中心，重庆

00O010533

新刊刘向先生说苑：二十卷
明永乐(1403-1424)刻本
1989年摄制. -- 1盘卷片(12米237拍) :
1:10, 2B ; 35mm银盐
收藏馆：缩微中心，吉林

00O006202

刘向说苑旁注评林：二十卷 / (明)黄从诚撰
明(1368-1644)见冈堂刻本
1987年摄制. -- 1盘卷片(23米450拍) :
1:10, 2B ; 35mm银盐
收藏馆：缩微中心，四川

00O014561
法言：十卷 / (汉)扬雄撰
清(1644-1911)刻本. -- (清)陈鱣校跋并录
(清)何焯、(清)卢文弨题识。
1992年摄制. -- 1盘卷片(5米65拍)：1:10,
2B；35mm银盐
收藏馆：缩微中心，国图

00O012569
扬子法言：十三卷首一卷音义一卷 / (汉)扬雄撰；
(宋)宋咸[等]注
宋(960-1279)刻本
1990年摄制. -- 1盘卷片(10.3米211拍)：
1:10, 2B；35mm银盐
收藏馆：缩微中心，辽宁

00O006625
扬子法言：十三卷 / (晋)李轨注
宋(960-1279)刻宋元(960-1368)递修本. --
存零散叶。
1987年摄制. -- 1盘卷片(3米37拍)：1:10,
2B；35mm银盐
收藏馆：缩微中心，国图

00O004503
扬子法言：十三卷音义一卷 / (晋)李轨注
清嘉庆二十三年(1818)秦氏石研斋影宋
(960-1279)刻本. -- (清)翁同龢临(清)何焯
批校题识。
1986年摄制. -- 1盘卷片(6米90拍)：1:10,
2B；35mm银盐
收藏馆：缩微中心，国图

00O016077
扬子法言：十三卷音义一卷 / (晋)李轨注
清光绪二年(1876)浙江书局刻二十二子本. --
章钰校并跋。
1993年摄制. -- 1盘卷片(6米83拍)：1:10,
2B；35mm银盐
收藏馆：缩微中心，国图

00O002166
新纂门目五臣音注扬子法言：十卷 / (晋)李轨
[等]撰
明嘉靖十二年(1533)顾春世德堂刻六子书
本. -- 撰者还有：(唐)柳宗元、(宋)宋咸、
(宋)吴秘、(宋)司马光。存五卷：卷六至卷
十。(清)沈岩录(清)何焯批校题识，(清)黄丕
烈、(清)顾广圻跋。
1986年摄制. -- 1盘卷片(7米109拍)：1:10,
2B；35mm银盐
收藏馆：缩微中心，国图

00O018920
新纂门目五臣音注扬子法言：十卷 / (汉)扬雄撰；
(唐)柳宗元[等]注
明嘉靖十二年(1533)顾春世德堂刻六子书
本. -- 注者还有：(宋)宋咸、(宋)吴秘、
(宋)司马光。(清)莫有芝跋。
1993年摄制. -- 1盘卷片(12米243拍)：
1:10, 2B；35mm银盐
收藏馆：缩微中心，山东

00O020286
新纂门目五臣音注扬子法言：十卷 / (晋)李轨
[等]撰
清嘉庆九年(1804)宝庆经纶堂刻本. -- 撰者
还有：(唐)柳宗元、(宋)宋咸、(宋)吴秘、
(宋)司马光。(清)王原校注。
1994年摄制. -- 1盘卷片(8米122拍)：1:10,
2B；35mm银盐
收藏馆：缩微中心，国图

00O003139
纂图互注扬子法言：十卷 / (晋)李轨[等]注
明初(1368-1424)刻本. -- 注者还有：(唐)柳
宗元、(宋)宋咸、(宋)吴秘、(宋)司马光。
1986年摄制. -- 1盘卷片(7米126拍)：1:10,
2B；35mm银盐
收藏馆：缩微中心，国图

00O006998
纂图互注扬子法言：十卷 / (晋)李轨[等]注
明初(1368-1424)刻本. -- 注者还有：(唐)柳
宗元、(宋)宋咸、(宋)吴秘、(宋)司马光。存
七卷：卷一至卷二、卷六至卷十。
1987年摄制. -- 1盘卷片(6米99拍)：1:10,
2B；35mm银盐
收藏馆：缩微中心，国图

00O004228
扬子法言：十卷 / (汉)扬雄撰；(晋)李轨,(唐)柳
宗元注；(宋)宋咸[等]增注
明(1368-1644)读书坊刻本. -- 增注者还有：
(宋)吴祕、(宋)司马光。(清)焦循跋。
1986年摄制. -- 1盘卷片(7.2米134拍)：
1:10, 2B；35mm银盐
收藏馆：缩微中心，国图

00O009000
扬子法言：十卷 / (汉)扬雄撰；(晋)李轨,(唐)柳
宗元注；(宋)宋咸[等]增注
明末(1621-1644)刻本. -- 增注者还有：(宋)
吴祕、(宋)司马光。
1988年摄制. -- 1盘卷片(8米128拍)：1:10,
2B；35mm银盐

收藏馆：缩微中心，湖北

000O015131
扬子法言：十卷 / (明)赵大纲集注
明嘉靖(1522-1566)刻本. -- 存四卷：卷七至卷十。
1992年摄制. -- 1盘卷片(6米75拍) ： 1:10, 2B ；35mm银盐
收藏馆：缩微中心，国图

000O018894
扬子法言：十卷 / (汉)扬雄撰；(明)赵大纲集注
明隆庆二年(1568)崔近思刻本
1994年摄制. -- 1盘卷片(12米225拍) ： 1:10, 2B ；35mm银盐
收藏馆：缩微中心，天津

000O001355
潜夫论：十卷 / (汉)王符撰
明万历(1573-1620)程荣刻汉魏丛书本. -- (清)黄廷鉴校。
1985年摄制. -- 1盘卷片(8.2米155拍) ： 1:10, 2B ；35mm银盐
收藏馆：缩微中心，国图

000O010541
潜夫论：□□卷 / (汉)王符撰
明万历(1573-1620)刻本
1989年摄制. -- 1盘卷片(10米186拍) ： 1:10, 2B ；35mm银盐
收藏馆：缩微中心，吉林

000O028185
潜夫论：十卷 / (汉)王符撰
明万历(1573-1620)何允中刻广汉魏丛书本. -- (清)卢文弨校，(清)丁丙跋。
1996年摄制. -- 1盘卷片(8.5米147拍) ： 1:10, 2B ；35mm银盐
收藏馆：缩微中心，南京

000O003593
潜夫论：十卷 / (汉)王符撰
明(1368-1644)刻本. -- (清)黄丕烈、费士玑跋。
1985年摄制. -- 1盘卷片(8米153拍) ： 1:10, 2B ；35mm银盐
收藏馆：缩微中心，国图

000O013625
潜夫论：十卷 / (汉)王符撰
明(1368-1644)刻本
1991年摄制. -- 1盘卷片(9米134拍) ： 1:10, 2B ；35mm银盐

收藏馆：缩微中心，国图

000O028197
潜夫论：十卷 / (汉)王符撰
明(1368-1644)刻本. -- (清)丁丙跋。
1996年摄制. -- 1盘卷片(10米180拍) ： 1:10, 2B ；35mm银盐
收藏馆：缩微中心，南京

000O023841
崔寔政论：不分卷 / (汉)崔寔撰；(清)严可均辑
清(1644-1911)陶濬宣抄本. -- (清)陶濬宣校并跋。
1995年摄制. -- 1盘卷片(3米38拍) ： 1:10, 2B ；35mm银盐
收藏馆：缩微中心，浙江

000O029830
申鉴注：五卷 / (明)黄省曾撰
明正德十四年(1519)黄氏文始堂刻本. -- 莫棠跋。
2001年摄制. -- 1盘卷片(6米88拍) ： 1:10, 2B ；35mm银盐
收藏馆：缩微中心，国图

000O005973
申鉴注：五卷 / (明)黄省曾撰
明正德十四年(1519)黄氏文始堂刻本
1986年摄制. -- 1盘卷片(5.1米83拍) ： 1:10, 2B ；35mm银盐
收藏馆：缩微中心，国图

000O012063
申鉴：五卷 / (汉)荀悦撰；(明)黄省曾注
明正德十四年(1519)黄氏文始堂刻本
1989年摄制. -- 1盘卷片(5.1米88拍) ： 1:10, 2B ；35mm银盐
收藏馆：缩微中心，浙江

000O013653
申鉴：五卷 / (汉)荀悦撰；(明)黄省曾注
明嘉靖十二年(1533)张惟恕刻本
1991年摄制. -- 1盘卷片(4米35拍) ： 1:10, 2B ；35mm银盐
收藏馆：缩微中心，国图

000O003127
申鉴注：五卷 / (明)黄省曾撰
明万历十年(1582)原一魁刻两京遗编本
1986年摄制. -- 1盘卷片(5米79拍) ： 1:10, 2B ；35mm银盐
收藏馆：缩微中心，国图

00O028547
申鉴：五卷 / (汉)荀悦撰；(明)黄省曾注
明万历（1573-1620）何允中刻广汉魏丛书本. -- (清)卢文弨校，(清)丁丙跋。
1996年摄制. -- 1盘卷片（4米56拍）：1:10，2B；35mm银盐
收藏馆：缩微中心，南京

00O003134
徐干中论：二卷 / (汉)徐干撰
明（1368-1644）刻本
1986年摄制. -- 1盘卷片（6米108拍）：1:10，2B；35mm银盐
收藏馆：缩微中心，国图

00O004203
徐干中论：二卷 / (汉)徐干撰
明（1368-1644）刻本
1986年摄制. -- 1盘卷片（6米111拍）：1:10，2B；35mm银盐
收藏馆：缩微中心，国图

00O006382
徐干中论：二卷 / (汉)徐干撰
明（1368-1644）刻本
1987年摄制. -- 1盘卷片（6米93拍）：1:10，2B；35mm银盐
收藏馆：缩微中心，国图

00O017540
徐干中论：二卷 / (汉)徐干撰
明（1368-1644）刻本
1993年摄制. -- 1盘卷片（6米94拍）：1:10，2B；35mm银盐
收藏馆：缩微中心，国图

00O001464
中论：二卷 / (汉)徐干撰
明（1368-1644）刻本. -- (清)陈鳣校。
1985年摄制. -- 1盘卷片（5.2米85拍）：1:10，2B；35mm银盐
收藏馆：缩微中心，国图

00O001267
中论：二卷 / (汉)徐干撰
清嘉庆十八年（1813）焦循抄本
1985年摄制. -- 1盘卷片（4.2米67拍）：1:10，2B；35mm银盐
收藏馆：缩微中心，国图

00O023823
傅子拾遗：二卷 / (晋)傅玄撰
清（1644-1911）抄本

1995年摄制. -- 1盘卷片（3米32拍）：1:10，2B；35mm银盐
收藏馆：缩微中心，浙江

00O028202
中说：二卷 / [题](隋)王通撰
明万历（1573-1620）何允中刻广汉魏丛书本. -- (清)卢文弨校，(清)丁丙跋。
1996年摄制. -- 1盘卷片（6米82拍）：1:10，2B；35mm银盐
收藏馆：缩微中心，南京

00O003404
中说：十卷 / (宋)阮逸注
明初（1368-1424）刻本. -- (清)周星诒跋。
1986年摄制. -- 1盘卷片（6.1米108拍）：1:10，2B；35mm银盐
收藏馆：缩微中心，国图

00O004388
中说：十卷 / [题](隋)王通撰；(宋)阮逸注
明初（1368-1424）刻本
1985年摄制. -- 1盘卷片（6米107拍）：1:10，2B；35mm银盐
收藏馆：缩微中心，国图

00O007375
中说：十卷 / (隋)王通述；(宋)阮逸注
明初（1368-1424）刻本. -- 版框高十八厘米宽十二厘米。
1987年摄制. -- 1盘卷片（6.6米119拍）：1:10，2B；35mm银盐
收藏馆：缩微中心，广东

00O022137
中说：十卷 / [题](隋)王通撰；(宋)阮逸注
明初（1368-1424）刻本
1995年摄制. -- 1盘卷片（7米96拍）：1:10，2B；35mm银盐
收藏馆：缩微中心，国图

00O028412
中说：十卷 / [题](隋)王通撰；(宋)阮逸注
明初（1368-1424）刻本. -- (清)丁丙跋。
1996年摄制. -- 1盘卷片（7.5米119拍）：1:10，2B；35mm银盐
收藏馆：缩微中心，南京

00O014828
中说：十卷 / (宋)阮逸注
明嘉靖四年（1525）郑庆云刻本. -- (清)翁同书跋。
1992年摄制. -- 1盘卷片（8米133拍）：1:10，

2B ；35mm银盐
收藏馆：缩微中心，国图

000O004493
文中子：十卷
明嘉靖六年(1527)许宗鲁王鉴樊川别业刻六子书本
1986年摄制. -- 1盘卷片(6米102拍) ：1:10，2B ；35mm银盐
收藏馆：缩微中心，国图

000O003966
中说注：十卷 / (宋)阮逸注
明(1368-1644)刻本
1985年摄制. -- 1盘卷片(8米155拍) ：1:10，2B ；35mm银盐
收藏馆：缩微中心，国图

000O003483
中说：十卷 / (宋)阮逸注
明(1368-1644)刻六子书本
1985年摄制. -- 1盘卷片（10米167拍）：1:10，2B ；35mm银盐
收藏馆：缩微中心，国图

000O006182
中说：十卷 / [题](隋)王通撰；(宋)阮逸注
明(1368-1644)敬忍居刻本
1987年摄制. -- 1盘卷片(9米169拍) ：1:10，2B ；35mm银盐
收藏馆：缩微中心，四川

000O012495
中说：十卷 / [题](隋)王通撰；(宋)阮逸注
明(1368-1644)敬忍居刻本. -- 王献唐跋并录(清)方功惠校跋
1990年摄制. -- 1盘卷片(9米177拍) ：1:10，2B ；35mm银盐
收藏馆：缩微中心，山东

000O028183
文中子中说：十卷 / [题](隋)王通撰；(宋)阮逸注
清光绪二年(1876)浙江书局刻二十二子本. -- (清)杨沂孙批点并跋
1996年摄制. -- 1盘卷片(8米131拍) ：1:10，2B ；35mm银盐
收藏馆：缩微中心，南京

000O016056
文中子中说注：十卷 / (宋)阮逸撰
清光绪二年(1876)浙江书局刻二十二子本
1993年摄制. -- 1盘卷片(7米113拍) ：1:10，2B ；35mm银盐

收藏馆：缩微中心，国图

000O028414
中说考：七卷 / (明)崔铣撰
明(1368-1644)河汾书院刻本
1996年摄制. -- 1盘卷片(7米106拍) ：1:10，2B ；35mm银盐
收藏馆：缩微中心，南京

000O016694
伸蒙续孟子：二卷 / (唐)林慎思撰
明万历四年(1576)林一龙林一豹[等]刻本
1993年摄制. -- 1盘卷片(3米19拍) ：1:10，2B ；35mm银盐
收藏馆：缩微中心，国图

000O005711
王贤良儒志编：一卷 / (宋)王开祖撰
明弘治七年(1494)陈宣刻本
1987年摄制. -- 1盘卷片(4米59拍) ：1:10，2B ；35mm银盐
收藏馆：缩微中心，国图

000O005922
儒志编：一卷附录一卷 / (宋)王开祖撰
明弘治十二年(1499)汪循刻本
1987年摄制. -- 1盘卷片(3.9米57拍) ：1:10，2B ；35mm银盐
收藏馆：缩微中心，国图

000O006691
邵子全书：二十四卷 / (宋)邵雍撰
明万历三十四年(1606)徐必达刻本
1987年摄制. -- 3盘卷片(85.9米1871拍) ：1:10，2B ；35mm银盐
收藏馆：缩微中心，山西

000O021854
邵子全书 / (宋)邵雍撰；(明)徐必达编
明万历三十四年(1606)徐必达刻本
1995年摄制. -- 3盘卷片(87米1827拍) ：1:10，2B ；35mm银盐
收藏馆：缩微中心，湖北

000O026007
张子全书：十五卷 / (宋)张载撰；(宋)朱熹注释
明万历(1573-1620)陕西凤翔府刻本
1996年摄制. -- 1盘卷片(20米416拍) ：1:10，2B ；35mm银盐
收藏馆：缩微中心，福建

000O021752
张子全书：十五卷 / (宋)张载撰；(宋)朱熹注释；

(清)朱轼,(清)段志熙校
清康熙五十八年(1719)朱轼刻本
1995年摄制. -- 1盘卷片(21米416拍) :
1:10, 2B ; 35mm银盐
收藏馆：缩微中心，国图

000O002118
张子全书：十五卷 / (宋)张载撰
清(1644-1911)抄本
1986年摄制. -- 1盘卷片(18.5米398拍) :
1:10, 2B ; 35mm银盐
收藏馆：缩微中心，国图

000O008713
横渠张子抄释：六卷 / (明)吕柟撰
明嘉靖五年(1526)刻本
1988年摄制. -- 1盘卷片(7.4米137拍) :
1:10, 2B ; 35mm银盐
收藏馆：缩微中心，重庆

000O015762
正蒙会稿：四卷 / (明)刘玑撰
明正德十五年(1520)祝寿武雷[等]刻本
1993年摄制. -- 1盘卷片(12米220拍) :
1:10, 2B ; 35mm银盐
收藏馆：缩微中心，国图

000O006186
正蒙释：四卷 / (明)高攀龙集注；(明)徐必达发明
明万历(1573-1620)刻本
1987年摄制. -- 1盘卷片(13米251拍) :
1:10, 2B ; 35mm银盐
收藏馆：缩微中心，四川

000O021744
正蒙补训：四卷 / (清)冉觐祖撰
清康熙四十一年(1702)许天禄[等]刻本
1995年摄制. -- 1盘卷片(18米344拍) :
1:10, 2B ; 35mm银盐
收藏馆：缩微中心，国图

000O005801
横渠经学理窟：五卷 / (宋)张载撰
明嘉靖元年(1522)黄巩刻本
1987年摄制. -- 1盘卷片(6米96拍) : 1:10,
2B ; 35mm银盐
收藏馆：缩微中心，国图

000O027804
二程全书：六十二卷 / (宋)程颢,(宋)程颐撰
明成化十二年(1476)段坚刻本. -- (清)丁丙跋。

1996年摄制. -- 2盘卷片(60米1241拍) :
1:10, 2B ; 35mm银盐
收藏馆：缩微中心，南京

000O003568
二程全书：六十五卷 / (宋)程颢,(宋)程颐撰；(明)康绍宗,(明)彭纲重编
明弘治十一年(1498)陈宣刻本
1985年摄制. -- 2盘卷片(49米1093拍) :
1:10, 2B ; 35mm银盐
收藏馆：缩微中心，国图

000O016404
二程子全书：五十一卷
明嘉靖三年(1524)李中余祐刻本
1993年摄制. -- 2盘卷片(44米871拍) :
1:10, 2B ; 35mm银盐
收藏馆：缩微中心，国图

000O000435
二程全书：五十一卷
明(1368-1644)刻本
1985年摄制. -- 2盘卷片(43.7米963拍) :
1:10, 2B ; 35mm银盐
收藏馆：缩微中心，国图

000O006196
二程全书：六十八卷 / (宋)程颢,(宋)程颐撰
明万历三十四年(1606)徐必达刻本
1987年摄制. -- 3盘卷片(89米1790拍) :
1:10, 2B ; 35mm银盐
收藏馆：缩微中心，四川

000O023829
程氏遗书分类：三十一卷；程氏外书分类：十卷 / (明)杨廉辑
明(1368-1644)刻本
1995年摄制. -- 1盘卷片(32米668拍) :
1:10, 2B ; 35mm银盐
收藏馆：缩微中心，浙江

000O023831
遗书编：一卷 / (宋)程颢,(宋)程颐撰
明(1368-1644)聂铉刻本
1995年摄制. -- 1盘卷片(5米75拍) : 1:10,
2B ; 35mm银盐
收藏馆：缩微中心，浙江

000O028206
二程子抄释：十卷 / (明)吕柟撰
明嘉靖五年(1526)解梁书院刻本
1996年摄制. -- 1盘卷片(13米245拍) :
1:10, 2B ; 35mm银盐

收藏馆：缩微中心，南京

000O024186
二程子抄释：十卷 / (明)吕柟抄释
明嘉靖二十七年(1548)周璞闽东刻蓝印本. --
本书蓝印四册，墨印二册。版框高二十一厘米
宽十五厘米。
1996年摄制. -- 1盘卷片(14米274拍)：
1:10, 2B；35mm银盐
收藏馆：缩微中心，广东

000O028209
二程先生类语：八卷 / (明)唐伯之辑
明万历十三年(1585)姜召[等]刻本
1996年摄制. -- 1盘卷片(17米345拍)：
1:10, 2B；35mm银盐
收藏馆：缩微中心，南京

000O013295
二程先生语录：二卷 / (明)徐元声辑；(明)袁征
订正
明崇祯六年(1633)刻本
1991年摄制. -- 1盘卷片(6.5米113拍)：
1:10, 2B；35mm银盐
收藏馆：缩微中心，湖北

000O018906
程志：十卷 / (明)崔铣编
明嘉靖(1522-1566)精刻本
1994年摄制. -- 1盘卷片(10米192拍)：
1:10, 2B；35mm银盐
收藏馆：缩微中心，天津

000O009081
程子详本：二十卷 / (明)陈龙正撰
明崇祯十六年(1643)刻本
1988年摄制. -- 2盘卷片(33.7米701拍)：
1:10, 2B；35mm银盐
收藏馆：缩微中心，湖南

000O023852
上蔡先生语录：三卷 / (宋)谢良佐撰
明正德八年(1513)汪正刻本
1995年摄制. -- 1盘卷片(5米74拍)：1:10,
2B；35mm银盐
收藏馆：缩微中心，浙江

000O005802
浩斋过先生语录：二卷 / [题](宋)过源撰
明万历三十三年(1605)过继美刻本
1987年摄制. -- 1盘卷片(5米78拍)：1:10,
2B；35mm银盐
收藏馆：缩微中心，国图

000O001726
晁氏儒言：一卷 / (宋)晁说之撰
明嘉靖三十三年(1554)晁瑮宝文堂刻本
1986年摄制. -- 1盘卷片(3米37拍)：1:10,
2B；35mm银盐
收藏馆：缩微中心，国图

000O013471
晁氏儒言：一卷 / (宋)晁说之撰
明嘉靖三十三年(1554)晁瑮宝文堂刻本
1991年摄制. -- 1盘卷片(3米25拍)：1:10,
2B；35mm银盐
收藏馆：缩微中心，国图

000O019820
龟山先生语录：四卷 / (宋)杨时撰
元(1271-1368)刻本
1994年摄制. -- 1盘卷片(7米137拍)：1:10,
2B；35mm银盐
收藏馆：缩微中心，天津

000O014743
安正忘筌集：二卷 / (宋)潘植撰
明万历(1573-1620)刻本
1992年摄制. -- 1盘卷片(10米166拍)：
1:10, 2B；35mm银盐
收藏馆：缩微中心，国图

000O003631
致堂先生崇正辨：三卷 / (宋)胡寅撰
明(1368-1644)刻本
1986年摄制. -- 1盘卷片(10米182拍)：
1:10, 2B；35mm银盐
收藏馆：缩微中心，国图

000O004721
胡子知言：六卷 / (宋)胡宏撰 . 附录：一卷疑义
一卷 / (明)程敏政辑
明嘉靖五年(1526)正心书院刻本
1986年摄制. -- 1盘卷片(5.3米89拍)：
1:10, 2B；35mm银盐
收藏馆：缩微中心，国图

000O005877
丽泽论说集录：十卷 / (宋)吕祖俭辑
宋嘉泰四年(1204)吕乔年刻元明(1271-1644)
递修本. -- 卷五配清(1644-1911)影宋
(960-1279)抄本。存五卷：卷一至卷五。
1987年摄制. -- 1盘卷片(10米208拍)：
1:10, 2B；35mm银盐
收藏馆：缩微中心，国图

00O008100
陆子学谱：二十卷 / (清)陆陇其撰；(清)李绂辑
清雍正十年(1732)无怒轩刻本
1988年摄制. -- 1盘卷片（30米630拍）：
1:10，2B；35mm银盐
收藏馆：缩微中心，湖北

00O025355
渊鉴斋御纂朱子全书：六十六卷 / (清)熊赐履[等]修
清康熙五十三年(1714)武英殿刻本. -- 纂修者还有：(清)李光地。
1996年摄制. -- 5盘卷片（143米2930拍）：
1:10，2B；35mm银盐
收藏馆：缩微中心，国图

00O025359
渊鉴斋御纂朱子全书：六十一卷 / (清)熊赐履[等]修
清乾隆元年至二年(1736-1737)国子监刻本. -- 纂修者还有：(清)李光地。
1996年摄制. -- 5盘卷片（146米3012拍）：
1:10，2B；35mm银盐
收藏馆：缩微中心，国图

00O021750
渊鉴斋御纂朱子全书：六十六卷 / (清)熊赐履[等]修
清乾隆元年至二年(1736-1737)国子监刻本. -- 纂修者还有：(清)李光地。
1995年摄制. -- 5盘卷片（138米2930拍）：
1:10，2B；35mm银盐
收藏馆：缩微中心，国图

00O025352
渊鉴斋御纂朱子全书：十九卷
清康熙(1662-1722)内府刻本
1996年摄制. -- 2盘卷片（42米828拍）：
1:10，2B；35mm银盐
收藏馆：缩微中心，国图

00O007946
近思录：十四卷 / (宋)朱熹,(宋)吕祖谦撰
明万历三十五年(1607)朱崇沐刻本
1988年摄制. -- 1盘卷片（10.2米197拍）：
1:10，2B；35mm银盐
收藏馆：缩微中心，湖南

00O002167
近思录：十四卷 / (宋)朱熹,(宋)吕祖谦撰
明崇祯九年(1636)张隽[等]刻本
1986年摄制. -- 1盘卷片（10米167拍）：
1:10，2B；35mm银盐

收藏馆：缩微中心，国图

00O032101
近思录：十四卷 / (宋)朱熹,(宋)吕祖谦撰
明崇祯九年(1636)张隽[等]刻本. -- 九行二十字白口左右双边。
2011年摄制. -- 1盘卷片（11米173拍）：
1:13，2B；35mm银盐
收藏馆：缩微中心，国图

00O007930
近思录：十四卷 / (宋)朱熹,(宋)吕祖谦撰
明(1368-1644)刻本
1988年摄制. -- 1盘卷片（15米303拍）：
1:10，2B；35mm银盐
收藏馆：缩微中心，湖南

00O002168
近思录集解：十四卷 / (宋)叶采撰
元(1271-1368)刻明(1368-1644)重修本
1986年摄制. -- 1盘卷片（16米311拍）：
1:10，2B；35mm银盐
收藏馆：缩微中心，国图

00O005241
近思录集解：十四卷 / (宋)叶采撰
元(1271-1368)刻明(1368-1644)重修本
1986年摄制. -- 1盘卷片（15米308拍）：
1:10，2B；35mm银盐
收藏馆：缩微中心，国图

00O001302
近思录集解：十四卷 / (宋)叶采辑
日本活字印本
1985年摄制. -- 1盘卷片（15米272拍）：
1:10，2B；35mm银盐
收藏馆：缩微中心，国图

00O015927
分类经进近思录集解：十四卷 / (宋)叶采撰
明嘉靖十七年(1538)刘仕贤刻本
1993年摄制. -- 1盘卷片（13米234拍）：
1:10，2B；35mm银盐
收藏馆：缩微中心，国图

00O008299
分类经进近思录集解：十四卷 / (宋)叶采撰
明(1368-1644)吴勉学刻本
1988年摄制. -- 1盘卷片（15米280拍）：
1:10，2B；35mm银盐
收藏馆：缩微中心，山东

00O026334
近思录：十四卷 / (清)陈沆撰；(清)魏源批
清(1644-1911)稿本
1996年摄制. -- 1盘卷片(14米270拍) :
1:10, 2B ; 35mm银盐
收藏馆：缩微中心，湖北

00O000485
近思录集说：十四卷 / (清)黄奭撰
清(1644-1911)抄本
1985年摄制. -- 2盘卷片(57.8米1301拍) :
1:10, 2B ; 35mm银盐
收藏馆：缩微中心，国图

00O013640
近思续录：十四卷 / (清)刘源渌辑
清康熙三十二年至三十三年(1693-1694)马常
沛抄本. -- (清)马常沛跋。
1991年摄制. -- 3盘卷片(70米1285拍) :
1:10, 2B ; 35mm银盐
收藏馆：缩微中心，国图

00O005679
延平李先生答问：一卷附一卷 / (宋)朱熹撰
明万历三十七年(1609)熊尚文刻本
1987年摄制. -- 1盘卷片(5米67拍) : 1:10,
2B ; 35mm银盐
收藏馆：缩微中心，国图

00O016407
类编标注文公朱先生经济文衡前集：二十五卷
后集二十五卷续集二十二卷 / (宋)滕珙辑
明万历三十四年(1606)朱吾弼朱崇沐刻本
1993年摄制. -- 2盘卷片(46米940拍) :
1:10, 2B ; 35mm银盐
收藏馆：缩微中心，国图

00O003700
朱子语类：一百四十卷 / (宋)黎靖德辑
明成化九年(1473)陈炜刻本
1985年摄制. -- 5盘卷片(132.6米2941拍) :
1:10, 2B ; 35mm银盐
收藏馆：缩微中心，国图

00O012792
朱子语类：一百四十卷 / (宋)黎靖德辑
明成化九年(1473)陈炜刻本. -- (清)丁丙
跋。
1990年摄制. -- 5盘卷片(146米3080拍) :
1:10, 2B ; 35mm银盐
收藏馆：缩微中心，南京

00O020675
朱子语类：一百四十卷 / (宋)黎靖德辑
明(1368-1644)刻本. -- 存一卷：卷四十一。
1994年摄制. -- 1盘卷片(3米24拍) : 1:10,
2B ; 35mm银盐
收藏馆：缩微中心，国图

00O023130
晦庵先生语录类要：十八卷 / (宋)叶士龙辑
明成化五年(1469)韩侰刻本. -- 存十一卷：
卷七至卷十四、卷十六至卷十八。
1995年摄制. -- 1盘卷片(15米270拍) :
1:10, 2B ; 35mm银盐
收藏馆：缩微中心，国图

00O023826
晦庵先生语录类要：十八卷 / (宋)叶士龙辑
明成化六年(1470)韩侰刻本
1995年摄制. -- 1盘卷片(21米425拍) :
1:10, 2B ; 35mm银盐
收藏馆：缩微中心，浙江

00O022825
文公先生经世大训：十六卷 / (明)余祐撰
明嘉靖元年(1522)河南按察司刻本
1995年摄制. -- 1盘卷片(27.5米609拍) :
1:10, 2B ; 35mm银盐
收藏馆：缩微中心，南京

00O010649
朱子成书：十卷 / (元)黄瑞节辑
元(1271-1368)刻本
1989年摄制. -- 1盘卷片(6米96拍) : 1:10,
2B ; 35mm银盐
收藏馆：缩微中心，吉林

00O015097
朱子成书附录：十卷 / (元)黄瑞节辑
明初(1368-1424)刻本
1992年摄制. -- 1盘卷片(25米457拍) :
1:10, 2B ; 35mm银盐
收藏馆：缩微中心，国图

00O004952
朱子成书附录：十卷 / (元)黄瑞节辑
清初(1644-1722)抄本. -- 存一卷：周易参同
契一卷。
1987年摄制. -- 1盘卷片(3.4米45拍) :
1:10, 2B ; 35mm银盐
收藏馆：缩微中心，国图

00O005677
闲辟录：十卷 / (明)程曈撰

明嘉靖四十三年(1564)程缵洛刻本
1987年摄制. -- 1盘卷片(10.3米211拍) :
1:10, 2B ; 35mm银盐
收藏馆：缩微中心，国图

00O014022
朱子大全私抄：十二卷 / (宋)朱熹撰；(明)王宗沐辑
明嘉靖三十二年(1553)王宗沐刻本. -- 存十
卷：卷一至卷十。
1991年摄制. -- 1盘卷片(23米461拍) :
1:10, 2B ; 35mm银盐
收藏馆：缩微中心，国图

00O009806
朱子大全私抄：十二卷 / (明)王宗沐辑
明嘉靖(1522-1566)刻本
1989年摄制. -- 1盘卷片(26米586拍) :
1:10, 2B ; 35mm银盐
收藏馆：缩微中心，浙江

00O028199
朱子节要：十四卷 / (明)高攀龙撰
明万历三十年(1602)刻本
1996年摄制. -- 1盘卷片(8.5米148拍) :
1:10, 2B ; 35mm银盐
收藏馆：缩微中心，南京

00O018874
先圣大训：八卷 / (宋)杨简撰
明万历四十三年(1615)刻本
1993年摄制. -- 1盘卷片(31米652拍) :
1:10, 2B ; 35mm银盐
收藏馆：缩微中心，天津

00O017645
先圣大训：八卷 / (宋)杨简撰
明(1368-1644)刻本
1993年摄制. -- 1盘卷片(19米378拍) :
1:10, 2B ; 35mm银盐
收藏馆：缩微中心，国图

00O006297
先圣大训：八卷 / (宋)杨简撰
明正德(1506-1521)刻本
1987年摄制. -- 1盘卷片(11米258拍) :
1:10, 2B ; 35mm银盐
收藏馆：缩微中心，吉林

00O003752
北溪先生字义：二卷；严陵讲义：一卷 / (宋)陈淳撰
明弘治五年(1492)林进卿刻本

1985年摄制. -- 1盘卷片(7米112拍) : 1:10,
2B ; 35mm银盐
收藏馆：缩微中心，国图

00O028210
北溪先生字义：二卷；严陵讲义：一卷 / (宋)陈淳撰
明弘治五年(1492)林同刻本. -- (清)丁丙跋。
1996年摄制. -- 1盘卷片(7米116拍) : 1:10,
2B ; 35mm银盐
收藏馆：缩微中心，南京

00O014248
北溪先生字义详讲：二卷 / (宋)陈淳撰
明隆庆(1567-1572)李畿嗣刻本
1991年摄制. -- 1盘卷片(8米121拍) : 1:10,
2B ; 35mm银盐
收藏馆：缩微中心，国图

00O003952
潜室陈先生木钟集：十一卷 / (宋)陈埴撰
明弘治十四年(1501)邓淮高宾刻本
1985年摄制. -- 1盘卷片(13米276拍) :
1:10, 2B ; 35mm银盐
收藏馆：缩微中心，国图

00O028196
潜室陈先生木钟集：十一卷 / (宋)陈埴撰
明弘治十四年(1501)邓淮高宾刻本. -- (清)丁丙跋。
1996年摄制. -- 1盘卷片(15米295拍) :
1:10, 2B ; 35mm银盐
收藏馆：缩微中心，南京

00O003572
西山先生真文忠公读书记甲集：三十七卷 / (宋)真德秀撰
宋(960-1279)福州学官刻元明(1271-1644)递修本
1985年摄制. -- 2盘卷片(56米1244拍) :
1:10, 2B ; 35mm银盐
收藏馆：缩微中心，国图

00O027528
西山先生真文忠公读书记：六十一卷 / (宋)真德秀撰
宋开庆元年(1259)福州学官刻元(1271-1368)重修本
1997年摄制. -- 5盘卷片(136米2697拍) :
1:10, 2B ; 35mm银盐
收藏馆：缩微中心，国图

000O020401

西山先生真文忠公读书记：五十九卷 / (宋)真德秀撰

宋(960-1279)福州学官刻元明(1271-1644)递修本. -- 乙集下为宋开庆元年(1259)福州官刻元修本。存五卷：甲集卷五至卷八、乙集下卷五。

1994年摄制. -- 1盘卷片(12米205拍)：1:10, 2B；35mm银盐

收藏馆：缩微中心，国图

000O023156

西山先生真文忠公读书记：□□卷 / (宋)真德秀撰

元(1271-1368)刻本. -- 存七卷：乙记卷十至卷十一、卷十三、卷二十二至卷二十三，续甲记卷十二至卷十三。

1995年摄制. -- 1盘卷片(7米101拍)：1:10, 2B；35mm银盐

收藏馆：缩微中心，国图

000O006085

西山先生真文忠公读书记：六十一卷 / (宋)真德秀撰

宋(960-1279)刻明嘉靖五年(1526)递修本

1986年摄制. -- 5盘卷片(134.4米3020拍)：1:10, 2B；35mm银盐

收藏馆：缩微中心，吉林

000O021925

大学衍义：四十三卷 / (宋)真德秀撰

元(1271-1368)刻本. -- 存十四卷：卷一至卷九、卷十九至卷二十三。

1995年摄制. -- 1盘卷片(16米307拍)：1:10, 2B；35mm银盐

收藏馆：缩微中心，国图

000O025654

大学衍义：四十三卷 / (宋)真德秀撰. 大学衍义补：一百六十卷 / (明)丘濬撰

明正德元年(1506)宗文堂刻本. -- 大学衍义卷八至卷十二配清(1644－1911)抄本。

1990年摄制. -- 6盘卷片(165米3899拍)：1:10, 2B；35mm银盐

收藏馆：缩微中心，南京

000O006187

大学衍义：四十三卷 / (宋)真德秀撰

明嘉靖六年(1527)司礼监刻本

1987年摄制. -- 3盘卷片(66米1306拍)：1:10, 2B；35mm银盐

收藏馆：缩微中心，四川

000O011283

大学衍义：四十三卷 / (宋)真德秀撰

明嘉靖(1522-1566)吉澄福建刻本

1989年摄制. -- 2盘卷片(39米798拍)：1:10, 2B；35mm银盐

收藏馆：缩微中心，甘肃

000O029285

大学衍义：四十三卷 / (宋)真德秀撰. 大学衍义补：一百六十卷首一卷 / (明)丘濬撰；(明)陈仁锡评阅

明崇祯五年(1632)刻本

1999年摄制. -- 7盘卷片(191米4058拍)：1:10, 2B；35mm银盐

收藏馆：缩微中心，湖南

000O012753

大学衍义：四十三卷 / (宋)真德秀撰

明(1368-1644)刻本. -- (清)丁丙跋。

1990年摄制. -- 1盘卷片(30米672拍)：1:10, 2B；35mm银盐

收藏馆：缩微中心，南京

000O003505

大学衍义：四十三卷 / (宋)真德秀撰

明(1368-1644)刻本

1985年摄制. -- 2盘卷片(45米994拍)：1:10, 2B；35mm银盐

收藏馆：缩微中心，国图

000O005424

大学衍义：四十二卷 / (宋)真德秀撰

明(1368-1644)刻本

1986年摄制. -- 2盘卷片(35米758拍)：1:10, 2B；35mm银盐

收藏馆：缩微中心，国图

000O009512

真西山读书记乙集上大学衍义：四十三卷 / (宋)真德秀撰

明(1368-1644)刻本

1988年摄制. -- 2盘卷片(45.1米981拍)：1:11, 2B；35mm银盐

收藏馆：缩微中心，重庆

000O010969

真西山读书记乙集上大学衍义：四十三卷 / (宋)真德秀撰

明(1368-1644)刻本

1989年摄制. -- 2盘卷片(48米960拍)：1:10, 2B；35mm银盐

收藏馆：缩微中心，湖北

000O007207
大学衍义补：一百六十卷前书一卷 / (明)丘濬撰
明弘治元年(1488)建宁府刻本
1987年摄制. -- 5盘卷片(142米3115拍)：
1:10, 2B；35mm银盐
收藏馆：缩微中心，山东

000O001565
大学衍义补：一百六十卷首一卷 / (明)丘濬撰
明嘉靖三十八年(1559)刻本
1986年摄制. -- 5盘卷片(145.1米2900拍)：
1:10, 2B；35mm银盐
收藏馆：缩微中心，吉林

000O005489
大学衍义补：一百六十卷 / (明)丘濬撰；(明)陈
仁锡评
明崇祯(1628-1644)刻本
1987年摄制. -- 5盘卷片(143.9米3119拍)：
1:10, 2B；35mm银盐
收藏馆：缩微中心，山西

000O020615
大学衍义补：一百六十卷首一卷 / (明)丘濬撰；
(明)陈仁锡评
明(1368-1644)刻本
1994年摄制. -- 5盘卷片(139米2998拍)：
1:10, 2B；35mm银盐
收藏馆：缩微中心，国图

000O028686
大学衍义通略：三十一卷 / (明)王诤辑
明嘉靖三十九年(1560)刻本
1989年摄制. -- 1盘卷片(30米674拍)：
1:10, 2B；35mm银盐
收藏馆：缩微中心，南京

000O007016
大学衍义补纂要：六卷 / (明)徐栻辑
明(1368-1644)刻本
1987年摄制. -- 1盘卷片(28米621拍)：
1:10, 2B；35mm银盐
收藏馆：缩微中心，国图

000O007710
大学衍义补纂要：六卷 / (明)徐栻编
明(1368-1644)刻本. -- 版框高十九厘米宽
十四厘米。
1987年摄制. -- 1盘卷片(28米605拍)：
1:10, 2B；35mm银盐
收藏馆：缩微中心，广东

000O001377
真文忠公政经：一卷 / (宋)真德秀撰
明(1368-1644)刻本
1985年摄制. -- 1盘卷片(5米74拍)：1:10,
2B；35mm银盐
收藏馆：缩微中心，国图

000O018199
真西山先生心经：一卷 / (宋)真德秀撰
明隆庆四年(1570)高文蔫刻本
1993年摄制. -- 1盘卷片(4米48拍)：1:10,
2B；35mm银盐
收藏馆：缩微中心，山东

000O011132
心经附注：四卷 / (宋)真德秀撰；(明)程敏政注
明弘治五年(1492)刻本. -- 存二卷：卷三至
卷四。
1989年摄制. -- 1盘卷片(4米53拍)：1:10,
2B；35mm银盐
收藏馆：缩微中心，湖南

000O028198
心经附注：四卷 / (宋)真德秀撰；(明)程敏政注
清(1644-1911)抄本. -- (清)丁丙跋。
1996年摄制. -- 1盘卷片(9.5米171拍)：
1:10, 2B；35mm银盐
收藏馆：缩微中心，南京

000O023134
慈溪黄氏日抄分类：九十七卷 / (宋)黄震撰
元(1271-1368)刻本. -- 存四十五卷：卷二
至卷四、卷十二至卷十四、卷二十六至卷
二十九、卷四十七至卷五十四、卷六十至卷
六十二、卷六十四、卷七十一至卷七十二、卷
七十四至卷八十、卷八十二至卷八十八、卷
九十至卷九十一、卷九十三至卷九十七。
1995年摄制. -- 2盘卷片(50米971拍)：
1:10, 2B；35mm银盐
收藏馆：缩微中心，国图

000O005267
慈溪黄氏日抄分类：九十七卷 / (宋)黄震撰
明(1368-1644)刻本
1986年摄制. -- 4盘卷片(98.6米2194拍)：
1:10, 2B；35mm银盐
收藏馆：缩微中心，国图

000O007374
慈溪黄氏日抄分类：九十七卷；古今纪要：
十九卷 / (宋)黄震撰
明正德十三年(1518)书林龚氏明宝堂刻本
. -- 版框高二十厘米宽十三厘米。日抄分类

存九十四卷：卷一至卷八十、卷八十二至卷
八十八、卷九十至卷九十一、卷九十三至卷
九十七。
1987年摄制. -- 5盘卷片(128米2545拍)：
1:10, 2B；35mm银盐
收藏馆：缩微中心，广东

000O007316
**慈溪黄氏日抄分类：九十七卷；古今纪要：
十九卷 / (宋)黄震撰**
明(1368-1644)刻本. -- 存一百三卷：日抄分
类卷一至卷八十、卷八十二至卷八十八、卷
九十至卷九十一、卷九十三至卷九十七，古今
纪要卷一至卷九。
1987年摄制. -- 4盘卷片(108米2299拍)：
1:10, 2B；35mm银盐
收藏馆：缩微中心，国图

000O003129
鲁斋心法：二卷 / (元)许衡撰
清(1644-1911)抄本
1986年摄制. -- 1盘卷片(5米77拍)：1:10,
2B；35mm银盐
收藏馆：缩微中心，国图

000O016477
草庐吴先生辑粹：七卷 / (明)王蓂辑
明嘉靖二十四年(1545)谢适然刻本
1992年摄制. -- 1盘卷片(12米223拍)：
1:10, 2B；35mm银盐
收藏馆：缩微中心，国图

000O013215
圣学心法：四卷 / (明)成祖朱棣撰
明嘉靖三十八年(1559)益府刻本
1991年摄制. -- 1盘卷片(17米298拍)：
1:10, 2B；35mm银盐
收藏馆：缩微中心，国图

000O020592
圣学心法：四卷 / (明)成祖朱棣撰
明嘉靖三十八年(1559)益府刻本
1994年摄制. -- 1盘卷片(16米298拍)：
1:10, 2B；35mm银盐
收藏馆：缩微中心，国图

000O024192
**月川曹先生录粹：一卷 / (明)曹端撰；(明)孟化
鲤编**
明万历十八年(1590)曹继儒校刻本. -- 版框
高二十一厘米宽十四厘米。(明)曹继儒校刻。
1996年摄制. -- 1盘卷片(3.7米51拍)：
1:10, 2B；35mm银盐

收藏馆：缩微中心，广东

000O006188
五伦书：六十二卷 / (明)宣宗朱瞻基撰
明正统十二年(1447)内府刻本. -- 存六十
卷：卷一至卷三十一、卷三十四至卷六十二。
1987年摄制. -- 3盘卷片(78米1553拍)：
1:10, 2B；35mm银盐
收藏馆：缩微中心，四川

000O028548
五伦书：六十二卷 / (明)宣宗朱瞻基撰
明正统十二年(1447)内府刻本
1996年摄制. -- 3盘卷片(75米1739拍)：
1:10, 2B；35mm银盐
收藏馆：缩微中心，南京

000O006909
五伦书：六十二卷 / (明)宣宗朱瞻基撰
明景泰五年(1454)刻本
1987年摄制. -- 2盘卷片(50.2米1096拍)：
1:9, 2B；35mm银盐
收藏馆：缩微中心，重庆

000O018377
勤政要典：一卷 / (明)代宗朱祁钰撰
明(1368-1644)内府刻本
1991年摄制. -- 1盘卷片(4.8米80拍)：
1:10, 2B；35mm银盐
收藏馆：缩微中心，辽宁

000O009651
读书录：十卷 / (明)薛瑄撰
明正德十五年(1520)郑维新刻本
1988年摄制. -- 1盘卷片(14米292拍)：
1:10, 2B；35mm银盐
收藏馆：缩微中心，甘肃

000O005804
读书录：十卷续录十二卷 / (明)薛瑄撰
明嘉靖三十四年(1555)沈维藩刻本
1987年摄制. -- 1盘卷片(24米542拍)：
1:10, 2B；35mm银盐
收藏馆：缩微中心，国图

000O009892
读书录：十一卷 / (明)薛瑄撰
明万历二年(1574)湖广布政司刻本
1989年摄制. -- 1盘卷片(15米316拍)：
1:10, 2B；35mm银盐
收藏馆：缩微中心，浙江

00O007287
读书录：十一卷续录十二卷 / (明)薛瑄撰．薛文
清公事实：一卷
明万历七年(1579)王圻青州府刻本
1987年摄制． -- 1盘卷片(25米569拍)：
1:10, 2B ; 35mm银盐
收藏馆：缩微中心, 国图

00O000741
薛文清公读书录：十一卷续录十二卷 / (明)薛瑄
撰
明(1368-1644)赵府味经堂刻本
1985年摄制． -- 1盘卷片(18.7米407拍)：
1:10, 2B ; 35mm银盐
收藏馆：缩微中心, 国图

00O008788
读书录：二十四卷 / (明)薛瑄撰
明嘉靖二年(1523)萧鸣凤刻本
1988年摄制． -- 1盘卷片(19.9米427拍)：
1:10, 2B ; 35mm银盐
收藏馆：缩微中心, 重庆

00O000051
薛文清公读书全录类编：二十卷 / (明)薛瑄撰；
(明)侯鹤龄辑
明万历二十四年(1596)刻本
1986年摄制． -- 1盘卷片(22.5米480拍)：
1:10, 2B ; 35mm银盐
收藏馆：缩微中心, 山西

00O006679
薛文清公书全录类编：二十卷 / (明)薛瑄撰
明万历四十三年(1615)张铨刻本
1987年摄制． -- 1盘卷片(23米491拍)：
1:10, 2B ; 35mm银盐
收藏馆：缩微中心, 山西

00O006999
薛文清公要语：内篇一卷外篇一卷 / (明)薛
瑄,(明)谷中虚撰
明隆庆四年(1570)山东布政司刻本
1987年摄制． -- 1盘卷片(6米92拍)：1:10,
2B ; 35mm银盐
收藏馆：缩微中心, 国图

00O007448
薛子粹言：三卷 / (明)薛瑄撰
明(1368-1644)刻蓝印本
1987年摄制． -- 1盘卷片(3米34拍)：1:10,
2B ; 35mm银盐
收藏馆：缩微中心, 国图

00O013740
居业录：四卷 / (明)胡居仁撰
明万历二十年(1592)刻本
1991年摄制． -- 1盘卷片(12米216拍)：
1:10, 2B ; 35mm银盐
收藏馆：缩微中心, 国图

00O007478
学的：二卷 / (明)丘濬辑
明(1368-1644)刻本
1987年摄制． -- 1盘卷片(11.2米228拍)：
1:10, 2B ; 35mm银盐
收藏馆：缩微中心, 国图

00O006933
道一编：六卷 / (明)程敏政撰
明弘治三年(1490)李信刻本
1986年摄制． -- 1盘卷片(10米196拍)：
1:10, 2B ; 35mm银盐
收藏馆：缩微中心, 国图

00O028182
道一编：六卷 / (明)程敏政撰
明弘治三年(1490)李信刻本． -- (清)丁丙
跋。
1996年摄制． -- 1盘卷片(8米133拍)：1:10,
2B ; 35mm银盐
收藏馆：缩微中心, 南京

00O027423
白沙先生至言：十卷 / (明)陈献章撰
明嘉靖二十六年(1547)刻本． -- (清)丁丙
跋。
1996年摄制． -- 1盘卷片(6米80拍)：1:10,
2B ; 35mm银盐
收藏馆：缩微中心, 南京

00O015712
明良交泰录：十八卷 / (明)尹直撰
明(1368-1644)抄本
1993年摄制． -- 1盘卷片(19米370拍)：
1:10, 2B ; 35mm银盐
收藏馆：缩微中心, 国图

00O004453
诸儒讲义：二卷 / (明)章懋,(明)董遵辑
明嘉靖三十七年(1558)汉东书院刻本
1986年摄制． -- 1盘卷片(13米265拍)：
1:10, 2B ; 35mm银盐
收藏馆：缩微中心, 国图

00O015330
传习录：三卷续录二卷 / (明)王守仁讲;(明)徐

爱[等]记

明(1368-1644)刻本. -- 续录二卷陈九川、钱德洪[等]记。传习录上卷记者还有：(明)薛侃。

1992年摄制. -- 1盘卷片(7米108拍) : 1:10, 2B ; 35mm银盐

收藏馆：缩微中心，国图

00O019568

阳明先生则言：二卷 / (明)王守仁撰

明嘉靖十六年(1537)薛侃刻本

1994年摄制. -- 1盘卷片(8米111拍) : 1:10, 2B ; 35mm银盐

收藏馆：缩微中心，国图

00O006306

阳明先生语录：三卷 / (明)胡嘉栋编次

明万历(1573-1620)刻本. -- 傅和次跋。

1987年摄制. -- 1盘卷片(11米215拍) : 1:10, 2B ; 35mm银盐

收藏馆：缩微中心，吉林

00O006294

东溪日谈录：十三卷 / (明)周琦撰

明嘉靖(1522-1566)刻本

1987年摄制. -- 1盘卷片(11米203拍) : 1:10, 2B ; 35mm银盐

收藏馆：缩微中心，吉林

00O005805

东川罗先生潜心语录：十卷内稿一卷外稿一卷 / (明)罗侨撰

明万历三十六年(1608)罗文彬罗文机刻本

1987年摄制. -- 1盘卷片(5米90拍) : 1:10, 2B ; 35mm银盐

收藏馆：缩微中心，国图

00O026784

约言：一卷 / (明)薛蕙撰

明嘉靖(1522-1566)刻本

1996年摄制. -- 1盘卷片(6米80拍) : 1:10, 2B ; 35mm银盐

收藏馆：缩微中心，南京

00O018326

士翼：四卷 / (明)崔铣撰；(明)许榓校

明嘉靖(1522-1566)刻本

1993年摄制. -- 1盘卷片(9米167拍) : 1:10, 2B ; 35mm银盐

收藏馆：缩微中心，天津

00O008323

士翼：三卷 / (明)崔铣撰

明万历九年(1581)崔氏家塾刻本

1988年摄制. -- 1盘卷片(10米169拍) : 1:10, 2B ; 35mm银盐

收藏馆：缩微中心，山东

00O011179

士翼：三卷 / (明)崔铣撰

明万历九年(1581)崔氏家塾刻本. -- 王献唐跋。

1989年摄制. -- 1盘卷片(8米136拍) : 1:10, 2B ; 35mm银盐

收藏馆：缩微中心，山东

00O015823

泾野先生语录：二十卷 / (明)吕柟撰；(明)廉介[等]辑 . 附录：一卷 / (明)冯从吾撰

明万历四十年(1612)毕□冯从吾刻本. -- 辑者还有：(明)王光祖、(明)胡大器。

1993年摄制. -- 1盘卷片(16米301拍) : 1:10, 2B ; 35mm银盐

收藏馆：缩微中心，国图

00O011898

正学编：二卷 / (明)陈琛撰

明嘉靖(1522-1566)刻本

1990年摄制. -- 1盘卷片(11米212拍) : 1:10, 2B ; 35mm银盐

收藏馆：缩微中心，山东

00O018271

正学编：二卷 / (明)陈琛撰

明嘉靖(1522-1566)刻本

1993年摄制. -- 1盘卷片(11米212拍) : 1:10, 2B ; 35mm银盐

收藏馆：缩微中心，山东

00O006529

困知记：二卷 / (明)罗钦顺撰

明嘉靖十六年(1537)郑宗古刻本

1987年摄制. -- 1盘卷片(11米220拍) : 1:10, 2B ; 35mm银盐

收藏馆：缩微中心，国图

00O013216

困知记：二卷续二卷三续一卷四续一卷续补一卷附录一卷 / (明)罗钦顺撰

明(1368-1644)刻本

1991年摄制. -- 1盘卷片(17米265拍) : 1:10, 2B ; 35mm银盐

收藏馆：缩微中心，国图

00O018870

困知记：二卷续二卷三续一卷四续一卷续补一

卷附录一卷 / (明)罗钦顺撰；(明)陈邦瞻,(明)陈大绶重校
明(1368-1644)刻本
1994年摄制. -- 1盘卷片(13米271拍) : 1:10, 2B；35mm银盐
收藏馆：缩微中心，天津

000O028204
文华大训箴解：六卷 / (明)廖道南撰
明嘉靖(1522-1566)刻本. -- (清)丁丙跋。
1996年摄制. -- 1盘卷片(6米88拍) : 1:10, 2B；35mm银盐
收藏馆：缩微中心，南京

000O002040
性理三解：七卷 / (明)韩邦奇撰
明嘉靖十九年(1540)樊得仁刻本
1986年摄制. -- 1盘卷片(14米284拍) : 1:10, 2B；35mm银盐
收藏馆：缩微中心，国图

000O014139
性理三解：七卷 / (明)韩邦奇撰
明嘉靖十九年(1540)樊得仁刻本
1992年摄制. -- 1盘卷片(15米264拍) : 1:10, 2B；35mm银盐
收藏馆：缩微中心，国图

000O005371
许氏贻谋四则：四卷 / (明)许相卿撰
明(1368-1644)刻本
1986年摄制. -- 1盘卷片(7米112拍) : 1:10, 2B；35mm银盐
收藏馆：缩微中心，国图

000O009320
道林先生摘言：四卷 / (明)蒋信撰；(明)孙应鳌编
明隆庆(1567-1572)刻本
1988年摄制. -- 1盘卷片(8米140拍) : 1:10, 2B；35mm银盐
收藏馆：缩微中心，湖南

000O018304
圣学格物通：一百卷纂要一卷 / (明)湛若水撰
明嘉靖十二年(1533)刻本. -- 卷五十第二页与第一页颠倒。
1993年摄制. -- 3盘卷片(81米1791拍) : 1:10, 2B；35mm银盐
收藏馆：缩微中心，天津

000O026008
扬子折衷：六卷 / (明)湛若水撰

明嘉靖二十八年(1549)刻蓝印本
1996年摄制. -- 1盘卷片(7米123拍) : 1:10, 2B；35mm银盐
收藏馆：缩微中心，福建

000O023834
扬子折衷：六卷 / (明)湛若水撰；(明)刘誉辑
明嘉靖(1522-1566)葛涧刻本
1995年摄制. -- 1盘卷片(9米150拍) : 1:10, 2B；35mm银盐
收藏馆：缩微中心，浙江

000O016358
双江先生困辩录：四卷 / (明)罗洪先批注
明(1368-1644)刻本
1993年摄制. -- 1盘卷片(5米66拍) : 1:10, 2B；35mm银盐
收藏馆：缩微中心，国图

000O000373
泾滨蔡先生语录：二十卷附录一卷 / (明)蔡瑷撰
明嘉靖(1522-1566)刻本
1985年摄制. -- 1盘卷片(10.1米201拍) : 1:10, 2B；35mm银盐
收藏馆：缩微中心，国图

000O018190
学蔀通辨：前编三卷后编三卷续编三卷终编三卷 / (明)陈建撰
明嘉靖(1522-1566)刻本
1993年摄制. -- 1盘卷片(13米240拍) : 1:10, 2B；35mm银盐
收藏馆：缩微中心，山东

000O005976
学蔀通辩：前编三卷后编三卷续编三卷终编三卷 / (明)陈建撰
明万历三十三年(1605)黄吉士吴中立刻本
1986年摄制. -- 1盘卷片(14米297拍) : 1:10, 2B；35mm银盐
收藏馆：缩微中心，国图

000O017826
柯子答问：六卷 / (明)柯维骐撰；(明)吴大扬,(明)方文沂辑
明隆庆四年(1570)刻本
1993年摄制. -- 1盘卷片(6米71拍) : 1:10, 2B；35mm银盐
收藏馆：缩微中心，国图

000O000326
嘉禾问录：一卷 / (明)唐枢撰
明(1368-1644)刻本

1985年摄制. -- 1盘卷片(4.2米64拍) :
1:10, 2B ; 35mm银盐
收藏馆：缩微中心，国图

000O005734
唐一庵杂著十二种：十三卷 / (明)唐枢撰
明嘉靖(1522-1566)杨子龙[等]刻本
1987年摄制. -- 1盘卷片(18米392拍) :
1:10, 2B ; 35mm银盐
收藏馆：缩微中心，国图

000O019119
唐一庵杂著十二种：十三卷 / (明)唐枢撰
明嘉靖(1522-1566)杨子龙[等]刻本
1994年摄制. -- 1盘卷片(22米428拍) :
1:10, 2B ; 35mm银盐
收藏馆：缩微中心，国图

000O007178
龙溪王先生全集语录：二十卷 / (明)王畿撰
明万历十六年(1588)萧良干刻本
1987年摄制. -- 1盘卷片(22米476拍) :
1:10, 2B ; 35mm银盐
收藏馆：缩微中心，山东

000O011351
龙溪王先生文录钞：九卷 / (明)王畿撰；(明)李
贽评
明万历二十七年(1599)何继高刻本
1989年摄制. -- 1盘卷片(28.3米638拍) :
1:10, 2B ; 35mm银盐
收藏馆：缩微中心，辽宁

000O028658
薛子庸语：十二卷 / (明)薛应旂撰；(明)向程释
明(1368-1644)刻本
1996年摄制. -- 1盘卷片(10米188拍) :
1:10, 2B ; 35mm银盐
收藏馆：缩微中心，南京

000O018901
胡子衡齐：八卷 / (明)胡直撰；(明)郭子章校
明万历(1573-1620)曾凤仪[等]刻本
1994年摄制. -- 1盘卷片(11米211拍) :
1:10, 2B ; 35mm银盐
收藏馆：缩微中心，天津

000O019278
后言：二卷 / (明)杨胤贤撰
明(1368-1644)抄本. -- (清)史亮畴跋。
1994年摄制. -- 1盘卷片(6米85拍) : 1:10,
2B ; 35mm银盐
收藏馆：缩微中心，国图

000O008732
绍闻编：八卷 / (明)王樵撰
明万历二十四年(1596)杨时乔刻本
1988年摄制. -- 2盘卷片(49.2米1075拍) :
1:11, 2B ; 35mm银盐
收藏馆：缩微中心，重庆

000O009479
新刊凤洲先生签题性理精纂约义：八卷首一卷 /
(明)王世贞撰
明万历三十四年(1606)詹霖宇谭邑刻本
1988年摄制. -- 1盘卷片(13.5米280拍) :
1:9, 2B ; 35mm银盐
收藏馆：缩微中心，重庆

000O005803
两大儒语录：四卷 / (明)王学谟辑
明嘉靖四十三年(1564)刘漆刻本
1987年摄制. -- 1盘卷片(12米255拍) :
1:10, 2B ; 35mm银盐
收藏馆：缩微中心，国图

000O028882
新刊性理会要：十卷 / (明)游逊辑
明嘉靖三十四年(1555)刻本
1995年摄制. -- 1盘卷片(21米412拍) :
1:10, 2B ; 35mm银盐
收藏馆：缩微中心，苏州

000O028756
见罗先生书要：三十卷 / (明)李材撰；(明)李复
阳编
明(1368-1644)刻本
1998年摄制. -- 1盘卷片(24米453拍) :
1:10, 2B ; 35mm银盐
收藏馆：缩微中心，苏州

000O009815
黾记：四卷 / (明)钱一本撰
明万历四十一年(1613)刻本
1989年摄制. -- 1盘卷片(12米284拍) :
1:10, 2B ; 35mm银盐
收藏馆：缩微中心，浙江

000O024936
呓言：十卷 / (明)范沫撰
明万历四十五年(1617)汪诿金应兆刻本
1996年摄制. -- 1盘卷片(11米211拍) :
1:10, 2B ; 35mm银盐
收藏馆：缩微中心，南京

000O014619
太极辨疑：二卷 / (明)孔学周撰

明万历十年(1582)杨起元牛桓刻本
1992年摄制. -- 1盘卷片(10米156拍) :
1:10, 2B ; 35mm银盐
收藏馆: 缩微中心, 国图

00O007084

宪世编 : 六卷 / (明)唐鹤征辑
明万历四十二年(1614)纪白斋刻本
1987年摄制. -- 1盘卷片(33.3米726拍) :
1:10, 2B ; 35mm银盐
收藏馆: 缩微中心, 定襄

00O009819

汪子中诠 : 六卷 / (明)汪应蛟撰
明万历四十六年(1618)敬恩堂刻本
1989年摄制. -- 1盘卷片(15米318拍) :
1:10, 2B ; 35mm银盐
收藏馆: 缩微中心, 浙江

00O013272

性理指归 : 二十八卷 / (明)姚舜牧撰
明万历三十八年(1610)刻清顺治十三年(1656)
补修本
1991年摄制. -- 1盘卷片(24.5米531拍) :
1:10, 2B ; 35mm银盐
收藏馆: 缩微中心, 湖北

00O009799

南皋邹先生会语合编 : 二卷 ; 南皋邹先生讲义
合编 : 二卷 / (明)邹元标撰
明万历四十七年(1619)龙遇奇刻本
1989年摄制. -- 1盘卷片(12米252拍) :
1:10, 2B ; 35mm银盐
收藏馆: 缩微中心, 浙江

00O015253

信古余论 : 八卷 / (明)徐三重撰
清(1644-1911)抄本
1992年摄制. -- 1盘卷片(14米254拍) :
1:10, 2B ; 35mm银盐
收藏馆: 缩微中心, 国图

00O008743

理学平谭 : 二卷 / (明)李天麟撰
明万历三十六年(1608)刻本
1988年摄制. -- 1盘卷片(6.8米124拍) :
1:10, 2B ; 35mm银盐
收藏馆: 缩微中心, 重庆

00O025721

尊孔录 : 十六卷 / (明)安世凤撰
明天启(1621-1627)刻本
1996年摄制. -- 1盘卷片(21米451拍) :

1:10, 2B ; 35mm银盐
收藏馆: 缩微中心, 河南

00O025360

养正录 : 一卷 / (明)张世良辑
清(1644-1911)抄本
1996年摄制. -- 1盘卷片(6米80拍) : 1:10,
2B ; 35mm银盐
收藏馆: 缩微中心, 国图

00O013297

疑思录 : 六卷 / (明)冯从吾撰
明万历(1573-1620)武用望刻本
1991年摄制. -- 1盘卷片(9.5米182拍) :
1:10, 2B ; 35mm银盐
收藏馆: 缩微中心, 湖北

00O006315

艾云苍先生希圣录 : 不分卷 / (明)艾云苍撰
明万历(1573-1620)刻本
1987年摄制. -- 1盘卷片(4米45拍) : 1:10,
2B ; 35mm银盐
收藏馆: 缩微中心, 吉林

00O017993

金先生讲学纪录 : 二卷 / (明)佘永宁撰
明万历(1573-1620)崇文书院刻本
1993年摄制. -- 1盘卷片(3米29拍) : 1:10,
2B ; 35mm银盐
收藏馆: 缩微中心, 国图

00O013698

学言 : 一卷 / (明)李芳撰
明万历(1573-1620)刻本
1991年摄制. -- 1盘卷片(5米51拍) : 1:10,
2B ; 35mm银盐
收藏馆: 缩微中心, 国图

00O023833

章子 : 不分卷 / (明)章世纯撰
清道光十九年(1839)韩应陛抄本
1995年摄制. -- 1盘卷片(5米69拍) : 1:10,
2B ; 35mm银盐
收藏馆: 缩微中心, 浙江

00O014754

乾惕录 : 二卷 / (明)晋宾王撰
明天启(1621-1627)刻本
1992年摄制. -- 1盘卷片(5米64拍) : 1:10,
2B ; 35mm银盐
收藏馆: 缩微中心, 国图

000O009802
新镌性理奥：十卷首一卷 / (明)丁进撰
明天启六年(1626)刻本
1989年摄制. -- 1盘卷片(20米429拍)：
1:10, 2B；35mm银盐
收藏馆：缩微中心，浙江

000O002016
衡门芹：一卷 / (明)辛全撰
明(1368-1644)晋淑健刻本
1986年摄制. -- 1盘卷片(4米49拍)：1:10,
2B；35mm银盐
收藏馆：缩微中心，国图

000O022615
圣论讲解录：不分卷 / (明)张福臻撰
明天启二年(1622)刻蓝印本. -- 附：东明县
乡约告示、象约礼仪。本原件内容连贯，页码
顺序不连贯，只按照内容拍摄。书名依书口
题。
1995年摄制. -- 1盘卷片(4米40拍)：
2B；35mm银盐
收藏馆：缩微中心，天津

000O013298
思聪录：一卷 / (明)贺时泰撰；(明)贺逢圣编
明万历四十六年(1618)刻本
1991年摄制. -- 1盘卷片(8米148拍)：1:10,
2B；35mm银盐
收藏馆：缩微中心，湖北

000O000582
罍庵杂述：二卷 / (明)朱朝瑛撰
清康熙十一年(1672)周炜聂许斋刻本. -- 陆
思勉跋。
1985年摄制. -- 1盘卷片(8米153拍)：1:10,
2B；35mm银盐
收藏馆：缩微中心，国图

000O027280
罍庵杂述：二卷 / (明)朱朝瑛撰
清康熙十一年(1672)周炜聂许斋刻本. -- 佚
名批。
1997年摄制. -- 1盘卷片(8米133拍)：1:10,
2B；35mm银盐
收藏馆：缩微中心，国图

000O008690
读书知：不分卷 / (明)施达撰
明崇祯元年(1628)刻本
1988年摄制. -- 1盘卷片(10.5米210拍)：
1:9, 2B；35mm银盐
收藏馆：缩微中心，重庆

000O010098
谷诒汇：十六卷 / (明)陶希皋辑
明崇祯七年(1634)刻本
1989年摄制. -- 1盘卷片(24.7米530拍)：
1:10, 2B；35mm银盐
收藏馆：缩微中心，山西

000O007699
读书札记：八卷 / (明)徐问撰
明嘉靖十四年(1535)刻本
1987年摄制. -- 1盘卷片(7米135拍)：1:10,
2B；35mm银盐
收藏馆：缩微中心，重庆

000O019428
陆桴亭思辨录辑要：三十五卷 / (清)陆世仪撰；
(清)张伯行重订
清康熙四十八年(1709)张氏正谊堂刻本. --
(清)盛百二批注并跋。
1994年摄制. -- 1盘卷片(26米511拍)：
1:10, 2B；35mm银盐
收藏馆：缩微中心，国图

000O024154
杨园先生备忘录补遗：不分卷 / (清)张履祥撰
清(1644-1911)抄本. -- (清)刘传莹跋。
1996年摄制. -- 1盘卷片(4米60拍)：1:10,
2B；35mm银盐
收藏馆：缩微中心，湖北

000O026316
岁寒居答问：一卷 / (清)孙奇逢撰
清顺治十三年(1656)怀远堂刻本. -- (清)田
生批。
1996年摄制. -- 1盘卷片(4米58拍)：1:10,
2B；35mm银盐
收藏馆：缩微中心，福建

000O027285
砚山斋集：一卷 / (清)孙承泽撰
清雍正十一年(1733)孙琰刻本
1997年摄制. -- 1盘卷片(4米44拍)：1:10,
2B；35mm银盐
收藏馆：缩微中心，国图

000O020861
荆园进语：一卷 / (清)申涵光撰
清(1644-1911)稿本. -- 申瑞澄校并跋。
1994年摄制. -- 1盘卷片(3米29拍)：1:10,
2B；35mm银盐
收藏馆：缩微中心，国图

000O008144

性理大中：二十八卷 / (清)应撝谦撰
清康熙二十五年(1686)刻本
1988年摄制. -- 2盘卷片(52.5米1155拍)：
1:10, 2B ; 35mm银盐
收藏馆：缩微中心，湖北

000O008134

吕子评语：正编四十二卷首一卷附刻一卷余编八卷首一卷附刻一卷 / (清)吕留良撰；(清)车鼎丰辑
清康熙五十五年(1716)刻本
1988年摄制. -- 2盘卷片(53.5米1186拍)：
1:10, 2B ; 35mm银盐
收藏馆：缩微中心，湖北

000O025614

王学质疑：五卷附文一卷 / (清)张烈撰
清(1644-1911)抄本
1996年摄制. -- 1盘卷片(5米69拍)：1:10,
2B ; 35mm银盐
收藏馆：缩微中心，浙江

000O013049

黄梨洲先生明夷待访录：一卷 / (清)黄宗羲撰
清初(1644-1722)刻本
1991年摄制. -- 1盘卷片(4米53拍)：1:10,
2B ; 35mm银盐
收藏馆：缩微中心，国图

000O001662

待访录：一卷 / (清)黄宗羲撰
清(1644-1911)抄本. -- (清)翁心存校并跋。
1986年摄制. -- 1盘卷片(4米48拍)：1:10,
2B ; 35mm银盐
收藏馆：缩微中心，国图

000O025952

待访录：一卷 / (清)黄宗羲撰
清(1644-1911)抄本. -- (清)谭献校。
1996年摄制. -- 1盘卷片(5米63拍)：1:10,
2B ; 35mm银盐
收藏馆：缩微中心，南京

000O023837

理学录：不分卷 / (清)姜希辙辑注
清(1644-1911)抄本
1995年摄制. -- 1盘卷片(21米422拍)：
1:10, 2B ; 35mm银盐
收藏馆：缩微中心，浙江

000O010311

下学堂札记：三卷堂规一卷会约一卷；朴园迻

语：二卷；归洁园偶笔：一卷 / (清)熊赐履撰
清康熙(1662-1722)刻本. -- 还有合刻著作：
五纬阵图解一卷/(清)熊赐履撰。
1989年摄制. -- 1盘卷片(8米139拍)：1:10,
2B ; 35mm银盐
收藏馆：缩微中心，湖北

000O025483

讲学：二卷 / (清)李培撰；(清)陈祖铭辑
清(1644-1911)抄本
1996年摄制. -- 1盘卷片(4米44拍)：1:10,
2B ; 35mm银盐
收藏馆：缩微中心，国图

000O023627

密证录：一卷；姚江释毁录：一卷 / (清)彭定求撰；(清)汪缙订
清乾隆五十二年(1787)吴卓信抄本. -- (清)吴卓信批并跋，(清)翁同龢题记。
1995年摄制. -- 1盘卷片(4米50拍)：1:10,
2B ; 35mm银盐
收藏馆：缩微中心，浙江

000O025358

晚村驳义偶述：一卷 / (清)方迈撰
清(1644-1911)抄本
1996年摄制. -- 1盘卷片(3米15拍)：1:10,
2B ; 35mm银盐
收藏馆：缩微中心，国图

000O016584

先儒正修录：三卷齐治录三卷 / (清)于准撰
清康熙四十七年(1708)刻本
1993年摄制. -- 1盘卷片(27.7米598拍)：
1:10, 2B ; 35mm银盐
收藏馆：缩微中心，山西

000O028382

朱子晚年全论：八卷 / (清)李绂撰
清雍正十三年(1735)无怒轩刻本
1997年摄制. -- 1盘卷片(14.7米294拍)：
1:10, 2B ; 35mm银盐
收藏馆：缩微中心，福建

000O027982

笔记：二卷附录一卷 / (清)程大纯撰
清乾隆三年(1738)程光钜刻本
1997年摄制. -- 1盘卷片(8米166拍)：1:10,
2B ; 35mm银盐
收藏馆：缩微中心，河南

000O021675

西岩弄珠集：三十二卷 / (清)申居郧撰

清(1644-1911)抄本
1995年摄制. -- 2盘卷片(55米1057拍) : 1:10, 2B ; 35mm银盐
收藏馆：缩微中心, 国图

000O012956
原善：三卷绪言三卷 / (清)戴震撰
清(1644-1911)刻本
1991年摄制. -- 1盘卷片(6米78拍) : 1:10, 2B ; 35mm银盐
收藏馆：缩微中心, 国图

000O026361
潘四农先生手录座右名言：一卷 / (清)潘德舆辑
清道光十四年(1834)潘德舆抄本
1997年摄制. -- 1盘卷片(4米50拍) : 1:10, 2B ; 35mm银盐
收藏馆：缩微中心, 湖北

000O025361
供冀小言：一卷 / (清)林伯桐撰
清(1644-1911)刻本. -- (清)陈澧批并跋。
1996年摄制. -- 1盘卷片(5米64拍) : 1:10, 2B ; 35mm银盐
收藏馆：缩微中心, 国图

000O025356
学思录：不分卷 / (清)陈澧撰
清(1644-1911)稿本
1996年摄制. -- 1盘卷片(9米153拍) : 1:10, 2B ; 35mm银盐
收藏馆：缩微中心, 国图

000O025362
困学语：一卷 / (清)范台撰
清光绪(1875-1908)丁颐生抄本. -- (清)丁立诚跋。
1996年摄制. -- 1盘卷片(3米18拍) : 1:10, 2B ; 35mm银盐
收藏馆：缩微中心, 国图

000O028235
辅仁录：四卷 / (清)方宗诚撰
清(1644-1911)稿本
1997年摄制. -- 1盘卷片(6米105拍) : 1:10, 2B ; 35mm银盐
收藏馆：缩微中心, 安庆

000O004960
理学问答：不分卷
清(1644-1911)抄本
1987年摄制. -- 1盘卷片(5.7米97拍) : 1:10, 2B ; 35mm银盐

收藏馆：缩微中心, 国图

000O000681
帝范：四卷；臣轨：二卷 / (唐)太宗李世民撰
日本活字印本. -- 杨守敬校。
1985年摄制. -- 1盘卷片(7米110拍) : 1:10, 2B ; 35mm银盐
收藏馆：缩微中心, 国图

000O000677
帝范：二卷 / (唐)太宗李世民撰．臣轨：二卷 / (唐)高宗李治撰；(唐)王德注
日本宽文八年(1668)林和泉掾刻本. -- 杨守敬校。
1985年摄制. -- 1盘卷片(6米95拍) : 1:10, 2B ; 35mm银盐
收藏馆：缩微中心, 国图

000O000683
帝范：二卷 / (唐)太宗李世民撰
日本宽文八年(1668)林和泉掾刻本. -- 杨守敬跋。
1985年摄制. -- 1盘卷片(3米44拍) : 1:10, 2B ; 35mm银盐
收藏馆：缩微中心, 国图

000O029170
帝范：二卷 / (唐)高宗李治撰．臣轨：二卷 / [[唐)武则天撰] ;(唐)王德注
日本宽文八年(1668)林和泉掾刻本. -- 杨守敬校。
1999年摄制. -- 1盘卷片(6米138拍) : 1:10, 2B ; 35mm银盐
收藏馆：缩微中心, 国图

000O013734
帝学：八卷 / (宋)范祖禹撰
清(1644-1911)省园刻本
1991年摄制. -- 1盘卷片(7米100拍) : 1:10, 2B ; 35mm银盐
收藏馆：缩微中心, 国图

000O028181
帝学：八卷 / (宋)范祖禹撰
清(1644-1911)抄本. -- (清)翁曾源校并跋。
1996年摄制. -- 1盘卷片(7米113拍) : 1:10, 2B ; 35mm银盐
收藏馆：缩微中心, 南京

000O014255
东宫备览：六卷 / (宋)陈模撰
清(1644-1911)抄本
1992年摄制. -- 1盘卷片(8米135拍) : 1:10,

2B；35mm银盐
收藏馆：缩微中心，国图

000O015124
东宫备览：六卷 / (宋)陈模撰
清(1644-1911)抄本
1992年摄制. -- 1盘卷片(5米56拍)：1:10,
2B；35mm银盐
收藏馆：缩微中心，国图

000O028194
东宫备览：六卷 / (宋)陈模撰
清(1644-1911)抄本. --(清)丁丙跋。
1996年摄制. -- 1盘卷片(5米70拍)：1:10,
2B；35mm银盐
收藏馆：缩微中心，南京

000O006628
资世通训：一卷 / (明)太祖朱元璋撰
明(1368-1644)刻本
1987年摄制. -- 1盘卷片(3米24拍)：1:10,
2B；35mm银盐
收藏馆：缩微中心，国图

000O015307
御世仁风：四卷 / (明)金忠撰
明万历四十八年(1620)金忠刻本
1992年摄制. -- 1盘卷片(16米292拍)：
1:10, 2B；35mm银盐
收藏馆：缩微中心，国图

000O023849
帝祖万年金鉴录：三卷 / (明)汪循撰
清(1644-1911)汪家相抄本
1995年摄制. -- 1盘卷片(6米89拍)：1:10,
2B；35mm银盐
收藏馆：缩微中心，浙江

000O017150
万世玉衡录：四卷 / (清)蒋伊撰
清康熙(1662-1722)刻本
1993年摄制. -- 1盘卷片(17.0米370拍)：
1:10, 2B；35mm银盐
收藏馆：缩微中心，辽宁

000O000676
臣轨校本：二卷 / (唐)高宗李治撰；(唐)王德注
日本明治十五年(1882)清风阁刻本. -- 杨守
敬校，(日)羽山尚德校订。
1985年摄制. -- 1盘卷片(4米64拍)：1:10,
2B；35mm银盐
收藏馆：缩微中心，国图

000O001748
乡约：一卷乡仪一卷 / (宋)吕大钧撰
明正德五年(1510)弘道书院刻本
1986年摄制. -- 1盘卷片(4米54拍)：1:10,
2B；35mm银盐
收藏馆：缩微中心，国图

000O003763
辨惑编：四卷附录一卷 / (元)谢应芳撰
清(1644-1911)抄本
1985年摄制. -- 1盘卷片(5米111拍)：1:10,
2B；35mm银盐
收藏馆：缩微中心，国图

000O023140
辨惑编：四卷附录一卷 / (元)谢应芳撰．续编：七卷附录二卷 / (明)顾亮撰
清(1644-1911)抄本
1995年摄制. -- 1盘卷片(14米264拍)：
1:10, 2B；35mm银盐
收藏馆：缩微中心，国图

000O004720
蓝田吕氏遗书：二卷 / (宋)吕大钧撰
明正德十四年(1519)李东刻本
1986年摄制. -- 1盘卷片(3.8米53拍)：
1:10, 2B；35mm银盐
收藏馆：缩微中心，国图

000O028193
宋司马温国文正公家范：十卷 / (宋)司马光撰
明万历七年(1579)陈世宝刻本. -- (清)丁丙跋。
1996年摄制. -- 1盘卷片(9米151拍)：1:10,
2B；35mm银盐
收藏馆：缩微中心，南京

000O028207
家范：十卷 / (宋)司马光撰
明(1368-1644)刻本
1996年摄制. -- 1盘卷片(9米162拍)：1:10,
2B；35mm银盐
收藏馆：缩微中心，南京

000O021747
新刻袁氏世范：三卷 / (宋)袁采撰；(明)胡文焕校
明万历(1573-1620)胡文焕刻格致丛书本
1995年摄制. -- 1盘卷片(5米76拍)：1:10,
2B；35mm银盐
收藏馆：缩微中心，国图

000O013381

陆氏家制：一卷 / (宋)陆九韶撰

清初(1644-1722)刻本

1991年摄制. -- 1盘卷片(3米11拍) : 1:10,
2B ; 35mm银盐

收藏馆：缩微中心，国图

000O013604

罗氏重刊家政：三卷

明(1368-1644)刻本

1991年摄制. -- 1盘卷片(4米48拍) : 1:10,
2B ; 35mm银盐

收藏馆：缩微中心，国图

000O013413

浦江郑氏家范：一卷 / (明)郑涛辑

清初(1644-1722)毛氏汲古阁抄本

1991年摄制. -- 1盘卷片(4米37拍) : 1:10,
2B ; 35mm银盐

收藏馆：缩微中心，国图

000O024193

曹月川先生家规辑略：一卷 / (明)曹端撰

明(1368-1644)石允珍关西重刻本. -- 版框高
二十一厘米宽十五厘米。

1996年摄制. -- 1盘卷片(3.2米40拍) :
1:10, 2B ; 35mm银盐

收藏馆：缩微中心，广东

000O002162

家训：一卷 / (明)霍韬撰

清初(1644-1722)毛氏汲古阁影明(1368－
1644)抄本

1986年摄制. -- 1盘卷片(4米58拍) : 1:10,
2B ; 35mm银盐

收藏馆：缩微中心，国图

000O023232

凤川子克己示儿编：一卷 / (明)刘良臣撰

明嘉靖二十七年(1548)钟如峤刻本

1995年摄制. -- 1盘卷片(4米46拍) : 1:10,
2B ; 35mm银盐

收藏馆：缩微中心，国图

000O011457

居家懿范：八卷 / (明)龚廷宾辑

明万历二十七年(1599)龚廷宾刻本

1989年摄制. -- 1盘卷片(10.0米203拍) :
1:10, 2B ; 35mm银盐

收藏馆：缩微中心，辽宁

000O013283

费氏家训：十卷费生十书一卷 / (明)费元禄撰；

(明)周婴注

明万历三十八年(1610)刻本

1991年摄制. -- 1盘卷片(15米309拍) :
1:10, 2B ; 35mm银盐

收藏馆：缩微中心，湖北

000O029301

堂庑箴铭：二卷 / (明)李懋桧辑

明万历四十三年(1615)刻本

1999年摄制. -- 1盘卷片(12米196拍) :
1:10, 2B ; 35mm银盐

收藏馆：缩微中心，苏州

000O026352

彭氏家训：四卷 / (清)彭瑞毓撰

清(1644-1911)稿本

1997年摄制. -- 1盘卷片(4米50拍) : 1:10,
2B ; 35mm银盐

收藏馆：缩微中心，湖北

000O015495

程氏家塾读书分年日程：三卷纲领一卷 / (元)程
端礼撰

明(1368-1644)刻本

1993年摄制. -- 1盘卷片(9米156拍) : 1:10,
2B ; 35mm银盐

收藏馆：缩微中心，国图

000O023148

学范：不分卷 / (明)赵㧑谦撰

明永乐二年(1404)王惠刻本

1995年摄制. -- 1盘卷片(6米75拍) : 1:10,
2B ; 35mm银盐

收藏馆：缩微中心，国图

000O023632

学范：二卷 / (明)赵㧑谦撰

明嘉靖二十五年(1546)陈垲刻本

1996年摄制. -- 1盘卷片(7米114拍) : 1:10,
2B ; 35mm银盐

收藏馆：缩微中心，浙江

000O016038

学范：二卷 / (明)赵㧑谦撰

清初(1644-1722)刻本

1993年摄制. -- 1盘卷片(8米139拍) : 1:10,
2B ; 35mm银盐

收藏馆：缩微中心，国图

000O028427

崔氏家塾志：一卷 / (明)崔铣撰

明万历十三年(1585)张文翰刻本

1996年摄制. -- 1盘卷片(4米45拍) : 1:10,

2B ；35mm银盐
收藏馆：缩微中心，南京

000O028599
乙丑学规：一卷 / (清)黄培芳撰
稿本. -- 有撰者朱墨笔划改。
1998年摄制. -- 1盘卷片(2米20拍) ：1:10,
2B ；35mm银盐
收藏馆：缩微中心，广东

000O019248
重刊明心宝鉴：二卷
明嘉靖三十二年(1553)曹玄刻本
1994年摄制. -- 1盘卷片(5米69拍) ：1:10,
2B ；35mm银盐
收藏馆：缩微中心，国图

000O013940
新刻音释明心宝鉴正文：二卷 / (明)范立本撰
明末(1621-1644)刻本
1992年摄制. -- 1盘卷片(4米44拍) ：1:10,
2B ；35mm银盐
收藏馆：缩微中心，国图

000O016226
新鼎官板证讹大字育蒙明心正文：二卷 / (明)范立本辑
明(1368-1644)刻本
1993年摄制. -- 1盘卷片(4米40拍) ：1:10,
2B ；35mm银盐
收藏馆：缩微中心，国图

000O013960
人谱：一卷续篇二卷 / (明)刘宗周撰
清顺治(1644-1661)刻蓝印本
1991年摄制. -- 1盘卷片(4米46拍) ：1:10,
2B ；35mm银盐
收藏馆：缩微中心，国图

000O010296
人谱正篇：一卷 / (明)刘宗周撰
清康熙三十八年(1699)证道堂刻本. -- (清)笛楼伯之跋。
1989年摄制. -- 1盘卷片(2米36拍) ：1:10,
2B ；35mm银盐
收藏馆：缩微中心，湖北

000O009175
人谱：一卷类记增订六卷 / (明)刘宗周撰
清康熙三十八年(1699)金渭四吉草堂刻本
1988年摄制. -- 1盘卷片(9米155拍) ：1:10,
2B ；35mm银盐
收藏馆：缩微中心，湖南

000O021637
蕺山先生人谱：一卷人谱类记二卷 / (明)刘宗周撰；(清)洪正治编
清雍正四年(1726)教忠堂刻本
1995年摄制. -- 1盘卷片(8米139拍) ：1:10,
2B ；35mm银盐
收藏馆：缩微中心，国图

000O018899
童蒙训：三卷 / (宋)吕本中撰
明(1368-1644)刻本
1994年摄制. -- 1盘卷片(5米64拍) ：1:10,
2B ；35mm银盐
收藏馆：缩微中心，天津

000O003128
童蒙训：三卷 / (宋)吕本中撰
清乾隆二十年(1755)王嗣贤抄本. -- (清)王嗣贤跋。
1986年摄制. -- 1盘卷片(4米59拍) ：1:10,
2B ；35mm银盐
收藏馆：缩微中心，国图

000O019047
文公小学：六卷 / (宋)朱熹撰 . 文公先生年谱：一卷 . 小学书纲领：一卷
明万历三十七年(1609)赵良相刻本
1994年摄制. -- 1盘卷片(12米218拍) ：1:10, 2B ；35mm银盐
收藏馆：缩微中心，国图

000O025725
文公先生小学书解：四卷 / (宋)朱熹撰
明(1368-1644)刻本
1996年摄制. -- 1盘卷片(8米163拍) ：1:10,
2B ；35mm银盐
收藏馆：缩微中心，河南

000O013788
文公先生小学集注大成：六卷 / (宋)朱熹撰；(宋)熊禾集注；(明)刘剡校正 . 小学渊源：一卷 . 小学书纲领：一卷
明宣德九年(1434)梅隐精舍刻本. -- 还有合刻著作：小学书图像栝纂要一卷。存二卷：卷一至卷二。
1991年摄制. -- 1盘卷片(10米161拍) ：1:10, 2B ；35mm银盐
收藏馆：缩微中心，国图

000O020004
小学五书：五卷 / (宋)张时举编
清初(1644-1722)毛氏汲古阁影宋(960-1279)抄本

1994年摄制. -- 1盘卷片(4米38拍) ： 1:10,
2B ； 35mm银盐
收藏馆：缩微中心，国图

000○027916
纯正蒙求：三卷 / (元)胡炳文撰
明(1368-1644)刻本. --(清)丁丙跋。
1996年摄制. -- 1盘卷片(8米131拍) ： 1:10,
2B ； 35mm银盐
收藏馆：缩微中心，南京

000○020245
文公先生小学集解大成：六卷 / (明)吴讷撰
明宣德八年(1433)刘氏翠岩堂刻本. -- 存二
卷：卷一至卷二。
1994年摄制. -- 1盘卷片(6米91拍) ： 1:10,
2B ； 35mm银盐
收藏馆：缩微中心，国图

000○013463
小学集注：六卷 / (明)陈选撰
明崇祯八年(1635)内府刻本
1991年摄制. -- 1盘卷片(9米144拍) ： 1:10,
2B ； 35mm银盐
收藏馆：缩微中心，国图

000○021114
小学句读：六卷 / (明)陈选撰
明嘉靖三十三年(1554)刻本
1994年摄制. -- 1盘卷片(11米201拍) ：
1:10, 2B ； 35mm银盐
收藏馆：缩微中心，国图

000○005727
**小学集说：六卷 / (明)程愈,(明)李鉴,(明)李承祖
辑**
朝鲜铜活字印本
1987年摄制. -- 1盘卷片(19米307拍) ：
1:10, 2B ； 35mm银盐
收藏馆：缩微中心，国图

000○028878
**小学大全：六卷；孝经详解：一卷；忠经详解：
一卷 / (汉)马融撰;(汉)郑玄,(明)陶原良注**
明崇祯(1628-1644)王壮猷刻本. -- (明)佚名
朱笔批校。
1995年摄制. -- 1盘卷片(16米290拍) ：
1:10, 2B ； 35mm银盐
收藏馆：缩微中心，苏州

000○023846
小学新编摘略：不分卷 / (明)刘元卿辑
明万历二十五年(1597)贺应甲刻本

1995年摄制. -- 1盘卷片(4米58拍) ： 1:10,
2B ； 35mm银盐
收藏馆：缩微中心，浙江

000○009278
六艺纲目：二卷 / (元)舒天民撰
清(1644-1911)抄本
1988年摄制. -- 1盘卷片(7米118拍) ： 1:10,
2B ； 35mm银盐
收藏馆：缩微中心，湖南

000○004452
养正图解：不分卷 / (明)焦竑撰
明万历(1573-1620)刻本
1986年摄制. -- 1盘卷片(8米141拍) ： 1:10,
2B ； 35mm银盐
收藏馆：缩微中心，国图

000○019064
养正图解：不分卷 / (明)焦竑撰
明万历(1573-1620)刻本
1994年摄制. -- 1盘卷片(7米95拍) ： 1:10,
2B ； 35mm银盐
收藏馆：缩微中心，国图

000○023073
养正图解：不分卷 / (明)焦竑撰
明万历(1573-1620)刻本
1995年摄制. -- 1盘卷片(8米125拍) ： 1:10,
2B ； 35mm银盐
收藏馆：缩微中心，国图

000○027814
养正图解：不分卷 / (明)焦竑撰
明(1368-1644)刻本. -- (清)丁丙跋。
1996年摄制. -- 1盘卷片(9米142拍) ： 1:10,
2B ； 35mm银盐
收藏馆：缩微中心，南京

000○020439
养正图解：不分卷 / (明)焦竑撰
清康熙(1662-1722)刻本
1994年摄制. -- 1盘卷片(8米126拍) ： 1:10,
2B ； 35mm银盐
收藏馆：缩微中心，国图

000○017070
养正图解：二卷 / (明)焦竑撰
清康熙八年(1669)曹鈖刻本
1993年摄制. -- 1盘卷片(8米130拍) ： 1:10,
2B ； 35mm银盐
收藏馆：缩微中心，国图

00O027978
养正图解：不分卷 / (明)焦竑撰
清乾隆(1736-1795)张栋抄本
1997年摄制. -- 1盘卷片(9米186拍)：1:10,
2B；35mm银盐
收藏馆：缩微中心，河南

00O005052
初学字训增辑：三卷 / (朝鲜)李植撰
朝鲜刻本
1986年摄制. -- 1盘卷片(4米43拍)：1:10,
2B；35mm银盐
收藏馆：缩微中心，国图

00O004183
童蒙先习：一卷 / (朝鲜)朴世茂撰
朝鲜刻本
1986年摄制. -- 1盘卷片(3米29拍)：1:10,
2B；35mm银盐
收藏馆：缩微中心，国图

00O007523
**大明仁孝皇后内训：一卷 / (明)仁孝皇后徐氏撰 .
女训：一卷 / (明)兴献皇后蒋氏撰**
明(1368-1644)楚府正心书院刻本
1987年摄制. -- 1盘卷片(6米101拍)：1:10,
2B；35mm银盐
收藏馆：缩微中心，国图

00O018786
大明仁孝皇后内训：一卷 / (明)仁孝皇后徐氏撰
明(1368-1644)刻本
1994年摄制. -- 1盘卷片(4米47拍)：1:10,
2B；35mm银盐
收藏馆：缩微中心，国图

00O019093
女训：一卷 / (明)兴献皇后蒋氏撰
明嘉靖九年(1530)内府刻本
1994年摄制. -- 1盘卷片(11米201拍)：
1:10, 2B；35mm银盐
收藏馆：缩微中心，国图

00O023631
吕新吾先生闺范图说：四卷 / (明)吕坤撰
明(1368-1644)吕应菊刻本
1996年摄制. -- 1盘卷片(22米436拍)：
1:10, 2B；35mm银盐
收藏馆：缩微中心，浙江

兵家类

00O003747
武经七书：二十五卷
清(1644-1911)影宋(960-1279)抄本
1985年摄制. -- 1盘卷片(9米174拍)：1:10,
2B；35mm银盐
收藏馆：缩微中心，国图

00O005812
武经七书全集：二十三卷
明(1368-1644)刻本. -- 存十二卷：尉缭子五
卷、黄石公三略一卷、六韬六卷。
1987年摄制. -- 1盘卷片(6米95拍)：1:10,
2B；35mm银盐
收藏馆：缩微中心，国图

00O018622
武经直解：二十五卷附录一卷 / (明)刘寅撰
明成化二十二年(1486)赵英刻本
1993年摄制. -- 2盘卷片(35.5米756拍)：
1:10, 2B；35mm银盐
收藏馆：缩微中心，重庆

00O009534
武经直解：二十五卷附录一卷 / (明)刘寅撰
明万历九年(1581)莫与斋刻本
1988年摄制. -- 2盘卷片(35.6米757拍)：
1:11, 2B；35mm银盐
收藏馆：缩微中心，重庆

00O025655
武经直解：七种二十三卷附录一卷 / (明)刘寅撰
明万历九年(1581)刻本. -- (清)丁丙跋。
1990年摄制. -- 2盘卷片(33米761拍)：
1:10, 2B；35mm银盐
收藏馆：缩微中心，南京

00O015327
武经七书直解：二十三卷 / (明)刘寅撰
明(1368-1644)刻本. -- 存六种二十卷。
1992年摄制. -- 1盘卷片(30米517拍)：
1:10, 2B；35mm银盐
收藏馆：缩微中心，国图

00O007153
**武经直解：十二卷 / (明)刘寅撰；(明)张居正增
补**
明崇祯十年(1637)翁鸿业刻本
1987年摄制. -- 2盘卷片(40米859拍)：
1:10, 2B；35mm银盐
收藏馆：缩微中心，山东

00O023807
重镌武经七书集注：七卷附录兵法渊源一卷 /
(明)李清撰
明天启四年(1624)李逢申刻本
1995年摄制. -- 1盘卷片(20米388拍) :
1:10, 2B ; 35mm银盐
收藏馆：缩微中心，浙江

00O012560
新镌武经七书：七卷 / (明)王宗仁,(明)胡宗宪评
明天启元年(1621)茅震东刻套印本
1990年摄制. -- 1盘卷片(16.4米353拍) :
1:10, 2B ; 35mm银盐
收藏馆：缩微中心，辽宁

00O023806
七书参同：七卷 / (明)李贽推释；(明)范方评次
明末(1621-1644)东壁斋抄本
1995年摄制. -- 1盘卷片(10米171拍) :
1:10, 2B ; 35mm银盐
收藏馆：缩微中心，浙江

00O016826
新镌武经标题正义注释：七卷附镌武经节要一
卷附阵法马步射法棍法一卷 / (明)赵光裕撰并
校正
明万历十六年(1588)刻本
1993年摄制. -- 1盘卷片(10米176拍) :
1:10, 2B ; 35mm银盐
收藏馆：缩微中心，国图

00O023813
新镌增补标题武经七书：七卷 / (明)陈玖学订
明末(1621-1644)金间十乘楼刻本
1995年摄制. -- 1盘卷片(13米240拍) :
1:10, 2B ; 35mm银盐
收藏馆：缩微中心，浙江

00O014858
标题武经七书开宗：七卷 / (清)沈定远订正
清康熙四年(1665)刻本
1992年摄制. -- 1盘卷片(20米411拍) :
1:10, 2B ; 35mm银盐
收藏馆：缩微中心，贵州

00O026410
武经汇解：九卷 / (清)朱墉撰
清康熙(1662-1722)怀山园刻本
1993年摄制. -- 2盘卷片(41米950拍) :
1:10, 2B ; 35mm银盐
收藏馆：缩微中心，哈尔滨

00O005813
百将传续编：四卷 / (明)何乔新撰
明(1368-1644)刻本
1987年摄制. -- 1盘卷片(11米223拍) :
1:10, 2B ; 35mm银盐
收藏馆：缩微中心，国图

00O022904
武经摘要：孙武子一卷吴子一卷行军须知二卷
百战奇法前后集十门 / (明)吴相著
明嘉靖二十七年(1548)刻蓝印本. -- 版框高
二十厘米宽十四厘米
1995年摄制. -- 1盘卷片(15.8米331拍) :
1:10, 2B ; 35mm银盐
收藏馆：缩微中心，广东

00O006681
兵垣：四编四卷附编 / (明)闵声编
明天启元年(1621)闵氏刻套印本
1987年摄制. -- 1盘卷片(9.5米186拍) :
1:10, 2B ; 35mm银盐
收藏馆：缩微中心，山西

00O023814
兵垣：四编四卷附四种四卷 / (明)闵声编
明天启元年(1621)闵氏刻三色套印本
1995年摄制. -- 1盘卷片(14米258拍) :
1:10, 2B ; 35mm银盐
收藏馆：缩微中心，浙江

00O013868
耕余剩技：六卷 / (明)程宗猷撰
明万历四十二年至天启元年(1614-1621)程禹
迹[等]刻本
1992年摄制. -- 1盘卷片(10米171拍) :
1:10, 2B ; 35mm银盐
收藏馆：缩微中心，国图

00O017616
耕余剩技：六卷 / (明)程宗猷撰
明万历四十二年至天启元年(1614-1621)程禹
迹[等]刻本
1993年摄制. -- 1盘卷片(10米163拍) :
1:10, 2B ; 35mm银盐
收藏馆：缩微中心，国图

00O018135
武侯兵要七种：十六卷 / [题](蜀)诸葛亮撰；(明)
郭子章批
明天启(1621-1627)方淑如刻套印本
1993年摄制. -- 1盘卷片(11米210拍) :
1:10, 2B ; 35mm银盐
收藏馆：缩微中心，山东

00O031872
皇明将略：五卷
明(1368-1644)刻朱墨套印本
2010年摄制. -- 1盘卷片(22米391拍)：
1:10, 2B；35mm银盐
收藏馆：缩微中心，国图

00O024102
经武秘要：九种十八卷
清(1644-1911)抄本
1996年摄制. -- 2盘卷片(39.5米800拍)：
1:10, 2B；35mm银盐
收藏馆：缩微中心，湖北

00O016340
孙子：二卷 / (汉)曹操注
清(1644-1911)抄本. -- (清)王懿荣跋，佚名
录(清)王念孙校，(清)吴大澂跋。
1992年摄制. -- 1盘卷片(4米49拍)：1:10,
2B；35mm银盐
收藏馆：缩微中心，国图

00O005124
孙子集注：十三卷 / (汉)曹操[等]注
明嘉靖三十四年(1555)谈恺刻本. -- 注者还
有：(唐)杜牧。
1986年摄制. -- 1盘卷片(18米383拍)：
1:10, 2B；35mm银盐
收藏馆：缩微中心，国图

00O005806
孙子集注：十三卷 / (汉)曹操[等]注
明嘉靖三十四年(1555)谈恺刻本. -- 注者还
有：(唐)杜牧。
1987年摄制. -- 1盘卷片(18米388拍)：
1:10, 2B；35mm银盐
收藏馆：缩微中心，国图

00O027903
孙子集注：十三卷 / (汉)曹操[等]注
明嘉靖三十四年(1555)谈恺刻本. -- 注者还
有：(唐)杜牧。(清)丁丙跋。
1996年摄制. -- 1盘卷片(18米385拍)：
1:10, 2B；35mm银盐
收藏馆：缩微中心，南京

00O007576
孙子集注：十三卷 / (汉)曹操[等]注
明万历八年(1580)黄邦彦刻本. -- 注者还
有：(唐)杜牧。
1987年摄制. -- 1盘卷片(12米245拍)：
1:10, 2B；35mm银盐
收藏馆：缩微中心，国图

00O005808
孙子集注：十三卷 / (汉)曹操[等]注
明(1368-1644)刻本. -- 注者还有：(唐)杜
牧。
1987年摄制. -- 1盘卷片(12米250拍)：
1:10, 2B；35mm银盐
收藏馆：缩微中心，国图

00O010690
孙子书：三卷 / (明)赵本学解
明万历十七年(1589)梁梦龙刻本
1989年摄制. -- 1盘卷片(15米310拍)：
1:10, 2B；35mm银盐
收藏馆：缩微中心，湖南

00O013684
孙武子：三卷 / (明)陈珂断,(明)陈天策注
明正德(1506-1521)刻本
1991年摄制. -- 1盘卷片(6米82拍)：1:10,
2B；35mm银盐
收藏馆：缩微中心，国图

00O001571
孙子参同：五卷 / (明)闵于忱辑
明万历四十八年(1620)闵于忱松筠馆刻朱墨套
印本
1986年摄制. -- 1盘卷片(14米298拍)：
1:10, 2B；35mm银盐
收藏馆：缩微中心，国图

00O031897
孙子参同：五卷 / (明)闵于忱辑
明万历四十八年(1620)闵于忱松筠馆刻朱墨套
印本
2010年摄制. -- 1盘卷片(18米314拍)：
1:10, 2B；35mm银盐
收藏馆：缩微中心，国图

00O018626
孙子取衷：十三卷 / (明)赵庭撰
明万历三十七年(1609)刻本
1992年摄制. -- 1盘卷片(7.6米141拍)：
1:9, 2B；35mm银盐
收藏馆：缩微中心，重庆

00O009731
孙子明解：八卷附师卦解一卷 / (明)郑二阳撰
明崇祯(1628-1644)胡正言刻本
1989年摄制. -- 1盘卷片(21米415拍)：
1:10, 2B；35mm银盐
收藏馆：缩微中心，山东

00O016821
孙武子会解：四卷 / (明)郭良翰辑
明崇祯三年(1630)郭氏万卷堂刻本
1993年摄制. -- 1盘卷片(14米267拍) :
1:10, 2B ; 35mm银盐
收藏馆：缩微中心，国图

00O028165
吴子：二卷 / [题](战国)吴起撰 ; (明)刘寅注
明天启六年(1626)刻本
1996年摄制. -- 1盘卷片(6.5米105拍) :
1:10, 2B ; 35mm银盐
收藏馆：缩微中心，南京

00O015096
司马法集解：三卷 / (明)阎禹锡辑
明弘治元年(1488)邢表刻本. -- (清)孙星衍跋。
1992年摄制. -- 1盘卷片(6米82拍) : 1:10,
2B ; 35mm银盐
收藏馆：缩微中心，国图

00O027967
尉缭子直解：五卷 / (明)刘寅撰
明(1368-1644)刻本. -- (清)丁丙跋。
1996年摄制. -- 1盘卷片(7米125拍) : 1:10,
2B ; 35mm银盐
收藏馆：缩微中心，南京

00O004411
六韬：六卷
清顺治八年(1651)影宋(960-1279)抄本
1986年摄制. -- 1盘卷片(4米63拍) : 1:10,
2B ; 35mm银盐
收藏馆：缩微中心，国图

00O016748
六韬直解：六卷 / (明)刘寅撰
明(1368-1644)刻武经七书直解本
1993年摄制. -- 1盘卷片(9米159拍) : 1:10,
2B ; 35mm银盐
收藏馆：缩微中心，国图

00O028173
黄石公素书：一卷 / (宋)张商英注
明(1368-1644)刻本
1996年摄制. -- 1盘卷片(5.5米81拍) :
1:10, 2B ; 35mm银盐
收藏馆：缩微中心，南京

00O005336
素书：一卷 / [题](秦)黄石公撰 ; (汉)张良传 ;
(明)慎懋赏解

明万历(1573-1620)刻本. -- (清)林报曾、
(清)翁斌孙跋。
1986年摄制. -- 1盘卷片(3米27拍) : 1:10,
2B ; 35mm银盐
收藏馆：缩微中心，国图

00O002160
直说素书：一卷
明(1368-1644)刻本
1986年摄制. -- 1盘卷片(5米67拍) : 1:10,
2B ; 35mm银盐
收藏馆：缩微中心，国图

00O003805
直说素书：一卷
明(1368-1644)刻本
1985年摄制. -- 1盘卷片(5米67拍) : 1:10,
2B ; 35mm银盐
收藏馆：缩微中心，国图

00O007545
直说素书：一卷
明(1368-1644)刻本
1987年摄制. -- 1盘卷片(4米63拍) : 1:10,
2B ; 35mm银盐
收藏馆：缩微中心，国图

00O005418
诸葛武侯心书：一卷 ; 八阵合变图说：一卷
明(1368-1644)黄邦彦刻本
1986年摄制. -- 1盘卷片(5.3米87拍) :
1:10, 2B ; 35mm银盐
收藏馆：缩微中心，国图

00O020429
诸葛武侯心书：二卷 / [题](蜀)诸葛亮撰
明(1368-1644)书林郑少斋刻本
1994年摄制. -- 1盘卷片(4米40拍) : 1:10,
2B ; 35mm银盐
收藏馆：缩微中心，国图

00O020139
武侯武备心法百章：一卷 / [题](蜀)诸葛亮撰
清(1644-1911)抄本
1996年摄制. -- 1盘卷片(4米31拍) : 1:10,
2B ; 35mm银盐
收藏馆：缩微中心，国图

00O003862
备论：一卷 / (宋)何去非撰
清(1644-1911)抄本. -- (清)黄廷鉴校并跋。
1985年摄制. -- 1盘卷片(5米76拍) : 1:10,
2B ; 35mm银盐

收藏馆：缩微中心，国图

00O028171
张氏集注百将传：一百卷 / (宋)张预撰
宋元(960-1368)刻本. -- 存八卷：卷五十九至卷六十三、卷八十九至卷九十一。(清)丁丙跋。
1996年摄制. -- 1盘卷片(6.5米106拍) : 1:10，2B ; 35mm银盐
收藏馆：缩微中心，南京

00O005809
十七史百将传：十卷 / (宋)张预撰
明(1368-1644)刻本
1987年摄制. -- 1盘卷片(18米383拍) : 1:10，2B ; 35mm银盐
收藏馆：缩微中心，国图

00O021136
新刊官板批评正百将传：十卷续百将传四卷 / (宋)张预撰；(明)何乔新续；(明)赵光裕评
明(1368-1644)周曰校仁寿堂刻本
1994年摄制. -- 1盘卷片(30米580拍) : 1:10，2B ; 35mm银盐
收藏馆：缩微中心，国图

00O023820
新刊官板批评正百将传：十卷续百将传四卷 / (明)赵光裕评
明(1368-1644)余元长刻本
1995年摄制. -- 1盘卷片(32米667拍) : 1:10，2B ; 35mm银盐
收藏馆：缩微中心，浙江

00O003130
将鉴论断：十卷 / (宋)戴少望撰
明(1368-1644)抄本
1986年摄制. -- 1盘卷片(8米157拍) : 1:10，2B ; 35mm银盐
收藏馆：缩微中心，国图

00O015693
将鉴论断：十卷 / (宋)戴少望撰
明(1368-1644)刻本. -- 存四卷：卷一至卷四。
1993年摄制. -- 1盘卷片(5米65拍) : 1:10，2B ; 35mm银盐
收藏馆：缩微中心，国图

00O023812
百战奇法：二卷
明嘉靖七年(1528)李诏德刻本
1995年摄制. -- 1盘卷片(3米39拍) : 1:10，

2B ; 35mm银盐
收藏馆：缩微中心，浙江

00O028174
近花楼纂释分类合法百将全传：二卷 / (明)陈裕辑
明(1368-1644)俞大缙刻本
1996年摄制. -- 1盘卷片(11米215拍) : 1:10，2B ; 35mm银盐
收藏馆：缩微中心，南京

00O006378
将将纪：二十四卷 / (明)李材撰
明万历二十四年(1596)徐即登张鼎思[等]刻本
1987年摄制. -- 2盘卷片(36米772拍) : 1:10，2B ; 35mm银盐
收藏馆：缩微中心，国图

00O007571
诸史将略：十六卷 / (明)刘畿撰
明嘉靖四十五年(1566)毛钢刻本
1987年摄制. -- 1盘卷片(25米547拍) : 1:10，2B ; 35mm银盐
收藏馆：缩微中心，国图

00O012579
古今将略：四卷 / (明)冯孜辑
明万历十八年(1590)刻本
1990年摄制. -- 1盘卷片(17.2米373拍) : 1:10，2B ; 35mm银盐
收藏馆：缩微中心，辽宁

00O012731
左氏兵略：三十二卷 / (明)陈禹谟撰
明万历(1573-1620)吴用先彭端五[等]四川刻本
1990年摄制. -- 3盘卷片(68.9米1532拍) : 1:10，2B ; 35mm银盐
收藏馆：缩微中心，辽宁

00O011474
新镌汉丞相诸葛孔明异传奇论注解评林：五卷 / (明)章婴撰
明万历二十六年(1598)书林余文台双峰堂校刻本
1989年摄制. -- 1盘卷片(8.2米161拍) : 1:10，2B ; 35mm银盐
收藏馆：缩微中心，辽宁

00O014861
方略摘要：十卷 / (明)李承宝辑
明天启二年(1622)刻本
1992年摄制. -- 1盘卷片(11米210拍) :

1:10, 2B ; 35mm银盐
收藏馆：缩微中心，贵州

000O018323
古今纡筹：十卷 / (明)朱锦辑；(明)朱豫淳[等]评正
明崇祯十二年(1639)刻本
1993年摄制. -- 1盘卷片(31米627拍) :
1:10, 2B ; 35mm银盐
收藏馆：缩微中心，天津

000O023815
左氏兵法测要：二十卷首二卷 / (明)宋征璧撰
明崇祯十年(1637)剑闲斋刻本
1995年摄制. -- 2盘卷片(45米901拍) :
1:10, 2B ; 35mm银盐
收藏馆：缩微中心，浙江

000O003901
古方略：十二卷 / (明)余懋衡撰
明崇祯十三年(1640)忠贞堂刻本
1986年摄制. -- 1盘卷片(24米538拍) :
1:10, 2B ; 35mm银盐
收藏馆：缩微中心，国图

000O023968
参筹秘书：十卷 / (明)汪三益辑
明崇祯(1628-1644)刻本
1995年摄制. -- 2盘卷片(55米1186拍) :
1:10, 2B ; 35mm银盐
收藏馆：缩微中心，南京

000O018977
筹兵药言：一卷 / (明)曹飞撰
清(1644-1911)章介人抄本. -- (清)左宗棠跋。
1993年摄制. -- 1盘卷片(5米70拍) : 1:10,
2B ; 35mm银盐
收藏馆：缩微中心，山东

000O014530
战机览快览恨：不分卷 / (明)陈伯友辑
清雍正(1723-1735)陈普抄本
1992年摄制. -- 1盘卷片(8.8米163拍) :
1:10, 2B ; 35mm银盐
收藏馆：缩微中心，辽宁

000O007875
新镌绣像旁批详注总断广百将传：二十卷 / (明)黄道周注断；(明)周亮辅增补
明崇祯十六年(1643)本立堂刻本
1987年摄制. -- 1盘卷片(29.9米661拍) :
1:8, 2B ; 35mm银盐

收藏馆：缩微中心，重庆

000O019776
新镌古今合法将传：十四卷
明(1368-1644)赵吾山玉成斋刻本
1994年摄制. -- 1盘卷片(30米615拍) :
1:10, 2B ; 35mm银盐
收藏馆：缩微中心，国图

000O024142
兵经百篇：三卷 / (清)揭暄撰
清(1644-1911)抄本
1996年摄制. -- 1盘卷片(6米100拍) : 1:10,
2B ; 35mm银盐
收藏馆：缩微中心，湖北

000O024189
平海心筹：二卷 / (清)林福祥撰
清咸丰四年(1854)刻本. -- 版框高十八厘米宽十三厘米。(清)符溪墨笔批校。
1996年摄制. -- 1盘卷片(6米101拍) : 1:10,
2B ; 35mm银盐
收藏馆：缩微中心，广东

000O021543
战守心法：二卷 / (清)袁祖礼撰
清(1644-1911)稿本
1995年摄制. -- 1盘卷片(7米111拍) : 1:10,
2B ; 35mm银盐
收藏馆：缩微中心，国图

000O016355
韬略世法：八卷
明(1368-1644)刻本
1992年摄制. -- 1盘卷片(12米232拍) :
1:10, 2B ; 35mm银盐
收藏馆：缩微中心，国图

000O019412
守城录：二卷 / (宋)陈规撰
清乾隆四十年(1775)孔继涵抄本
1994年摄制. -- 1盘卷片(4米43拍) : 1:10,
2B ; 35mm银盐
收藏馆：缩微中心，国图

000O028294
严城守：一卷 / (明)郑若曾撰
清(1644-1911)抄本. -- 本馆按书中所述内容另拟书名：守城法。
1996年摄制. -- 1盘卷片(4.1米57拍) :
1:10, 2B ; 35mm银盐
收藏馆：缩微中心，福建

00O012568
救命书：一卷 / (明)吕申撰
明万历四十二年(1614)乔胤刻本
1990年摄制. -- 1盘卷片(3.3米43拍) ：
1:10, 2B ；35mm银盐
收藏馆：缩微中心，辽宁

000O021949
战守全书：十八卷 / (明)范景文撰
明崇祯(1628-1644)刻本
1995年摄制. -- 2盘卷片(40米774拍) ：
1:10, 2B ；35mm银盐
收藏馆：缩微中心，国图

000O017743
金汤借箸十二筹：十二卷 / (明)李盘,(明)周鉴,(明)韩霖撰
明崇祯(1628-1644)刻本
1993年摄制. -- 1盘卷片(29米588拍) ：
1:10, 2B ；35mm银盐
收藏馆：缩微中心，国图

000O023143
城守筹略：五卷 / (明)钱旃撰
明崇祯十七年(1644)钱默当刻本
1995年摄制. -- 1盘卷片(14米254拍) ：
1:10, 2B ；35mm银盐
收藏馆：缩微中心，国图

000O012690
洴澼百金方：十四卷 / (清)袁宫桂辑
清(1644-1911)抄本
1990年摄制. -- 1盘卷片(27.7米624拍) ：
1:10, 2B ；35mm银盐
收藏馆：缩微中心，辽宁

000O014787
洴澼百金方：十四卷 / (清)袁宫桂撰
清(1644-1911)抄本. -- (清)王芑孙跋。
1992年摄制. -- 1盘卷片(29米597拍) ：
1:10, 2B ；35mm银盐
收藏馆：缩微中心，国图

000O014915
洴澼百金方：十四卷
清(1644-1911)抄本
1992年摄制. -- 1盘卷片(28米573拍) ：
1:10, 2B ；35mm银盐
收藏馆：缩微中心，国图

000O002095
城书：四卷
清(1644-1911)抄本

1986年摄制. -- 1盘卷片(5米68拍) ：1:10,
2B ；35mm银盐
收藏馆：缩微中心，国图

00O005796
乡约：一卷 / (明)尹耕撰
明隆庆五年(1571)刘良弼刻本
1987年摄制. -- 1盘卷片(4米66拍) ：1:10,
2B ；35mm银盐
收藏馆：缩微中心，国图

000O007089
纪效新书：十八卷首一卷 / (明)戚继光撰
明万历二十三年(1595)书林江殿卿明雅堂刻本
1987年摄制. -- 1盘卷片(17.5米368拍) ：
1:10, 2B ；35mm银盐
收藏馆：缩微中心，介休

000O017835
纪效新书：十八卷首一卷 / (明)戚继光撰
明(1368-1644)刻本
1993年摄制. -- 1盘卷片(18米343拍) ：
1:10, 2B ；35mm银盐
收藏馆：缩微中心，国图

000O018406
纪效新书：十四卷 / (明)戚继光撰
明万历十六年(1588)李承勋刻本. -- 卷十二配另一明刻本。存九卷：卷一至卷二、卷八至卷十四。
1993年摄制. -- 1盘卷片(17米262拍) ：
1:10, 2B ；35mm银盐
收藏馆：缩微中心，国图

000O023809
纪效新书：十四卷 / (明)戚继光撰
明万历二十年(1592)庄氏刻本
1995年摄制. -- 1盘卷片(27米546拍) ：
1:10, 2B ；35mm银盐
收藏馆：缩微中心，浙江

000O022850
练兵实纪：九卷杂集六卷 / (明)戚继光撰
明万历二十五年(1597)邢玠刻本
1995年摄制. -- 1盘卷片(25米539拍) ：
1:10, 2B ；35mm银盐
收藏馆：缩微中心，南京

000O027479
练兵实纪：九卷杂集六卷 / (明)戚继光撰
明天启二年(1622)刻本. -- 杂集卷一至卷三配清抄本。
1996年摄制. -- 1盘卷片(21米446拍) ：

1:10，2B；35mm银盐
收藏馆：缩微中心，南京

000O028296
火龙神器阵法：一卷 / (明)焦玉撰
明(1368-1644)抄本
1996年摄制. -- 1盘卷片(4.9米76拍)：
1:10，2B；35mm银盐
收藏馆：缩微中心，福建

000O003997
火龙神器阵法：一卷 / [题](明)焦玉撰
清(1644-1911)翁心存陔华吟馆抄本. -- (清)
翁同龢跋。
1985年摄制. -- 1盘卷片(5米67拍)：1:10，
2B；35mm银盐
收藏馆：缩微中心，国图

000O002343
火龙神器阵法：一卷 / [题](明)焦玉撰
清(1644-1911)抄本
1986年摄制. -- 1盘卷片(5米84拍)：1:10，
2B；35mm银盐
收藏馆：缩微中心，国图

000O015490
射史：八卷 / (明)程宗猷撰
明崇祯二年(1629)程宗猷刻本
1993年摄制. -- 1盘卷片(14米264拍)：
1:10，2B；35mm银盐
收藏馆：缩微中心，国图

000O024932
射史：八卷 / (明)程宗猷撰
明崇祯二年(1629)刻本. -- (清)丁丙跋。
1996年摄制. -- 1盘卷片(15米298拍)：
1:10，2B；35mm银盐
收藏馆：缩微中心，南京

000O001048
军器图说：不分卷 / (明)毕懋康撰
明崇祯十一年(1638)张继孟刻本
1985年摄制. -- 1盘卷片(5米76拍)：1:10，
2B；35mm银盐
收藏馆：缩微中心，国图

000O015387
军器图说：不分卷 / (明)毕懋康撰
明崇祯十一年(1638)张继孟刻本
1992年摄制. -- 1盘卷片(5米56拍)：1:10，
2B；35mm银盐
收藏馆：缩微中心，国图

000O002138
火攻挈要：二卷；火攻秘要：一卷 / (德国)汤若望授；(明)焦勖辑
清(1644-1911)抄本. -- (清)莫友芝跋。
1986年摄制. -- 1盘卷片(6米104拍)：1:10，
2B；35mm银盐
收藏馆：缩微中心，国图

000O026345
神技编：不分卷 / (明)金宗舜撰
明(1368-1644)抄本
1997年摄制. -- 1盘卷片(11米210拍)：
1:10，2B；35mm银盐
收藏馆：缩微中心，湖北

000O014851
八阵合变图说：一卷 / (明)龙正撰
明正德十一年(1516)蓝章高朝用刻本
1992年摄制. -- 1盘卷片(3.3米66拍)：
1:10，2B；35mm银盐
收藏馆：缩微中心，贵州

000O015312
八阵合变图说：一卷 / (明)龙正撰
明正德十一年(1516)蓝章高朝用刻本
1992年摄制. -- 1盘卷片(3米29拍)：1:10，
2B；35mm银盐
收藏馆：缩微中心，国图

000O023827
车营百八叩：不分卷附录二卷 / (明)孙承宗撰
清同治八年(1869)傅氏长恩阁抄本. -- (清)
傅以礼跋。
1995年摄制. -- 1盘卷片(5米66拍)：1:10，
2B；35mm银盐
收藏馆：缩微中心，浙江

000O009653
握机经：三卷；握机纬：十五卷；吴子：二卷 / (明)曹允儒辑
明(1368-1644)刻本
1988年摄制. -- 1盘卷片(17米343拍)：
1:10，2B；35mm银盐
收藏馆：缩微中心，甘肃

000O023828
握机经：二卷 / (明)程道生辑
明末(1621-1644)刻本
1995年摄制. -- 1盘卷片(8米140拍)：1:10，
2B；35mm银盐
收藏馆：缩微中心，浙江

00O003989
神机制敌太白阴经：十卷 / (唐)李筌撰
清(1644-1911)抄本
1985年摄制. -- 1盘卷片(8米158拍) : 1:10,
2B ; 35mm银盐
收藏馆：缩微中心，国图

00O009652
神机制敌太白阴经：十卷 / (唐)李筌撰
清(1644-1911)抄本
1988年摄制. -- 1盘卷片(9米165拍) : 1:10,
2B ; 35mm银盐
收藏馆：缩微中心，甘肃

00O019935
太白阴经：一卷
明(1368-1644)抄本
1994年摄制. -- 1盘卷片(3米24拍) : 1:10,
2B ; 35mm银盐
收藏馆：缩微中心，国图

00O001303
虎钤经：二十卷 / (宋)许洞撰
明(1368-1644)刻本
1985年摄制. -- 1盘卷片(11.6米235拍) :
1:10, 2B ; 35mm银盐
收藏馆：缩微中心，国图

00O004705
虎钤经：二十卷 / (宋)许洞撰
明(1368-1644)刻本. -- 周叔弢校并跋。
1987年摄制. -- 1盘卷片(13米259拍) :
1:10, 2B ; 35mm银盐
收藏馆：缩微中心，国图

00O006384
虎钤经：二十卷 / (宋)许洞撰
明(1368-1644)刻本
1987年摄制. -- 1盘卷片(12米239拍) :
1:10, 2B ; 35mm银盐
收藏馆：缩微中心，国图

00O003950
虎钤经：二十卷 / (宋)许洞撰
明(1368-1644)抄本
1985年摄制. -- 1盘卷片(11米226拍) :
1:10, 2B ; 35mm银盐
收藏馆：缩微中心，国图

00O009342
虎钤经：二十卷 / (宋)许洞撰
清(1644-1911)抄本. -- 存十卷：卷一至卷
十。

1988年摄制. -- 1盘卷片(8米134拍) : 1:10,
2B ; 35mm银盐
收藏馆：缩微中心，湖南

00O017407
武经总要：前集二十二卷后集二十一卷 / (宋)曾公亮[等]撰
明(1368-1644)刻本. -- 撰者还有：(宋)丁度。
1993年摄制. -- 2盘卷片(53米1097拍) :
1:10, 2B ; 35mm银盐
收藏馆：缩微中心，国图

00O018728
武经总要：前集二十二卷 / (宋)曾公亮[等]撰
明(1368-1644)刻本. -- 撰者还有：(宋)丁度。
1994年摄制. -- 1盘卷片(27米557拍) :
1:10, 2B ; 35mm银盐
收藏馆：缩微中心，国图

00O022268
武经总要：前集二十卷后集二十卷 / (宋)曾公亮[等]撰
明万历三十六年(1608)庄重抄本. -- 撰者还有：(宋)丁度。(明)庄重跋，(清)高宗弘历题诗。
1995年摄制. -- 2盘卷片(39米755拍) :
1:10, 2B ; 35mm银盐
收藏馆：缩微中心，国图

00O014336
武经总要：前集二十卷后集二十卷 / (宋)曾公亮[等]撰
明(1368-1644)抄本. -- 撰者还有：(宋)丁度。存三十五卷：前集卷一至卷二、卷六至卷九、卷十二至卷二十，后集二十卷。岳瀞跋。
1992年摄制. -- 2盘卷片(15米264拍) :
1:10, 2B ; 35mm银盐
收藏馆：缩微中心，国图

00O021943
武经总要：前集二十卷 / (宋)曾公亮[等]撰
明(1368-1644)抄本. -- 撰者还有：(宋)丁度。存四卷：卷一至卷四。
1995年摄制. -- 1盘卷片(5米73拍) : 1:10,
2B ; 35mm银盐
收藏馆：缩微中心，国图

00O023141
武经总要：前集二十卷后集二十卷 / (宋)曾公亮[等]撰
明(1368-1644)抄本. -- 撰者还有：(宋)丁

度。存九卷：前集卷六至卷九、后集卷十三至卷十七。
1995年摄制. -- 1盘卷片（10米180拍）：1:10, 2B ; 35mm银盐
收藏馆：缩微中心，国图

000O023167
武经总要：前集二十卷后集二十卷 / (宋)曾公亮[等]撰
明(1368-1644)抄本. -- 撰者还有：(宋)丁度。存十二卷：前集卷一至卷五，后集卷五至卷八、卷十八至卷二十。
1995年摄制. -- 1盘卷片（11米197拍）：1:10, 2B ; 35mm银盐
收藏馆：缩微中心，国图

000O003704
武经总要：前集二十一卷后集二十一卷 / (宋)曾公亮[等]撰
明(1368-1644)刻本
1985年摄制. -- 2盘卷片（49米1077拍）：1:10, 2B ; 35mm银盐
收藏馆：缩微中心，国图

000O002793
武经总要：前集二十卷 / (宋)曾公亮[等]撰．武经要览行军须知：二卷
明嘉靖(1522-1566)刻本. -- 撰者还有：(宋)丁度。
1986年摄制. -- 2盘卷片（35.5米735拍）：1:10, 2B ; 35mm银盐
收藏馆：缩微中心，国图

000O004504
江东十鉴：一卷 / (宋)李舜臣撰
清(1644-1911)彭氏知圣道斋抄本. -- (清)彭元瑞校并跋。
1986年摄制. -- 1盘卷片（4米45拍）：1:10, 2B ; 35mm银盐
收藏馆：缩微中心，国图

000O014852
新刻古今武考：三卷 / (明)朱权撰
明崇祯(1628-1644)刻本
1992年摄制. -- 1盘卷片（4.2米62拍）：1:10, 2B ; 35mm银盐
收藏馆：缩微中心，贵州

000O012528
武经总要：前集二十二卷后集二十一卷行军须知二卷百战奇法二卷 / (宋)曾圣亮[等]撰
明万历(1573-1620)书林唐富春金陵刻本. -- 撰者还有：(宋)丁度。百战奇法存一卷：下

卷。
1990年摄制. -- 2盘卷片（57.6米1304拍）：1:10, 2B ; 35mm银盐
收藏馆：缩微中心，辽宁

000O020953
唐荆川先生纂辑武编：十二卷 / (明)唐顺之,(明)焦竑校
明(1368-1644)徐象橒曼山馆刻本
1994年摄制. -- 2盘卷片（46.5米972拍）：1:10, 2B ; 35mm银盐
收藏馆：缩微中心，山西

000O006169
唐荆川先生纂辑武编：十二卷 / (明)唐顺之撰
明万历四十六年(1618)徐象橒曼山馆刻本
1987年摄制. -- 2盘卷片（50米989拍）：1:10, 2B ; 35mm银盐
收藏馆：缩微中心，四川

000O011614
唐荆川先生纂辑武编：十二卷 / (明)唐顺之撰
明万历四十六年(1618)徐象橒曼山馆刻重修本
1989年摄制. -- 2盘卷片（49米976拍）：1:10, 2B ; 35mm银盐
收藏馆：缩微中心，四川

000O014669
江南经略：八卷 / (明)郑若曾撰
清康熙(1662-1722)郑起泓郑定远刻本
1992年摄制. -- 2盘卷片（43米872拍）：1:10, 2B ; 35mm银盐
收藏馆：缩微中心，国图

000O018893
经武渊源内编：六卷外编六卷 / (明)李材编；(明)孙开,(明)李汉煃校
明万历(1573-1620)刻本
1994年摄制. -- 1盘卷片（18米375拍）：1:10, 2B ; 35mm银盐
收藏馆：缩微中心，天津

000O009392
登坛必究：四十卷 / (明)王鸣鹤撰
明万历二十七年(1599)刻本
1988年摄制. -- 4盘卷片（113米2444拍）：1:10, 2B ; 35mm银盐
收藏馆：缩微中心，湖北

000O015346
万胜真韬：五卷 / (明)冯嘉会辑
明天启(1621-1627)刻本
1992年摄制. -- 1盘卷片（15米265拍）：

1:10，2B ；35mm银盐
收藏馆：缩微中心，国图

000O014854
幄筹编：四卷 / (明)解元辑
明万历二十年(1592)刻本
1992年摄制．-- 1盘卷片(14米263拍) ：
1:10，2B ；35mm银盐
收藏馆：缩微中心，贵州

000O028224
讲武要略：十七卷首一卷附一卷 / (明)徐九章辑
明万历四十八年(1620)刻本
1997年摄制．-- 1盘卷片(14米246拍) ：
1:10，2B ；35mm银盐
收藏馆：缩微中心，苏州

000O014855
新刻国朝名公批点文武并用今古纡筹：八卷 /
(明)朱锦,(明)施浚明辑
明万历(1573-1620)车书楼金陵刻本
1992年摄制．-- 1盘卷片(27米595拍) ：
1:10，2B ；35mm银盐
收藏馆：缩微中心，贵州

000O020258
武略神机：一卷 / (明)胡献忠撰
明万历(1573-1620)刻本
1994年摄制．-- 1盘卷片(5米67拍) ：1:10,
2B ；35mm银盐
收藏馆：缩微中心，国图

000O014960
武德全书：十五卷 / (明)李槃辑
明万历十八年(1590)汪一鸾刻本
1992年摄制．-- 1盘卷片(21米412拍) ：
1:10，2B ；35mm银盐
收藏馆：缩微中心，国图

000O019359
兵机纂：□□卷 / (明)郭光复撰
明(1368-1644)刻本．-- 存七卷：卷二至卷
八。
1994年摄制．-- 1盘卷片(25米485拍) ：
1:10，2B ；35mm银盐
收藏馆：缩微中心，国图

000O028872
兵机纂：八卷 / (明)郭光复撰
明万历二十七年(1599)刻本
1995年摄制．-- 2盘卷片(34米606拍) ：
1:10，2B ；35mm银盐
收藏馆：缩微中心，苏州

000O001135
守扬练兵辑要：一卷 / (明)郭光复撰
明万历二十五年(1597)郭光复刻本
1985年摄制．-- 1盘卷片(5米66拍) ：1:10,
2B ；35mm银盐
收藏馆：缩微中心，国图

000O014857
删定武库益智录：二十卷 / (明)何东序辑
明天启二年(1622)刘懋勋刻本
1992年摄制．-- 3盘卷片(80米1577拍) ：
1:10，2B ；35mm银盐
收藏馆：缩微中心，贵州

000O014856
备书：二十卷 / (明)王应遴撰
明天启(1621-1627)刻本
1992年摄制．-- 1盘卷片(23米477拍) ：
1:10，2B ；35mm银盐
收藏馆：缩微中心，贵州

000O027456
兵镜：二十卷 / (明)吴惟顺,(明)吴鸣球撰
明末(1621-1644)问奇斋刻本
1996年摄制．-- 2盘卷片(43米962拍) ：
1:10，2B ；35mm银盐
收藏馆：缩微中心，南京

000O014358
纬弢：二卷 / (明)郭增光撰
明天启七年(1627)郭增光刻本
1992年摄制．-- 1盘卷片(12米216拍) ：
1:10，2B ；35mm银盐
收藏馆：缩微中心，国图

000O017965
武备志：二百四十卷 / (明)茅元仪撰
明天启(1621-1627)刻本
1993年摄制．-- 8盘卷片(250米5202拍) ：
1:10，2B ；35mm银盐
收藏馆：缩微中心，国图

000O021209
武备志：二百四十卷 / (明)茅元仪辑
明天启(1621-1627)刻本
1995年摄制．-- 8盘卷片(251米5161拍) ：
1:10，2B ；35mm银盐
收藏馆：缩微中心，国图

000O012289
武备志：二百四十卷 / (明)茅元仪撰
明天启(1621-1627)刻本
1990年摄制．-- 9盘卷片(245米5737拍) ：

1:10, 2B ; 35mm银盐
收藏馆：缩微中心，南京

00O017391
师律：十六卷 / (明)范景文撰
明崇祯(1628-1644)刻本
1993年摄制. -- 2盘卷片(64米1309拍) :
1:10, 2B ; 35mm银盐
收藏馆：缩微中心，国图

00O014788
武备要略：十二卷 / (明)程子颐撰
明崇祯(1628-1644)刻本
1992年摄制. -- 1盘卷片(14米327拍) :
1:10, 2B ; 35mm银盐
收藏馆：缩微中心，国图

00O000533
忠统日录：三卷
明崇祯(1628-1644)刻本
1985年摄制. -- 1盘卷片(12米249拍) :
1:10, 2B ; 35mm银盐
收藏馆：缩微中心，国图

00O019931
六军镜：三卷
明(1368-1644)抄本
1994年摄制. -- 1盘卷片(5米64拍) : 1:10,
2B ; 35mm银盐
收藏馆：缩微中心，国图

00O006810
经武要略：□□卷 / (明)庄应会撰
明崇祯(1628-1644)刻本. -- 存二十二卷：上
集卷一、正集卷二至卷二十二。
1987年摄制. -- 3盘卷片(68米1491拍) :
1:10, 2B ; 35mm银盐
收藏馆：缩微中心，国图

00O028178
惧谋录：四卷 / [题](清)顾炎武辑
清嘉庆六年(1801)抄本. -- (清)丁丙跋。
1996年摄制. -- 1盘卷片(16米323拍) :
1:10, 2B ; 35mm银盐
收藏馆：缩微中心，南京

00O017859
贯虱篇：一卷 / (清)纪鉴撰
清康熙十八年(1679)居仁堂刻本
1993年摄制. -- 1盘卷片(3米21拍) : 1:10,
2B ; 35mm银盐
收藏馆：缩微中心，国图

00O025372
舟师绳墨：一卷 / (清)林君升撰
清乾隆三十七年(1772)陈奎刻本
1996年摄制. -- 1盘卷片(4米34拍) : 1:10,
2B ; 35mm银盐
收藏馆：缩微中心，国图

法家类

00O007120
管韩合刻：四十四卷 / (明)赵国贤编
明万历十年(1582)赵用贤刻本
1987年摄制. -- 2盘卷片(45.8米1008拍) :
1:10, 2B ; 35mm银盐
收藏馆：缩微中心，重庆

00O021187
合刻管子韩非子：四十四卷
明万历十年(1582)赵用贤刻本
1995年摄制. -- 2盘卷片(46米911拍) :
1:10, 2B ; 35mm银盐
收藏馆：缩微中心，国图

00O008693
管韩合纂：四卷 / (明)张榜纂
明末(1621-1644)刻本
1987年摄制. -- 1盘卷片(10.8米217拍) :
1:10, 2B ; 35mm银盐
收藏馆：缩微中心，重庆

00O000916
管子：二十四卷 / (明)刘绩撰
明(1368-1644)刻本. -- 存十二卷：卷一至卷
十二。
1985年摄制. -- 1盘卷片(13.1米279拍) :
1:10, 2B ; 35mm银盐
收藏馆：缩微中心，国图

00O010535
管子：二十四卷 / (汉)司马迁撰
明嘉靖(1522-1566)刻本
1989年摄制. -- 1盘卷片(18米378拍) :
1:10, 2B ; 35mm银盐
收藏馆：缩微中心，吉林

00O005160
管子注：二十四卷
明(1368-1644)赵用贤刻管韩合刻本
1986年摄制. -- 1盘卷片(25.4米569拍) :
1:10, 2B ; 35mm银盐
收藏馆：缩微中心，国图

000O005938
管子注：二十四卷 / (唐)房玄龄撰
明万历十年(1582)赵用贤刻管韩合刻本. --
(清)吴志忠校跋并录(清)黄丕烈、(清)顾广
圻、(清)段玉裁、(清)王引之等校注。
1987年摄制. -- 1盘卷片(24.7米552拍)：
1:10, 2B ; 35mm银盐
收藏馆：缩微中心，国图

000O002161
管子补注：二十四卷 / (明)刘绩撰
明(1368-1644)刻本. -- 佚名校，(清)王芑
孙、冒广生跋。
1986年摄制. -- 1盘卷片(24.5米545拍)：
1:10, 2B ; 35mm银盐
收藏馆：缩微中心，国图

000O020937
管子：二十四卷 / (唐)房玄龄注
明天启五年(1625)花斋刻本
1994年摄制. -- 1盘卷片(29.5米640拍)：
1:10, 2B ; 35mm银盐
收藏馆：缩微中心，山西

000O005810
管子榷：二十四卷 / (明)朱长春撰
明万历四十年(1612)张维枢刻本
1987年摄制. -- 2盘卷片(35米733拍)：
1:10, 2B ; 35mm银盐
收藏馆：缩微中心，国图

000O006379
管子：二十四卷
明(1368-1644)凌汝亨刻朱墨套印本
1987年摄制. -- 1盘卷片(23米509拍)：
1:10, 2B ; 35mm银盐
收藏馆：缩微中心，国图

000O031184
管子：二十四卷 / (明)朱长春[等]评
明(1368-1644)凌汝亨刻套印本
2004年摄制. -- 1盘卷片(23米483拍)：1:9,
2B ; 35mm银盐
收藏馆：缩微中心，国图

000O031928
管子：二十四卷
明(1368-1644)凌汝亨刻朱墨套印本
2010年摄制. -- 1盘卷片(28米539拍)：
1:13, 2B ; 35mm银盐
收藏馆：缩微中心，国图

000O001329
管子：二十四卷 / (明)朱长春[等]评
明万历四十八年(1620)凌汝亨刻朱墨套印
本. -- 评者还有：(明)赵用贤。
1985年摄制. -- 1盘卷片(22.3米491拍)：
1:10, 2B ; 35mm银盐
收藏馆：缩微中心，国图

000O031874
管子：二十四卷 / (明)朱长春[等]评
明万历四十八年(1620)凌汝亨刻朱墨套印
本. -- 评者还有：(明)赵用贤。
2010年摄制. -- 1盘卷片(29米532拍)：
1:10, 2B ; 35mm银盐
收藏馆：缩微中心，国图

000O004944
管子删评：六卷 / (明)梅士享撰
明万历四十三年(1615)梅氏天一馆刻本
1987年摄制. -- 1盘卷片(15.1米322拍)：
1:10, 2B ; 35mm银盐
收藏馆：缩微中心，国图

000O003242
**诠叙管子成书：十五卷首一卷 / (明)梅士享撰并
辑**
明天启五年(1625)贾毓祥刻本
1986年摄制. -- 1盘卷片(30米672拍)：
1:10, 2B ; 35mm银盐
收藏馆：缩微中心，国图

000O009016
**管子治略窥言：八卷 / (唐)房玄龄注；(明)刘绩
补注；(明)凌登嘉辑评**
明万历(1573-1620)刻本
1988年摄制. -- 1盘卷片(14米252拍)：
1:10, 2B ; 35mm银盐
收藏馆：缩微中心，湖北

000O028928
管子治略窥言：八卷 / (明)凌登嘉辑评
明万历(1573-1620)刻本. -- (清)宋翔凤批并
跋，(清)黄国瑾跋。
1998年摄制. -- 1盘卷片(14米250拍)：
1:10, 2B ; 35mm银盐
收藏馆：缩微中心，苏州

000O025357
管子义证：八卷 / (清)洪颐煊撰
清嘉庆二十四年(1819)刻本
1996年摄制. -- 1盘卷片(7米99拍)：1:10,
2B ; 35mm银盐
收藏馆：缩微中心，国图

00O018267
管子通：一卷 / (清)周悦让撰
清(1644-1911)稿本
1993年摄制. -- 1盘卷片(3米27拍)：1:10,
2B；35mm银盐
收藏馆：缩微中心，山东

00O027430
管子校议：不分卷 / (清)丁士涵撰
清(1644-1911)稿本. -- (清)陈奂批
1996年摄制. -- 1盘卷片(5米68拍)：1:10,
2B；35mm银盐
收藏馆：缩微中心，南京

00O025363
管子校正：二十四卷 / (清)戴望撰
清同治十一年(1872)刻本
1996年摄制. -- 1盘卷片(17米321拍)：
1:10, 2B；35mm银盐
收藏馆：缩微中心，国图

00O012562
管子集注：二十四卷 / (清)王仁俊撰
清(1644-1911)稿本
1990年摄制. -- 1盘卷片(15.8米340拍)：
1:10, 2B；35mm银盐
收藏馆：缩微中心，辽宁

00O027953
弟子职注：一卷 / (清)孙同元撰
清(1644-1911)孙氏寿松堂抄本. -- (清)孙峻
校。
1996年摄制. -- 1盘卷片(4米48拍)：1:10,
2B；35mm银盐
收藏馆：缩微中心，南京

00O027680
邓析子：二卷通考一卷 / (清)王仁俊辑
清同治十一年(1872)刘履芬刻本. -- (清)王
仁俊校跋并录(清)谭仪校。
1997年摄制. -- 1盘卷片(3米18拍)：1:10,
2B；35mm银盐
收藏馆：缩微中心，国图

00O005312
邓析子：三卷校文一卷 / (清)谭仪撰
清同治十一年(1872)刘履芬刻本. -- 伦明录
(清)王仁俊校。
1986年摄制. -- 1盘卷片(3米32拍)：1:10,
2B；35mm银盐
收藏馆：缩微中心，国图

00O005939
商子：五卷
明万历(1573-1620)程荣刻汉魏丛书本
1987年摄制. -- 1盘卷片(5米75拍)：1:10,
2B；35mm银盐
收藏馆：缩微中心，国图

00O007947
商子：五卷 / (战国)商鞅撰
明万历(1573-1620)程荣刻汉魏丛书本. --
(明)程荣校。
1988年摄制. -- 1盘卷片(5.1米81拍)：
1:10, 2B；35mm银盐
收藏馆：缩微中心，湖南

00O019022
商子：五卷 / (战国)商鞅撰
明万历(1573-1620)吴勉学刻二十子本. --
(清)谭仪校，(清)谢善诒题识。
1994年摄制. -- 1盘卷片(5米86拍)：1:10,
2B；35mm银盐
收藏馆：缩微中心，天津

00O020637
**商子：五卷 / (明)冯觐点评. 附录商君传：一卷 /
(汉)司马迁撰**
明(1368-1644)观纱斋刻本
1994年摄制. -- 1盘卷片(6米77拍)：1:10,
2B；35mm银盐
收藏馆：缩微中心，国图

00O015494
韩非子：二十卷
明嘉靖四十年(1561)张鼎文刻本
1993年摄制. -- 1盘卷片(16米306拍)：
1:10, 2B；35mm银盐
收藏馆：缩微中心，国图

00O019251
韩非子：二十卷
明嘉靖四十年(1561)张鼎文刻本
1994年摄制. -- 1盘卷片(16米303拍)：
1:10, 2B；35mm银盐
收藏馆：缩微中心，国图

00O028188
韩非子：二十卷
明嘉靖四十年(1561)张鼎文刻本. -- (清)丁
丙跋。
1996年摄制. -- 1盘卷片(17米344拍)：
1:10, 2B；35mm银盐
收藏馆：缩微中心，南京

000O003402
韩非子：二十卷
明万历十年(1582)赵用贤刻管韩合刻本. --
(清)翁同书校并跋。
1986年摄制. -- 1盘卷片(18米389拍)：
1:10, 2B ；35mm银盐
收藏馆：缩微中心，国图

000O004163
韩非子：二十卷
明万历十年(1582)赵用贤刻管韩合刻本. --
(清)王念孙校。
1986年摄制. -- 1盘卷片(18米396拍)：
1:10, 2B ；35mm银盐
收藏馆：缩微中心，国图

000O005923
韩非子：二十卷
明万历十年(1582)赵用贤刻管韩合刻本. --
(清)戈襄、(清)王渭校并跋，(清)韩应陛跋，
(清)戈载录(清)顾广圻题识。
1987年摄制. -- 1盘卷片(18.1米397拍)：
1:10, 2B ；35mm银盐
收藏馆：缩微中心，国图

000O028413
韩非子：二十卷
明万历十年(1582)赵用贤刻管韩合刻本. --
(清)卢文弨校跋并录(清)冯舒校，(清)丁丙
跋。
1996年摄制. -- 1盘卷片(19米401拍)：
1:10, 2B ；35mm银盐
收藏馆：缩微中心，南京

000O032076
韩非子：二十卷
明万历十年(1582)赵用贤刻管韩合刻本. --
(清)翁同书校并跋。
2011年摄制. -- 1盘卷片(22米394拍)：
1:12, 2B ；35mm银盐
收藏馆：缩微中心，国图

000O000092
韩非子：二十卷
明万历(1573-1620)周孔教刻本
1985年摄制. -- 1盘卷片(26米577拍)：
1:10, 2B ；35mm银盐
收藏馆：缩微中心，国图

000O029275
韩非子：二十卷 / (战国)韩非子撰；(明)凌瀛初
订注
明万历(1573-1620)刻本

1999年摄制. -- 1盘卷片(19米405拍)：
1:10, 2B ；35mm银盐
收藏馆：缩微中心，湖南

000O021439
韩非子：二十卷
明万历(1573-1620)黄之宷刻二十子本
1994年摄制. -- 1盘卷片(19米362拍)：
1:10, 2B ；35mm银盐
收藏馆：缩微中心，国图

000O007037
韩非子：二十卷
明(1368-1644)刻本
1987年摄制. -- 1盘卷片(16米335拍)：
1:10, 2B ；35mm银盐
收藏馆：缩微中心，国图

000O007152
韩非子：二十卷 / (战国)韩非子撰
明万历十年(1582)刻本
1987年摄制. -- 1盘卷片(19米396拍)：
1:10, 2B ；35mm银盐
收藏馆：缩微中心，山东

000O007127
韩非子：二十卷附录一卷 / (战国)韩非子撰；
(明)孙鑛[等]评
明天启五年(1625)赵如源刻本
1987年摄制. -- 1盘卷片(20.4米440拍)：
1:9, 2B ；35mm银盐
收藏馆：缩微中心，重庆

000O028419
韩非子：二十卷附录一卷
明天启五年(1625)赵如源刻本. -- (清)丁丙
跋。
1996年摄制. -- 1盘卷片(21米449拍)：
1:10, 2B ；35mm银盐
收藏馆：缩微中心，南京

000O007936
韩非子：二十卷. 识误：三卷 / (清)顾广圻撰
清嘉庆二十三年(1818)刻本
1988年摄制. -- 1盘卷片(15.5米317拍)：
1:10, 2B ；35mm银盐
收藏馆：缩微中心，湖南

000O016145
韩非子：二十卷
清嘉庆二十三年(1818)吴鼒影宋(960-1279)刻
本
1993年摄制. -- 1盘卷片(12米208拍)：

1:10, 2B ；35mm银盐
收藏馆：缩微中心，国图

000O019256
韩非子：二十卷 . 识误：三卷 / (清)顾广圻撰
清嘉庆二十三年(1818)吴鼐影宋(960-1279)刻本
1994年摄制. -- 1盘卷片(14米270拍) ：1:10, 2B ；35mm银盐
收藏馆：缩微中心，国图

000O019430
韩非子：二十卷
清嘉庆二十三年(1818)吴鼐影宋(960-1279)刻本
1994年摄制. -- 1盘卷片(12米205拍) ：1:10, 2B ；35mm银盐
收藏馆：缩微中心，国图

000O025367
韩非子：二十卷 . 识误：三卷 / (清)顾广圻撰
清道光二十五年(1845)扬州汪氏刻本. -- 韩晏合编本，据清嘉庆二十三年(1818)吴鼐影宋(960-1279)刻本刻印。
1996年摄制. -- 1盘卷片(14米270拍) ：1:10, 2B ；35mm银盐
收藏馆：缩微中心，国图

000O020806
韩子：二十卷
明末(1621-1644)刻本
1994年摄制. -- 1盘卷片(18米338拍) ：1:10, 2B ；35mm银盐
收藏馆：缩微中心，国图

000O007017
韩子迂评：二十卷附录一卷 / [题](明)门无子撰
明万历六年(1578)门无子刻本. -- 附录一卷。吴广霖校注并跋。
1987年摄制. -- 1盘卷片(22米470拍) ：1:10, 2B ；35mm银盐
收藏馆：缩微中心，国图

000O023836
韩子迂评：二十卷附录一卷 / [题](明)门无子撰
明(1368-1644)刻本
1995年摄制. -- 1盘卷片(16米311拍) ：1:10, 2B ；35mm银盐
收藏馆：缩微中心，浙江

000O009440
韩子迂评：二十卷 / [题](明)门无子撰
明(1368-1644)刻套印本

1987年摄制. -- 1盘卷片(18.2米387拍) ：1:9, 2B ；35mm银盐
收藏馆：缩微中心，重庆

000O023857
折韩：一卷 / (明)王棻撰
明(1368-1644)稿本
1995年摄制. -- 1盘卷片(5米66拍) ：1:10, 2B ；35mm银盐
收藏馆：缩微中心，浙江

农家类

000O003864
齐民要术：十卷杂说一卷 / (北魏)贾思勰撰
明万历(1573-1620)胡震亨沈士龙刻秘册汇函本
1985年摄制. -- 1盘卷片(16米339拍) ：1:10, 2B ；35mm银盐
收藏馆：缩微中心，国图

000O005139
齐民要术：十卷杂说一卷 / (北魏)贾思勰撰
明万历(1573-1620)胡震亨沈士龙刻秘册汇函本. -- (清)陈揆校并跋。
1986年摄制. -- 1盘卷片(16米342拍) ：1:10, 2B ；35mm银盐
收藏馆：缩微中心，国图

000O004711
齐民要术：十卷杂说一卷 / (北魏)贾思勰撰
明(1368-1644)刻本. -- 存九卷：卷一至卷六、卷九至卷十，杂说一卷。(清)陈揆校并跋。
1986年摄制. -- 1盘卷片(9.8米196拍) ：1:10, 2B ；35mm银盐
收藏馆：缩微中心，国图

000O027985
农书：三卷；蚕书：一卷；于潜令楼公进耕织二图诗：一卷 / (宋)陈敷[等]撰
明(1368-1644)毛氏汲古阁影宋(960-1279)抄本
1997年摄制. -- 1盘卷片(5米105拍) ：1:10, 2B ；35mm银盐
收藏馆：缩微中心，河南

000O015213
分门琐碎录：□□卷
明(1368-1644)抄本. -- 存三卷：卷一至卷三。
1992年摄制. -- 1盘卷片(6米87拍) ：1:10, 2B ；35mm银盐

收藏馆：缩微中心，国图

000O027277
农桑辑要：七卷 / (元)司农司撰
清乾隆(1736-1795)武英殿聚珍版丛书活字印本
1997年摄制. -- 1盘卷片(10米168拍) ：1:10, 2B ; 35mm银盐
收藏馆：缩微中心，国图

000O002163
农桑撮要：一卷 / (元)鲁明善撰
明(1368-1644)刻本
1986年摄制. -- 1盘卷片(4米65拍) ： 1:10, 2B ; 35mm银盐
收藏馆：缩微中心，国图

000O003764
新刊农桑撮要：二卷 / (元)鲁明善撰
明(1368-1644)刻本
1985年摄制. -- 1盘卷片(5米92拍) ： 1:10, 2B ; 35mm银盐
收藏馆：缩微中心，国图

000O000113
农书：三十六卷 / (元)王祯撰
明嘉靖九年(1530)山东布政使司刻本. -- 存二十六卷：农器图谱卷一至卷三、卷八至卷二十，谷谱十卷。
1985年摄制. -- 1盘卷片(20.4米447拍) ： 1:10, 2B ; 35mm银盐
收藏馆：缩微中心，国图

000O017860
农书：三十六卷 / (元)王祯撰
明嘉靖九年(1530)山东布政使司刻本. -- 存三十一卷：农桑通诀六卷、农器图谱卷一至卷十五、谷谱十卷。
1993年摄制. -- 1盘卷片(20米372拍) ： 1:10, 2B ; 35mm银盐
收藏馆：缩微中心，国图

000O028428
农书：三十六卷 / (元)王祯撰
明嘉靖九年(1530)山东布政使司刻本
1996年摄制. -- 1盘卷片(23米504拍) ： 1:10, 2B ; 35mm银盐
收藏馆：缩微中心，南京

000O023840
农书：二十二卷 / (元)王祯撰
清乾隆(1736-1795)武英殿活字印本. -- 据聚珍版丛书本印。莫棠跋。

1995年摄制. -- 1盘卷片(27米558拍) ：1:10, 2B ; 35mm银盐
收藏馆：缩微中心，浙江

000O026606
农书：二十二卷 / (元)王祯撰
清乾隆(1736-1795)武英殿聚珍版丛书活字印本
1997年摄制. -- 1盘卷片(27米515拍) ：1:10, 2B ; 35mm银盐
收藏馆：缩微中心，国图

000O017055
便民图纂：十五卷
明万历二十一年(1593)于永清刻本
1993年摄制. -- 1盘卷片(12米216拍) ：1:10, 2B ; 35mm银盐
收藏馆：缩微中心，国图

000O013925
宋氏树畜部：四卷 / (明)宋诩撰
明(1368-1644)刻本
1992年摄制. -- 1盘卷片(7米107拍) ： 1:10, 2B ; 35mm银盐
收藏馆：缩微中心，国图

000O006298
致富全书：十二卷 / (明)周文华撰
明万历四十八年(1620)刻本
1987年摄制. -- 1盘卷片(19米406拍) ：1:10, 2B ; 35mm银盐
收藏馆：缩微中心，吉林

000O018999
增补陶朱公致富奇书：八卷 / (明)陈继儒撰 ；(清)钟山石岩逸叟增定
清初(1644-1722)云林听松楼刻本. -- 存七卷：卷一、卷三至卷八。
1994年摄制. -- 1盘卷片(11米217拍) ：1:10, 2B ; 35mm银盐
收藏馆：缩微中心，天津

000O014609
重订增补陶朱公致富奇书：八卷 / [题](明)陈继儒辑；(清)钟山逸叟增补
清康熙三十六年(1697)郁郁堂刻本
1992年摄制. -- 1盘卷片(14米270拍) ：1:10, 2B ; 35mm银盐
收藏馆：缩微中心，国图

000O006721
农政全书：六十卷 / (明)徐光启纂辑
明崇祯(1628-1644)平露堂刻本. -- 版框高

二十一厘米宽十五厘米。
1987年摄制. -- 3盘卷片(79.5米1708拍) :
1:10, 2B ; 35mm银盐
收藏馆: 缩微中心, 广东

000O009485
农圃六书: 六卷 / (清)周元琼撰
清顺治十一年(1654)浦严刻本
1987年摄制. -- 1盘卷片(12.6米259拍) :
1:8, 2B ; 35mm银盐
收藏馆: 缩微中心, 重庆

000O027276
双溪物产疏: 十五卷 / (清)陈经撰
清嘉庆二十一年(1816)稚春堂刻本
1997年摄制. -- 1盘卷片(18米362拍) :
1:10, 2B ; 35mm银盐
收藏馆: 缩微中心, 国图

000O026333
小言录: 一卷 / (清)孔宪庚撰
清(1644-1911)稿本
1996年摄制. -- 1盘卷片(3.5米45拍) :
1:10, 2B ; 35mm银盐
收藏馆: 缩微中心, 湖北

000O016209
农丹: 一卷 / (清)张标撰
清(1644-1911)焦循抄本. -- (清)焦循跋。
1993年摄制. -- 1盘卷片(3米20拍) : 1:10,
2B ; 35mm银盐
收藏馆: 缩微中心, 国图

000O010298
梭山农谱: 三卷 / (清)刘应棠撰
清康熙五十六年(1717)刻本
1989年摄制. -- 1盘卷片(3米53拍) : 1:10,
2B ; 35mm银盐
收藏馆: 缩微中心, 湖北

000O016452
泰西水法: 六卷 / (意大利)熊三拔撰; (明)徐光
启笔记; (明)李之藻订正
明万历四十年(1612)曹于汴彭惟成[等]刻本
1992年摄制. -- 1盘卷片(7米103拍) : 1:10,
2B ; 35mm银盐
收藏馆: 缩微中心, 国图

000O008181
沟洫水利辑说: 八卷 / (清)陈仲良辑
清(1644-1911)稿本. -- 版框高二十五厘米宽
十五厘米。
1988年摄制. -- 1盘卷片(21米434拍) :

1:10, 2B ; 35mm银盐
收藏馆: 缩微中心, 广东

000O023855
新刻增集纪验田家五行: 三卷拾遗一卷 / (明)娄
元礼撰
明万历四十年(1612)茅樗刻本
1995年摄制. -- 1盘卷片(6米87拍) : 1:10,
2B ; 35mm银盐
收藏馆: 缩微中心, 浙江

000O015966
田家五行: 三卷拾遗一卷纪历撮要一卷 / (明)娄
元礼撰. 东方朔探春历记: 一卷
明(1368-1644)刻递修本
1993年摄制. -- 1盘卷片(6米79拍) : 1:10,
2B ; 35mm银盐
收藏馆: 缩微中心, 国图

000O018896
便农占镜: 三卷 / (清)苏毓辉辑
清(1644-1911)稿本. -- 分天、地、人三集,
钤"苏印毓辉""字设庭""竹塘居士"。
1994年摄制. -- 1盘卷片(17米359拍) :
1:10, 2B ; 35mm银盐
收藏馆: 缩微中心, 天津

000O015910
田家占候集览: 十卷 / (清)邹存淦辑
清(1644-1911)稿本
1993年摄制. -- 1盘卷片(9米166拍) : 1:10,
2B ; 35mm银盐
收藏馆: 缩微中心, 国图

000O027435
金薯传习录: 二卷; 治蝗传习录: 一卷 / (清)陈
世元辑
清乾隆三十三年(1768)陈云刻本. -- 卷一配
抄本。
1996年摄制. -- 1盘卷片(12米237拍) :
1:10, 2B ; 35mm银盐
收藏馆: 缩微中心, 南京

000O027856
橡茧图说: 二卷 / (清)刘祖宪撰
清道光七年(1827)刻本
1996年摄制. -- 1盘卷片(7米108拍) : 1:10,
2B ; 35mm银盐
收藏馆: 缩微中心, 南京

000O004274
学圃杂疏: 二卷拾遗一卷 / (明)王世懋撰
明(1368-1644)刻本

1986年摄制. -- 1盘卷片(4米53拍) : 1:10,
2B ; 35mm银盐
收藏馆：缩微中心，国图

000O005904
救荒本草：二卷 / (明)朱橚撰
明嘉靖四年(1525)毕昭蔡天祐刻本
1987年摄制. -- 1盘卷片(16米320拍) :
1:10, 2B ; 35mm银盐
收藏馆：缩微中心，国图

000O015497
救荒本草：二卷 / (明)朱橚撰
明嘉靖四年(1525)毕昭蔡天祐刻本
1993年摄制. -- 1盘卷片(15米273拍) :
1:10, 2B ; 35mm银盐
收藏馆：缩微中心，国图

000O018725
救荒本草：二卷 / (明)朱橚撰
明嘉靖四年(1525)毕昭蔡天祐刻本
1994年摄制. -- 1盘卷片(15米283拍) :
1:10, 2B ; 35mm银盐
收藏馆：缩微中心，国图

000O018504
救荒本草：二卷 / (明)朱橚撰
明嘉靖三十四年(1555)陆柬刻本
1993年摄制. -- 1盘卷片(15米278拍) :
1:10, 2B ; 35mm银盐
收藏馆：缩微中心，国图

000O002379
王西楼先生野菜谱：一卷 / (明)王磐撰
明嘉靖三十年(1551)张守中刻本
1986年摄制. -- 1盘卷片(4米44拍) : 1:10,
2B ; 35mm银盐
收藏馆：缩微中心，国图

000O020632
重订高邮王西楼先生野菜谱：一卷 / (明)王磐撰
明(1368-1644)刻本
1994年摄制. -- 1盘卷片(4米34拍) : 1:10,
2B ; 35mm银盐
收藏馆：缩微中心，国图

000O016643
野菜谱：一卷 / (明)王磐撰
明(1368-1644)刻本
1993年摄制. -- 1盘卷片(4米34拍) : 1:10,
2B ; 35mm银盐
收藏馆：缩微中心，国图

000O018518
野菜谱：一卷 / (明)王磐撰
明(1368-1644)刻本
1993年摄制. -- 1盘卷片(4米34拍) : 1:10,
2B ; 35mm银盐
收藏馆：缩微中心，国图

000O011134
秘传花镜：六卷 / (清)陈淏子撰
清康熙(1662-1722)金阊书业堂刻本
1989年摄制. -- 1盘卷片(14米283拍) :
1:10, 2B ; 35mm银盐
收藏馆：缩微中心，湖南

000O000431
植品：二卷 / (明)赵崡撰
明万历(1573-1620)刻本
1985年摄制. -- 1盘卷片(5米65拍) : 1:10,
2B ; 35mm银盐
收藏馆：缩微中心，国图

000O007997
马经：二卷 / (明)陈仁锡辑
清(1644-1911)抄本
1988年摄制. -- 1盘卷片(7米121拍) : 1:10,
2B ; 35mm银盐
收藏馆：缩微中心，湖南

000O027944
司牧安骥集：五卷
明弘治十七年(1504)杨一清刻本. -- (清)丁
丙跋。
1996年摄制. -- 1盘卷片(8米140拍) : 1:10,
2B ; 35mm银盐
收藏馆：缩微中心，南京

000O014776
司牧安骥集：八卷
明万历二十一年(1593)张世则刻本
1992年摄制. -- 1盘卷片(10米164拍) :
1:10, 2B ; 35mm银盐
收藏馆：缩微中心，国图

000O019985
司牧安骥集：八卷
明万历二十一年(1593)张世则刻本
1994年摄制. -- 1盘卷片(10米171拍) :
1:10, 2B ; 35mm银盐
收藏馆：缩微中心，国图

医学类

000O014618
东垣十书：十九卷
明嘉靖八年(1529)辽藩朱宠瀼梅南书屋刻本
1992年摄制. -- 2盘卷片(42米868拍)：
1:10, 2B；35mm银盐
收藏馆：缩微中心，国图

000O028444
青囊杂纂：八种八卷 / (明)邵以正辑
明弘治(1488-1505)崇德堂刻本. -- 存四种四卷：仙传外科集验方一卷、仙授理伤续断方一卷、新刊小儿病痘疹证治一卷、徐氏胎产方一卷。
1996年摄制. -- 1盘卷片(8.5米154拍)：
1:10, 2B；35mm银盐
收藏馆：缩微中心，南京

000O019789
家居医录：二种五卷
明嘉靖(1522-1566)刻本
1994年摄制. -- 1盘卷片(10米186拍)：
1:10, 2B；35mm银盐
收藏馆：缩微中心，国图

000O006731
古今医统正脉全书：四十四种二百五卷 / (明)王肯堂编
明万历二十九年(1601)吴勉学刻本
1987年摄制. -- 10盘卷片(287米5716拍)：
1:10, 2B；35mm银盐
收藏馆：缩微中心，四川

000O009421
证治准绳：六种四十四卷 / (明)王肯堂撰
明万历三十年至三十六年(1602-1608)刻本
1988年摄制. -- 12盘卷片(334.5米7363拍)：
1:9, 2B；35mm银盐
收藏馆：缩微中心，重庆

000O023862
医学六要：十九卷 / (明)张三锡撰
明万历(1573-1620)刻崇祯十七年(1644)张维藩重修本. -- 据明万历(1573-1620)刻本重修。
1996年摄制. -- 4盘卷片(108米2286拍)：
1:10, 2B；35mm银盐
收藏馆：缩微中心，浙江

000O021018
医要集览：九种九卷
明(1368-1644)刻本

1994年摄制. -- 1盘卷片(12米214拍)：
1:10, 2B；35mm银盐
收藏馆：缩微中心，国图

000O027899
医要集览：九种九卷
明(1368-1644)司礼监刻本. -- (清)丁丙跋。
1996年摄制. -- 1盘卷片(13米250拍)：
1:10, 2B；35mm银盐
收藏馆：缩微中心，南京

000O020288
经史症类大观本草：三十一卷 / (宋)唐慎微撰
元大德六年(1302)宗文书院刻本. -- 存十七卷：卷二、卷十三至卷二十四、卷二十八至卷三十一。
1994年摄制. -- 1盘卷片(30米608拍)：
1:10, 2B；35mm银盐
收藏馆：缩微中心，国图

000O019677
大德重校圣济总录：二百卷
元大德三年至四年(1299-1300)江浙[等]处行中书省刻本. -- 存一卷：卷二十三。
1994年摄制. -- 1盘卷片(4米34拍)：1:10,
2B；35mm银盐
收藏馆：缩微中心，国图

000O023131
大德重校圣济总录：二百卷
元大德三年至四年(1299-1300)江浙[等]处行中书省刻本. -- 卷一百二十八至卷一百二十九、卷一百三十八配元(1271-1368)抄本。存六卷：卷三至卷四、卷一百二十八至卷一百三十、卷一百三十八。
1995年摄制. -- 1盘卷片(11米202拍)：
1:10, 2B；35mm银盐
收藏馆：缩微中心，国图

000O023149
大德重校圣济总录：二百卷
元大德三年至四年(1299-1300)江浙[等]处行中书省刻本. -- 存十六卷：卷十二、卷三十五至卷三十六、卷四十四、卷五十四至卷五十六、卷六十六、卷七十九、卷九十六、卷一百五十六、卷一百六十九、卷一百七十三至卷一百七十五、卷一百八十三。
1995年摄制. -- 1盘卷片(21米289拍)：
1:10, 2B；35mm银盐
收藏馆：缩微中心，国图

000O023427
大德重校圣济总录：二百卷

元大德三年至四年(1299-1300)江浙[等]处行中书省刻本. -- 存六卷：卷二下、卷六十五至卷六十六、卷七十一、卷九十三、卷一百五十。
1995年摄制. -- 1盘卷片(18米345拍)：1:10, 2B；35mm银盐
收藏馆：缩微中心，国图

00O010166
大德重校圣济总录：二百卷
明(1368-1644)抄本
1989年摄制. -- 9盘卷片(238米5187拍)：1:10, 2B；35mm银盐
收藏馆：缩微中心，山东

00O016468
医说：十卷 / (宋)张杲撰
明嘉靖二十二年(1543)张子立刻本
1992年摄制. -- 1盘卷片(19米372拍)：1:10, 2B；35mm银盐
收藏馆：缩微中心，国图

00O006088
医说：十卷 / (宋)张杲撰
明嘉靖二十三年(1544)刻本
1986年摄制. -- 1盘卷片(22.7米450拍)：1:10, 2B；35mm银盐
收藏馆：缩微中心，吉林

00O028421
医说：十卷 / (宋)张杲撰
明嘉靖二十九年(1550)刻本. -- (清)黄丕烈、(清)丁丙跋。
1996年摄制. -- 1盘卷片(19米412拍)：1:10, 2B；35mm银盐
收藏馆：缩微中心，南京

00O014778
医说：十卷 / (宋)张杲撰
明(1368-1644)冯永治刻本. -- 存四卷：卷一至卷四。
1992年摄制. -- 1盘卷片(9米150拍)：1:10, 2B；35mm银盐
收藏馆：缩微中心，国图

00O027898
兰室秘藏：三卷 / (金)李杲撰
明(1368-1644)刻本. -- (清)丁丙跋。
1996年摄制. -- 1盘卷片(11米218拍)：1:10, 2B；35mm银盐
收藏馆：缩微中心，南京

00O020935
医垒元戎：十二卷 / (元)王好古撰
明嘉靖二十二年(1543)刻本
1994年摄制. -- 1盘卷片(22.6米483拍)：1:10, 2B；35mm银盐
收藏馆：缩微中心，山西

00O022266
格致余论：一卷 / (元)朱震亨撰
明(1368-1644)刻本
1995年摄制. -- 1盘卷片(5米73拍)：1:10, 2B；35mm银盐
收藏馆：缩微中心，国图

00O013591
格致余论：一卷 / (元)朱震亨撰
明(1368-1644)刻本
1991年摄制. -- 1盘卷片(6米74拍)：1:10, 2B；35mm银盐
收藏馆：缩微中心，国图

00O020748
丹溪手镜：三卷 / (元)朱震亨撰；(明)吴尚默,(明)陈乾阳参订
明天启元年(1621)吴尚默[等]刻本
1994年摄制. -- 1盘卷片(15米279拍)：1:10, 2B；35mm银盐
收藏馆：缩微中心，国图

00O024726
心印绀珠经：二卷 / (明)李汤卿撰
明嘉靖二十一年(1542)邢址刻本
1996年摄制. -- 1盘卷片(9米151拍)：1:10, 2B；35mm银盐
收藏馆：缩微中心，浙江

00O010409
心印绀珠经：二卷 / (明)李汤卿撰
明嘉靖二十六年(1547)赵瀛刻本
1989年摄制. -- 1盘卷片(9米147拍)：1:10, 2B；35mm银盐
收藏馆：缩微中心，四川

00O014790
心印绀珠经：二卷 / (明)李汤卿撰
明嘉靖二十六年(1547)赵瀛刻本. -- (清)陈鳢跋。
1992年摄制. -- 1盘卷片(8米126拍)：1:10, 2B；35mm银盐
收藏馆：缩微中心，国图

00O020815
心印绀珠经：二卷 / (明)李汤卿撰

明崇祯六年(1633)闵齐伋刻本
1994年摄制. -- 1盘卷片(8米131拍) : 1:10,
2B ; 35mm银盐
收藏馆: 缩微中心, 国图

000O002881
心印绀珠经: 二卷 / (明)李汤卿撰
明(1368-1644)刻本. -- (清)贝塘跋。
1986年摄制. -- 1盘卷片(10.5米204拍) :
1:10, 2B ; 35mm银盐
收藏馆: 缩微中心, 国图

000O019000
玉机微义: 五十卷 / (明)徐彦纯撰 ; (明)刘纯续
明正统四年(1439)陈有戒[等]刻本. -- 间有
抄配页。
1994年摄制. -- 2盘卷片(48米1031拍) :
1:10, 2B ; 35mm银盐
收藏馆: 缩微中心, 天津

000O014911
玉机微义: 五十卷 / (明)徐彦纯撰 ; (明)刘纯续
明景泰二年(1451)吴从政刻本
1992年摄制. -- 2盘卷片(51.8米1165拍) :
1:10, 2B ; 35mm银盐
收藏馆: 缩微中心, 辽宁

000O009628
玉机微义: 五十卷 / (明)徐彦纯撰 ; (明)刘纯续
明(1368-1644)黄烨刻蓝印本
1988年摄制. -- 2盘卷片(50米1047拍) :
1:10, 2B ; 35mm银盐
收藏馆: 缩微中心, 甘肃

000O005816
玉机微义: 五十卷 / (明)徐彦纯撰 ; (明)刘纯续
明(1368-1644)刻本
1987年摄制. -- 2盘卷片(42.5米940拍) :
1:10, 2B ; 35mm银盐
收藏馆: 缩微中心, 国图

000O001528
医学纲目: 四十卷 / (明)楼英撰
明嘉靖四十四年(1565)刻本
1986年摄制. -- 4盘卷片(104.9米2325拍) :
1:10, 2B ; 35mm银盐
收藏馆: 缩微中心, 吉林

000O007046
医学纲目: 四十卷 / (明)楼英撰
明嘉靖四十四年(1565)曹灼邵弁刻本. -- 存
三十八卷: 卷一至卷二十、卷二十三至卷
四十。

1987年摄制. -- 4盘卷片(98米2103拍) :
1:10, 2B ; 35mm银盐
收藏馆: 缩微中心, 国图

000O018309
医学纲目: 四十卷 / (明)楼英撰
明嘉靖四十四年(1565)刻本. -- 书名依书口
题。
1993年摄制. -- 4盘卷片(106米2367拍) :
1:10, 2B ; 35mm银盐
收藏馆: 缩微中心, 天津

000O022455
原病集: 六卷 / (明)唐椿撰
明崇祯六年(1633)唐敏学刻本
1995年摄制. -- 2盘卷片(45米978拍) :
1:10, 2B ; 35mm银盐
收藏馆: 缩微中心, 南京

000O024766
明医杂著: 一卷续一卷 / (明)王纶撰
明弘治十五年(1502)刻本
1995年摄制. -- 1盘卷片(5米71拍) : 1:10,
2B ; 35mm银盐
收藏馆: 缩微中心, 浙江

000O023616
医论问答: 一卷 / (明)王纶撰
明嘉靖(1522-1566)刻本
1995年摄制. -- 1盘卷片(3米39拍) : 1:10,
2B ; 35mm银盐
收藏馆: 缩微中心, 浙江

000O009908
新刻汪先生家藏医学原理: 十三卷 / (明)汪机撰
明(1368-1644)吴继武谢孜精刻本. -- (明)朱
嘉遇校。
1989年摄制. -- 1盘卷片(26米558拍) :
1:10, 2B ; 35mm银盐
收藏馆: 缩微中心, 天津

000O006876
医学统旨: 六卷 / (明)叶文龄撰
明嘉靖十四年(1535)胡体乾刻本
1987年摄制. -- 1盘卷片(28.7米633拍) :
1:10, 2B ; 35mm银盐
收藏馆: 缩微中心, 重庆

000O014604
体仁汇编: 六卷 / (明)彭用光撰
明嘉靖二十八年(1549)傅凤翔刻万历三十二年
(1604)陆长庚重修本
1992年摄制. -- 1盘卷片(24米536拍) :

1:10, 2B ；35mm银盐
收藏馆：缩微中心，国图

00O011510
重刊体仁汇编：十卷 / (明)彭用光撰
明万历三年(1575)刻本
1990年摄制. -- 1盘卷片(23米486拍) :
1:10, 2B ；35mm银盐
收藏馆：缩微中心，甘肃

00O006206
明医指掌图：十卷 / (明)皇甫中撰并注
明嘉靖三十五年(1556)皇甫中刻本
1987年摄制. -- 1盘卷片(17米332拍) :
1:10, 2B ；35mm银盐
收藏馆：缩微中心，四川

00O025723
订补明医指掌：十卷 / (明)皇甫中撰；(明)王肯堂[等]订补
明天启(1621-1627)刻本
1996年摄制. -- 1盘卷片(24米538拍) :
1:10, 2B ；35mm银盐
收藏馆：缩微中心，河南

00O019861
医学权舆：一卷
明(1368-1644)胡氏文会堂刻本
1994年摄制. -- 1盘卷片(3米18拍) : 1:10,
2B ；35mm银盐
收藏馆：缩微中心，国图

00O016696
医说续编：十八卷 / (明)周恭辑
明隆庆三年(1569)曹用晦刻本. -- 存十六卷：卷三至卷十八。
1993年摄制. -- 1盘卷片(23米458拍) :
1:10, 2B ；35mm银盐
收藏馆：缩微中心，国图

00O027932
医说续编：十八卷 / (明)周恭辑
明隆庆三年(1569)曹灼刻本. -- 存十卷：卷一至卷十。
1996年摄制. -- 1盘卷片(17米349拍) :
1:10, 2B ；35mm银盐
收藏馆：缩微中心，南京

00O018900
重刻古今医鉴：八卷 / (明)龚信编；(明)王肯堂校正
明末(1621-1644)五云楼广城刻本
1994年摄制. -- 1盘卷片(22米486拍) :

1:10, 2B ；35mm银盐
收藏馆：缩微中心，天津

00O020925
王宇泰先生订补古今医鉴：十六卷 / (明)龚信编；(明)龚廷贤续编；(明)王肯堂订补
明(1368-1644)刻本
1994年摄制. -- 2盘卷片(40米829拍) :
1:10, 2B ；35mm银盐
收藏馆：缩微中心，天津

00O028226
古今医家经论汇编：五卷 / (明)徐常吉辑
明(1368-1644)刻本
1997年摄制. -- 1盘卷片(26米499拍) :
1:10, 2B ；35mm银盐
收藏馆：缩微中心，苏州

00O028438
医林绳墨：八卷 / (明)方隅撰
明万历十二年(1584)方谷刻本. -- (清)丁丙跋。
1996年摄制. -- 1盘卷片(11米207拍) :
1:10, 2B ；35mm银盐
收藏馆：缩微中心，南京

00O019864
医学便览：四卷 / (明)解桢撰
明(1368-1644)胡氏文会堂刻本
1994年摄制. -- 1盘卷片(9米147拍) : 1:10,
2B ；35mm银盐
收藏馆：缩微中心，国图

00O008649
古今医统大全：一百卷 / (明)徐春甫辑
明(1368-1644)陈长卿刻本
1988年摄制. -- 6盘卷片(182米3859拍) :
1:10, 2B ；35mm银盐
收藏馆：缩微中心，山东

00O006191
古今医统大全：一百卷 / (明)徐春甫辑
明(1368-1644)刻本
1987年摄制. -- 7盘卷片(194米3864拍) :
1:10, 2B ；35mm银盐
收藏馆：缩微中心，四川

00O025863
新刻太医院校正增补医方捷径：二卷 / (明)罗必炜校
明(1368-1644)书林刘氏遗安堂刻本
1996年摄制. -- 1盘卷片(5米80拍) : 1:10,
2B ；35mm银盐

收藏馆：缩微中心，安徽

000O015584
鼎刻京板太医院校正增补青囊医方捷径：二卷
明(1368-1644)刻本
1992年摄制. -- 1盘卷片(5米66拍)：1:10, 2B；35mm银盐
收藏馆：缩微中心，国图

000O021632
治法汇：七卷 / (明)张三锡辑
明(1368-1644)刻本
1995年摄制. -- 2盘卷片(41米820拍)：1:10, 2B；35mm银盐
收藏馆：缩微中心，国图

000O023605
医宗粹言：十四卷 / (明)罗周彦撰
明万历四十年(1612)何敬塘刻本
1995年摄制. -- 2盘卷片(49米984拍)：1:10, 2B；35mm银盐
收藏馆：缩微中心，浙江

000O019569
诸证提纲：十卷 / (明)陈文治撰
明万历四十年(1612)魏惺吾刻本
1994年摄制. -- 2盘卷片(49米1005拍)：1:10, 2B；35mm银盐
收藏馆：缩微中心，国图

000O014792
新镌医论：三卷 / (明)王肯堂撰
明(1368-1644)刻本
1992年摄制. -- 1盘卷片(7米122拍)：1:10, 2B；35mm银盐
收藏馆：缩微中心，国图

000O015747
医林正印：十卷 / (明)马兆圣撰
明万历四十四年(1616)马兆圣刻本
1993年摄制. -- 1盘卷片(16米313拍)：1:10, 2B；35mm银盐
收藏馆：缩微中心，国图

000O008882
新刻聂久吾先生医学备函：十三卷首一卷 / (明)聂尚恒撰
明崇祯(1628-1644)跃剑山房刻本. -- 存十一卷：卷一至卷十一。
1988年摄制. -- 2盘卷片(45米1013拍)：1:10, 2B；35mm银盐
收藏馆：缩微中心，浙江

000O010780
刻医无问子医贯：六卷附增补医贯奇方一卷射乡便方一卷 / (明)赵献可撰；(明)薛三才[等]订正
清初(1644-1722)张起鹏毓秀堂刻本
1989年摄制. -- 1盘卷片(19米401拍)：1:10, 2B；35mm银盐
收藏馆：缩微中心，天津

000O028881
医贯：六卷 / (明)赵献可撰
清康熙(1662-1722)刻本. -- (清)徐康跋。
1995年摄制. -- 1盘卷片(14米299拍)：1:10, 2B；35mm银盐
收藏馆：缩微中心，苏州

000O006732
新刊万病回春：八卷 / (明)龚廷贤辑
明(1368-1644)阊门书林叶龙溪刻本
1987年摄制. -- 2盘卷片(36米685拍)：1:10, 2B；35mm银盐
收藏馆：缩微中心，四川

000O007196
赤水玄珠：三十卷；医旨绪余：二卷；医案：五卷 / (明)孙一奎撰
明万历二十四年(1596)刻本
1987年摄制. -- 5盘卷片(126米2754拍)：1:10, 2B；35mm银盐
收藏馆：缩微中心，山东

000O014606
赤水玄珠：三十卷 / (明)孙一奎撰
明万历(1573-1620)刻清(1644-1911)重修本
1992年摄制. -- 4盘卷片(106米2139拍)：1:10, 2B；35mm银盐
收藏馆：缩微中心，国图

000O025882
新刊简明医彀：八卷要言一卷 / (明)孙志宏撰
明崇祯(1628-1644)刻本
1996年摄制. -- 1盘卷片(25米491拍)：1:10, 2B；35mm银盐
收藏馆：缩微中心，浙江

000O010788
丹台玉案：六卷 / (明)孙文胤撰
明崇祯十年(1637)刻本. -- (明)屠寿征校正。
1989年摄制. -- 1盘卷片(24米536拍)：1:10, 2B；35mm银盐
收藏馆：缩微中心，天津

00O006745
诸症辩疑：四卷 / (明)吴球撰
明(1368-1644)抄本
1987年摄制. -- 1盘卷片(12米210拍)：
1:10, 2B；35mm银盐
收藏馆：缩微中心，四川

00O028751
脉药联珠：一卷 / (清)龙柏撰；(清)潘蔚辑
清(1644-1911)抄本
1998年摄制. -- 1盘卷片(4米26拍)：1:10,
2B；35mm银盐
收藏馆：缩微中心，苏州

00O027947
医彻：四卷 / (清)怀远撰
清嘉庆七年(1802)陆垲抄本
1996年摄制. -- 1盘卷片(15米306拍)：
1:10, 2B；35mm银盐
收藏馆：缩微中心，南京

00O020122
双梧书屋医学读书志：二卷 / (清)曹禾撰
清光绪九年(1883)章同寿抄本
1994年摄制. -- 1盘卷片(10米183拍)：
1:10, 2B；35mm银盐
收藏馆：缩微中心，国图

00O019866
新镌海上医宗心领全帙：六十四卷首一卷 / (越南)黎有卓撰
越南嗣德三十二年至咸宜元年(1879-1885)释清高刻本. -- 存五十五卷：卷一至卷十八、卷二十五至卷三十一、卷三十三至卷五十八、卷六十一至卷六十二、卷六十四，首一卷。
1994年摄制. -- 5盘卷片(141米2854拍)：
1:10, 2B；35mm银盐
收藏馆：缩微中心，国图

00O000686
察证辨治启迪集：八卷 / (日)道三撰
日本庆安二年(1649)上村次郎右卫门刻本
1985年摄制. -- 1盘卷片(29米644拍)：
1:10, 2B；35mm银盐
收藏馆：缩微中心，国图

00O020125
东医宝鉴：二十三卷目录二卷 / (朝鲜)许浚撰
朝鲜刻本
1994年摄制. -- 3盘卷片(77米1553拍)：
1:10, 2B；35mm银盐
收藏馆：缩微中心，国图

00O007823
黄帝内经素问：十二卷；黄帝素问灵枢经：十二卷 / (唐)王冰注
明嘉靖(1522-1566)刻本. -- (宋)林亿等校，(宋)孙兆改误。
1987年摄制. -- 1盘卷片(18.8米390拍)：
1:10, 2B；35mm银盐
收藏馆：缩微中心，重庆

00O023139
补注释文黄帝内经素问：十二卷 / (唐)王冰注；(宋)林亿校正；(宋)孙兆改误
元至元五年(1339)胡氏古林书堂刻本. -- 存五卷：卷五至卷九。
1995年摄制. -- 1盘卷片(7米103拍)：1:10,
2B；35mm银盐
收藏馆：缩微中心，国图

00O023144
补注释文黄帝内经素问：十二卷 / (唐)王冰注；(宋)林亿校正；(宋)孙兆改误
元至元五年(1339)胡氏古林书堂刻本. -- 存五卷：卷八至卷十二。
1995年摄制. -- 1盘卷片(9米160拍)：1:10,
2B；35mm银盐
收藏馆：缩微中心，国图

00O015022
补注释文黄帝内经素问：十二卷遗篇一卷 / (唐)王冰注；(宋)林亿[等]校正；(宋)孙兆改误
明(1368-1644)赵府居敬堂刻本
1992年摄制. -- 2盘卷片(39米746拍)：
1:10, 2B；35mm银盐
收藏馆：缩微中心，国图

00O016409
补注释文黄帝内经素问：十二卷遗篇一卷 / (唐)王冰注；(宋)林亿[等]校正；(宋)孙兆改误
明(1368-1644)赵府居敬堂刻本
1993年摄制. -- 2盘卷片(38米749拍)：
1:10, 2B；35mm银盐
收藏馆：缩微中心，国图

00O019709
补注释文黄帝内经素问：十二卷遗篇一卷 / (唐)王冰注；(宋)林亿[等]校正；(宋)孙兆改误
明(1368-1644)赵府居敬堂刻本. -- (清)傅山批。
1994年摄制. -- 2盘卷片(41米817拍)：
1:10, 2B；35mm银盐
收藏馆：缩微中心，国图

00O021266
补注释文黄帝内经素问：十二卷遗篇一卷 / (唐)王冰注；(宋)林亿[等]校正；(宋)孙兆改误
明(1368-1644)赵府居敬堂刻本
1995年摄制. -- 2盘卷片(39米749拍)：
1:10, 2B；35mm银盐
收藏馆：缩微中心，国图

00O005905
新刊补注释文黄帝内经素问：十二卷 / (唐)王冰注；(宋)林亿[等]校正；(宋)孙兆改误
明(1368-1644)鳌峰熊宗立刻本. -- 存十卷：卷一至卷十。
1987年摄制. -- 1盘卷片(14米280拍)：
1:10, 2B；35mm银盐
收藏馆：缩微中心，国图

00O029781
新刊补注释文黄帝内经素问：十二卷 / (唐)王冰注；(宋)林亿[等]校正；(宋)孙兆改误
明(1368-1644)鳌峰熊宗立刻本. -- 存五卷：卷七至卷十、卷十二。
2001年摄制. -- 1盘卷片(9米169拍)：1:10, 2B；35mm银盐
收藏馆：缩微中心，国图

00O024768
新刊补注释文黄帝内经素问：十二卷；黄帝素问灵枢经集注：十二卷；黄帝素问遗篇：一卷 / (明)田经校正
明嘉靖四年(1525)山东布政使司刻本. -- 还有合刻著作：新刊素问入式运气论奥三卷、新增素问运气图括定局立成一卷、黄帝内经素问灵枢运气音释补遗一卷/(明)田经校正。
1995年摄制. -- 1盘卷片(32米656拍)：1:10, 2B；35mm银盐
收藏馆：缩微中心，浙江

00O023615
重广补注黄帝内经素问：二十四卷 / (唐)王冰注；(宋)林亿校正；(宋)孙兆重改误. 新刊黄帝内经灵枢：二十四卷 / (宋)史崧撰
明(1368-1644)周曰校绣谷书林刻本
1995年摄制. -- 1盘卷片(30米592拍)：1:10, 2B；35mm银盐
收藏馆：缩微中心，浙江

00O007820
黄帝素问灵枢集注：二十三卷；黄帝内经素问遗篇：五卷
清(1644-1911)袁氏贞节堂刻本
1988年摄制. -- 1盘卷片(14.5米302拍)：1:11, 2B；35mm银盐

收藏馆：缩微中心，重庆

00O014766
黄帝内经太素注：三十卷 / (隋)杨上善撰
清(1644-1911)灵溪精舍抄本. -- 存二十三卷：卷二至卷三、卷五至卷六、卷八至卷十五、卷十七、卷十九、卷二十二至卷三十。
1992年摄制. -- 1盘卷片(26米525拍)：1:10, 2B；35mm银盐
收藏馆：缩微中心，国图

00O006470
黄帝内经太素注：三十卷 / (隋)杨上善撰
日本抄本. -- 存二卷：卷十四、卷二十三。
1987年摄制. -- 1盘卷片(6米87拍)：1:10, 2B；35mm银盐
收藏馆：缩微中心，国图

00O031120
黄帝内经明堂注：三十卷 / (隋)杨上善撰
日本影抄本. -- 据古抄本影抄。卷十九与卷二十三前有一册书疑为卷二十一至卷二十二。存二十三卷。疑卷二十一至卷二十二既不算缺也不算存(清单备注如此)。
2004年摄制. -- 2盘卷片(38米805拍)：1:10, 2B；35mm银盐
收藏馆：缩微中心，国图

00O006168
类经：三十二卷图翼十一卷附翼四卷 / (明)张介宾类注
明天启四年(1624)张介宾刻本
1987年摄制. -- 4盘卷片(112米2242拍)：1:10, 2B；35mm银盐
收藏馆：缩微中心，四川

00O019365
类经图翼：十一卷 / (明)张介宾撰
明(1368-1644)刻本
1994年摄制. -- 1盘卷片(23米464拍)：1:10, 2B；35mm银盐
收藏馆：缩微中心，国图

00O028457
内经博议：四卷 / (清)罗美撰
清(1644-1911)抄本. -- (清)孙从添校并跋。
1996年摄制. -- 1盘卷片(14.5米227拍)：1:10, 2B；35mm银盐
收藏馆：缩微中心，南京

00O012773
内经翼领增删集注：二十二卷 / (清)罗美撰
清(1644-1911)杏林书屋抄本. -- 存十四卷

卷九至卷二十二。(清)赵宗德跋。
1990年摄制. -- 1盘卷片(28米663拍) :
1:10, 2B ; 35mm银盐
收藏馆:缩微中心,南京

000O011512
内经运气遗篇病释:一卷 / (清)陆懋修撰
清(1644-1911)稿本
1990年摄制. -- 1盘卷片(3米40拍) : 1:10,
2B ; 35mm银盐
收藏馆:缩微中心,甘肃

000O021923
**新刊补注释文黄帝内经素问:十二卷遗篇一卷 /
(唐)王冰注;(宋)林亿[等]校正;(宋)孙兆改误.
灵枢运气音释补遗:一卷;入式运气论奥:三
卷**
明(1368-1644)刻本. -- 还有合刻著作:运气
图括定局立成一卷。
1995年摄制. -- 1盘卷片(24米469拍) :
1:10, 2B ; 35mm银盐
收藏馆:缩微中心,国图

000O005814
**重广补注黄帝内经素问:二十四卷 / (唐)王冰注;
(宋)林亿[等]校正;(宋)孙兆改误**
明嘉靖二十九年(1550)顾从德影宋(960-1279)
刻本
1987年摄制. -- 1盘卷片(20.1米446拍) :
1:10, 2B ; 35mm银盐
收藏馆:缩微中心,国图

000O006157
**重广补注黄帝内经素问:二十四卷 / (唐)王冰注;
(宋)林亿[等]校正;(宋)孙兆改误**
明嘉靖二十九年(1550)顾从德武陵影刻本. --
据宋(960-1279)刻本影刻。(清)潘霨朱笔圈
点。
1987年摄制. -- 1盘卷片(23.1米493拍) :
1:10, 2B ; 35mm银盐
收藏馆:缩微中心,广东

000O025940
**重广补注黄帝内经素问:二十四卷 / (唐)王冰注;
(宋)林亿校正;(宋)孙兆改误**
明嘉靖二十九年(1550)顾从德影印本. -- 据
宋(960-1279)刻本影印。(清)丁丙跋。
1996年摄制. -- 1盘卷片(22米467拍) :
1:10, 2B ; 35mm银盐
收藏馆:缩微中心,南京

000O019024
黄帝内经素问:二十四卷 / (唐)王冰注

明万历四十八年(1620)潘之恒刻黄海本
1994年摄制. -- 1盘卷片(25米544拍) :
1:10, 2B ; 35mm银盐
收藏馆:缩微中心,天津

000O004722
**重广补注黄帝内经素问:二十四卷 / (唐)王冰注;
(宋)林亿[等]校正;(宋)孙兆改误**
清(1644-1911)抄本. -- (清)莫友芝校。
1986年摄制. -- 1盘卷片(19.2米422拍) :
1:10, 2B ; 35mm银盐
收藏馆:缩微中心,国图

000O020607
**读素问钞:九卷补遗一卷 / (元)滑寿撰;(明)汪
机续注**
明嘉靖三年至五年(1524-1526)程玘纲[等]刻
本. -- 存九卷:卷上一至卷四、卷下一至卷
四,补遗一卷。
1994年摄制. -- 1盘卷片(11米187拍) :
1:10, 2B ; 35mm银盐
收藏馆:缩微中心,国图

000O020656
**读素问钞:九卷补遗一卷 / (元)滑寿撰;(明)汪
机续注**
明嘉靖三年至五年(1524-1526)程玘纲[等]刻
本. -- 存六卷:卷上一至三、卷下一至三。
1994年摄制. -- 1盘卷片(6米88拍) : 1:10,
2B ; 35mm银盐
收藏馆:缩微中心,国图

000O024714
**刻黄帝内经素问钞:七卷 / (元)滑寿撰;(明)汪
机续注**
明万历(1573-1620)乔木山房刻本
1996年摄制. -- 1盘卷片(15米281拍) :
1:10, 2B ; 35mm银盐
收藏馆:缩微中心,浙江

000O015067
黄帝内经素问注:二十四卷 / (明)吴崐撰
明万历(1573-1620)刻本
1992年摄制. -- 1盘卷片(29米591拍) :
1:10, 2B ; 35mm银盐
收藏馆:缩微中心,国图

000O029346
**黄帝内经素问节文注释:十卷 / (唐)王冰原注;
(明)马莳释**
明万历(1573-1620)琼艺室刻本
1999年摄制. -- 2盘卷片(39米797拍) :
1:10, 2B ; 35mm银盐

收藏馆：缩微中心，湖南

000O015834

新增素问运气图括定局立成：一卷
明(1368-1644)刻本
1993年摄制. -- 1盘卷片(4米34拍) ：1:10,
2B ；35mm银盐
收藏馆：缩微中心，国图

000O021063

素问玄机原病式：二卷 / (金)刘完素撰
明嘉靖元年(1522)留克全刻本
1994年摄制. -- 1盘卷片(5米61拍) ：1:10,
2B ；35mm银盐
收藏馆：缩微中心，国图

000O020841

黄帝素问宣明论方：十五卷 / (金)刘完素撰
明(1368-1644)刻本
1994年摄制. -- 1盘卷片(11米190拍) ：
1:10, 2B ；35mm银盐
收藏馆：缩微中心，国图

000O015028

黄帝素问灵枢经：十二卷
明(1368-1644)赵府居敬堂刻本
1992年摄制. -- 1盘卷片(14米267拍) ：
1:10, 2B ；35mm银盐
收藏馆：缩微中心，国图

000O013296

黄帝素问灵枢经：十二卷 / (宋)史崧音释
明(1368-1644)赵府居敬堂刻本. -- (清)柯逢
时跋。
1991年摄制. -- 1盘卷片(14.5米284拍) ：
1:10, 2B ；35mm银盐
收藏馆：缩微中心，湖北

000O016403

黄帝素问灵枢经：十二卷
明(1368-1644)赵府居敬堂刻本
1993年摄制. -- 1盘卷片(14米280拍) ：
1:10, 2B ；35mm银盐
收藏馆：缩微中心，国图

000O019714

黄帝素问灵枢经：十二卷
明(1368-1644)赵府居敬堂刻本. -- (清)傅山
批。
1994年摄制. -- 1盘卷片(16米299拍) ：
1:10, 2B ；35mm银盐
收藏馆：缩微中心，国图

000O028411

黄帝素问灵枢经：十二卷
明(1368-1644)刻本. -- (清)丁丙跋。
1996年摄制. -- 1盘卷片(10米178拍) ：
1:10, 2B ；35mm银盐
收藏馆：缩微中心，南京

000O031272

黄帝素问灵枢经：十二卷 / (宋)史崧音释
明(1368-1644)赵府居敬堂刻本
2004年摄制. -- 1盘卷片(15米300拍) ：
1:10, 2B ；35mm银盐
收藏馆：缩微中心，国图

000O027897

**新刊勿听子俗解八十一难经后集：一卷；纂图
隘括：一卷 / (明)熊宗立解**
明(1368-1644)书林刘氏闽山刻本
1996年摄制. -- 1盘卷片(5米76拍) ：1:10,
2B ；35mm银盐
收藏馆：缩微中心，南京

000O014966

**新刊太医院校正图注指南八十一难经：四卷 /
(明)张世贤,(明)熊宗立撰**
明万历元年(1573)熊冲宇刻本
1992年摄制. -- 1盘卷片(6米75拍) ：1:10,
2B ；35mm银盐
收藏馆：缩微中心，国图

000O015274

图注八十一难经辨真：四卷 / (明)张世贤撰
明(1368-1644)刻本
1992年摄制. -- 1盘卷片(9米153拍) ：1:10,
2B ；35mm银盐
收藏馆：缩微中心，国图

000O010407

神农本草经疏：三十卷 / (明)缪希雍撰
明天启五年(1625)毛晋绿君亭刻本
1989年摄制. -- 3盘卷片(69米1377拍) ：
1:10, 2B ；35mm银盐
收藏馆：缩微中心，四川

000O008464

**重修政和经史证类备用本草：三十卷 / (宋)唐慎
微撰；(宋)寇宗奭衍义**
明成化四年(1468)原杰[等]刻本
1988年摄制. -- 2盘卷片(59米1297拍) ：
1:10, 2B ；35mm银盐
收藏馆：缩微中心，国图

000O013250

重修政和经史证类备用本草：三十卷 / (宋)唐慎微撰

明(1368-1644)刻本. -- (清)曹元忠跋。

1991年摄制. -- 2盘卷片(60米1382拍) : 1:10, 2B ; 35mm银盐

收藏馆：缩微中心，南京

000O010563

重修政和经史证类备用本草：三十卷 / (宋)唐慎微撰；(宋)寇宗奭衍义

明嘉靖(1522-1566)陈凤梧刻本

1989年摄制. -- 3盘卷片(64米1303拍) : 1:10, 2B ; 35mm银盐

收藏馆：缩微中心，四川

000O005834

重修政和经史证类备用本草：三十卷 / (宋)唐慎微撰；(宋)寇宗奭衍义

明嘉靖三十一年(1552)周琉李迁刻本

1987年摄制. -- 2盘卷片(58米1291拍) : 1:10, 2B ; 35mm银盐

收藏馆：缩微中心，国图

000O019374

重修政和经史证类备用本草：三十卷 / (宋)唐慎微撰；(宋)寇宗奭衍义

明嘉靖三十一年(1552)周琉李迁刻本

1994年摄制. -- 2盘卷片(57米1193拍) : 1:10, 2B ; 35mm银盐

收藏馆：缩微中心，国图

000O010655

重修政和经史证类备用本草：一卷 / (宋)唐慎微撰

明嘉靖(1522-1566)刻本

1989年摄制. -- 2盘卷片(54米1213拍) : 1:10, 2B ; 35mm银盐

收藏馆：缩微中心，吉林

000O008737

重修政和经史证类备用本草：三十卷 / (宋)唐慎微撰

明隆庆三年(1569)刻本

1988年摄制. -- 2盘卷片(59.7米1272拍) : 1:11, 2B ; 35mm银盐

收藏馆：缩微中心，重庆

000O020593

重修政和经史证类备用本草：三十卷 / (宋)唐慎微撰；(宋)寇宗奭衍义

明隆庆六年(1572)刻本

1994年摄制. -- 2盘卷片(59米1233拍) :

1:10, 2B ; 35mm银盐

收藏馆：缩微中心，国图

000O006741

重修政和经史证类备用本草：三十卷 / (宋)唐慎微撰；(宋)寇宗奭衍义

明天启五年(1625)曹尔桢樊时英刻本

1987年摄制. -- 2盘卷片(64米1254拍) : 1:10, 2B ; 35mm银盐

收藏馆：缩微中心，四川

000O020790

重修政和经史证类备用本草：三十卷 / (宋)唐慎微撰；(宋)寇宗奭衍义

明(1368-1644)富春堂刻本. -- 首册配抄本。

1994年摄制. -- 3盘卷片(68米1360拍) : 1:10, 2B ; 35mm银盐

收藏馆：缩微中心，国图

000O020646

重修政和经史证类备用本草：三十卷目录一卷 / (宋)唐慎微撰；(宋)寇宗奭衍义

明(1368-1644)刻本

1994年摄制. -- 2盘卷片(57米1175拍) : 1:10, 2B ; 35mm银盐

收藏馆：缩微中心，国图

000O020674

重修政和经史证类备用本草：三十卷 / (宋)唐慎微撰；(宋)寇宗奭衍义

明(1368-1644)刻本. -- 存一卷：卷十一。

1994年摄制. -- 1盘卷片(4米30拍) : 1:10, 2B ; 35mm银盐

收藏馆：缩微中心，国图

000O012247

重修政和经史证类备用本草：三十卷 / (宋)唐慎微撰；(宋)寇宗奭衍义

明(1368-1644)刻本. -- (清)丁丙跋。

1990年摄制. -- 2盘卷片(55米1295拍) : 1:10, 2B ; 35mm银盐

收藏馆：缩微中心，南京

000O028709

重刊经史证类大全本草：三十一卷 / (宋)唐慎微撰

明万历(1573-1620)刻本

1997年摄制. -- 2盘卷片(51米1190拍) : 1:10, 2B ; 35mm银盐

收藏馆：缩微中心，吉林

000O006465

重刊经史证类大全本草：三十一卷 / (宋)唐慎微

撰；(宋)寇宗奭衍义
明万历二十八年(1600)籍山书院刻万历三十八
年(1610)彭端吾重修本
1987年摄制. -- 2盘卷片(54米1203拍) :
1:10, 2B ; 35mm银盐
收藏馆：缩微中心，国图

000O014675
重刊经史证类大全本草：三十一卷 / (宋)唐慎微
撰；(宋)寇宗奭衍义
明万历二十八年(1600)籍山书院刻万历三十八
年(1610)彭端吾重修本
1992年摄制. -- 2盘卷片(54米1135拍) :
1:10, 2B ; 35mm银盐
收藏馆：缩微中心，国图

000O020718
重刊经史证类大全本草：三十一卷 / (宋)唐慎微
撰；(宋)寇宗奭衍义
明万历二十八年(1600)籍山书院刻万历三十八
年(1610)彭端吾重修本
1994年摄制. -- 2盘卷片(57米1153拍) :
1:10, 2B ; 35mm银盐
收藏馆：缩微中心，国图

000O020648
重修经史证类大全本草：三十一卷 / (宋)唐慎微
撰；(宋)寇宗奭衍义
明万历二十八年(1600)籍山书院刻万历三十八
年(1610)彭端吾重修本
1994年摄制. -- 2盘卷片(54米1137拍) :
1:10, 2B ; 35mm银盐
收藏馆：缩微中心，国图

000O020730
重刊经史证类大全本草：三十一卷 / (宋)唐慎微
撰；(宋)寇宗奭衍义
明(1368-1644)刻本. -- 存二卷：卷四、卷
十三。
1994年摄制. -- 1盘卷片(6米74拍) : 1:10,
2B ; 35mm银盐
收藏馆：缩微中心，国图

000O023151
本草衍义：二十卷 / (宋)寇宗奭撰
元(1271-1368)刻本. -- 存十二卷：卷九至卷
二十。
1995年摄制. -- 1盘卷片(5米68拍) : 1:10,
2B ; 35mm银盐
收藏馆：缩微中心，国图

000O028455
本草权度：三卷图一卷附录一卷 / (明)黄济之撰

明嘉靖十四年(1535)董汉儒刻本
1996年摄制. -- 1盘卷片(14.5米302拍) :
1:10, 2B ; 35mm银盐
收藏馆：缩微中心，南京

000O019350
本草品汇精要：四十二卷 / (明)刘文泰[等]撰
明(1368-1644)抄彩绘本. -- 撰者还有：(明)
徐镇等。存十一卷：卷一至卷二、卷十三、卷
二十四至卷二十六、卷三十、卷三十二、卷
三十四至卷三十五、卷四十。
1994年摄制. -- 1盘卷片(29米568拍) :
1:10, 2B ; 35mm银盐
收藏馆：缩微中心，国图

000O031961
本草品汇精要：四十二卷 / (明)刘文泰[等]撰
明(1368-1644)抄彩绘本. -- 撰者还有：(明)
徐镇。存十一卷：卷一至卷二、卷十三、卷
二十四至卷二十六、卷三十、卷三十二、卷
三十四至卷三十五、卷四十。
2010年摄制. -- 2盘卷片(38米679拍) :
1:14, 2B ; 35mm银盐
收藏馆：缩微中心，国图

000O031921
本草品汇精要：四十二卷 / (明)刘文泰[等]撰
清(1644-1911)抄彩绘本. -- 撰者还有：(明)
徐镇。存十二卷：卷一至卷十二。
2010年摄制. -- 2盘卷片(55米1020拍) :
1:13, 2B ; 35mm银盐
收藏馆：缩微中心，国图

000O017933
本草发明蒙筌：十二卷总论一卷附历代名医考
一卷 / (明)陈嘉谟撰
明(1368-1644)刻本. -- 存十一卷：卷一至卷
三、卷六至卷十二，总论一卷。
1993年摄制. -- 1盘卷片(24米464拍) :
1:10, 2B ; 35mm银盐
收藏馆：缩微中心，国图

000O025720
本草发明蒙筌：十二卷 / (明)陈嘉谟撰
明(1368-1644)刻本
1996年摄制. -- 2盘卷片(33米705拍) :
1:10, 2B ; 35mm银盐
收藏馆：缩微中心，河南

000O028661
本草蒙筌：七卷总论一卷 / (明)陈嘉谟撰
明(1368-1644)刻本
1996年摄制. -- 1盘卷片(20米431拍) :

1:10，2B；35mm银盐
收藏馆：缩微中心，南京

00O018509
图像本草蒙筌：十二卷首一卷总论一卷 / (明)陈嘉谟撰；(明)刘孔敦增补
明崇祯元年(1628)刻本
1993年摄制. -- 1盘卷片(17米332拍)：
1:10，2B；35mm银盐
收藏馆：缩微中心，国图

00O023597
本草发明：六卷 / (明)皇甫嵩,(明)皇甫相撰
明万历(1573-1620)刻本
1995年摄制. -- 1盘卷片(17米337拍)：
1:10，2B；35mm银盐
收藏馆：缩微中心，浙江

00O011197
本草纲目：五十二卷附图二卷；濒湖脉学：一卷；脉诀考证：一卷 / (明)李时珍撰
明万历三十一年(1603)张鼎思刻本. -- 还有合刻著作：奇经八脉考一卷/(明)李时珍撰。
1987年摄制. -- 6盘卷片(176米3470拍)：
1:10，2B；35mm银盐
收藏馆：缩微中心，四川

00O014106
本草纲目：五十二卷附图二卷 / (明)李时珍撰
明万历三十一年(1603)张鼎思刻本
1992年摄制. -- 6盘卷片(153米3080拍)：
1:10，2B；35mm银盐
收藏馆：缩微中心，国图

00O020613
本草纲目：五十二卷附图二卷 / (明)李时珍撰
明万历三十一年(1603)张鼎思刻本
1994年摄制. -- 5盘卷片(153米3046拍)：
1:10，2B；35mm银盐
收藏馆：缩微中心，国图

00O017730
本草纲目：五十二卷首一卷图三卷 / (明)李时珍撰
清顺治十二年(1655)吴毓昌刻本
1993年摄制. -- 5盘卷片(155米3182拍)：
1:10，2B；35mm银盐
收藏馆：缩微中心，国图

00O020002
本草纲目：五十二卷 / (明)李时珍撰
明(1368-1644)刻清初(1644-1722)立达堂重修本

1994年摄制. -- 5盘卷片(153米3181拍)：
1:10，2B；35mm银盐
收藏馆：缩微中心，国图

00O020724
药准：二卷方纪二卷 / (明)许兆桢撰
明末(1621-1644)刻本
1994年摄制. -- 1盘卷片(10米181拍)：
1:10，2B；35mm银盐
收藏馆：缩微中心，国图

00O024711
本草原始：十二卷 / (明)李中立撰
明万历(1573-1620)刻本
1996年摄制. -- 1盘卷片(24米485拍)：
1:10，2B；35mm银盐
收藏馆：缩微中心，浙江

00O013156
镌补雷公炮制药性解：六卷 / (明)李中梓撰
明天启二年(1622)刻本
1991年摄制. -- 1盘卷片(10米207拍)：
1:10，2B；35mm银盐
收藏馆：缩微中心，辽宁

00O023611
镌补雷公炮制药性解：六卷 / (明)李中梓撰
明末(1621-1644)唐鲤飞刻本
1995年摄制. -- 1盘卷片(10米172拍)：
1:10，2B；35mm银盐
收藏馆：缩微中心，浙江

00O018398
玉楸药解：四卷 / (清)黄元御撰
清(1644-1911)抄本
1993年摄制. -- 1盘卷片(10米178拍)：
1:10，2B；35mm银盐
收藏馆：缩微中心，国图

00O023177
释药集韵：二卷 / (明)程伊撰
明嘉靖(1522-1566)刻本. -- 存一卷：卷上。
1995年摄制. -- 1盘卷片(4米44拍)：1:10，2B；35mm银盐
收藏馆：缩微中心，国图

00O017507
鼎刻京板太医院校正分类青囊药性赋：三卷
明(1368-1644)书林黄灿宇刻本
1993年摄制. -- 1盘卷片(6米77拍)：1:10，2B；35mm银盐
收藏馆：缩微中心，国图

000O017417
食物本草：二十二卷 / [题](元)李杲辑；(明)李时珍订 . 救荒野谱：一卷
明天启(1621-1627)刻递修本. -- 郑振铎跋。
1993年摄制. -- 2盘卷片(59米1186拍)：1:10, 2B；35mm银盐
收藏馆：缩微中心，国图

000O024195
食物本草：四卷 / (明)卢和著
明隆庆五年(1571)一乐堂后泉书舍重刻本. -- 版框高十七厘米宽十二厘米。
1996年摄制. -- 1盘卷片(16.4米249拍)：1:10, 2B；35mm银盐
收藏馆：缩微中心，广东

000O019953
蒲水斋食治广要：八卷 / (明)应麇撰
明天启(1621-1627)刻本
1994年摄制. -- 1盘卷片(8米122拍)：1:10, 2B；35mm银盐
收藏馆：缩微中心，国图

000O023609
上医本草：四卷 / (明)赵南星辑
明泰昌元年(1620)赵悦学刻本
1995年摄制. -- 1盘卷片(13米246拍)：1:10, 2B；35mm银盐
收藏馆：缩微中心，浙江

000O009701
脏腑证治图说人镜经：八卷附录二卷 / (明)钱雷撰
明万历四十年(1612)吴用先刻本
1989年摄制. -- 1盘卷片(15米238拍)：1:10, 2B；35mm银盐
收藏馆：缩微中心，湖北

000O015241
钟奇氏附录人镜经：二卷 / (明)张俊英撰
明崇祯(1628-1644)刻本
1992年摄制. -- 1盘卷片(6米99拍)：1:10, 2B；35mm银盐
收藏馆：缩微中心，国图

000O027530
重刊巢氏诸病源候总论：五十卷 / (隋)巢元方撰
元(1271-1368)刻本
1997年摄制. -- 1盘卷片(25米456拍)：1:10, 2B；35mm银盐
收藏馆：缩微中心，国图

000O019613
校注病机赋：三卷 / (明)徐师曾撰
明嘉靖四十五年(1566)钦懋熙刻本
1994年摄制. -- 1盘卷片(7米104拍)：1:10, 2B；35mm银盐
收藏馆：缩微中心，国图

000O006727
识病捷法：十卷 / (明)缪存济撰
明万历(1573-1620)刻本. -- 版框高二十二厘米宽十三厘米。
1987年摄制. -- 2盘卷片(40米832拍)：1:10, 2B；35mm银盐
收藏馆：缩微中心，广东

000O014730
脉经：十卷 / (晋)王叔和撰；(宋)林亿[等]校定
明成化十年(1474)毕玉刻本
1992年摄制. -- 1盘卷片(11米189拍)：1:10, 2B；35mm银盐
收藏馆：缩微中心，国图

000O007942
新刊西晋王氏脉经大全：十卷首一卷 / (晋)王叔和撰；(宋)林亿[等]校定
明正德十三年(1518)刘洪慎独书斋刻本
1988年摄制. -- 1盘卷片(12米236拍)：1:10, 2B；35mm银盐
收藏馆：缩微中心，湖南

000O001090
脉经：十卷 / (晋)王叔和撰
明(1368-1644)刻本. -- (清)杨绍和跋。
1985年摄制. -- 1盘卷片(11.4米231拍)：1:10, 2B；35mm银盐
收藏馆：缩微中心，国图

000O016487
脉经：十卷 / (晋)王叔和撰；(宋)林亿[等]校定
明(1368-1644)刻本
1993年摄制. -- 1盘卷片(11米196拍)：1:10, 2B；35mm银盐
收藏馆：缩微中心，国图

000O016412
王氏脉经：十卷 / (晋)王叔和撰；(宋)林亿[等]校定
明(1368-1644)赵府居敬堂刻本
1993年摄制. -- 1盘卷片(17米333拍)：1:10, 2B；35mm银盐
收藏馆：缩微中心，国图

00O015324
新刊太医院校正图注指南王叔和脉诀：四卷 /
(晋)王叔和撰；(明)熊宗立注解
明(1368-1644)熊冲宇种德堂刻本
1992年摄制. -- 1盘卷片(6米74拍)：1:10,
2B；35mm银盐
收藏馆：缩微中心，国图

00O020614
新刊校正王叔和脉诀：四卷 / (晋)王叔和撰；
(明)熊宗立注解
明万历六年(1578)唐氏富春堂刻本
1994年摄制. -- 1盘卷片(8米130拍)：1:10,
2B；35mm银盐
收藏馆：缩微中心，国图

00O014594
图注脉诀辨真：四卷附方一卷 / (明)张世贤撰
明(1368-1644)刻本
1992年摄制. -- 1盘卷片(10米162拍)：
1:10, 2B；35mm银盐
收藏馆：缩微中心，国图

00O015830
图注王叔和脉诀：四卷附方一卷 / (晋)王叔和撰；
(明)张世贤图注
明(1368-1644)沈氏碧梧亭刻本
1993年摄制. -- 1盘卷片(10米180拍)：
1:10, 2B；35mm银盐
收藏馆：缩微中心，国图

00O014440
医灯续焰：二十一卷 / (清)潘楫撰
清顺治(1644-1661)刻本
1992年摄制. -- 2盘卷片(38米759拍)：
1:10, 2B；35mm银盐
收藏馆：缩微中心，国图

00O015957
脉诀刊误集解：二卷附录二卷 / (元)戴起宗撰；
(明)汪机补订
明嘉靖元年(1522)吴体刻本
1993年摄制. -- 1盘卷片(8米136拍)：1:10,
2B；35mm银盐
收藏馆：缩微中心，国图

00O015783
脉诀汇编说统：不分卷 / (清)翟良撰
清康熙(1662-1722)刻本
1993年摄制. -- 1盘卷片(6米80拍)：1:10,
2B；35mm银盐
收藏馆：缩微中心，国图

00O016780
脉荟：二卷 / (明)程伊撰
明嘉靖(1522-1566)刻本
1993年摄制. -- 1盘卷片(4米43拍)：1:10,
2B；35mm银盐
收藏馆：缩微中心，国图

00O015218
太素脉要：二卷 / (明)程大中撰
明万历(1573-1620)刻本
1992年摄制. -- 1盘卷片(5米56拍)：1:10,
2B；35mm银盐
收藏馆：缩微中心，国图

00O020856
脉理会参：三卷 / (清)余之儁撰
清(1644-1911)刻本
1994年摄制. -- 1盘卷片(5米63拍)：1:10,
2B；35mm银盐
收藏馆：缩微中心，国图

00O020842
元敖氏伤寒金镜录：一卷 / (元)杜本撰
明嘉靖(1522-1566)陈楠刻本
1994年摄制. -- 1盘卷片(3米22拍)：1:10,
2B；35mm银盐
收藏馆：缩微中心，国图

00O020658
伤寒舌鉴：一卷 / (清)张登撰
清康熙七年(1668)刻本
1994年摄制. -- 1盘卷片(5米76拍)：1:10,
2B；35mm银盐
收藏馆：缩微中心，国图

00O020946
家传太素脉秘诀：二卷 / (明)刘伯详注
明(1368-1644)周文炜刻本
1994年摄制. -- 1盘卷片(7米122拍)：1:10,
2B；35mm银盐
收藏馆：缩微中心，山西

00O012138
考证注解伤寒论：十卷 / (汉)张机撰；(明)黄甲
考证
明嘉靖二十四年(1545)冯岳刻本
1989年摄制. -- 1盘卷片(17米338拍)：
1:10, 2B；35mm银盐
收藏馆：缩微中心，甘肃

00O015952
伤寒论条辨：八卷 / (明)方有执撰
明万历二十一年(1593)方有执刻本

1993年摄制. -- 1盘卷片(13米241拍)：
1:10, 2B；35mm银盐
收藏馆：缩微中心, 国图

000O023614
**伤寒论条辨：八卷一卷本草抄一卷痉书一卷 /
(明)方有执撰**
明万历二十年至二十七年(1592-1599)刻本
1995年摄制. -- 1盘卷片(16米314拍)：
1:10, 2B；35mm银盐
收藏馆：缩微中心, 浙江

000O015052
**伤寒理镜：六卷 / (明)王肯堂撰；(明)卜日义汇
解**
明(1368-1644)刻本
1992年摄制. -- 1盘卷片(8米124拍)：1:10,
2B；35mm银盐
收藏馆：缩微中心, 国图

000O008752
伤寒微旨：二卷 / (宋)韩祇和撰
清(1644-1911)袁氏贞节堂抄本
1988年摄制. -- 1盘卷片(4.2米63拍)：
1:11, 2B；35mm银盐
收藏馆：缩微中心, 重庆

000O020606
**活人书：二十卷首一卷 / (宋)朱肱撰；(明)徐
镕,(明)来复校订**
明万历四十四年(1616)张惟任[等]刻本
1994年摄制. -- 1盘卷片(17米310拍)：
1:10, 2B；35mm银盐
收藏馆：缩微中心, 国图

000O025368
新编张仲景注解发微论：二卷 / (宋)许叔微撰
瞿氏铁琴铜剑楼影元(1271-1368)抄本
1996年摄制. -- 1盘卷片(3米29拍)：1:10,
2B；35mm银盐
收藏馆：缩微中心, 国图

000O014054
**新镌注解张仲景伤寒发微论：四卷 / (宋)许叔微
撰**
明万历三十九年(1611)刘龙田乔山堂刻本
1991年摄制. -- 1盘卷片(7米112拍)：1:10,
2B；35mm银盐
收藏馆：缩微中心, 国图

000O027798
刘河间伤寒三书：二十卷 / (金)刘完素撰
明万历十三年(1585)王耒贤[等]刻本

1996年摄制. -- 1盘卷片(23米477拍)：
1:10, 2B；35mm银盐
收藏馆：缩微中心, 南京

000O011669
刘河间伤寒三书：二十卷 / (金)刘完素撰
明末(1621-1644)刻本. -- (明)吴继宗校。
1989年摄制. -- 1盘卷片(20米444拍)：
1:10, 2B；35mm银盐
收藏馆：缩微中心, 天津

000O008637
**东垣此事难知节抄：三卷 / (元)王好古撰；(元)
□风林辑**
清(1644-1911)抄本
1988年摄制. -- 1盘卷片(5米68拍)：1:10,
2B；35mm银盐
收藏馆：缩微中心, 国图

000O027936
编次陶节庵伤寒六书：五卷 / (明)陶华撰
明万历四十二年(1614)王轩刻本
1996年摄制. -- 1盘卷片(9米149拍)：1:10,
2B；35mm银盐
收藏馆：缩微中心, 南京

000O006884
新镌陶节庵家藏伤寒六书：六卷 / (明)陶华撰
明(1368-1644)何景道刻本
1987年摄制. -- 1盘卷片(13.3米275拍)：
1:9, 2B；35mm银盐
收藏馆：缩微中心, 重庆

000O025964
**伤寒蕴要全书：八卷；金镜录：一卷 / (明)吴绶
撰**
明弘治十八年(1505)刻本
1996年摄制. -- 1盘卷片(19米391拍)：
1:10, 2B；35mm银盐
收藏馆：缩微中心, 南京

000O027892
**刻王氏家宝伤寒证治明条备览：□□卷 / (明)王
震撰**
明(1368-1644)刻本. -- 存二卷：卷四至卷
五。
1996年摄制. -- 1盘卷片(8米130拍)：1:10,
2B；35mm银盐
收藏馆：缩微中心, 南京

000O023613
新刻伤寒摘要：六卷 / (明)缪存济撰
明隆庆元年(1567)汪滋刻本

1995年摄制. -- 1盘卷片(17米322拍)：
1:10，2B；35mm银盐
收藏馆：缩微中心，浙江

000O015971
伤寒秘要：二卷 / (明)董玹撰；(明)胡正心补
明崇祯六年(1633)胡氏十竹斋刻本
1993年摄制. -- 1盘卷片(9米162拍)：1:10，
2B；35mm银盐
收藏馆：缩微中心，国图

000O028550
张仲景注解伤寒百证歌：五卷 / (宋)许叔微撰
清咸丰二年(1852)唐棉林影印本. -- 据宋
(960-1279)抄本影印。
1996年摄制. -- 1盘卷片(7米115拍)：1:10，
2B；35mm银盐
收藏馆：缩微中心，南京

000O025383
张仲景注解伤寒百证歌：五卷 / (宋)许叔微撰
瞿氏铁琴铜剑楼影元(1271-1368)抄本
1996年摄制. -- 1盘卷片(7米96拍)：1:10，
2B；35mm银盐
收藏馆：缩微中心，国图

000O028560
金匮玉函经二注：二十二卷 / (元)赵良仁衍义；
(清)周扬俊补注
清(1644-1911)白鹿山房活字印本. -- (清)潘
道根批校并跋。
1996年摄制. -- 1盘卷片(17米353拍)：
1:10，2B；35mm银盐
收藏馆：缩微中心，南京

000O009077
伤暑全书：二卷 / (明)张鹤腾撰
明天启三年(1623)刻本
1988年摄制. -- 1盘卷片(8.2米154拍)：
1:10，2B；35mm银盐
收藏馆：缩微中心，湖南

000O028877
温热朗照：八卷 / (清)缪遵义撰
清(1644-1911)抄本. -- (清)徐滃菴跋。
1995年摄制. -- 1盘卷片(18米341拍)：
1:10，2B；35mm银盐
收藏馆：缩微中心，苏州

000O020033
感症宝筏：四卷
清末(1851-1911)抄本
1994年摄制. -- 1盘卷片(12米217拍)：

1:10，2B；35mm银盐
收藏馆：缩微中心，国图

000O009478
济世内科经验全方：三卷 / (明)刘伦撰
明末(1621-1644)刻本. -- 存二卷：卷上、卷
中。
1988年摄制. -- 1盘卷片(8.4米164拍)：
1:10，2B；35mm银盐
收藏馆：缩微中心，重庆

000O027477
医林类证集要：十卷 / (明)王玺撰
明成化十八年(1482)春德堂刻本
1996年摄制. -- 3盘卷片(76米1527拍)：
1:10，2B；35mm银盐
收藏馆：缩微中心，南京

000O006185
汇辑薛氏内科：医案三卷附方一卷 / (明)薛己撰；
(明)黄承昊评辑
明崇祯(1628-1644)刻本
1987年摄制. -- 1盘卷片(19米362拍)：
1:10，2B；35mm银盐
收藏馆：缩微中心，四川

000O027466
国医宗旨：四卷 / (明)梁学孟撰
明万历(1573-1620)陆世科刻本
1996年摄制. -- 1盘卷片(13米257拍)：
1:10，2B；35mm银盐
收藏馆：缩微中心，南京

000O024255
新刻痰火点雪：四卷 / (明)龚居中撰
明(1368-1644)书林刘大易刻本
1996年摄制. -- 1盘卷片(9米159拍)：1:10，
2B；35mm银盐
收藏馆：缩微中心，安徽

000O009540
脚气治法总要：二卷 / (宋)董汲撰
清(1644-1911)袁氏贞节堂抄本
1988年摄制. -- 1盘卷片(3.4米44拍)：
1:11，2B；35mm银盐
收藏馆：缩微中心，重庆

000O007186
秘传眼科龙木医书总论：十卷附葆光道人秘传
眼科一卷 / [题](明)葆光道人撰
明万历三年(1575)刻本
1987年摄制. -- 1盘卷片(11米224拍)：
1:10，2B；35mm银盐

收藏馆：缩微中心，山东

00O021708

秘传眼科龙木医书：十卷首一卷 / (明)葆光道人撰

清(1644-1911)书业堂刻本

1995年摄制. -- 1盘卷片(11米201拍) : 1:10, 2B ; 35mm银盐

收藏馆：缩微中心，国图

00O014998

明目至宝：四卷

明(1368-1644)刻本

1992年摄制. -- 1盘卷片(9米199拍) : 1:10, 2B ; 35mm银盐

收藏馆：缩微中心，国图

00O009107

傅氏眼科审视瑶函：六卷首一卷 / (明)傅仁宇纂辑

明崇祯十七年(1644)刻本. -- (明)林长生校补.

1988年摄制. -- 1盘卷片(18.2米380拍) : 1:10, 2B ; 35mm银盐

收藏馆：缩微中心，湖南

00O015793

外科精要：三卷 / (宋)陈自明撰；(明)薛己校注

明嘉靖(1522-1566)刻本

1993年摄制. -- 1盘卷片(7米113拍) : 1:10, 2B ; 35mm银盐

收藏馆：缩微中心，国图

00O024706

重校宋窦太师疮疡经验全书：十二卷 / (宋)窦汉卿撰

明隆庆三年(1569)三衢大酉堂刻本

1996年摄制. -- 1盘卷片(27米533拍) : 1:10, 2B ; 35mm银盐

收藏馆：缩微中心，浙江

00O020710

疮疡经验全书：十三卷 / (宋)窦汉卿撰

清康熙五十六年(1717)陈氏浩然楼刻本

1994年摄制. -- 1盘卷片(29米571拍) : 1:10, 2B ; 35mm银盐

收藏馆：缩微中心，国图

00O005919

外科精义：二卷 / (元)齐德之撰

明嘉靖八年(1529)辽藩朱宠瀼梅南书屋刻东垣十书本

1987年摄制. -- 1盘卷片(7米123拍) : 1:10,

2B ; 35mm银盐

收藏馆：缩微中心，国图

00O004715

外科精义：二卷 / (元)齐德之撰

日本庆长二年(1597)洛川甫庵道喜活字印本

1987年摄制. -- 1盘卷片(7.2米133拍) : 1:10, 2B ; 35mm银盐

收藏馆：缩微中心，国图

00O007863

仙传外科集验秘方：十一卷 / (明)赵宜真撰

清(1644-1911)袁氏贞节堂抄本

1988年摄制. -- 1盘卷片(10.6米212拍) : 1:11, 2B ; 35mm银盐

收藏馆：缩微中心，重庆

00O009962

锲大河氏异傅回生外科医方：二卷 / (明)王拳撰

明(1368-1644)余文台双峰堂刻本

1989年摄制. -- 1盘卷片(6米94拍) : 1:10, 2B ; 35mm银盐

收藏馆：缩微中心，天津

00O014948

外科集验方：二卷 / (明)周文采撰

明(1368-1644)刻本

1992年摄制. -- 1盘卷片(9米192拍) : 1:10, 2B ; 35mm银盐

收藏馆：缩微中心，国图

00O015153

外科集验方：二卷

明(1368-1644)刻本. -- 存一卷：卷下。

1992年摄制. -- 1盘卷片(5米71拍) : 1:10, 2B ; 35mm银盐

收藏馆：缩微中心，国图

00O016705

外科理例：七卷附方一卷 / (明)汪机撰

明嘉靖(1522-1566)刻本

1993年摄制. -- 1盘卷片(15米272拍) : 1:10, 2B ; 35mm银盐

收藏馆：缩微中心，国图

00O019575

疡科选粹：八卷 / (明)陈文治撰

明崇祯元年(1628)许僖刻本

1994年摄制. -- 1盘卷片(30米632拍) : 1:10, 2B ; 35mm银盐

收藏馆：缩微中心，国图

000O027987
申斗垣校正外科启玄：十二卷 / (明)申拱宸撰
明万历(1573-1620)富春堂刻本
1997年摄制. -- 1盘卷片（14米301拍）：
1:10, 2B；35mm银盐
收藏馆：缩微中心，河南

000O019881
疡医准绳：六卷 / (明)王肯堂撰
明万历三十六年(1608)王肯堂刻本
1994年摄制. -- 2盘卷片（47米1002拍）：
1:10, 2B；35mm银盐
收藏馆：缩微中心，国图

000O020659
霉疮秘录：七卷 / (明)陈司成撰
明崇祯(1628-1644)刻本
1994年摄制. -- 1盘卷片（6米83拍）：1:10,
2B；35mm银盐
收藏馆：缩微中心，国图

000O018153
新刊外科正宗：四卷 / (明)陈实功撰
明崇祯四年(1631)刻本
1993年摄制. -- 1盘卷片（24米508拍）：
1:10, 2B；35mm银盐
收藏馆：缩微中心，山东

000O025966
新刊外科微义：四卷
明(1368-1644)刻本
1996年摄制. -- 1盘卷片（25米529拍）：
1:10, 2B；35mm银盐
收藏馆：缩微中心，南京

000O015301
外科正宗：十二卷 / (明)陈实功撰；(清)徐大椿
评
清咸丰十年(1860)蒋光焴刻本
1992年摄制. -- 1盘卷片（26米519拍）：
1:10, 2B；35mm银盐
收藏馆：缩微中心，国图

000O019465
医经溯洄集：一卷 / (元)王履撰
明(1368-1644)刻本
1994年摄制. -- 1盘卷片（6米84拍）：1:10,
2B；35mm银盐
收藏馆：缩微中心，国图

000O027933
卫生家宝产科备要：八卷 / (宋)朱端章辑
清(1644-1911)影印本. -- 据宋(960-1279)抄

本影印。(清)黄丕烈、(清)瞿中溶跋。
1996年摄制. -- 1盘卷片（12米220拍）：
1:10, 2B；35mm银盐
收藏馆：缩微中心，南京

000O015304
卫生家宝方：六卷；药件修制总例：一卷；汤方：
二卷 / (宋)朱端章,(宋)徐安国辑
日本抄本. -- 存六卷：卫生家宝方卷二至卷
五、药件修制总例一卷、汤方卷上。
1992年摄制. -- 1盘卷片（19米363拍）：
1:10, 2B；35mm银盐
收藏馆：缩微中心，国图

000O020499
产宝杂录：一卷附芸窗万选方一卷 / (宋)齐仲甫
撰
明崇祯十三年(1640)闵齐伋刻本
1994年摄制. -- 1盘卷片（5米72拍）：1:10,
2B；35mm银盐
收藏馆：缩微中心，国图

000O000685
新编妇人大全良方：二十四卷 / (宋)陈自明撰
日本抄本. -- 松章焕之跋。
1985年摄制. -- 1盘卷片（28米617拍）：
1:10, 2B；35mm银盐
收藏馆：缩微中心，国图

000O000688
新编妇人大全良方：二十四卷 / (宋)陈自明撰
日本抄本
1985年摄制. -- 1盘卷片（27米602拍）：
1:10, 2B；35mm银盐
收藏馆：缩微中心，国图

000O008687
新编妇人良方补遗大全：二十卷首一卷 / (宋)陈
自明撰；(明)熊宗立补遗
明天顺八年(1464)熊氏种德堂刻本. -- 卷
一、卷十二至卷二十四配清(1644-1911)抄
本。
1988年摄制. -- 1盘卷片（26.4米574拍）：
1:9, 2B；35mm银盐
收藏馆：缩微中心，重庆

000O009510
三刻太医院补注妇人良方：二十四卷首一卷 /
(宋)陈自明撰；(明)薛己注
明(1368-1644)书林余氏书瑞堂刻本
1988年摄制. -- 1盘卷片（22.5米488拍）：
1:9, 2B；35mm银盐
收藏馆：缩微中心，重庆

000O024722
济生产宝论方：二卷 / (明)徐明善校正
明(1368-1644)金陵书林雷鸣刻本
1996年摄制. -- 1盘卷片(5米81拍) ： 1:10,
2B ； 35mm银盐
收藏馆：缩微中心，浙江

000O001524
产宝百问：五卷总论一卷 / (元)朱震亨纂辑；
(明)王肯堂订正
明(1368-1644)刻本
1986年摄制. -- 1盘卷片(10.5米190拍) ：
1:10, 2B ； 35mm银盐
收藏馆：缩微中心，吉林

000O024721
便产须知：二卷
明嘉靖三十九年(1560)张景贤刻本
1996年摄制. -- 1盘卷片(6米93拍) ： 1:10,
2B ； 35mm银盐
收藏馆：缩微中心，浙江

000O013655
螽斯秘诀：一卷
明(1368-1644)刻本
1991年摄制. -- 1盘卷片(3米5拍) ： 1:10,
2B ； 35mm银盐
收藏馆：缩微中心，国图

000O001523
济阴纲目：五卷 / (明)武之望撰
明天启元年(1621)刻本
1986年摄制. -- 1盘卷片(31.5米710拍) ：
1:10, 2B ； 35mm银盐
收藏馆：缩微中心，吉林

000O028822
萃芳集：□□卷 / (清)邹儒撰
清(1644-1911)抄本. -- 卷二十一之前不分
卷。
1998年摄制. -- 1盘卷片(18米353拍) ：
1:10, 2B ； 35mm银盐
收藏馆：缩微中心，广东

000O027909
颅囟经：二卷
清乾隆(1736-1795)陈鳣抄本. -- (清)陈鳣、
(清)丁丙跋。
1996年摄制. -- 1盘卷片(4米39拍) ： 1:10,
2B ； 35mm银盐
收藏馆：缩微中心，南京

000O008721
类证注释钱氏小儿方诀：十卷 / (明)熊宗立撰
明正德三年(1508)存德书堂刻本
1988年摄制. -- 1盘卷片(5.7米99拍) ：
1:10, 2B ； 35mm银盐
收藏馆：缩微中心，重庆

000O018328
钱氏小儿直诀：四卷 / (宋)钱乙撰；(宋)阎孝忠
编；(明)薛铠注
明崇祯元年(1628)刻本. -- (明)梁忠校刻。
1993年摄制. -- 1盘卷片(10米179拍) ：
1:10, 2B ； 35mm银盐
收藏馆：缩微中心，天津

000O003574
幼幼新书：四十卷拾遗方一卷 / (宋)刘昉撰
明万历十四年(1586)陈履端刻本. -- 存
三十六卷：卷三至卷二十四、卷二十七至卷
四十。
1985年摄制. -- 3盘卷片(64.2米1411拍) ：
1:10, 2B ； 35mm银盐
收藏馆：缩微中心，国图

000O019580
幼幼新书：四十卷拾遗方一卷 / (宋)刘昉撰
明万历十四年(1586)陈履端刻本
1994年摄制. -- 3盘卷片(70米1417拍) ：
1:10, 2B ； 35mm银盐
收藏馆：缩微中心，国图

000O016254
小儿卫生总微论方：二十卷
明弘治二年(1489)李延寿刻本
1993年摄制. -- 1盘卷片(26米517拍) ：
1:10, 2B ； 35mm银盐
收藏馆：缩微中心，国图

000O001667
小儿卫生总微论方：二十卷
明万历二年(1574)徐一槚刻万历十四年(1586)
徐桓重修本
1986年摄制. -- 1盘卷片(23米512拍) ：
1:10, 2B ； 35mm银盐
收藏馆：缩微中心，国图

000O020655
小儿卫生总微论方：二十卷
明万历二年(1574)徐一槚刻本
1994年摄制. -- 1盘卷片(26米491拍) ：
1:10, 2B ； 35mm银盐
收藏馆：缩微中心，国图

000O024227
袖珍小儿方：十卷 / (明)徐用宣撰
明嘉靖十一年(1532)陈琦刻本
1996年摄制. -- 1盘卷片(12米280拍)：
1:10，2B；35mm银盐
收藏馆：缩微中心，安徽

000O018186
补要袖珍小儿方论：十卷附小儿豆疹方论别集：
二卷秘传小儿豆疹经验良方口诀一卷 / (明)庄
应祺,(明)魏直撰
明万历二年(1574)刻本
1993年摄制. -- 1盘卷片(30米636拍)：
1:10，2B；35mm银盐
收藏馆：缩微中心，山东

000O015746
婴童百问：十卷
明嘉靖二十三年(1544)陈与音刻本
1993年摄制. -- 1盘卷片(17米312拍)：
1:10，2B；35mm银盐
收藏馆：缩微中心，国图

000O016472
全幼心鉴：四卷 / (明)寇平撰
明(1368-1644)刻本. -- 存一卷：卷一。
1992年摄制. -- 1盘卷片(7米109拍)：1:10,
2B；35mm银盐
收藏馆：缩微中心，国图

000O017746
全幼心鉴：四卷 / (明)寇平撰
明(1368-1644)刻本. -- 存一卷：卷一。
1993年摄制. -- 1盘卷片(8米141拍)：1:10,
2B；35mm银盐
收藏馆：缩微中心，国图

000O014611
重正怀幼切要：二卷 / (明)邵懋臣撰
明万历(1573-1620)刻本
1992年摄制. -- 1盘卷片(7米96拍)：1:10,
2B；35mm银盐
收藏馆：缩微中心，国图

000O015308
活幼便览：二卷 / (明)刘廷爵撰
明(1368-1644)刻本
1992年摄制. -- 1盘卷片(6米78拍)：1:10,
2B；35mm银盐
收藏馆：缩微中心，国图

000O020849
保婴撮要：十卷 / (明)薛铠撰

明嘉靖三十四年(1555)林懋举刻本
1994年摄制. -- 1盘卷片(28米564拍)：
1:10，2B；35mm银盐
收藏馆：缩微中心，国图

000O001566
保婴撮要：二十卷 / (明)薛铠撰
明(1368-1644)刻本
1986年摄制. -- 2盘卷片(55米1231拍)：
1:10，2B；35mm银盐
收藏馆：缩微中心，国图

000O014796
补要小儿痘疹方论别集博爱心鉴：二卷．秘传
小儿经验良方口诀：一卷
明(1368-1644)刻本
1992年摄制. -- 1盘卷片(6米84拍)：1:10,
2B；35mm银盐
收藏馆：缩微中心，国图

000O017893
重刻痘疹仙传妙诀：二卷 / (明)高如山撰
明(1368-1644)书林陈璜刻本
1993年摄制. -- 1盘卷片(5米58拍)：1:10,
2B；35mm银盐
收藏馆：缩微中心，国图

000O027388
汪氏痘书：一卷 / (明)汪若源撰
明(1368-1644)鞠鼎衡刻本
1996年摄制. -- 1盘卷片(4米39拍)：1:10,
2B；35mm银盐
收藏馆：缩微中心，南京

000O023608
痘疹世医心法：十二卷；格致要论：十一卷；碎
金赋：二卷 / (明)万全撰
明万历十一年(1583)陈允升刻本
1995年摄制. -- 1盘卷片(19米382拍)：
1:10，2B；35mm银盐
收藏馆：缩微中心，浙江

000O023610
痘疹世医心法：十二卷；格致要论：十一卷；碎
金赋：二卷 / (明)万全撰
明万历二十九年(1601)秦大夒刻本
1995年摄制. -- 1盘卷片(19米368拍)：
1:10，2B；35mm银盐
收藏馆：缩微中心，浙江

000O014926
痘疹世医心法：十二卷碎金赋二卷 / (明)万全辑
明万历三十八年(1610)彭端吾刻本

1992年摄制. -- 1盘卷片（15米286拍）：
1:10, 2B；35mm银盐
收藏馆：缩微中心，国图

000O018412
新刊补遗秘传痘疹全婴金镜录：三卷 / (明)翁仲
仁撰；(明)陆道元补遗；(明)陆道光参补．新刊
小儿杂症秘传便蒙捷法：一卷 / (明)陆金辑
明万历七年(1579)寿春堂刻本
1993年摄制. -- 1盘卷片（8米132拍）：1:10,
2B；35mm银盐
收藏馆：缩微中心，国图

000O014985
新刊补遗秘传痘疹全婴金镜录：三卷 / (明)翁仲
仁撰；(明)陆道元补遗；(明)陆道光参补
明(1368-1644)刻本
1992年摄制. -- 1盘卷片（6米78拍）：1:10,
2B；35mm银盐
收藏馆：缩微中心，国图

000O013703
重刻补遗秘传痘疹全婴金镜录：三卷 / (明)翁仲
仁撰；(明)陆道元补遗；(明)陆道光参补．重刻
小儿杂症秘传便蒙捷法：一卷 / (明)陆金辑
明(1368-1644)四知馆刻本
1991年摄制. -- 1盘卷片（5米118拍）：1:10,
2B；35mm银盐
收藏馆：缩微中心，国图

000O015285
新刊痘疹传心录：十六卷 / (明)朱惠民撰
明万历(1573-1620)刻本
1992年摄制. -- 1盘卷片（20米364拍）：
1:10, 2B；35mm银盐
收藏馆：缩微中心，国图

000O020257
痘疹传心录：十六卷 / (明)朱惠民撰
清(1644-1911)抄本
1994年摄制. -- 1盘卷片（17米324拍）：
1:10, 2B；35mm银盐
收藏馆：缩微中心，国图

000O020816
痘疹活幼心法：不分卷 / (明)聂尚恒撰
明崇祯六年(1633)闵齐伋刻本
1994年摄制. -- 1盘卷片（6米88拍）：1:10,
2B；35mm银盐
收藏馆：缩微中心，国图

000O024256
小儿司命：八卷 / (明)彭尧谕撰

明万历(1573-1620)刻本. -- 存六卷：卷一至
卷六。
1996年摄制. -- 1盘卷片（11.4米225拍）：
1:10, 2B；35mm银盐
收藏馆：缩微中心，安徽

000O024239
痘诊玄言：二卷 / (明)汪勠撰
明崇祯十年(1637)程士述刻本
1996年摄制. -- 1盘卷片（6米135拍）：1:10,
2B；35mm银盐
收藏馆：缩微中心，安徽

000O028901
痘疹仁端录：八卷首一卷 / (明)徐谦撰
清康熙五十年(1711)乐间子抄本. -- 存六
卷：卷一至卷六。(清)吴骞跋。
1990年摄制. -- 2盘卷片（39米823拍）：
1:10, 2B；35mm银盐
收藏馆：缩微中心，南京

000O019593
痘科键：二卷 / (明)朱巽撰
清(1644-1911)抄本
1994年摄制. -- 1盘卷片（10米168拍）：
1:10, 2B；35mm银盐
收藏馆：缩微中心，国图

000O024765
重刊孙真人备急千金要方：三十卷 / (唐)孙思邈
撰
明正德十六年(1521)刘氏慎独斋刻本
1995年摄制. -- 2盘卷片（59米1238拍）：
1:10, 2B；35mm银盐
收藏馆：缩微中心，浙江

000O014905
孙真人备急千金要方：九十三卷目录二卷 / (唐)
孙思邈撰
明嘉靖二十二年(1543)乔世定小丘山房刻本
1992年摄制. -- 3盘卷片（66.4米1491拍）：
1:10, 2B；35mm银盐
收藏馆：缩微中心，辽宁

000O005048
孙真人备急千金要方：九十三卷目录二卷 / (唐)
孙思邈撰
明嘉靖二十二年(1543)乔世定小丘山房刻本
1986年摄制. -- 2盘卷片（59米1334拍）：
1:10, 2B；35mm银盐
收藏馆：缩微中心，国图

00○006886
孙真人备急千金要方：九十三卷目录二卷 / (唐)孙思邈撰
明万历十六年(1588)刻本
1987年摄制. -- 3盘卷片(72.2米1576拍)：1:9, 2B ; 35mm银盐
收藏馆：缩微中心，重庆

00○007110
重刻孙真人千金翼方：三十卷 / (唐)孙思邈撰
明万历三十二年(1604)王肯堂刻本
1987年摄制. -- 2盘卷片(52.4米1149拍)：1:10, 2B ; 35mm银盐
收藏馆：缩微中心，重庆

00○006203
千金翼方：三十卷 / (唐)孙思邈撰
明万历三十三年(1605)王肯堂刻本. -- (清)孙星衍跋。
1987年摄制. -- 2盘卷片(57米1148拍)：1:10, 2B ; 35mm银盐
收藏馆：缩微中心，四川

00○009797
唐王焘先生外台秘要方：四十卷 / (唐)王焘撰
明崇祯十三年(1640)程氏经余居刻本
1988年摄制. -- 4盘卷片(116米2422拍)：1:10, 2B ; 35mm银盐
收藏馆：缩微中心，四川

00○006167
太平圣惠方：一百卷 / (宋)王怀隐[等]撰
清(1644-1911)抄本. -- 杨守敬跋。
1987年摄制. -- 7盘卷片(190米3777拍)：1:10, 2B ; 35mm银盐
收藏馆：缩微中心，四川

00○007861
博济方：五卷 / (宋)王衮撰
清(1644-1911)袁氏贞节堂抄本
1988年摄制. -- 1盘卷片(10.2米202拍)：1:11, 2B ; 35mm银盐
收藏馆：缩微中心，重庆

00○028441
史载之方：二卷 / (宋)史堪撰
清(1644-1911)抄本. -- (清)黄丕烈跋。
1996年摄制. -- 1盘卷片(8米127拍)：1:10, 2B ; 35mm银盐
收藏馆：缩微中心，南京

00○027952
古今录验养生必用方：三卷 / (宋)初虞世撰
清(1644-1911)叶廷琯抄本. -- (清)叶廷琯跋。
1996年摄制. -- 1盘卷片(7米110拍)：1:10, 2B ; 35mm银盐
收藏馆：缩微中心，南京

00○015501
类证普济本事方：十卷 / (宋)许叔微撰
清(1644-1911)钱氏萃古斋抄本
1993年摄制. -- 1盘卷片(9米159拍)：1:10, 2B ; 35mm银盐
收藏馆：缩微中心，国图

00○028424
类证普济本事方：十卷 / (宋)许叔微撰
清(1644-1911)抄本. -- (清)陈鳣校跋并录(清)黄丕烈题识，(清)杨沂孙校并跋，(清)丁丙跋。
1996年摄制. -- 1盘卷片(9.5米170拍)：1:10, 2B ; 35mm银盐
收藏馆：缩微中心，南京

00○015404
三因极一病证方论：十八卷 / (宋)陈言撰
日本影元(1271-1368)抄本. -- 据元(1271-1368)抄本影印。(日)森立之跋。
1992年摄制. -- 1盘卷片(18米345拍)：1:10, 2B ; 35mm银盐
收藏馆：缩微中心，国图

00○013813
杨氏家藏方：二十卷 / (宋)杨倓撰
日本安永六年(1777)松枝元亮活字印本
1992年摄制. -- 1盘卷片(24米470拍)：1:10, 2B ; 35mm银盐
收藏馆：缩微中心，国图

00○016449
重刻太平惠民和剂局方：十卷 / (宋)陈师文[等]撰
明崇祯十年(1637)朱葵袁元熙刻本
1993年摄制. -- 1盘卷片(21米422拍)：1:10, 2B ; 35mm银盐
收藏馆：缩微中心，国图

00○008679
济生方：八卷 / (宋)严用和撰
清(1644-1911)袁氏贞节堂抄本
1988年摄制. -- 1盘卷片(7.6米141拍)：1:11, 2B ; 35mm银盐
收藏馆：缩微中心，重庆

000O015235
新刊仁斋直指方论：二十六卷；小儿附遗方论：
五卷；伤寒类书活人总括：七卷 / (宋)杨士瀛撰
日本抄本
1992年摄制. -- 1盘卷片(27米537拍)：
1:10，2B；35mm银盐
收藏馆：缩微中心，国图

000O002853
新刊仁斋直指方论：二十六卷；小儿附遗方论：
五卷；医脉真经：二卷 / (宋)杨士瀛撰；(明)朱崇
正补遗
明嘉靖二十九年(1550)朱崇正刻本. -- 还有
合刻著作：伤寒类书活人总括七卷/(宋)杨士
瀛撰，(明)朱崇正补遗。
1986年摄制. -- 2盘卷片(46米991拍)：
1:10，2B；35mm银盐
收藏馆：缩微中心，国图

000O025652
新刊仁斋直指方论：二十六卷；小儿附遗方论：
五卷；医脉真经：二卷 / (宋)杨士瀛撰；(明)朱崇
正补遗
明(1368-1644)刻本. -- 还有合刻著作：伤寒
类书活人总括七卷/(宋)杨士瀛撰。(清)丁丙
跋。
1990年摄制. -- 2盘卷片(42米1015拍)：
1:10，2B；35mm银盐
收藏馆：缩微中心，南京

000O014769
叶氏录验方：三卷 / (宋)叶大廉辑
日本抄本
1992年摄制. -- 1盘卷片(14米274拍)：
1:10，2B；35mm银盐
收藏馆：缩微中心，国图

000O014770
魏氏家藏方：十卷 / (宋)魏岘辑
日本抄本. -- 存九卷：卷一至卷二、卷四至
卷十。
1992年摄制. -- 1盘卷片(20米400拍)：
1:10，2B；35mm银盐
收藏馆：缩微中心，国图

000O015573
备全古今十便良方：四十卷 / (宋)郭坦辑
日本抄本. -- 存二十三卷：卷一至卷十二、
卷二十二、卷三十一至卷四十。
1993年摄制. -- 1盘卷片(19米358拍)：
1:10，2B；35mm银盐
收藏馆：缩微中心，国图

000O028418
急救仙方：十一卷 / (□)徐宋贞辑
明(1368-1644)抄本. -- (清)丁丙跋。
1996年摄制. -- 1盘卷片(10米171拍)：
1:10，2B；35mm银盐
收藏馆：缩微中心，南京

000O018921
东垣先生试效方：九卷 / (金)李杲撰
明(1368-1644)刻本
1993年摄制. -- 1盘卷片(13米252拍)：
1:10，2B；35mm银盐
收藏馆：缩微中心，山东

000O026838
新编南北经验医方大成：十卷 / (元)孙允贤撰
明初(1368-1424)刻本. -- (清)丁丙跋。
1996年摄制. -- 1盘卷片(19米414拍)：
1:10，2B；35mm银盐
收藏馆：缩微中心，南京

000O007862
瑞竹堂经验方：五卷 / (元)沙图穆苏撰
清(1644-1911)袁氏贞节堂抄本
1988年摄制. -- 1盘卷片(5.1米84拍)：
1:11，2B；35mm银盐
收藏馆：缩微中心，重庆

000O001071
世医得效方：二十卷 / (元)危亦林撰
明初(1368-1424)书林魏家刻本
1985年摄制. -- 2盘卷片(44.6米972拍)：
1:10，2B；35mm银盐
收藏馆：缩微中心，国图

000O014768
世医得效方：二十卷 / (元)危亦林撰
日本抄本
1992年摄制. -- 2盘卷片(44米891拍)：
1:10，2B；35mm银盐
收藏馆：缩微中心，国图

000O025934
新刊丹溪先生心法：五卷附录一卷 / (元)朱震亨
撰
明嘉靖三十三年(1554)蒋奎刻本
1996年摄制. -- 1盘卷片(23米465拍)：
1:10，2B；35mm银盐
收藏馆：缩微中心，南京

000O009482
新刊丹溪先生心法：五卷附录一卷 / (元)朱震亨
撰

明(1368-1644)刻本
1987年摄制. -- 1盘卷片(23.5米513拍)：
1:9, 2B ；35mm银盐
收藏馆：缩微中心，重庆

000O028220
重订丹溪心法：五卷附录一卷 / (元)朱震亨撰
明(1368-1644)刻本
1997年摄制. -- 1盘卷片(25米462拍)：
1:10, 2B ；35mm银盐
收藏馆：缩微中心，苏州

000O019607
新锲丹朱先生心法大全：四卷
明(1368-1644)龚少冈刻本
1994年摄制. -- 1盘卷片(13米226拍)：
1:10, 2B ；35mm银盐
收藏馆：缩微中心，国图

000O025960
易庵先生编注丹溪纂要：四卷 / (元)朱震亨撰；
(明)卢和辑并注
明嘉靖二十六年(1547)卢尧亮刻本
1996年摄制. -- 1盘卷片(14米272拍)：
1:10, 2B ；35mm银盐
收藏馆：缩微中心，南京

000O019506
新锲丹溪先生医书纂要心法纂注：六卷 / (明)卢
和撰
明万历二十九年(1601)书林乔山堂刻本
1994年摄制. -- 1盘卷片(10米180拍)：
1:10, 2B ；35mm银盐
收藏馆：缩微中心，国图

000O013708
局方发挥：一卷 / (元)朱震亨撰
明(1368-1644)刻本
1991年摄制. -- 1盘卷片(4米40拍) : 1:10,
2B ；35mm银盐
收藏馆：缩微中心，国图

000O002159
新刊袖珍方：四卷 / (明)李恒撰
明初(1368-1424)刻本
1986年摄制. -- 1盘卷片(30米672拍)：
1:10, 2B ；35mm银盐
收藏馆：缩微中心，国图

000O001978
袖珍方：四卷 / (明)李恒撰
明(1368-1644)刻本
1986年摄制. -- 1盘卷片(27米595拍)：

1:10, 2B ；35mm银盐
收藏馆：缩微中心，国图

000O018666
魁本袖珍方大全：四卷 / (明)李恒撰
明弘治十八年(1505)集贤书堂刻本
1994年摄制. -- 1盘卷片(18米330拍)：
1:10, 2B ；35mm银盐
收藏馆：缩微中心，国图

000O009695
魁本袖珍方大全：四卷 / (明)李恒撰
明正德二年(1507)杨氏清江书堂刻本
1988年摄制. -- 1盘卷片(23米485拍)：
1:10, 2B ；35mm银盐
收藏馆：缩微中心，四川

000O008711
新刊京本袖珍方大全：四卷 / (明)李恒撰
明(1368-1644)刻本
1988年摄制. -- 1盘卷片(20.2米435拍)：
1:10, 2B ；35mm银盐
收藏馆：缩微中心，重庆

000O007811
卫生易简方：十二卷附录一卷 / (明)胡濙撰
明宣德二年(1427)刻本
1988年摄制. -- 1盘卷片(21.9米474拍)：
1:11, 2B ；35mm银盐
收藏馆：缩微中心，重庆

000O015743
卫生易简方：十二卷附录一卷 / (明)胡濙撰
明嘉靖四十一年(1562)淮安府刻本
1993年摄制. -- 1盘卷片(21米420拍)：
1:10, 2B ；35mm银盐
收藏馆：缩微中心，国图

000O020867
卫生易简方：十二卷附录一卷 / (明)胡濙撰
明嘉靖四十一年(1562)刻本. -- 卷十至卷
十二、附录、序、后序抄配。
1994年摄制. -- 1盘卷片(22米419拍)：
1:10, 2B ；35mm银盐
收藏馆：缩微中心，国图

000O023152
普济方：一百六十八卷 / (明)朱橚撰
明(1368-1644)抄本. -- 存三十五卷：卷八
至卷十、卷十六至卷二十一、卷二十三至卷
二十七、卷三十四至卷三十六、卷四十至卷
四十三、卷一百二十四、卷一百三十二至卷
一百三十四、卷一百四十九、卷一百五十四、卷一百五十八至卷一百六十五。
1995年摄制. -- 4盘卷片(114米2367拍) :
1:10, 2B ; 35mm银盐
收藏馆：缩微中心，国图

000O011446
慈意方：一卷；慈义方：一卷 / (明)释景隆撰
明(1368-1644)刻本
1989年摄制. -- 1盘卷片(5.4米92拍) :
1:10, 2B ; 35mm银盐
收藏馆：缩微中心，辽宁

000O013989
乾坤生意：二卷 / (明)朱权撰
明(1368-1644)刻本
1991年摄制. -- 1盘卷片(11米189拍) :
1:10, 2B ; 35mm银盐
收藏馆：缩微中心，国图

000O010965
寿域神方：□□卷 / (明)朱权撰
明初(1368-1424)刻本. -- 存二卷：卷三至卷
四。
1989年摄制. -- 1盘卷片(7.5米119拍) :
1:10, 2B ; 35mm银盐
收藏馆：缩微中心，湖北

000O017313
急救良方：二卷 / (明)张时彻辑
明(1368-1644)刻本
1992年摄制. -- 1盘卷片(9米135拍) : 1:10,
2B ; 35mm银盐
收藏馆：缩微中心，国图

000O020791
**摄生众妙方：十一卷；急救良方：二卷 / (明)张
时彻辑；(明)马崇儒校**
明隆庆三年(1569)青藩衡王府刻本
1994年摄制. -- 1盘卷片(23米426拍) :
1:10, 2B ; 35mm银盐
收藏馆：缩微中心，国图

000O005295
奇效良方：六十九卷 / (明)方贤[等]撰
明(1368-1644)刻本
1986年摄制. -- 3盘卷片(85米1910拍) :
1:10, 2B ; 35mm银盐
收藏馆：缩微中心，国图

000O013899
医方选要：十卷 / (明)周文采辑
明(1368-1644)刻本
1992年摄制. -- 1盘卷片(25米496拍) :

1:10, 2B ; 35mm银盐
收藏馆：缩微中心，国图

000O020068
不自秘方：一卷 / [题](□)梅山逸叟传
明弘治十六年(1503)赵伦刻本. -- 徐乃昌
跋。
1994年摄制. -- 1盘卷片(3米24拍) : 1:10,
2B ; 35mm银盐
收藏馆：缩微中心，国图

000O015973
丹溪心法类集：四卷 / (明)杨珣撰
明正德三年(1508)卢翊刻本
1993年摄制. -- 1盘卷片(23米454拍) :
1:10, 2B ; 35mm银盐
收藏馆：缩微中心，国图

000O024762
新编医学正传：八卷 / (明)虞博撰
明万历六年(1578)边有猷刻本
1995年摄制. -- 2盘卷片(49.5米998拍) :
1:10, 2B ; 35mm银盐
收藏馆：缩微中心，浙江

000O014901
丹溪心法：二十四卷首一卷 / (明)方广撰
明嘉靖十五年(1536)姚文清陈讲刻本
1992年摄制. -- 2盘卷片(48.9米1096拍) :
1:10, 2B ; 35mm银盐
收藏馆：缩微中心，辽宁

000O019647
丹溪心法附余：二十四卷首一卷 / (明)方广撰
明嘉靖十五年(1536)姚文清陈讲刻本. -- 存
十七卷：卷四至卷十、卷十二至卷十七、卷
二十二至卷二十四，首一卷。
1994年摄制. -- 1盘卷片(28米567拍) :
1:10, 2B ; 35mm银盐
收藏馆：缩微中心，国图

000O024767
丹溪心法附余：二十四卷首一卷 / (明)方广撰
明嘉靖十五年(1536)姚文清陈讲刻公文纸印本
1995年摄制. -- 2盘卷片(55.5米1110拍) :
1:10, 2B ; 35mm银盐
收藏馆：缩微中心，浙江

000O006194
丹溪心法附余：二十四卷首一卷 / (明)方广撰
明嘉靖(1522-1566)刻本
1987年摄制. -- 3盘卷片(73米1460拍) :
1:10, 2B ; 35mm银盐

收藏馆：缩微中心，四川

000O020576
丹溪心法附余：二十四卷首一卷 / (明)方广辑
明隆庆六年(1572)施笃臣重刻本
1994年摄制. -- 3盘卷片(69米1412拍) :
1:10, 2B ; 35mm银盐
收藏馆：缩微中心，国图

000O029263
丹溪心法附余：二十四卷首一卷 / (明)方广辑
明隆庆六年(1572)刻本
1999年摄制. -- 3盘卷片(78米1674拍) :
1:10, 2B ; 35mm银盐
收藏馆：缩微中心，湖南

000O025922
丹溪心法附余：二十四卷首一卷 / (明)方广辑
明(1368-1644)金陵书林唐鲤耀刻本
1996年摄制. -- 2盘卷片(56米1125拍) :
1:10, 2B ; 35mm银盐
收藏馆：缩微中心，南京

000O001531
万氏家抄济世良方：六卷 / (明)万表撰
明万历三十年(1602)刻本
1986年摄制. -- 1盘卷片(26.5米595拍) :
1:10, 2B ; 35mm银盐
收藏馆：缩微中心，吉林

000O010642
万氏积善堂秘验滋补诸方：一册
明嘉靖(1522-1566)刻本
1989年摄制. -- 1盘卷片(5米65拍) : 1:10,
2B ; 35mm银盐
收藏馆：缩微中心，吉林

000O014848
万氏积善堂补方：一卷附论一卷
明(1368-1644)刻本
1992年摄制. -- 1盘卷片(4米48拍) : 1:10,
2B ; 35mm银盐
收藏馆：缩微中心，国图

000O021827
医方集宜：十卷 / (明)丁凤撰
明万历四十六年(1618)丁明登刻本
1995年摄制. -- 1盘卷片(30.5米712拍) :
1:10, 2B ; 35mm银盐
收藏馆：缩微中心，南京

000O020828
经验济世良方：十一卷 / (明)陈仕贤辑；(明)孙

字校
明嘉靖三十九年(1560)沈宏刻本
1994年摄制. -- 1盘卷片(22米423拍) :
1:10, 2B ; 35mm银盐
收藏馆：缩微中心，国图

000O024197
新刊精选医方摘要：十二卷 / (明)杨拱撰
明隆庆六年(1572)刻本. -- 版框高二十厘米
宽十四厘米。
1996年摄制. -- 1盘卷片(27米570拍) :
1:10, 2B ; 35mm银盐
收藏馆：缩微中心，广东

000O010873
新刻太医院纂集医教立命元龟：七卷 / (明)朱儒撰
明万历十八年(1590)余成章城书林刻本
1988年摄制. -- 1盘卷片(27米565拍) :
1:10, 2B ; 35mm银盐
收藏馆：缩微中心，甘肃

000O015932
新刊鲁府秘方：四卷 / (明)刘应泰撰
明(1368-1644)抄本
1993年摄制. -- 1盘卷片(12米270拍) :
1:10, 2B ; 35mm银盐
收藏馆：缩微中心，国图

000O015014
医方考：六卷 / (明)吴崐撰
明万历(1573-1620)方元振[等]刻本
1991年摄制. -- 1盘卷片(22米437拍) :
1:10, 2B ; 35mm银盐
收藏馆：缩微中心，国图

000O006086
医方考：六卷 / (明)吴崐撰
明万历十二年(1584)刻本
1986年摄制. -- 1盘卷片(22.1米490拍) :
1:10, 2B ; 35mm银盐
收藏馆：缩微中心，吉林

000O007704
医方考：六卷脉语二卷 / (明)吴崐撰
明(1368-1644)刻本. -- 医方考六卷、脉语二
卷为连卷：卷一至卷八。
1987年摄制. -- 1盘卷片(24.1米526拍) :
1:9, 2B ; 35mm银盐
收藏馆：缩微中心，重庆

000O018401
新锲家传诸症虚实辩疑示儿仙方总论：十卷

明万历(1573-1620)乔山书舍刻本
1993年摄制. -- 1盘卷片(7米105拍)：1:10,
2B ；35mm银盐
收藏馆：缩微中心，国图

000O014603
普门医品：四十八卷 / (明)王化贞辑
明崇祯元年(1628)刻本
1992年摄制. -- 2盘卷片(58米1232拍)：
1:10, 2B ；35mm银盐
收藏馆：缩微中心，国图

000O016876
广笔记：十五卷 / (明)丁元荐辑；(明)庄绥光增
次 . 用药凡例：一卷 / (明)缪希雍撰 . 炮炙大法：
一卷 / (明)缪希雍撰
明天启二年(1622)庄绥光刻本
1993年摄制. -- 1盘卷片(12米233拍)：
1:10, 2B ；35mm银盐
收藏馆：缩微中心，国图

000O006087
先醒斋笔记：三卷 / (明)缪希雍撰
明崇祯十年(1637)刻本
1987年摄制. -- 1盘卷片(9.5米188拍)：
1:10, 2B ；35mm银盐
收藏馆：缩微中心，吉林

000O015076
雪潭居医约：八卷 / (明)陈澈撰
明崇祯十四年(1641)陈澈刻本
1992年摄制. -- 2盘卷片(35米688拍)：
1:10, 2B ；35mm银盐
收藏馆：缩微中心，国图

000O028449
保生秘钥：四卷 / (清)俞汝翼撰
清乾隆(1736-1795)俞晋抄本
1996年摄制. -- 1盘卷片(9米162拍)：1:10,
2B ；35mm银盐
收藏馆：缩微中心，南京

000O016707
军中医方备要：二卷
清(1644-1911)侯官林氏铜活字印本
1993年摄制. -- 1盘卷片(5米67拍)：1:10,
2B ；35mm银盐
收藏馆：缩微中心，国图

000O001976
新编西方子明堂灸经：八卷
明(1368-1644)刻本
1986年摄制. -- 1盘卷片(6米100拍)：1:10,

2B ；35mm银盐
收藏馆：缩微中心，国图

000O005275
新编西方子明堂灸经：八卷
明(1368-1644)刻本
1986年摄制. -- 1盘卷片(5.5米91拍)：
1:10, 2B ；35mm银盐
收藏馆：缩微中心，国图

000O006677
针灸大成：十卷 / (明)杨继洲撰
明万历二十九年(1601)赵文炳刻本
1987年摄制. -- 1盘卷片(33.6米716拍)：
1:10, 2B ；35mm银盐
收藏馆：缩微中心，山西

000O020831
针灸大成：十卷 / (明)杨继洲辑
明万历二十九年(1601)赵文炳刻本
1994年摄制. -- 1盘卷片(32米651拍)：
1:10, 2B ；35mm银盐
收藏馆：缩微中心，国图

000O019742
针灸大成：十卷
清(1644-1911)抄本
1994年摄制. -- 1盘卷片(31米651拍)：
1:10, 2B ；35mm银盐
收藏馆：缩微中心，国图

000O010739
新锓太医院参订徐氏针灸大全：六卷 / (明)徐凤
编
明(1368-1644)刻本
1989年摄制. -- 1盘卷片(7米127拍)：1:10,
2B ；35mm银盐
收藏馆：缩微中心，天津

000O015366
针灸择日编集：一卷
朝鲜抄本
1992年摄制. -- 1盘卷片(3米26拍)：1:10,
2B ；35mm银盐
收藏馆：缩微中心，国图

000O013946
针灸问对：三卷 / (明)汪机撰
明嘉靖十一年(1532)汪机刻本
1991年摄制. -- 1盘卷片(6米89拍)：1:10,
2B ；35mm银盐
收藏馆：缩微中心，国图

00O031672
勉学堂针灸集成：二卷；经穴评集：二卷
清(1644-1911)刻本
2005年摄制. -- 1盘卷片(17米350拍)：
1:10, 2B；35mm银盐
收藏馆：缩微中心，国图

00O016935
经络全书前编：一卷 / (明)沈子禄撰；(明)徐师
曾删校
清(1644-1911)抄本
1993年摄制. -- 1盘卷片(8米119拍)：1:10,
2B；35mm银盐
收藏馆：缩微中心，国图

00O015663
新刊太乙秘传急救小儿推拿法：二卷 / (明)姚国
祯撰
明(1368-1644)书林刘氏刻本
1993年摄制. -- 1盘卷片(4米44拍)：1:10,
2B；35mm银盐
收藏馆：缩微中心，国图

00O021904
小儿科推拿仙术秘诀：不分卷 / (明)周于蕃纂释
明万历四十年(1612)刻本
1995年摄制. -- 1盘卷片(4.5米69拍)：
1:10, 2B；35mm银盐
收藏馆：缩微中心，稷山

00O015038
石山医案：三卷附录一卷 / (明)陈桷辑
明嘉靖二年(1523)许忠[等]刻本
1992年摄制. -- 1盘卷片(7米113拍)：1:10,
2B；35mm银盐
收藏馆：缩微中心，国图

00O023958
薛氏医案：二十四种一百七卷 / (明)薛己撰；
(明)吴琯编
明(1368-1644)刻本. -- 伤寒钤法一卷、外伤
金镜一卷、原机启微二卷、附录一卷、小儿直
诀四卷配清(1644-1911)抄本。
1993年摄制. -- 7盘卷片(189米3960拍)：
1:10, 2B；35mm银盐
收藏馆：缩微中心，南京

00O020473
醉花窗医案：不分卷 / (清)王堉撰
清(1644-1911)抄本
1994年摄制. -- 1盘卷片(7米101拍)：1:10,
2B；35mm银盐
收藏馆：缩微中心，国图

00O027908
寿亲养老新书：四卷 / (宋)陈直撰；(元)邹铉续
明(1368-1644)刻本. -- (清)丁丙跋。
1996年摄制. -- 1盘卷片(15米301拍)：
1:10, 2B；35mm银盐
收藏馆：缩微中心，南京

00O003938
寿亲养老新书：四卷 / (宋)陈直撰；(元)邹铉续
明成化十二年(1476)徐礼刻本. -- 存一卷：
卷四。
1986年摄制. -- 1盘卷片(6米98拍)：1:10,
2B；35mm银盐
收藏馆：缩微中心，国图

00O015058
寿亲养老新书：四卷 / (宋)陈直撰；(元)邹铉续
明(1368-1644)刻本. -- 存三卷：卷二至卷
四。
1992年摄制. -- 1盘卷片(10米164拍)：
1:10, 2B；35mm银盐
收藏馆：缩微中心，国图

00O015354
寿亲养老新书：四卷 / (宋)陈直撰；(元)邹铉续
明(1368-1644)刻本
1992年摄制. -- 1盘卷片(15米262拍)：
1:10, 2B；35mm银盐
收藏馆：缩微中心，国图

00O027937
寿亲养老新书：四卷 / (宋)陈直撰；(元)邹铉续
明(1368-1644)刻本. -- (清)王振声、(清)杨
沂孙跋。
1996年摄制. -- 1盘卷片(15米311拍)：
1:10, 2B；35mm银盐
收藏馆：缩微中心，南京

00O017504
养生月览：二卷 / (宋)周守忠辑
明成化(1465-1487)谢颖刻本
1993年摄制. -- 1盘卷片(4米36拍)：1:10,
2B；35mm银盐
收藏馆：缩微中心，国图

00O020602
养生月览：二卷 / (宋)周守忠辑
明成化(1465-1487)谢颖刻本
1994年摄制. -- 1盘卷片(4米37拍)：1:10,
2B；35mm银盐
收藏馆：缩微中心，国图

000O012979

养生杂类：二十二卷 / (宋)周守忠撰
明(1368-1644)刻本. -- 存二十卷：卷一至卷十一、卷十三至卷二十一。
1991年摄制. -- 1盘卷片(9米144拍) ：1:10,2B ；35mm银盐
收藏馆：缩微中心，国图

000O014951

泰定养生主论：十六卷 / (元)王珪撰
明正德六年(1511)冒鸾刻本
1992年摄制. -- 1盘卷片(13米234拍) ：1:10, 2B ；35mm银盐
收藏馆：缩微中心，国图

000O017415

养生类要前集：一卷 / (明)吴正伦撰
明嘉靖(1522-1566)刻本
1993年摄制. -- 1盘卷片(4米37拍) ：1:10,2B ；35mm银盐
收藏馆：缩微中心，国图

000O024275

万育仙书：二卷 / (明)曹无极辑
明末(1621-1644)刻本
1996年摄制. -- 1盘卷片(9米158拍) ：1:10,2B ；35mm银盐
收藏馆：缩微中心，安徽

000O005457

新镌五福万寿丹书：六卷 / (明)龚居中撰
明天启(1621-1627)金陵书林周如泉刻本
1986年摄制. -- 1盘卷片(15.1米325拍) ：1:10, 2B ；35mm银盐
收藏馆：缩微中心，国图

000O020738

新镌五福万寿丹书：六卷 / (明)龚居中撰
明天启(1621-1627)金陵书林周如泉刻本. -- 存三卷：卷一至卷三。
1994年摄制. -- 1盘卷片(11米110拍) ：1:10, 2B ；35mm银盐
收藏馆：缩微中心，国图

000O003368

老老恒言：五卷 / (清)曹庭栋撰
清乾隆三十八年(1773)曹庭栋刻本
1986年摄制. -- 1盘卷片(9米162拍) ：1:10,2B ；35mm银盐
收藏馆：缩微中心，国图

000O020693

新刻修真秘要：一卷

明(1368-1644)胡文焕刻寿养丛书本
1994年摄制. -- 1盘卷片(5米54拍) ：1:10,2B ；35mm银盐
收藏馆：缩微中心，国图

天文算法类

000O001704

西洋新法历书：一百卷 / (明)徐光启,(明)李天经修
明崇祯年至清顺治(1628-1661)刻本. -- 存十六种六十三卷。
1986年摄制. -- 4盘卷片(110米2469拍) ：1:10, 2B ；35mm银盐
收藏馆：缩微中心，国图

000O003465

天文汇抄：十一种
明(1368-1644)抄本
1986年摄制. -- 1盘卷片(17米369拍) ：1:10, 2B ；35mm银盐
收藏馆：缩微中心，国图

000O016143

益都薛氏遗书：不分卷 / (清)薛凤祚撰
清康熙(1662-1722)刻本. -- 章钰跋。
1993年摄制. -- 3盘卷片(88米1783拍) ：1:10, 2B ；35mm银盐
收藏馆：缩微中心，国图

000O031730

益都薛氏遗书：不分卷 / (清)薛凤祚撰
清康熙(1662-1722)刻本
2005年摄制. -- 4盘卷片(104米1565拍) ：1:10, 2B ；35mm银盐
收藏馆：缩微中心，国图

000O011344

御制律历渊源：一百卷 / (清)允祉[等]纂修
清雍正二年(1724)内府刻本. -- 纂修者还有：(清)允禄[等]。
1989年摄制. -- 10盘卷片(288.3米6500拍) ：1:10, 2B ；35mm银盐
收藏馆：缩微中心，辽宁

000O001437

大清同治十一年岁次壬申时宪书：一卷
清同治(1862-1874)刻本
1985年摄制. -- 1盘卷片(3米30拍) ：1:10,2B ；35mm银盐
收藏馆：缩微中心，国图

00O001628
大清同治十一年岁次壬申时宪书：一卷
清同治(1862-1874)刻本
1986年摄制. -- 1盘卷片(4米61拍) ：1:10,
2B ；35mm银盐
收藏馆：缩微中心，国图

00O025370
晓庵遗书：二卷 / (清)王锡阐撰
清乾隆(1736-1795)抄本. -- (清)孔继涵校
跋。
1996年摄制. -- 1盘卷片(5米56拍) ：1:10,
2B ；35mm银盐
收藏馆：缩微中心，国图

00O008627
周髀算经：二卷 / [题](汉)赵君卿注；(北周)甄鸾
重述；(唐)李淳风注释．音义：一卷 / (宋)李籍
撰．数术记遗：一卷 / [题](汉)徐岳撰；(北周)甄
鸾注
明(1368-1644)赵开美刻本. -- (清)冯舒校，
莫棠、邓邦述跋。
1988年摄制. -- 1盘卷片(9米177拍) ：1:10,
2B ；35mm银盐
收藏馆：缩微中心，国图

00O007047
周髀：二卷 / [题](汉)赵君卿注；(北周)甄鸾重述；
(唐)李淳风注释．音义：一卷 / [题](宋)李籍撰
明(1368-1644)抄本
1987年摄制. -- 1盘卷片(8米152拍) ：1:10,
2B ；35mm银盐
收藏馆：缩微中心，国图

00O027938
张衡大象赋：一卷 / (隋)李播撰；(唐)苗为注
清嘉庆(1796-1820)孙星衍抄本. -- (清)孙星
衍校，(清)顾广圻校并跋，(清)丁丙跋。
1996年摄制. -- 1盘卷片(5米77拍) ：1:10,
2B ；35mm银盐
收藏馆：缩微中心，南京

00O017375
唐丹元子步天歌：一卷 / [题](唐)上希明撰
清(1644-1911)抄本
1993年摄制. -- 1盘卷片(4米34拍) ：1:10,
2B ；35mm银盐
收藏馆：缩微中心，国图

00O027954
仪象法纂：一卷 / (宋)苏颂撰
明(1368-1644)抄本
1996年摄制. -- 1盘卷片(4米53拍) ：1:10,

2B ；35mm银盐
收藏馆：缩微中心，南京

00O018767
绍圣新仪象法要：三卷 / (宋)苏颂撰
清(1644-1911)抄本
1994年摄制. -- 1盘卷片(6米83拍) ：1:10,
2B ；35mm银盐
收藏馆：缩微中心，国图

00O003620
新仪象法要：三卷 / (宋)苏颂撰
清(1644-1911)抄本
1985年摄制. -- 1盘卷片(6米101拍) ：1:10,
2B ；35mm银盐
收藏馆：缩微中心，国图

00O015848
乾象通鉴：一百卷 / [题](宋)李季撰
明(1368-1644)抄本. -- 莫棠、康有为跋。
1993年摄制. -- 3盘卷片(80米1595拍) ：
1:10, 2B ；35mm银盐
收藏馆：缩微中心，国图

00O005003
乾象通鉴：一百卷首一卷 / [题](宋)李季撰
清(1644-1911)抄本
1986年摄制. -- 2盘卷片(51米1116拍) ：
1:10, 2B ；35mm银盐
收藏馆：缩微中心，国图

00O028287
步天歌：一卷
明(1368-1644)陈暗窗写本
1996年摄制. -- 1盘卷片(4.5米71拍) ：
1:10, 2B ；35mm银盐
收藏馆：缩微中心，福建

00O003571
准斋心制几漏图式：一卷 / (宋)孙逢古撰
清道光三年(1823)黄氏士礼居抄本. -- 还有
合抄著作：铜壶漏箭制度一卷.(清)黄丕烈
跋。
1985年摄制. -- 1盘卷片(3米26拍) ：1:10,
2B ；35mm银盐
收藏馆：缩微中心，国图

00O003570
铜壶漏箭制度：一卷．准斋心制几漏图式：一
卷 / (宋)孙逢古撰
清道光三年(1823)黄氏士礼居抄本. -- (清)
黄丕烈跋。
1985年摄制. -- 1盘卷片(3米32拍) ：1:10,

2B ；35mm银盐
收藏馆：缩微中心，国图

000O019360
革象新书：二卷 / (元)赵友钦撰；(明)王祎删定
明(1368-1644)刻本. -- 存一卷：卷下。
1994年摄制. -- 1盘卷片(4米32拍) ：1:10,
2B ；35mm银盐
收藏馆：缩微中心，国图

000O014634
革象新书：五卷 / (元)赵友钦撰
清(1644-1911)抄本
1992年摄制. -- 1盘卷片(5米73拍) ：1:10,
2B ；35mm银盐
收藏馆：缩微中心，国图

000O028450
天象玄机：八卷 / (明)姚广孝撰
清初(1644-1722)餐霞子抄本
1996年摄制. -- 1盘卷片(20米430拍) ：
1:10, 2B ；35mm银盐
收藏馆：缩微中心，南京

000O008728
醯鸡瓮集：十二卷 / (明)李泰撰
清(1644-1911)抄本
1988年摄制. -- 2盘卷片(40.3米867拍) ：
1:9, 2B ；35mm银盐
收藏馆：缩微中心，重庆

000O015036
天文精义赋：一卷；天文主管：一卷；祥异赋：
一卷
明(1368-1644)抄本
1992年摄制. -- 1盘卷片(5米52拍) ：1:10,
2B ；35mm银盐
收藏馆：缩微中心，国图

000O008410
闲中录前集：不分卷 / (明)李瓒撰
明(1368-1644)抄本. -- 黄裳跋。
1988年摄制. -- 1盘卷片(5米74拍) ：1:10,
2B ；35mm银盐
收藏馆：缩微中心，国图

000O001651
照天宝鉴：不分卷 / (明)俞闻撰
明(1368-1644)抄本
1986年摄制. -- 1盘卷片(6米92拍) ：1:10,
2B ；35mm银盐
收藏馆：缩微中心，国图

000O027956
神道大编象宗华天五星：九卷 / (明)周云撰
明(1368-1644)抄本
1996年摄制. -- 1盘卷片(13米260拍) ：
1:10, 2B ；35mm银盐
收藏馆：缩微中心，南京

000O007197
天问略：一卷 / (葡萄牙)阳玛诺撰
明万历(1573-1620)刻本
1987年摄制. -- 1盘卷片(5米63拍) ：1:10,
2B ；35mm银盐
收藏馆：缩微中心，山东

000O013771
测食：二卷 / (德国)汤若望述；(明)周子愚,(明)
卓尔康订
明天启五年(1625)汪乔年刻本
1991年摄制. -- 1盘卷片(4米43拍) ：1:10,
2B ；35mm银盐
收藏馆：缩微中心，国图

000O028288
周天星鉴：一卷 / (明)章世纯撰
明(1368-1644)抄本
1996年摄制. -- 1盘卷片(4.3米64拍) ：
1:10, 2B ；35mm银盐
收藏馆：缩微中心，福建

000O023612
天文图说：不分卷 / (明)袁启辑
明(1368-1644)抄本
1995年摄制. -- 1盘卷片(3米40拍) ：1:10,
2B ；35mm银盐
收藏馆：缩微中心，浙江

000O027945
象林：一卷 / (明)陈荩谟撰
明崇祯(1628-1644)刻本
1996年摄制. -- 1盘卷片(6米74拍) ：1:10,
2B ；35mm银盐
收藏馆：缩微中心，南京

000O017992
五星通轨：一卷
明(1368-1644)抄本
1993年摄制. -- 1盘卷片(4米48拍) ：1:10,
2B ；35mm银盐
收藏馆：缩微中心，国图

000O019078
交食通轨：一卷；月食通轨：一卷；日食通轨：
一卷

明(1368-1644)抄本. -- 还有合刻著作：四余通轨一卷。

1994年摄制. -- 1盘卷片(4米40拍) : 1:10, 2B ; 35mm银盐

收藏馆：缩微中心，国图

000O022526

天元历理全书：十二卷首一卷 / (清)徐发撰

清康熙(1662-1722)刻本

1995年摄制. -- 1盘卷片(31.5米668拍) : 1:10, 2B ; 35mm银盐

收藏馆：缩微中心，湖北

000O021711

空际格致：二卷 / (意大利)高一志撰

明(1368-1644)刻木

1995年摄制. -- 1盘卷片(6米95拍) : 1:10, 2B ; 35mm银盐

收藏馆：缩微中心，国图

000O027894

空际格致：二卷 / (意大利)高一志撰

清(1644-1911)抄本

1996年摄制. -- 1盘卷片(7米110拍) : 1:10, 2B ; 35mm银盐

收藏馆：缩微中心，南京

000O029286

新制灵台仪象志：十六卷 / (比利时)南怀仁撰

清康熙十三年(1674)刻本. -- 存十四卷：卷一至卷十四。

1999年摄制. -- 2盘卷片(39米875拍) : 1:10, 2B ; 35mm银盐

收藏馆：缩微中心，湖南

000O019715

灵台仪器图：不分卷

清康熙(1662-1722)刻本

1994年摄制. -- 1盘卷片(7米110拍) : 1:10, 2B ; 35mm银盐

收藏馆：缩微中心，国图

000O023606

周天星位经纬宿度考：不分卷 / [题](□)抱玄子纂集

清(1644-1911)抄本

1995年摄制. -- 1盘卷片(29米580拍) : 1:10, 2B ; 35mm银盐

收藏馆：缩微中心，浙江

000O023604

三才实义天集：二十卷 / (清)周于漆撰

清乾隆二十年(1755)汤滏抄本

1995年摄制. -- 1盘卷片(10米180拍) : 1:10, 2B ; 35mm银盐

收藏馆：缩微中心，浙江

000O015262

天经或问前集：四卷 / (清)游艺撰

清乾隆(1736-1795)内府抄文渊阁四库全书本. -- 存二卷：卷一至卷二。

1992年摄制. -- 1盘卷片(5米64拍) : 1:10, 2B ; 35mm银盐

收藏馆：缩微中心，国图

000O025365

天经或问后集：不分卷 / (清)游艺撰

清(1644-1911)书林熊氏大集堂刻本

1996年摄制. -- 1盘卷片(7米122拍) : 1:10, 2B ; 35mm银盐

收藏馆：缩微中心，国图

000O001236

天步真原：一卷；天学会通：一卷 / (清)薛凤祚撰

清(1644-1911)抄本

1985年摄制. -- 1盘卷片(3.4米43拍) : 1:10, 2B ; 35mm银盐

收藏馆：缩微中心，国图

000O015245

天步真原：一卷 / (清)薛凤祚撰

清乾隆(1736-1795)内府抄文渊阁四库全书本

1992年摄制. -- 1盘卷片(3米26拍) : 1:10, 2B ; 35mm银盐

收藏馆：缩微中心，国图

000O023607

万青楼经星谱：一卷 / (清)邵昂霄撰

清(1644-1911)抄本

1995年摄制. -- 1盘卷片(4米57拍) : 1:10, 2B ; 35mm银盐

收藏馆：缩微中心，浙江

000O025396

万年中星更录三垣恒星图说各省北极高度偏度表：不分卷

清乾隆(1736-1795)内府刻套印本

1996年摄制. -- 1盘卷片(6米98拍) : 1:10, 2B ; 35mm银盐

收藏馆：缩微中心，国图

000O015581

钦定天文正义：八十卷

清(1644-1911)抄本

1993年摄制. -- 3盘卷片(68米1390拍) :

1:10, 2B；35mm银盐
收藏馆：缩微中心，国图

000O021575
天下山河两戒考：十四卷 / (清)徐文靖纂修
清雍正元年(1723)刻本
1995年摄制. -- 1盘卷片(19米364拍)：
1:10, 2B；35mm银盐
收藏馆：缩微中心，国图

000O016216
地圆说：一卷 / (清)焦廷琥撰
清(1644-1911)稿本
1993年摄制. -- 1盘卷片(3米20拍)：1:10,
2B；35mm银盐
收藏馆：缩微中心，国图

000O017853
宣西通：三卷 / (清)许桂林撰
清嘉庆(1796-1820)刻本
1993年摄制. -- 1盘卷片(5米64拍)：1:10,
2B；35mm银盐
收藏馆：缩微中心，国图

000O020553
图书说：一卷 / (清)王筠撰
清光绪六年(1880)稿本
1994年摄制. -- 1盘卷片(3米34拍)：1:10,
2B；35mm银盐
收藏馆：缩微中心，山东

000O025896
天文秘旨：五卷
清道光二十二年(1842)丰烈抄本
1996年摄制. -- 1盘卷片(9米161拍)：1:10,
2B；35mm银盐
收藏馆：缩微中心，浙江

000O001744
同治八年七月朔日食坤舆图纂稿：不分卷 / (清)
陈希龄撰
清(1644-1911)稿本
1986年摄制. -- 1盘卷片(9米175拍)：1:10,
2B；35mm银盐
收藏馆：缩微中心，国图

000O024715
闰八月考：三卷 / (清)王锡祺辑
清(1644-1911)稿本
1996年摄制. -- 1盘卷片(5米69拍)：1:10,
2B；35mm银盐
收藏馆：缩微中心，浙江

000O025375
推策小识：三十六卷 / (清)汪曰桢撰
清(1644-1911)稿本
1996年摄制. -- 2盘卷片(41米818拍)：
1:10, 2B；35mm银盐
收藏馆：缩微中心，国图

000O003312
太阴通轨：不分卷 / [题](明)抱拙子编
清(1644-1911)抄本
1986年摄制. -- 1盘卷片(6米96拍)：1:10,
2B；35mm银盐
收藏馆：缩微中心，国图

000O028708
神道大编历宗通议：十八卷 / (明)周述学撰
明(1368-1644)抄本
1990年摄制. -- 1盘卷片(32米756拍)：
1:10, 2B；35mm银盐
收藏馆：缩微中心，南京

000O005818
古今律历考：七十二卷 / (明)邢云路撰
明万历二十七年(1599)徐安刻本
1987年摄制. -- 3盘卷片(73米1583拍)：
1:10, 2B；35mm银盐
收藏馆：缩微中心，国图

000O021954
古今律历考：七十二卷 / (明)邢云路撰
明万历二十七年(1599)徐安刻本. -- 存二十
卷：卷一至卷十六、卷二十二至卷二十五。
1995年摄制. -- 1盘卷片(25米485拍)：
1:10, 2B；35mm银盐
收藏馆：缩微中心，国图

000O007849
古今律历考：七十二卷 / (明)邢云路撰
明万历三十六年(1608)张崇礼王国桢刻本
1987年摄制. -- 3盘卷片(73.6米1605拍)：
1:10, 2B；35mm银盐
收藏馆：缩微中心，重庆

000O021138
古今律历考：七十二卷 / (明)邢云路撰
明万历三十六年(1608)张崇礼王国桢刻本. --
(清)丁丙跋。
1992年摄制. -- 3盘卷片(70米1400拍)：
1:10, 2B；35mm银盐
收藏馆：缩微中心，南京

000O000899
戊申立春考证：一卷 / (明)邢云路撰

明万历四十三年(1615)刻陈眉公家藏广秘笈本
1985年摄制. -- 1盘卷片(3米30拍)：1:10,
2B；35mm银盐
收藏馆：缩微中心，国图

000O023154
戊申立春考证：一卷 / (明)邢云路撰
明万历(1573-1620)刻本
1995年摄制. -- 1盘卷片(3米22拍)：1:10,
2B；35mm银盐
收藏馆：缩微中心，国图

000O027282
历志：十六卷
清(1644-1911)抄本
1997年摄制. -- 2盘卷片(46米912拍)：
1:10, 2B；35mm银盐
收藏馆：缩微中心，国图

000O027943
历测：二卷附历元布算法一卷 / (明)魏文魁撰
明崇祯二年(1629)方一藻刻本
1996年摄制. -- 1盘卷片(8米131拍)：1:10,
2B；35mm银盐
收藏馆：缩微中心，南京

000O000074
民历铺注解惑：一卷 / (德国)汤若望撰
清康熙(1662-1722)刻本
1985年摄制. -- 1盘卷片(3.4米44拍)：
1:10, 2B；35mm银盐
收藏馆：缩微中心，国图

000O027284
民历铺注解惑：一卷 / (德国)汤若望撰
清康熙(1662-1722)刻本
1997年摄制. -- 1盘卷片(4米39拍)：1:10,
2B；35mm银盐
收藏馆：缩微中心，国图

000O003219
历象本要：一卷 / (清)杨文言撰
清康熙(1662-1722)刻本. -- (清)盛百二跋。
1986年摄制. -- 1盘卷片(4米61拍)：1:10,
2B；35mm银盐
收藏馆：缩微中心，国图

000O027283
历学假如：二卷 / (清)黄宗羲,(清)姜希辙撰
清康熙二十二年(1683)西爽堂刻本
1997年摄制. -- 1盘卷片(5米64拍)：1:10,
2B；35mm银盐
收藏馆：缩微中心，国图

000O025364
历学疑问：三卷 / (清)梅文鼎撰
清康熙(1662-1722)刻本
1996年摄制. -- 1盘卷片(7米122拍)：1:10,
2B；35mm银盐
收藏馆：缩微中心，国图

000O025373
历代长术：五十卷附录三卷 / (清)汪曰桢撰
清(1644-1911)稿本
1996年摄制. -- 2盘卷片(54米1107拍)：
1:10, 2B；35mm银盐
收藏馆：缩微中心，国图

000O000331
历代长术辑要：十卷 / (清)汪曰桢撰
清(1644-1911)稿本
1985年摄制. -- 1盘卷片(22.3米491拍)：
1:10, 2B；35mm银盐
收藏馆：缩微中心，国图

000O025384
古今推步诸术考：二卷 / (清)汪曰桢撰
清(1644-1911)稿本
1996年摄制. -- 1盘卷片(5米76拍)：1:10,
2B；35mm银盐
收藏馆：缩微中心，国图

000O003699
回回历法：一卷
明洪武十六年(1383)内府刻本
1985年摄制. -- 1盘卷片(4米45拍)：1:10,
2B；35mm银盐
收藏馆：缩微中心，国图

000O027948
大统历注：不分卷
明(1368-1644)抄本. -- (清)丁丙跋。
1996年摄制. -- 1盘卷片(12米227拍)：
1:10, 2B；35mm银盐
收藏馆：缩微中心，南京

000O015318
新镌台监历法增补全备应福通书：□□卷首三
卷
明(1368-1644)熊冲宇种德堂刻本. -- 存三
卷：首三卷。
1992年摄制. -- 1盘卷片(5米54拍)：1:10,
2B；35mm银盐
收藏馆：缩微中心，国图

000O021189
新刻司台订正万用迪吉通书大成：十八卷首二

卷 / (明)熊宗立纂．斗首五气朝元藏书：一卷 /
(明)李应凤纂
明(1368-1644)书林刘兴我[等]刻本
1995年摄制． -- 1盘卷片(30米603拍)：
1:10, 2B；35mm银盐
收藏馆：缩微中心，国图

000O024152
折中历法：十三卷 / (明)朱仲福撰
清(1644-1911)抄本． -- (清)傅宗善校。
1996年摄制． -- 1盘卷片(10米190拍)：
1:10, 2B；35mm银盐
收藏馆：缩微中心，湖北

000O000521
康熙永年历法交食表：四卷 / (比利时)南怀
仁,(意大利)闵明我撰
清康熙(1662-1722)刻本
1985年摄制． -- 1盘卷片(8米152拍)：1:10,
2B；35mm银盐
收藏馆：缩微中心，国图

000O018155
大清顺治时宪历：十八卷
清顺治(1644-1661)刻本
1993年摄制． -- 1盘卷片(27米556拍)：
1:10, 2B；35mm银盐
收藏馆：缩微中心，山东

000O027279
康熙永年历法：六卷 / (比利时)南怀仁[等]撰
清康熙(1662-1722)刻本
1997年摄制． -- 1盘卷片(13米222拍)：
1:10, 2B；35mm银盐
收藏馆：缩微中心，国图

000O027291
交食历书：一卷 / (比利时)南怀仁撰
清康熙(1662-1722)刻本
1997年摄制． -- 1盘卷片(3米21拍)：1:10,
2B；35mm银盐
收藏馆：缩微中心，国图

000O011346
御制钦若历书：上编十六卷下编十六卷表十六
卷
清康熙(1662-1722)内府铜活字印本． -- 存
十九卷：上编十六卷、下编卷一至卷三。
1989年摄制． -- 2盘卷片(39.7米874拍)：
1:10, 2B；35mm银盐
收藏馆：缩微中心，辽宁

000O002190
大宋宝祐四年丙辰岁会天万年具注历：一卷 /
(宋)荆执礼编
清咸丰六年(1856)翁同书抄本． -- (清)翁同
书跋并题诗，(清)翁同龢跋。
1986年摄制． -- 1盘卷片(4米41拍)：1:10,
2B；35mm银盐
收藏馆：缩微中心，国图

000O002335
大宋宝祐四年丙辰岁会天万年具注历：一卷 /
(宋)荆执礼编
清咸丰六年(1856)翁同书抄本． -- (清)翁同
书跋并题诗。
1986年摄制． -- 1盘卷片(3.4米42拍)：
1:10, 2B；35mm银盐
收藏馆：缩微中心，国图

000O003875
大宋宝祐四年丙辰岁会天万年具注历：一卷 /
(宋)荆执礼[等]编
清(1644-1911)抄本． -- (清)朱邦衡校并跋。
1985年摄制． -- 1盘卷片(3.2米39拍)：
1:10, 2B；35mm银盐
收藏馆：缩微中心，国图

000O017542
大宋宝祐四年丙辰岁会天万年具注历：一卷 /
(宋)荆执礼[等]编
清(1644-1911)抄本
1993年摄制． -- 1盘卷片(4米28拍)：1:10,
2B；35mm银盐
收藏馆：缩微中心，国图

000O020838
大宋宝祐四年丙辰岁会天万年具注历：一卷 /
(宋)荆执礼编
清(1644-1911)抄本
1994年摄制． -- 1盘卷片(4米37拍)：1:10,
2B；35mm银盐
收藏馆：缩微中心，国图

000O020478
大明成化四年岁次戊子大统历：一卷
明成化(1465-1487)刻本
1994年摄制． -- 1盘卷片(3米17拍)：1:10,
2B；35mm银盐
收藏馆：缩微中心，国图

000O027957
大明成化六年岁次庚寅大统历：一卷
明成化(1465-1487)刻本
1996年摄制． -- 1盘卷片(3米28拍)：1:10,

2B ；35mm银盐
收藏馆：缩微中心，南京

000O001622
大明成化八年岁次壬辰大统历：一卷
明成化(1465-1487)刻本
1986年摄制. -- 1盘卷片(3米28拍) ：1:10,
2B ；35mm银盐
收藏馆：缩微中心，国图

000O020479
大明成化八年岁次壬辰大统历：一卷
明成化(1465-1487)刻本
1994年摄制. -- 1盘卷片(3米17拍) ：1:10,
2B ；35mm银盐
收藏馆：缩微中心，国图

000O019239
大明成化十五年岁次己亥大统历：一卷
明成化(1465-1487)刻本
1994年摄制. -- 1盘卷片(3米18拍) ：1:10,
2B ；35mm银盐
收藏馆：缩微中心，国图

000O019628
大明成化十六年岁次庚子大统历：一卷
明成化(1465-1487)刻本
1994年摄制. -- 1盘卷片(3米16拍) ：1:10,
2B ；35mm银盐
收藏馆：缩微中心，国图

000O013668
大明成化十八年岁次壬寅大统历：一卷
明成化(1465-1487)刻本
1991年摄制. -- 1盘卷片(3米17拍) ：1:10,
2B ；35mm银盐
收藏馆：缩微中心，国图

000O020794
大明成化二十年岁次甲辰大统历：一卷
明成化(1465-1487)刻本
1994年摄制. -- 1盘卷片(3米15拍) ：1:10,
2B ；35mm银盐
收藏馆：缩微中心，国图

000O015460
大明正德三年岁次戊辰大统历：一卷
明正德(1506-1521)刻本
1993年摄制. -- 1盘卷片(4米32拍) ：1:10,
2B ；35mm银盐
收藏馆：缩微中心，国图

000O001133
大明正德五年岁次庚午大统历
明正德(1506-1521)刻本
1985年摄制. -- 1盘卷片(2.8米28拍) ：
1:10, 2B ；35mm银盐
收藏馆：缩微中心，国图

000O003170
大明正德十二年岁次丁丑大统历：一卷
明正德(1506-1521)刻本
1986年摄制. -- 1盘卷片(3米29拍) ：1:10,
2B ；35mm银盐
收藏馆：缩微中心，国图

000O015145
大明正德十二年岁次丁丑大统历：一卷
明正德(1506-1521)刻本
1992年摄制. -- 1盘卷片(3米15拍) ：1:10,
2B ；35mm银盐
收藏馆：缩微中心，国图

000O000710
大明正德十三年大统历：一卷
明正德(1506-1521)刻本
1985年摄制. -- 1盘卷片(2.8米29拍) ：
1:10, 2B ；35mm银盐
收藏馆：缩微中心，国图

000O001625
大明正德十五年岁次庚辰大统历：一卷
明正德(1506-1521)刻本
1986年摄制. -- 1盘卷片(3米30拍) ：1:10,
2B ；35mm银盐
收藏馆：缩微中心，国图

000O015185
大明正德十六年岁次辛巳大统历：一卷
明正德(1506-1521)刻本
1992年摄制. -- 1盘卷片(3米17拍) ：1:10,
2B ；35mm银盐
收藏馆：缩微中心，国图

000O013341
大明嘉靖元年岁次壬午大统历：一卷
明嘉靖(1522-1566)刻本
1991年摄制. -- 1盘卷片(3米19拍) ：1:10,
2B ；35mm银盐
收藏馆：缩微中心，国图

000O015987
大明嘉靖二年岁次癸未大统历：一卷
明嘉靖(1522-1566)刻本
1993年摄制. -- 1盘卷片(3米17拍) ：1:10,

2B；35mm银盐
收藏馆：缩微中心，国图

000O015461
大明嘉靖三年岁次甲申大统历：一卷
明嘉靖(1522-1566)刻本
1993年摄制. -- 1盘卷片(3米15拍)：1:10,
2B；35mm银盐
收藏馆：缩微中心，国图

000O013816
大明嘉靖五年岁次丙戌大统历：一卷
明嘉靖(1522-1566)刻本
1991年摄制. -- 1盘卷片(3米17拍)：1:10,
2B；35mm银盐
收藏馆：缩微中心，国图

000O014024
大明嘉靖五年岁次丙戌大统历：一卷
明嘉靖(1522-1566)刻本
1991年摄制. -- 1盘卷片(3米16拍)：1:10,
2B；35mm银盐
收藏馆：缩微中心，国图

000O015144
大明嘉靖六年岁次丁亥大统历：一卷
明嘉靖(1522-1566)刻本
1992年摄制. -- 1盘卷片(3米17拍)：1:10,
2B；35mm银盐
收藏馆：缩微中心，国图

000O013365
大明嘉靖十年岁次辛卯大统历：一卷
明嘉靖(1522-1566)刻本
1991年摄制. -- 1盘卷片(3米31拍)：1:10,
2B；35mm银盐
收藏馆：缩微中心，国图

000O013338
大明嘉靖十年岁次辛卯七政躔度：一卷
明嘉靖(1522-1566)刻本
1991年摄制. -- 1盘卷片(3米14拍)：1:10,
2B；35mm银盐
收藏馆：缩微中心，国图

000O013408
大明嘉靖十一年岁次壬辰大统历：一卷
明嘉靖(1522-1566)刻本
1991年摄制. -- 1盘卷片(3米15拍)：1:10,
2B；35mm银盐
收藏馆：缩微中心，国图

000O013675
大明嘉靖十一年岁次壬辰大统历：一卷
明嘉靖(1522-1566)刻本
1991年摄制. -- 1盘卷片(3米26拍)：1:10,
2B；35mm银盐
收藏馆：缩微中心，国图

000O013476
大明嘉靖十二年岁次癸巳大统历：一卷
明嘉靖(1522-1566)刻本
1991年摄制. -- 1盘卷片(3米16拍)：1:10,
2B；35mm银盐
收藏馆：缩微中心，国图

000O013475
大明嘉靖十三年岁次甲午大统历：一卷
明嘉靖(1522-1566)刻本
1991年摄制. -- 1盘卷片(3米17拍)：1:10,
2B；35mm银盐
收藏馆：缩微中心，国图

000O015512
大明嘉靖十八年岁次己亥大统历：一卷
明嘉靖(1522-1566)刻本
1993年摄制. -- 1盘卷片(3米18拍)：1:10,
2B；35mm银盐
收藏馆：缩微中心，国图

000O000846
大明嘉靖十九年岁次庚子大统历：一卷
明嘉靖(1522-1566)刻本
1985年摄制. -- 1盘卷片(3.6米46拍)：
1:10, 2B；35mm银盐
收藏馆：缩微中心，国图

000O016644
大明嘉靖二十年岁次辛丑大统历：一卷
明嘉靖(1522-1566)刻本
1993年摄制. -- 1盘卷片(3米17拍)：1:10,
2B；35mm银盐
收藏馆：缩微中心，国图

000O013409
大明嘉靖二十二年岁次癸卯大统历：一卷
明嘉靖(1522-1566)刻本
1991年摄制. -- 1盘卷片(2米8拍)：1:10,
2B；35mm银盐
收藏馆：缩微中心，国图

000O020795
大明嘉靖二十三年岁次甲辰大统历：一卷
明嘉靖(1522-1566)刻本
1994年摄制. -- 1盘卷片(3米15拍)：1:10,

2B ；35mm银盐
收藏馆：缩微中心，国图

00O003185
大明嘉靖三十六年岁次丁巳大统历：一卷
明嘉靖(1522-1566)刻本
1986年摄制. -- 1盘卷片(2.8米29拍)：
1:10, 2B ；35mm银盐
收藏馆：缩微中心，国图

00O031261
大明嘉靖二十三年岁次甲辰大统历：一卷
明嘉靖(1522-1566)刻本
2004年摄制. -- 1盘卷片(4米30拍)：1:11,
2B ；35mm银盐
收藏馆：缩微中心，国图

000O015328
大明嘉靖三十八年岁次己未大统历：一卷
明嘉靖(1522-1566)刻本
1992年摄制. -- 1盘卷片(3米18拍)：1:10,
2B ；35mm银盐
收藏馆：缩微中心，国图

00O015603
大明嘉靖二十四年岁次乙巳大统历：一卷
明嘉靖(1522-1566)刻本
1993年摄制. -- 1盘卷片(3米18拍)：1:10,
2B ；35mm银盐
收藏馆：缩微中心，国图

000O001626
大明嘉靖三十九年岁次庚申大统历：一卷
明嘉靖(1522-1566)刻本. -- 李肇偶跋。
1986年摄制. -- 1盘卷片(3米31拍)：1:10,
2B ；35mm银盐
收藏馆：缩微中心，国图

00O017813
大明嘉靖二十四年岁次乙巳大统历：一卷
明嘉靖(1522-1566)刻本
1993年摄制. -- 1盘卷片(3米18拍)：1:10,
2B ；35mm银盐
收藏馆：缩微中心，国图

000O015343
大明嘉靖四十二年岁次癸亥大统历：一卷
明嘉靖(1522-1566)刻本
1992年摄制. -- 1盘卷片(3米17拍)：1:10,
2B ；35mm银盐
收藏馆：缩微中心，国图

00O015141
大明嘉靖二十六年岁次丁未大统历：一卷
明嘉靖(1522-1566)刻本
1992年摄制. -- 1盘卷片(3米18拍)：1:10,
2B ；35mm银盐
收藏馆：缩微中心，国图

000O029961
大明嘉靖四十四年岁次乙丑大统历：一卷
明嘉靖(1522-1566)刻本
2001年摄制. -- 1盘卷片(3米30拍)：1:10,
2B ；35mm银盐
收藏馆：缩微中心，国图

00O020796
大明嘉靖二十九年岁次庚戌大统历：一卷
明嘉靖(1522-1566)刻本
1994年摄制. -- 1盘卷片(3米18拍)：1:10,
2B ；35mm银盐
收藏馆：缩微中心，国图

000O029979
大明嘉靖四十四年岁次乙丑大统历：一卷
明嘉靖(1522-1566)刻本
2001年摄制. -- 1盘卷片(4米28拍)：1:10,
2B ；35mm银盐
收藏馆：缩微中心，国图

00O015189
大明嘉靖二十九年岁次庚戌大统历：一卷
明嘉靖(1522-1566)刻本
1992年摄制. -- 1盘卷片(3米18拍)：1:10,
2B ；35mm银盐
收藏馆：缩微中心，国图

000O013474
大明嘉靖四十四年岁次乙丑大统历：一卷
明嘉靖(1522-1566)刻本
1991年摄制. -- 1盘卷片(3米16拍)：1:10,
2B ；35mm银盐
收藏馆：缩微中心，国图

00O020011
大明嘉靖三十一年岁次壬子大统历：一卷
明嘉靖(1522-1566)刻本
1994年摄制. -- 1盘卷片(4米70拍)：1:10,
2B ；35mm银盐
收藏馆：缩微中心，国图

000O015334
大明嘉靖四十四年岁次乙丑大统历：一卷
明嘉靖(1522-1566)刻本
1992年摄制. -- 1盘卷片(3米17拍)：1:10,

2B ；35mm银盐
收藏馆：缩微中心，国图

000O030426
大明嘉靖四十四年岁次乙丑大统历：一卷
明嘉靖(1522-1566)刻本
2002年摄制. -- 1盘卷片(3米30拍) ：1:10,
2B ；35mm银盐
收藏馆：缩微中心，国图

000O013342
大明嘉靖四十五年岁次丙寅大统历：一卷
明嘉靖(1522-1566)刻本
1991年摄制. -- 1盘卷片(3米17拍) ：1:10,
2B ；35mm银盐
收藏馆：缩微中心，国图

000O001400
大明隆庆六年岁次壬申大统历：一卷
明隆庆(1567-1572)刻本
1985年摄制. -- 1盘卷片(2.9米30拍) ：
1:10, 2B ；35mm银盐
收藏馆：缩微中心，国图

000O014462
大明万历二年岁次甲戌大统历：一卷
明万历(1573-1620)刻本
1992年摄制. -- 1盘卷片(2.9米32拍) ：
1:11, 2B ；35mm银盐
收藏馆：缩微中心，重庆

000O019530
大明万历五年岁次丁丑大统历：一卷
明万历(1573-1620)刻本
1994年摄制. -- 1盘卷片(3米17拍) ：1:10,
2B ；35mm银盐
收藏馆：缩微中心，国图

000O020797
大明万历五年岁次丁丑大统历：一卷
明万历(1573-1620)刻本
1994年摄制. -- 1盘卷片(3米18拍) ：1:10,
2B ；35mm银盐
收藏馆：缩微中心，国图

000O001370
大明万历七年岁次己卯大统历：一卷
明万历(1573-1620)刻本
1985年摄制. -- 1盘卷片(2.8米28拍) ：
1:10, 2B ；35mm银盐
收藏馆：缩微中心，国图

000O015333
大明万历九年岁次辛巳大统历：一卷
明万历(1573-1620)刻本
1992年摄制. -- 1盘卷片(3米17拍) ：1:10,
2B ；35mm银盐
收藏馆：缩微中心，国图

000O027891
大明万历十八年岁次庚寅大统历：一卷
明万历(1573-1620)刻本
1996年摄制. -- 1盘卷片(3米29拍) ：1:10,
2B ；35mm银盐
收藏馆：缩微中心，南京

000O015193
大明万历二十二年岁次甲午大统历：一卷
明万历(1573-1620)刻本
1992年摄制. -- 1盘卷片(3米17拍) ：1:10,
2B ；35mm银盐
收藏馆：缩微中心，国图

000O019604
大明万历二十二年岁次甲午大统历：一卷
明万历(1573-1620)刻本
1994年摄制. -- 1盘卷片(3米17拍) ：1:10,
2B ；35mm银盐
收藏馆：缩微中心，国图

000O015342
大明万历二十三年岁次乙未大统历：一卷
明万历(1573-1620)刻本
1992年摄制. -- 1盘卷片(3米17拍) ：1:10,
2B ；35mm银盐
收藏馆：缩微中心，国图

000O020799
大明万历二十七年岁次己亥大统历：一卷
明万历(1573-1620)刻本
1994年摄制. -- 1盘卷片(3米18拍) ：1:10,
2B ；35mm银盐
收藏馆：缩微中心，国图

000O000472
大明万历二十七年岁次己亥大统历：一卷
明万历(1573-1620)刻本
1985年摄制. -- 1盘卷片(2.9米30拍) ：
1:10, 2B ；35mm银盐
收藏馆：缩微中心，国图

000O016646
大明万历二十八年岁次庚子大统历：一卷
明万历(1573-1620)刻本
1993年摄制. -- 1盘卷片(3米17拍) ：1:10,

2B ；35mm银盐
收藏馆：缩微中心，国图

000O000468
大明万历三十年岁次壬寅大统历：一卷
明万历(1573-1620)刻本
1985年摄制. -- 1盘卷片(2.8米29拍)：
1:10, 2B ；35mm银盐
收藏馆：缩微中心，国图

000O013402
大明万历三十二年岁次甲辰大统历：一卷
明万历(1573-1620)刻本
1991年摄制. -- 1盘卷片(3米17拍)：1:10,
2B ；35mm银盐
收藏馆：缩微中心，国图

000O016647
大明万历三十四年岁次丙午大统历：一卷
明万历(1573-1620)刻本
1993年摄制. -- 1盘卷片(3米16拍)：1:10,
2B ；35mm银盐
收藏馆：缩微中心，国图

000O019926
大明万历三十九年岁次辛亥大统历：一卷
明万历(1573-1620)刻本
1994年摄制. -- 1盘卷片(3米16拍)：1:10,
2B ；35mm银盐
收藏馆：缩微中心，国图

000O015464
大明万历四十年大统历：一卷
明万历(1573-1620)刻本
1993年摄制. -- 1盘卷片(4米31拍)：1:10,
2B ；35mm银盐
收藏馆：缩微中心，国图

000O015046
大明万历四十一年岁次癸丑大统历：一卷
明万历(1573-1620)刻本
1992年摄制. -- 1盘卷片(3米29拍)：1:10,
2B ；35mm银盐
收藏馆：缩微中心，国图

000O015231
大明万历四十四年岁次丙辰大统历：一卷
明万历(1573-1620)刻本
1992年摄制. -- 1盘卷片(3米17拍)：1:10,
2B ；35mm银盐
收藏馆：缩微中心，国图

000O018477
大明万历四十七年岁次己未大统历：一卷
明万历(1573-1620)刻蓝印本
1993年摄制. -- 1盘卷片(3米18拍)：1:10,
2B ；35mm银盐
收藏馆：缩微中心，国图

000O015785
大明万历四十八年岁次庚申大统历：一卷
明万历(1573-1620)刻本
1993年摄制. -- 1盘卷片(3米16拍)：1:10,
2B ；35mm银盐
收藏馆：缩微中心，国图

000O007462
大明天启元年岁次辛酉大统历：一卷
明天启(1621-1627)刻本
1987年摄制. -- 1盘卷片(3米30拍)：1:10,
2B ；35mm银盐
收藏馆：缩微中心，国图

000O020800
大明天启二年岁次壬戌大统历：一卷
明天启(1621-1627)刻本
1994年摄制. -- 1盘卷片(3米13拍)：1:10,
2B ；35mm银盐
收藏馆：缩微中心，国图

000O020798
大明天启三年岁次癸亥大统历：一卷
明天启(1621-1627)刻本
1994年摄制. -- 1盘卷片(3米19拍)：1:10,
2B ；35mm银盐
收藏馆：缩微中心，国图

000O017538
大明天启四年岁次甲子大统历：一卷
明天启(1621-1627)刻本
1993年摄制. -- 1盘卷片(3米17拍)：1:10,
2B ；35mm银盐
收藏馆：缩微中心，国图

000O001395
大明天启五年岁次乙丑大统历：一卷
明天启(1621-1627)刻本
1985年摄制. -- 1盘卷片(2.8米28拍)：
1:10, 2B ；35mm银盐
收藏馆：缩微中心，国图

000O013676
大明天启五年岁次乙丑大统历：一卷
明天启(1621-1627)刻本
1991年摄制. -- 1盘卷片(3米14拍)：1:10,

2B ；35mm银盐
收藏馆：缩微中心，国图

000O022449
大明崇祯三年岁次庚午大统历：一卷
明崇祯(1628-1644)刻本
1995年摄制. -- 1盘卷片(3米16拍) ：1：10,
2B ；35mm银盐
收藏馆：缩微中心，国图

000O013461
大明崇祯三年岁次庚午大统历：一卷
明崇祯(1628-1644)刻本
1991年摄制. -- 1盘卷片(4米31拍) ：1：10,
2B ；35mm银盐
收藏馆：缩微中心，国图

000O015047
大明崇祯三年岁次庚午大统历：一卷
明崇祯(1628-1644)刻本
1992年摄制. -- 1盘卷片(3米17拍) ：1：10,
2B ；35mm银盐
收藏馆：缩微中心，国图

000O015481
大明崇祯八年岁次乙亥大统历：一卷
明崇祯(1628-1644)刻蓝印本
1993年摄制. -- 1盘卷片(3米16拍) ：1：10,
2B ；35mm银盐
收藏馆：缩微中心，国图

000O015059
大明崇祯八年岁次乙亥大统历：一卷
明崇祯(1628-1644)刻本
1992年摄制. -- 1盘卷片(3米16拍) ：1：10,
2B ；35mm银盐
收藏馆：缩微中心，国图

000O024191
大明崇祯十二年岁次己卯大统历
明崇祯十二年(1639)刻蓝印本. -- 版框高
二十二厘米宽十三厘米。
1996年摄制. -- 1盘卷片(2.6米26拍) ：
1：10, 2B ；35mm银盐
收藏馆：缩微中心，广东

000O001432
大清顺治三年岁次丙戌时宪书：一卷
清顺治(1644-1661)刻本. -- (清)沈曾植、
(清)王秉恩、陈垣跋。
1985年摄制. -- 1盘卷片(3.2米38拍) ：
1：10, 2B ；35mm银盐
收藏馆：缩微中心，国图

000O020453
大清顺治十五年岁次戊戌时宪历：一卷
清顺治(1644-1661)刻本
1994年摄制. -- 1盘卷片(3米22拍) ：1：10,
2B ；35mm银盐
收藏馆：缩微中心，国图

000O025381
大清康熙十五年岁次丙辰时宪历：一卷
清康熙(1662-1722)刻本
1996年摄制. -- 1盘卷片(3米27拍) ：1：10,
2B ；35mm银盐
收藏馆：缩微中心，国图

000O013976
大清康熙十八年岁次己未时宪历：一卷
清(1644-1911)抄本
1991年摄制. -- 1盘卷片(5米56拍) ：1：10,
2B ；35mm银盐
收藏馆：缩微中心，国图

000O020454
大清康熙五十三年岁次甲午时宪历：一卷
清康熙(1662-1722)刻本
1994年摄制. -- 1盘卷片(3米27拍) ：1：10,
2B ；35mm银盐
收藏馆：缩微中心，国图

000O025371
**大清康熙五十四年岁次乙未七政经纬宿度五星
伏见目录**
清康熙(1662-1722)刻元明(1271-1644)递修本
1996年摄制. -- 1盘卷片(4米38拍) ：1：10,
2B ；35mm银盐
收藏馆：缩微中心，国图

000O020455
**大清康熙五十五年岁次丙申便览全备通书：一
卷 / (清)张友峰辑**
清康熙(1662-1722)刻本
1994年摄制. -- 1盘卷片(4米40拍) ：1：10,
2B ；35mm银盐
收藏馆：缩微中心，国图

000O017856
大清康熙六十一年岁次壬寅时宪历：一卷
清康熙(1662-1722)刻本
1993年摄制. -- 1盘卷片(4米31拍) ：1：10,
2B ；35mm银盐
收藏馆：缩微中心，国图

000O020456
大清雍正二年岁次甲辰便览溪口通书：一卷

清雍正(1723-1735)刻本
1994年摄制. -- 1盘卷片(4米43拍) ：1:10,
2B ；35mm银盐
收藏馆：缩微中心，国图

000008468
大清雍正九年岁次辛亥时宪历：一卷
清雍正(1723-1735)刻套印本
1988年摄制. -- 1盘卷片(4米49拍) ：1:10,
2B ；35mm银盐
收藏馆：缩微中心，国图

000008466
大清雍正十一年岁次癸丑时宪历：一卷
清雍正(1723-1735)刻套印本
1988年摄制. -- 1盘卷片(4米50拍) ：1:10,
2B ；35mm银盐
收藏馆：缩微中心，国图

000000499
大清乾隆四年岁次己未七政经纬宿度五星伏见目录：一卷
清(1644-1911)刻本
1985年摄制. -- 1盘卷片(3.8米52拍) ：
1:10, 2B ；35mm银盐
收藏馆：缩微中心，国图

000021263
大清乾隆十年岁次乙丑时宪书：一卷
清乾隆(1736-1795)刻本
1995年摄制. -- 1盘卷片(3米19拍) ：1:10,
2B ；35mm银盐
收藏馆：缩微中心，国图

000021262
大清乾隆十二年岁次丁卯时宪书：一卷
清乾隆(1736-1795)刻本
1995年摄制. -- 1盘卷片(3米19拍) ：1:10,
2B ；35mm银盐
收藏馆：缩微中心，国图

000001631
大清乾隆二十年岁次壬午时宪书：一卷
清乾隆(1736-1795)刻套印本
1986年摄制. -- 1盘卷片(3米32拍) ：1:10,
2B ；35mm银盐
收藏馆：缩微中心，国图

000028124
大清乾隆二十三年岁次丁丑时宪书：一卷
清乾隆(1736-1795)刻套印本
1996年摄制. -- 1盘卷片(3.5米34拍) ：
1:10, 2B ；35mm银盐

收藏馆：缩微中心，南京

000031877
大清乾隆二十七年岁次壬午时宪书：一卷
清乾隆(1736-1795)刻套印本
2010年摄制. -- 1盘卷片(4米30拍) ：1:10,
2B ；35mm银盐
收藏馆：缩微中心，国图

000031879
大清乾隆三十七年岁次壬辰时宪书：一卷
清乾隆(1736-1795)刻套印本
2010年摄制. -- 1盘卷片(4米27拍) ：1:10,
2B ；35mm银盐
收藏馆：缩微中心，国图

000000493
大清乾隆四十二年岁次丁酉时宪书：一卷
清乾隆(1736-1795)刻本
1985年摄制. -- 1盘卷片(3.5米45拍) ：
1:10, 2B ；35mm银盐
收藏馆：缩微中心，国图

000001623
大清乾隆四十二年岁次丁酉时宪书：一卷
清乾隆(1736-1795)刻套印本
1986年摄制. -- 1盘卷片(3米29拍) ：1:10,
2B ；35mm银盐
收藏馆：缩微中心，国图

000005462
大清乾隆四十三年岁次戊戌时宪书：一卷
清乾隆(1736-1795)刻套印本
1986年摄制. -- 1盘卷片(3米31拍) ：1:10,
2B ；35mm银盐
收藏馆：缩微中心，国图

000020457
大清乾隆五十二年岁次丁未时宪书：一卷
清乾隆(1736-1795)刻本
1994年摄制. -- 1盘卷片(3米22拍) ：1:10,
2B ；35mm银盐
收藏馆：缩微中心，国图

000005480
大清乾隆五十四年岁次己酉时宪书：一卷
清乾隆(1736-1795)刻本
1986年摄制. -- 1盘卷片(5.7米64拍) ：
1:10, 2B ；35mm银盐
收藏馆：缩微中心，国图

000001567
大清乾隆五十五年岁次庚戌时宪书：一卷

清乾隆(1736-1795)刻本
1986年摄制. -- 1盘卷片(4米59拍) : 1:10, 2B ; 35mm银盐
收藏馆：缩微中心，国图

000O005463
大清乾隆五十五年岁次庚戌时宪书：一卷
清乾隆(1736-1795)刻本
1986年摄制. -- 1盘卷片(4米61拍) : 1:10, 2B ; 35mm银盐
收藏馆：缩微中心，国图

000O031941
大清乾隆五十五年岁次庚戌时宪书：一卷
清乾隆(1736-1795)刻本
2010年摄制. -- 1盘卷片(5米66拍) : 1:14, 2B ; 35mm银盐
收藏馆：缩微中心，国图

000O003918
大清乾隆六十年岁次乙卯时宪书：一卷
清乾隆(1736-1795)刻本
1986年摄制. -- 1盘卷片(3.3米41拍) : 1:10, 2B ; 35mm银盐
收藏馆：缩微中心，国图

000O002850
大清乾隆六十一年岁次丙辰时宪书：一卷
清乾隆(1736-1795)刻本. -- (清)纪树馨、(清)吴振械跋。
1986年摄制. -- 1盘卷片(4.2米64拍) : 1:10, 2B ; 35mm银盐
收藏馆：缩微中心，国图

000O001634
大清乾隆六十二年岁次丁巳时宪书：一卷
清嘉庆(1796-1820)刻本
1986年摄制. -- 1盘卷片(4米64拍) : 1:10, 2B ; 35mm银盐
收藏馆：缩微中心，国图

000O001365
大清乾隆六十三年岁次戊午时宪书：一卷
清嘉庆(1796-1820)刻本. -- 陈垣跋。
1985年摄制. -- 1盘卷片(4.2米61拍) : 1:10, 2B ; 35mm银盐
收藏馆：缩微中心，国图

000O001627
大清乾隆六十三年岁次戊午时宪书：一卷
清嘉庆(1796-1820)刻本
1986年摄制. -- 1盘卷片(4米61拍) : 1:10, 2B ; 35mm银盐

收藏馆：缩微中心，国图

000O003288
大清乾隆六十三年岁次戊午时宪书：一卷
清嘉庆(1796-1820)刻本
1986年摄制. -- 1盘卷片(4米62拍) : 1:10, 2B ; 35mm银盐
收藏馆：缩微中心，国图

000O032003
大清乾隆六十三年岁次戊午时宪书：一卷
清嘉庆(1796-1820)刻本
2010年摄制. -- 1盘卷片(5米67拍) : 1:14, 2B ; 35mm银盐
收藏馆：缩微中心，国图

000O003289
大清乾隆六十四年岁次己未时宪书：一卷
清嘉庆(1796-1820)刻本
1986年摄制. -- 1盘卷片(4米62拍) : 1:10, 2B ; 35mm银盐
收藏馆：缩微中心，国图

000O005028
大清嘉庆元年岁次丙辰时宪书：一卷
清嘉庆(1796-1820)刻本
1986年摄制. -- 1盘卷片(4米36拍) : 1:10, 2B ; 35mm银盐
收藏馆：缩微中心，国图

000O001635
大清嘉庆五年岁次庚申时宪书：一卷
清嘉庆(1796-1820)刻本
1986年摄制. -- 1盘卷片(4米64拍) : 1:10, 2B ; 35mm银盐
收藏馆：缩微中心，国图

000O001739
大清嘉庆八年岁次癸亥时宪书：一卷
清嘉庆(1796-1820)刻本
1986年摄制. -- 1盘卷片(4米62拍) : 1:10, 2B ; 35mm银盐
收藏馆：缩微中心，国图

000O002800
大清嘉庆十三年岁次戊辰时宪书：一卷
清嘉庆(1796-1820)刻本
1986年摄制. -- 1盘卷片(4米64拍) : 1:10, 2B ; 35mm银盐
收藏馆：缩微中心，国图

000O001632
大清嘉庆十六年岁次辛未时宪书：一卷

清嘉庆(1796-1820)刻本
1986年摄制. -- 1盘卷片(3米31拍) ： 1:10,
2B ； 35mm银盐
收藏馆：缩微中心，国图

000O001661
大清嘉庆二十四年岁次己卯时宪书：一卷
清嘉庆(1796-1820)刻套印本
1986年摄制. -- 1盘卷片(4米50拍) ： 1:10,
2B ； 35mm银盐
收藏馆：缩微中心，国图

000O002041
大清道光七年岁次丁亥时宪书：一卷
清道光(1821-1850)刻本
1986年摄制. -- 1盘卷片(4米63拍) ： 1:10,
2B ； 35mm银盐
收藏馆：缩微中心，国图

000O001637
大清道光十二年岁次壬辰时宪书：一卷
清道光(1821-1850)刻套印本
1986年摄制. -- 1盘卷片(4米49拍) ： 1:10,
2B ； 35mm银盐
收藏馆：缩微中心，国图

000O001640
大清道光十三年七政经纬躔度时宪书：一卷
清道光(1821-1850)刻本
1986年摄制. -- 1盘卷片(4米52拍) ： 1:10,
2B ； 35mm银盐
收藏馆：缩微中心，国图

000O020502
大清道光十六年岁次丙申时宪书：一卷
清(1644-1911)朱墨抄本
1994年摄制. -- 1盘卷片(5米54拍) ： 1:10,
2B ； 35mm银盐
收藏馆：缩微中心，国图

000O017686
道光二十六年日月刻度通书：不分卷
清道光(1821-1850)刻本. -- 郑振铎跋。
1993年摄制. -- 1盘卷片(6米90拍) ： 1:10,
2B ； 35mm银盐
收藏馆：缩微中心，国图

000O003290
大清咸丰元年岁次辛亥时宪书：一卷
清咸丰(1851-1861)刻本
1986年摄制. -- 1盘卷片(4米63拍) ： 1:10,
2B ； 35mm银盐
收藏馆：缩微中心，国图

000O001638
大清咸丰五年岁次乙卯时宪书：一卷
清咸丰(1851-1861)抄本
1986年摄制. -- 1盘卷片(4米60拍) ： 1:10,
2B ； 35mm银盐
收藏馆：缩微中心，国图

000O017529
大清咸丰八年岁次戊午时宪书：一卷
朝鲜刻本
1993年摄制. -- 1盘卷片(3米15拍) ： 1:10,
2B ； 35mm银盐
收藏馆：缩微中心，国图

000O020458
大清祺祥元年岁次壬戌时宪书：一卷
清同治(1862-1874)刻本
1994年摄制. -- 1盘卷片(4米24拍) ： 1:10,
2B ； 35mm银盐
收藏馆：缩微中心，国图

000O031890
大清祺祥元年岁次壬戌时宪书：一卷
清同治(1862-1874)刻本
2010年摄制. -- 1盘卷片(4米43拍) ： 1:10,
2B ； 35mm银盐
收藏馆：缩微中心，国图

000O000271
大清祺祥元年岁次壬戌时宪书：一卷
朝鲜刻本. -- 约刻于清同治(1862-1874)。
1985年摄制. -- 1盘卷片(3米29拍) ： 1:10,
2B ； 35mm银盐
收藏馆：缩微中心，国图

000O001371
大清祺祥元年岁次壬戌时宪书：一卷
清(1644-1911)刻本
1985年摄制. -- 1盘卷片(3米34拍) ： 1:10,
2B ； 35mm银盐
收藏馆：缩微中心，国图

000O003291
大清光绪十七年岁次辛卯时宪书：一卷
清光绪(1875-1908)刻本
1986年摄制. -- 1盘卷片(4米61拍) ： 1:10,
2B ； 35mm银盐
收藏馆：缩微中心，国图

000O008467
大清光绪三十年岁次甲辰时宪书：一卷
清光绪(1875-1908)朱墨抄本
1988年摄制. -- 1盘卷片(5米67拍) ： 1:10,

2B ； 35mm银盐
收藏馆：缩微中心，国图

000O031959
大清光绪三十年岁次甲辰时宪书：一卷
清光绪(1875-1908)朱墨抄本
2010年摄制. -- 1盘卷片(6米71拍) ： 1:14,
2B ； 35mm银盐
收藏馆：缩微中心，国图

000O001619
大清宣统元年岁次己酉时宪书：一卷
清宣统(1909-1911)刻本
1986年摄制. -- 1盘卷片(4米63拍) ： 1:10,
2B ； 35mm银盐
收藏馆：缩微中心，国图

000O003286
大清宣统二年岁次庚戌时宪书：一卷
清宣统(1909-1911)刻本
1986年摄制. -- 1盘卷片(4米60拍) ： 1:10,
2B ； 35mm银盐
收藏馆：缩微中心，国图

000O000495
陈氏六书：十三卷 / (清)陈启运辑
清(1644-1911)稿本
1985年摄制. -- 1盘卷片(15.9米340拍) ：
1:10, 2B ； 35mm银盐
收藏馆：缩微中心，国图

000O012697
六九轩算书：八卷 / (清)刘衡撰
清咸丰元年(1851)刘良驹抄本
1990年摄制. -- 1盘卷片(12.5米263拍) ：
1:10, 2B ； 35mm银盐
收藏馆：缩微中心，辽宁

000O002241
九章算术：九卷 / (魏)刘徽注；(唐)李淳风注释.
音义：一卷 / (宋)李籍撰
清乾隆四十一年(1776)豫簪堂刻本. -- (清)
陈揆校。
1986年摄制. -- 1盘卷片(9米175拍) ： 1:10,
2B ； 35mm银盐
收藏馆：缩微中心，国图

000O025374
九章算术：十卷 / (魏)刘徽注；(唐)李淳风注释.
海岛算经：一卷 / (魏)刘徽撰；(唐)李淳风注释
清乾隆四十一年(1776)豫簪堂刻本
1996年摄制. -- 1盘卷片(9米161拍) ： 1:10,
2B ； 35mm银盐

收藏馆：缩微中心，国图

000O007048
数术记遗：一卷 / [题](汉)徐岳撰；(北周)甄鸾注.
周髀：二卷音义一卷 / [题](汉)赵君卿注；(北周)
甄鸾重述；(唐)李淳风注释
明(1368-1644)抄本
1987年摄制. -- 1盘卷片(3米31拍) ： 1:10,
2B ； 35mm银盐
收藏馆：缩微中心，国图

000O013964
孙子算经：三卷
清乾隆(1736-1795)武英殿聚珍版丛书活字印
本. -- (清)李锐校。
1991年摄制. -- 1盘卷片(4米52拍) ： 1:10,
2B ； 35mm银盐
收藏馆：缩微中心，国图

000O003125
五曹算经注释：五卷 / (唐)李淳风[等]撰
清(1644-1911)影宋(960-1279)抄本
1986年摄制. -- 1盘卷片(3.2米40拍) ：
1:10, 2B ； 35mm银盐
收藏馆：缩微中心，国图

000O002164
夏侯阳算经：三卷 / (唐)夏侯阳撰
清(1644-1911)影宋(960-1279)抄本
1986年摄制. -- 1盘卷片(4米64拍) ： 1:10,
2B ； 35mm银盐
收藏馆：缩微中心，国图

000O026611
五经算术：二卷 / (北周)甄鸾撰；(唐)李淳风注
清乾隆(1736-1795)武英殿聚珍版丛书活字印
本. -- 佚名圈点。
1997年摄制. -- 1盘卷片(5米67拍) ： 1:10,
2B ； 35mm银盐
收藏馆：缩微中心，国图

000O002065
张丘建算经：三卷 / (北周)甄鸾,(唐)李淳风注；
(唐)刘孝孙细草
清(1644-1911)抄本. -- (清)孔继涵校。
1986年摄制. -- 1盘卷片(6米103拍) ： 1:10,
2B ； 35mm银盐
收藏馆：缩微中心，国图

000O006395
缉古算经：一卷 / (唐)王孝通撰并注
清(1644-1911)影宋(960-1279)抄本
1987年摄制. -- 1盘卷片(4米47拍) ： 1:10,

2B ；35mm银盐
收藏馆：缩微中心，国图

000O002066
缉古算经：一卷 / (唐)王孝通撰并注
清(1644-1911)抄本. -- (清)孔继涵校。
1986年摄制. -- 1盘卷片(4米60拍) ：1:10,
2B ；35mm银盐
收藏馆：缩微中心，国图

000O027288
缉古算经细草：三卷 / (唐)王孝通撰；(清)张敦仁补草
清嘉庆八年(1803)艺学轩刻本
1997年摄制. -- 1盘卷片(5米47拍) ：1:10,
2B ；35mm银盐
收藏馆：缩微中心，国图

000O025390
缉古算经考注：二卷 / (清)李潢撰
清道光十二年(1832)吴兰修刻本
1996年摄制. -- 1盘卷片(9米144拍) ：1:10,
2B ；35mm银盐
收藏馆：缩微中心，国图

000O014110
数学九章：九卷 / (宋)秦九韶撰
清(1644-1911)王萱龄抄本. -- (清)王萱龄录
(清)李锐、(清)罗士琳校注。
1992年摄制. -- 1盘卷片(28米581拍) ：
1:10, 2B ；35mm银盐
收藏馆：缩微中心，国图

000O004433
测圆海镜细草：十二卷 / (元)李冶撰
明(1368-1644)抄本
1986年摄制. -- 1盘卷片(10.7米217拍) ：
1:10, 2B ；35mm银盐
收藏馆：缩微中心，国图

000O025608
测圆海镜分类释术：十卷 / (元)李冶撰；(明)顾应祥释术 . 测圆算术：四卷勾股算术二卷弧矢算术一卷方圆术一卷 / (明)顾应祥撰
明嘉靖(1522-1566)刻本
1996年摄制. -- 1盘卷片(19米361拍) ：
1:10, 2B ；35mm银盐
收藏馆：缩微中心，浙江

000O013798
益古演段：三卷 / (元)李冶撰
清(1644-1911)抄本
1991年摄制. -- 1盘卷片(9米142拍) ：1:10,

000O017722
新编四元玉鉴：三卷 / (元)朱世杰撰
清嘉庆二十四年(1819)王萱龄抄本. -- (清)
王萱龄、(清)魏源跋，(清)李锐校。
1993年摄制. -- 1盘卷片(9米161拍) ：1:10,
2B ；35mm银盐
收藏馆：缩微中心，国图

000O013914
四元玉鉴细草：不分卷 / (清)罗士琳撰
清道光元年至二年(1821-1822)骆大镕白焜白
桂贞抄本. -- (清)王萱龄跋。
1991年摄制. -- 1盘卷片(18米349拍) ：
1:10, 2B ；35mm银盐
收藏馆：缩微中心，国图

000O025591
新编算学启蒙总括：三卷 / (元)朱世杰编撰；(清)罗士琳附释；(清)邹祖荫注
清(1644-1911)邹祖荫抄本
1996年摄制. -- 1盘卷片(10米187拍) ：
1:10, 2B ；35mm银盐
收藏馆：缩微中心，浙江

000O002156
九章详注比类算法大全：十卷乘除开方起例一卷 / (明)吴敬撰
明景泰元年(1450)王均刻弘治元年(1488)吴讷
重修本
1986年摄制. -- 2盘卷片(33米698拍) ：
1:10, 2B ；35mm银盐
收藏馆：缩微中心，国图

000O024763
浑盖通宪图说：二卷首一卷 / (明)李之藻撰
明万历三十五年(1607)郑怀魁刻本
1995年摄制. -- 1盘卷片(7米122拍) ：1:10,
2B ；35mm银盐
收藏馆：缩微中心，浙江

000O013988
浑盖通宪图说：二卷首一卷 / (明)李之藻撰
清(1644-1911)抄本
1992年摄制. -- 1盘卷片(7米108拍) ：1:10,
2B ；35mm银盐
收藏馆：缩微中心，国图

000O027939
测圆算术：四卷 / (明)顾应祥撰
明嘉靖三十二年(1553)庞嵩刻本. -- (清)王

萱龄题款，（清）丁丙跋。
1996年摄制. -- 1盘卷片（6米92拍）： 1:10,
2B ； 35mm银盐
收藏馆：缩微中心，南京

000O013864
测圆算术：四卷弧矢算术一卷附一卷／(明)顾应
祥撰
清道光七年(1827)王萱龄抄本. -- （清）王萱
龄跋。
1992年摄制. -- 1盘卷片（8米123拍）： 1:10,
2B ； 35mm银盐
收藏馆：缩微中心，国图

000O015797
勾股算术：二卷／(明)顾应祥撰
明嘉靖三十六年(1557)史桂芳刻本
1993年摄制. -- 1盘卷片（4米36拍）： 1:10,
2B ； 35mm银盐
收藏馆：缩微中心，国图

000O015237
新编直指算法统宗：十七卷首篇一卷／(明)程大
位撰
明万历二十年(1592)宾渠旅舍刻本
1992年摄制. -- 1盘卷片（20米390拍）：
1:10, 2B ； 35mm银盐
收藏馆：缩微中心，国图

000O017382
新编直指算法统宗：十七卷首篇一卷／(明)程大
位撰
明万历二十年(1592)宾渠旅舍刻本
1993年摄制. -- 1盘卷片（21米405拍）：
1:10, 2B ； 35mm银盐
收藏馆：缩微中心，国图

000O020395
新编直指算法统宗：十七卷首篇一卷／(明)程大
位撰
明(1368-1644)荣观堂刻本
1994年摄制. -- 1盘卷片（20米390拍）：
1:10, 2B ； 35mm银盐
收藏馆：缩微中心，国图

000O024220
新编直指算法统宗：十七卷首篇一卷／(明)程大
位撰
明万历二十年(1592)程氏新安刻本
1996年摄制. -- 1盘卷片（19米426拍）：
1:10, 2B ； 35mm银盐
收藏馆：缩微中心，安徽

000O015314
新编直指算法纂要：四卷／(明)程大位撰
明万历二十六年(1598)宾渠旅舍刻本
1992年摄制. -- 1盘卷片（6米99拍）： 1:10,
2B ； 35mm银盐
收藏馆：缩微中心，国图

000O016896
新编直指算法纂要：四卷／(明)程大位撰
明万历二十六年(1598)宾渠旅舍刻本
1993年摄制. -- 1盘卷片（6米93拍）： 1:10,
2B ； 35mm银盐
收藏馆：缩微中心，国图

000O027767
新编直指算法纂要：四卷／(明)程大位撰
明万历二十六年(1598)宾渠旅舍刻本
1992年摄制. -- 1盘卷片（5米110拍）： 1:10,
2B ； 35mm银盐
收藏馆：缩微中心，国图

000O024269
新编直指算法纂要：四卷／(明)程大位撰
明崇祯九年(1636)刻本
1996年摄制. -- 1盘卷片（8米98拍）： 1:10,
2B ； 35mm银盐
收藏馆：缩微中心，安徽

000O014138
几何原本：□□卷
清(1644-1911)抄本. -- 存六卷：卷一至卷
五、卷七。
1992年摄制. -- 1盘卷片（9米145拍）： 1:10,
2B ； 35mm银盐
收藏馆：缩微中心，国图

000O027895
算法全能集：二卷／(明)贾亨撰
明(1368-1644)刻本
1996年摄制. -- 1盘卷片（5米73拍）： 1:10,
2B ； 35mm银盐
收藏馆：缩微中心，南京

000O014833
数学钥：六卷／(清)杜知耕撰
清康熙(1662-1722)式好堂刻本
1992年摄制. -- 1盘卷片（14米261拍）：
1:10, 2B ； 35mm银盐
收藏馆：缩微中心，国图

000O001879
算法纂要总纲：不分卷
清(1644-1911)抄本

1986年摄制. -- 1盘卷片(9米182拍) : 1:10,
2B ; 35mm银盐
收藏馆：缩微中心，国图

000O025380
御制数理精蕴表：八卷 / (清)圣祖玄烨撰
清雍正二年(1724)内府刻本
1996年摄制. -- 2盘卷片(59米1244拍) :
1:10, 2B ; 35mm银盐
收藏馆：缩微中心，国图

000O011357
对数表：二卷；度数表：一卷
清康熙(1662-1722)内府刻套印本
1989年摄制. -- 1盘卷片(22.1米490拍) :
1:10, 2B ; 35mm银盐
收藏馆：缩微中心，辽宁

000O011462
数表：一卷
清康熙(1662-1722)内府刻套印本
1989年摄制. -- 1盘卷片(7.9米153拍) :
1:10, 2B ; 35mm银盐
收藏馆：缩微中心，辽宁

000O011460
对数广运：一卷
清康熙(1662-1722)内府刻套印本
1989年摄制. -- 1盘卷片(7.5米164拍) :
1:10, 2B ; 35mm银盐
收藏馆：缩微中心，辽宁

000O025377
借根方算法节要：二卷
清(1644-1911)抄本
1996年摄制. -- 1盘卷片(6米93拍) : 1:10,
2B ; 35mm银盐
收藏馆：缩微中心，国图

000O025436
勾股相求之法：一卷
清(1644-1911)抄本
1996年摄制. -- 1盘卷片(4米44拍) : 1:10,
2B ; 35mm银盐
收藏馆：缩微中心，国图

000O025447
**测量高远仪器作法：一卷；比例规解：一卷；八
线表根：一卷**
清(1644-1911)抄本
1996年摄制. -- 1盘卷片(5米60拍) : 1:10,
2B ; 35mm银盐
收藏馆：缩微中心，国图

000O025378
勾股割圜记：三卷 / (清)戴震撰；(清)吴思孝注
清乾隆(1736-1795)孔氏刻微波榭丛书本. --
(清)孔继涵校并跋。
1996年摄制. -- 1盘卷片(6米87拍) : 1:10,
2B ; 35mm银盐
收藏馆：缩微中心，国图

000O024769
测圆图解：不分卷 / (清)戴源撰
清(1644-1911)抄本
1995年摄制. -- 2盘卷片(37米765拍) :
1:10, 2B ; 35mm银盐
收藏馆：缩微中心，浙江

000O015473
同度记：四卷 / (清)孔继涵撰
清(1644-1911)稿本
1993年摄制. -- 1盘卷片(3米17拍) : 1:10,
2B ; 35mm银盐
收藏馆：缩微中心，国图

000O014099
少广正负术：内篇三卷外篇三卷 / (清)孔广森撰
清(1644-1911)抄本
1992年摄制. -- 1盘卷片(6米87拍) : 1:10,
2B ; 35mm银盐
收藏馆：缩微中心，国图

000O001181
勾股形内容三事和较：不分卷 / (清)伯启撰
清道光元年(1821)姚元之抄本. -- (清)姚元
之跋。
1985年摄制. -- 1盘卷片(4.2米64拍) :
1:10, 2B ; 35mm银盐
收藏馆：缩微中心，国图

000O025428
乘方释例：不分卷 / (清)焦循撰
清(1644-1911)稿本
1996年摄制. -- 1盘卷片(8米140拍) : 1:10,
2B ; 35mm银盐
收藏馆：缩微中心，国图

000O025379
天元一释：二卷 / (清)焦循撰
清(1644-1911)稿本
1996年摄制. -- 1盘卷片(5米65拍) : 1:10,
2B ; 35mm银盐
收藏馆：缩微中心，国图

000O025388
平三角和较术：二卷弧三角和较术二卷 / (清)项

名达撰

清道光二十三年(1843)王大有刻本
1996年摄制. -- 1盘卷片(4米40拍) : 1:10,
2B ; 35mm银盐
收藏馆：缩微中心，国图

000O025389
象数一原：六卷 / (清)项名达撰
清(1644-1911)抄本
1996年摄制. -- 1盘卷片(10米166拍) :
1:10, 2B ; 35mm银盐
收藏馆：缩微中心，国图

000O025395
如积引蒙：十卷 / (清)汪曰桢撰
清(1644-1911)稿本
1996年摄制. -- 1盘卷片(13米243拍) :
1:10, 2B ; 35mm银盐
收藏馆：缩微中心，国图

000O020282
筹算：一卷 / (泰西)罗雅谷译
明崇祯(1628-1644)刻西洋新法历书本
1994年摄制. -- 1盘卷片(4米40拍) : 1:10,
2B ; 35mm银盐
收藏馆：缩微中心，国图

000O024773
星算补遗：不分卷 / (清)董毓琦撰
清(1644-1911)稿本
1995年摄制. -- 1盘卷片(4米58拍) : 1:10,
2B ; 35mm银盐
收藏馆：缩微中心，浙江

术数类

000O023835
太玄经：十卷释文一卷 / (汉)扬雄撰；(晋)范望解
赞. 说玄：一卷 / (唐)王涯撰
明嘉靖三年(1524)郝梁刻本. -- (清)莫友芝
校并跋。
1995年摄制. -- 1盘卷片(12米222拍) :
1:10, 2B ; 35mm银盐
收藏馆：缩微中心，浙江

000O000272
太玄经：十卷释文一卷 / (汉)扬雄撰；(晋)范望
解赞. 说玄：一卷 / (唐)王涯撰
明嘉靖三年(1524)郝梁刻本. -- (清)何焯批
校。
1985年摄制. -- 1盘卷片(10.5米212拍) :
1:10, 2B ; 35mm银盐
收藏馆：缩微中心，国图

000O004717
太玄经解赞：十卷释文一卷 / (晋)范望撰. 说玄：
一卷 / (唐)王涯撰
明嘉靖三年(1524)郝梁刻本
1987年摄制. -- 1盘卷片(11米209拍) :
1:10, 2B ; 35mm银盐
收藏馆：缩微中心，国图

000O004723
太玄经解赞：十卷释文一卷 / (晋)范望撰. 说玄：
一卷 / (唐)王涯撰
明嘉靖三年(1524)郝梁刻本. -- 周叔弢校跋
并录(清)卢文弨校。
1986年摄制. -- 1盘卷片(10.2米206拍) :
1:10, 2B ; 35mm银盐
收藏馆：缩微中心，国图

000O014932
太玄经解赞：十卷 / (晋)范望撰. 说玄：一卷 /
(唐)王涯撰
明嘉靖三年(1524)郝梁刻本
1992年摄制. -- 1盘卷片(11米184拍) :
1:10, 2B ; 35mm银盐
收藏馆：缩微中心，国图

000O024713
太玄经：十卷 / (汉)扬雄撰；(晋)范望解赞
明嘉靖(1522-1566)孙沐万玉堂刻本. -- (清)
惠栋批校，(清)黄丕烈跋。
1996年摄制. -- 1盘卷片(13米245拍) :
1:10, 2B ; 35mm银盐
收藏馆：缩微中心，浙江

000O003690
太玄经解赞：十卷释文一卷 / (晋)范望撰. 说玄：
一卷 / (唐)王涯撰
明嘉靖(1522-1566)孙沐万玉堂刻本
1985年摄制. -- 1盘卷片(13米261拍) :
1:10, 2B ; 35mm银盐
收藏馆：缩微中心，国图

000O004724
太玄经解赞：十卷释文一卷 / (晋)范望撰. 说玄：
一卷 / (唐)王涯撰
明嘉靖(1522-1566)孙沐万玉堂刻本. -- (清)
莫友芝跋，周叔弢校。
1986年摄制. -- 1盘卷片(13米268拍) :
1:10, 2B ; 35mm银盐
收藏馆：缩微中心，国图

000O005363
太玄经解赞：十卷释文一卷 / (晋)范望撰. 说玄：
一卷 / (唐)王涯撰

明嘉靖(1522-1566)孙沐万玉堂刻本
1986年摄制. -- 1盘卷片(12.4米261拍) ：
1:10, 2B ；35mm银盐
收藏馆：缩微中心，国图

000O028187
太玄经：十卷释文一卷 / (汉)扬雄撰；(晋)范望解
赞．说玄：一卷 / (唐)王涯撰
明(1368-1644)玉镜堂刻本. -- (清)丁丙跋。
1996年摄制. -- 1盘卷片(13米268拍) ：
1:10, 2B ；35mm银盐
收藏馆：缩微中心，南京

000O029114
太玄经解赞：十卷释文一卷 / (晋)范望撰．说玄：
一卷 / (唐)王涯,(宋)司马光撰
明(1368-1644)玉镜堂刻本
1999年摄制. -- 1盘卷片(13米294拍) ：
1:10, 2B ；35mm银盐
收藏馆：缩微中心，国图

000O002170
说玄五篇：一卷；太玄经释文：一卷 / (唐)王涯
撰
清(1644-1911)抄本. -- (清)顾广圻跋。
1986年摄制. -- 1盘卷片(3米35拍) ： 1:10,
2B ；35mm银盐
收藏馆：缩微中心，国图

000O006825
集注太玄经：六卷 / (宋)司马光撰．说玄：一卷 /
(唐)王涯撰
明嘉靖五年(1526)张士镐刻本
1987年摄制. -- 1盘卷片(13米266拍) ：
1:10, 2B ；35mm银盐
收藏馆：缩微中心，国图

000O005259
集注太玄：六卷 / (宋)司马光撰．太玄注：四卷 /
(宋)许翰撰
清(1644-1911)抄本. -- (清)翁同书跋。
1986年摄制. -- 1盘卷片(12米203拍) ：
1:10, 2B ；35mm银盐
收藏馆：缩微中心，国图

000O026700
太玄经：十卷附说玄一卷释文一卷 / (汉)扬雄撰；
(晋)范望解赞；(明)杨起元注评
明(1368-1644)刻本
1996年摄制. -- 1盘卷片(13.3米260拍) ：
1:10, 2B ；35mm银盐
收藏馆：缩微中心，福建

00O028189
扬子太玄经：十卷 / (汉)扬雄撰
明天启六年(1626)赵世楷刻本. -- (清)梅春
跋并录(清)周惠惕校, (清)丁丙跋。
1996年摄制. -- 1盘卷片(13米248拍) ：
1:10, 2B ；35mm银盐
收藏馆：缩微中心，南京

000O025382
太玄阐秘：十卷首一卷附编一卷外编一卷 / (清)
陈本礼撰
清(1644-1911)稿本. -- (清)陈逢衡抄配卷一
至卷二。(清)陈逢衡、(清)汪鋆跋。
1996年摄制. -- 1盘卷片(19米352拍) ：
1:10, 2B ；35mm银盐
收藏馆：缩微中心，国图

000O009454
元包经传：五卷 / (北周)卫元嵩撰；(唐)苏源明
传；(唐)李江注．元包数总义：二卷 / (宋)张行
成撰
明天启六年(1626)吕茂良刻本
1987年摄制. -- 1盘卷片(6.1米107拍) ：
1:10, 2B ；35mm银盐
收藏馆：缩微中心，重庆

000O016157
元包经传注：五卷 / (唐)苏源明,(唐)李江撰．元
包数总义：二卷 / (宋)张行成撰
明天启六年(1626)吕茂良刻本. -- (清)王韬
跋。
1993年摄制. -- 1盘卷片(6米90拍) ： 1:10,
2B ；35mm银盐
收藏馆：缩微中心，国图

000O004728
元包经传注：五卷 / (唐)苏源明,(唐)李江撰．元
包数总义：二卷 / (宋)张行成撰
明(1368-1644)刻本. -- (清)刘都题款。
1987年摄制. -- 1盘卷片(7.2米128拍) ：
1:10, 2B ；35mm银盐
收藏馆：缩微中心，国图

000O006416
元包经传注：五卷 / (唐)苏源明,(唐)李江撰．元
包数总义：二卷 / (宋)张行成撰
明(1368-1644)刻本
1987年摄制. -- 1盘卷片(7米132拍) ： 1:10,
2B ；35mm银盐
收藏馆：缩微中心，国图

000O015498
元包经传注：五卷 / (唐)苏源明,(唐)李江撰．元

包数总义：二卷 / (宋)张行成撰
明(1368-1644)刻本
1993年摄制. -- 1盘卷片(7米108拍) : 1:10,
2B ; 35mm银盐
收藏馆：缩微中心，国图

000O001931
潜虚发微论：一卷 / (宋)张敦实撰. 潜虚：一卷 /
(宋)司马光撰
清(1644-1911)影宋(960-1279)抄本
1986年摄制. -- 1盘卷片(5米105拍) : 1:10,
2B ; 35mm银盐
收藏馆：缩微中心，国图

000O015751
皇极经世：十二卷 / (宋)邵雍撰
明万历(1573-1620)刻本. -- 存十卷：卷一至
卷十。
1993年摄制. -- 2盘卷片(54米1059拍) :
1:10, 2B ; 35mm银盐
收藏馆：缩微中心，国图

000O018306
皇极经世书：观物篇十二卷后一卷遗文一卷 /
(宋)邵雍撰
明(1368-1644)刻本. -- 存十三卷：皇极经世
书观物篇十二卷、后一卷。
1993年摄制. -- 2盘卷片(63米1347拍) :
1:10, 2B ; 35mm银盐
收藏馆：缩微中心，天津

000O014433
康节先生观物篇解：四卷附录三卷 / (宋)祝泌撰
清(1644-1911)抄本
1992年摄制. -- 1盘卷片(22米416拍) :
1:10, 2B ; 35mm银盐
收藏馆：缩微中心，国图

000O012785
皇极经世书解：十三卷下篇五卷 / (元)朱隐老撰
明(1368-1644)刻递修本
1990年摄制. -- 2盘卷片(59米1368拍) :
1:10, 2B ; 35mm银盐
收藏馆：缩微中心，南京

000O005819
皇极经世观物外篇释义：四卷 / (明)余本撰
明嘉靖(1522-1566)青州府刻嘉靖四十四年
(1565)杜思重修本
1987年摄制. -- 1盘卷片(16米350拍) :
1:10, 2B ; 35mm银盐
收藏馆：缩微中心，国图

000O014737
皇极经世书传：八卷 / (明)黄畿撰
明嘉靖三十三年(1554)黄佐刻本
1992年摄制. -- 1盘卷片(27米537拍) :
1:10, 2B ; 35mm银盐
收藏馆：缩微中心，国图

000O028200
洪范皇极内篇：五卷 / (宋)蔡沈撰
清(1644-1911)抄本
1996年摄制. -- 1盘卷片(7米115拍) : 1:10,
2B ; 35mm银盐
收藏馆：缩微中心，南京

000O016033
洪范图解：二卷 / (明)韩邦奇撰
明正德十六年(1521)王道刻蓝印本
1993年摄制. -- 1盘卷片(5米54拍) : 1:10,
2B ; 35mm银盐
收藏馆：缩微中心，国图

000O029260
易通变：四十卷 / (宋)张行成撰
清(1644-1911)抄本. -- 存三卷：卷十六至卷
十八。
1997年摄制. -- 1盘卷片(7米134拍) : 1:10,
2B ; 35mm银盐
收藏馆：缩微中心，湖南

000O014189
天原发微：十八卷 / (宋)鲍云龙撰
明(1368-1644)椒山书院抄本
1992年摄制. -- 1盘卷片(14米259拍) :
1:10, 2B ; 35mm银盐
收藏馆：缩微中心，国图

000O003126
天原发微辨正：五卷图一卷篇目名义一卷 / (明)
鲍宁撰. 问答节要：一卷 / (明)鲍宁辑
明天顺五年(1461)鲍氏耕读书堂刻本
1986年摄制. -- 1盘卷片(20米446拍) :
1:10, 2B ; 35mm银盐
收藏馆：缩微中心，国图

000O020392
天原发微辨正：五卷图一卷篇目名义一卷 / (明)
鲍宁撰. 问答节要：一卷 / (明)鲍宁辑
明天顺五年(1461)鲍氏耕读书堂刻本
1994年摄制. -- 1盘卷片(22米420拍) :
1:10, 2B ; 35mm银盐
收藏馆：缩微中心，国图

000O028410
天原发微：五卷 / (宋)鲍云龙撰；(明)鲍宁正辨
正 . 天原发微各类图：一卷篇目名义一卷 / (明)
鲍宁辑
明嘉靖二十九年(1550)秦藩刻本． -- 还有合
刻著作：问答节要一卷。(清)丁丙跋。
1996年摄制． -- 1盘卷片（21米463拍）：
1:10，2B；35mm银盐
收藏馆：缩微中心，南京

000O016498
天原发微辨正：五卷图一卷篇目名义一卷 / (明)
鲍宁撰 . 问答节要：一卷 / (明)鲍宁辑
明嘉靖二十九年(1550)秦藩刻本
1993年摄制． -- 1盘卷片（22米432拍）：
1:10，2B；35mm银盐
收藏馆：缩微中心，国图

000O020436
古太极测：一卷 / (明)徐燧撰
明嘉靖四十三年(1564)都温刻本
1994年摄制． -- 1盘卷片（5米54拍）：1:10，
2B；35mm银盐
收藏馆：缩微中心，国图

000O015443
范衍：十卷 / (明)钱一本撰
明万历(1573-1620)刻本
1992年摄制． -- 1盘卷片（21米404拍）：
1:10，2B；35mm银盐
收藏馆：缩微中心，国图

000O005001
三易洞玑：十六卷 / (明)黄道周撰
清(1644-1911)邵晋之抄本． -- 存十三卷：卷
四至卷十六。
1986年摄制． -- 1盘卷片（13米275拍）：
1:10，2B；35mm银盐
收藏馆：缩微中心，国图

000O015755
三易洞玑：十六卷 / (明)黄道周撰
清(1644-1911)抄本
1993年摄制． -- 1盘卷片（20米392拍）：
1:10，2B；35mm银盐
收藏馆：缩微中心，国图

000O024776
天文鬼料窍：五卷
清(1644-1911)彭氏知圣道斋抄本． -- (清)陈
介祺校并跋。
1995年摄制． -- 1盘卷片(7米109拍)：1:10，
2B；35mm银盐

收藏馆：缩微中心，浙江

000O027890
天文鬼料窍：四卷 / [题](晋)丹玄子撰；(唐)王希
明注
清(1644-1911)抄本． -- (清)丁丙跋。
1996年摄制． -- 1盘卷片(6米92拍)：1:10，
2B；35mm银盐
收藏馆：缩微中心，南京

000O015778
灵台秘苑：十五卷 / (宋)王安礼[等]看详
明(1368-1644)抄本． -- 看详者还有：(宋)欧
阳发等。
1993年摄制． -- 1盘卷片（12米208拍）：
1:10，2B；35mm银盐
收藏馆：缩微中心，国图

000O003253
乙巳占：九卷 / [题](唐)李淳风撰
清(1644-1911)抄本
1986年摄制． -- 1盘卷片（12.2米252拍）：
1:10，2B；35mm银盐
收藏馆：缩微中心，国图

000O023188
乙巳占：七卷 / [题](唐)李淳风撰
明(1368-1644)抄本
1995年摄制． -- 1盘卷片(8米137拍)：1:10，
2B；35mm银盐
收藏馆：缩微中心，国图

000O015593
玉历通政经：三卷
清(1644-1911)抄本
1993年摄制． -- 1盘卷片(7米95拍)：1:10，
2B；35mm银盐
收藏馆：缩微中心，国图

000O007450
观象玩占：五十卷 / [题](唐)李淳风撰
明(1368-1644)抄本
1987年摄制． -- 2盘卷片（50米1109拍）：
1:10，2B；35mm银盐
收藏馆：缩微中心，国图

000O009208
观象玩占：五十卷 / (唐)李淳风撰
明(1368-1644)抄本
1988年摄制． -- 2盘卷片（53米1134拍）：
1:10，2B；35mm银盐
收藏馆：缩微中心，湖南

000O005940
开元占经：一百二十卷 / (唐)瞿昙悉达[等]撰
明(1368-1644)大德堂抄本
1987年摄制. -- 4盘卷片(93.6米2084拍)：
1:10，2B；35mm银盐
收藏馆：缩微中心，国图

000O007929
唐开元占经：一百二十卷 / (唐)瞿昙悉达撰
清(1644-1911)抄本
1988年摄制. -- 3盘卷片(65.6米1388拍)：
1:10，2B；35mm银盐
收藏馆：缩微中心，湖南

000O012763
唐开元占经：一百二十卷 / (唐)瞿昙悉达撰
清(1644-1911)抄本. -- (清)顾广圻校，(清)
蒋二松校跋，(清)丁丙跋。
1990年摄制. -- 3盘卷片(60米1402拍)：
1:10，2B；35mm银盐
收藏馆：缩微中心，南京

000O004000
大唐开元占经：一百二十卷目录二卷 / (唐)瞿昙
悉达撰
明(1368-1644)抄本. -- 存八十一卷：卷一至
卷二十八、卷三十五至卷六十五、卷七十一至
卷九十，目录二卷。
1985年摄制. -- 3盘卷片(65.2米1417拍)：
1:10，2B；35mm银盐
收藏馆：缩微中心，国图

000O002339
大唐开元占经：一百二十卷目录二卷 / (唐)瞿昙
悉达撰
清(1644-1911)抄本
1986年摄制. -- 2盘卷片(54米1187拍)：
1:10，2B；35mm银盐
收藏馆：缩微中心，国图

000O004568
谯子五行志：五卷 / (唐)濮阳夏撰
明(1368-1644)抄本
1987年摄制. -- 1盘卷片(4米62拍)：1:10，
2B；35mm银盐
收藏馆：缩微中心，国图

000O003998
素问六气玄珠密语：十七卷 / [题](唐)王冰撰
明(1368-1644)抄本
1985年摄制. -- 1盘卷片(13米273拍)：
1:10，2B；35mm银盐
收藏馆：缩微中心，国图

000O003229
戎事类占：二十一卷 / (元)李克家撰
明万历二十五年(1597)厌原山馆刻本
1986年摄制. -- 1盘卷片(16.6米358拍)：
1:10，2B；35mm银盐
收藏馆：缩微中心，国图

000O016820
戎事类占：二十一卷 / (元)李克家撰
明万历二十五年(1597)厌原山馆刻本
1993年摄制. -- 1盘卷片(17米338拍)：
1:10，2B；35mm银盐
收藏馆：缩微中心，国图

000O020764
天元玉历祥异赋：七卷 / (明)仁宗朱高炽撰
明(1368-1644)抄彩绘本. -- 存五卷：卷一至
卷五。
1994年摄制. -- 1盘卷片(14米262拍)：
1:10，2B；35mm银盐
收藏馆：缩微中心，国图

000O006916
天元玉历祥异赋：十九卷 / (明)仁宗朱高炽撰
明(1368-1644)抄本. -- 存八卷：卷一至卷
二、卷九至卷十二、卷十八至卷十九。
1987年摄制. -- 1盘卷片(12米232拍)：
1:10，2B；35mm银盐
收藏馆：缩微中心，国图

000O001769
天元玉历祥异赋：不分卷 / (明)仁宗朱高炽撰
明(1368-1644)抄本
1986年摄制. -- 1盘卷片(26米506拍)：
1:10，2B；35mm银盐
收藏馆：缩微中心，国图

000O006376
天元玉历祥异赋：不分卷 / (明)仁宗朱高炽撰
明(1368-1644)抄本
1987年摄制. -- 1盘卷片(20米433拍)：
1:10，2B；35mm银盐
收藏馆：缩微中心，国图

000O007339
天元玉历祥异赋：不分卷 / (明)仁宗朱高炽撰
明(1368-1644)抄本
1987年摄制. -- 1盘卷片(14米291拍)：
1:10，2B；35mm银盐
收藏馆：缩微中心，国图

000O021074
天元玉历祥异赋：不分卷 / (明)仁宗朱高炽撰

明(1368-1644)抄本
1994年摄制. -- 1盘卷片(24米463拍)：
1:10, 2B ；35mm银盐
收藏馆：缩微中心，国图

000O032086
天元玉历祥异赋：不分卷 / (明)仁宗朱高炽撰
明(1368-1644)抄本. -- 上下两栏上栏彩绘下
栏十一行十四字红格白口四周双边。
2011年摄制. -- 1盘卷片(28米517拍)：
1:12, 2B ；35mm银盐
收藏馆：缩微中心，国图

000O029849
天元玉历祥异赋：不分卷
明(1368-1644)抄彩绘本
2001年摄制. -- 1盘卷片(7米121拍)：1:10,
2B ；35mm银盐
收藏馆：缩微中心，国图

000O018321
大明天元玉历祥异图说：七卷 / (明)余文龙撰
明万历四十七年(1619)刻史异本
1993年摄制. -- 1盘卷片(12米248拍)：
1:10, 2B ；35mm银盐
收藏馆：缩微中心，天津

000O029838
五行类事占：七卷
明(1368-1644)抄本
2001年摄制. -- 1盘卷片(11米218拍)：
1:10, 2B ；35mm银盐
收藏馆：缩微中心，国图

000O014813
五行类事占：七卷
清(1644-1911)抄本
1992年摄制. -- 1盘卷片(14米257拍)：
1:10, 2B ；35mm银盐
收藏馆：缩微中心，国图

000O014069
史异编：十七卷 / (明)余文龙撰
明万历四十七年(1619)余文龙刻本
1992年摄制. -- 1盘卷片(17米321拍)：
1:10, 2B ；35mm银盐
收藏馆：缩微中心，国图

000O001749
承天纪：十卷 / (明)黄广撰
明崇祯七年(1634)黄氏玉磬斋刻本
1986年摄制. -- 1盘卷片(23米494拍)：
1:10, 2B ；35mm银盐

收藏馆：缩微中心，国图

000O001648
求雨法：一卷
清康熙五十二年(1713)卢询刻本
1986年摄制. -- 1盘卷片(4米46拍)：1:10,
2B ；35mm银盐
收藏馆：缩微中心，国图

000O018908
天文会通占：三十一卷
明(1368-1644)抄本. -- 卷三十和卷三十一颠
倒。存二十七卷：卷一至卷六、卷十一至卷
三十一。(清)宋柽之跋。
1994年摄制. -- 2盘卷片(38米774拍)：
1:10, 2B ；35mm银盐
收藏馆：缩微中心，天津

000O014039
乾占捷要：不分卷
明(1368-1644)抄本
1992年摄制. -- 1盘卷片(14米262拍)：
1:10, 2B ；35mm银盐
收藏馆：缩微中心，国图

000O005106
地理枢要：四卷地理余书一卷 / (明)惺惺叟辑
明嘉靖十二年(1533)陶谐刻蓝印本
1986年摄制. -- 1盘卷片(13米271拍)：
1:10, 2B ；35mm银盐
收藏馆：缩微中心，国图

000O023600
地理七书：七卷 / (明)彭好古辑
明(1368-1644)抄本
1995年摄制. -- 1盘卷片(7米122拍)：1:10,
2B ；35mm银盐
收藏馆：缩微中心，浙江

000O019855
宅葬书：十一种十一卷
明(1368-1644)抄本. -- (清)顾广圻跋。
1994年摄制. -- 1盘卷片(20米383拍)：
1:10, 2B ；35mm银盐
收藏馆：缩微中心，国图

000O009531
阳宅大全：十卷
明万历(1573-1620)吴勉学刻本
1988年摄制. -- 1盘卷片(18.4米392拍)：
1:9, 2B ；35mm银盐
收藏馆：缩微中心，重庆

00O015050
阳宅秘传三书：三卷
明天启二年(1622)庄起元刻本
1992年摄制. -- 1盘卷片(6米78拍) ：1:10,
2B ；35mm银盐
收藏馆：缩微中心，国图

00O023596
管氏指蒙：二卷 / [题](魏)管辂撰；(宋)王伋注；
(明)汪尚赓补注
明万历八年(1580)汪尚赓刻本
1995年摄制. -- 1盘卷片(9米159拍) ：1:10,
2B ；35mm银盐
收藏馆：缩微中心，浙江

00O004167
二宅一览：二卷 / (明)高懋撰
明(1368-1644)刻本
1986年摄制. -- 1盘卷片(5米80拍) ：1:10,
2B ；35mm银盐
收藏馆：缩微中心，国图

00O020476
新刻阳宅新编：二卷 / (明)周继撰．新刻松盛旧
编：二卷 / (明)胡经撰
明(1368-1644)刻本. -- 存一卷：卷上。
1994年摄制. -- 1盘卷片(4米44拍) ：1:10,
2B ；35mm银盐
收藏馆：缩微中心，国图

00O020823
相宅全书：一卷 / (明)柴复贞撰
明(1368-1644)书林敬止居刻本
1994年摄制. -- 1盘卷片(3米27拍) ：1:10,
2B ；35mm银盐
收藏馆：缩微中心，国图

00O014825
精刻编集阳宅真传秘诀：六卷 / (明)李邦祥撰
明万历二十七年(1599)熊云滨宏远堂刻本
1992年摄制. -- 1盘卷片(8米124拍) ：1:10,
2B ；35mm银盐
收藏馆：缩微中心，国图

00O019942
精刻编集阳宅真传秘诀：六卷 / (明)李邦祥撰
明万历二十七年(1599)熊云滨宏远堂刻本
1994年摄制. -- 1盘卷片(8米124拍) ：1:10,
2B ；35mm银盐
收藏馆：缩微中心，国图

00O023595
新镌甬东王先生阳宅大全：十卷 / (明)王元鼎撰

明万历三十九年(1611)刻本
1995年摄制. -- 1盘卷片(12米227拍) ：
1:10, 2B ；35mm银盐
收藏馆：缩微中心，浙江

00O017498
卜居秘髓：二卷 / (明)熊瑕撰
明(1368-1644)书林叶贵刻本
1993年摄制. -- 1盘卷片(9米147拍) ：1:10,
2B ；35mm银盐
收藏馆：缩微中心，国图

00O023598
阳宅珍藏：二卷
明(1368-1644)刻本
1995年摄制. -- 1盘卷片(8米128拍) ：1:10,
2B ；35mm银盐
收藏馆：缩微中心，浙江

00O000610
安居金镜：八卷 / (清)周南,(清)吕滥辑
清乾隆四十五年(1780)周氏寿南堂刻本
1985年摄制. -- 1盘卷片(18.1米393拍) ：
1:10, 2B ；35mm银盐
收藏馆：缩微中心，国图

00O029787
忍龙天宝经：一卷；金函经：一卷；穴法赋：一
卷
清初(1644-1722)毛氏汲古阁抄本. -- 还有合
刻著作：雪心赋一卷、葬乘至宝经一卷。
2001年摄制. -- 1盘卷片(5米67拍) ：1:10,
2B ；35mm银盐
收藏馆：缩微中心，国图

00O019767
地理葬书集注：一卷附录葬书问对一卷 / (明)郑
谧撰．地理发微论集注：一卷附录宋山陵议状
一卷 / (明)谢昌撰
明弘治十二年(1499)于明刻地理四书本
1994年摄制. -- 1盘卷片(5米61拍) ：1:10,
2B ；35mm银盐
收藏馆：缩微中心，国图

00O024764
新锓京本句解消砂经节图雪心赋：四卷；新增
地理秘传寻龙经诀法：一卷 / (唐)卜应天撰；
(明)谢志通解
明万历二十九年(1601)三建书林刘龙田刻本
1995年摄制. -- 1盘卷片(8米131拍) ：1:10,
2B ；35mm银盐
收藏馆：缩微中心，浙江

00O015394
雪心赋翼语：一卷 / (唐)卜应天撰；(明)吴一棟翼语
明万历三十三年(1605)程本初詹继祖刻本
1992年摄制. -- 1盘卷片(5米75拍) ： 1:10,
2B ; 35mm银盐
收藏馆：缩微中心，国图

00O018454
雪心赋翼语：一卷 / (明)吴一棟撰
明万历三十三年(1605)程本初詹继祖刻万历
四十一年(1613)程本初汇编秘书四种本
1993年摄制. -- 1盘卷片(7米150拍) ： 1:10,
2B ; 35mm银盐
收藏馆：缩微中心，国图

00O014555
**刊仰止子精纂名公地理全抄雪心赋补：□□卷 /
(明)余象斗辑**
明(1368-1644)余象奎双峰堂刻本. -- 存三
卷：卷一至卷三。
1992年摄制. -- 1盘卷片(8米124拍) ： 1:10,
2B ; 35mm银盐
收藏馆：缩微中心，国图

00O021302
**地理天机会元：三十五卷 / (唐)卜则魏撰；(明)
顾乃德辑；(明)徐之镇补删**
明万历(1573-1620)书林唐庭杨刻本
1994年摄制. -- 2盘卷片(59米1278拍) ：
1:10, 2B ; 35mm银盐
收藏馆：缩微中心，甘肃

00O019868
**传家真宝一粒粟：一卷 / (元)谭宽秘传；(明)刘
基注述；(明)王廷玉图形；(明)王乳泉辑释. 倒
杖图注：一卷 / [题](唐)杨筠松口诀**
明万历十二年(1584)刻本
1994年摄制. -- 1盘卷片(3米28拍) ： 1:10,
2B ; 35mm银盐
收藏馆：缩微中心，国图

00O008686
**龙经：三卷 / [题](唐)杨筠松撰；(宋)吴景鸾图解；
(明)吴嵩集注**
明万历四十年(1612)吴位中刻本
1988年摄制. -- 1盘卷片(12.6米259拍) ：
1:11, 2B ; 35mm银盐
收藏馆：缩微中心，重庆

00O015567
**新刻杨筠松秘传开门放水阴阳捷径：二卷 / (明)
甘霖辑**

明万历三十三年(1605)刘龙田乔山堂刻本
1993年摄制. -- 1盘卷片(9米179拍) ： 1:10,
2B ; 35mm银盐
收藏馆：缩微中心，国图

00O001678
**新刊宋国师吴景鸾秘传夹竹梅花院纂：三卷 /
[题](宋)吴景鸾撰**
明万历二十六年(1598)金陵书肆唐谦刻本
1986年摄制. -- 1盘卷片(7米111拍) ： 1:10,
2B ; 35mm银盐
收藏馆：缩微中心，国图

00O029052
**新刊宋国师吴景鸾秘传夹竹梅花院纂：四卷 /
[题](宋)吴景鸾撰**
明万历二十六年(1598)金陵书肆唐谦刻本
1999年摄制. -- 1盘卷片(6米135拍) ： 1:10,
2B ; 35mm银盐
收藏馆：缩微中心，国图

00O023859
**新刻仲祥吴景鸾先生解议秘诀：一卷；吴公秘
传佑子心法后集：一卷 / (明)江时寅,(明)江培元
编**
明万历三十六年(1608)江世滋刻本
1995年摄制. -- 1盘卷片(11米201拍) ：
1:10, 2B ; 35mm银盐
收藏馆：缩微中心，浙江

00O029183
**天机望龙经：一卷 / [题](宋)吴景鸾授；(宋)廖
金精记；(宋)黄明野参补. 天机拨砂经：一卷 /
[题](宋)廖金精撰；(宋)黄明野集补**
清初(1644-1722)毛氏汲古阁抄本
1999年摄制. -- 1盘卷片(3米70拍) ： 1:10,
2B ; 35mm银盐
收藏馆：缩微中心，国图

00O029145
**天机拨砂经：□□卷 / [题](宋)廖金精撰；(宋)黄
明野集补. 天机望龙经：一卷 / [题](宋)吴景鸾
授;(宋)廖金精记；(宋)黄明野参补**
清初(1644-1722)毛氏汲古阁抄本. -- 存一
卷：卷五。
1999年摄制. -- 1盘卷片(4米65拍) ： 1:10,
2B ; 35mm银盐
收藏馆：缩微中心，国图

00O012565
**金精廖公秘授地学心法正传画筊扒砂经：四卷
补遗一卷 / (宋)廖禹撰；(宋)彭大雄辑**
明万历四十二年(1614)刻本

1990年摄制. -- 1盘卷片(25米452拍) :
1:10, 2B ; 35mm银盐
收藏馆：缩微中心，辽宁

000O021693
金精廖公秘授地学心法正传画筴扒砂经：四卷
补遗一卷 / [题](宋)廖禹撰；(宋)彭大雄辑
明(1368-1644)刻本
1995年摄制. -- 1盘卷片(21米402拍) :
1:10, 2B ; 35mm银盐
收藏馆：缩微中心，国图

000O014062
新刻赖太素天星催官解：二卷附破愚论一卷 /
(明)朱傅撰；(明)熊汝岳参补
明(1368-1644)刻本
1992年摄制. -- 1盘卷片(6米75拍) : 1:10,
2B ; 35mm银盐
收藏馆：缩微中心，国图

000O014156
新刻赖太素天星催官解：二卷附破愚论一卷 /
(明)朱傅撰；(明)熊汝岳参补
明(1368-1644)刻本
1992年摄制. -- 1盘卷片(5米60拍) : 1:10,
2B ; 35mm银盐
收藏馆：缩微中心，国图

000O019768
地理发微论集注：一卷 / (明)谢昌撰. 宋山陵议
状：一卷 / (宋)朱熹撰
明弘治五年(1492)于明刻地理四书本
1994年摄制. -- 1盘卷片(5米56拍) : 1:10,
2B ; 35mm银盐
收藏馆：缩微中心，国图

000O015397
地理发微释义：一卷问辩一卷 / (明)余祐撰
明(1368-1644)刻本
1992年摄制. -- 1盘卷片(5米62拍) : 1:10,
2B ; 35mm银盐
收藏馆：缩微中心，国图

000O004369
玉髓真经：三十卷后卷二十一卷 / (宋)张洞玄撰；
(宋)刘允中注释；(宋)蔡季通发挥
明嘉靖二十九年(1550)福州府刻万历二十年
(1592)何继高重修本
1986年摄制. -- 3盘卷片(82米1851拍) :
1:10, 2B ; 35mm银盐
收藏馆：缩微中心，国图

000O021301
重校刊官板地理玉髓真经：二十八卷后卷一卷 /
(宋)张洞玄撰；(宋)刘允中注
明末(1621-1644)书林陈孙贤刻本
1994年摄制. -- 1盘卷片(33米716拍) :
1:10, 2B ; 35mm银盐
收藏馆：缩微中心，甘肃

000O015064
镌地理参补评林图诀全备平沙玉髓经：二卷 /
[题](元)刘秉忠撰；(明)刘基注；(明)赖从谦增释；
(明)徐之镇参补
明(1368-1644)刻本
1992年摄制. -- 1盘卷片(8米170拍) : 1:10,
2B ; 35mm银盐
收藏馆：缩微中心，国图

000O018703
镌地理参补评林图诀全备平沙玉尺经：二卷附
录一卷 / [题](元)刘秉忠撰；(明)刘基注；(明)赖
从谦增释；(明)徐之镇参补
明(1368-1644)书林陈贤刻本
1994年摄制. -- 1盘卷片(9米168拍) : 1:10,
2B ; 35mm银盐
收藏馆：缩微中心，国图

000O001911
重校正地理新书：十五卷
清(1644-1911)影金(1115-1234)抄本
1986年摄制. -- 1盘卷片(13米267拍) :
1:10, 2B ; 35mm银盐
收藏馆：缩微中心，国图

000O004581
茔原总录：□□卷
元(1271-1368)刻本. -- 存五卷：卷一至卷
五。
1987年摄制. -- 1盘卷片(7米111拍) : 1:10,
2B ; 35mm银盐
收藏馆：缩微中心，国图

000O007362
茔原总录：□□卷
元(1271-1368)刻本. -- 存五卷：卷一至卷
五。
1987年摄制. -- 1盘卷片(6米109拍) : 1:10,
2B ; 35mm银盐
收藏馆：缩微中心，国图

000O019344
新刊京本纂集诸类阴阳地理玉钥三元：三卷增
补续集一卷
明初(1368-1424)刻本

1994年摄制. -- 1盘卷片(6米74拍) : 1:10,
2B ; 35mm银盐
收藏馆: 缩微中心, 国图

000O001064
新刊千金风水杀法妙诀 : 一卷
明弘治十四年(1501)书林文峰堂刻本. -- 罗振常跋。
1985年摄制. -- 1盘卷片(2.5米24拍) : 1:10, 2B ; 35mm银盐
收藏馆: 缩微中心, 国图

000O020477
新刻松盛旧编 : 二卷 / (明)胡经撰 . 新刻阳宅新编 : 二卷 / (明)周继撰
明(1368-1644)胡文焕刻本. -- 存一卷:卷下。
1994年摄制. -- 1盘卷片(4米53拍) : 1:10, 2B ; 35mm银盐
收藏馆: 缩微中心, 国图

000O017412
新刊地理统会大成 : 二十七卷 / (明)柯珮辑
明隆庆三年(1569)书林王双泉刻本. -- 存二十三卷:卷五至卷二十七。
1993年摄制. -- 2盘卷片(47米893拍) : 1:10, 2B ; 35mm银盐
收藏馆: 缩微中心, 国图

000O012543
重刊人子须知资孝地理心学统宗 : 八卷 / (明)徐善继,(明)徐善述撰
明万历十一年(1583)曾瑶刻本
1990年摄制. -- 2盘卷片(49米1095拍) : 1:10, 2B ; 35mm银盐
收藏馆: 缩微中心, 辽宁

000O023594
新刊万天官四世孙家传平学洞微宝镜 : 五卷 / (明)万育水撰
明万历十六年(1588)余文台刻本
1995年摄制. -- 1盘卷片(11米209拍) : 1:10, 2B ; 35mm银盐
收藏馆: 缩微中心, 浙江

000O002225
徽郡重刊造福秘诀 : 三卷 / (明)吴天洪撰
明万历(1573-1620)刻本
1986年摄制. -- 1盘卷片(6米90拍) : 1:10, 2B ; 35mm银盐
收藏馆: 缩微中心, 国图

000O019934
吴郡新刊造福秘诀语略 : 一卷 / (明)吴天洪撰
明万历(1573-1620)刻本
1994年摄制. -- 1盘卷片(4米43拍) : 1:10, 2B ; 35mm银盐
收藏馆: 缩微中心, 国图

000O013313
望江吴先生造福秘诀 : 三卷 / (明)吴天洪撰
明万历(1573-1620)刻本
1989年摄制. -- 1盘卷片(7.5米140拍) : 1:9, 2B ; 35mm银盐
收藏馆: 缩微中心, 重庆

000O019919
新刊地理纂要 : 七卷 / (明)吴天洪编
明(1368-1644)吴国俊刻本. -- 存六卷:卷一至卷四、卷六至卷七。
1994年摄制. -- 1盘卷片(9米142拍) : 1:10, 2B ; 35mm银盐
收藏馆: 缩微中心, 国图

000O019488
堪舆经书 : 十卷 / (明)鲍穉卿编
明万历三十七年(1609)鲍穉卿刻本
1994年摄制. -- 1盘卷片(19米376拍) : 1:10, 2B ; 35mm银盐
收藏馆: 缩微中心, 国图

000O018129
新刊地理紫囊书 : 八卷 / (明)赵祐撰
明万历(1573-1620)龚尧惠刻本
1993年摄制. -- 1盘卷片(33米703拍) : 1:10, 2B ; 35mm银盐
收藏馆: 缩微中心, 山东

000O024257
梓造福玄机罗经考 : 三卷后一卷 / (明)杨道申撰
明万历(1573-1620)刻本
1996年摄制. -- 1盘卷片(8米143拍) : 1:10, 2B ; 35mm银盐
收藏馆: 缩微中心, 安徽

000O001153
新镌徐氏家藏罗经顶门针 : 二卷 / (明)徐之镆撰
明(1368-1644)书林唐锦池集贤堂刻本
1985年摄制. -- 1盘卷片(11.6米239拍) : 1:10, 2B ; 35mm银盐
收藏馆: 缩微中心, 国图

000O018150
新镌徐氏家藏罗经顶门针 : 二卷鄙言一卷简易图解一卷 / (明)徐之镆撰

明(1368-1644)书林唐锦池集贤堂刻本
1993年摄制. -- 1盘卷片(14米269拍) :
1:10, 2B ; 35mm银盐
收藏馆：缩微中心，山东

000O029267
新编秘传堪舆类纂人天共宝：十二卷 / (明)黄慎辑
明崇祯六年(1633)刻本
1999年摄制. -- 1盘卷片(32米704拍) :
1:10, 2B ; 35mm银盐
收藏馆：缩微中心，湖南

000O015053
黑囊经：不分卷
明(1368-1644)抄本
1992年摄制. -- 1盘卷片(6米85拍) : 1:10,
2B ; 35mm银盐
收藏馆：缩微中心，国图

000O002019
新刊地理至宝金书模范无脉绝穴套法：□□卷
明(1368-1644)刻本. -- 存一卷：卷五。
1986年摄制. -- 1盘卷片(4米45拍) : 1:10,
2B ; 35mm银盐
收藏馆：缩微中心，国图

000O001945
刘氏心法：一卷；杨公骑龙穴诗：一卷
清初(1644-1722)毛氏汲古阁抄本
1986年摄制. -- 1盘卷片(4米27拍) : 1:10,
2B ; 35mm银盐
收藏馆：缩微中心，国图

000O021112
罗经解秘传：一卷；阳宅真诀口授：一卷；地理捷诀：一卷 / (清)傅禹辑
清康熙二十八年(1689)刻本
1994年摄制. -- 1盘卷片(11米195拍) :
1:10, 2B ; 35mm银盐
收藏馆：缩微中心，国图

000O014129
青囊内传：不分卷
清嘉庆三年(1798)焦循抄本. -- (清)焦循校
并跋。
1992年摄制. -- 1盘卷片(5米66拍) : 1:10,
2B ; 35mm银盐
收藏馆：缩微中心，国图

000O028208
焦氏易林：二卷 / (汉)焦延寿撰
明成化九年(1473)彭华刻本

1996年摄制. -- 1盘卷片(12米226拍) :
1:10, 2B ; 35mm银盐
收藏馆：缩微中心，南京

000O014061
焦氏易林：二卷 / (汉)焦延寿撰
明嘉靖四年(1525)姜恩刻本
1992年摄制. -- 1盘卷片(12米204拍) :
1:10, 2B ; 35mm银盐
收藏馆：缩微中心，国图

000O014251
焦氏易林：二卷 / (汉)焦延寿撰
明嘉靖四十年(1561)沈藩勉学书院刻本
1992年摄制. -- 1盘卷片(12米206拍) :
1:10, 2B ; 35mm银盐
收藏馆：缩微中心，国图

000O018649
焦氏易林：二卷 / (汉)焦延寿撰
明万历二十一年(1593)周曰校大丛堂刻本
1994年摄制. -- 1盘卷片(19米210拍) :
1:10, 2B ; 35mm银盐
收藏馆：缩微中心，国图

000O028186
焦氏易林：四卷 / (汉)焦延寿撰
明万历(1573-1620)何允中刻广汉魏丛书
本. -- 存二卷：卷一至卷二。(清)卢文弨
校，(清)丁丙跋。
1996年摄制. -- 1盘卷片(9米168拍) : 1:10,
2B ; 35mm银盐
收藏馆：缩微中心，南京

000O008164
焦氏易林：十六卷 / (汉)焦延寿撰
明天启六年(1626)快阁刻本. -- 版框高二十
厘米宽十四厘米。
1987年摄制. -- 1盘卷片(26米546拍) :
1:10, 2B ; 35mm银盐
收藏馆：缩微中心，广东

000O008040
焦氏易林：四卷 / (汉)焦延寿撰
明崇祯(1628-1644)毛氏汲古阁刻津逮秘书本
1988年摄制. -- 1盘卷片(17米349拍) :
1:10, 2B ; 35mm银盐
收藏馆：缩微中心，湖南

000O028436
焦氏易林：四卷 / (汉)焦延寿撰
明崇祯(1628-1644)毛氏汲古阁刻津逮秘书
本. -- (清)王念孙校。

1996年摄制. -- 1盘卷片(17米345拍)：
1:10，2B；35mm银盐
收藏馆：缩微中心，南京

00O008746
焦氏易林：四卷 / (汉)焦赣撰；(明)钟惺评
明末(1621-1644)刻本
1988年摄制. -- 1盘卷片(15.1米316拍)：
1:9，2B；35mm银盐
收藏馆：缩微中心，重庆

00O002173
焦氏易林：二卷 / (汉)焦延寿撰
明(1368-1644)抄本. -- (清)吴晋德校跋并
录，(清)陆贻典、(清)黄丕烈题识。
1986年摄制. -- 1盘卷片(11米219拍)：
1:10，2B；35mm银盐
收藏馆：缩微中心，国图

00O015730
焦氏易林：四卷 / (汉)焦延寿撰
明(1368-1644)刻本. -- (清)陆贻典校跋，叶
德辉跋并录。
1993年摄制. -- 1盘卷片(14米258拍)：
1:10，2B；35mm银盐
收藏馆：缩微中心，国图

00O019431
焦氏易林：二卷 / (汉)焦延寿撰
明(1368-1644)抄本
1994年摄制. -- 1盘卷片(12米209拍)：
1:10，2B；35mm银盐
收藏馆：缩微中心，国图

00O001419
焦氏易林：四卷 / (汉)焦延寿撰
清初(1644-1722)刻本. -- (清)牟庭校注。
1985年摄制. -- 1盘卷片(16.7米360拍)：
1:10，2B；35mm银盐
收藏馆：缩微中心，国图

00O023863
焦氏易林：十六卷 / (汉)焦延寿撰
清嘉庆十三年(1808)黄氏士礼居刻黄氏丛书
本. -- (清)王芑孙跋。
1995年摄制. -- 1盘卷片(12米228拍)：
1:10，2B；35mm银盐
收藏馆：缩微中心，浙江

00O013737
焦氏易林：十六卷 / (汉)焦延寿撰
清光绪(1875-1908)石印士礼居丛书本. -- 王
国维校并跋。

1991年摄制. -- 1盘卷片(11米211拍)：
1:10，2B；35mm银盐
收藏馆：缩微中心，国图

00O025386
焦氏易林：十六卷 / (汉)焦延寿撰
清光绪(1875-1908)石印士礼居丛书本. -- 王
国维校并跋。
1996年摄制. -- 1盘卷片(12米211拍)：
1:10，2B；35mm银盐
收藏馆：缩微中心，国图

00O006254
易林注：十六卷 / (汉)焦延寿撰
影元(1271-1368)抄本
1986年摄制. -- 2盘卷片(56米1235拍)：
1:10，2B；35mm银盐
收藏馆：缩微中心，国图

00O019002
**陈图南先生河洛真数起例：三卷；陈绍二先生
河洛真数易卦释义：上经二卷下经三卷；陈图
南先生河洛真数诗断秘诀：二卷 / (宋)陈抟,(宋)
邵雍撰**
明万历二十年(1592)李学诗校刻本
1994年摄制. -- 1盘卷片(32米706拍)：
1:10，2B；35mm银盐
收藏馆：缩微中心，天津

00O003174
先天后天理气心印补注：三卷 / (宋)吴景鸾撰
清初(1644-1722)毛氏汲古阁抄本
1986年摄制. -- 1盘卷片(4米59拍)：1:10，
2B；35mm银盐
收藏馆：缩微中心，国图

00O004107
**增注周易神应六亲百章海底眼前集：一卷后集
一卷 / (宋)王鼒撰；(宋)何优重编**
清(1644-1911)抄本
1986年摄制. -- 1盘卷片(4米45拍)：1:10，
2B；35mm银盐
收藏馆：缩微中心，国图

00O008525
**增注周易神应六亲百章海底眼前集：一卷后集
一卷 / (宋)王鼒撰；(宋)何优重编**
清(1644-1911)抄本
1988年摄制. -- 1盘卷片(4米46拍)：1:10，
2B；35mm银盐
收藏馆：缩微中心，国图

000O023848
卜筮全书：十四卷 / (明)姚际隆删补
明崇祯(1628-1644)翁少麓刻本
1995年摄制. -- 1盘卷片(23米455拍) ：
1:10, 2B ；35mm银盐
收藏馆：缩微中心，浙江

000O029273
甘氏奇门一得：二卷 / (明)甘霖撰
明崇祯元年(1628)唐锦池文林阁刻本
1999年摄制. -- 1盘卷片(9米161拍) ：1:10,
2B ；35mm银盐
收藏馆：缩微中心，湖南

000O017506
鼎锲卜筮启蒙便读通玄断易大全：三卷首一卷
明(1368-1644)刻本
1993年摄制. -- 1盘卷片(8米123拍) ：1:10,
2B ；35mm银盐
收藏馆：缩微中心，国图

000O025625
筮仪象解：不分卷 / (明)陈洪绶撰
明(1368-1644)稿本. -- (清)陈绅、清)杨吉
园跋。
1996年摄制. -- 1盘卷片(7米126拍) ：1:10,
2B ；35mm银盐
收藏馆：缩微中心，浙江

000O023854
易冒：十卷 / (清)程良玉撰；(清)胡介定
清康熙三年(1664)蟾溪草堂刻本
1995年摄制. -- 1盘卷片(18米347拍) ：
1:10, 2B ；35mm银盐
收藏馆：缩微中心，浙江

000O003569
李卫公望江南集：一卷 / [题](唐)李靖撰
明万历十年(1582)保定府刻本
1985年摄制. -- 1盘卷片(6米92拍) ：1:10,
2B ；35mm银盐
收藏馆：缩微中心，国图

000O010560
李卫公望江南集：一卷 / [题](唐)李靖撰
明(1368-1644)抄本
1989年摄制. -- 1盘卷片(6米91拍) ：1:10,
2B ；35mm银盐
收藏馆：缩微中心，四川

000O023860
白猿奇书日月风云占候图说：一卷；李卫公天
象占候秘诀歌：一卷 / [题](唐)李靖撰；(明)苏茂

相订；(明)严之伟补
明末(1621-1644)刻本
1995年摄制. -- 1盘卷片(8米131拍) ：1:10,
2B ；35mm银盐
收藏馆：缩微中心，浙江

000O014292
六壬军帐神机：四十八卷
清(1644-1911)抄本. -- (清)朱昌颐跋，(清)
姚燮、(清)王霓题款。
1992年摄制. -- 2盘卷片(59米1165拍) ：
1:10, 2B ；35mm银盐
收藏馆：缩微中心，国图

000O016274
六壬行军指南：不分卷
明(1368-1644)刻本
1993年摄制. -- 2盘卷片(38米735拍) ：
1:10, 2B ；35mm银盐
收藏馆：缩微中心，国图

000O015814
讲武全书兵占：二十七卷
明万历四十一年(1613)修德堂刻本
1993年摄制. -- 3盘卷片(76米1452拍) ：
1:10, 2B ；35mm银盐
收藏馆：缩微中心，国图

000O023808
克敌武略荧惑神机：十卷
明(1368-1644)抄本
1995年摄制. -- 1盘卷片(9米164拍) ：1:10,
2B ；35mm银盐
收藏馆：缩微中心，浙江

000O000791
新刊图解玉灵聚义占卜龟经：四卷 / [题](明)王洙
撰；(元)陆森编
明(1368-1644)刻本. -- (清)翁心存跋。
1985年摄制. -- 1盘卷片(10.4米210拍) ：
1:10, 2B ；35mm银盐
收藏馆：缩微中心，国图

000O029136
新刊图解玉灵聚义占卜龟经：四卷 / [题](明)王洙
撰；(元)陆森编
明(1368-1644)刻本
1999年摄制. -- 1盘卷片(11米253拍) ：
1:10, 2B ；35mm银盐
收藏馆：缩微中心，国图

000O029180
玉灵照胆经：一卷心传要诀一卷 / (宋)邵平轩撰

明(1368-1644)抄本
1999年摄制. -- 1盘卷片(6米124拍)：1:10,
2B ；35mm银盐
收藏馆：缩微中心，国图

000O008499
覆盆明镜照占真经：八卷 / (宋)赵天祐撰
明(1368-1644)抄本
1988年摄制. -- 1盘卷片(5米77拍)：1:10,
2B ；35mm银盐
收藏馆：缩微中心，国图

000O013773
覆盆明镜照占真经：八卷 / (宋)赵天祐撰
明(1368-1644)抄本
1991年摄制. -- 1盘卷片(5米60拍)：1:10,
2B ；35mm银盐
收藏馆：缩微中心，国图

000O002089
龟卜玉灵经：不分卷
清(1644-1911)抄本
1986年摄制. -- 1盘卷片(5.3米89拍)：
1:10, 2B ；35mm银盐
收藏馆：缩微中心，国图

000O006783
大易断例卜筮元龟：二卷 / (□)萧天祐撰
日本抄本
1985年摄制. -- 1盘卷片(5米90拍)：1:10,
2B ；35mm银盐
收藏馆：缩微中心，国图

000O021213
遁甲应符经：三卷 / (宋)杨维德撰
明万历(1573-1620)刻本
1995年摄制. -- 1盘卷片(10米170拍)：
1:10, 2B ；35mm银盐
收藏馆：缩微中心，国图

000O025024
大六壬神课金口诀：六卷别录一卷 / (明)适适子撰
明万历(1573-1620)唐氏富春堂刻本
1996年摄制. -- 1盘卷片(11米214拍)：
1:10, 2B ；35mm银盐
收藏馆：缩微中心，安徽

000O023174
大六壬金柜经：一卷；大六壬苗公鬼撮脚：一卷
明(1368-1644)抄本
1995年摄制. -- 1盘卷片(6米79拍)：1:10,

2B ；35mm银盐
收藏馆：缩微中心，国图

000O023180
大六壬五变中黄经正文：一卷释义四卷
明(1368-1644)抄本
1995年摄制. -- 1盘卷片(7米115拍)：1:10,
2B ；35mm银盐
收藏馆：缩微中心，国图

000O028203
六壬云开观月经：一卷
明(1368-1644)始丰山房抄本
1996年摄制. -- 1盘卷片(4米42拍)：1:10,
2B ；35mm银盐
收藏馆：缩微中心，南京

000O020166
六壬日占：不分卷
明(1368-1644)刻蓝印本
1994年摄制. -- 2盘卷片(36米724拍)：
1:10, 2B ；35mm银盐
收藏馆：缩微中心，国图

000O015432
六壬集应钤：不分卷
明(1368-1644)抄本
1992年摄制. -- 2盘卷片(52米1045拍)：
1:10, 2B ；35mm银盐
收藏馆：缩微中心，国图

000O028416
六壬集要四言断：一卷
明(1368-1644)始丰山房抄本
1996年摄制. -- 1盘卷片(4米45拍)：1:10,
2B ；35mm银盐
收藏馆：缩微中心，南京

000O007013
黄帝龙首经：二卷
清(1644-1911)抄本
1987年摄制. -- 1盘卷片(5米77拍)：1:10,
2B ；35mm银盐
收藏馆：缩微中心，国图

000O002171
灵棋经：不分卷
明成化五年(1469)毛赞刻本. -- 存一册：卷下。(清)黄丕烈校补缺页缺字并跋。
1986年摄制. -- 1盘卷片(5米68拍)：1:10,
2B ；35mm银盐
收藏馆：缩微中心，国图

000O004111
灵棋经注解：一卷 / [题](晋)颜幼明[等]撰
明正德十五年(1520)乔迁刻本. --撰者还有：
(宋)何承天、(元)陈师凯、(明)刘基。
1986年摄制. -- 1盘卷片(7米134拍) : 1:10,
2B ; 35mm银盐
收藏馆：缩微中心，国图

000O015731
灵棋经注解：一卷 / [题](晋)颜幼明[等]撰
明正德十五年(1520)乔迁刻递修本. -- 撰者
还有：(宋)何承天、(元)陈师凯、(明)刘基。
1993年摄制. -- 1盘卷片(7米111拍) : 1:10,
2B ; 35mm银盐
收藏馆：缩微中心，国图

000O016700
灵棋经：一卷 / [题](晋)颜幼明,(宋)何承天,(元)陈师凯,(明)刘基注解
明正德十五年(1520)劳府刻本
1993年摄制. -- 1盘卷片(6米84拍) : 1:10,
2B ; 35mm银盐
收藏馆：缩微中心，国图

000O008767
灵棋经：一卷 / [题](晋)颜幼明[等]注解
明万历三年(1575)朱正民刻本. -- 注解者还
有：(宋)何承天、(元)陈师凯、(明)刘基等。
1988年摄制. -- 1盘卷片(5.8米99拍) :
1:11, 2B ; 35mm银盐
收藏馆：缩微中心，重庆

000O026758
灵棋经：二卷 / [题](晋)颜幼明,(宋)何承天注；(元)陈师凯,(明)刘基解
清(1644-1911)叶廷琯抄本. -- (清)叶廷琯
校。
1996年摄制. -- 1盘卷片(7米115拍) : 1:10,
2B ; 35mm银盐
收藏馆：缩微中心，南京

000O031891
南无大慈悲灵感观世音菩萨三十二课：一卷；观音感应卦：一卷
明(1368-1644)抄彩绘本
2010年摄制. -- 1盘卷片(8米127拍) : 1:10,
2B ; 35mm银盐
收藏馆：缩微中心，国图

000O001315
百签诗意图：不分卷
明(1368-1644)抄彩绘本
1985年摄制. -- 1盘卷片(7米122拍) : 1:10,
2B ; 35mm银盐
收藏馆：缩微中心，国图

000O019223
占书：一卷
明(1368-1644)抄彩绘本
1994年摄制. -- 1盘卷片(4米31拍) : 1:10,
2B ; 35mm银盐
收藏馆：缩微中心，国图

000O031960
占书：一卷
明(1368-1644)抄彩绘本
2010年摄制. -- 1盘卷片(4米48拍) : 1:12,
2B ; 35mm银盐
收藏馆：缩微中心，国图

000O018736
鬼谷子前定书：一卷
明(1368-1644)黎光阁刻本
1994年摄制. -- 1盘卷片(6米96拍) : 1:10,
2B ; 35mm银盐
收藏馆：缩微中心，国图

000O004365
新刊指南台司袁天罡先生五星三命大全：四卷
明(1368-1644)书林熊冲宇种德堂刻本
1986年摄制. -- 1盘卷片(6米109拍) : 1:10,
2B ; 35mm银盐
收藏馆：缩微中心，国图

000O004633
新雕注疏珞琭子三命消息赋：三卷 / (宋)李仝注；(宋)东方明疏 . 新雕李燕阴阳三命：二卷
清(1644-1911)影金(1115-1234)抄本
1987年摄制. -- 1盘卷片(3.6米48拍) :
1:10, 2B ; 35mm银盐
收藏馆：缩微中心，国图

000O009170
新雕注疏珞琭子三命消息赋：三卷 / (宋)李仝注；(宋)东方明疏 . 新雕李燕阴阳三命：二卷
清(1644-1911)抄本
1988年摄制. -- 1盘卷片(4米51拍) : 1:10,
2B ; 35mm银盐
收藏馆：缩微中心，湖南

000O004643
新编四家注解经进珞琭子消息赋：六卷 / (宋)王廷光[等]撰
清(1644-1911)影元(1271-1368)抄本. -- 撰
者还有：(宋)李仝、(宋)释昙莹、(宋)徐子
平。

1987年摄制. -- 1盘卷片(7.1米126拍) :
1:10, 2B ; 35mm银盐
收藏馆: 缩微中心, 国图

000O009275
新编四家注解经进琭球子消息赋: 六卷 / (宋)王廷光[等]撰
清(1644-1911)抄本
1988年摄制. -- 1盘卷片(7.5米135拍) :
1:10, 2B ; 35mm银盐
收藏馆: 缩微中心, 湖南

000O015374
子平遗书: 不分卷
明(1368-1644)抄本
1992年摄制. -- 1盘卷片(6米84拍) : 1:10,
2B ; 35mm银盐
收藏馆: 缩微中心, 国图

000O015408
子平遗书: 不分卷
明(1368-1644)抄本
1992年摄制. -- 1盘卷片(19米364拍) :
1:10, 2B ; 35mm银盐
收藏馆: 缩微中心, 国图

000O017268
子平遗书: 不分卷
明(1368-1644)抄本
1992年摄制. -- 25盘卷片(754米14543拍) :
1:10, 2B ; 35mm银盐
收藏馆: 缩微中心, 国图

000O013105
子平遗书: 不分卷
明(1368-1644)抄本. -- 罗振玉跋。
1991年摄制. -- 1盘卷片(21米410拍) :
1:10, 2B ; 35mm银盐
收藏馆: 缩微中心, 辽宁

000O021082
新刊合并官板音义评注渊海子平: 六卷 / (宋)徐升撰
明崇祯七年(1634)余氏善成堂刻本. -- 存五卷: 卷一至卷五。
1994年摄制. -- 1盘卷片(9米152拍) :
2B ; 35mm银盐
收藏馆: 缩微中心, 国图

000O002158
大定新编: 四卷 / (明)杨向春撰
明(1368-1644)刻本. -- (清)黄丕烈跋。
1986年摄制. -- 1盘卷片(14米293拍) :

1:10, 2B ; 35mm银盐
收藏馆: 缩微中心, 国图

000O006871
兰台妙选: 三卷 / (明)万民英识
明隆庆(1567-1572)刻本
1987年摄制. -- 1盘卷片(12米237拍) :
1:10, 2B ; 35mm银盐
收藏馆: 缩微中心, 吉林

000O013071
三命通会: 十二卷 / (明)万民英撰
明万历(1573-1620)刻本
1991年摄制. -- 2盘卷片(58米1144拍) :
1:10, 2B ; 35mm银盐
收藏馆: 缩微中心, 国图

000O024979
鼎镌燕台校板发微五星大全: 二卷
明万历三十四年(1606)书林杨氏刻本
1996年摄制. -- 1盘卷片(6米97拍) : 1:10,
2B ; 35mm银盐
收藏馆: 缩微中心, 安徽

000O028205
新编分类当代名公文武星案: 六卷首一卷 / (明)陆位撰
明万历四十四年(1616)书林余应虬刻本
1996年摄制. -- 1盘卷片(29米634拍) :
1:10, 2B ; 35mm银盐
收藏馆: 缩微中心, 南京

000O023844
太黔: 六卷 / (明)马绩华撰
明末(1621-1644)刻本
1995年摄制. -- 1盘卷片(9米152拍) : 1:10,
2B ; 35mm银盐
收藏馆: 缩微中心, 浙江

000O014984
太清神鉴录: 二卷
明(1368-1644)吴缉刻本
1992年摄制. -- 1盘卷片(7米115拍) : 1:10,
2B ; 35mm银盐
收藏馆: 缩微中心, 国图

000O023138
太清神鉴录: 二卷
明(1368-1644)吴缉刻本
1995年摄制. -- 1盘卷片(7米114拍) : 1:10,
2B ; 35mm银盐
收藏馆: 缩微中心, 国图

000O024842
神相全编：十二卷首一卷 / [题](宋)陈抟撰；(明)袁忠彻订正
明(1368-1644)刻本
1996年摄制. -- 1盘卷片(31米628拍) : 1:10, 2B；35mm银盐
收藏馆：缩微中心，浙江

000O029950
新刻校正增释合并麻衣先生人相编：十卷 / [题](明)袁忠彻辑
明万历十五年(1587)唐氏益轩刻本. -- 存三卷：卷二、卷九至卷十。
2001年摄制. -- 1盘卷片(9米151拍) : 1:10, 2B；35mm银盐
收藏馆：缩微中心，国图

000O020469
新刊图相麻衣相法：二卷
明(1368-1644)刻本
1994年摄制. -- 1盘卷片(5米60拍) : 1:10, 2B；35mm银盐
收藏馆：缩微中心，国图

000O015337
古今识鉴：九卷 / (明)袁忠彻撰
明嘉靖六年(1527)袁大纯刻本
1992年摄制. -- 1盘卷片(7米101拍) : 1:10, 2B；35mm银盐
收藏馆：缩微中心，国图

000O019250
回谷先生人伦广鉴集说：十卷
明(1368-1644)吴缉刻本
1994年摄制. -- 1盘卷片(6米87拍) : 1:10, 2B；35mm银盐
收藏馆：缩微中心，国图

000O020483
新刊图像人相编：六卷
明(1368-1644)刻本
1994年摄制. -- 1盘卷片(7米118拍) : 1:10, 2B；35mm银盐
收藏馆：缩微中心，国图

000O014688
太乙金钥匙：一卷 / [题]陈希夷撰 . 续集：一卷 / [题](明)玄同子撰
明(1368-1644)谈剑山居抄本
1992年摄制. -- 1盘卷片(5米47拍) : 1:10, 2B；35mm银盐
收藏馆：缩微中心，国图

000O014698
景祐太乙福应经：十卷
明(1368-1644)谈剑山居抄本
1992年摄制. -- 1盘卷片(5米57拍) : 1:10, 2B；35mm银盐
收藏馆：缩微中心，国图

000O016651
太乙统宗宝鉴：二十卷
明(1368-1644)抄本
1993年摄制. -- 1盘卷片(27米529拍) : 1:10, 2B；35mm银盐
收藏馆：缩微中心，国图

000O004144
太乙统宗宝鉴：二十二卷 / [题](元)晓山老人撰
清(1644-1911)抄本
1986年摄制. -- 1盘卷片(28.8米650拍) : 1:10, 2B；35mm银盐
收藏馆：缩微中心，国图

000O014593
遁甲：九卷
明(1368-1644)抄本
1992年摄制. -- 1盘卷片(19米374拍) : 1:10, 2B；35mm银盐
收藏馆：缩微中心，国图

000O029137
景祐遁甲莲华通神经：一卷；金枢符应秘文：三卷
明(1368-1644)抄本
1999年摄制. -- 1盘卷片(3米64拍) : 1:10, 2B；35mm银盐
收藏馆：缩微中心，国图

000O023838
重刻天元奇门遁甲句解烟波钓叟歌：不分卷 / [题](宋)赵普撰；(明)池纪解编
明(1368-1644)刻本
1995年摄制. -- 1盘卷片(7米111拍) : 1:10, 2B；35mm银盐
收藏馆：缩微中心，浙江

000O004173
阳遁阴遁：□□卷
明(1368-1644)抄本. -- 存十四卷：阳遁一至七局、阴遁一至七局。(清)杨墨林跋。
1986年摄制. -- 1盘卷片(21.2米471拍) : 1:10, 2B；35mm银盐
收藏馆：缩微中心，国图

000O003088
稽瑞录：一卷 / (唐)刘赓辑
清道光七年(1827)张履祥抄本
1986年摄制. -- 1盘卷片(5米77拍) : 1:10,
2B ; 35mm银盐
收藏馆：缩微中心, 国图

000O001262
稽瑞录：一卷 / (唐)刘赓辑
清(1644-1911)抄本
1985年摄制. -- 1盘卷片(5米79拍) : 1:10,
2B ; 35mm银盐
收藏馆：缩微中心, 国图

000O004239
稽瑞录：一卷 / (唐)刘赓辑
清(1644-1911)抄本
1985年摄制. -- 1盘卷片(5.3米76拍) :
1:10, 2B ; 35mm银盐
收藏馆：缩微中心, 国图

000O003210
三历撮要：一卷
清咸丰元年(1851)颜士钦影宋(960-1279)抄
本. -- (清)杨绍和跋.
1986年摄制. -- 1盘卷片(5米71拍) : 1:10,
2B ; 35mm银盐
收藏馆：缩微中心, 国图

000O003610
宝颜堂订正丙丁龟鉴：五卷续二卷 / (宋)柴望撰
清(1644-1911)彭氏知圣道斋抄本. -- 续二
卷。(清)彭元瑞校并跋, (清)刘喜海跋。
1985年摄制. -- 1盘卷片(5.1米73拍) :
1:10, 2B ; 35mm银盐
收藏馆：缩微中心, 国图

000O003112
弹冠必用集：一卷 / (宋)周渭撰．兀日别法：一
卷
明(1368-1644)抄本
1986年摄制. -- 1盘卷片(4米30拍) : 1:10,
2B ; 35mm银盐
收藏馆：缩微中心, 国图

000O000209
新刊阴阳宝鉴克择通书前集：五卷
明初(1368-1424)刻本. -- 存四卷：卷一至卷
四。
1985年摄制. -- 1盘卷片(5米84拍) : 1:10,
2B ; 35mm银盐
收藏馆：缩微中心, 国图

000O020801
新锲全补发微历正通书大全乾集：三卷 / (元)何
士泰历法；(明)顾乃德编集；(明)罗崇麟增补
明崇祯(1628-1644)书林陈国旺刻本
1994年摄制. -- 1盘卷片(5米69拍) : 1:10,
2B ; 35mm银盐
收藏馆：缩微中心, 国图

000O002157
天文书：四卷 / (明)海达儿[等]口授；(明)李
翀,(明)吴伯宗译
明洪武十六年(1383)内府刻本
1986年摄制. -- 1盘卷片(10米189拍) :
1:10, 2B ; 35mm银盐
收藏馆：缩微中心, 国图

000O003448
臞仙肘后神枢：二卷 / (明)朱权撰
明成化八年(1472)余庆书堂刻本
1986年摄制. -- 1盘卷片(7.6米144拍) :
1:10, 2B ; 35mm银盐
收藏馆：缩微中心, 国图

000O017570
臞仙肘后神枢：二卷 / (明)朱权撰
明(1368-1644)刻本
1993年摄制. -- 1盘卷片(7米117拍) : 1:10,
2B ; 35mm银盐
收藏馆：缩微中心, 国图

000O007581
臞仙肘后经：二卷 / (明)朱权撰
明(1368-1644)刻本
1987年摄制. -- 1盘卷片(7米121拍) : 1:10,
2B ; 35mm银盐
收藏馆：缩微中心, 国图

000O006468
选择历书：五卷
明(1368-1644)刻本
1987年摄制. -- 1盘卷片(13米260拍) :
1:10, 2B ; 35mm银盐
收藏馆：缩微中心, 国图

000O013760
汇选易见历书：六卷 / (明)罗彦瞻撰
明万历(1573-1620)刻本
1991年摄制. -- 1盘卷片(21.3米470拍) :
1:10, 2B ; 35mm银盐
收藏馆：缩微中心, 辽宁

000O013246
新刊理气详辩纂要三台便览通书正宗：二十卷

首一卷 / (明)林维松辑

明万历(1573-1620)书林余象斗双峰堂刻本

1991年摄制. -- 2盘卷片(50米1123拍)：

1:10, 2B ; 35mm银盐

收藏馆：缩微中心，南京

000O013663

五刻理气纂要详辩三台便览通书正宗：十八卷
首三卷 / (明)林绍周纂辑；(明)林维松重编. 附：
二卷 / (明)柯珮编集；(明)林维松补遗

明崇祯十年(1637)余仰止刻本

1991年摄制. -- 2盘卷片(53米1081拍)：

1:10, 2B ; 35mm银盐

收藏馆：缩微中心，国图

000O013743

选择集要：七卷 / (明)黄一凤撰

明(1368-1644)抄本

1991年摄制. -- 1盘卷片(11米207拍)：

1:10, 2B ; 35mm银盐

收藏馆：缩微中心，辽宁

000O005820

历府钩圆：不分卷 / (明)宋安雅撰

清初(1644-1722)刻本

1987年摄制. -- 1盘卷片(7米125拍)：1:10,
2B ; 35mm银盐

收藏馆：缩微中心，国图

000O017366

类编历法通书大全：三十卷 / (元)宋鲁珍通书；
(元)何士泰历法；(明)熊宗立类编. 新增补遗阴
阳备要历法通书大全：二卷 / (明)蔡彬撰

明嘉靖三十年(1551)刘釪刻递修本. -- 存
二十八卷：卷一至卷二十八。

1993年摄制. -- 1盘卷片(27米539拍)：

1:10, 2B ; 35mm银盐

收藏馆：缩微中心，国图

000O007578

类编历法通书大全：三十卷 / (元)宋鲁珍通书；
(元)何士泰历法；(明)熊宗立类编

明(1368-1644)刻本. -- 存九卷：卷一至卷
九。

1987年摄制. -- 1盘卷片(10米204拍)：

1:10, 2B ; 35mm银盐

收藏馆：缩微中心，国图

000O015749

类编历法通书大全：三十卷 / (元)宋鲁珍通书；
(元)何士泰历法；(明)熊宗立类编

明(1368-1644)刻本

1993年摄制. -- 2盘卷片(48米956拍)：

1:10, 2B ; 35mm银盐

收藏馆：缩微中心，国图

000O021677

类编历法通书大全：三十卷 / (元)宋鲁珍通书；
(元)何士泰历法；(明)熊宗立类编

明(1368-1644)刻本

1995年摄制. -- 2盘卷片(47米956拍)：

1:10, 2B ; 35mm银盐

收藏馆：缩微中心，国图

000O014835

钦天监明传秘指日用通书：三卷 / (明)胡以信辑；
(明)夏以仁订补

明(1368-1644)书林叶贵刻本

1992年摄制. -- 1盘卷片(7米109拍)：1:10,
2B ; 35mm银盐

收藏馆：缩微中心，国图

000O008784

诹择秘典：二卷；诹择历眼：十二卷 / (明)黄汝
和撰

明天启三年(1623)刻本. -- 李盛铎跋。

1988年摄制. -- 2盘卷片(37.7米806拍)：

1:10, 2B ; 35mm银盐

收藏馆：缩微中心，重庆

000O005210

禽星易见：一卷 / (明)池本理撰

明(1368-1644)抄本. -- 四库底本。

1986年摄制. -- 1盘卷片(3.8米55拍)：

1:10, 2B ; 35mm银盐

收藏馆：缩微中心，国图

000O011451

御定星历考原：六卷 / (清)李光地[等]纂

清康熙五十二年(1713)内府铜活字印本

1989年摄制. -- 1盘卷片(11.8米246拍)：

1:10, 2B ; 35mm银盐

收藏馆：缩微中心，辽宁

000O025385

御定星历考原：六卷 / (清)李光地[等]纂

清(1644-1911)抄本

1996年摄制. -- 1盘卷片(12米204拍)：

1:10, 2B ; 35mm银盐

收藏馆：缩微中心，国图

000O025401

钦定选择历书：十卷 / (清)安泰[等]纂修

清康熙(1662-1722)内府刻本

1996年摄制. -- 1盘卷片(28米557拍)：

1:10, 2B ; 35mm银盐

收藏馆：缩微中心，国图

00O014263
时日选择用事宜忌：一卷
清(1644-1911)朱墨等四色抄本
1992年摄制. -- 1盘卷片(4米52拍) ： 1:10,
2B ；35mm银盐
收藏馆：缩微中心，国图

00O031931
时日选择用事宜忌：一卷
清(1644-1911)朱墨等四色抄本
2010年摄制. -- 1盘卷片(5米69拍) ： 1:12,
2B ；35mm银盐
收藏馆：缩微中心，国图

00O028191
五行大义：五卷 / (隋)萧吉撰
清(1644-1911)抄本. -- (清)丁丙跋。
1996年摄制. -- 1盘卷片(11米210拍) ：
1:10, 2B ；35mm银盐
收藏馆：缩微中心，南京

00O003193
专征赋：一卷 / [题](唐)袁天罡撰 . 六甲主事赋
遁甲起例等：不分卷
明(1368-1644)抄本
1986年摄制. -- 1盘卷片(7米119拍) ： 1:10,
2B ；35mm银盐
收藏馆：缩微中心，国图

00O015115
洪范政鉴：十二卷 / (宋)仁宗赵祯撰
清光绪八年(1882)黄彭年抄本. -- (清)黄彭
年、叶昌炽跋。
1992年摄制. -- 1盘卷片(18米321拍) ：
1:10, 2B ；35mm银盐
收藏馆：缩微中心，国图

00O003115
五行精纪：三十四卷 / (宋)廖中撰
清(1644-1911)海虞瞿氏恬裕斋抄本. -- 存
三十三卷：卷一至卷三十三。
1986年摄制. -- 1盘卷片(21米448拍) ：
1:10, 2B ；35mm银盐
收藏馆：缩微中心，国图

00O000445
五行精纪：三十四卷 / (宋)廖中撰
朝鲜刻本
1985年摄制. -- 1盘卷片(24米496拍) ：
1:10, 2B ；35mm银盐
收藏馆：缩微中心，国图

00O014441
重刻校增武侯入门神书：一卷 / (明)胡献忠撰
明万历四十三年(1615)胡献忠刻本
1992年摄制. -- 1盘卷片(6米88拍) ： 1:10,
2B ；35mm银盐
收藏馆：缩微中心，国图

00O001757
五行类应：九卷 / (明)钱春撰
明万历(1573-1620)侯加地刻本
1986年摄制. -- 1盘卷片(26米582拍) ：
1:10, 2B ；35mm银盐
收藏馆：缩微中心，国图

00O029124
金枢符应秘文：三卷；景祐遁甲莲华通神经：
一卷
明(1368-1644)抄本
1999年摄制. -- 1盘卷片(6米124拍) ： 1:10,
2B ；35mm银盐
收藏馆：缩微中心，国图

00O016315
秘微经：二卷
明(1368-1644)抄本
1992年摄制. -- 2盘卷片(33米660拍) ：
1:10, 2B ；35mm银盐
收藏馆：缩微中心，国图

00O018756
新刻万法归宗：五卷
明(1368-1644)刻本
1994年摄制. -- 1盘卷片(14米264拍) ：
1:10, 2B ；35mm银盐
收藏馆：缩微中心，国图

00O017738
梦林玄解：三十四卷首一卷 / [题](宋)邵雍纂辑；
(明)陈士元增删；(明)何栋如重辑
明崇祯(1628-1644)刻本
1993年摄制. -- 2盘卷片(61米1263拍) ：
1:10, 2B ；35mm银盐
收藏馆：缩微中心，国图

00O021671
梦林玄解：三十四卷首一卷 / (明)陈士元增删；
(明)何栋如重辑
明崇祯(1628-1644)刻本
1995年摄制. -- 2盘卷片(64米1241拍) ：
1:10, 2B ；35mm银盐
收藏馆：缩微中心，国图

000○015895
梦占类考：十二卷 / (明)张凤翼辑
明万历十三年(1585)王祖嫡刻本
1993年摄制. -- 1盘卷片(21米424拍)：
1:10, 2B；35mm银盐
收藏馆：缩微中心, 国图

000○016211
新锲徽郡原板梦学全书：三卷首一卷
明(1368-1644)书林熊建山刻本
1993年摄制. -- 1盘卷片(7米108拍)：1:10,
2B；35mm银盐
收藏馆：缩微中心, 国图

000○005468
文成集：一卷诸仙诗话一卷
明(1368-1644)抄本
1986年摄制. -- 1盘卷片(5米78拍)：1:10,
2B；35mm银盐
收藏馆：缩微中心, 国图

000○000862
字触：六卷 / (清)周亮工辑
清康熙六年(1667)周氏赖古堂刻本
1985年摄制. -- 1盘卷片(9米164拍)：1:10,
2B；35mm银盐
收藏馆：缩微中心, 国图

艺术类

000○025965
画禅室随笔：四卷 / (明)董其昌撰；(明)杨补编
清初(1644-1722)刻本
1996年摄制. -- 1盘卷片(9米162拍)：1:10,
2B；35mm银盐
收藏馆：缩微中心, 南京

000○028403
董文敏公画禅室随笔：四卷 / (明)董其昌撰
清康熙十七年(1678)汪汝禄刻本. -- (清)刘
彦冲跋, (清)顾大昌题识。
1996年摄制. -- 1盘卷片(9米168拍)：1:10,
2B；35mm银盐
收藏馆：缩微中心, 南京

000○024723
董太史画禅室随笔：二卷 / (明)董其昌撰
清初(1644-1722)抄本. -- (清)仲艺校并跋,
(清)孙从添跋。
1996年摄制. -- 1盘卷片(5米76拍)：1:10,
2B；35mm银盐
收藏馆：缩微中心, 浙江

000○031259
画禅室随笔：四卷 / (明)董其昌撰
清(1644-1911)大魁堂刻本. -- (清)翁同龢圈
点批注。
2004年摄制. -- 1盘卷片(10米180拍)：1:8,
2B；35mm银盐
收藏馆：缩微中心, 国图

000○008107
蒋氏游艺秘录：二卷 / (清)蒋衡,(清)蒋和撰
清乾隆五十九年(1794)赵琳刻本
1988年摄制. -- 1盘卷片(7米130拍)：1:10,
2B；35mm银盐
收藏馆：缩微中心, 湖北

000○026366
研山斋珍赏历代名法书图绘集览：五卷 / (清)孙承泽撰
清(1644-1911)抄本
1997年摄制. -- 1盘卷片(15米290拍)：
1:10, 2B；35mm银盐
收藏馆：缩微中心, 湖北

000○015887
初白庵藏珍记：一卷题跋一卷尺牍二卷 / (清)查慎行撰; (清)吴昂驹辑
清(1644-1911)抄本
1993年摄制. -- 1盘卷片(4米46拍)：1:10,
2B；35mm银盐
收藏馆：缩微中心, 国图

000○018895
书画指南：□□卷
清(1644-1911)抄本. -- 存二卷：卷上、卷
下。(清)管庭芬跋。
1994年摄制. -- 1盘卷片(4米52拍)：1:10,
2B；35mm银盐
收藏馆：缩微中心, 天津

000○026948
式古堂朱墨书画纪：八十卷 / (清)卞永誉辑；(清)林一璘考订
清(1644-1911)抄本
1992年摄制. -- 18盘卷片(494米10323拍)：
1:10, 2B；35mm银盐
收藏馆：缩微中心, 国图

000○031108
式古堂朱墨书画纪：八十卷 / (清)卞永誉辑；(清)林一璘考订
清(1644-1911)抄本. -- 书纪实存五十六卷：
卷一至卷四十四、卷四十六至卷五十四、卷
五十六至卷五十八，画纪实存二十一卷：卷一

至卷十八、卷二十至卷二十二。
2004年摄制. -- 17盘卷片(515米11010拍) :
1:10, 2B ; 35mm银盐
收藏馆：缩微中心，国图

00O015768
闽中书画录：十卷 / (清)黄锡蕃辑
清(1644-1911)稿本. -- 存六卷：卷五至卷
十。
1993年摄制. -- 1盘卷片(8米126拍) : 1:10,
2B ; 35mm银盐
收藏馆：缩微中心，国图

00O014467
闽中书画录：不分卷 / (清)丁晞辑
清(1644-1911)稿本
1992年摄制. -- 1盘卷片(17.3米369拍) :
1:9, 2B ; 35mm银盐
收藏馆：缩微中心，重庆

00O027749
闽中书画录：十四卷 / (清)黄锡蕃辑
清(1644-1911)抄本. -- 存八卷：卷一至卷
八。
1996年摄制. -- 1盘卷片(11.4米222拍) :
1:10, 2B ; 35mm银盐
收藏馆：缩微中心，福建

00O003829
闽中书画录：十四卷 / (清)黄锡蕃辑
清(1644-1911)苣屏山房抄本. -- (清)杨浚
跋。
1985年摄制. -- 1盘卷片(13米260拍) :
1:10, 2B ; 35mm银盐
收藏馆：缩微中心，国图

00O020817
**元破临安所得故宋书画目：一卷 / [题](元)王恽
撰 ; (清)德仪校注**
清光绪(1875-1908)德仪抄本
1994年摄制. -- 1盘卷片(3米14拍) : 1:10,
2B ; 35mm银盐
收藏馆：缩微中心，国图

00O016479
铁网珊瑚：书品十卷画品六卷 / (明)朱存理辑
清雍正六年(1728)年希尧澄鉴堂刻本
1992年摄制. -- 2盘卷片(44米922拍) :
1:10, 2B ; 35mm银盐
收藏馆：缩微中心，国图

00O018311
铁网珊瑚：书品十卷画品六卷 / (明)朱存理辑

清雍正六年(1728)年希尧刻本
1993年摄制. -- 2盘卷片(48米1032拍) :
1:10, 2B ; 35mm银盐
收藏馆：缩微中心，天津

00O021540
铁网珊瑚：二十卷 / (明)都穆撰
清乾隆二十三年(1758)都氏刻本
1995年摄制. -- 1盘卷片(18米324拍) :
1:10, 2B ; 35mm银盐
收藏馆：缩微中心，国图

00O013113
书画萃苑：八卷 / (明)怀褐山人辑
明崇祯十年(1637)抄本
1991年摄制. -- 1盘卷片(21.1米466拍) :
1:10, 2B ; 35mm银盐
收藏馆：缩微中心，辽宁

00O028213
珊瑚木难：八卷 / (明)朱存理辑
明(1368-1644)抄本. -- (清)章绶衔校并跋,
(清)丁丙跋。
1996年摄制. -- 1盘卷片(20米425拍) :
1:10, 2B ; 35mm银盐
收藏馆：缩微中心，南京

00O004236
珊瑚木难：八卷 / (明)朱存理辑
清(1644-1911)抄本
1986年摄制. -- 1盘卷片(18米406拍) :
1:10, 2B ; 35mm银盐
收藏馆：缩微中心，国图

00O016283
珊瑚木难：八卷 / (明)朱存理辑
清(1644-1911)抄本
1993年摄制. -- 1盘卷片(22米433拍) :
1:10, 2B ; 35mm银盐
收藏馆：缩微中心，国图

00O003721
珊瑚木难：八卷 / (明)朱存理辑
清(1644-1911)抄本. -- (清)周星诒跋。
1985年摄制. -- 1盘卷片(19米414拍) :
1:10, 2B ; 35mm银盐
收藏馆：缩微中心，国图

00O019058
珊瑚木难：不分卷 / (明)朱存理辑
清(1644-1911)抄本
1994年摄制. -- 1盘卷片(11米201拍) :
1:10, 2B ; 35mm银盐

收藏馆：缩微中心，国图

000O021956

清河书画舫：十二卷 / (明)张丑辑

清(1644-1911)抄本

1995年摄制. -- 1盘卷片(30米615拍)：

1:10, 2B；35mm银盐

收藏馆：缩微中心，国图

000O004251

清河书画舫：十一卷 / (明)张丑辑

清(1644-1911)抄本

1985年摄制. -- 1盘卷片(27.7米625拍)：

1:10, 2B；35mm银盐

收藏馆：缩微中心，国图

000O020118

清河书画舫：六卷 / (明)张丑辑

清(1644-1911)抄本

1994年摄制. -- 1盘卷片(13米238拍)：

1:10, 2B；35mm银盐

收藏馆：缩微中心，国图

000O017630

真迹日录：一卷二集一卷三集一卷 / (明)张丑撰

清(1644-1911)抄本

1993年摄制. -- 1盘卷片(11米185拍)：

1:10, 2B；35mm银盐

收藏馆：缩微中心，国图

000O019882

真迹日录：三卷；清河秘箧书画表：一卷 / (明)张丑撰 . 清秘藏：一卷 / (明)张应文撰

清(1644-1911)李瀷叟抄本. -- 还有合刻著作：南阳法书表一卷/(明)张丑撰，名画表一卷/(明)张丑撰，法书名画见闻表一卷/(明)张丑撰。

1994年摄制. -- 1盘卷片(11米200拍)：

1:10, 2B；35mm银盐

收藏馆：缩微中心，国图

000O028216

书画记：六卷 / (清)吴其贞撰

清(1644-1911)抄本

1996年摄制. -- 1盘卷片(15米295拍)：

1:10, 2B；35mm银盐

收藏馆：缩微中心，南京

000O028447

朱卧庵藏书画目：一卷 / (明)朱之赤撰

清(1644-1911)赵氏竹崦盦抄本

1996年摄制. -- 1盘卷片(4米55拍)：1:10,

2B；35mm银盐

收藏馆：缩微中心，南京

000O003827

卧庵藏书画目：一卷 / (清)朱之赤藏并撰

清(1644-1911)顾氏艺海楼抄本

1985年摄制. -- 1盘卷片(4米80拍)：1:10,

2B；35mm银盐

收藏馆：缩微中心，国图

000O028456

七颂堂识小录：一卷 / (清)刘体仁撰

清(1644-1911)抄本. -- (清)翁方纲批。

1996年摄制. -- 1盘卷片(3米30拍)：1:10,

2B；35mm银盐

收藏馆：缩微中心，南京

000O004250

庚子销夏记：八卷 / (清)孙承泽撰

清乾隆二十五年至二十六年(1760-1761)鲍廷博刻本. -- (清)叶商跋并录(清)何焯批注，(清)何焯、(清)朱筠、(清)余集、(清)夏璜、(清)卢文弨题识。

1986年摄制. -- 1盘卷片(10米195拍)：

1:10, 2B；35mm银盐

收藏馆：缩微中心，国图

000O015999

庚子销夏记：八卷 / (清)孙承泽撰

清(1644-1911)龙威阁刻本. -- 章钰校并跋。

1993年摄制. -- 1盘卷片(11米186拍)：

1:10, 2B；35mm银盐

收藏馆：缩微中心，国图

000O020822

江村书画目：不分卷 / (清)高士奇撰并藏

清(1644-1911)抄本. -- (清)吴锡麒跋。

1994年摄制. -- 1盘卷片(4米47拍)：1:10,

2B；35mm银盐

收藏馆：缩微中心，国图

000O014677

式古堂书画汇考：六十卷目录三卷 / (清)卞永誉辑

清康熙二十一年(1682)卞永誉刻本. -- 书考目录上缺。(清)查莹、(清)柯逢时跋。

1992年摄制. -- 8盘卷片(201米4626拍)：

1:10, 2B；35mm银盐

收藏馆：缩微中心，国图

000O016984

式古堂书画汇考：六十卷目录二卷 / (清)卞永誉辑

清康熙二十一年(1682)卞永誉刻本. -- 存

三十二卷：画考三十卷、目录二卷。
1993年摄制. -- 4盘卷片(109米2216拍) ：
1:10, 2B ; 35mm银盐
收藏馆：缩微中心，国图

000O004230
佩文斋书画谱：一百卷 / (清)孙岳颁[等]撰
清康熙(1662-1722)内府刻本. -- 撰者还有：
(清)宋骏业等。
1986年摄制. -- 8盘卷片(230.6米5123拍) ：
1:10, 2B ; 35mm银盐
收藏馆：缩微中心，国图

000O000093
吴越所见书画录：六卷 / (清)陆时化辑 . 书画说
铃：一卷 / (清)陆时化撰
清乾隆四十一年(1776)陆氏怀烟阁刻本
1985年摄制. -- 1盘卷片(32米690拍) ：
1:10, 2B ; 35mm银盐
收藏馆：缩微中心，国图

000O019220
吴越所见书画录：六卷 / (清)陆明化辑 . 书画说
铃：一卷 / (清)陆时化撰
清乾隆四十一年(1776)陆氏怀烟阁刻本
1994年摄制. -- 1盘卷片(33米668拍) ：
1:10, 2B ; 35mm银盐
收藏馆：缩微中心，国图

000O028453
吴越所见书画录：六卷 / (清)陆时化辑 . 书画说
铃：一卷 / (清)陆时化撰
清乾隆四十一年(1776)陆氏怀烟阁刻本. --
(清)许增跋。
1996年摄制. -- 1盘卷片(30.5米713拍) ：
1:10, 2B ; 35mm银盐
收藏馆：缩微中心，南京

000O012516
石渠宝笈：四十四卷 / (清)张照[等]辑
清(1644-1911)抄本. -- 四库底本。存四十三
卷：卷一至卷十三、卷十五至卷四十四。
1990年摄制. -- 3盘卷片(90.5米2156拍) ：
1:10, 2B ; 35mm银盐
收藏馆：缩微中心，辽宁

000O019389
乾隆二十六年至二十七年续入字画：二卷
清(1644-1911)内府抄本
1994年摄制. -- 1盘卷片(3米22拍) ： 1:10,
2B ; 35mm银盐
收藏馆：缩微中心，国图

000O028122
吉光片羽：八卷 / (清)陆绍曾辑
清(1644-1911)抄本
1996年摄制. -- 1盘卷片(15米314拍) ：
1:10, 2B ; 35mm银盐
收藏馆：缩微中心，南京

000O028177
遂初堂收藏书画目录：二十八卷
清(1644-1911)抄本
1996年摄制. -- 1盘卷片(7.5米118拍) ：
1:10, 2B ; 35mm银盐
收藏馆：缩微中心，南京

000O019190
画石轩卧游随录：四卷 / (清)朱逢泰撰
清嘉庆三年(1798)朱氏画石轩刻本. -- 郑振
铎跋。
1994年摄制. -- 1盘卷片(5米56拍) ： 1:10,
2B ; 35mm银盐
收藏馆：缩微中心，国图

000O003828
石渠随笔：八卷 / (清)阮元撰
清(1644-1911)抄本. -- (清)王宗炎校。
1985年摄制. -- 1盘卷片(8米160拍) ： 1:10,
2B ; 35mm银盐
收藏馆：缩微中心，国图

000O004334
西畇寓目编：七卷 / (清)陈墫辑
清(1644-1911)抄本. -- (清)蒋凤藻批注并
跋。
1986年摄制. -- 1盘卷片(26米580拍) ：
1:10, 2B ; 35mm银盐
收藏馆：缩微中心，国图

000O028988
我川寓赏编：不分卷
清(1644-1911)沈氏鸣野山房抄本
1989年摄制. -- 1盘卷片(5米106拍) ： 1:10,
2B ; 35mm银盐
收藏馆：缩微中心，南京

000O027946
鸣野山房书画记：三卷 / (清)沈复粲撰
清(1644-1911)稿本. -- (清)蔡名衡校并跋。
1996年摄制. -- 1盘卷片(13米250拍) ：
1:10, 2B ; 35mm银盐
收藏馆：缩微中心，南京

000O019501
珊网一隅：四卷 / (清)陈日霁撰

清道光二十年(1840)刻本
1994年摄制. -- 1盘卷片(6米73拍) : 1:10,
2B ; 35mm银盐
收藏馆：缩微中心，国图

000O001255
别下斋书画录：七卷补阙一卷 / (清)蒋光煦辑．
南屏行箧录残本：一卷 / (清)释达受辑
清同治四年(1865)管庭芬抄本
1985年摄制. -- 1盘卷片(9米167拍) : 1:10,
2B ; 35mm银盐
收藏馆：缩微中心，国图

000O028558
爇余所见录：三卷 / (清)宗源瀚撰
清(1644-1911)宗氏颐情馆抄本. -- (清)宗舜
年校。
1996年摄制. -- 1盘卷片(8.5米154拍) :
1:10, 2B ; 35mm银盐
收藏馆：缩微中心，南京

000O029311
楚游寓目编：二卷 / (清)顾承之撰
清(1644-1911)抄本
1999年摄制. -- 1盘卷片(5米66拍) : 1:10,
2B ; 35mm银盐
收藏馆：缩微中心，苏州

000O026708
南濠文跋：四卷 / (明)都穆撰
清(1644-1911)环翠山房抄本. -- (清)吴锡麒
校并跋。
1996年摄制. -- 1盘卷片(4米68拍) : 1:10,
2B ; 35mm银盐
收藏馆：缩微中心，南京

000O008186
书画跋跋：三卷续三卷 / (明)孙鑛撰
清乾隆五年(1740)孙氏居业堂刻本. -- 版框
高十八厘米宽十四厘米。
1988年摄制. -- 1盘卷片(12米247拍) :
1:10, 2B ; 35mm银盐
收藏馆：缩微中心，广东

000O017624
书画题跋记：十二卷续记十二卷 / (明)郁逢庆辑
清(1644-1911)抄本
1993年摄制. -- 1盘卷片(32米625拍) :
1:10, 2B ; 35mm银盐
收藏馆：缩微中心，国图

000O019442
书画题跋记：十二卷续记十二卷 / (明)郁逢庆辑

清(1644-1911)抄本
1994年摄制. -- 1盘卷片(26米509拍) :
1:10, 2B ; 35mm银盐
收藏馆：缩微中心，国图

000O024080
书画题跋记：十二卷续记十二卷 / (明)郁逢庆辑
清(1644-1911)抄本
1995年摄制. -- 2盘卷片(33米670拍) :
1:10, 2B ; 35mm银盐
收藏馆：缩微中心，湖北

000O000814
书画题跋记：十二卷 / (明)郁逢庆辑
清(1644-1911)东武刘氏味经书屋抄本
1985年摄制. -- 1盘卷片(14.7米311拍) :
1:10, 2B ; 35mm银盐
收藏馆：缩微中心，国图

000O005815
书画题跋记：十二卷 / (明)郁逢庆辑
清(1644-1911)抄本. -- 存六卷：卷四至卷
九。
1987年摄制. -- 1盘卷片(9.1米177拍) :
1:10, 2B ; 35mm银盐
收藏馆：缩微中心，国图

000O016139
珊瑚网法书题跋：二十四卷名画题跋二十四卷
附录一卷 / (明)汪砢玉辑
清(1644-1911)抄本
1993年摄制. -- 3盘卷片(79米1645拍) :
1:10, 2B ; 35mm银盐
收藏馆：缩微中心，国图

000O007472
珊瑚网法书题跋：不分卷名画题跋不分卷法帖
题跋三卷 / (明)汪砢玉辑
清初(1644-1722)抄本
1987年摄制. -- 1盘卷片(19米412拍) :
1:10, 2B ; 35mm银盐
收藏馆：缩微中心，国图

000O026863
榆楼题跋：不分卷 / (清)奚疑撰
清(1644-1911)稿本
1996年摄制. -- 1盘卷片(3米31拍) : 1:10,
2B ; 35mm银盐
收藏馆：缩微中心，南京

000O025825
书画题跋：五种五卷 / (清)吴骞编
清(1644-1911)抄本. -- (清)吴骞跋。

1996年摄制. -- 1盘卷片(7米94拍) ： 1:10,
2B ；35mm银盐
收藏馆：缩微中心，国图

000O028452
颐情馆书画跋：一卷 / (清)宗源瀚撰
清(1644-1911)宗氏颐情馆抄本
1996年摄制. -- 1盘卷片(4米59拍) ： 1:10,
2B ；35mm银盐
收藏馆：缩微中心，南京

000O023128
十竹斋画谱：八卷 / (明)胡正言辑
明崇祯(1628-1644)胡氏十竹斋刻套印本. --
存三卷：书画册一卷、竹谱一卷、墨华册一
卷。
1995年摄制. -- 1盘卷片(8米119拍) ： 1:10,
2B ；35mm银盐
收藏馆：缩微中心，国图

000O031893
十竹斋画谱：八卷 / (明)胡正言辑
明崇祯(1628-1644)胡氏十竹斋刻套印本. --
存七卷：卷一至卷七。
2010年摄制. -- 1盘卷片(19米349拍) ：
1:10, 2B ；35mm银盐
收藏馆：缩微中心，国图

000O019273
十竹斋石谱：一卷 / (明)胡正言辑
明崇祯(1628-1644)胡氏十竹斋刻套印本
1994年摄制. -- 1盘卷片(4米31拍) ： 1:10,
2B ；35mm银盐
收藏馆：缩微中心，国图

000O031912
石谱：一卷 / (明)胡正言撰
明崇祯(1628-1644)胡氏十竹斋刻套印本
2010年摄制. -- 1盘卷片(4米37拍) ： 1:14,
2B ；35mm银盐
收藏馆：缩微中心，国图

000O020251
十竹斋兰谱：一卷 / (明)胡正言辑
明崇祯(1628-1644)胡氏十竹斋刻套印本
1994年摄制. -- 1盘卷片(4米35拍) ： 1:10,
2B ；35mm银盐
收藏馆：缩微中心，国图

000O019120
赏奇轩四种合编：四卷
清(1644-1911)刻本
1994年摄制. -- 1盘卷片(10米162拍) ：

1:10, 2B ；35mm银盐
收藏馆：缩微中心，国图

000O007933
书学会编：四卷 / (明)黄瑜编
明(1368-1644)刻本. -- 存一卷：卷一。
1988年摄制. -- 1盘卷片(4米52拍) ： 1:10,
2B ；35mm银盐
收藏馆：缩微中心，湖南

000O018618
书学会编：四卷 / (明)黄瑜编
明(1368-1644)刻本
1993年摄制. -- 1盘卷片(6.4米114拍) ：
1:9, 2B ；35mm银盐
收藏馆：缩微中心，重庆

000O004646
**书品：一卷 / (梁)庾肩吾撰．法帖音释刊误：一卷 /
(宋)陈与义撰．翰墨志：一卷 / (宋)高宗赵构撰**
清(1644-1911)抄本
1986年摄制. -- 1盘卷片(3米24拍) ： 1:10,
2B ；35mm银盐
收藏馆：缩微中心，国图

000O014394
**书品：一卷 / (梁)庾肩吾撰．书品后：一卷 /
(唐)李嗣真撰**
明(1368-1644)弹琴室刻本
1992年摄制. -- 1盘卷片(3米21拍) ： 1:10,
2B ；35mm银盐
收藏馆：缩微中心，国图

000O014207
**唐孙过庭书谱：一卷 / (唐)孙过庭撰．续书断：
二卷 / (宋)灊溪隐夫撰．姜尧章续书谱：一卷 /
(宋)姜夔撰**
明(1368-1644)刻本
1992年摄制. -- 1盘卷片(5米55拍) ： 1:10,
2B ；35mm银盐
收藏馆：缩微中心，国图

000O014355
绛帖平：六卷 / (宋)姜夔撰
清乾隆三十一年(1766)郁礼东啸轩抄本. --
(清)郁礼校并跋。
1992年摄制. -- 1盘卷片(7米95拍) ： 1:10,
2B ；35mm银盐
收藏馆：缩微中心，国图

000O009336
绛帖平：六卷 / (宋)姜夔撰
清初(1644-1722)抄本

1988年摄制. -- 1盘卷片(6米110拍) : 1:10,
2B ; 35mm银盐
收藏馆：缩微中心，湖南

000O005473
绛帖平：六卷总录一卷 / (宋)姜夔撰
清(1644-1911)抄本. -- (清)翁同龢跋并题
诗。
1986年摄制. -- 1盘卷片(6米110拍) : 1:10,
2B ; 35mm银盐
收藏馆：缩微中心，国图

000O007966
绛帖平：六卷 / (宋)姜夔撰
清(1644-1911)抄本
1988年摄制. -- 1盘卷片(7米115拍) : 1:10,
2B ; 35mm银盐
收藏馆：缩微中心，湖南

000O007967
绛帖平：六卷 / (宋)姜夔撰
清(1644-1911)抄本
1988年摄制. -- 1盘卷片(6.3米110拍) :
1:10, 2B ; 35mm银盐
收藏馆：缩微中心，湖南

000O013372
法书要录：十卷 / (唐)张彦远撰
明(1368-1644)刻本
1991年摄制. -- 1盘卷片(12米228拍) :
1:10, 2B ; 35mm银盐
收藏馆：缩微中心，国图

000O001338
**墨薮：二卷 / (唐)韦续撰．法帖音释刊误：一卷 /
(宋)陈与义撰**
明(1368-1644)程荣刻本. -- 傅增湘跋。
1985年摄制. -- 1盘卷片(5.4米90拍) :
1:10, 2B ; 35mm银盐
收藏馆：缩微中心，国图

000O003582
墨薮：一卷 / [题](唐)韦续撰
明(1368-1644)抄本
1985年摄制. -- 1盘卷片(5米72拍) : 1:10,
2B ; 35mm银盐
收藏馆：缩微中心，国图

000O011365
墨池编：二十卷 / (宋)朱长文辑
明隆庆(1567-1572)刻本
1989年摄制. -- 1盘卷片(29米654拍) :
1:10, 2B ; 35mm银盐

收藏馆：缩微中心，吉林

000O008583
**墨池编：二十卷 / (宋)朱长文辑；(明)薛晨校注．
续编：三卷 / (明)李荷辑；(明)薛晨校注**
明隆庆二年(1568)李荷永和堂刻本
1988年摄制. -- 2盘卷片(37米746拍) :
1:10, 2B ; 35mm银盐
收藏馆：缩微中心，国图

000O023158
**墨池编：二十卷 / (宋)朱长文辑；(明)薛晨校注．
续编：三卷 / (明)李荷辑；(明)薛晨校注**
明隆庆二年(1568)李荷永和堂刻本
1995年摄制. -- 1盘卷片(34米680拍) :
1:10, 2B ; 35mm银盐
收藏馆：缩微中心，国图

000O006711
墨池篇：六卷 / (宋)朱长文撰
明(1368-1644)刻本. -- 版框高二十一厘米宽
十四厘米。
1987年摄制. -- 1盘卷片(25.7米553拍) :
1:10, 2B ; 35mm银盐
收藏馆：缩微中心，广东

000O004647
**翰墨志：一卷 / (宋)高宗赵构撰．法帖音释刊误：
一卷 / (宋)陈与义撰．书品：一卷 / (梁)庚肩吾
撰**
清(1644-1911)抄本
1986年摄制. -- 1盘卷片(3米23拍) : 1:10,
2B ; 35mm银盐
收藏馆：缩微中心，国图

000O005941
书苑菁华：二十卷 / (宋)陈思辑
明(1368-1644)抄本. -- (明)崔深清、(清)赵
烈文跋。
1987年摄制. -- 1盘卷片(15.6米334拍) :
1:10, 2B ; 35mm银盐
收藏馆：缩微中心，国图

000O015505
书苑菁华：二十卷 / (宋)陈思辑
明(1368-1644)抄本. -- (清)朱锡庚跋。
1993年摄制. -- 1盘卷片(16米314拍) :
1:10, 2B ; 35mm银盐
收藏馆：缩微中心，国图

000O028435
书苑菁华：二十卷 / (宋)陈思辑
明(1368-1644)抄本. -- (清)丁丙跋。

1996年摄制. -- 1盘卷片(16米338拍) : 1:10, 2B ; 35mm银盐
收藏馆：缩微中心，南京

000O014423
书苑菁华：二十卷 / (宋)陈思辑
清(1644-1911)抄本. -- (清)周星诒跋。
1992年摄制. -- 1盘卷片(16米303拍) : 1:10, 2B ; 35mm银盐
收藏馆：缩微中心，国图

000O028562
御览书苑菁华：二十卷 / (宋)陈思辑
清乾隆(1736-1795)汪氏振绮堂刻本. -- 存五卷：卷十六至卷二十。(清)卢文弨校并跋。
1996年摄制. -- 1盘卷片(6米92拍) : 1:10, 2B ; 35mm银盐
收藏馆：缩微中心，南京

000O021062
御览书苑菁华：二十卷 / (宋)陈思辑
清乾隆四十九年(1784)汪汝瑮刻本
1994年摄制. -- 1盘卷片(18米338拍) : 1:10, 2B ; 35mm银盐
收藏馆：缩微中心，国图

000O019711
宋元明书谱：不分卷
宋元明(960-1644)刻本
1994年摄制. -- 1盘卷片(4米39拍) : 1:10, 2B ; 35mm银盐
收藏馆：缩微中心，国图

000O019890
元明书谱
元明(1271-1644)刻本
1994年摄制. -- 1盘卷片(3米13拍) : 1:10, 2B ; 35mm银盐
收藏馆：缩微中心，国图

000O014600
金壶记：三卷 / (宋)释适之撰
清(1644-1911)惠氏红豆斋抄本
1992年摄制. -- 1盘卷片(5米54拍) : 1:10, 2B ; 35mm银盐
收藏馆：缩微中心，国图

000O005942
金壶记：三卷 / (宋)释适之撰
清(1644-1911)抄本. -- 周叔弢校并跋。
1987年摄制. -- 1盘卷片(5米67拍) : 1:10, 2B ; 35mm银盐
收藏馆：缩微中心，国图

000O015171
金壶记：三卷 / (宋)释适之撰
清(1644-1911)抄本. -- (清)吴翌凤校并跋。
1992年摄制. -- 1盘卷片(5米69拍) : 1:10, 2B ; 35mm银盐
收藏馆：缩微中心，国图

000O002058
衍极：五卷 / (元)郑杓撰；(元)刘有定释
清(1644-1911)抄本. -- (清)翁同龢跋。
1986年摄制. -- 1盘卷片(5.7米101拍) : 1:10, 2B ; 35mm银盐
收藏馆：缩微中心，国图

000O018263
书则：二卷 / (元)赵篪撰
明(1368-1644)刻本
1993年摄制. -- 1盘卷片(7米112拍) : 1:10, 2B ; 35mm银盐
收藏馆：缩微中心，山东

000O004525
法书考：八卷 / (元)盛熙明撰
清(1644-1911)抄本
1987年摄制. -- 1盘卷片(5米83拍) : 1:10, 2B ; 35mm银盐
收藏馆：缩微中心，国图

000O016967
书法钩玄：四卷 / (元)苏霖撰
明嘉靖三十六年(1557)严嵩刻本
1993年摄制. -- 1盘卷片(7米102拍) : 1:10, 2B ; 35mm银盐
收藏馆：缩微中心，国图

000O021955
书法钩玄：四卷 / (元)苏霖撰
明嘉靖三十六年(1557)严嵩刻本
1995年摄制. -- 1盘卷片(7米102拍) : 1:10, 2B ; 35mm银盐
收藏馆：缩微中心，国图

000O004528
书法钩玄：四卷 / (元)苏霖撰
明(1368-1644)刻本. -- 存二卷：卷三至卷四。(清)黄丕烈跋。
1987年摄制. -- 1盘卷片(5米68拍) : 1:10, 2B ; 35mm银盐
收藏馆：缩微中心，国图

000O004649
书法钩玄：四卷 / (元)苏霖撰
明(1368-1644)刻本

1986年摄制. -- 1盘卷片(5米79拍) : 1:10, 2B ; 35mm银盐
收藏馆：缩微中心，国图

000O013380
书法钩玄：四卷 / (元)苏霖撰
明(1368-1644)刻本. -- 存三卷：卷一至卷三。
1991年摄制. -- 1盘卷片(7米73拍) : 1:10, 2B ; 35mm银盐
收藏馆：缩微中心，国图

000O014418
书法钩玄：四卷 / (元)苏霖撰
明(1368-1644)徐氏铁砚斋抄本
1992年摄制. -- 1盘卷片(4米40拍) : 1:10, 2B ; 35mm银盐
收藏馆：缩微中心，国图

000O014400
古今集论字学新书：七卷 / (元)刘惟志辑
明(1368-1644)徐氏铁砚斋抄本
1992年摄制. -- 1盘卷片(7米100拍) : 1:10, 2B ; 35mm银盐
收藏馆：缩微中心，国图

000O008769
云樵草书集法：二卷附圣贤道释四赞一卷 / (明)胡琰辑
明弘治四年(1491)清江书堂刻本
1988年摄制. -- 1盘卷片(6.2米112拍) : 1:11, 2B ; 35mm银盐
收藏馆：缩微中心，重庆

000O024272
中书楷诀：一卷 / (明)姜立纲撰
明弘治十八年(1505)周乐轩萃英堂刻本
1996年摄制. -- 1盘卷片(4米39拍) : 1:10, 2B ; 35mm银盐
收藏馆：缩微中心，安徽

000O013686
书法规范：一卷
明嘉靖四十五年(1566)抚州周文奎书铺刻本
1991年摄制. -- 1盘卷片(3米17拍) : 1:10, 2B ; 35mm银盐
收藏馆：缩微中心，国图

000O009458
王氏书苑：十卷画苑十卷 / (明)王世贞编撰 . 书苑补益：十二卷画苑补益四卷 / (明)詹景凤编
明万历十八年至十九年(1590-1591)王元贞刻本

1988年摄制. -- 3盘卷片(72.2米1577拍) : 1:9, 2B ; 35mm银盐
收藏馆：缩微中心，重庆

000O016981
王氏书苑：十卷 / (明)王世贞编 . 补益：十二卷 / (明)詹景凤编
明万历十九年(1591)王元贞刻本. -- 补益存十卷：卷一至卷八、卷十一至卷十二。
1993年摄制. -- 2盘卷片(43米819拍) : 1:10, 2B ; 35mm银盐
收藏馆：缩微中心，国图

000O019363
王氏书苑：十卷 / (明)王世贞编 . 补益：十二卷 / (明)詹景凤编
明万历十九年(1591)王元贞刻本. -- 存十卷：书苑卷九至卷十、补益卷一至卷八。
1994年摄制. -- 1盘卷片(15米274拍) : 1:10, 2B ; 35mm银盐
收藏馆：缩微中心，国图

000O031770
王氏书苑：十五种三十七卷
明(1368-1644)刻本
2005年摄制. -- 1盘卷片(21米425拍) : 1:10, 2B ; 35mm银盐
收藏馆：缩微中心，国图

000O006715
古今法书苑：七十六卷 / (明)王世贞编
明末(1621-1644)刻本. -- 版框高二十厘米宽十四厘米。(明)王乾昌校。
1987年摄制. -- 4盘卷片(112.1米2422拍) : 1:10, 2B ; 35mm银盐
收藏馆：缩微中心，广东

000O016969
古今法书苑：二十卷 / (明)王世贞辑
明(1368-1644)刻本
1993年摄制. -- 1盘卷片(27米576拍) : 1:10, 2B ; 35mm银盐
收藏馆：缩微中心，国图

000O028531
笔玄要旨：一卷 / (明)徐渭撰 . 笔道通会：二卷 / (明)朱象衡辑
清(1644-1911)杨兆瑛抄本
1996年摄制. -- 1盘卷片(7.5米133拍) : 1:10, 2B ; 35mm银盐
收藏馆：缩微中心，南京

000O001312
笔道通会：二卷 / (明)朱象衡,(明)项道民,(明)许光祚撰
明(1368-1644)刻本
1985年摄制. -- 1盘卷片（3.8米52拍）：1:10, 2B；35mm银盐
收藏馆：缩微中心, 国图

000O000773
书诀：一卷 / (明)丰坊撰
明(1368-1644)抄本. -- (清)翁同龢跋。
1985年摄制. -- 1盘卷片（3.8米54拍）：1:10, 2B；35mm银盐
收藏馆：缩微中心, 国图

000O028123
书法要录：四卷 / (明)汪其澜辑
明万历四十年(1612)潘时从刻本
1996年摄制. -- 1盘卷片（13米261拍）：1:10, 2B；35mm银盐
收藏馆：缩微中心, 南京

000O030432
重刊书法雅言：一卷 / (明)项穆撰
清(1644-1911)有竹斋抄本
2002年摄制. -- 1盘卷片（5米75拍）：1:10, 2B；35mm银盐
收藏馆：缩微中心, 国图

000O023126
墨妙纂：六卷 / (明)鄢茂材撰
明万历(1573-1620)刻本
1995年摄制. -- 1盘卷片（8米132拍）：1:10, 2B；35mm银盐
收藏馆：缩微中心, 国图

000O024241
草韵辨体：六卷 / (明)郭谌辑
明崇祯七年(1634)潞藩刻本
1996年摄制. -- 1盘卷片（13米277拍）：1:10, 2B；35mm银盐
收藏馆：缩微中心, 安徽

000O015024
草韵辨体：五卷 / (明)郭谌辑
明万历十二年(1584)内府刻本. -- 存四卷：卷一至卷三、卷五。
1992年摄制. -- 1盘卷片（10米157拍）：1:10, 2B；35mm银盐
收藏馆：缩微中心, 国图

000O020293
草韵辨体：五卷 / (明)郭谌辑

000崇祯六年(1633)闵齐伋刻本
1994年摄制. -- 1盘卷片（16米276拍）：1:10, 2B；35mm银盐
收藏馆：缩微中心, 国图

000O019936
草诀百韵歌：一卷
明(1368-1644)徽城方九如刻本
1994年摄制. -- 1盘卷片（3米23拍）：1:10, 2B；35mm银盐
收藏馆：缩微中心, 国图

000O019131
一览知书：二卷
明(1368-1644)刻套印本
1994年摄制. -- 1盘卷片（7米107拍）：1:10, 2B；35mm银盐
收藏馆：缩微中心, 国图

000O016238
陈眉公先生手评书法离钩：十卷 / (明)潘之淙撰；(明)陈继儒评 . 历代帝王法帖释：六十卷 / (宋)刘次庄撰
明天启(1621-1627)刻本
1993年摄制. -- 1盘卷片（11米191拍）：1:10, 2B；35mm银盐
收藏馆：缩微中心, 国图

000O016701
书法小学：四卷
明(1368-1644)刻本
1993年摄制. -- 1盘卷片（5米57拍）：1:10, 2B；35mm银盐
收藏馆：缩微中心, 国图

000O005175
潞藩新刻述古书法纂：十卷 / (明)朱常淓撰
明崇祯九年(1636)潞藩刻本
1986年摄制. -- 1盘卷片（12.4米261拍）：1:10, 2B；35mm银盐
收藏馆：缩微中心, 国图

000O021921
潞藩新刻述古书法纂：十卷 / (明)朱常淓撰
明崇祯九年(1636)潞藩刻本
1995年摄制. -- 1盘卷片（13米237拍）：1:10, 2B；35mm银盐
收藏馆：缩微中心, 国图

000O027966
潞藩新刻述古书法纂：十卷 / (明)朱常淓撰
明崇祯九年(1636)潞藩刻本. -- (清)丁丙跋。

1996年摄制. -- 1盘卷片(13米256拍) ：
1:10, 2B ; 35mm银盐
收藏馆：缩微中心，南京

000O014583
书法必稽：一卷 / (明)胡正言撰
明末(1621-1644)胡氏十竹斋刻本
1992年摄制. -- 1盘卷片(5米64拍) ： 1:10,
2B ; 35mm银盐
收藏馆：缩微中心，国图

000O014271
学书篇：不分卷
明(1368-1644)抄本
1992年摄制. -- 1盘卷片(5米52拍) ： 1:10,
2B ; 35mm银盐
收藏馆：缩微中心，国图

000O020523
碧云仙师笔法录：一卷 / (清)赵执信撰
清(1644-1911)稿本
1994年摄制. -- 1盘卷片(2米22拍) ： 1:10,
2B ; 35mm银盐
收藏馆：缩微中心，淄博

000O025335
分隶偶存：二卷 / (清)万经撰
清乾隆三十四年(1769)辨志堂刻本
1996年摄制. -- 1盘卷片(6米90拍) ： 1:10,
2B ; 35mm银盐
收藏馆：缩微中心，国图

000O013985
乐毅论考：不分卷 / (清)翁方纲撰
清(1644-1911)稿本
1992年摄制. -- 1盘卷片(3米23拍) ： 1:10,
2B ; 35mm银盐
收藏馆：缩微中心，国图

000O008155
书法集要：四卷 / (清)皇甫鲲,(清)金大钟辑
清乾隆九年(1744)皇甫氏兰苕书屋刻本
1988年摄制. -- 1盘卷片(6.5米105拍) ：
1:10, 2B ; 35mm银盐
收藏馆：缩微中心，湖北

000O015772
书法精言：四卷 / (清)王锡侯撰
清乾隆(1736-1795)刻本
1992年摄制. -- 1盘卷片(7米97拍) ： 1:10,
2B ; 35mm银盐
收藏馆：缩微中心，国图

000O013121
分隶存：三卷 / (清)钮树玉撰
清(1644-1911)抄本
1991年摄制. -- 1盘卷片(13.8米293拍) ：
1:10, 2B ; 35mm银盐
收藏馆：缩微中心，辽宁

000O018503
芳坚馆书髓：一卷 / (清)郭尚先撰 ；(清)郭篯龄辑
清(1644-1911)抄本
1993年摄制. -- 1盘卷片(4米43拍) ： 1:10,
2B ; 35mm银盐
收藏馆：缩微中心，国图

000O002334
稽山论书诗：不分卷 / (清)陶浚宣撰
清(1644-1911)稿本
1986年摄制. -- 1盘卷片(5米67拍) ： 1:10,
2B ; 35mm银盐
收藏馆：缩微中心，国图

000O025332
二王帖：三卷评释三卷 / (宋)许开辑
清雍正五年(1727)洋溢堂刻本. -- (清)姚衡跋。
1996年摄制. -- 1盘卷片(10米172拍) ：
1:10, 2B ; 35mm银盐
收藏馆：缩微中心，国图

000O003116
皇宋书录：三卷外篇一卷 / (宋)董史撰
清初(1644-1722)抄本
1986年摄制. -- 1盘卷片(4米61拍) ： 1:10,
2B ; 35mm银盐
收藏馆：缩微中心，国图

000O018183
书录：三卷外篇一卷 / (宋)董史撰
清(1644-1911)丁氏八千卷楼抄本
1993年摄制. -- 1盘卷片(5米68拍) ： 1:10,
2B ; 35mm银盐
收藏馆：缩微中心，山东

000O011919
明能书人名：二卷 / (清)李尧臣辑
清(1644-1911)抄本
1990年摄制. -- 1盘卷片(7米126拍) ： 1:10,
2B ; 35mm银盐
收藏馆：缩微中心，山东

000O017203
明能书人名：二卷 / (清)李尧臣辑

清(1644-1911)抄本
1993年摄制. -- 1盘卷片(7米126拍) ： 1:10,
2B ；35mm银盐
收藏馆：缩微中心，山东

000O024145
法墨珍图记：十卷 / (清)潘应椿辑
清(1644-1911)抄本
1996年摄制. -- 1盘卷片(18米390拍)：
1:10, 2B ；35mm银盐
收藏馆：缩微中心，湖北

000O001114
铁网珊瑚书品：十六卷 / (明)朱存理辑
清(1644-1911)释就堂抄本. -- 存三卷：卷八
至卷十。
1985年摄制. -- 1盘卷片(10.7米215拍)：
1:10, 2B ；35mm银盐
收藏馆：缩微中心，国图

000O019454
铁网珊瑚：书品十卷画品四卷 / (明)朱存理辑
清(1644-1911)抄本. -- 裕康校并跋。
1994年摄制. -- 2盘卷片(40米774拍)：
1:10, 2B ；35mm银盐
收藏馆：缩微中心，国图

000O007937
广川书跋：十卷 / (宋)董逌撰
明(1368-1644)秦氏雁里草堂抄本
1988年摄制. -- 1盘卷片(10米182拍)
1:10, 2B ；35mm银盐
收藏馆：缩微中心，湖南

000O015367
广川书跋：十卷又一卷 / (宋)董逌撰．法帖刊误：
二卷 / (宋)黄伯思撰
明(1368-1644)抄本
1992年摄制. -- 1盘卷片(11米190拍)：
1:10, 2B ；35mm银盐
收藏馆：缩微中心，国图

000O015506
广川书跋：十卷 / (宋)董逌撰
清初(1644-1722)抄本
1993年摄制. -- 1盘卷片(10米172拍)：
1:10, 2B ；35mm银盐
收藏馆：缩微中心，国图

000O028426
广川书跋：十卷 / (宋)董逌撰
清乾隆四十二年(1777)卢文弨抄本. -- 卷六
至卷十配清(1644-1911)抄本，为佚名抄写。

(清)卢文弨校，(清)丁丙跋。
1996年摄制. -- 1盘卷片(10米180拍)：
1:10, 2B ；35mm银盐
收藏馆：缩微中心，南京

000O001952
汪氏珊瑚网法书题跋：二十四卷 / (明)汪砢玉辑
清(1644-1911)抄本. -- 存十卷：卷一至卷
十。
1986年摄制. -- 1盘卷片(15米325拍)：
1:10, 2B ；35mm银盐
收藏馆：缩微中心，国图

000O019444
汪氏珊瑚网法书题跋：二十四卷；名画题跋：
二十四卷 / (明)汪砢玉辑
清(1644-1911)抄本
1994年摄制. -- 3盘卷片(75米1532拍)：
1:10, 2B ；35mm银盐
收藏馆：缩微中心，国图

000O001886
汪氏珊瑚网名画题跋：二十四卷 / (明)汪砢玉辑
清(1644-1911)抄本
1986年摄制. -- 2盘卷片(41米884拍)：
1:10, 2B ；35mm银盐
收藏馆：缩微中心，国图

000O001413
湛园题跋：一卷 / (清)姜宸英撰
清乾隆三年(1738)黄叔琳刻本. -- (清)劳权
校并跋。
1985年摄制. -- 1盘卷片(3.4米42拍)：
1:10, 2B ；35mm银盐
收藏馆：缩微中心，国图

000O008446
湛园题跋：一卷 / (清)姜宸英撰
清(1644-1911)抄本. -- 未拍摄吴郡图经续
记。还有合刻著作：余事集不分卷/(清)冯行
贤撰，[元丰]吴郡图经续记三卷/(宋)朱长文
纂修。(清)濮自崐批注。
1988年摄制. -- 1盘卷片(3米20拍)：1:10,
2B ；35mm银盐
收藏馆：缩微中心，国图

000O015722
铁函斋书跋：六卷 / (清)杨宾撰
清光绪二年(1876)魏锡曾抄本. -- (清)魏锡
曾校跋并录(清)周星诒题识，(清)庞泽銮跋。
1992年摄制. -- 1盘卷片(6米29拍)：1:10,
2B ；35mm银盐
收藏馆：缩微中心，国图

000O007969

快语堂题跋：八卷 / (清)王文治撰
清道光十一年(1831)汪承谊馤荪阁刻本
1988年摄制. -- 1盘卷片(9米172拍)：1:10,
2B；35mm银盐
收藏馆：缩微中心，湖南

000O015996

法帖释文：十卷 / (宋)刘次庄撰
明(1368-1644)刻本
1993年摄制. -- 1盘卷片(5米59拍)：1:10,
2B；35mm银盐
收藏馆：缩微中心，国图

000O028674

历代帝王法帖释文：十卷 / (宋)刘次庄撰
清(1644-1911)抄本. -- (清)朱琰、(清)丁丙
跋。
1990年摄制. -- 1盘卷片(5.5米84拍)：
1:10, 2B；35mm银盐
收藏馆：缩微中心，南京

000O016344

法帖刊误：二卷 / (宋)黄伯思撰
明(1368-1644)叶国华抄本. -- (明)叶国华、
(清)黄丕烈跋。
1992年摄制. -- 1盘卷片(4米52拍)：1:10,
2B；35mm银盐
收藏馆：缩微中心，国图

000O004648

**法帖音释刊误：一卷 / (宋)陈与义撰．翰墨志：
一卷 / (宋)高宗赵构撰．书品：一卷 / (梁)庾肩
吾撰**
清(1644-1911)抄本
1986年摄制. -- 1盘卷片(3米22拍)：1:10,
2B；35mm银盐
收藏馆：缩微中心，国图

000O001880

绛帖释文：二卷 / (宋)曾槃撰
明(1368-1644)抄本
1986年摄制. -- 1盘卷片(3米34拍)：1:10,
2B；35mm银盐
收藏馆：缩微中心，国图

000O003142

兰亭考：十二卷 / (宋)桑世昌撰
明(1368-1644)抄本
1986年摄制. -- 1盘卷片(10米185拍)：
1:10, 2B；35mm银盐
收藏馆：缩微中心，国图

000O006826

兰亭考：十二卷 / (宋)桑世昌撰
清(1644-1911)抄本
1987年摄制. -- 1盘卷片(8.2米156拍)：
1:10, 2B；35mm银盐
收藏馆：缩微中心，国图

000O004631

兰亭续考：二卷 / (宋)俞松辑
明(1368-1644)抄本
1986年摄制. -- 1盘卷片(4.2米65拍)：
1:10, 2B；35mm银盐
收藏馆：缩微中心，国图

000O006841

兰亭续考：二卷 / (宋)俞松辑
清(1644-1911)抄本
1987年摄制. -- 1盘卷片(4米55拍)：1:10,
2B；35mm银盐
收藏馆：缩微中心，国图

000O008456

兰亭续考：二卷 / (宋)俞松辑
清(1644-1911)抄本
1988年摄制. -- 1盘卷片(4米45拍)：1:10,
2B；35mm银盐
收藏馆：缩微中心，国图

000O011114

宝真斋法书赞：二十八卷 / (宋)岳珂撰
清乾隆(1736-1795)武英殿聚珍版丛书活字印
本
1989年摄制. -- 1盘卷片(31米674拍)：
1:10, 2B；35mm银盐
收藏馆：缩微中心，湖南

000O028304

宝真斋法书赞：二十八卷 / (宋)岳珂撰
清乾隆四十六年(1781)武英殿聚珍版丛书活字
印本. -- (清)翁方纲、(清)何绍基批校，叶
德辉圈点。
1997年摄制. -- 1盘卷片(29米663拍)：
1:10, 2B；35mm银盐
收藏馆：缩微中心，湖南

000O013603

历代帝王法帖释文考异：十卷 / (明)顾从义撰
明(1368-1644)顾从义刻本
1991年摄制. -- 1盘卷片(7米107拍)：1:10,
2B；35mm银盐
收藏馆：缩微中心，国图

000O019411
历代帝王法帖释文考异：十卷 / (明)顾从义撰
明(1368-1644)顾从义刻本
1994年摄制. -- 1盘卷片(7米107拍) ：1:10，
2B ；35mm银盐
收藏馆：缩微中心，国图

000O019489
历代帝王法帖释文考异：十卷 / (明)顾从义撰
明(1368-1644)顾从义刻本
1994年摄制. -- 1盘卷片(7米107拍) ：1:10，
2B ；35mm银盐
收藏馆：缩微中心，国图

000O019429
历代帝王法帖释文考异：十卷 / (明)顾从义撰
明(1368-1644)抄本
1994年摄制. -- 1盘卷片(7米104拍) ：1:10，
2B ；35mm银盐
收藏馆：缩微中心，国图

000O025029
新刻皇明草对：一卷 / (明)李廷机撰；(明)刘国献辑
明万历(1573-1620)忠正堂刻两节本
1996年摄制. -- 1盘卷片(4米52拍) ：1:10，
2B ；35mm银盐
收藏馆：缩微中心，安徽

000O007131
陈眉公先生订正书谱：四卷 / (明)孙丕显辑
明(1368-1644)宝鼎斋刻本
1987年摄制. -- 1盘卷片(7米133拍) ：1:10，
2B ；35mm银盐
收藏馆：缩微中心，重庆

000O023803
淳化帖释文：十卷 / (明)黄道周撰
清嘉庆十年(1805)任以治抄本. -- (清)任以治跋。
1995年摄制. -- 1盘卷片(6米94拍) ：1:10，
2B ；35mm银盐
收藏馆：缩微中心，浙江

000O014704
赤壁赋：一卷 / (宋)苏轼撰；(明)汪道全书
明弘治七年(1494)仇以才刻本
1992年摄制. -- 1盘卷片(4米39拍) ：1:10，
2B ；35mm银盐
收藏馆：缩微中心，国图

000O020229
草书集韵：□□卷
明(1368-1644)刻本. -- 存二卷：平声下、去声
1994年摄制. -- 1盘卷片(6米91拍) ：1:10，
2B ；35mm银盐
收藏馆：缩微中心，国图

000O026897
元牍记：不分卷 / (明)盛时泰撰
清(1644-1911)抄本. -- (清)丁丙跋。
1996年摄制. -- 1盘卷片(7米100拍) ：1:10，
2B ；35mm银盐
收藏馆：缩微中心，南京

000O018880
新编历代草书韵海：十卷 / (明)陈鼎新编；(明)茅齐泰补
明崇祯三年(1630)刻本. -- 卷一第二十九页、卷二第二十二页页码错。
1993年摄制. -- 1盘卷片(31米600拍) ：1:10，2B ；35mm银盐
收藏馆：缩微中心，天津

000O014691
新刻古今碑帖考：一卷 / (明)朱晨撰
清(1644-1911)抄本
1992年摄制. -- 1盘卷片(5米62拍) ：1:10，
2B ；35mm银盐
收藏馆：缩微中心，国图

000O021060
淳化秘阁法帖考正：十卷附二卷 / (清)王澍撰
清(1644-1911)秋水藕花居刻本
1994年摄制. -- 1盘卷片(14米254拍) ：1:10，2B ；35mm银盐
收藏馆：缩微中心，国图

000O019425
淳化秘阁法帖考正：十卷附二卷 / (清)王澍撰
清(1644-1911)秋水藕花居刻本
1994年摄制. -- 1盘卷片(14米254拍) ：1:10，2B ；35mm银盐
收藏馆：缩微中心，国图

000O028949
淳化秘阁法帖考正：十二卷 / (清)王澍撰；(清)汪玉球参正
清雍正(1723-1735)诗鼎斋刻本. -- 存九卷：卷一至卷二、卷四至卷六、卷九至卷十二。
1998年摄制. -- 1盘卷片(13米215拍) ：1:10，2B ；35mm银盐
收藏馆：缩微中心，苏州

000O008105
淳化秘阁法帖考正：十卷附二卷 / (清)王澍撰 .
淳化阁帖释文：二卷 / (清)沈宗骞校定
清乾隆三十三年(1768)冰台阁刻本
1988年摄制. -- 1盘卷片(30米624拍)：
1:10, 2B；35mm银盐
收藏馆：缩微中心，湖北

000O008425
淳化秘阁法帖考正：十卷附二卷 / (清)王澍撰 .
淳化阁帖释文：二卷 / (清)沈宗骞校定
清乾隆三十三年(1768)兰言轩刻本. -- (清)
翁同龢录(清)姚鼐批注.
1988年摄制. -- 1盘卷片(28米621拍)：
1:10, 2B；35mm银盐
收藏馆：缩微中心，国图

000O023935
草韵汇编：二十六卷 / (清)陶南望辑
清乾隆十九年(1754)南柳草堂刻本
1996年摄制. -- 2盘卷片(37米821拍)：
1:10, 2B；35mm银盐
收藏馆：缩微中心，河南

000O017620
凤墅残帖释文：二卷
清(1644-1911)抄本
1993年摄制. -- 1盘卷片(4米34拍)：1:10,
2B；35mm银盐
收藏馆：缩微中心，国图

000O021252
草字汇：十二卷 / (清)石梁辑
清乾隆五十二年(1787)大成斋刻本
1995年摄制. -- 1盘卷片(20米388拍)：
1:10, 2B；35mm银盐
收藏馆：缩微中心，国图

000O002884
苏米斋兰亭考：八卷 / (清)翁方纲撰
清(1644-1911)稿本. -- 存一卷：卷八。王树
枏跋。
1986年摄制. -- 1盘卷片(3米35拍)：1:10,
2B；35mm银盐
收藏馆：缩微中心，国图

000O020699
苏米斋兰亭考：四卷 / (清)翁方纲撰
清(1644-1911)稿本. -- (清)蒋攸铦、(清)伊
秉绶跋。
1994年摄制. -- 1盘卷片(9米150拍)：1:10,
2B；35mm银盐
收藏馆：缩微中心，国图

000O028458
苏米斋兰亭考：八卷 / (清)翁方纲撰
清(1644-1911)稿本
1996年摄制. -- 1盘卷片(7.5米130拍)：
1:10, 2B；35mm银盐
收藏馆：缩微中心，南京

000O018982
苏米斋兰亭考：八卷 / (清)翁方纲撰
清嘉庆(1796-1820)羊城六书斋刻本. -- 钤
"沈树镛同治纪元后所得"等印。(清)翁方纲
校，(清)李希圣题识。
1994年摄制. -- 1盘卷片(7米120拍)：1:10,
2B；35mm银盐
收藏馆：缩微中心，天津

000O020789
论碑帖诗：一卷；论书绝句：一卷 / (清)王芑孙
撰
清(1644-1911)稿本. -- (清)端方跋。
1994年摄制. -- 1盘卷片(3米12拍)：1:10,
2B；35mm银盐
收藏馆：缩微中心，国图

000O001306
名帖纪闻：一卷 / (清)朱照廉撰
清嘉庆十七年(1812)朱氏小云谷活字印本
1985年摄制. -- 1盘卷片(3.6米46拍)：
1:10, 2B；35mm银盐
收藏馆：缩微中心，国图

000O003898
阁帖汇考：十卷 / (清)赵亨衢撰
清(1644-1911)刻本
1986年摄制. -- 1盘卷片(9米167拍)：1:10,
2B；35mm银盐
收藏馆：缩微中心，国图

000O032055
阁帖汇考：十卷 / (清)赵亨衢撰
清(1644-1911)刻本. -- 十行二十六字小字双
行同白口四周单边。
2011年摄制. -- 1盘卷片(11米172拍)：
1:12, 2B；35mm银盐
收藏馆：缩微中心，国图

000O025331
南邨帖考：不分卷 / (清)程文荣撰
清道光(1821-1850)刻本
1996年摄制. -- 1盘卷片(12米220拍)：
1:10, 2B；35mm银盐
收藏馆：缩微中心，国图

00O015662
南邨帖考：不分卷 / (清)程文荣撰
清道光(1821-1850)刻本
1993年摄制. -- 1盘卷片(7米117拍) ：1:10,
2B ；35mm银盐
收藏馆：缩微中心，国图

00O002244
南邨帖考：不分卷 / (清)程文荣撰
清道光(1821-1850)刻本. -- (清)徐康补目并
跋，(清)翁同龢跋。
1986年摄制. -- 1盘卷片(11米225拍) ：
1:10, 2B ；35mm银盐
收藏馆：缩微中心，国图

00O015659
集帖目：三卷 / (清)惠兆壬撰
清光绪二十二年(1896)陆振抄本. -- (清)王
懿荣、(清)费念慈跋。
1993年摄制. -- 1盘卷片(20米409拍) ：
1:10, 2B ；35mm银盐
收藏馆：缩微中心，国图

00O017628
王氏画苑：十卷 / (明)王世贞编 . 补益：四卷 /
(明)詹景凤编
明万历十八年(1590)王元贞刻本
1993年摄制. -- 1盘卷片(32米633拍) ：
1:10, 2B ；35mm银盐
收藏馆：缩微中心，国图

00O003510
王氏画苑：十五种三十七卷 / (明)王世贞编
明(1368-1644)刻本
1985年摄制. -- 1盘卷片(19米415拍) ：
1:10, 2B ；35mm银盐
收藏馆：缩微中心，国图

00O028685
画苑补益：十四种十四卷 / (明)詹景凤辑
清初(1644-1722)抄本. -- (清)丁丙跋。
1989年摄制. -- 1盘卷片(8米120拍) ：1:10,
2B ；35mm银盐
收藏馆：缩微中心，南京

00O010136
画杂俎：二十四卷 / (清)袁树辑
清(1644-1911)稿本. -- 存八卷：卷十七至卷
二十四。
1989年摄制. -- 1盘卷片(28米595拍) ：
1:10, 2B ；35mm银盐
收藏馆：缩微中心，山东

00O020371
林泉高致：一卷 / (宋)郭思撰
明(1368-1644)抄本
1994年摄制. -- 1盘卷片(3米22拍) ：1:10,
2B ；35mm银盐
收藏馆：缩微中心，国图

00O016968
绘事微言：四卷 / (明)唐志契撰
明天启(1621-1627)刻本. -- 存二卷：卷一至
卷二。
1993年摄制. -- 1盘卷片(6米85拍) ：1:10,
2B ；35mm银盐
收藏馆：缩微中心，国图

00O015043
新刻陈先生明牕清暇心画正宗：四卷 / (明)陈三
策撰
明万历(1573-1620)书林詹氏西清堂刻本
1992年摄制. -- 1盘卷片(7米106拍) ：1:10,
2B ；35mm银盐
收藏馆：缩微中心，国图

00O019923
神龙百法：三卷
明(1368-1644)刻本. -- 存二卷：卷上、卷
中。
1994年摄制. -- 1盘卷片(5米76拍) ：1:10,
2B ；35mm银盐
收藏馆：缩微中心，国图

00O028137
苦瓜和尚画语录：一卷 / (明)释道济撰 . 大涤子
题画诗跋：一卷 / (清)汪绎辰辑
清(1644-1911)汪绎辰抄本. -- (清)汪绎辰、
(清)丁丙跋。
1996年摄制. -- 1盘卷片(5米66拍) ：1:10,
2B ；35mm银盐
收藏馆：缩微中心，南京

00O000838
论画脞说：一卷；梅隐草堂题画诗：一卷 / (清)
叶以照撰
清嘉庆(1796-1820)刻本
1985年摄制. -- 1盘卷片(4米59拍) ：1:10,
2B ；35mm银盐
收藏馆：缩微中心，国图

00O016973
绘事发微：一卷 / (清)唐岱撰
清康熙(1662-1722)刻本. -- 郑振铎跋。
1993年摄制. -- 1盘卷片(4米40拍) ：1:10,
2B ；35mm银盐

收藏馆：缩微中心，国图

000O000242
指头画说：一卷 / (清)高秉撰
清乾隆三十六年(1771)高氏乐吾庐刻本
1985年摄制. -- 1盘卷片(3.6米46拍)：
1:10, 2B ；35mm银盐
收藏馆：缩微中心，国图

000O004244
绘事琐言：八卷 / (清)迮朗撰
清嘉庆(1796-1820)雨金堂刻本
1985年摄制. -- 1盘卷片(13.5米286拍)：
1:10, 2B ；35mm银盐
收藏馆：缩微中心，国图

000O019246
画筌析览：二卷 / (清)汤贻汾撰
清嘉庆十九年(1814)刻本
1994年摄制. -- 1盘卷片(4米34拍)：1:10,
2B ；35mm银盐
收藏馆：缩微中心，国图

000O017355
梦幻居画学简明：五卷 / (清)郑绩撰
清同治三年(1864)聚贤堂刻本
1993年摄制. -- 1盘卷片(13米238拍)：
1:10, 2B ；35mm银盐
收藏馆：缩微中心，国图

000O003830
圣朝名画评：三卷 / (宋)刘道醇撰
明(1368-1644)刻本
1985年摄制. -- 1盘卷片(4米80拍)：1:10,
2B ；35mm银盐
收藏馆：缩微中心，国图

000O004247
贞观公私画史：一卷 / (唐)裴孝源撰
清(1644-1911)抄本
1986年摄制. -- 1盘卷片(4米54拍)：1:10,
2B ；35mm银盐
收藏馆：缩微中心，国图

000O028451
历代名画记：十卷 / (唐)张彦远撰
明(1368-1644)刻本. -- (清)丁丙跋。
1996年摄制. -- 1盘卷片(8米135拍)：1:10,
2B ；35mm银盐
收藏馆：缩微中心，南京

000O004248
唐朝名画录：一卷 / (唐)朱景玄撰. 五代名画补

遗：一卷 / (宋)刘道醇撰
明(1368-1644)刻本
1986年摄制. -- 1盘卷片(4米48拍)：1:10,
2B ；35mm银盐
收藏馆：缩微中心，国图

000O016273
唐朝名画录：一卷 / (唐)朱景玄撰. 五代名画补
遗：一卷 / (宋)刘道醇撰
明(1368-1644)刻本
1993年摄制. -- 1盘卷片(4米36拍)：1:10,
2B ；35mm银盐
收藏馆：缩微中心，国图

000O019838
五代名画补遗：一卷 / (宋)刘道淳辑
明(1368-1644)毛氏汲古阁刻本. -- 据宋
(960-1279)抄本影刻。
1994年摄制. -- 1盘卷片(3米32拍)：1:10,
2B ；35mm银盐
收藏馆：缩微中心，天津

000O004243
益州名画录：三卷 / (宋)黄休复撰
明(1368-1644)刻本
1985年摄制. -- 1盘卷片(3.8米54拍)：
1:10, 2B ；35mm银盐
收藏馆：缩微中心，国图

000O028404
益州名画录：三卷 / (宋)黄休复撰
明(1368-1644)刻本. -- (清)丁丙跋。
1996年摄制. -- 1盘卷片(4米57拍)：1:10,
2B ；35mm银盐
收藏馆：缩微中心，南京

000O012564
画继：十卷 ；五代名画补遗：一卷 / (宋)邓
椿,(宋)刘道醇撰
宋(960-1279)临安府陈道人书籍铺刻本
1990年摄制. -- 1盘卷片(5.8米103拍)：
1:10, 2B ；35mm银盐
收藏馆：缩微中心，辽宁

000O004095
画继：十卷 / (宋)邓椿撰
明(1368-1644)刻本
1986年摄制. -- 1盘卷片(5米82拍)：1:10,
2B ；35mm银盐
收藏馆：缩微中心，国图

000O017035
画继：十卷 / (宋)邓椿撰

明(1368-1644)刻本
1993年摄制. -- 1盘卷片(5米69拍)：1:10,
2B ；35mm银盐
收藏馆：缩微中心，国图

00O016970
画继补遗：二卷 / (元)庄肃撰．英石砚山图记：
一卷 / (清)黄锡蕃辑
清乾隆五十四年(1789)黄氏醉经楼刻本
1993年摄制. -- 1盘卷片(3米20拍)：1:10,
2B ；35mm银盐
收藏馆：缩微中心，国图

00O004242
图画见闻志：六卷 / (宋)郭若虚撰
明(1368-1644)刻本
1985年摄制. -- 1盘卷片(5.9米104拍)：
1:10, 2B ；35mm银盐
收藏馆：缩微中心，国图

00O003706
图画考：七卷 / [题](元)盛熙明撰
明(1368-1644)抄本
1985年摄制. -- 1盘卷片(3.4米42拍)：
1:10, 2B ；35mm银盐
收藏馆：缩微中心，国图

00O021957
画志：一卷 / (明)沈与文撰．评画行：一卷 /
(宋)叶梦得撰；(明)沈与文注
明(1368-1644)抄本
1995年摄制. -- 1盘卷片(3米12拍)：1:10,
2B ；35mm银盐
收藏馆：缩微中心，国图

00O001847
续画苑略：一卷 / (清)鱼元傅撰
清(1644-1911)稿本
1985年摄制. -- 1盘卷片(2.1米15拍)：
1:10, 2B ；35mm银盐
收藏馆：缩微中心，国图

00O028994
明画姓氏编韵：三卷 / (清)陈豫钟撰
清(1644-1911)丁氏八千卷楼抄本
1989年摄制. -- 1盘卷片(9米151拍)：1:10,
2B ；35mm银盐
收藏馆：缩微中心，南京

00O007488
国朝画传编韵：十一卷 / (清)姜宁撰
清(1644-1911)抄本
1987年摄制. -- 2盘卷片(36米697拍)：

1:10, 2B ；35mm银盐
收藏馆：缩微中心，国图

00O002808
寒松阁谈艺琐录：六卷 / (清)张鸣珂撰
周氏鸽峰草堂抄本
1986年摄制. -- 1盘卷片(9米166拍)：1:10,
2B ；35mm银盐
收藏馆：缩微中心，国图

00O004370
画林：二卷 / [题](清)颐道居士撰
清(1644-1911)抄本
1986年摄制. -- 1盘卷片(4米62拍)：1:10,
2B ；35mm银盐
收藏馆：缩微中心，国图

00O016228
历代画家姓氏考：四卷 / [题](明)项圣谟撰
清(1644-1911)抄本
1993年摄制. -- 1盘卷片(26米536拍)：
1:10, 2B ；35mm银盐
收藏馆：缩微中心，国图

00O004237
广川画跋：六卷 / (宋)董逌撰
明(1368-1644)韩宸刻本. -- (清)周星诒跋,
(清)魏锡曾校并跋。
1986年摄制. -- 1盘卷片(7米118拍)：1:10,
2B ；35mm银盐
收藏馆：缩微中心，国图

00O004249
广川画跋：六卷 / (宋)董逌撰
明(1368-1644)韩宸刻本. -- (清)黄廷鉴校。
1986年摄制. -- 1盘卷片(7米120拍)：1:10,
2B ；35mm银盐
收藏馆：缩微中心，国图

00O005936
广川画跋：六卷 / (宋)董逌撰
明(1368-1644)抄本
1987年摄制. -- 1盘卷片(7米119拍)：1:10,
2B ；35mm银盐
收藏馆：缩微中心，国图

00O003584
广川画跋：六卷 / (宋)董逌撰
清(1644-1911)抄本. -- 佚名录(清)黄廷鉴校
跋。
1985年摄制. -- 1盘卷片(5米85拍)：1:10,
2B ；35mm银盐
收藏馆：缩微中心，国图

00O016974
汪氏珊瑚网名画题跋：二十四卷 / (明)汪砢玉辑
清初(1644-1722)抄本
1993年摄制. -- 2盘卷片(40米800拍)：
1:10, 2B ; 35mm银盐
收藏馆：缩微中心，国图

00O006348
汪氏珊瑚网名画题跋：二十四卷；汪氏珊瑚网
法书题跋：二十四卷 / (明)汪砢玉辑
清(1644-1911)抄本
1987年摄制. -- 3盘卷片(79米1731拍)：
1:10, 2B ; 35mm银盐
收藏馆：缩微中心，国图

00O004403
百石图跋：不分卷 / (清)贾铉辑
清(1644-1911)刘氏嘉荫簃抄本
1986年摄制. -- 1盘卷片(5米82拍)：1:10,
2B ; 35mm银盐
收藏馆：缩微中心，国图

00O015331
王箬林先生题跋：十七卷 / (清)王澍撰
清乾隆(1736-1795)刻本. -- (清)陈鳣跋。
1992年摄制. -- 1盘卷片(22米434拍)：
1:10, 2B ; 35mm银盐
收藏馆：缩微中心，国图

00O025398
王箬林先生题跋：十七卷 / (清)王澍撰
清乾隆(1736-1795)钱人龙刻本. -- (清)李遇
孙校注。
1996年摄制. -- 1盘卷片(22米439拍)：
1:10, 2B ; 35mm银盐
收藏馆：缩微中心，国图

00O004731
竹云题跋：四卷 / (清)王澍撰
清乾隆三十二年(1767)钱人龙刻本. -- (清)
翁方纲批校。
1987年摄制. -- 1盘卷片(9米176拍)：1:10,
2B ; 35mm银盐
收藏馆：缩微中心，国图

00O016982
竹云题跋：四卷 / (清)王澍撰
清乾隆三十二年(1767)钱人龙刻本
1993年摄制. -- 1盘卷片(11米160拍)：
1:10, 2B ; 35mm银盐
收藏馆：缩微中心，国图

00O004730
金粟逸人逸事：一卷 / (清)朱琰撰
清乾隆三十三年(1768)钱人龙刻本
1987年摄制. -- 1盘卷片(3米34拍)：1:10,
2B ; 35mm银盐
收藏馆：缩微中心，国图

00O005926
虚舟题跋节抄：一卷；竹云题跋节抄：一卷 /
(清)王澍撰；(清)翁方纲辑
清(1644-1911)稿本
1987年摄制. -- 1盘卷片(5米72拍)：1:10,
2B ; 35mm银盐
收藏馆：缩微中心，国图

00O005932
虚舟题跋：十卷又三卷 / (清)王澍撰
清乾隆三十五年(1770)杨建闻川易鹤轩刻
本. -- (清)翁方纲批校。
1987年摄制. -- 1盘卷片(13.7米288拍)：
1:10, 2B ; 35mm银盐
收藏馆：缩微中心，国图

00O008083
虚舟题跋：十卷原三卷 / (清)王澍撰
清乾隆三十五年(1770)杨建闻川易鹤轩刻乾隆
三十九年(1774)续刻本
1988年摄制. -- 1盘卷片(15米292拍)：
1:10, 2B ; 35mm银盐
收藏馆：缩微中心，湖北

00O026484
冬心先生画竹题记：一卷 / (清)金农撰
清乾隆(1736-1795)刻本
1997年摄制. -- 1盘卷片(3米22拍)：1:10,
2B ; 35mm银盐
收藏馆：缩微中心，国图

00O016162
冬心先生画竹题记：一卷 / (清)金农撰
清(1644-1911)刘履芬抄本
1993年摄制. -- 1盘卷片(3米19拍)：1:10,
2B ; 35mm银盐
收藏馆：缩微中心，国图

00O024779
冬心先生杂著：不分卷 / (清)金农撰
清(1644-1911)陈氏种榆仙馆刻本. -- (清)傅
以礼跋。
1995年摄制. -- 1盘卷片(4米61拍)：1:10,
2B ; 35mm银盐
收藏馆：缩微中心，浙江

00O017627
国朝画后续集：一卷 / (清)王光晟撰
清嘉庆十五年(1810)秦维岩刻本
1993年摄制. -- 1盘卷片(3米8拍)：1:10,
2B；35mm银盐
收藏馆：缩微中心，国图

00O015080
御题名胜图绘诗集：十四卷
越南绍治四年(1844)刻本
1992年摄制. -- 2盘卷片(35米661拍)：
1:10, 2B；35mm银盐
收藏馆：缩微中心，国图

00O023155
宝绘录：二十卷 / (明)张泰阶辑
明崇祯(1628-1644)刻本
1995年摄制. -- 1盘卷片(22米446拍)：
1:10, 2B；35mm银盐
收藏馆：缩微中心，国图

00O016985
读画记：五卷 / (清)沈铨撰
清(1644-1911)稿本
1993年摄制. -- 1盘卷片(12米227拍)：
1:10, 2B；35mm银盐
收藏馆：缩微中心，国图

00O015107
梅花喜神谱：二卷 / (宋)宋伯仁撰
清嘉庆十六年(1811)沈氏古倪园影宋(960-1279)
刻本
1992年摄制. -- 1盘卷片(5米73拍)：1:10,
2B；35mm银盐
收藏馆：缩微中心，国图

00O019721
竹谱详录：七卷 / (元)李衎撰
明(1368-1644)抄本. -- 存四卷：卷四至卷
七。
1994年摄制. -- 1盘卷片(5米76拍)：1:10,
2B；35mm银盐
收藏馆：缩微中心，国图

00O017350
程氏竹谱：二卷 / (明)程大宪撰
明万历三十六年(1608)程氏滋苏馆刻本
1993年摄制. -- 1盘卷片(6米82拍)：1:10,
2B；35mm银盐
收藏馆：缩微中心，国图

00O023150
诗余画谱：不分卷

明万历四十年(1612)汪□刻本
1995年摄制. -- 1盘卷片(7米99拍)：1:10,
2B；35mm银盐
收藏馆：缩微中心，国图

00O018009
诗余画谱：不分卷
明万历四十年(1612)汪□刻本
1993年摄制. -- 1盘卷片(6米85拍)：1:10,
2B；35mm银盐
收藏馆：缩微中心，国图

00O018496
诗余画谱：不分卷
明万历四十年(1612)汪□刻本
1993年摄制. -- 1盘卷片(6米74拍)：1:10,
2B；35mm银盐
收藏馆：缩微中心，国图

00O015295
吴姬百媚：二卷
明(1368-1644)刻本
1992年摄制. -- 1盘卷片(8米137拍)：1:10,
2B；35mm银盐
收藏馆：缩微中心，国图

00O017900
汪虞卿梅史：一卷 / (明)汪懋孝撰
明(1368-1644)汪跃龙汪栋刻本
1993年摄制. -- 1盘卷片(4米50拍)：1:10,
2B；35mm银盐
收藏馆：缩微中心，国图

00O017693
刘雪湖梅谱：二卷 / (明)刘世儒撰 . 像赞评林赠
言：二卷 / (明)王思任辑
明万历二十三年(1595)刻清初(1644-1722)墨
妙山房印本
1993年摄制. -- 1盘卷片(7米96拍)：1:10,
2B；35mm银盐
收藏馆：缩微中心，国图

00O020468
刘雪湖梅谱：二卷 / (明)刘世儒撰 . 像赞评林赠
言：二卷 / (明)王思任辑
明万历二十三年(1595)刻清初(1644-1722)墨
妙山房印本
1994年摄制. -- 1盘卷片(7米99拍)：1:10,
2B；35mm银盐
收藏馆：缩微中心，国图

00O018655
历代名公画谱：四卷 / (明)顾炳辑

明万历三十一年(1603)顾三聘顾三锡刻本
1994年摄制. -- 1盘卷片(8米125拍) : 1:10,
2B ; 35mm银盐
收藏馆：缩微中心，国图

000O023129
历代名公画谱：四卷 / (明)顾炳辑
明万历(1573-1620)双桂堂刻本
1995年摄制. -- 1盘卷片(8米121拍) : 1:10,
2B ; 35mm银盐
收藏馆：缩微中心，国图

000O018483
历代名公画谱：四卷 / (明)顾炳辑
明(1368-1644)刻本
1993年摄制. -- 1盘卷片(8米123拍) : 1:10,
2B ; 35mm银盐
收藏馆：缩微中心，国图

000O017707
陈眉公先生订正画谱：八卷 / (明)孙丕显撰
明(1368-1644)宝鼎斋刻本
1993年摄制. -- 1盘卷片(6米87拍) : 1:10,
2B ; 35mm银盐
收藏馆：缩微中心，国图

000O019821
八种画谱 / (明)黄凤池辑
明天启(1621-1627)刻本
1994年摄制. -- 1盘卷片(23米489拍) :
1:10, 2B ; 35mm银盐
收藏馆：缩微中心，天津

000O021785
新镌梅竹兰菊四谱：不分卷 / (明)孙汉凌,(明)孙继先绘
明万历四十八年(1620)集雅斋刻本
1995年摄制. -- 1盘卷片(5米52拍) : 1:10,
2B ; 35mm银盐
收藏馆：缩微中心，国图

000O019070
酣酣斋酒牌：不分卷
明(1368-1644)刻本. -- 郑振铎跋。
1994年摄制. -- 1盘卷片(3米25拍) : 1:10,
2B ; 35mm银盐
收藏馆：缩微中心，国图

000O031743
酒牌：不分卷
明(1368-1644)刻本
2005年摄制. -- 1盘卷片(6米85拍) : 1:10,
2B ; 35mm银盐

收藏馆：缩微中心，国图

000O015955
状元酒筹：一卷
明(1368-1644)刻本
1993年摄制. -- 1盘卷片(4米39拍) : 1:10,
2B ; 35mm银盐
收藏馆：缩微中心，国图

000O023103
状元酒筹：一卷
明(1368-1644)刻本
1995年摄制. -- 1盘卷片(3米17拍) : 1:10,
2B ; 35mm银盐
收藏馆：缩微中心，国图

000O017343
梨云馆竹谱：一卷 / (明)胡曰从辑
明末(1621-1644)刻彩色套印本
1993年摄制. -- 1盘卷片(4米32拍) : 1:10,
2B ; 35mm银盐
收藏馆：缩微中心，国图

000O031943
梨云馆竹谱：一卷 / (明)胡曰从辑
明末(1621-1644)刻彩色套印本
2010年摄制. -- 1盘卷片(4米48拍) : 1:11,
2B ; 35mm银盐
收藏馆：缩微中心，国图

000O018727
凌烟阁图：一卷 / (清)刘源绘
清康熙七年(1668)柱笏堂刻本
1994年摄制. -- 1盘卷片(4米45拍) : 1:10,
2B ; 35mm银盐
收藏馆：缩微中心，国图

000O031728
凌烟阁图：一卷 / (清)刘源绘
清康熙七年(1668)柱笏堂刻本
2005年摄制. -- 1盘卷片(5米60拍) : 1:10,
2B ; 35mm银盐
收藏馆：缩微中心，国图

000O031757
凌烟阁图：一卷 / (清)刘源绘
清康熙七年(1668)柱笏堂刻本
2005年摄制. -- 1盘卷片(5米60拍) : 1:10,
2B ; 35mm银盐
收藏馆：缩微中心，国图

000O031680
十竹斋笺谱初集：四卷 / (明)胡正言辑

明崇祯(1628-1644)胡氏十竹斋刻套印本. --
存二卷：卷二至卷三。
2005年摄制. -- 1盘卷片(6米80拍) : 1:10,
2B ; 35mm银盐
收藏馆：缩微中心，国图

000O015089
十竹斋笺谱初集：四卷 / (明)胡正言辑
明崇祯十七年(1644)胡氏十竹斋刻套印本. --
存一卷：卷一。(清)徐康、(清)沈树镛跋。
1992年摄制. -- 1盘卷片(4米42拍) : 1:10,
2B ; 35mm银盐
收藏馆：缩微中心，国图

000O019272
十竹斋笺谱初集：不分卷 / (明)胡正言辑
明崇祯十七年(1644)胡氏十竹斋刻套印本
1994年摄制. -- 1盘卷片(7米105拍) : 1:10,
2B ; 35mm银盐
收藏馆：缩微中心，国图

000O023145
十竹斋笺谱初集：四卷 / (明)胡正言辑
明崇祯十七年(1644)胡氏十竹斋刻套印本
1995年摄制. -- 1盘卷片(9米148拍) : 1:10,
2B ; 35mm银盐
收藏馆：缩微中心，国图

000O031932
十竹斋笺谱初集：四卷 / (明)胡正言辑
明崇祯十七年(1644)胡氏十竹斋刻套印本. --
存一卷：卷一。(清)徐康、(清)沈树镛跋。
2010年摄制. -- 1盘卷片(5米56拍) : 1:13,
2B ; 35mm银盐
收藏馆：缩微中心，国图

000O032000
十竹斋笺谱初集：四卷 / (明)胡正言辑
明崇祯十七年(1644)胡氏十竹斋刻套印本
2010年摄制. -- 1盘卷片(10米170拍) :
1:12, 2B ; 35mm银盐
收藏馆：缩微中心，国图

000O017723
芥子园画传：五卷 / (清)王棨辑
清康熙十八年(1679)李渔刻套印本
1993年摄制. -- 1盘卷片(12米215拍) :
1:10, 2B ; 35mm银盐
收藏馆：缩微中心，国图

000O018726
芥子园画传：五卷 / (清)王棨辑
清康熙十八年(1679)李渔刻套印本

1994年摄制. -- 1盘卷片(12米215拍) :
1:10, 2B ; 35mm银盐
收藏馆：缩微中心，国图

000O015074
芥子园画传二集：八卷 / (清)王棨,(清)王蓍,(清)王臬辑
清康熙四十年(1701)芥子园甥馆刻套印本
1992年摄制. -- 1盘卷片(12米204拍) :
1:10, 2B ; 35mm银盐
收藏馆：缩微中心，国图

000O015738
芥子园画传二集：四卷 / (清)王棨,(清)王蓍,(清)王臬辑
清康熙四十年(1701)芥子园甥馆刻彩色套印本
1993年摄制. -- 1盘卷片(12米213拍) :
1:10, 2B ; 35mm银盐
收藏馆：缩微中心，国图

000O031938
芥子园画传二集：八卷首一卷末一卷 / (清)王棨,(清)王蓍,(清)王臬辑
清康熙四十年(1701)芥子园甥馆刻套印本
2010年摄制. -- 1盘卷片(14米241拍) :
1:14, 2B ; 35mm银盐
收藏馆：缩微中心，国图

000O032002
芥子园画传二集：八卷首一卷末一卷 / (清)王棨,(清)王蓍,(清)王臬辑
清康熙四十年(1701)芥子园甥馆刻彩色套印本
2010年摄制. -- 1盘卷片(15米251拍) :
1:12, 2B ; 35mm银盐
收藏馆：缩微中心，国图

000O031887
芥子园画传：三集四卷末一卷 / (清)王棨,(清)王蓍,(清)王臬辑
清康熙四十年(1701)芥子园甥馆刻套印本. --
包括：草虫花卉谱二卷、翎毛花卉谱二卷。郑
振铎跋。
2010年摄制. -- 1盘卷片(13米218拍) :
1:10, 2B ; 35mm银盐
收藏馆：缩微中心，国图

000O005400
青在堂梅谱：二卷竹谱二卷
清康熙四十年(1701)芥子园甥馆刻套印本
1986年摄制. -- 1盘卷片(5.9米106拍) :
1:10, 2B ; 35mm银盐
收藏馆：缩微中心，国图

00O017679
青在堂梅谱：二卷菊谱二卷兰谱二卷竹谱二卷 /
(清)王槩,(清)王蓍,(清)王臬辑
清康熙四十年(1701)芥子园甥馆刻彩色套印本
1993年摄制. -- 1盘卷片(11米199拍) :
1:10, 2B ; 35mm银盐
收藏馆：缩微中心，国图

00O031968
青在堂梅谱：二卷菊谱二卷兰谱二卷竹谱二卷 /
(清)王槩,(清)王蓍,(清)王臬辑
清康熙四十年(1701)芥子园甥馆刻彩色套印本
2010年摄制. -- 1盘卷片(14米237拍) :
1:13, 2B ; 35mm银盐
收藏馆：缩微中心，国图

00O017695
[芥子园]画传：三集四卷 / (清)王槩,(清)王
蓍,(清)王臬辑
清康熙四十年(1701)芥子园甥馆刻套印本. --
郑振铎跋.
1993年摄制. -- 1盘卷片(10米172拍) :
1:10, 2B ; 35mm银盐
收藏馆：缩微中心，国图

00O019241
列仙酒牌：一卷 / (清)任熊绘
清咸丰四年(1854)蔡照初刻本
1994年摄制. -- 1盘卷片(5米55拍) : 1:10,
2B ; 35mm银盐
收藏馆：缩微中心，国图

00O019790
云台二十八将图：一卷 / (清)张士保画
清道光二十六年(1846)白松岩刻本
1994年摄制. -- 1盘卷片(3米17拍) : 1:10,
2B ; 35mm银盐
收藏馆：缩微中心，国图

00O018809
白岳凝烟：一卷 / (清)吴镕绘
清康熙(1662-1722)刻本
1994年摄制. -- 1盘卷片(4米97拍) : 1:10,
2B ; 35mm银盐
收藏馆：缩微中心，国图

00O007373
晚笑堂画传：不分卷 / (清)上官周撰
清乾隆八年(1743)刻本. -- 版框高二十三厘
米宽十五厘米。
1987年摄制. -- 1盘卷片(7.1米130拍) :
1:10, 2B ; 35mm银盐
收藏馆：缩微中心，广东

00O019216
古歙山川图：一卷 / (清)吴逸绘
清乾隆(1736-1795)阮溪水香园刻本
1994年摄制. -- 1盘卷片(3米29拍) : 1:10,
2B ; 35mm银盐
收藏馆：缩微中心，国图

00O014159
兰竹谱：一卷 / (清)陈旭撰
清嘉庆(1796-1820)刻本
1991年摄制. -- 1盘卷片(4米51拍) : 1:10,
2B ; 35mm银盐
收藏馆：缩微中心，国图

00O017356
清逸山房竹谱：二卷 / (清)魏容撰
清嘉庆(1796-1820)刻本
1993年摄制. -- 1盘卷片(5米54拍) : 1:10,
2B ; 35mm银盐
收藏馆：缩微中心，国图

00O019094
天下有山堂画艺：二卷 / (清)汪之元撰
清(1644-1911)樵石山房刻套印本
1994年摄制. -- 1盘卷片(6米73拍) : 1:10,
2B ; 35mm银盐
收藏馆：缩微中心，国图

00O031965
天下有山堂画艺：二卷 / (清)汪之元撰
清(1644-1911)樵石山房刻套印本
2010年摄制. -- 1盘卷片(7米94拍) : 1:13,
2B ; 35mm银盐
收藏馆：缩微中心，国图

00O017425
悟香亭画稿：二卷六法管见一卷 / (清)刘愔绘
清道光十八年至二十年(1838-1840)梅钟澍摹
刻本
1993年摄制. -- 1盘卷片(9米164拍) : 1:10,
2B ; 35mm银盐
收藏馆：缩微中心，国图

00O030343
红楼梦图咏：四册 / (清)改琦绘
清光绪五年(1879)精刻本
2001年摄制. -- 1盘卷片(9米158拍) : 1:10,
2B ; 35mm银盐
收藏馆：缩微中心，天津

00O015959
陈章侯画博古牌：不分卷 / (明)陈洪绶绘
清顺治(1644-1661)刻本

1993年摄制. -- 1盘卷片(4米29拍) ：1:10,
2B ；35mm银盐
收藏馆：缩微中心，国图

000O022443
陈章侯画博古牌：不分卷 / (明)陈洪绶绘
清顺治(1644-1661)刻本. -- 王立承跋。
1995年摄制. -- 1盘卷片(3米10拍) ：1:10,
2B ；35mm银盐
收藏馆：缩微中心，国图

000O014975
太平山水图画：一卷 / (清)张万选辑；(清)萧云
从绘
清顺治五年(1648)张万选裹古堂刻本
1992年摄制. -- 1盘卷片(4米45拍) ：1:10,
2B ；35mm银盐
收藏馆：缩微中心，国图

000O017891
纫斋画剩：不分卷 / (清)陈允升绘
清光绪二年(1876)陈氏得古欢室刻本
1993年摄制. -- 1盘卷片(11米189拍) ：
1:10, 2B ；35mm银盐
收藏馆：缩微中心，国图

000O031963
文美斋百花诗笺谱：不分卷
清宣统三年(1911)文美斋套印本
2010年摄制. -- 1盘卷片(8米127拍) ：1:13,
2B ；35mm银盐
收藏馆：缩微中心，国图

000O016442
文美斋百华诗笺谱：不分卷
清宣统三年(1911)文美斋刻套印本
1993年摄制. -- 1盘卷片(7米102拍) ：1:10,
2B ；35mm银盐
收藏馆：缩微中心，国图

000O017420
百花诗笺谱：不分卷
清宣统三年(1911)文美斋刻彩色套印本
1993年摄制. -- 1盘卷片(5米52拍) ：1:10,
2B ；35mm银盐
收藏馆：缩微中心，国图

000O018569
百花诗笺谱：不分卷
清宣统三年(1911)文美斋刻彩色套印本
1993年摄制. -- 1盘卷片(7米102拍) ：1:10,
2B ；35mm银盐
收藏馆：缩微中心，国图

000O008389
历代帝王传国玺谱：一卷 / (宋)郑文宝撰 . 贾氏
谈录：一卷 / (宋)张洎撰 . 桂苑丛谈：一卷
明(1368-1644)抄本. -- 未拍摄贾氏谈录、桂
苑丛谈。
1988年摄制. -- 1盘卷片(2米16拍) ：1:10,
2B ；35mm银盐
收藏馆：缩微中心，国图

000O004740
陈眉公重订学古编：一卷附录一卷 / (元)吾丘衍
撰
明万历(1573-1620)沈氏尚白斋刻陈眉公订正
秘笈本
1987年摄制. -- 1盘卷片(3.3米42拍) ：
1:10, 2B ；35mm银盐
收藏馆：缩微中心，国图

000O010300
学古编：一卷 / (元)吾丘衍撰
清乾隆四十二年(1777)吾氏竹素山房刻本
1989年摄制. -- 1盘卷片(2米40拍) ：1:10,
2B ；35mm银盐
收藏馆：缩微中心，湖北

000O004735
学古编：二卷 / (元)吾丘衍撰；(明)何震续
明天启二年(1622)沈延铨刻本
1987年摄制. -- 1盘卷片(3米32拍) ：1:10,
2B ；35mm银盐
收藏馆：缩微中心，国图

000O016239
皇明印史：四卷 / (明)邵潜篆刻并辑
明天启(1621-1627)刻钤印本
1993年摄制. -- 1盘卷片(8米118拍) ：1:10,
2B ；35mm银盐
收藏馆：缩微中心，国图

000O015004
印史：五卷 / (明)何通撰
明天启(1621-1627)刻钤印本
1992年摄制. -- 1盘卷片(16米300拍) ：
1:10, 2B ；35mm银盐
收藏馆：缩微中心，国图

000O028434
印史：五卷 / (明)何通撰
明天启(1621-1627)刻钤印本. -- (清)丁丙
跋。
1996年摄制. -- 1盘卷片(14米276拍) ：
1:10, 2B ；35mm银盐
收藏馆：缩微中心，南京

000O028532
印书：二卷 / (明)朱闻撰；(明)赵宦光删
明(1368-1644)依山堂抄本
1996年摄制. -- 1盘卷片(7米120拍) : 1:10,
2B ; 35mm银盐
收藏馆：缩微中心，南京

000O000279
篆学测解：二十九卷声韵表一卷 / (明)韩洽撰
清嘉庆二十五年(1820)韩尉刻本
1985年摄制. -- 2盘卷片(47.9米1066拍) :
1:10, 2B ; 35mm银盐
收藏馆：缩微中心，国图

000O026138
红术轩紫泥法定本：一卷 / (清)汪镐京撰
清咸丰七年(1857)南溪渔子抄本
1997年摄制. -- 1盘卷片(3米21拍) : 1:10,
2B ; 35mm银盐
收藏馆：缩微中心，安庆

000O014972
篆镂心得：一卷 / (清)孔继浩撰
清(1644-1911)抄本
1992年摄制. -- 1盘卷片(5米65拍) : 1:10,
2B ; 35mm银盐
收藏馆：缩微中心，国图

000O028252
篆刻针度：八卷 / (清)陈克恕撰
清(1644-1911)稿本
1997年摄制. -- 1盘卷片(7米126拍) : 1:10,
2B ; 35mm银盐
收藏馆：缩微中心，无为

000O017320
篆刻针度：八卷 / (清)陈克恕撰
清乾隆五十一年(1786)陈氏存几希斋刻本
1993年摄制. -- 1盘卷片(8米114拍) : 1:10,
2B ; 35mm银盐
收藏馆：缩微中心，国图

000O024786
续三十五举：一卷 / (清)于守绪撰
清(1644-1911)稿本
1995年摄制. -- 1盘卷片(4米46拍) : 1:10,
2B ; 35mm银盐
收藏馆：缩微中心，浙江

000O025393
再续三十五举：一卷 / (清)姚晏撰
清(1644-1911)刻本
1996年摄制. -- 1盘卷片(3米12拍) : 1:10,

2B ; 35mm银盐
收藏馆：缩微中心，国图

000O031410
再续三十五举：一卷 / (清)姚晏撰
清(1644-1911)刻本
2004年摄制. -- 1盘卷片(3米26拍) : 1:10,
2B ; 35mm银盐
收藏馆：缩微中心，国图

000O018144
印文祥解：不分卷 / (清)刘潍坊篆刻
清(1644-1911)稿本
1993年摄制. -- 1盘卷片(6米100拍) : 1:10,
2B ; 35mm银盐
收藏馆：缩微中心，山东

000O023974
篆学一隅：十二卷 / (清)程璞撰
清(1644-1911)稿本. -- 存十一卷：卷二至卷
十二。(清)单学傅校。
1995年摄制. -- 2盘卷片(49米1109拍) :
1:10, 2B ; 35mm银盐
收藏馆：缩微中心，南京

000O004275
飞鸿堂印人传：八卷 / (清)汪启淑撰
清乾隆五十四年(1789)汪启淑刻本
1986年摄制. -- 1盘卷片(17米251拍) :
1:10, 2B ; 35mm银盐
收藏馆：缩微中心，国图

000O013858
汇姓印苑：二卷 / (明)王梦弼撰
明万历(1573-1620)刻钤印本
1992年摄制. -- 1盘卷片(5米67拍) : 1:10,
2B ; 35mm银盐
收藏馆：缩微中心，国图

000O028443
甘氏印集：四卷 / (明)甘旸篆刻
明万历(1573-1620)钤印本
1996年摄制. -- 1盘卷片(6.5米99拍) :
1:10, 2B ; 35mm银盐
收藏馆：缩微中心，南京

000O008878
印隽：四卷 / (明)梁褒篆刻并辑
明万历三十八年(1610)刻钤印本. -- (清)周
星诒跋。
1988年摄制. -- 1盘卷片(7米121拍) : 1:10,
2B ; 35mm银盐
收藏馆：缩微中心，浙江

000O024719
古今印选：二卷增一卷 / (明)吴可贺辑
明万历(1573-1620)钤印本
1996年摄制. -- 1盘卷片(8米146拍) ：1:10,
2B ；35mm银盐
收藏馆：缩微中心，浙江

000O028556
珍善斋印印：不分卷 / (明)吴迥篆刻并辑
明万历四十年(1612)刻钤印本
1996年摄制. -- 1盘卷片(5米61拍) ：1:10,
2B ；35mm银盐
收藏馆：缩微中心，南京

000O024234
晓采居印印：四卷 / (明)吴迥篆刻并辑
明万历(1573-1620)刻钤印本. -- 本书无页
码。
1996年摄制. -- 1盘卷片(6米136拍) ：1:10,
2B ；35mm银盐
收藏馆：缩微中心，安徽

000O028554
晓采居印印：二卷 / (明)吴迥篆刻并辑
明万历(1573-1620)刻钤印本
1996年摄制. -- 1盘卷片(5米76拍) ：1:10,
2B ；35mm银盐
收藏馆：缩微中心，南京

000O014695
承清馆印谱：一卷续集一卷 / (明)张灏辑
明(1368-1644)刻钤印本
1992年摄制. -- 1盘卷片(7米103拍) ：1:10,
2B ；35mm银盐
收藏馆：缩微中心，国图

000O024712
承清馆印谱：一卷续集一卷 / (明)张灏辑
明(1368-1644)钤印本
1996年摄制. -- 1盘卷片(7米123拍) ：1:10,
2B ；35mm银盐
收藏馆：缩微中心，浙江

000O010143
学山堂印谱：五卷首一卷 / (明)张灏辑并藏
明崇祯(1628-1644)钤印本
1989年摄制. -- 1盘卷片(22米474拍) ：
1:10, 2B ；35mm银盐
收藏馆：缩微中心，山东

000O008880
学山堂印谱：八卷；学山记：一卷；学山题咏：
不分卷 / (明)张灏辑

明崇祯(1628-1644)刻钤印本
1988年摄制. -- 1盘卷片(34米765拍) ：
1:10, 2B ；35mm银盐
收藏馆：缩微中心，浙江

000O016030
苏氏印略：一卷 / (明)苏宣篆刻并辑
明万历(1573-1620)刻钤印本
1993年摄制. -- 1盘卷片(4米33拍) ：1:10,
2B ；35mm银盐
收藏馆：缩微中心，国图

000O022568
方元长印谱：五卷 / (明)方逢吉篆刻；(明)朱统
镊辑
明万历四十八年(1620)刻钤印本
1995年摄制. -- 1盘卷片(7.5米132拍) ：
1:10, 2B ；35mm银盐
收藏馆：缩微中心，湖北

000O028552
曲水轩印志：二卷 / (明)黄赏篆刻并辑
明(1368-1644)刻钤印本
1996年摄制. -- 1盘卷片(5.5米83拍) ：
1:10, 2B ；35mm银盐
收藏馆：缩微中心，南京

000O031888
陈寄生图书苑：不分卷 / (明)陈旅辑
明(1368-1644)刻钤印本
2010年摄制. -- 1盘卷片(9米146拍) ：1:10,
2B ；35mm银盐
收藏馆：缩微中心，国图

000O028172
古今印赏：□□卷 / (明)释隆彩篆
明天启(1621-1627)刻钤印本. -- 存二卷：卷
一至卷二。
1996年摄制. -- 1盘卷片(6.5米99拍) ：
1:10, 2B ；35mm银盐
收藏馆：缩微中心，南京

000O016510
集何雪渔印谱：二卷 / (明)金贤辑
明崇祯(1628-1644)刻钤印本
1993年摄制. -- 1盘卷片(6米93拍) ：1:10,
2B ；35mm银盐
收藏馆：缩微中心，国图

000O025026
郑弘佑印谱：一卷 / (明)郑基相篆刻
明崇祯六年(1633)钤印本
1996年摄制. -- 1盘卷片(5米72拍) ：1:10,

2B ； 35mm银盐
收藏馆：缩微中心，安徽

000O024230
胡君宝印隽：不分卷 / (明)胡文淳篆刻
明崇祯七年(1634)钤印本
1996年摄制. -- 1盘卷片(6米78拍) : 1:10,
2B ； 35mm银盐
收藏馆：缩微中心，安徽

000O004198
怀古堂印稿：□□卷 / (明)陆鼎篆刻并辑
明崇祯(1628-1644)刻钤印本. -- 存二卷。
1986年摄制. -- 1盘卷片(4.2米66拍) :
1:10, 2B ； 35mm银盐
收藏馆：缩微中心，国图

000O014093
印存初集：四卷 / (明)胡正言撰
清顺治四年(1647)胡氏十竹斋刻钤印本
1992年摄制. -- 1盘卷片(8米132拍) : 1:10,
2B ； 35mm银盐
收藏馆：缩微中心，国图

000O014379
印存初集：四卷 / (明)胡正言撰
清顺治四年(1647)胡氏十竹斋刻钤印本
1992年摄制. -- 1盘卷片(6米123拍) : 1:10,
2B ； 35mm银盐
收藏馆：缩微中心，国图

000O001441
赖古堂印谱：不分卷 / (清)周亮工辑
清初(1644-1722)钤印本
1985年摄制. -- 1盘卷片(5米66拍) : 1:10,
2B ； 35mm银盐
收藏馆：缩微中心，国图

000O015422
赖古堂印谱：四卷 / (清)周亮工辑
清康熙(1662-1722)刻钤印本
1992年摄制. -- 1盘卷片(10米173拍) :
1:10, 2B ； 35mm银盐
收藏馆：缩微中心，国图

000O015869
赖古堂印谱：四卷 / (清)周在浚,(清)周在延,(清)周在建辑
清康熙六年(1667)周氏赖古堂钤印本
1993年摄制. -- 1盘卷片(19米366拍) :
1:10, 2B ； 35mm银盐
收藏馆：缩微中心，国图

000O012669
实砚斋印谱 / (清)林皋治印
清康熙(1662-1722)钤印本
1990年摄制. -- 1盘卷片(7.5米142拍) :
1:10, 2B ； 35mm银盐
收藏馆：缩微中心，辽宁

000O008879
谷园印谱：四卷 / (清)许容篆刻 ; (清)胡介祉辑
清康熙二十五年(1686)刻钤印本
1988年摄制. -- 1盘卷片(7米130拍) : 1:10,
2B ； 35mm银盐
收藏馆：缩微中心，浙江

000O001537
名园印谱：六卷 / (清)许容篆 ; (清)胡介祉藏
清康熙(1662-1722)拓本
1986年摄制. -- 1盘卷片(11米206拍) :
1:10, 2B ； 35mm银盐
收藏馆：缩微中心，吉林

000O008877
韫光楼印谱：二卷 / (清)许容篆刻
清康熙二十八年(1689)刻钤印本
1988年摄制. -- 1盘卷片(5米85拍) : 1:10,
2B ； 35mm银盐
收藏馆：缩微中心，浙江

000O000742
金石红文：六卷 / (清)吴熙篆刻 ; (清)李继烈辑
清康熙四十年(1701)李继烈刻钤印本
1985年摄制. -- 1盘卷片(10米197拍) :
1:10, 2B ； 35mm银盐
收藏馆：缩微中心，国图

000O001222
御制九字回文图书谱：不分卷
清(1644-1911)钤印本
1985年摄制. -- 1盘卷片(4米59拍) : 1:10,
2B ； 35mm银盐
收藏馆：缩微中心，国图

000O001516
珍珠船印谱：不分卷 / (清)金一畴撰
清乾隆四年(1739)钤印本
1986年摄制. -- 1盘卷片(8.5米152拍) :
1:10, 2B ； 35mm银盐
收藏馆：缩微中心，吉林

000O015769
醉爱居印赏：二卷 / (清)王睿章辑 ; (清)徐逵照考订
清乾隆五年(1740)王祖昚刻钤印本

1993年摄制. -- 1盘卷片(7米98拍) ： 1:10,
2B ；35mm银盐
收藏馆：缩微中心，国图

000O016441
醉爱居印赏：二卷 / (清)王睿章辑；(清)徐逢照考订
清乾隆五年(1740)王祖眘刻钤印本
1993年摄制. -- 1盘卷片(9米157拍) ： 1:10,
2B ；35mm银盐
收藏馆：缩微中心，国图

000O016952
醉爱居印赏：二卷又一卷 / (清)王睿章辑；(清)徐逢照考订
清乾隆五年(1740)王祖眘刻钤印本. -- 又一卷清乾隆(1736-1795)王祖眘刻本。
1993年摄制. -- 1盘卷片(9米155拍) ： 1:10,
2B ；35mm银盐
收藏馆：缩微中心，国图

000O011449
墨花禅印稿：二卷 / (清)释续行篆刻
清乾隆(1736-1795)钤印本
1989年摄制. -- 1盘卷片(5米82拍) ： 1:10,
2B ；35mm银盐
收藏馆：缩微中心，辽宁

000O015435
飞鸿堂印谱二集：八卷 / (清)汪启淑辑
清乾隆十三年(1748)汪氏飞鸿堂刻钤印本
1992年摄制. -- 1盘卷片(13米239拍) ：
1:10, 2B ；35mm银盐
收藏馆：缩微中心，国图

000O008747
飞鸿堂印余：十二卷 / (清)汪启淑辑
清(1644-1911)稿本
1988年摄制. -- 1盘卷片(12.6米258拍) ：
1:10, 2B ；35mm银盐
收藏馆：缩微中心，重庆

000O016513
锦囊印林：四卷 / (清)汪启淑辑
清乾隆十九年(1754)汪氏香雪亭刻钤印本
1993年摄制. -- 1盘卷片(7米91拍) ： 1:10,
2B ；35mm银盐
收藏馆：缩微中心，国图

000O015774
秋室印粹：四卷 / (清)汪启淑辑
清乾隆二十一年(1756)汪启淑刻钤印本
1992年摄制. -- 1盘卷片(7米93拍) ： 1:10,

2B ；35mm银盐
收藏馆：缩微中心，国图

000O015586
退斋印类：十卷 / (清)汪启淑辑
清乾隆三十二年(1767)汪启淑刻钤印本
1993年摄制. -- 1盘卷片(18米326拍) ：
1:10, 2B ；35mm银盐
收藏馆：缩微中心，国图

000O018446
退斋印类：十卷 / (清)汪启淑辑
清乾隆三十二年(1767)汪启淑钤印本
1993年摄制. -- 1盘卷片(17米327拍) ：
1:10, 2B ；35mm银盐
收藏馆：缩微中心，国图

000O027290
印存：不分卷 / (清)陈克恕篆刻
清乾隆(1736-1795)存儿希斋钤印本. -- (清)陆费墀、(清)吴锡麒、(清)桂馥、(清)陈鳣、(清)祝麐、(清)祝堃、(清)沈世炜、(清)查莹跋。
1997年摄制. -- 1盘卷片(9米164拍) ： 1:10,
2B ；35mm银盐
收藏馆：缩微中心，国图

000O014361
抱经楼日课编：四卷 / (清)卢登焯辑
清乾隆四十四年(1779)卢氏抱经楼刻本
1992年摄制. -- 1盘卷片(9米149拍) ： 1:10,
2B ；35mm银盐
收藏馆：缩微中心，国图

000O017319
抱经楼日课编：四卷 / (清)卢登焯辑
清乾隆四十四年(1779)卢氏抱经楼刻本
1993年摄制. -- 1盘卷片(9米145拍) ： 1:10,
2B ；35mm银盐
收藏馆：缩微中心，国图

000O025392
四香堂摹印：不分卷 / (清)巴慰祖篆刻
清乾隆(1736-1795)刻钤印本
1996年摄制. -- 1盘卷片(5米71拍) ： 1:10,
2B ；35mm银盐
收藏馆：缩微中心，国图

000O009117
四本堂印谱：不分卷 / (清)陈森年辑
清(1644-1911)钤印本
1988年摄制. -- 1盘卷片(11米200拍) ：
1:10, 2B ；35mm银盐

收藏馆：缩微中心，湖南

000O026440
松园印谱：不分卷 / (清)贾永篆刻
清乾隆四十八年(1783)福寿堂钤印本
1993年摄制. -- 1盘卷片(5米116拍) : 1:10,
2B ; 35mm银盐
收藏馆：缩微中心，哈尔滨

000O008151
松雪堂印萃：四卷 / (清)郭启翼篆刻
清乾隆五十年(1785)刻钤印本
1988年摄制. -- 1盘卷片(14.5米302拍) :
1:10, 2B ; 35mm银盐
收藏馆：缩微中心，湖北

000O019451
张氏印谱：六卷
清(1644-1911)相印轩钤印本
1994年摄制. -- 1盘卷片(21米421拍) :
1:10, 2B ; 35mm银盐
收藏馆：缩微中心，国图

000O022607
历朝史印：十卷 / (清)黄学圯篆刻并辑
清嘉庆二年(1797)黄氏楚桥书屋钤印本
1995年摄制. -- 1盘卷片(8米159拍) : 1:10,
2B ; 35mm银盐
收藏馆：缩微中心，河南

000O007988
云留小住印志：不分卷 / (清)徐学干篆刻
清嘉庆(1796-1820)刻钤印本
1988年摄制. -- 1盘卷片(6米102拍) : 1:10,
2B ; 35mm银盐
收藏馆：缩微中心，湖南

000O013761
绀雪斋集印谱：四卷 / (清)陈焿淦辑
清嘉庆(1796-1820)刻钤印本
1991年摄制. -- 1盘卷片(10.0米205拍) :
1:10, 2B ; 35mm银盐
收藏馆：缩微中心，辽宁

000O024780
师古堂印谱：二卷；印文辑略：二卷 / (清)刘绍藜篆刻并辑
清嘉庆二十四年(1819)刘氏万花阁钤印本
1995年摄制. -- 1盘卷片(10米184拍) :
1:10, 2B ; 35mm银盐
收藏馆：缩微中心，浙江

000O023931
艳秋阁印存：不分卷 / (清)孙慧翼辑
清道光十八年(1838)钤印本
1996年摄制. -- 1盘卷片(10米168拍) :
1:10, 2B ; 35mm银盐
收藏馆：缩微中心，河南

000O023633
二金蝶堂癸亥以后印稿：一卷 / (清)赵之谦篆刻；(清)朱志复辑
清同治四年(1865)钤印本
1996年摄制. -- 1盘卷片(3米42拍) : 1:10,
2B ; 35mm银盐
收藏馆：缩微中心，浙江

000O023622
二金蝶堂印谱：不分卷 / (清)赵之谦篆刻；(清)傅栻辑
清光绪三年(1877)傅氏有熹斋钤印本
1995年摄制. -- 1盘卷片(5米70拍) : 1:10,
2B ; 35mm银盐
收藏馆：缩微中心，浙江

000O002155
琴史：六卷 / (宋)朱长文撰
明(1368-1644)抄本
1986年摄制. -- 1盘卷片(7米132拍) : 1:10,
2B ; 35mm银盐
收藏馆：缩微中心，国图

000O004650
琴史：六卷 / (宋)朱长文撰
明(1368-1644)抄本
1986年摄制. -- 1盘卷片(7.2米124拍) :
1:10, 2B ; 35mm银盐
收藏馆：缩微中心，国图

000O019288
琴史：六卷 / (宋)朱长文撰
明(1368-1644)抄本. -- (清)吴焯校并跋。
1994年摄制. -- 1盘卷片(8米120拍) : 1:10,
2B ; 35mm银盐
收藏馆：缩微中心，国图

000O019055
琴史：六卷 / (宋)朱长文撰
清(1644-1911)抄本
1994年摄制. -- 1盘卷片(7米116拍) : 1:10,
2B ; 35mm银盐
收藏馆：缩微中心，国图

000O005007
琴统：一卷外篇一卷 / (宋)徐理撰

明(1368-1644)抄本
1986年摄制. -- 1盘卷片(4米50拍) : 1:10,
2B ; 35mm银盐
收藏馆: 缩微中心, 国图

000O025400
琴统: 一卷外篇一卷 / (宋)徐理撰. 五声琴谱:
一卷 / (明)朱□□撰
瞿氏铁琴铜剑楼抄本
1996年摄制. -- 1盘卷片(5米62拍) : 1:10,
2B ; 35mm银盐
收藏馆: 缩微中心, 国图

000O025387
琴苑要录: 不分卷
瞿氏铁琴铜剑楼抄本
1996年摄制. -- 1盘卷片(5米73拍) : 1:10,
2B ; 35mm银盐
收藏馆: 缩微中心, 国图

000O028440
琴苑: 二卷 / (明)夏树芳撰
明万历(1573-1620)刻本
1996年摄制. -- 1盘卷片(6米73拍) : 1:10,
2B ; 35mm银盐
收藏馆: 缩微中心, 南京

000O027287
琴学: 内篇一卷外篇一卷 / (清)曹庭栋撰
清乾隆(1736-1795)刻本
1997年摄制. -- 1盘卷片(8米145拍) : 1:10,
2B ; 35mm银盐
收藏馆: 缩微中心, 国图

000O008681
琴谱合璧: 二种三卷 / (明)杨抡辑
明万历三十七年(1609)刻本
1988年摄制. -- 1盘卷片(15.5米326拍) :
1:9, 2B ; 35mm银盐
收藏馆: 缩微中心, 重庆

000O020678
琴谱合璧: 二种 / (明)杨抡辑
明万历(1573-1620)李嘉遇刻本
1994年摄制. -- 1盘卷片(17米319拍) :
1:10, 2B ; 35mm银盐
收藏馆: 缩微中心, 国图

000O014127
太古遗音: 二卷 / (明)袁均哲撰
明(1368-1644)刻本. -- 存一卷: 卷上。
1992年摄制. -- 1盘卷片(4米34拍) : 1:10,
2B ; 35mm银盐

收藏馆: 缩微中心, 国图

000O019062
太音大全集: 五卷
明(1368-1644)刻本
1994年摄制. -- 1盘卷片(8米117拍) : 1:10,
2B ; 35mm银盐
收藏馆: 缩微中心, 国图

000O004130
五声琴谱: 一卷 / (明)朱□□撰
明(1368-1644)抄本
1986年摄制. -- 1盘卷片(3.4米43拍) :
1:10, 2B ; 35mm银盐
收藏馆: 缩微中心, 国图

000O020121
风宣玄品: 十卷 / (明)张鲲撰
明(1368-1644)抄本. -- 存六卷: 卷二至卷
三、卷五、卷七、卷九至卷十。
1994年摄制. -- 1盘卷片(22米441拍) :
1:10, 2B ; 35mm银盐
收藏馆: 缩微中心, 国图

000O014745
太音传习: 五卷 / (明)李仁撰
明嘉靖四十年(1561)周桂山刻本
1992年摄制. -- 1盘卷片(20米374拍) :
1:10, 2B ; 35mm银盐
收藏馆: 缩微中心, 国图

000O019321
新刊正文对音捷要琴谱真传: 六卷 / (明)杨表正
撰
明万历元年(1573)唐富春刻本
1994年摄制. -- 1盘卷片(15米268拍) :
1:10, 2B ; 35mm银盐
收藏馆: 缩微中心, 国图

000O020761
重修正文对音捷要真传琴谱大全: 十卷 / (明)杨
表正撰
明万历十三年(1585)金陵富春堂刻本
1994年摄制. -- 1盘卷片(26米502拍) :
1:10, 2B ; 35mm银盐
收藏馆: 缩微中心, 国图

000O014935
琴书大全: □□卷 / (明)蒋克谦撰
明(1368-1644)刻本. -- 存六卷: 卷二、卷四
至卷八。
1992年摄制. -- 1盘卷片(14米254拍) :
1:10, 2B ; 35mm银盐

收藏馆：缩微中心，国图

000O000874
新刻文会堂琴谱：六卷 / (明)胡文焕撰
明万历二十五年(1597)胡氏文会堂刻本. --
存四卷：卷一至卷四。
1985年摄制. -- 1盘卷片(11.6米238拍)：
1:10，2B；35mm银盐
收藏馆：缩微中心，国图

000O018651
新刻文会堂琴谱：六卷 / (明)胡文焕撰
明万历二十五年(1597)胡氏文会堂刻本
1994年摄制. -- 1盘卷片(18米333拍)：
1:10，2B；35mm银盐
收藏馆：缩微中心，国图

000O016220
阳春堂琴谱：四卷续集一卷 / (明)张大命撰
明万历(1573-1620)刻本
1993年摄制. -- 1盘卷片(15米265拍)：
1:10，2B；35mm银盐
收藏馆：缩微中心，国图

000O008974
松弦馆琴谱：二卷 / (明)严澂撰
明万历四十二年(1614)刻本
1988年摄制. -- 1盘卷片(11米193拍)：
1:10，2B；35mm银盐
收藏馆：缩微中心，湖北

000O007814
徽言秘旨：不分卷 / (明)尹晔辑
清顺治九年(1652)德月楼刻本
1988年摄制. -- 1盘卷片(23.5米511拍)：
1:11，2B；35mm银盐
收藏馆：缩微中心，重庆

000O009752
琴苑心传全编：二十卷 / (清)孔兴诱辑
清康熙九年(1670)刻本. -- 卷一配抄本。
1989年摄制. -- 1盘卷片(24.9米544拍)：
1:9，2B；35mm银盐
收藏馆：缩微中心，重庆

000O011465
大还阁琴谱：六卷；溪山琴况：一卷；万峰阁指法阄笺：一卷 / (清)徐祺撰
清康熙十二年(1673)蔡毓荣刻本
1989年摄制. -- 1盘卷片(17米369拍)：
1:10，2B；35mm银盐
收藏馆：缩微中心，辽宁

000O000538
听云阁雷琴篇：十卷 / (清)张衡辑
清康熙(1662-1722)刻本
1985年摄制. -- 1盘卷片(5米71拍)：1:10，
2B；35mm银盐
收藏馆：缩微中心，国图

000O016743
琴谱指法：二卷 / (清)徐常遇撰
清康熙(1662-1722)响山堂刻本
1993年摄制. -- 1盘卷片(4米41拍)：1:10，
2B；35mm银盐
收藏馆：缩微中心，国图

000O009406
蓼怀堂琴谱：不分卷 / (明)杨表正撰；(清)云志高重订
清康熙(1662-1722)蓼怀堂刻本. -- 本书封面页题：琴谱大全。版框高二十二厘米宽十五厘米。
1988年摄制. -- 1盘卷片(15米311拍)：
1:10，2B；35mm银盐
收藏馆：缩微中心，广东

000O008095
德音堂琴谱：十卷 / (清)郭裕斋辑；(清)汪天荣,(清)吴宝芝校
清康熙元年(1662)刻本
1988年摄制. -- 1盘卷片(15米300拍)：
1:10，2B；35mm银盐
收藏馆：缩微中心，湖北

000O006879
琴谱析微：六卷指法二卷 / (清)鲁鼐撰
清康熙三十一年(1692)鲁氏自适轩刻本
1987年摄制. -- 1盘卷片(12.8米264拍)：
1:10，2B；35mm银盐
收藏馆：缩微中心，重庆

000O019357
卧云楼琴谱：八卷指法二卷 / (清)马兆辰撰
清康熙元年(1662)马兆辰刻本
1994年摄制. -- 1盘卷片(15米284拍)：
1:10，2B；35mm银盐
收藏馆：缩微中心，国图

000O020974
琴谱新声：六卷 / (清)曹尚絅撰
清乾隆九年(1744)刻本
1993年摄制. -- 1盘卷片(9.5米190拍)：
1:10，2B；35mm银盐
收藏馆：缩微中心，辽宁

00O028254
琴谱新声：六卷 / (清)曹尚絅撰
清乾隆九年(1744)刻本
1997年摄制. -- 1盘卷片(9米190拍) : 1:10,
2B ; 35mm银盐
收藏馆：缩微中心，辽宁

00O011466
颖阳琴谱：四卷 / (清)李郊撰
清乾隆十六年(1751)述德堂刻本
1989年摄制. -- 1盘卷片(14.5米309拍) :
1:10, 2B ; 35mm银盐
收藏馆：缩微中心，辽宁

00O008618
弦索十三套琵琶谱：四卷
清道光五年(1825)秀亭抄本
1988年摄制. -- 1盘卷片(10米192拍) :
1:10, 2B ; 35mm银盐
收藏馆：缩微中心，国图

00O007874
瓶笙馆修箫谱：四种四卷 / (清)舒位撰
清道光(1821-1850)汪氏振绮堂刻本
1988年摄制. -- 1盘卷片(4.5米69拍) :
1:11, 2B ; 35mm银盐
收藏馆：缩微中心，重庆

00O015205
阳关三叠：一卷 / (清)俞宗撰
清乾隆(1736-1795)桐园草堂刻本
1992年摄制. -- 1盘卷片(3米29拍) : 1:10,
2B ; 35mm银盐
收藏馆：缩微中心，国图

00O016667
棋经：一卷 / (宋)张拟撰
明崇祯三年(1630)沈烨影元(1271-1368)抄本
1993年摄制. -- 1盘卷片(4米32拍) : 1:10,
2B ; 35mm银盐
收藏馆：缩微中心，国图

00O015832
商山奕谱：五卷
明(1368-1644)抄本
1993年摄制. -- 1盘卷片(21米410拍) :
1:10, 2B ; 35mm银盐
收藏馆：缩微中心，国图

00O023162
适情录：二十卷 / (明)林应龙撰
明(1368-1644)崇本书院刻本. -- 存六卷：卷
一至卷六。

1995年摄制. -- 1盘卷片(11米175拍) :
1:10, 2B ; 35mm银盐
收藏馆：缩微中心，国图

00O015298
犹贤集：四卷 / (明)汪云程撰
明嘉靖(1522-1566)活字印本. -- 存二卷：卷
一、卷四。
1992年摄制. -- 1盘卷片(6米75拍) : 1:10,
2B ; 35mm银盐
收藏馆：缩微中心，国图

00O020254
奕正：二卷 / (明)雍熙世撰
明万历(1573-1620)刻本
1994年摄制. -- 1盘卷片(6米90拍) : 1:10,
2B ; 35mm银盐
收藏馆：缩微中心，国图

00O017381
奕志：五卷 / (明)汪贞度撰并辑
明万历四十一年(1613)汪贞度刻本. -- 存四
卷：卷一至卷四。
1993年摄制. -- 1盘卷片(5米54拍) : 1:10,
2B ; 35mm银盐
收藏馆：缩微中心，国图

00O000436
奕数：四卷 / (明)苏之轼撰
明天启二年(1622)苏之轼刻套印本
1985年摄制. -- 1盘卷片(14.5米309拍) :
1:10, 2B ; 35mm银盐
收藏馆：缩微中心，国图

00O031905
奕数：四卷 ; 棋经注：一卷 / (明)苏之轼撰
明天启二年(1622)苏之轼刻套印本
2010年摄制. -- 1盘卷片(18米342拍) :
1:10, 2B ; 35mm银盐
收藏馆：缩微中心，国图

00O015784
奕数：四卷 / (明)苏之轼撰
明(1368-1644)刻本
1993年摄制. -- 1盘卷片(5米74拍) : 1:10,
2B ; 35mm银盐
收藏馆：缩微中心，国图

00O014348
**新锲益府藏板从姑修禊一线天会奕通玄谱：□
□卷 / (明)朱常迁辑**
明(1368-1644)书林两钱世家刻本. -- 存四
卷：卷一至卷四。

1992年摄制. -- 1盘卷片(10米160拍) : 1:10, 2B ; 35mm银盐
收藏馆：缩微中心，国图

000O026698
奕编：十卷 / (清)郑秉宦撰
清康熙三十一年(1692)嵩山草堂刻本
1996年摄制. -- 1盘卷片(7.5米131拍) : 1:10, 2B ; 35mm银盐
收藏馆：缩微中心，福建

000O008148
居易堂围棋新谱：六卷首一卷 / (清)沈赋撰
清康熙(1662-1722)居易堂刻本
1988年摄制. -- 1盘卷片(11米227拍) : 1:10, 2B ; 35mm银盐
收藏馆：缩微中心，湖北

000O008789
围棋近谱：不分卷 / (清)徐星友,(清)黄目天撰；(清)金楙志辑
清康熙五十五年(1716)刻本
1988年摄制. -- 1盘卷片(4.1米63拍) : 1:12, 2B ; 35mm银盐
收藏馆：缩微中心，重庆

000O021737
兼山堂奕谱：不分卷 / (清)徐星友评选
清(1644-1911)朱墨写本
1995年摄制. -- 1盘卷片(9米134拍) : 1:10, 2B ; 35mm银盐
收藏馆：缩微中心，国图

000O021739
近谱：不分卷
清(1644-1911)朱墨写本
1995年摄制. -- 1盘卷片(14米237拍) : 1:10, 2B ; 35mm银盐
收藏馆：缩微中心，国图

000O019561
不古编：不分卷 / (清)吴贞吉辑
清康熙(1662-1722)刻本
1994年摄制. -- 1盘卷片(4米48拍) : 1:10, 2B ; 35mm银盐
收藏馆：缩微中心，国图

000O021898
奚囊寸锦：不分卷 / (清)张潮编
清康熙四十六年(1707)刻本
1995年摄制. -- 1盘卷片(4.7米77拍) : 1:10, 2B ; 35mm银盐
收藏馆：缩微中心，长治

000O008941
射书：四卷首一卷 / (清)顾煜撰
明崇祯十年(1637)刻本
1988年摄制. -- 1盘卷片(14米236拍) : 1:10, 2B ; 35mm银盐
收藏馆：缩微中心，湖北

000O017358
贯经：一卷；投壶谱：一卷；礼记投壶篇注：一卷 / (明)朱权撰
明初(1368-1424)刻本. -- (清)徐康跋。
1993年摄制. -- 1盘卷片(4米36拍) : 1:10, 2B ; 35mm银盐
收藏馆：缩微中心，国图

000O028431
壶谱：一卷 / (明)王汇征撰
明嘉靖四十一年(1562)刻本
1996年摄制. -- 1盘卷片(5.5米88拍) : 1:10, 2B ; 35mm银盐
收藏馆：缩微中心，南京

000O029874
壶史：五卷 / (明)郭元鸿撰
明(1368-1644)抄本
2001年摄制. -- 1盘卷片(5米77拍) : 1:10, 2B ; 35mm银盐
收藏馆：缩微中心，国图

000O015522
打马图：一卷 / (宋)李清照撰
清嘉庆二十二年(1817)秦氏石研斋抄本. -- (清)秦恩复跋。
1993年摄制. -- 1盘卷片(3米16拍) : 1:10, 2B ; 35mm银盐
收藏馆：缩微中心，国图

000O005466
打马图：一卷；谱双：五卷附录一卷
清(1644-1911)翁同龢抄本
1986年摄制. -- 1盘卷片(3米24拍) : 1:10, 2B ; 35mm银盐
收藏馆：缩微中心，国图

000O005465
谱双：五卷附录一卷；打马图：一卷
清(1644-1911)翁同龢抄本
1986年摄制. -- 1盘卷片(3米32拍) : 1:10, 2B ; 35mm银盐
收藏馆：缩微中心，国图

000O004706
汉官仪：三卷 / (宋)刘攽撰

清(1644-1911)抄本. -- (清)莫友芝跋。
1987年摄制. -- 1盘卷片(5米67拍) : 1:10,
2B ; 35mm银盐
收藏馆：缩微中心，国图

00O020767
龙子犹十三篇：一卷 / (明)冯梦龙撰 . 马吊新谱：
一卷 / (清)陶情主人编
清(1644-1911)刻本
1994年摄制. -- 1盘卷片(4米47拍) : 1:10,
2B ; 35mm银盐
收藏馆：缩微中心，国图

00O015509
牌统孚玉：四卷 / [题](明)栖筠子撰
明崇祯十三年(1640)胡氏十竹斋刻本
1993年摄制. -- 1盘卷片(9米161拍) : 1:10,
2B ; 35mm银盐
收藏馆：缩微中心，国图

00O029963
牌统孚玉：四卷 / [题](明)栖筠子撰
明崇祯十三年(1640)胡氏十竹斋刻本
2001年摄制. -- 1盘卷片(10米184拍) :
1:10, 2B ; 35mm银盐
收藏馆：缩微中心，国图

00O000371
周君建鉴定古牌谱：二卷 / (明)胡贞波撰
明末(1621-1644)周之标刻本
1985年摄制. -- 1盘卷片(3.2米37拍) :
1:10, 2B ; 35mm银盐
收藏馆：缩微中心，国图

00O001179
掉谱合参：不分卷 / (清)王国祉撰
清康熙三十二年(1693)王国祉刻本
1985年摄制. -- 1盘卷片(5.1米82拍) :
1:10, 2B ; 35mm银盐
收藏馆：缩微中心，国图

00O017447
集雅牌规：一卷 / [题](□)凌山道人撰
清康熙(1662-1722)刻本
1993年摄制. -- 1盘卷片(5米59拍) : 1:10,
2B ; 35mm银盐
收藏馆：缩微中心，国图

00O025444
马吊谱：一卷 / [题](□)片玉居主人辑
清(1644-1911)刻本
1996年摄制. -- 1盘卷片(5米57拍) : 1:10,
2B ; 35mm银盐

收藏馆：缩微中心，国图

000O013167
马吊持平谱：八卷 / (清)含香主人[等]辑
清(1644-1911)抄本
1991年摄制. -- 1盘卷片(4.0米60拍) :
1:10, 2B ; 35mm银盐
收藏馆：缩微中心，辽宁

000O019354
吊谱：一卷
清(1644-1911)朱氏椒花唫舫抄本
1994年摄制. -- 1盘卷片(3米22拍) : 1:10,
2B ; 35mm银盐
收藏馆：缩微中心，国图

000O019189
吊谱补遗：八卷
清(1644-1911)且渔轩刻本
1994年摄制. -- 1盘卷片(6米74拍) : 1:10,
2B ; 35mm银盐
收藏馆：缩微中心，国图

000O027766
新刻时尚华筵趣乐谈笑酒令：五卷
明(1368-1644)书林熊冲宇种德堂刻本
1992年摄制. -- 1盘卷片(9米170拍) : 1:10,
2B ; 35mm银盐
收藏馆：缩微中心，国图

000O019050
新刻华筵趣乐谈笑奇语酒令：四卷
明(1368-1644)刻本
1994年摄制. -- 1盘卷片(6米95拍) : 1:10,
2B ; 35mm银盐
收藏馆：缩微中心，国图

000O019384
牙牌酒令：一卷
明(1368-1644)刻本
1994年摄制. -- 1盘卷片(3米19拍) : 1:10,
2B ; 35mm银盐
收藏馆：缩微中心，国图

000O015770
酒人觞政：一卷
清乾隆五十八年(1793)怡府刻本
1993年摄制. -- 1盘卷片(4米34拍) : 1:10,
2B ; 35mm银盐
收藏馆：缩微中心，国图

000O025430
酒人觞政：一卷

清乾隆五十八年(1793)怡府刻本
1996年摄制. -- 1盘卷片(4米34拍) : 1:10,
2B ; 35mm银盐
收藏馆：缩微中心，国图

000O003642
西厢酒令：不分卷 / [题](□)东山居士撰
清嘉庆(1796-1820)刻本
1986年摄制. -- 1盘卷片(3.2米38拍) :
1:10, 2B ; 35mm银盐
收藏馆：缩微中心，国图

000O023625
新镌分门定类绮筵雅乐令谜昭华：四卷 / (明)王
斋山辑
明(1368-1644)书林刘氏乔山堂刻本
1995年摄制. -- 1盘卷片(5米78拍) : 1:10,
2B ; 35mm银盐
收藏馆：缩微中心，浙江

000O018261
清诒堂灯谜：一卷 / (清)王筠辑
清(1644-1911)稿本
1993年摄制. -- 1盘卷片(3米37拍) : 1:10,
2B ; 35mm银盐
收藏馆：缩微中心，山东

000O018251
覆瓿社灯谜：一卷 / (清)王筠撰
清(1644-1911)稿本. -- (清)王彦侗跋。
1993年摄制. -- 1盘卷片(4米40拍) : 1:10,
2B ; 35mm银盐
收藏馆：缩微中心，山东

000O028423
邯郸淳艺经：一卷弹棋经一卷杂录一卷博戏部
纪事杂录一卷
清(1644-1911)抄本
1996年摄制. -- 1盘卷片(3米37拍) : 1:10,
2B ; 35mm银盐
收藏馆：缩微中心，南京

000O001331
啸旨：一卷
明嘉靖二十三年(1544)欧阳清刻本
1985年摄制. -- 1盘卷片(2.5米22拍) :
1:10, 2B ; 35mm银盐
收藏馆：缩微中心，国图

000O013763
诗禅：不分卷 / (明)李开先撰
清(1644-1911)抄本
1991年摄制. -- 1盘卷片(5米60拍) : 1:10,

2B ; 35mm银盐
收藏馆：缩微中心，国图

000O028408
蹴踘谱：不分卷
清(1644-1911)抄本
1996年摄制. -- 1盘卷片(6.5米94拍) :
1:10, 2B ; 35mm银盐
收藏馆：缩微中心，南京

000O010757
火戏略：五卷 / (清)赵学敏撰
清(1644-1911)稿本
1989年摄制. -- 1盘卷片(9米165拍) : 1:10,
2B ; 35mm银盐
收藏馆：缩微中心，天津

000O004293
迷藏一晒：不分卷
清(1644-1911)抄本
1986年摄制. -- 1盘卷片(7米117拍) : 1:10,
2B ; 35mm银盐
收藏馆：缩微中心，国图

谱录类

000O027940
张氏藏书：十种□□卷 / (明)张丑编
明万历(1573-1620)刻本. -- 存六卷：山房四
友谱一卷、瓶花谱一卷、茶经一卷、先天换骨
新谱二卷、焚香略一卷。
1996年摄制. -- 1盘卷片(5米69拍) : 1:10,
2B ; 35mm银盐
收藏馆：缩微中心，南京

000O009261
张氏藏书：十二种十五卷 / (明)张丑编
明万历元年(1573)刻本. -- 存十三卷。
1988年摄制. -- 1盘卷片(12米236拍) :
1:10, 2B ; 35mm银盐
收藏馆：缩微中心，湖南

000O023224
七种争奇：二十卷 / (明)邓志谟辑
明(1368-1644)春语堂刻本
1995年摄制. -- 2盘卷片(41米804拍) :
1:10, 2B ; 35mm银盐
收藏馆：缩微中心，国图

000O017518
金珠宝石细毛绸缎纱等谱：不分卷
清(1644-1911)抄本
1993年摄制. -- 1盘卷片(7米113拍) : 1:10,

2B ；35mm银盐
收藏馆：缩微中心，国图

00O005591
宣德鼎彝谱：八卷 / (明)吴中,(明)吕震撰
清乾隆五十三年(1788)翁树培抄本. -- (清)
翁树培校并跋,(清)周銮诒跋。
1987年摄制. -- 1盘卷片(5.5米96拍) :
1:10, 2B ；35mm银盐
收藏馆：缩微中心，国图

00O005416
宣德鼎彝谱：八卷 / (明)吴中,(明)吕震撰
邵锐抄本. -- (明)邵锐校并跋。
1986年摄制. -- 1盘卷片(5.3米89拍) :
1:10, 2B ；35mm银盐
收藏馆：缩微中心，国图

00O004009
宣德彝器图谱：二十卷 / [题](明)吕震撰
邵锐抄本. -- (明)邵锐校并跋。
1986年摄制. -- 1盘卷片(9.5米191拍) :
1:10, 2B ；35mm银盐
收藏馆：缩微中心，国图

00O005165
宣德彝器谱：三卷 / [题](明)吕棠撰
抄本. -- (明)邵锐校并跋。
1986年摄制. -- 1盘卷片(4米43拍) : 1:10,
2B ；35mm银盐
收藏馆：缩微中心，国图

00O019453
宣德彝器谱：三卷 / (明)吕棠撰. 宣炉杂记：一卷
清(1644-1911)博古堂抄本
1994年摄制. -- 1盘卷片(4米32拍) : 1:10,
2B ；35mm银盐
收藏馆：缩微中心，国图

00O021216
宋淳熙敕编古玉图谱：一百卷 / (宋)龙大渊纂
清乾隆四十四年(1779)江春康山草堂刻本
1995年摄制. -- 2盘卷片(65米1273拍) :
1:10, 2B ；35mm银盐
收藏馆：缩微中心，国图

00O009464
金银珠宝谱：一卷 / (清)江东源纂述
清乾隆二十八年(1763)抄本
1988年摄制. -- 1盘卷片(4.4米68拍) : 1:9,
2B ；35mm银盐
收藏馆：缩微中心，重庆

00O023847
燕几图：一卷 / (宋)黄伯思撰
清嘉庆十四年(1809)姚椿抄本
1995年摄制. -- 1盘卷片(4米44拍) : 1:10,
2B ；35mm银盐
收藏馆：缩微中心，浙江

00O017815
古今名扇录：不分卷 / (清)陆绍曾辑
清(1644-1911)抄本
1993年摄制. -- 1盘卷片(24米438拍) :
1:10, 2B ；35mm银盐
收藏馆：缩微中心，国图

00O016751
授研斋鉴藏录：不分卷 / (清)宋韦金藏
清(1644-1911)稿本
1993年摄制. -- 1盘卷片(3米29拍) : 1:10,
2B ；35mm银盐
收藏馆：缩微中心，国图

00O029125
陕华吟馆书画杂物目：不分卷 / (清)翁心存藏
清(1644-1911)稿本
1999年摄制. -- 1盘卷片(6米116拍) : 1:10,
2B ；35mm银盐
收藏馆：缩微中心，国图

00O025399
当谱：一卷
清(1644-1911)抄本
1996年摄制. -- 1盘卷片(7米104拍) : 1:10,
2B ；35mm银盐
收藏馆：缩微中心，国图

00O000535
自鸣钟表图说：一卷 / (清)徐朝俊撰
清(1644-1911)抄本
1985年摄制. -- 1盘卷片(3.6米46拍) :
1:10, 2B ；35mm银盐
收藏馆：缩微中心，国图

00O017405
远西奇器图说录最：三卷 / (瑞士)邓玉函口授; (明)王征译绘. 新制诸器图说：一卷 / (明)王征撰
明(1368-1644)汪应魁刻本
1993年摄制. -- 1盘卷片(11米191拍) :
1:10, 2B ；35mm银盐
收藏馆：缩微中心，国图

00O000483
远西奇器图说录最：三卷 / (瑞士)邓玉函口授;

(明)王征译绘 . 新制诸器图说：一卷 / (明)王征
撰
明崇祯元年(1628)武位中刻本
1985年摄制 . -- 1盘卷片(10.7米219拍)：
1:10，2B；35mm银盐
收藏馆：缩微中心，国图

000O017685
远西奇器图说录最：三卷 / (瑞士)邓玉函口授；
(明)王征译绘 . 新制诸器图说：一卷 / (明)王征
撰
明崇祯元年(1628)武位中刻本
1993年摄制 . -- 1盘卷片(12米188拍)：
1:10，2B；35mm银盐
收藏馆：缩微中心，国图

000O001125
热河都统衙门造送各项陈设数目清册：不分卷
清(1644-1911)抄本
1985年摄制 . -- 1盘卷片(12米215拍)：
1:10，2B；35mm银盐
收藏馆：缩微中心，国图

000O017083
十八学士告身：一卷；斋中十六友图说：一卷 /
[题](明)百花主人撰
明万历(1573-1620)刻本
1993年摄制 . -- 1盘卷片(5米61拍)：1:10，
2B；35mm银盐
收藏馆：缩微中心，国图

000O004741
文房四谱：四卷 / (宋)苏易简撰
明(1368-1644)龙山童氏刻本
1986年摄制 . -- 1盘卷片(5.6米95拍)：
1:10，2B；35mm银盐
收藏馆：缩微中心，国图

000O023842
开成纪要：不分卷 / (意大利)利玛窦口译；(明)
徐光启校
清咸丰七年(1857)韩应陛抄本 . -- (清)韩应
陛跋。
1995年摄制 . -- 1盘卷片(3米29拍)：1:10，
2B；35mm银盐
收藏馆：缩微中心，浙江

000O013392
砚笺：四卷 / (宋)高似孙撰
明万历四十二年(1614)潘膺祉如韦馆刻本
1991年摄制 . -- 1盘卷片(5.4米76拍)：
1:10，2B；35mm银盐
收藏馆：缩微中心，国图

000O004945
砚笺：四卷 / (宋)高似孙撰
清初(1644-1722)抄本
1987年摄制 . -- 1盘卷片(5米82拍)：1:10，
2B；35mm银盐
收藏馆：缩微中心，国图

000O016006
砚笺：四卷 / (宋)高似孙撰
清康熙四十五年(1706)曹寅扬州使院刻棟亭
十二种本 . -- 章钰校并跋，吴昌绶跋。
1993年摄制 . -- 1盘卷片(4米52拍)：1:10，
2B；35mm银盐
收藏馆：缩微中心，国图

000O013393
砚笺：四卷 / (宋)高似孙撰
清嘉庆十五年(1810)张绍仁抄本 . -- (清)张
绍仁抄补并跋，章钰跋。
1991年摄制 . -- 1盘卷片(5米71拍)：1:10，
2B；35mm银盐
收藏馆：缩微中心，国图

000O003117
砚笺：四卷 / (宋)高似孙撰
清(1644-1911)抄本
1986年摄制 . -- 1盘卷片(5米79拍)：1:10，
2B；35mm银盐
收藏馆：缩微中心，国图

000O025376
谢氏砚考：四卷首一卷 / (清)谢慎修撰
清乾隆(1736-1795)刻本
1996年摄制 . -- 1盘卷片(7米107拍)：1:10，
2B；35mm银盐
收藏馆：缩微中心，国图

000O001139
雍正乾隆两朝进砚档：不分卷
清(1644-1911)抄本
1985年摄制 . -- 1盘卷片(2.3米18拍)：
1:10，2B；35mm银盐
收藏馆：缩微中心，国图

000O003113
砚史：一卷 / (宋)米芾撰
清初(1644-1722)抄本
1986年摄制 . -- 1盘卷片(3米27拍)：1:10，
2B；35mm银盐
收藏馆：缩微中心，国图

000O019879
砚史：十卷 / (清)林在峩辑

清(1644-1911)抄本
1994年摄制. -- 1盘卷片(9米161拍) : 1:10,
2B ; 35mm银盐
收藏馆：缩微中心，国图

000O013681
砚小史：四卷 / (清)朱栋撰
清嘉庆五年(1800)楼外楼刻本
1991年摄制. -- 1盘卷片(10米173拍) :
1:10, 2B ; 35mm银盐
收藏馆：缩微中心，国图

000O019443
端溪砚志：三卷首一卷 / (清)吴绳年辑
清乾隆(1736-1795)刻本
1994年摄制. -- 1盘卷片(6米81拍) : 1:10,
2B ; 35mm银盐
收藏馆：缩微中心，国图

000O010351
端溪砚史汇参：三卷 / (清)黄钦阿撰
清乾隆五十七年(1792)刻本
1989年摄制. -- 1盘卷片(7.5米137拍) :
1:10, 2B ; 35mm银盐
收藏馆：缩微中心，湖北

000O029987
东书堂砚铭
清乾隆三十六年(1771)拓本. -- (清)翁方纲
跋并题诗，(清)程晋芳、(清)纪复亨、(清)钱
载、(清)吴锡麒、(清)张埙、(清)曹振镛题
诗。
2001年摄制. -- 1盘卷片(4米84拍) : 1:10,
2B ; 35mm银盐
收藏馆：缩微中心，国图

000O019199
宝砚堂砚辨：一卷 / (清)何传瑶撰
清道光十七年(1837)高鸿刻本
1994年摄制. -- 1盘卷片(3米28拍) : 1:10,
2B ; 35mm银盐
收藏馆：缩微中心，国图

000O023845
醉盫砚铭：不分卷 / (清)王继香撰
清(1644-1911)稿本
1995年摄制. -- 1盘卷片(5米64拍) : 1:10,
2B ; 35mm银盐
收藏馆：缩微中心，浙江

000O019769
西清砚谱：二十四卷
清(1644-1911)内府抄本. -- 四库底本。

1994年摄制. -- 2盘卷片(49米934拍) :
1:10, 2B ; 35mm银盐
收藏馆：缩微中心，国图

000O018492
墨苑丛谈：九卷
清(1644-1911)抄本. -- 朱文钧跋。
1993年摄制. -- 1盘卷片(5米61拍) : 1:10,
2B ; 35mm银盐
收藏馆：缩微中心，国图

000O018757
墨谱：三卷 / (宋)李孝美撰 . 如韦馆墨评：一卷 /
(明)潘膺祉辑
明万历(1573-1620)潘膺祉如韦馆刻本
1994年摄制. -- 1盘卷片(6米88拍) : 1:10,
2B ; 35mm银盐
收藏馆：缩微中心，国图

000O020558
墨谱：三卷 / (宋)李孝美撰
明(1368-1644)潘方凯刻本
1994年摄制. -- 1盘卷片(4米58拍) : 1:10,
2B ; 35mm银盐
收藏馆：缩微中心，烟台

000O017419
程氏墨苑：十二卷 / (明)程大约撰
明万历(1573-1620)程氏滋兰堂刻彩色套印本
1993年摄制. -- 1盘卷片(28米542拍) :
1:10, 2B ; 35mm银盐
收藏馆：缩微中心，国图

000O017682
程氏墨苑：十二卷 / (明)程大约撰
明万历(1573-1620)程氏滋兰堂刻本
1993年摄制. -- 1盘卷片(28米542拍) :
1:10, 2B ; 35mm银盐
收藏馆：缩微中心，国图

000O031198
程氏墨苑：十二卷；续中山狼传：一卷 / (明)程
大约撰 . 中山狼传：一卷 / [题](宋)谢枋得撰
明万历(1573-1620)程氏滋兰堂刻本. -- 还有
合刻著作：人文爵里九卷。
2004年摄制. -- 2盘卷片(55米1150拍) :
1:11, 2B ; 35mm银盐
收藏馆：缩微中心，国图

000O005822
程氏墨苑：十四卷人文爵里九卷 / (明)程大约撰
明万历(1573-1620)程氏滋兰堂刻本. -- 卷一
上配影印明(1368-1644)刻本。

1987年摄制. -- 2盘卷片(47.3米1049拍) :
1:10, 2B ; 35mm银盐
收藏馆: 缩微中心, 国图

000O017388
程氏墨苑: 十四卷人文爵里九卷 / (明)程大约撰
明万历(1573-1620)程氏滋兰堂刻本
1993年摄制. -- 2盘卷片(51米992拍) :
1:10, 2B ; 35mm银盐
收藏馆: 缩微中心, 国图

000O017402
程氏墨苑: 十四卷人文爵里九卷 / (明)程大约撰
明万历(1573-1620)程氏滋兰堂刻本. -- 存一
卷: 卷一下。
1993年摄制. -- 1盘卷片(14米242拍) :
1:10, 2B ; 35mm银盐
收藏馆: 缩微中心, 国图

000O031016
程氏墨苑: 十四卷人文爵里九卷 / (明)程大约撰
明万历(1573-1620)程氏滋兰堂刻本. -- 存二
卷: 卷五至卷六。
2004年摄制. -- 1盘卷片(17米340拍) :
1:11, 2B ; 35mm银盐
收藏馆: 缩微中心, 国图

000O005817
方氏墨谱: 六卷 / (明)方于鲁撰
明万历(1573-1620)方氏美荫堂刻本
1987年摄制. -- 1盘卷片(16米345拍) :
1:10, 2B ; 35mm银盐
收藏馆: 缩微中心, 国图

000O007447
方氏墨谱: 六卷 / (明)方于鲁撰
明万历(1573-1620)方氏美荫堂刻本
1987年摄制. -- 1盘卷片(16.2米348拍) :
1:10, 2B ; 35mm银盐
收藏馆: 缩微中心, 国图

000O013336
方氏墨谱: 六卷 / (明)方于鲁撰
明万历(1573-1620)方氏美荫堂刻本
1991年摄制. -- 1盘卷片(17米311拍) :
1:10, 2B ; 35mm银盐
收藏馆: 缩微中心, 国图

000O017997
方氏墨谱: 六卷 / (明)方于鲁撰
明万历(1573-1620)方氏美荫堂刻本
1993年摄制. -- 1盘卷片(17米312拍) :
1:10, 2B ; 35mm银盐

收藏馆: 缩微中心, 国图

000O018677
方氏墨谱: 六卷 / (明)方于鲁撰
明万历(1573-1620)方氏美荫堂刻本
1994年摄制. -- 1盘卷片(17米311拍) :
1:10, 2B ; 35mm银盐
收藏馆: 缩微中心, 国图

000O019306
墨海: 零叶 / (明)方瑞生撰
明(1368-1644)刻本
1994年摄制. -- 1盘卷片(7米98拍) : 1:10,
2B ; 35mm银盐
收藏馆: 缩微中心, 国图

000O005824
墨海: 十二卷 / (明)方瑞生撰
明(1368-1644)刻本. -- 存九卷: 书卷一至卷
二、卷五, 图卷一至卷五、又一卷。
1987年摄制. -- 1盘卷片(25米560拍) :
1:10, 2B ; 35mm银盐
收藏馆: 缩微中心, 国图

000O023159
墨海: 十二卷 / (明)方瑞生撰
明(1368-1644)刻本. -- 图卷二配石印本。
1995年摄制. -- 2盘卷片(40米742拍) :
1:10, 2B ; 35mm银盐
收藏馆: 缩微中心, 国图

000O005937
墨志: 一卷 / (明)麻三衡撰
清(1644-1911)抄本. -- (清)吴骞校, (清)吴
之淳校并跋。
1987年摄制. -- 1盘卷片(3.6米47拍) :
1:10, 2B ; 35mm银盐
收藏馆: 缩微中心, 国图

000O016893
曹氏墨林: 二卷 / (清)曹圣臣辑
清顺治十八年(1661)曹圣臣刻本
1993年摄制. -- 1盘卷片(9米146拍) : 1:10,
2B ; 35mm银盐
收藏馆: 缩微中心, 国图

000O015108
汪氏鉴古斋墨薮: 不分卷
清嘉庆(1796-1820)刻本
1992年摄制. -- 1盘卷片(4米40拍) : 1:10,
2B ; 35mm银盐
收藏馆: 缩微中心, 国图

00○015417
汪氏鉴古斋墨薮：不分卷
清嘉庆(1796-1820)刻本
1992年摄制. -- 1盘卷片(21米411拍)：
1:10, 2B；35mm银盐
收藏馆：缩微中心，国图

00○017863
汪氏鉴古斋墨薮：不分卷
清嘉庆(1796-1820)刻本
1993年摄制. -- 1盘卷片(19米375拍)：
1:10, 2B；35mm银盐
收藏馆：缩微中心，国图

00○031168
笔史：二卷 / (明)杨思本撰
清(1644-1911)抄本
2004年摄制. -- 1盘卷片(5米70拍)：1:10,
2B；35mm银盐
收藏馆：缩微中心，国图

00○000319
雍正乾隆两朝进提笔档：不分卷
清(1644-1911)抄本
1985年摄制. -- 1盘卷片(2.3米17拍)：
1:10, 2B；35mm银盐
收藏馆：缩微中心，国图

00○031975
百花诗笺谱：不分卷
清宣统三年(1911)文美斋刻彩色套印本
2010年摄制. -- 1盘卷片(6米77拍)：1:13,
2B；35mm银盐
收藏馆：缩微中心，国图

00○031982
百花诗笺谱：不分卷
清宣统三年(1911)文美斋刻彩色套印本
2010年摄制. -- 1盘卷片(8米127拍)：1:13,
2B；35mm银盐
收藏馆：缩微中心，国图

00○017567
藏经纸说：一卷 / (清)张燕昌撰
清(1644-1911)吴骞抄本. -- (清)吴骞校注。
1993年摄制. -- 1盘卷片(3米20拍)：1:10,
2B；35mm银盐
收藏馆：缩微中心，国图

00○001130
乾隆朝使御制绢档：不分卷
清(1644-1911)抄本
1985年摄制. -- 1盘卷片(2.8米25拍)：

1:10, 2B；35mm银盐
收藏馆：缩微中心，国图

00○017917
汝水巾谱：一卷 / (明)朱术垍撰
明崇祯六年(1633)朱术垍刻本. -- 郑振铎跋。
1993年摄制. -- 1盘卷片(4米37拍)：1:10,
2B；35mm银盐
收藏馆：缩微中心，国图

00○025404
新纂香谱：四卷 / (宋)陈敬撰
瞿氏铁琴铜剑楼抄本. -- 存二卷：卷一至卷二。
1996年摄制. -- 1盘卷片(8米128拍)：1:10,
2B；35mm银盐
收藏馆：缩微中心，国图

00○004635
新纂香谱：四卷 / (宋)陈敬撰
清(1644-1911)抄本. -- 存二卷：卷一至卷二。
1986年摄制. -- 1盘卷片(7米128拍)：1:10,
2B；35mm银盐
收藏馆：缩微中心，国图

00○016953
香谱：四卷 / (明)徐𬀪翙撰 . 陈氏香品：一卷 / (宋)陈达叟撰 . 桂海香志：一卷 / (宋)范成大撰
清(1644-1911)抄本
1993年摄制. -- 1盘卷片(5米55拍)：1:10,
2B；35mm银盐
收藏馆：缩微中心，国图

00○006051
香乘：二十八卷 / (明)周嘉胄辑
明崇祯十四年(1641)周嘉胄刻本
1987年摄制. -- 1盘卷片(25米549拍)：
1:10, 2B；35mm银盐
收藏馆：缩微中心，国图

00○018008
香乘：二十八卷 / (明)周嘉胄辑
明崇祯十四年(1641)周嘉胄刻本. -- 存二十五卷：卷一至卷二十五。
1993年摄制. -- 1盘卷片(22米433拍)：
1:10, 2B；35mm银盐
收藏馆：缩微中心，国图

00○018011
香乘：二十八卷 / (明)周嘉胄辑
明崇祯十四年(1641)周嘉胄刻清康熙元年

(1662)周亮节印本
1993年摄制. -- 1盘卷片(24米490拍) :
1:10, 2B ; 35mm银盐
收藏馆: 缩微中心, 国图

000O003268
膳夫经:一卷 / (唐)杨晔撰
清(1644-1911)抄本. -- 还有合刻著作:洞天
福地岳渎名山记一卷/(五代)杜光庭撰;三水
小牍补遗一卷/(唐)皇甫枚撰,(清)徐鲲辑.
(清)周星诒校并跋。
1986年摄制. -- 1盘卷片(3米19拍) : 1:10,
2B ; 35mm银盐
收藏馆: 缩微中心, 国图

000O020031
膳夫经:一卷 / (唐)杨晔撰
清(1644-1911)抄本
1994年摄制. -- 1盘卷片(3米10拍) : 1:10,
2B ; 35mm银盐
收藏馆: 缩微中心, 国图

000O005927
膳夫经手录:一卷 / (唐)杨晔撰 . 云林堂饮食制
度集:一卷 / (元)倪瓒撰
清(1644-1911)抄本
1987年摄制. -- 1盘卷片(2.3米17拍) :
1:10, 2B ; 35mm银盐
收藏馆: 缩微中心, 国图

000O018695
蔬食谱:不分卷
清(1644-1911)抄本. -- 郑振铎跋。
1994年摄制. -- 1盘卷片(5米57拍) : 1:10,
2B ; 35mm银盐
收藏馆: 缩微中心, 国图

000O003602
饮膳正要:三卷 / (元)忽思慧撰
明景泰七年(1456)内府刻本
1985年摄制. -- 1盘卷片(9米181拍) : 1:10,
2B ; 35mm银盐
收藏馆: 缩微中心, 国图

000O019066
饮膳正要:三卷 / (元)忽思慧撰
明初(1368-1424)刻本. -- 存一卷:卷一。
1994年摄制. -- 1盘卷片(3米25拍) : 1:10,
2B ; 35mm银盐
收藏馆: 缩微中心, 国图

000O005928
云林堂饮食制度集:一卷 / (元)倪瓒撰

清(1644-1911)抄本. -- 还有合刻著作:膳夫
经手录一卷/(唐)杨晔撰。
1987年摄制. -- 1盘卷片(2.5米23拍) :
1:10, 2B ; 35mm银盐
收藏馆: 缩微中心, 国图

000O020620
食品集:二卷附录一卷 / (明)吴源撰
明嘉靖三十五年(1556)刻本
1994年摄制. -- 1盘卷片(6米81拍) : 1:10,
2B ; 35mm银盐
收藏馆: 缩微中心, 国图

000O021621
胜饮编:十八卷 / (清)郎廷极编
清康熙(1662-1722)刻本
1995年摄制. -- 1盘卷片(9米143拍) : 1:10,
2B ; 35mm银盐
收藏馆: 缩微中心, 国图

000O020864
食宪鸿秘:二卷附录一卷 / [题](清)朱彝尊撰
清雍正(1723-1735)刻本. -- (清)李文田跋。
1994年摄制. -- 1盘卷片(7米121拍) : 1:10,
2B ; 35mm银盐
收藏馆: 缩微中心, 国图

000O031208
食宪鸿秘:二卷附录一卷 / [题](清)朱彝尊撰
清雍正(1723-1735)刻本
2004年摄制. -- 1盘卷片(8米141拍) : 1:9,
2B ; 35mm银盐
收藏馆: 缩微中心, 国图

000O019084
乡味杂咏:二卷 / (清)施鸿保撰
稿本. -- 存一卷:卷上。
1994年摄制. -- 1盘卷片(5米63拍) : 1:10,
2B ; 35mm银盐
收藏馆: 缩微中心, 国图

000O020432
醒园录:一卷 / (清)李化楠撰
清(1644-1911)刻本
1994年摄制. -- 1盘卷片(5米54拍) : 1:10,
2B ; 35mm银盐
收藏馆: 缩微中心, 国图

000O001120
御膳单:不分卷
清宣统二年(1910)抄本
1985年摄制. -- 1盘卷片(3.9米45拍) :
1:10, 2B ; 35mm银盐

收藏馆：缩微中心，国图

00O005261
调鼎集：十卷
抄本
1986年摄制. -- 1盘卷片（25米493拍）：
1:10, 2B；35mm银盐
收藏馆：缩微中心，国图

00O017699
茶经：三卷 / (唐)陆羽撰
明(1368-1644)刻本. -- 附：茶具图赞一卷。
1993年摄制. -- 1盘卷片（4米42拍）：1:10,
2B；35mm银盐
收藏馆：缩微中心，国图

00O015499
茶经：三卷 / (唐)陆羽撰 . 又：一卷 / (唐)张又
新[等]撰
明万历十六年(1588)程福生竹素园刻本
1993年摄制. -- 1盘卷片（5米54拍）：1:10,
2B；35mm银盐
收藏馆：缩微中心，国图

00O019910
茶经：三卷外集一卷 / (唐)陆羽撰
明嘉靖二十二年(1543)柯□刻本
1994年摄制. -- 1盘卷片（7米110拍）：1:10,
2B；35mm银盐
收藏馆：缩微中心，国图

00O015754
茶经：三卷外集一卷茶具图赞一卷 / (唐)陆羽撰
明万历十六年(1588)孙大绶秋水斋刻本
1993年摄制. -- 1盘卷片（5米58拍）：1:10,
2B；35mm银盐
收藏馆：缩微中心，国图

00O023163
茶经：一卷 / (唐)陆羽撰 . 水辩：一卷
明(1368-1644)乐元声刻本
1995年摄制. -- 1盘卷片（3米29拍）：1:10,
2B；35mm银盐
收藏馆：缩微中心，国图

00O016440
原本茶经：三卷 / (唐)陆羽撰 . 续茶经：八卷附
录一卷 / (清)陆廷灿辑
清雍正十三年(1735)陆氏寿椿堂刻本
1993年摄制. -- 1盘卷片（14米266拍）：
1:10, 2B；35mm银盐
收藏馆：缩微中心，国图

00O027962
宣和北苑贡茶录：一卷 / (宋)熊蕃撰 . 北苑别录：
一卷 / (宋)赵汝砺撰
清(1644-1911)抄本. -- 本书还装订有：北苑
别录。(清)汪继壕校跋，(清)丁丙跋。
1996年摄制. -- 1盘卷片（4米42拍）：1:10,
2B；35mm银盐
收藏馆：缩微中心，南京

00O004736
茶苑：二十卷 / (明)黄履道辑
清(1644-1911)抄本
1987年摄制. -- 1盘卷片（15.1米322拍）：
1:10, 2B；35mm银盐
收藏馆：缩微中心，国图

00O009523
茶董：二卷 / (明)夏树芳辑 . 茶董补：二卷 /
(明)陈继儒辑
明万历(1573-1620)刻本
1988年摄制. -- 1盘卷片（5.9米102拍）：
1:9, 2B；35mm银盐
收藏馆：缩微中心，重庆

00O021232
茶史：二卷 / (清)刘源长撰；(清)陆求可订 . 茶
史补：一卷 / (清)余怀撰；(清)刘谦吉订
清康熙十四年至十七年(1675-1678)刘谦吉刻
本
1995年摄制. -- 1盘卷片（8米111拍）：1:10,
2B；35mm银盐
收藏馆：缩微中心，国图

00O025407
和汉茶志：三卷 / (日)三谷良朴撰
日本享保十三年(1728)不偏斋刻本
1996年摄制. -- 1盘卷片（9米151拍）：1:10,
2B；35mm银盐
收藏馆：缩微中心，国图

00O014782
合刻酒经觞政：四卷
明万历四十三年(1615)程百二刻本
1992年摄制. -- 1盘卷片（4米41拍）：1:10,
2B；35mm银盐
收藏馆：缩微中心，国图

00O016292
酒经：三卷 / (宋)朱翼中撰
清初(1644-1722)钱氏述古堂抄本
1993年摄制. -- 1盘卷片（4米36拍）：1:10,
2B；35mm银盐
收藏馆：缩微中心，国图

00O007255
酒经：三卷 / (宋)朱翼中撰
清道光(1821-1850)蒋氏别下斋抄本
1987年摄制. -- 1盘卷片(4米45拍) ： 1:10,
2B ；35mm银盐
收藏馆：缩微中心，国图

00O027901
酒史：二卷 / (明)冯时化撰．酒史续编：六卷 /
[题](□)午桥钓叟撰
明万历(1573-1620)刻清康熙十四年(1675)重
修本
1996年摄制. -- 1盘卷片(11米202拍) ：
1:10, 2B ；35mm银盐
收藏馆：缩微中心，南京

00O018508
酒史续编：六卷 / [题](□)午桥钓叟辑
清康熙(1662-1722)刻本
1993年摄制. -- 1盘卷片(7米106拍) ： 1:10,
2B ；35mm银盐
收藏馆：缩微中心，国图

00O014108
酒史：六卷 / (明)冯时化撰
明隆庆四年(1570)独醒居士刻本
1992年摄制. -- 1盘卷片(6米91拍) ： 1:10,
2B ；35mm银盐
收藏馆：缩微中心，国图

00O014238
酒概：四卷 / (明)沈沈撰
明(1368-1644)刻本
1992年摄制. -- 1盘卷片(11米188拍) ：
1:10, 2B ；35mm银盐
收藏馆：缩微中心，国图

00O021948
酒概：四卷 / (明)沈沈撰
明(1368-1644)刻本
1995年摄制. -- 1盘卷片(11米189拍) ：
1:10, 2B ；35mm银盐
收藏馆：缩微中心，国图

00O017406
酒颠：二卷 / (明)夏树芳辑．酒颠补：三卷 /
(明)陈继儒辑
明(1368-1644)刻本
1993年摄制. -- 1盘卷片(9米148拍) ： 1:10,
2B ；35mm银盐
收藏馆：缩微中心，国图

00O018886
华夷花木鸟兽珍玩考：八卷续考三卷杂考一卷 /
(明)慎懋官撰
明万历九年(1581)刻本. -- 书名据自序题。
1994年摄制. -- 1盘卷片(25米541拍) ：
1:10, 2B ；35mm银盐
收藏馆：缩微中心，天津

00O004636
洛阳花木记：一卷 / (宋)周师厚撰．金章兰谱：
一卷 / (宋)赵时庚撰
清(1644-1911)抄本
1986年摄制. -- 1盘卷片(3.1米36拍) ：
1:10, 2B ；35mm银盐
收藏馆：缩微中心，国图

00O025394
佩文斋广群芳谱：一百卷目录二卷 / (清)汪灏
[等]编
清康熙四十七年(1708)内府刻本. -- 编者还
有：(清)张逸少[等]。
1996年摄制. -- 5盘卷片(141米2850拍) ：
1:10, 2B ；35mm银盐
收藏馆：缩微中心，国图

00O023179
汝南圃史：十二卷 / (明)周文华撰
明(1368-1644)书带斋刻本
1995年摄制. -- 1盘卷片(19米376拍) ：
1:10, 2B ；35mm银盐
收藏馆：缩微中心，国图

00O019924
汝南圃史：十二卷 / (明)周文华撰
明万历四十八年(1620)书带斋刻本
1994年摄制. -- 1盘卷片(20米381拍) ：
1:10, 2B ；35mm银盐
收藏馆：缩微中心，国图

00O008407
灌园史：四卷 / (明)陈诗教撰
明(1368-1644)刻本
1988年摄制. -- 1盘卷片(11米217拍) ：
1:10, 2B ；35mm银盐
收藏馆：缩微中心，国图

00O017345
蔬果争奇：三卷 / [题](明)竹溪风月主人辑
明(1368-1644)刻本
1993年摄制. -- 1盘卷片(6米76拍) ： 1:10,
2B ；35mm银盐
收藏馆：缩微中心，国图

000O001587
花史左编：二十四卷 / (明)王路撰．花麈：一卷 /
[题](明)百花主人辑
明万历(1573-1620)刻本
1986年摄制． -- 1盘卷片(25米557拍)：
1:10，2B；35mm银盐
收藏馆：缩微中心，国图

000O018501
花史左编：二十七卷 / (明)王路撰
明(1368-1644)刻本
1993年摄制． -- 1盘卷片(25米480拍)：
1:10，2B；35mm银盐
收藏馆：缩微中心，国图

000O017659
花史：四卷
明(1368-1644)刻彩色套印本． -- 存三卷：夏
集、秋集、冬集。
1993年摄制． -- 1盘卷片(7米95拍)：1:10，
2B；35mm银盐
收藏馆：缩微中心，国图

000O031958
花史：四卷
明(1368-1644)刻彩色套印本． -- 存三卷：夏
集、秋集、冬集。
2010年摄制． -- 1盘卷片(9米136拍)：1:13，
2B；35mm银盐
收藏馆：缩微中心，国图

000O022926
花事录：二卷附录一卷 / (明)袁宏道辑
明(1368-1644)刻本
1994年摄制． -- 1盘卷片(6米94拍)：1:10，
2B；35mm银盐
收藏馆：缩微中心，甘肃

000O013795
花政：不分卷 / (明)吕初泰撰
明天启(1621-1627)刻本
1991年摄制． -- 1盘卷片(6米77拍)：1:10，
2B；35mm银盐
收藏馆：缩微中心，国图

000O014170
群芳董狐：一卷 / (清)龚齐行撰
清乾隆二年(1737)鱼元傅抄本． -- 还有合刻
著作：古钱目一卷 /(清)龚齐行撰。(清)龚
诚、(清)王应奎跋，(清)鱼元傅、(清)许行
健、(清)龚诚、(清)王材任、(清)沈璟、(清)
王继良、(清)曹灿、(清)闻过、(清)江藻、
(清)卫树、(清)王大椿、(清)唐黼廷、(清)卫

晖烈、(清)卫士翰、(清)曹炎、(清)许混、
(清)陆三新、(清)许淳题诗，(清)邹漪题词。
1992年摄制． -- 1盘卷片(4米37拍)：1:10，
2B；35mm银盐
收藏馆：缩微中心，国图

000O016704
王一雪柳竹园牡丹记：一卷
清(1644-1911)抄本
1993年摄制． -- 1盘卷片(3米18拍)：1:10，
2B；35mm银盐
收藏馆：缩微中心，国图

000O004637
金章兰谱：一卷 / (宋)赵时庚撰
清(1644-1911)抄本． -- 还有合刻著作：洛阳
花木记一卷 /(宋)周师厚撰。
1986年摄制． -- 1盘卷片(3.1米36拍)：
1:10，2B；35mm银盐
收藏馆：缩微中心，国图

000O023853
兰易：二卷；兰史：一卷 / [题](宋)鹿亭翁撰；
(明)冯京第辑
清(1644-1911)蒋氏别下斋抄本
1995年摄制． -- 1盘卷片(3米37拍)：1:10，
2B；35mm银盐
收藏馆：缩微中心，浙江

000O016957
兰蕙镜：一卷 / (清)屠用宁撰
清(1644-1911)抄本
1993年摄制． -- 1盘卷片(3米17拍)：1:10，
2B；35mm银盐
收藏馆：缩微中心，国图

000O018250
第一香笔记：四卷 / (清)朱克柔撰
清(1644-1911)抄本． -- (清)陆淦跋。
1993年摄制． -- 1盘卷片(6米97拍)：1:10，
2B；35mm银盐
收藏馆：缩微中心，山东

000O016166
鞠小正：一卷 / [题](晋)陶潜撰
清(1644-1911)抄本
1993年摄制． -- 1盘卷片(3米16拍)：1:10，
2B；35mm银盐
收藏馆：缩微中心，国图

000O016810
艺菊志：八卷 / (清)陆廷灿辑
清康熙五十七年(1718)棣华书屋刻本

1993年摄制. -- 1盘卷片(16米316拍) ：
1:10, 2B ；35mm银盐
收藏馆：缩微中心, 国图

00O025397
菊谱：一卷 / (清)弘晈撰
清乾隆二十二年(1757)春晖堂刻本
1996年摄制. -- 1盘卷片(4米39拍) ：1:10,
2B ；35mm银盐
收藏馆：缩微中心, 国图

00O031230
菊谱：一卷 / (清)弘晈撰
清乾隆二十二年(1757)春晖堂刻本
2004年摄制. -- 1盘卷片(4米40拍) ：1:9,
2B ；35mm银盐
收藏馆：缩微中心, 国图

00O029081
叶稞夫菊谱：二卷 / (清)叶天培撰
清乾隆(1736-1795)刻本. -- 臧声跋并题诗。
1999年摄制. -- 1盘卷片(6米100拍) ：1:10,
2B ；35mm银盐
收藏馆：缩微中心, 国图

00O018494
艺菊十三则：一卷菊名诗一卷 / (清)徐京撰
清嘉庆四年(1799)徐京刻本
1993年摄制. -- 1盘卷片(4米31拍) ：1:10,
2B ；35mm银盐
收藏馆：缩微中心, 国图

00O017980
海天秋色谱：九卷养菊法一卷 / (清)闵廷楷撰
清道光二十四年(1844)启佑堂刻本
1993年摄制. -- 1盘卷片(5米69拍) ：1:10,
2B ；35mm银盐
收藏馆：缩微中心, 国图

00O018511
茶花谱：一卷总说一卷；茶花咏：一卷；茶花别
名咏：一卷 / [题](清)朴静子撰
清康熙五十八年(1719)刻本. -- 还有合刻著
作：拟咏钟款茶花诗一卷/[题](清)朴静子
撰。
1993年摄制. -- 1盘卷片(4米31拍) ：1:10,
2B ；35mm银盐
收藏馆：缩微中心, 国图

00O018497
巩荷谱：一卷 / (清)杨钟宝撰
清道光元年(1821)宝廉堂刻本
1993年摄制. -- 1盘卷片(3米24拍) ：1:10,

2B ；35mm银盐
收藏馆：缩微中心, 国图

00O018017
凤仙花谱：一卷 / (清)钱泳撰
清道光二十四年(1844)钱曰祥刻本
1993年摄制. -- 1盘卷片(3米26拍) ：1:10,
2B ；35mm银盐
收藏馆：缩微中心, 国图

00O005266
桐谱：二卷 / (宋)陈翥撰
清初(1644-1722)抄本
1986年摄制. -- 1盘卷片(3.6米48拍) ：
1:10, 2B ；35mm银盐
收藏馆：缩微中心, 国图

00O023161
闽中荔枝通谱：十六卷 / (明)邓庆寀辑
明崇祯(1628-1644)刻本
1995年摄制. -- 1盘卷片(18米338拍) ：
1:10, 2B ；35mm银盐
收藏馆：缩微中心, 国图

00O018024
橘谱：一卷 / (清)诸匡鼎撰
清康熙(1662-1722)刻本
1993年摄制. -- 1盘卷片(4米32拍) ：1:10,
2B ；35mm银盐
收藏馆：缩微中心, 国图

00O018269
湖上李公山石论：一卷 / (清)郭有善撰
清(1644-1911)稿本
1993年摄制. -- 1盘卷片(3米39拍) ：1:10,
2B ；35mm银盐
收藏馆：缩微中心, 山东

00O009135
四生谱：四卷 / (清)金文锦撰
清康熙(1662-1722)刻本
1988年摄制. -- 1盘卷片(14米268拍) ：
1:10, 2B ；35mm银盐
收藏馆：缩微中心, 湖南

00O019335
鸟谱：十二卷
清(1644-1911)抄本
1994年摄制. -- 1盘卷片(23米443拍) ：
1:10, 2B ；35mm银盐
收藏馆：缩微中心, 国图

000O018506
鹌鹑谱全集：四卷 / [题](□)浣花逸士撰
清道光五年(1825)和逊堂刻本
1993年摄制. -- 1盘卷片(5米56拍)：1:10,
2B；35mm银盐
收藏馆：缩微中心，国图

000O000241
画眉解：一卷 / [题](□)∴厂撰
清(1644-1911)刻本
1985年摄制. -- 1盘卷片(12.2米251拍)：
1:10, 2B；35mm银盐
收藏馆：缩微中心，国图

000O013833
虎苑：二卷 / (明)王穉登撰
明(1368-1644)刻本
1991年摄制. -- 1盘卷片(4米32拍)：1:10,
2B；35mm银盐
收藏馆：缩微中心，国图

000O018505
猫苑：二卷 / (清)黄汉辑
清咸丰二年(1852)甕云草堂刻本
1993年摄制. -- 1盘卷片(7米114拍)：1:10,
2B；35mm银盐
收藏馆：缩微中心，国图

000O031218
猫苑：二卷 / (清)黄汉辑
清咸丰三年(1853)刻本
2004年摄制. -- 1盘卷片(8米140拍)：1:8,
2B；35mm银盐
收藏馆：缩微中心，国图

000O023839
新刊虫异赋：二卷 / (明)林朝仪撰
明(1368-1644)刻本
1995年摄制. -- 1盘卷片(5米77拍)：1:10,
2B；35mm银盐
收藏馆：缩微中心，浙江

000O009439
虫天志：十卷 / (明)沈弘正撰
明(1368-1644)畅阁刻本
1987年摄制. -- 1盘卷片(15.3米323拍)：
1:9, 2B；35mm银盐
收藏馆：缩微中心，重庆

000O000516
虸孙鉴：一卷 / [题](清)赠怡馆增订
清(1644-1911)刻本
1985年摄制. -- 1盘卷片(4.2米61拍)：

1:10, 2B；35mm银盐
收藏馆：缩微中心，国图

000O015926
蟫史集：十一卷 / (明)穆希文辑
明万历十四年(1586)穆希文刻本
1993年摄制. -- 1盘卷片(14米262拍)：
1:10, 2B；35mm银盐
收藏馆：缩微中心，国图

000O001777
衔蝉小录：八卷 / (清)孙荪意撰
清嘉庆二十四年(1819)高棠[等]刻本
1986年摄制. -- 1盘卷片(8米153拍)：1:10,
2B；35mm银盐
收藏馆：缩微中心，国图

000O004283
衔蝉小录：八卷 / (清)孙荪意撰
清嘉庆二十四年(1819)刻本
1986年摄制. -- 1盘卷片(7.8米147拍)：
1:10, 2B；35mm银盐
收藏馆：缩微中心，国图

000O005929
异鱼图赞：四卷 / (明)杨慎撰
明万历三十六年(1608)范允临刻本
1987年摄制. -- 1盘卷片(3.4米42拍)：
1:10, 2B；35mm银盐
收藏馆：缩微中心，国图

000O026009
异鱼图赞：二卷 / (明)杨慎撰
明崇祯元年(1628)荷薪堂刻本
1996年摄制. -- 1盘卷片(3.5米40拍)：
1:10, 2B；35mm银盐
收藏馆：缩微中心，福建

000O020834
异鱼图赞补：三卷闰集一卷 / (清)胡世安撰
清(1644-1911)刻本
1994年摄制. -- 1盘卷片(5米68拍)：1:10,
2B；35mm银盐
收藏馆：缩微中心，国图

000O017704
金鱼图谱：不分卷 / (清)句曲山农撰
清道光二十八年(1848)景行书屋刻套印本
1993年摄制. -- 1盘卷片(5米67拍)：1:10,
2B；35mm银盐
收藏馆：缩微中心，国图

000O031889
金鱼图谱：不分卷 / (清)句曲山农撰
清道光二十八年(1848)景行书屋刻彩色套印本
2010年摄制. -- 1盘卷片(6米86拍) ： 1:10,
2B ；35mm银盐
收藏馆：缩微中心，国图

000O031927
金鱼图谱：不分卷 / (清)句曲山农撰
清道光二十八年(1848)景行书屋刻套印本
2010年摄制. -- 1盘卷片(6米85拍) ： 1:13,
2B ；35mm银盐
收藏馆：缩微中心，国图

000O004641
蟹略：四卷 / (宋)高似孙撰
清(1644-1911)抄本
1987年摄制. -- 1盘卷片(5米74拍) ： 1:10,
2B ；35mm银盐
收藏馆：缩微中心，国图

000O014661
云林石谱：三卷 / (宋)杜绾撰
明(1368-1644)刻本. -- (清)钱曾校并跋。
1992年摄制. -- 1盘卷片(4米31拍) ： 1:10,
2B ；35mm银盐
收藏馆：缩微中心，国图

000O003709
云林石谱：三卷 / (宋)杜绾撰
明(1368-1644)抄本. -- (清)毛寿君校并跋。
1985年摄制. -- 1盘卷片(4米51拍) ： 1:10,
2B ；35mm银盐
收藏馆：缩微中心，国图

000O018748
石谱：一卷 / (宋)杜绾撰
明末(1621-1644)毛氏汲古阁刻山居小玩本
1994年摄制. -- 1盘卷片(5米57拍) ： 1:10,
2B ；35mm银盐
收藏馆：缩微中心，国图

000O003451
素园石谱：四卷 / (明)林有麟撰
明万历四十一年(1613)林有麟刻本
1986年摄制. -- 1盘卷片(10米207拍) ：
1:10, 2B ；35mm银盐
收藏馆：缩微中心，国图

000O006729
素园石谱：四卷 / (明)林有麟辑
明万历四十一年(1613)林氏刻本. -- 版框高
二十一厘米宽十五厘米。

1987年摄制. -- 1盘卷片(13米257拍) ：
1:10, 2B ；35mm银盐
收藏馆：缩微中心，广东

000O017838
素园石谱：四卷 / (明)林有麟撰
明万历四十一年(1613)林有麟刻本. -- 郑振
铎跋。
1993年摄制. -- 1盘卷片(10米176拍) ：
1:10, 2B ；35mm银盐
收藏馆：缩微中心，国图

000O015564
瑶琨谱：二卷二笔一卷 / (清)姜绍书撰
清初(1644-1722)姜氏韵石斋刻本
1992年摄制. -- 1盘卷片(5米64拍) ： 1:10,
2B ；35mm银盐
收藏馆：缩微中心，国图

000O019763
石画记：不分卷 / (清)阮元撰
清(1644-1911)稿本
1994年摄制. -- 1盘卷片(3米28拍) ： 1:10,
2B ；35mm银盐
收藏馆：缩微中心，国图

杂家类

000O013018
六语：三十一卷 / (明)郭子章撰
明万历(1573-1620)刻本
1991年摄制. -- 1盘卷片(25米479拍) ：
1:10, 2B ；35mm银盐
收藏馆：缩微中心，国图

000O014763
赵氏连城：十八卷 / (明)赵世显撰
明(1368-1644)抄本
1992年摄制. -- 1盘卷片(16米317拍) ：
1:10, 2B ；35mm银盐
收藏馆：缩微中心，国图

000O014256
芙蓉城四种书：七卷 / (清)陆次云撰
清(1644-1911)刻本
1992年摄制. -- 1盘卷片(20米397拍) ：
1:10, 2B ；35mm银盐
收藏馆：缩微中心，国图

000O021829
雕丘杂录：十八种十八卷 / (清)梁清远撰
清(1644-1911)抄本
1995年摄制. -- 1盘卷片(10.5米206拍) ：

1:10，2B；35mm银盐
收藏馆：缩微中心，南京

000O013279
广成子：一卷 / (宋)苏轼解 . 鬻子：一卷 / (唐)逢行圭注 . 鬻子补：一卷 / (明)杨之森辑
明末(1621-1644)杨之森刻本
1991年摄制. -- 1盘卷片(4米49拍) : 1:10，2B；35mm银盐
收藏馆：缩微中心，湖北

000O016666
鬻子注：二卷 / (唐)逢行珪撰
明正统十年(1445)内府刻嘉靖三年(1524)重修本. -- (清)卢文弨校。
1993年摄制. -- 1盘卷片(5米59拍) : 1:10，2B；35mm银盐
收藏馆：缩微中心，国图

000O004746
鬻子注：二卷 / (唐)逢行珪撰
明(1368-1644)刻本
1987年摄制. -- 1盘卷片(2.6米26拍) : 1:10，2B；35mm银盐
收藏馆：缩微中心，国图

000O015469
鬻子注：一卷 / (唐)逢行珪撰
清(1644-1911)抄本. -- (清)黄丕烈校。
1993年摄制. -- 1盘卷片(3米14拍) : 1:10，2B；35mm银盐
收藏馆：缩微中心，国图

000O014699
墨子：十五卷
明正统十年(1445)内府刻道藏万历二十六年(1598)印本
1992年摄制. -- 1盘卷片(25米476拍) : 1:10，2B；35mm银盐
收藏馆：缩微中心，国图

000O003726
墨子：十五卷
明嘉靖三十二年(1553)唐尧臣刻本
1985年摄制. -- 1盘卷片(15米345拍) : 1:10，2B；35mm银盐
收藏馆：缩微中心，国图

000O004529
墨子：十五卷
明嘉靖三十二年(1553)唐尧臣刻本
1987年摄制. -- 1盘卷片(16米321拍) : 1:10，2B；35mm银盐

收藏馆：缩微中心，国图

000O015508
墨子：十五卷
明嘉靖三十二年(1553)唐尧臣刻本
1993年摄制. -- 1盘卷片(16米300拍) : 1:10，2B；35mm银盐
收藏馆：缩微中心，国图

000O021947
墨子：十五卷
明嘉靖(1522-1566)江藩刻本
1995年摄制. -- 1盘卷片(16米300拍) : 1:10，2B；35mm银盐
收藏馆：缩微中心，国图

000O004311
墨子：十六卷 / (清)毕沅校注
清乾隆四十九年(1784)毕氏灵岩山馆刻灵岩山馆丛书本. -- (清)戴望校注并跋，(清)谭仪校。
1986年摄制. -- 1盘卷片(11.8米245拍) : 1:10，2B；35mm银盐
收藏馆：缩微中心，国图

000O011006
墨子：十五卷篇目考一卷
清乾隆四十九年(1784)镇洋毕氏灵岩山馆刻经训堂丛书本. -- (清)毕沅校注，(清)顾观光批校。
1989年摄制. -- 1盘卷片(13米241拍) : 1:10，2B；35mm银盐
收藏馆：缩微中心，湖北

000O018925
墨子：十六卷 / (清)毕沅校注
清乾隆四十九年(1784)毕氏灵岩山馆刻本. -- 据经训堂丛书本刻。(清)黄丕烈跋并录(清)惠士奇批校。
1993年摄制. -- 1盘卷片(13米250拍) : 1:10，2B；35mm银盐
收藏馆：缩微中心，山东

000O013234
墨子：十六卷 / (清)毕沅校注
清光绪二年(1876)浙江书局刻二十二子本
1991年摄制. -- 1盘卷片(14米312拍) : 1:10，2B；35mm银盐
收藏馆：缩微中心，南京

000O001140
墨子刊误：二卷 / (清)苏时学撰
清同治六年(1867)苏时学刻本. -- (清)陈澧

跋。
1985年摄制. -- 1盘卷片(4.2米62拍)：
1:10, 2B；35mm银盐
收藏馆：缩微中心，国图

000O003640
墨经正文解义：四卷 / (清)邓云昭撰
清(1644-1911)抄本. -- 佚名批注。
1986年摄制. -- 1盘卷片(10米193拍)：
1:10, 2B；35mm银盐
收藏馆：缩微中心，国图

000O008508
墨子经说解：二卷 / (清)张惠言撰
清(1644-1911)抄本. -- (清)孙诒让校。
1988年摄制. -- 1盘卷片(3米44拍)：1:10,
2B；35mm银盐
收藏馆：缩微中心，国图

000O012593
尸子：二卷存疑一卷 / (清)汪继培辑
清光绪三年(1877)浙江书局刻二十二子本
1990年摄制. -- 1盘卷片(5.1米86拍)：
1:10, 2B；35mm银盐
收藏馆：缩微中心，辽宁

000O020090
古迂陈氏家塾尹文子：二卷
元(1271-1368)陈仁子刻本
1994年摄制. -- 1盘卷片(3米18拍)：1:10,
2B；35mm银盐
收藏馆：缩微中心，国图

000O017714
尹文子：二卷
明正统十年(1445)内府刻道藏本. -- (清)卢
文弨校。
1993年摄制. -- 1盘卷片(4米36拍)：1:10,
2B；35mm银盐
收藏馆：缩微中心，国图

000O012139
尹文子：二卷 / (战国)尹文撰；(明)沈调元点定 .
古三坟：一卷 / (宋)毛渐撰
明天启(1621-1627)武林段景堂刻本. -- 古三
坟点石斋雠订。尹文子泰和堂藏版，古三坟玄
静居藏版。
1990年摄制. -- 1盘卷片(4米59拍)：1:10,
2B；35mm银盐
收藏馆：缩微中心，甘肃

000O005592
尹文子：二卷

明(1368-1644)刻本
1987年摄制. -- 1盘卷片(2.9米31拍)：
1:10, 2B；35mm银盐
收藏馆：缩微中心，国图

000O005930
尹文子：一卷
明(1368-1644)刻本
1987年摄制. -- 1盘卷片(2.8米28拍)：
1:10, 2B；35mm银盐
收藏馆：缩微中心，国图

000O016768
子华子：十卷
明正统十年(1445)内府刻道藏本. -- (清)卢
文弨校。
1993年摄制. -- 1盘卷片(8米118拍)：1:10,
2B；35mm银盐
收藏馆：缩微中心，国图

000O001517
子华子：十卷 / (晋)程本撰
明崇祯(1628-1644)刻本
1986年摄制. -- 1盘卷片(6.5米105拍)：
1:10, 2B；35mm银盐
收藏馆：缩微中心，吉林

000O004737
子华子：二卷；文子：一卷
明嘉靖(1522-1566)刻本
1987年摄制. -- 1盘卷片(4.2米63拍)：
1:10, 2B；35mm银盐
收藏馆：缩微中心，国图

000O014944
子华子：二卷
明(1368-1644)刻本
1992年摄制. -- 1盘卷片(5米51拍)：1:10,
2B；35mm银盐
收藏馆：缩微中心，国图

000O016161
子华子：二卷
清同治八年(1869)刘履芬抄本
1993年摄制. -- 1盘卷片(4米42拍)：1:10,
2B；35mm银盐
收藏馆：缩微中心，国图

000O008045
慎子：一卷 / (战国)慎到撰
清(1644-1911)抄本
1988年摄制. -- 1盘卷片(3米27拍)：1:10,
2B；35mm银盐

收藏馆：缩微中心，湖南

00O023189
慎子外篇：一卷传补一卷 / (明)慎懋赏解
明万历七年(1579)慎氏耕芝馆刻本
1995年摄制. -- 1盘卷片(4米40拍) ： 1:10,
2B ；35mm银盐
收藏馆：缩微中心，国图

00O014424
慎子：内篇一卷外篇一卷逸文一卷 / 缪荃孙校
辑
缪氏藕香簃稿本
1992年摄制. -- 1盘卷片(4米43拍) ： 1:10,
2B ；35mm银盐
收藏馆：缩微中心，国图

00O016759
鹖冠子解：三卷 / (宋)陆佃撰
明正统十年(1445)内府刻道藏万历二十六年
(1598)印本. -- (清)卢文弨校。
1993年摄制. -- 1盘卷片(9米156拍) ： 1:10,
2B ；35mm银盐
收藏馆：缩微中心，国图

00O001438
鹖冠子解：三卷 / (宋)陆佃撰
明(1368-1644)刻本
1985年摄制. -- 1盘卷片(7米115拍) ： 1:10,
2B ；35mm银盐
收藏馆：缩微中心，国图

00O004645
鹖冠子解：三卷 / (宋)陆佃撰
明(1368-1644)刻本
1986年摄制. -- 1盘卷片(5.2米86拍) ：
1:10, 2B ；35mm银盐
收藏馆：缩微中心，国图

00O027531
鹖冠子解：三卷 / (宋)陆佃撰
明(1368-1644)抄本. -- (清)黄丕烈校并跋。
1997年摄制. -- 1盘卷片(6米83拍) ： 1:10,
2B ；35mm银盐
收藏馆：缩微中心，国图

00O019459
鹖冠子解：三卷 / (宋)陆佃撰；(明)王宇[等]评
明天启(1621-1627)花斋刻本. -- 还有合刻著
作：于陵子一卷/(明)徐渭评。
1994年摄制. -- 1盘卷片(6米100拍) ： 1:10,
2B ；35mm银盐
收藏馆：缩微中心，国图

00O016133
鹖冠子解：三卷 / (宋)陆佃撰；(明)王宇[等]评
清同治八年(1869)刘履芬抄本. -- 章钰跋。
1993年摄制. -- 1盘卷片(6米80拍) ： 1:10,
2B ；35mm银盐
收藏馆：缩微中心，国图

00O017713
公孙龙子：三卷
明正统十年(1445)内府刻道藏本. -- (清)卢
文弨校。
1993年摄制. -- 1盘卷片(4米39拍) ： 1:10,
2B ；35mm银盐
收藏馆：缩微中心，国图

00O005593
公孙龙子：三卷
明(1368-1644)刻本
1987年摄制. -- 1盘卷片(3米32拍) ： 1:10,
2B ；35mm银盐
收藏馆：缩微中心，国图

00O003257
鬼谷子：三卷
清(1644-1911)抄本
1986年摄制. -- 1盘卷片(5米76拍) ： 1:10,
2B ；35mm银盐
收藏馆：缩微中心，国图

00O027411
鬼谷子：三卷 / (梁)陶弘景注；(清)秦恩复校正.
鬼谷子篇目考：一卷；附录：一卷 / (清)秦恩复
辑
清乾隆五十四年(1789)秦氏石研斋刻本. --
(清)鲍廷博校，(清)丁丙跋。
1996年摄制. -- 1盘卷片(7米104拍) ： 1:10,
2B ；35mm银盐
收藏馆：缩微中心，南京

00O008179
鬼谷子：三卷篇目考一卷附录一卷 / (□)鬼谷子
撰；(梁)陶弘景注
清嘉庆十年(1805)秦氏石研斋刻本. -- 版框
高十九厘米宽十四厘米.(清)陈澧朱笔眉批，
圈点。
1988年摄制. -- 1盘卷片(5米77拍) ： 1:10,
2B ；35mm银盐
收藏馆：缩微中心，广东

00O005943
鬼谷子注：三卷 / (梁)陶弘景撰；(清)秦恩复校
正.篇目考：一卷附录一卷 / (清)秦恩复辑
清嘉庆十年(1805)秦氏石研斋刻本. -- 章钰

校并跋，缪荃孙校跋并录(清)严元照、(清)徐
鲲、(清)劳权题识。
1987年摄制. -- 1盘卷片(5米81拍)：1:10,
2B；35mm银盐
收藏馆：缩微中心，国图

000O016150
鬼谷子注：三卷 / (梁)陶弘景撰；(清)秦恩复校
正. 篇目考：一卷附录一卷 / (清)秦恩复辑
清同治八年(1869)刘履芬抄本. -- 章钰跋并
录(清)严元照、(清)徐鲲、傅增湘题识，(清)
劳权、缪荃孙校跋。
1993年摄制. -- 1盘卷片(5米61拍)：1:10,
2B；35mm银盐
收藏馆：缩微中心，国图

000O016142
于陵子：一卷
清(1644-1911)刘履芬抄本
1993年摄制. -- 1盘卷片(3米11拍)：1:10,
2B；35mm银盐
收藏馆：缩微中心，国图

000O019460
于陵子：一卷 / (明)徐渭评. 鹖冠子解：三卷 /
(宋)陆佃撰；(明)王宇[等]评
明(1368-1644)刻本. -- 评者还有：(明)汪明
际、(清)朱养纯等。
1994年摄制. -- 1盘卷片(3米23拍)：1:10,
2B；35mm银盐
收藏馆：缩微中心，国图

000O008688
吕氏春秋：二十六卷 / (汉)高诱注
元至正(1341-1368)嘉兴路儒学刻明(1368-1644)
递修本
1988年摄制. -- 1盘卷片(20.1米432拍)：
1:11, 2B；35mm银盐
收藏馆：缩微中心，重庆

000O005728
吕氏春秋训解：二十六卷 / (汉)高诱撰
明弘治十一年(1498)李瀚刻本
1987年摄制. -- 1盘卷片(20米433拍)：
1:10, 2B；35mm银盐
收藏馆：缩微中心，国图

000O018435
吕氏春秋训解：二十六卷 / (汉)高诱撰
明嘉靖七年(1528)许宗鲁刻本. -- 卷二十二
至卷二十六配清(1644-1911)抄本。
1993年摄制. -- 1盘卷片(22米421拍)：
1:10, 2B；35mm银盐

收藏馆：缩微中心，国图

000O021699
吕氏春秋：二十六卷 / (汉)高诱注
明万历(1573-1620)张登云刻本
1995年摄制. -- 1盘卷片(20米387拍)：
1:10, 2B；35mm银盐
收藏馆：缩微中心，国图

000O028913
吕氏春秋：二十六卷 / (汉)高诱注
明万历七年(1579)张登云刻本. -- (清)丁丙
跋。
1990年摄制. -- 1盘卷片(20米424拍)：
1:10, 2B；35mm银盐
收藏馆：缩微中心，南京

000O007577
吕氏春秋训解：二十六卷 / (汉)高诱撰
明万历(1573-1620)刻蓝印本. -- 叶德辉跋。
1987年摄制. -- 1盘卷片(20米427拍)：
1:10, 2B；35mm银盐
收藏馆：缩微中心，国图

000O020188
吕氏春秋训解：二十六卷 / (汉)高诱撰
明万历(1573-1620)刻蓝印本
1994年摄制. -- 1盘卷片(20米390拍)：
1:10, 2B；35mm银盐
收藏馆：缩微中心，国图

000O021828
吕氏春秋：二十六卷 / (汉)高诱注
明万历二十四年(1596)刘如宠刻本
1995年摄制. -- 1盘卷片(25米481拍)：
1:10, 2B；35mm银盐
收藏馆：缩微中心，南京

000O025948
吕氏春秋：二十六卷 / (汉)高诱注
明万历三十三年(1605)汪一鸾刻本. -- (清)
丁丙跋。
1996年摄制. -- 1盘卷片(24米511拍)：
1:10, 2B；35mm银盐
收藏馆：缩微中心，南京

000O019785
吕氏春秋训解：二十六卷 / (汉)高诱撰
明万历三十三年(1605)汪一鸾刻本
1994年摄制. -- 1盘卷片(24米471拍)：
1:10, 2B；35mm银盐
收藏馆：缩微中心，国图

00O007864
吕氏春秋：二十六卷 / (汉)高诱注
明(1368-1644)宋邦乂[等]刻本
1988年摄制. -- 1盘卷片(18.6米427拍)：
1:11, 2B ; 35mm银盐
收藏馆：缩微中心，重庆

00O021682
吕氏春秋：二十六卷 / (汉)高诱注
明(1368-1644)宋邦乂[等]刻本
1995年摄制. -- 1盘卷片(20米381拍)：
1:10, 2B ; 35mm银盐
收藏馆：缩微中心，国图

00O015084
吕氏春秋训解：二十六卷 / (汉)高诱撰
明万历(1573-1620)刻本
1992年摄制. -- 1盘卷片(20米387拍)：
1:10, 2B ; 35mm银盐
收藏馆：缩微中心，国图

00O006905
吕氏春秋：二十六卷
明(1368-1644)黄之寀刻本
1987年摄制. -- 1盘卷片(17.8米380拍)：
1:9, 2B ; 35mm银盐
收藏馆：缩微中心，重庆

00O011508
京本吕氏春秋明解大全：二十六卷 / (秦)吕不韦
撰 ; (汉)高诱注
明(1368-1644)明德书堂刻本
1990年摄制. -- 1盘卷片(19米357拍)：
1:10, 2B ; 35mm银盐
收藏馆：缩微中心，甘肃

00O020025
吕氏春秋训解：二十六卷 / (汉)高诱撰
明(1368-1644)刻本. -- 存四卷：卷十一至卷
十四。(清)邵懿辰批校，邵章跋。
1994年摄制. -- 1盘卷片(5米60拍)：1:10,
2B ; 35mm银盐
收藏馆：缩微中心，国图

00O007859
吕氏春秋：二十六卷 / (汉)高诱注
明(1368-1644)朱梦龙刻本
1987年摄制. -- 1盘卷片(21.5米464拍)：
1:10, 2B ; 35mm银盐
收藏馆：缩微中心，重庆

00O000962
吕氏春秋：二十六卷 / [题](宋)陆游评 ; (明)凌稚
隆批
明万历四十八年(1620)凌毓柟刻朱墨套印本
1985年摄制. -- 1盘卷片(19米416拍)：
1:10, 2B ; 35mm银盐
收藏馆：缩微中心，国图

00O005826
吕氏春秋：二十六卷 / [题](宋)陆游评 ; (明)凌稚
隆批
明万历四十八年(1620)凌毓柟刻朱墨套印本
1987年摄制. -- 1盘卷片(19.8米433拍)：
1:10, 2B ; 35mm银盐
收藏馆：缩微中心，国图

00O031880
吕氏春秋：二十六卷 / [题](宋)陆游评 ; (明)凌稚
隆批
明万历四十八年(1620)凌毓柟刻朱墨套印本
2010年摄制. -- 1盘卷片(24米445拍)：
1:10, 2B ; 35mm银盐
收藏馆：缩微中心，国图

00O031918
吕氏春秋：二十六卷 / [题](宋)陆游评 ; (明)凌稚
隆批
明万历四十八年(1620)凌毓柟刻朱墨套印本
2010年摄制. -- 1盘卷片(24米460拍)：
1:13, 2B ; 35mm银盐
收藏馆：缩微中心，国图

00O007164
吕氏春秋：二十六卷 / (明)李鸣春评
明天启七年(1627)自刻本
1987年摄制. -- 1盘卷片(17米338拍)：
1:10, 2B ; 35mm银盐
收藏馆：缩微中心，山东

00O015929
吕氏春秋订批：二十六卷 / (明)王劝士撰
明崇祯七年(1634)王锡衮刻本
1993年摄制. -- 1盘卷片(20米372拍)：
1:10, 2B ; 35mm银盐
收藏馆：缩微中心，国图

00O003397
吕氏春秋：二十六卷 / (汉)高诱注. 附考：一卷 /
(清)毕沅撰
清乾隆五十三年(1788)毕氏灵岩山馆刻经训堂
丛书本. -- (清)翁同书跋并录(清)梁玉绳校
补。
1986年摄制. -- 1盘卷片(18.1米392拍)：
1:10, 2B ; 35mm银盐
收藏馆：缩微中心，国图

00O010993

吕氏春秋：二十六卷 / (汉)高诱注
清乾隆五十三年(1788)毕氏灵岩山馆刻本. --
(清)毕沅校，(清)朱学勤批校。
1989年摄制. -- 1盘卷片(20.5米406拍)：
1:10，2B；35mm银盐
收藏馆：缩微中心，湖北

00O032079

**吕氏春秋：二十六卷 / (汉)高诱注 . 附考：一卷 /
(清)毕沅撰**
清乾隆五十三年(1788)毕氏灵岩山馆刻经训堂
丛书本. -- 十一行二十二字小字双行同黑口
四周单边。(清)翁同书跋并录(清)梁玉绳校
补。
2011年摄制. -- 1盘卷片(22米398拍)：
1:12，2B；35mm银盐
收藏馆：缩微中心，国图

00O004466

**吕氏春秋新校正：二十六卷附考一卷 / (清)毕沅
撰**
清乾隆五十三年(1788)毕氏灵岩山馆刻经训
堂丛书本. -- (清)李芝绶跋并录(清)惠栋校
注。
1986年摄制. -- 1盘卷片(18米392拍)：
1:10，2B；35mm银盐
收藏馆：缩微中心，国图

00O019904

**吕氏春秋新校正：二十六卷附考一卷 / (清)毕沅
撰**
清乾隆五十三年(1788)毕氏灵岩山馆刻经训堂
丛书本. -- (清)朱彬校。
1994年摄制. -- 1盘卷片(19米380拍)：
1:10，2B；35mm银盐
收藏馆：缩微中心，国图

00O013241

**吕氏春秋：二十六卷 / (汉)高诱注 . 附考：一卷 /
(清)毕沅撰**
清光绪元年(1875)浙江书局刻二十二子本
1991年摄制. -- 1盘卷片(25米504拍)：
1:10，2B；35mm银盐
收藏馆：缩微中心，南京

00O009085

新刊批点吕览：二卷 / (明)万国钦批释
明万历九年(1581)唐廷仁刻本
1988年摄制. -- 1盘卷片(5.6米95拍)：
1:10，2B；35mm银盐
收藏馆：缩微中心，湖南

00O020143

淮南子：二十八卷 / (汉)刘安撰
明嘉靖九年(1530)王蓥刻本
1994年摄制. -- 1盘卷片(23米457拍)：
1:10，2B；35mm银盐
收藏馆：缩微中心，国图

00O021643

淮南子：二十八卷 / (汉)刘安撰
明嘉靖九年(1530)王蓥刻明(1368-1644)傅霖
重刻本
1995年摄制. -- 1盘卷片(23米454拍)：
1:10，2B；35mm银盐
收藏馆：缩微中心，国图

00O018845

淮南子：二十八卷 / (汉)刘安撰
明(1368-1644)吴仲刻本
1994年摄制. -- 1盘卷片(20米372拍)：
1:10，2B；35mm银盐
收藏馆：缩微中心，国图

00O005830

淮南子：二十一卷 / (汉)刘安撰
明(1368-1644)吴勉学黄之寀刻本
1987年摄制. -- 1盘卷片(21米451拍)：
1:10，2B；35mm银盐
收藏馆：缩微中心，国图

00O001921

**淮南子：二十一卷 / (汉)高诱注；(清)庄逵吉补
订**
清乾隆五十三年(1788)庄逵吉刻本. -- (清)
陈倬录(清)王念孙、(清)顾广圻校并跋。
1986年摄制. -- 1盘卷片(19米413拍)：
1:10，2B；35mm银盐
收藏馆：缩微中心，国图

00O007712

淮南子：二十一卷 / (汉)刘安撰；(汉)高诱注
清乾隆五十三年(1788)武进庄逵吉刻本. --
版框高十八厘米宽十四厘米。(清)汪璪朱笔圈
点，墨笔校。
1987年摄制. -- 1盘卷片(19米400拍)：
1:10，2B；35mm银盐
收藏馆：缩微中心，广东

00O032093

**淮南子：二十一卷 / (汉)刘安撰；(汉)高诱,(汉)
许慎注**
清乾隆五十三年(1788)庄逵吉刻本. -- 十一
行二十一字小字双行同黑口四周单边。(清)李
慈铭、(清)吕贤基校并跋。

2011年摄制. -- 1盘卷片(25米455拍)：
1:13, 2B ; 35mm银盐
收藏馆：缩微中心, 国图

00O001636
淮南子注：二十一卷 / (汉)高诱,(汉)许慎撰
清乾隆五十三年(1788)庄逵吉刻本. -- (清)
朱邦衡校并跋又录(清)惠栋校跋.
1986年摄制. -- 1盘卷片(20米438拍)：
1:10, 2B ; 35mm银盐
收藏馆：缩微中心, 国图

00O002183
淮南子注：二十一卷 / (汉)许慎,(汉)高诱撰
清乾隆五十三年(1788)庄逵吉刻本. -- (清)
陈奂校并跋, (清)赵之谦、(清)陶方琦、(清)
孙诒让题款。
1986年摄制. -- 1盘卷片(20米426拍)：
1:10, 2B ; 35mm银盐
收藏馆：缩微中心, 国图

00O025406
**淮南子注：二十一卷 / (汉)刘安撰；(汉)许
慎,(汉)高诱注**
清乾隆五十三年(1788)庄逵吉刻本. -- (清)
李慈铭、(清)吕贤基校并跋。
1996年摄制. -- 1盘卷片(20米396拍)：
1:10, 2B ; 35mm银盐
收藏馆：缩微中心, 国图

00O009083
淮南子：二十一卷 / (汉)刘安撰；(汉)高诱注
清嘉庆九年(1804)聚文堂刻本
1988年摄制. -- 1盘卷片(20.1米424拍)：
1:10, 2B ; 35mm银盐
收藏馆：缩微中心, 湖南

00O001245
淮南子：二十一卷 / (汉)刘安撰；(明)茅坤[等]评
明(1368-1644)刻朱墨套印本
1985年摄制. -- 1盘卷片(19米416拍)：
1:10, 2B ; 35mm银盐
收藏馆：缩微中心, 国图

00O020324
淮南子：二十一卷 / (汉)刘安撰；(明)茅坤[等]评
明(1368-1644)刻套印本
1994年摄制. -- 1盘卷片(20米383拍)：
1:10, 2B ; 35mm银盐
收藏馆：缩微中心, 国图

00O000841
淮南鸿烈解：二十八卷 / (汉)许慎,(汉)高诱撰

明万历(1573-1620)刻中立四子集本
1985年摄制. -- 1盘卷片(19.6米428拍)：
1:10, 2B ; 35mm银盐
收藏馆：缩微中心, 国图

00O002154
淮南鸿烈解：二十八卷 / (汉)许慎,(汉)高诱撰
明(1368-1644)王元宾刻本
1986年摄制. -- 1盘卷片(22米481拍)：
1:10, 2B ; 35mm银盐
收藏馆：缩微中心, 国图

00O006171
**淮南鸿烈解：二十八卷 / (汉)刘安撰；(汉)许慎
注**
明(1368-1644)安正堂刻本. -- 存二十五卷：
卷一至卷十四、卷十八至卷二十八。
1987年摄制. -- 1盘卷片(21米407拍)：
1:10, 2B ; 35mm银盐
收藏馆：缩微中心, 四川

00O001808
淮南鸿烈解：二十八卷 / (汉)许慎,(汉)高诱撰
明(1368-1644)刻本
1985年摄制. -- 1盘卷片(15.4米326拍)：
1:10, 2B ; 35mm银盐
收藏馆：缩微中心, 国图

00O007289
淮南鸿烈解：二十八卷 / (汉)许慎,(汉)高诱撰
明(1368-1644)刻中立四子集本
1987年摄制. -- 1盘卷片(20米432拍)：
1:10, 2B ; 35mm银盐
收藏馆：缩微中心, 国图

00O019703
**淮南鸿烈解：二十八卷 / (汉)许慎,(汉)高诱撰；
(明)刘绩补注**
明(1368-1644)王溥刻本
1994年摄制. -- 1盘卷片(29米592拍)：
1:10, 2B ; 35mm银盐
收藏馆：缩微中心, 国图

00O021958
**淮南鸿烈解：二十八卷 / (汉)许慎,(汉)高诱撰；
(明)刘绩补注**
明(1368-1644)王溥刻本
1995年摄制. -- 1盘卷片(29米594拍)：
1:10, 2B ; 35mm银盐
收藏馆：缩微中心, 国图

00O026941
淮南鸿烈解：二十八卷 / (汉)许慎,(汉)高诱撰；

(明)刘绩补注

明(1368-1644)王溥刻本. -- 卷一至卷九配清(1644-1911)抄本。(清)丁丙跋。

1996年摄制. -- 1盘卷片(30米638拍)：1:10，2B；35mm银盐

收藏馆：缩微中心，南京

000O005828

淮南鸿烈解：二十一卷 / (汉)许慎,(汉)高诱撰

明万历八年(1580)茅一桂刻本. -- 四库底本。

1987年摄制. -- 1盘卷片(25米541拍)：1:10，2B；35mm银盐

收藏馆：缩微中心，国图

000O023164

淮南鸿烈解：二十一卷 / (汉)许慎,(汉)高诱撰

明万历八年(1580)茅一桂刻本

1995年摄制. -- 1盘卷片(24米491拍)：1:10，2B；35mm银盐

收藏馆：缩微中心，国图

000O021566

淮南鸿烈解：二十一卷附录一卷 / (汉)刘安撰；(汉)高诱注

明(1368-1644)汪一鸾刻本

1995年摄制. -- 1盘卷片(25米507拍)：1:10，2B；35mm银盐

收藏馆：缩微中心，国图

000O012577

淮南鸿烈解：二十一卷 / (汉)刘安撰；(汉)高诱注

明万历十八年(1590)汪一鸾刻本. -- 存十六卷：卷一至卷十一、卷十七至卷二十一。

1990年摄制. -- 1盘卷片(17.3米375拍)：1:10，2B；35mm银盐

收藏馆：缩微中心，辽宁

000O013857

淮南鸿烈解：二十一卷 / (汉)许慎,(汉)高诱撰

明万历十八年(1590)汪一鸾刻本

1992年摄制. -- 1盘卷片(26米499拍)：1:10，2B；35mm银盐

收藏馆：缩微中心，国图

000O024778

淮南鸿烈解：二十一卷 / (汉)刘安撰；(汉)高诱注

明万历十八年(1590)汪一鸾刻本. -- (清)朱骏声跋。

1995年摄制. -- 1盘卷片(27米536拍)：1:10，2B；35mm银盐

收藏馆：缩微中心，浙江

000O007022

淮南鸿烈解：二十一卷附录一卷 / (汉)许慎,(汉)高诱撰

明万历(1573-1620)吴郡顾氏刻本. -- (清)徐波跋。

1987年摄制. -- 1盘卷片(25米558拍)：1:10，2B；35mm银盐

收藏馆：缩微中心，国图

000O002152

淮南鸿烈解：二十一卷 / (汉)许慎,(汉)高诱撰

明(1368-1644)张象贤刻本. -- 佚名录(清)何焯批跋。

1986年摄制. -- 1盘卷片(23米504拍)：1:10，2B；35mm银盐

收藏馆：缩微中心，国图

000O003114

淮南鸿烈解：二十一卷 / (汉)许慎,(汉)高诱撰；(明)茅坤评

明(1368-1644)刻本. -- (清)江声校。

1986年摄制. -- 1盘卷片(24米523拍)：1:10，2B；35mm银盐

收藏馆：缩微中心，国图

000O019791

淮南鸿烈解：二十一卷 / (汉)许慎,(汉)高诱撰

明(1368-1644)刻本

1994年摄制. -- 1盘卷片(22米433拍)：1:10，2B；35mm银盐

收藏馆：缩微中心，国图

000O002165

淮南鸿烈解：二十一卷 / (汉)许慎,(汉)高诱撰

清同治十年(1871)刘履芬抄本. -- (清)刘履芬跋。

1986年摄制. -- 1盘卷片(17米351拍)：1:10，2B；35mm银盐

收藏馆：缩微中心，国图

000O010562

淮南鸿烈解：二十一卷 / (汉)刘安撰；(汉)高诱注；(明)茅坤[等]评

明(1368-1644)张炑如刻本

1989年摄制. -- 1盘卷片(24米486拍)：1:10，2B；35mm银盐

收藏馆：缩微中心，四川

000O020657

淮南鸿烈解：二十一卷 / (汉)刘安撰；(明)茅坤[等]评

明(1368-1644)刻套印本
1994年摄制. -- 1盘卷片(20米382拍) :
1:10, 2B ; 35mm银盐
收藏馆：缩微中心，国图

000O021633
淮南鸿烈解：二十一卷 / (汉)刘安撰；(汉)许慎,(汉)高诱注；(明)茅坤[等]评
明(1368-1644)刻套印本
1995年摄制. -- 1盘卷片(22米385拍) :
1:10, 2B ; 35mm银盐
收藏馆：缩微中心，国图

000O001224
淮南鸿烈闲诂：二卷 / (汉)许慎撰；叶德辉辑
清光绪二十一年(1895)长沙叶氏郎园刻本. --
(清)王仁俊校补。
1985年摄制. -- 1盘卷片(4.2米63拍) :
1:10, 2B ; 35mm银盐
收藏馆：缩微中心，国图

000O001205
淮南许注异同诂：四卷补遗一卷续补一卷 / (清)陶方琦撰
清光绪七年(1881)陶氏汉孳室刻本. -- (清)
王仁俊校补。
1985年摄制. -- 1盘卷片(7.8米146拍) :
1:10, 2B ; 35mm银盐
收藏馆：缩微中心，国图

000O014105
淮南天文训存疑：一卷 / (清)罗士琳撰. 淮南正朝夕图解：一卷 / (清)丁杰撰
清道光八年(1828)王萱龄抄本
1992年摄制. -- 1盘卷片(4米26拍) : 1:10,
2B ; 35mm银盐
收藏馆：缩微中心，国图

000O026850
淮南万毕术：一卷 / (汉)刘安撰；(清)沈小垣辑
清(1644-1911)抄本. -- (清)陈奂跋，(清)马钊校并跋。
1996年摄制. -- 1盘卷片(3米22拍) : 1:10,
2B ; 35mm银盐
收藏馆：缩微中心，南京

000O008501
淮南万毕术：一卷 / (清)丁晏辑
清(1644-1911)稿本
1988年摄制. -- 1盘卷片(3米31拍) : 1:10,
2B ; 35mm银盐
收藏馆：缩微中心，国图

000O008502
淮南万毕术：一卷 / (清)丁晏辑
清(1644-1911)稿本. -- 罗振常跋。
1988年摄制. -- 1盘卷片(2米25拍) : 1:10,
2B ; 35mm银盐
收藏馆：缩微中心，国图

000O013290
新刊三元精纂举业通用标题句解淮南子摘奇：二十八卷 / (明)申时行辑；(明)冯梦祯标题；(明)顾宪成句解
明万历五年(1577)饶仁卿刻本
1991年摄制. -- 1盘卷片(11.5米228拍) :
1:10, 2B ; 35mm银盐
收藏馆：缩微中心，湖北

000O025405
白虎通：二卷 / (汉)班固撰
清康熙七年(1668)汪士汉刻秘书二十一种本. -- 王国维校并跋。
1996年摄制. -- 1盘卷片(7米120拍) : 1:10,
2B ; 35mm银盐
收藏馆：缩微中心，国图

000O004947
白虎通德论：二卷 / (汉)班固撰
明嘉靖元年(1522)傅钥刻本
1987年摄制. -- 1盘卷片(9米166拍) : 1:10,
2B ; 35mm银盐
收藏馆：缩微中心，国图

000O005194
白虎通德论：二卷 / (汉)班固撰
明嘉靖元年(1522)傅钥刻本. -- 吴梅校并跋。
1986年摄制. -- 1盘卷片(8米162拍) : 1:10,
2B ; 35mm银盐
收藏馆：缩微中心，国图

000O011475
白虎通德论：二卷 / (汉)班固撰
明万历十年(1582)胡维新刻本
1989年摄制. -- 1盘卷片(8.6米170拍) :
1:10, 2B ; 35mm银盐
收藏馆：缩微中心，辽宁

000O000918
白虎通德论：二卷 / (汉)班固撰
明万历二十二年(1594)蒋杰刻本
1985年摄制. -- 1盘卷片(8米154拍) : 1:10,
2B ; 35mm银盐
收藏馆：缩微中心，国图

000O005324
白虎通德论：二卷 / (汉)班固撰
明万历二十二年(1594)清源蒋杰刻蓝印本
1986年摄制. -- 1盘卷片(7.8米149拍)：
1:10，2B；35mm银盐
收藏馆：缩微中心，国图

000O009417
白虎通德论：二卷 / (汉)班固撰
明(1368-1644)俞元符刻本
1987年摄制. -- 1盘卷片(9.7米190拍)：
1:9，2B；35mm银盐
收藏馆：缩微中心，重庆

000O012922
白虎通德论：二卷 / (汉)班固撰
明(1368-1644)俞元符刻本. -- (清)丁丙跋。
1991年摄制. -- 1盘卷片(12米218拍)：
1:10，2B；35mm银盐
收藏馆：缩微中心，南京

000O001381
白虎通德论：二卷 / (汉)班固撰
明(1368-1644)刻蓝印本
1985年摄制. -- 1盘卷片(9米162拍)：1:10，
2B；35mm银盐
收藏馆：缩微中心，国图

000O007444
白虎通德论：二卷 / (汉)班固撰
明(1368-1644)刻本
1987年摄制. -- 1盘卷片(9米165拍)：1:10，
2B；35mm银盐
收藏馆：缩微中心，国图

000O017377
白虎通德论：二卷 / (汉)班固撰
明(1368-1644)刻本
1993年摄制. -- 1盘卷片(9米149拍)：1:10，
2B；35mm银盐
收藏馆：缩微中心，国图

000O019786
白虎通德论：二卷 / (汉)班固撰
明(1368-1644)刻本. -- (清)张栋跋。
1994年摄制. -- 1盘卷片(9米147拍)：1:10，
2B；35mm银盐
收藏馆：缩微中心，国图

000O025413
白虎通疏证：十二卷 / (清)陈立撰
清(1644-1911)稿本
1996年摄制. -- 1盘卷片(22米409拍)：

1:10，2B；35mm银盐
收藏馆：缩微中心，国图

000O013159
白虎通疏证：十二卷 / (清)陈立撰
清光绪元年(1875)淮南书局刻本
1991年摄制. -- 1盘卷片(17.5米383拍)：
1:10，2B；35mm银盐
收藏馆：缩微中心，辽宁

000O026003
白虎通疏证：十二卷 / (清)陈立撰
清光绪元年(1875)淮南书局刻本. -- (清)谢
章铤校。
1996年摄制. -- 1盘卷片(19米384拍)：
1:10，2B；35mm银盐
收藏馆：缩微中心，福建

000O004011
论衡：三十卷 / (汉)王充撰
明嘉靖十四年(1535)苏献可通津草堂刻本. --
(清)陈揆校并跋。
1985年摄制. -- 1盘卷片(27.1米608拍)：
1:10，2B；35mm银盐
收藏馆：缩微中心，国图

000O004747
论衡：三十卷 / (汉)王充撰
明嘉靖十四年(1535)苏献可通津草堂刻本
1986年摄制. -- 1盘卷片(27.1米608拍)：
1:10，2B；35mm银盐
收藏馆：缩微中心，国图

000O006165
论衡：三十卷 / (汉)王充撰
明嘉靖十四年(1535)苏献可通津草堂刻本
1987年摄制. -- 1盘卷片(30米600拍)：
1:10，2B；35mm银盐
收藏馆：缩微中心，四川

000O009063
论衡：三十卷 / (汉)王充撰
明嘉靖十四年(1535)苏献可通津草堂刻本
1988年摄制. -- 1盘卷片(26米537拍)：
1:10，2B；35mm银盐
收藏馆：缩微中心，湖南

000O015441
论衡：三十卷 / (汉)王充撰
明嘉靖十四年(1535)苏献可通津草堂刻本
1992年摄制. -- 1盘卷片(28米566拍)：
1:10，2B；35mm银盐
收藏馆：缩微中心，国图

00O015511
论衡：三十卷 / (汉)王充撰
明嘉靖十四年(1535)苏献可通津草堂刻本
1993年摄制. -- 1盘卷片(28米572拍)：
1:10, 2B；35mm银盐
收藏馆：缩微中心, 国图

00O016341
论衡：三十卷 / (汉)王充撰
明嘉靖十四年(1535)苏献可通津草堂刻本
1992年摄制. -- 1盘卷片(29米567拍)：
1:10, 2B；35mm银盐
收藏馆：缩微中心, 国图

00O017643
论衡：三十卷 / (汉)王充撰
明嘉靖十四年(1535)苏献可通津草堂刻本
1993年摄制. -- 1盘卷片(28米564拍)：
1:10, 2B；35mm银盐
收藏馆：缩微中心, 国图

00O003102
论衡：三十卷 / (汉)王充撰
明万历(1573-1620)程荣刻汉魏丛书本
1986年摄制. -- 1盘卷片(30米666拍)：
1:10, 2B；35mm银盐
收藏馆：缩微中心, 国图

00O019259
论衡：三十卷 / (汉)王充撰
明万历(1573-1620)程荣刻汉魏丛书本
1994年摄制. -- 1盘卷片(31米629拍)：
1:10, 2B；35mm银盐
收藏馆：缩微中心, 国图

00O021756
论衡：三十卷 / (汉)王充撰
明万历(1573-1620)程荣刻汉魏丛书本
1995年摄制. -- 1盘卷片(32米629拍)：
1:10, 2B；35mm银盐
收藏馆：缩微中心, 国图

00O007024
论衡：三十卷 / (汉)王充撰
明万历十八年(1590)程荣刻汉魏丛书本
1987年摄制. -- 2盘卷片(33米695拍)：
1:10, 2B；35mm银盐
收藏馆：缩微中心, 国图

00O007834
论衡：三十卷 / (汉)王充撰；(明)刘光斗评
明天启六年(1626)阎光表刻本
1987年摄制. -- 1盘卷片(30米668拍)：1:9,
2B；35mm银盐
收藏馆：缩微中心, 重庆

00O012886
论衡：三十卷 / (汉)王充撰；(明)刘光斗评
明天启六年(1626)阎光表刻本. -- 杨守敬、
傅增湘校。
1991年摄制. -- 1盘卷片(31.5米697拍)：
1:10, 2B；35mm银盐
收藏馆：缩微中心, 湖北

00O008716
论衡：三十卷 / (汉)王充撰
明末(1621-1644)钱震泷刻本
1988年摄制. -- 1盘卷片(30米661拍)：1:9,
2B；35mm银盐
收藏馆：缩微中心, 重庆

00O003101
论衡：三十卷 / (汉)王充撰
明(1368-1644)刻本. -- (清)王振声校并跋。
1986年摄制. -- 1盘卷片(29米650拍)：
1:10, 2B；35mm银盐
收藏馆：缩微中心, 国图

00O027775
论衡：十三卷 / (汉)王充撰
清咸丰元年至清末(1851-1911)刻本. -- (清)
陈鳣校。
1997年摄制. -- 2盘卷片(30米619拍)：
1:10, 2B；35mm银盐
收藏馆：缩微中心, 苏州

00O016130
论衡：三十卷 / (汉)王充撰
清光绪元年(1875)崇文书局刻本. -- 章钰校
并跋。
1993年摄制. -- 1盘卷片(20米395拍)：
1:10, 2B；35mm银盐
收藏馆：缩微中心, 国图

00O006836
新刊王充论衡：十五卷 / (汉)王充撰
明(1368-1644)刻本
1987年摄制. -- 1盘卷片(20米422拍)：
1:10, 2B；35mm银盐
收藏馆：缩微中心, 国图

00O006201
论衡：十卷 / (汉)王充撰；(明)丁玄焕评
明天启六年(1626)自刻本
1987年摄制. -- 1盘卷片(23米445拍)：
1:10, 2B；35mm银盐

收藏馆：缩微中心，四川

000O008739
风俗通义：十卷 / (汉)应劭撰
明万历(1573-1620)程荣刻汉魏丛书本. --
(清)黄彭年批校。
1988年摄制. -- 1盘卷片(8米150拍) : 1:11,
2B ; 35mm银盐
收藏馆：缩微中心，重庆

000O003154
风俗通义：十卷 / (汉)应劭撰
明天启六年(1626)郎璧金堂策槛刻本
1986年摄制. -- 1盘卷片(8米146拍) : 1:10,
2B ; 35mm银盐
收藏馆：缩微中心，国图

000O031179
风俗通义：十卷 / (汉)应劭撰
明末(1621-1644)刻本. -- (清)朱筠校并跋,
(清)朱锡庚校，(清)翁同书跋。
2004年摄制. -- 1盘卷片(8米152拍) : 1:9,
2B ; 35mm银盐
收藏馆：缩微中心，国图

000O008792
风俗通义：十卷 / (汉)应劭撰
明(1368-1644)刻本. -- 序、目录、卷一至卷
二配莫棠家抄本。莫棠跋。
1988年摄制. -- 1盘卷片(8.3米160拍) :
1:9, 2B ; 35mm银盐
收藏馆：缩微中心，重庆

000O015369
风俗通义：十卷 / (汉)应劭撰
明(1368-1644)刻本
1992年摄制. -- 1盘卷片(8米132拍) : 1:10,
2B ; 35mm银盐
收藏馆：缩微中心，国图

000O020826
风俗通义：十卷 / (汉)应劭撰
清(1644-1911)抄本
1994年摄制. -- 1盘卷片(9米148拍) : 1:10,
2B ; 35mm银盐
收藏馆：缩微中心，国图

000O006776
风俗通义校正：二卷补逸一卷 / (清)朱筠撰
清(1644-1911)抄本. -- (清)胡澍校。
1987年摄制. -- 1盘卷片(3.2米38拍) :
1:10, 2B ; 35mm银盐
收藏馆：缩微中心，国图

000O025433
风俗通义校正：二卷补逸一卷 / (清)朱筠撰
清(1644-1911)抄本
1996年摄制. -- 1盘卷片(3米22拍) : 1:10,
2B ; 35mm银盐
收藏馆：缩微中心，国图

000O008727
秘传天禄阁寓言外史：八卷 / [题](汉)黄宪撰
明万历四十八年(1620)尹应祥刻本
1988年摄制. -- 1盘卷片(10.6米211拍) :
1:11, 2B ; 35mm银盐
收藏馆：缩微中心，重庆

000O005730
秘传天禄阁寓言外史：八卷 / [题](汉)黄宪撰
明(1368-1644)书林李少泉刻本
1987年摄制. -- 1盘卷片(10米204拍) :
1:10, 2B ; 35mm银盐
收藏馆：缩微中心，国图

000O007172
天禄阁外史：八卷 / [题](汉)黄宪撰
明嘉靖二年(1523)刻本
1987年摄制. -- 1盘卷片(11米222拍) :
1:10, 2B ; 35mm银盐
收藏馆：缩微中心，山东

000O026061
人物志：三卷 / (魏)刘邵撰；(西凉)刘昞注
明嘉靖八年(1529)顾定芳刻本. -- 莫棠校并
跋。
1990年摄制. -- 1盘卷片(7米106拍) : 1:10,
2B ; 35mm银盐
收藏馆：缩微中心，南京

000O000356
人物志：三卷 / (魏)刘邵撰；(西凉)刘昞注
明隆庆六年(1572)梁梦龙刻本
1985年摄制. -- 1盘卷片(5.9米102拍) :
1:10, 2B ; 35mm银盐
收藏馆：缩微中心，国图

000O003941
人物志：三卷 / (魏)刘邵撰；(西凉)刘昞注
明隆庆六年(1572)梁梦龙刻本
1985年摄制. -- 1盘卷片(5.1米86拍) :
1:10, 2B ; 35mm银盐
收藏馆：缩微中心，国图

000O004494
人物志：三卷 / (魏)刘邵撰；(西凉)刘昞注
明隆庆六年(1572)梁梦龙刻本

1986年摄制. -- 1盘卷片(5米68拍) ： 1:10,
2B ； 35mm银盐
收藏馆：缩微中心，国图

__000O004732__
人物志：三卷 / (魏)刘邵撰；(西凉)刘昞注
明万历五年(1577)李尚刻本
1987年摄制. -- 1盘卷片(6米104拍) ： 1:10,
2B ； 35mm银盐
收藏馆：缩微中心，国图

__000O015872__
金楼子附校：六卷 / (清)吴骞撰
清(1644-1911)稿本
1993年摄制. -- 1盘卷片(2米30拍) ： 1:10,
2B ； 35mm银盐
收藏馆：缩微中心，国图

__000O016024__
金楼子附校：六卷 / (清)吴骞撰
清(1644-1911)稿本. -- (清)鲍廷博校补。
1993年摄制. -- 1盘卷片(4米31拍) ： 1:10,
2B ； 35mm银盐
收藏馆：缩微中心，国图

__000O004638__
刘子：十卷 / (北齐)刘昼撰；(唐)袁孝政注
明(1368-1644)刻本. -- (清)黄丕烈跋。
1986年摄制. -- 1盘卷片(6米105拍) ： 1:10,
2B ； 35mm银盐
收藏馆：缩微中心，国图

__000O013445__
刘子：十卷 / (北齐)刘昼撰；(唐)袁孝政注
明(1368-1644)抄本. -- (清)叶子寅、(清)许心宸跋，(清)黄丕烈、(清)陆拙生校并跋，(清)张绍仁题款。
1991年摄制. -- 1盘卷片(11米195拍) ：
1:10, 2B ； 35mm银盐
收藏馆：缩微中心，国图

__000O021940__
颜氏家训：二卷 / (北齐)颜之推撰
明正德十三年(1518)颜如环刻本
1995年摄制. -- 1盘卷片(6米89拍) ： 1:10,
2B ； 35mm银盐
收藏馆：缩微中心，国图

__000O000448__
颜氏家训：二卷 / (北齐)颜之推撰
明万历三年(1575)颜嗣慎刻本
1985年摄制. -- 1盘卷片(7.2米126拍) ：
1:10, 2B ； 35mm银盐

收藏馆：缩微中心，国图

__000O003152__
颜氏家训：二卷 / (北齐)颜之推撰
明万历三年(1575)颜嗣慎刻本
1986年摄制. -- 1盘卷片(7米119拍) ： 1:10,
2B ； 35mm银盐
收藏馆：缩微中心，国图

__000O026802__
颜氏家训：二卷 / (北齐)颜之推撰
明万历三年(1575)颜嗣慎刻本. -- (清)丁丙跋。
1996年摄制. -- 1盘卷片(8米122拍) ： 1:10,
2B ； 35mm银盐
收藏馆：缩微中心，南京

__000O014038__
新刻颜氏家训：二卷 / (北齐)颜之推撰
明(1368-1644)胡文焕刻格致丛书本
1992年摄制. -- 1盘卷片(7米96拍) ： 1:10,
2B ； 35mm银盐
收藏馆：缩微中心，国图

__000O031195__
新刻资暇集：三卷 / (唐)李匡乂撰
明(1368-1644)胡氏文会堂刻格致丛书本. -- 王国维校并跋。
2004年摄制. -- 1盘卷片(4米50拍) ： 1:9,
2B ； 35mm银盐
收藏馆：缩微中心，国图

__000O021243__
颜氏家训节钞：二卷 / (北齐)颜之推撰；(清)黄叔琳删
清雍正(1723-1735)养素堂刻本. -- (清)纪昀批注。
1995年摄制. -- 1盘卷片(4米40拍) ： 1:10,
2B ； 35mm银盐
收藏馆：缩微中心，国图

__000O003675__
颜氏家训：二卷 / (北齐)颜之推撰
明(1368-1644)刻本. -- (明)冯武校并题款。
1985年摄制. -- 1盘卷片(5.7米98拍) ：
1:10, 2B ； 35mm银盐
收藏馆：缩微中心，国图

__000O001431__
颜氏家训：七卷补遗一卷 / (北齐)颜之推撰；(清)赵曦明注；(清)卢文弨补注. 注补正：一卷 / (清)钱大昕撰. 北齐书文苑传颜之推传注：一卷 / (清)卢文弨撰

清乾隆五十四年(1789)卢文弨刻抱经堂丛书本. -- 存四卷：颜氏家训卷五至卷七、补遗一卷。(清)严树萼录(清)徐鲲补注，(清)严元照跋。
1985年摄制. -- 1盘卷片(7米117拍) : 1:10, 2B ; 35mm银盐
收藏馆：缩微中心，国图

000O026825
颜氏家训：七卷 / (北齐)颜之推撰；(清)赵曦明注；(清)卢文弨补. 北齐书文苑传颜之推传：一卷 / (清)卢文弨注
清乾隆五十四年(1789)卢文弨刻抱经堂丛书本. -- (清)卢文弨校，(清)丁丙跋。
1996年摄制. -- 1盘卷片(12米226拍) : 1:10, 2B ; 35mm银盐
收藏馆：缩微中心，南京

000O003596
长短经：九卷 / (唐)赵蕤撰
清(1644-1911)抄本. -- (清)季锡畴校并跋。
1985年摄制. -- 1盘卷片(24米521拍) : 1:10, 2B ; 35mm银盐
收藏馆：缩微中心，国图

000O007295
长短经：九卷 / (唐)赵蕤撰
清(1644-1911)抄本
1987年摄制. -- 1盘卷片(16米338拍) : 1:10, 2B ; 35mm银盐
收藏馆：缩微中心，国图

000O025402
封氏闻见记：十卷 / (唐)封演撰
清乾隆二十一年(1756)卢见曾刻雅雨堂丛书本. -- 王国维校并跋。
1996年摄制. -- 1盘卷片(6米78拍) : 1:10, 2B ; 35mm银盐
收藏馆：缩微中心，国图

000O001356
封氏闻见记：十卷 / (唐)封演撰
清乾隆五十七年(1792)江都秦黉刻本。
1985年摄制. -- 1盘卷片(5.5米94拍) : 1:10, 2B ; 35mm银盐
收藏馆：缩微中心，国图

000O016070
封氏闻见记：十卷 / (唐)封演撰
清同治八年(1869)刘履芬范湖草堂抄本. -- (清)刘履芬校并跋。
1993年摄制. -- 1盘卷片(6米95拍) : 1:10, 2B ; 35mm银盐

收藏馆：缩微中心，国图

000O004742
封氏闻见记：十卷 / (唐)封演撰
清(1644-1911)抄本. -- (清)吴志忠校并跋，(清)周星诒跋，(清)翁绶琪批注并跋。
1986年摄制. -- 1盘卷片(5.3米90拍) : 1:10, 2B ; 35mm银盐
收藏馆：缩微中心，国图

000O001716
因话录：六卷 / (唐)赵璘撰
清初(1644-1722)抄本
1986年摄制. -- 1盘卷片(6米89拍) : 1:10, 2B ; 35mm银盐
收藏馆：缩微中心，国图

000O003995
因话录：六卷 / (唐)赵璘撰
清初(1644-1722)抄本
1985年摄制. -- 1盘卷片(5米79拍) : 1:10, 2B ; 35mm银盐
收藏馆：缩微中心，国图

000O017305
因话录：六卷 / (唐)赵璘撰
清同治十一年(1872)乔载繇抄本. -- (清)乔载繇跋。
1992年摄制. -- 1盘卷片(5米60拍) : 1:10, 2B ; 35mm银盐
收藏馆：缩微中心，国图

000O007369
雕玉集：十五卷
清光绪十年(1884)黎庶昌刻古逸丛书本. -- 存二卷：卷十二、卷十四。(清)李慈铭校并跋，(清)蒋方夔跋。
1987年摄制. -- 1盘卷片(5米70拍) : 1:10, 2B ; 35mm银盐
收藏馆：缩微中心，国图

000O004743
南部新书：十卷补遗一卷 / (宋)钱易撰
明(1368-1644)抄本
1986年摄制. -- 1盘卷片(5米70拍) : 1:10, 2B ; 35mm银盐
收藏馆：缩微中心，国图

000O019234
南部新书：十卷补遗一卷 / (宋)钱易撰
清(1644-1911)抄本
1994年摄制. -- 1盘卷片(4米49拍) : 1:10, 2B ; 35mm银盐

收藏馆：缩微中心，国图

00O014569
江邻几杂志：一卷补一卷 / (宋)江休复撰
明万历(1573-1620)商濬刻稗海本. -- (清)劳
格校并跋。
1992年摄制. -- 1盘卷片(4米52拍) ：1:10,
2B ；35mm银盐
收藏馆：缩微中心，国图

00O026045
江邻几杂志：二卷补一卷 / (宋)江休复撰
清乾隆四十八年(1783)赵氏星凤阁抄本. --
(清)赵辑宁校，(清)丁丙跋。
1990年摄制. -- 1盘卷片(4米66拍) ：1:10,
2B ；35mm银盐
收藏馆：缩微中心，南京

00O013360
江氏笔录：二卷 / (宋)江休复撰
清(1644-1911)抄本
1991年摄制. -- 1盘卷片(4米33拍) ：1:10,
2B ；35mm银盐
收藏馆：缩微中心，国图

00O021764
东谷所见：一卷 / (宋)李之彦撰
明(1368-1644)抄本
1995年摄制. -- 1盘卷片(3米17拍) ：1:10,
2B ；35mm银盐
收藏馆：缩微中心，国图

00O015458
丞相魏公谭训：十卷 / (宋)苏象先撰
清(1644-1911)抄本. -- (清)黄丕烈、(清)柯
逢时跋，(清)黄美镠校。
1993年摄制. -- 1盘卷片(7米104拍) ：1:10,
2B ；35mm银盐
收藏馆：缩微中心，国图

00O026864
丞相魏公谭训：十卷 / (宋)苏象先撰
清(1644-1911)抄本. -- (清)劳格校，(清)丁
丙跋。
1996年摄制. -- 1盘卷片(7米92拍) ：1:10,
2B ；35mm银盐
收藏馆：缩微中心，南京

00O003748
丞相魏公谭训：十卷 / (宋)苏象先撰
清(1644-1911)昭文张氏爱日精庐抄本. --
(清)季锡畴跋。
1985年摄制. -- 1盘卷片(5.3米89拍) ：

1:10, 2B ；35mm银盐
收藏馆：缩微中心，国图

00O003711
近事会元：五卷 / (宋)李上交撰
清(1644-1911)抄本. -- (清)薄启源校并跋。
1985年摄制. -- 1盘卷片(5米70拍) ：1:10,
2B ；35mm银盐
收藏馆：缩微中心，国图

00O026718
近事会元：五卷 / (宋)李上交撰
清乾隆(1736-1795)鲍氏知不足斋抄本. --
(清)鲍廷博校，(清)丁丙跋。
1996年摄制. -- 1盘卷片(6米96拍) ：1:10,
2B ；35mm银盐
收藏馆：缩微中心，南京

00O008761
近事会元：五卷 / (宋)李上交撰
清(1644-1911)郑氏注韩居抄本. -- (清)郑杰
校并跋。
1988年摄制. -- 1盘卷片(5.7米98拍) ：1:9,
2B ；35mm银盐
收藏馆：缩微中心，重庆

00O027386
麈史：三卷 / (宋)王得臣撰
明嘉靖元年(1522)柳金抄本. -- (清)丁丙
跋。
1996年摄制. -- 1盘卷片(6米97拍) ：1:10,
2B ；35mm银盐
收藏馆：缩微中心，南京

00O015518
麈史：三卷 / (宋)王得臣撰
明(1368-1644)抄本
1993年摄制. -- 1盘卷片(5米70拍) ：1:10,
2B ；35mm银盐
收藏馆：缩微中心，国图

00O001979
麈史：三卷 / (宋)王得臣撰
清(1644-1911)抄本. -- (清)蒋宗海、(清)杨
廷锡跋。
1986年摄制. -- 1盘卷片(6米106拍) ：1:10,
2B ；35mm银盐
收藏馆：缩微中心，国图

00O004744
麈史：三卷 / (宋)王得臣撰
清(1644-1911)抄本
1986年摄制. -- 1盘卷片(7.1米127拍) ：

1:10, 2B ; 35mm银盐
收藏馆：缩微中心，国图

00O006777
麈史：三卷 / (宋)王得臣撰
清(1644-1911)抄本. -- 佚名校并跋。
1986年摄制. -- 1盘卷片(7.2米128拍) :
1:10, 2B ; 35mm银盐
收藏馆：缩微中心，国图

00O022269
麈史：三卷 / (宋)王得臣撰
清(1644-1911)抄本
1995年摄制. -- 1盘卷片(6米90拍) : 1:10,
2B ; 35mm银盐
收藏馆：缩微中心，国图

00O004818
麈史：不分卷 / (宋)王得臣撰
明(1368-1644)王氏郁冈斋抄本. -- 周叔弢
跋。
1986年摄制. -- 1盘卷片(5米81拍) : 1:10,
2B ; 35mm银盐
收藏馆：缩微中心，国图

00O024784
麈余：四卷 / (明)谢肇淛撰
明万历二十三年(1595)刻本
1995年摄制. -- 1盘卷片(9米156拍) : 1:10,
2B ; 35mm银盐
收藏馆：缩微中心，浙江

00O003399
梦溪笔谈：二十六卷 / (宋)沈括撰
明(1368-1644)刻本. -- (清)翁同龢跋。
1986年摄制. -- 1盘卷片(13米258拍) :
1:10, 2B ; 35mm银盐
收藏馆：缩微中心，国图

00O003714
梦溪笔谈：二十六卷 / (宋)沈括撰
明(1368-1644)刻本. -- (清)黄丕烈跋。
1985年摄制. -- 1盘卷片(12.2米252拍) :
1:10, 2B ; 35mm银盐
收藏馆：缩微中心，国图

00O004527
梦溪笔谈：二十六卷 / (宋)沈括撰
明(1368-1644)刻本
1987年摄制. -- 1盘卷片(13米273拍) :
1:10, 2B ; 35mm银盐
收藏馆：缩微中心，国图

00O007489
梦溪笔谈：二十六卷 / (宋)沈括撰
明(1368-1644)刻本. -- (清)永瑢批校并跋。
1987年摄制. -- 1盘卷片(13米274拍) :
1:10, 2B ; 35mm银盐
收藏馆：缩微中心，国图

00O008406
梦溪笔谈：二十六卷 / (宋)沈括撰
明(1368-1644)刻本
1988年摄制. -- 1盘卷片(13米273拍) :
1:10, 2B ; 35mm银盐
收藏馆：缩微中心，国图

00O015513
梦溪笔谈：二十六卷 / (宋)沈括撰
明(1368-1644)刻本
1993年摄制. -- 1盘卷片(13米241拍) :
1:10, 2B ; 35mm银盐
收藏馆：缩微中心，国图

00O022485
梦溪笔谈全编：二十六卷 / (宋)沈括撰
明万历三十年(1602)刻本
1995年摄制. -- 1盘卷片(13米286拍) :
1:10, 2B ; 35mm银盐
收藏馆：缩微中心，南京

00O020940
梦溪笔谈：二十六卷补笔谈三卷续笔谈一卷 /
(宋)沈括撰
明崇祯四年(1631)马元调刻本
1994年摄制. -- 1盘卷片(20.5米436拍) :
1:10, 2B ; 35mm银盐
收藏馆：缩微中心，山西

00O021279
梦溪笔谈：二十六卷补笔谈三卷续笔谈一卷 /
(宋)沈括撰
明崇祯四年(1631)马元调刻本. -- (清)陈澧
批注，梁启超跋。
1995年摄制. -- 1盘卷片(20米383拍) :
1:10, 2B ; 35mm银盐
收藏馆：缩微中心，国图

00O025409
梦溪笔谈：二十六卷补笔谈三卷续笔谈一卷 /
(宋)沈括撰
明崇祯四年(1631)马元调刻本. -- 王国维校
并跋。
1996年摄制. -- 1盘卷片(20米403拍) :
1:10, 2B ; 35mm银盐
收藏馆：缩微中心，国图

000O003382
西斋话记：一卷 / (宋)祖无择撰
清(1644-1911)抄本
1986年摄制. -- 1盘卷片(3米33拍) ： 1:10,
2B ；35mm银盐
收藏馆：缩微中心，国图

000O003111
春明退朝录：三卷 / (宋)宋敏求撰
清(1644-1911)抄本. --(清)胡珽校并跋。
1986年摄制. -- 1盘卷片(5米70拍) ： 1:10,
2B ；35mm银盐
收藏馆：缩微中心，国图

000O014443
宋景文公笔记：三卷 / (宋)宋祁撰
明(1368-1644)抄本. --(清)鲍廷博校。
1992年摄制. -- 1盘卷片(4米29拍) ： 1:10,
2B ；35mm银盐
收藏馆：缩微中心，国图

000O003946
东坡先生志林：五卷 / (宋)苏轼撰
明万历二十三年(1595)赵开美刻本
1985年摄制. -- 1盘卷片(8米154拍) ： 1:10,
2B ；35mm银盐
收藏馆：缩微中心，国图

000O015792
东坡先生志林：五卷 / (宋)苏轼撰
明万历二十三年(1595)赵开美刻本
1993年摄制. -- 1盘卷片(9米137拍) ： 1:10,
2B ；35mm银盐
收藏馆：缩微中心，国图

000O026886
东坡先生志林：五卷 / (宋)苏轼撰
清光绪二十二年(1896)朱文懋抄本. --(清)
朱文懋跋并录(清)卢文弨校跋，(清)丁丙跋。
1996年摄制. -- 1盘卷片(9米157拍) ： 1:10,
2B ；35mm银盐
收藏馆：缩微中心，南京

000O009255
东坡先生志林：十二卷 / (宋)苏轼撰
明(1368-1644)抄本
1988年摄制. -- 1盘卷片(9米161拍) ： 1:10,
2B ；35mm银盐
收藏馆：缩微中心，湖南

000O014151
东坡先生志林：五卷 / (宋)苏轼撰
明(1368-1644)刻朱墨套印本

1992年摄制. -- 1盘卷片(11米180拍) ：
1:10, 2B ；35mm银盐
收藏馆：缩微中心，国图

000O010410
东坡志林：五卷 / (宋)苏轼撰
明(1368-1644)刻本
1989年摄制. -- 1盘卷片(10米177拍) ：
1:10, 2B ；35mm银盐
收藏馆：缩微中心，四川

000O001818
侯鲭录：八卷 / (宋)赵令畤撰
明嘉靖二十三年(1544)芸窗书院刻本
1987年摄制. -- 1盘卷片(9.5米186拍) ：
1:10, 2B ；35mm银盐
收藏馆：缩微中心，国图

000O018804
珩璜新论：一卷 / (宋)孔平仲撰
清(1644-1911)抄本
1994年摄制. -- 1盘卷片(5米67拍) ： 1:10,
2B ；35mm银盐
收藏馆：缩微中心，国图

000O026845
珩璜新论：一卷 / (宋)孔平仲撰
清(1644-1911)抄本. --(清)陈鳣校跋，(清)
丁丙跋。
1990年摄制. -- 1盘卷片(4米67拍) ： 1:10,
2B ；35mm银盐
收藏馆：缩微中心，南京

000O004091
谈苑：五卷 / [题](宋)孔平仲撰
明(1368-1644)抄本. -- 存二卷：卷一至卷
二。(清)黄廷鉴跋。
1986年摄制. -- 1盘卷片(4米42拍) ： 1:10,
2B ；35mm银盐
收藏馆：缩微中心，国图

000O019857
晁氏客语：一卷 / (宋)晁说之撰
明弘治十四年(1501)华珵刻百川学海本. --
四库底本。王国维校并跋。
1994年摄制. -- 1盘卷片(4米40拍) ： 1:10,
2B ；35mm银盐
收藏馆：缩微中心，国图

000O013489
晁氏客语：一卷 / (宋)晁说之撰
明嘉靖三十三年(1554)晁瑮宝文堂刻本
1991年摄制. -- 1盘卷片(5米47拍) ： 1:10,

2B ; 35mm银盐
收藏馆：缩微中心，国图

000O014442
晁氏客语：一卷 / (宋)晁说之撰
明(1368-1644)抄本
1992年摄制. -- 1盘卷片(4米38拍) ：1:10,
2B ; 35mm银盐
收藏馆：缩微中心，国图

000O002364
晁氏客语：一卷；儒言一卷
清(1644-1911)抄本
1986年摄制. -- 1盘卷片(5米85拍) ： 1:10,
2B ; 35mm银盐
收藏馆：缩微中心，国图

000O001583
文昌杂录：六卷 / (宋)庞元英撰
清(1644-1911)徐氏传是楼抄本
1986年摄制. -- 1盘卷片(3.8米87拍) ：
1:10, 2B ; 35mm银盐
收藏馆：缩微中心，国图

000O005594
文昌杂录：六卷补遗一卷 / (宋)庞元英撰
清乾隆二十一年(1756)卢见曾刻雅雨堂丛书
本. -- (清)沈钦韩校注并跋，傅增湘题款。
1987年摄制. -- 1盘卷片(5.7米100拍) ：
1:10, 2B ; 35mm银盐
收藏馆：缩微中心，国图

000O025411
文昌杂录：六卷补遗一卷 / (宋)庞元英撰
清乾隆二十一年(1756)卢见曾刻雅雨堂丛书
本. -- 王国维校并跋。
1996年摄制. -- 1盘卷片(6米89拍) ： 1:10,
2B ; 35mm银盐
收藏馆：缩微中心，国图

000O015530
杨公笔录：一卷 / (宋)杨延龄撰
明(1368-1644)抄本
1993年摄制. -- 1盘卷片(3米22拍) ： 1:10,
2B ; 35mm银盐
收藏馆：缩微中心，国图

000O014667
张太史明道杂志：一卷 / (宋)张耒撰
明(1368-1644)刻本
1992年摄制. -- 1盘卷片(4米36拍) ： 1:10,
2B ; 35mm银盐
收藏馆：缩微中心，国图

000O001057
泊宅编：十卷 / (宋)方勺撰
明(1368-1644)刻本. -- 金甸善跋。
1985年摄制. -- 1盘卷片(5.1米83拍) ：
1:10, 2B ; 35mm银盐
收藏馆：缩微中心，国图

000O003403
泊宅编：十卷 / (宋)方勺撰
明(1368-1644)刻本
1986年摄制. -- 1盘卷片(5.1米83拍) ：
1:10, 2B ; 35mm银盐
收藏馆：缩微中心，国图

000O007147
石林燕语：十卷 / (宋)叶梦得撰
明正德元年(1506)杨武刻本
1987年摄制. -- 1盘卷片(10.3米206拍) ：
1:10, 2B ; 35mm银盐
收藏馆：缩微中心，重庆

000O011583
**石林燕语：十卷 / (宋)叶梦得撰；(宋)宇文绍奕
考异**
清咸丰(1851-1861)胡氏琳琅秘室活字印
本. -- (清)胡心耘校并跋。
1989年摄制. -- 1盘卷片(11米223拍) ：
1:10, 2B ; 35mm银盐
收藏馆：缩微中心，湖北

000O016352
**石林燕语：十卷 / (宋)叶梦得撰；(宋)宇文绍奕
考异**
清(1644-1911)抄本
1992年摄制. -- 1盘卷片(9米145拍) ： 1:10,
2B ; 35mm银盐
收藏馆：缩微中心，国图

000O011144
石林避暑录话：四卷 / (宋)叶梦得撰
明(1368-1644)项德棻宛委堂刻本
1988年摄制. -- 1盘卷片(11米216拍) ：
1:10, 2B ; 35mm银盐
收藏馆：缩微中心，湖南

000O013390
避暑录话：二卷 / (宋)叶梦得撰
明崇祯(1628-1644)毛氏汲古阁刻津逮秘书
本. -- (清)李鸿裔校并跋。
1991年摄制. -- 1盘卷片(11米200拍) ：
1:10, 2B ; 35mm银盐
收藏馆：缩微中心，国图

000O003883
避暑录话：二卷 / (宋)叶梦得撰
明(1368-1644)抄本
1986年摄制. -- 1盘卷片(9米168拍)：1:10,
2B；35mm银盐
收藏馆：缩微中心，国图

000O008047
避暑录话：二卷 / (宋)叶梦得撰
明弘治(1488-1505)秦西岩抄本
1988年摄制. -- 1盘卷片(8米143拍)：1:10,
2B；35mm银盐
收藏馆：缩微中心，湖南

000O028672
避暑录话：二卷 / (宋)叶梦得撰
清道光二十五年(1845)叶钟刻本. -- (清)胡
珽校，(清)叶廷琯校并跋，(清)沈涛跋。
1990年摄制. -- 1盘卷片(10米176拍)：
1:10，2B；35mm银盐
收藏馆：缩微中心，南京

000O019865
岩下放言：三卷 / (宋)叶梦得撰
明(1368-1644)抄本
1994年摄制. -- 1盘卷片(4米51拍)：1:10,
2B；35mm银盐
收藏馆：缩微中心，国图

000O004001
岩下放言：三卷 / (宋)叶梦得撰
清(1644-1911)鱼元傅抄本. -- (清)季锡畴校
并跋。
1986年摄制. -- 1盘卷片(4.1米61拍)：
1:10，2B；35mm银盐
收藏馆：缩微中心，国图

000O001965
岩下放言：三卷 / (宋)叶梦得撰
清(1644-1911)抄本
1986年摄制. -- 1盘卷片(4米57拍)：1:10,
2B；35mm银盐
收藏馆：缩微中心，国图

000O015072
岩下放言：三卷 / (宋)叶梦得撰
清(1644-1911)抄本
1992年摄制. -- 1盘卷片(4米47拍)：1:10,
2B；35mm银盐
收藏馆：缩微中心，国图

000O028735
岩下放言：三卷拾遗一卷 / (宋)叶梦得撰

清道光二十六年(1846)刻本. -- (清)叶廷琯
校跋并录(清)劳格校。
1998年摄制. -- 1盘卷片(4米48拍)：1:10,
2B；35mm银盐
收藏馆：缩微中心，苏州

000O026860
玉涧杂书：一卷 / (宋)叶梦得撰
清(1644-1911)叶廷琯抄本. -- (清)叶廷琯校
跋。
1990年摄制. -- 1盘卷片(3米29拍)：1:10,
2B；35mm银盐
收藏馆：缩微中心，南京

000O000351
**元城先生语录：三卷 / (宋)马永卿撰 . 行录：一
卷 / (明)崔铣辑**
明正德十三年(1518)张儒刻本. -- (清)金澍
本跋。
1985年摄制. -- 1盘卷片(5.3米89拍)：
1:10，2B；35mm银盐
收藏馆：缩微中心，国图

000O005172
元城先生语录：三卷附录一卷 / (宋)马永卿撰
明嘉靖十年(1531)严肃刻本
1986年摄制. -- 1盘卷片(5米79拍)：1:10,
2B；35mm银盐
收藏馆：缩微中心，国图

000O009538
元城先生语录：三卷 / (宋)马永卿撰
明(1368-1644)刻本
1988年摄制. -- 1盘卷片(4.4米67拍)：
1:11，2B；35mm银盐
收藏馆：缩微中心，重庆

000O005084
**元城先生语录：三卷 / (宋)马永卿撰 . 行录：一
卷 / (明)崔铣辑**
清(1644-1911)抄本. -- (清)胡珽、(清)徐绍
乾校。
1986年摄制. -- 1盘卷片(6米91拍)：1:10,
2B；35mm银盐
收藏馆：缩微中心，国图

000O032041
**元城先生语录：三卷 / (宋)马永卿撰 . 行录：一
卷 / (明)崔铣辑**
清(1644-1911)抄本. -- 九行二十一字无格。
(清)胡珽、(清)徐绍乾校。
2011年摄制. -- 1盘卷片(7米97拍)：1:13,
2B；35mm银盐

收藏馆：缩微中心，国图

000O026856
元城语录：三卷 / (宋)马永卿撰．行录：一卷 / (明)崔铣辑
明万历十八年(1590)于文熙徐成楚刻本． --
(清)丁丙跋。
1996年摄制． -- 1盘卷片(6米91拍)：1:10,
2B；35mm银盐
收藏馆：缩微中心，南京

000O006736
元城语录解：三卷附行录解一卷 / (明)王崇庆注
明嘉靖八年(1529)顾铎刻本
1987年摄制． -- 1盘卷片(6米86拍)：1:10,
2B；35mm银盐
收藏馆：缩微中心，四川

000O003717
元城语录解：三卷附行录解一卷 / (明)王崇庆撰
明(1368-1644)刻本
1985年摄制． -- 1盘卷片(5米76拍)：1:10,
2B；35mm银盐
收藏馆：缩微中心，国图

000O015514
嬾真子：五卷 / (宋)马永卿撰
明万历(1573-1620)商濬刻稗海四十八种
本． -- (清)劳权校。
1993年摄制． -- 1盘卷片(6米89拍)：1:10,
2B；35mm银盐
收藏馆：缩微中心，国图

000O004569
嬾真子录：五卷 / (宋)马永卿撰
明(1368-1644)抄本
1987年摄制． -- 1盘卷片(7米122拍)：1:10,
2B；35mm银盐
收藏馆：缩微中心，国图

000O004530
春渚纪闻：十卷 / (宋)何薳撰
明(1368-1644)抄本
1987年摄制． -- 1盘卷片(10米193拍)：
1:10, 2B；35mm银盐
收藏馆：缩微中心，国图

000O006792
春渚纪闻：十卷 / (宋)何薳撰
明(1368-1644)抄本
1986年摄制． -- 1盘卷片(9米173拍)：1:10,
2B；35mm银盐
收藏馆：缩微中心，国图

000O007968
春渚纪闻：十卷 / (宋)何薳撰
明崇祯(1628-1644)毛氏汲古阁刻本
1988年摄制． -- 1盘卷片(16米309拍)：
1:10, 2B；35mm银盐
收藏馆：缩微中心，湖南

000O029345
猗觉寮杂记：二卷 / (宋)朱翌撰
明(1368-1644)谢肇淛小草斋抄本
1999年摄制． -- 1盘卷片(8米150拍)：1:10,
2B；35mm银盐
收藏馆：缩微中心，湖南

000O007926
猗觉寮杂记：二卷 / (宋)朱翌撰
清雍正十一年(1733)林阮抄本
1988年摄制． -- 1盘卷片(9米160拍)：1:10,
2B；35mm银盐
收藏馆：缩微中心，湖南

000O002341
猗觉寮杂记：二卷 / (宋)朱翌撰
清(1644-1911)抄本． -- 四库底本。
1986年摄制． -- 1盘卷片(9米161拍)：1:10,
2B；35mm银盐
收藏馆：缩微中心，国图

000O026721
猗觉寮杂记：二卷 / (宋)朱翌撰
清(1644-1911)抄本． -- (清)何焯校跋，(清)
丁丙跋。
1996年摄制． -- 1盘卷片(9米156拍)：1:10,
2B；35mm银盐
收藏馆：缩微中心，南京

000O004640
铁围山丛谈：六卷 / (宋)蔡绦撰
清(1644-1911)抄本． -- (清)季锡畴校并跋。
1986年摄制． -- 1盘卷片(8米148拍)：1:10,
2B；35mm银盐
收藏馆：缩微中心，国图

000O016393
百衲居士铁围山丛谭：六卷 / (宋)蔡绦撰
清雍正五年(1727)徐应占抄本． -- (清)李文
锐、(清)徐敦复跋。
1992年摄制． -- 1盘卷片(9米143拍)：1:10,
2B；35mm银盐
收藏馆：缩微中心，国图

000O006807
南窗纪谈：一卷

清(1644-1911)抄本
1987年摄制. -- 1盘卷片(3米27拍) ： 1:10,
2B ；35mm银盐
收藏馆：缩微中心，国图

00O004739
萍州可谈：三卷 / [题](宋)朱彧撰
清光绪十八年(1892)高鸿裁抄本. -- (清)高
鸿裁、周叔弢跋。
1987年摄制. -- 1盘卷片(5米66拍) ： 1:10,
2B ；35mm银盐
收藏馆：缩微中心，国图

00O005949
却扫编：三卷 / (宋)徐度撰
明崇祯(1628-1644)毛氏汲古阁刻津逮秘书
本. -- (清)张绍仁跋并录(清)黄丕烈跋。
1987年摄制. -- 1盘卷片(7米125拍) ： 1:10,
2B ；35mm银盐
收藏馆：缩微中心，国图

00O002150
却扫编：三卷 / (宋)徐度撰
明(1368-1644)抄本
1986年摄制. -- 1盘卷片(6米102拍) ： 1:10,
2B ；35mm银盐
收藏馆：缩微中心，国图

00O023619
却扫编：三卷 / (宋)徐度撰
清宣统三年(1911)周左季影印本. -- 据宋
(960-1279)抄本影印。
1995年摄制. -- 1盘卷片(7米123拍) ： 1:10,
2B ；35mm银盐
收藏馆：缩微中心，浙江

00O013626
曲洧旧闻：十卷 / (宋)朱弁撰
明(1368-1644)沈敕楚山书屋刻本
1991年摄制. -- 1盘卷片(9米132拍) ： 1:10,
2B ；35mm银盐
收藏馆：缩微中心，国图

00O003105
曲洧旧闻：十卷 / (宋)朱弁撰
明嘉靖三十四年(1555)沈敕楚山书屋刻本. --
(清)邵恩多跋。
1986年摄制. -- 1盘卷片(8米146拍) ： 1:10,
2B ；35mm银盐
收藏馆：缩微中心，国图

00O015382
曲洧旧闻：十卷 / (宋)朱弁撰

明(1368-1644)纯白斋刻本
1992年摄制. -- 1盘卷片(7米108拍) ： 1:10,
2B ；35mm银盐
收藏馆：缩微中心，国图

00O008740
曲洧旧闻：十卷 / (宋)朱弁撰
清(1644-1911)抄本. -- (清)赵烈文校并跋。
1988年摄制. -- 1盘卷片(8.2米155拍) ：
1:9, 2B ；35mm银盐
收藏馆：缩微中心，重庆

00O002204
鸡肋编：不分卷 / (宋)庄季裕撰
清初(1644-1722)影元(1271-1368)抄本
1986年摄制. -- 1盘卷片(9米139拍) ： 1:10,
2B ；35mm银盐
收藏馆：缩微中心，国图

00O013374
寓简：十卷 / (宋)沈作喆撰
明(1368-1644)刻本. -- (清)李放跋。
1991年摄制. -- 1盘卷片(7米110拍) ： 1:10,
2B ；35mm银盐
收藏馆：缩微中心，国图

00O016018
北牕炙輠录：二卷 / (宋)施德操撰
清乾隆(1736-1795)陆烜刻奇晋斋丛书本. --
(清)吴翌凤、章钰校并跋。
1990年摄制. -- 1盘卷片(9米141拍) ： 1:10,
2B ；35mm银盐
收藏馆：缩微中心，国图

00O004734
北窗炙輠录：二卷 / (宋)施德操撰
清(1644-1911)抄本. -- (清)黄锡蕃、(清)周
星诒校并跋，傅增湘跋。
1987年摄制. -- 1盘卷片(5米79拍) ： 1:10,
2B ；35mm银盐
收藏馆：缩微中心，国图

00O005406
北窗炙輠录：二卷 / (宋)施德操撰
清(1644-1911)抄本. -- 还有合刻著作：默记
三卷/(宋)王铚撰。
1986年摄制. -- 1盘卷片(5米75拍) ： 1:10,
2B ；35mm银盐
收藏馆：缩微中心，国图

00O015515
清波杂志：二卷 / (宋)周辉撰
清(1644-1911)抄本. -- (清)鲍廷博校，(清)

翁同龢跋。
1993年摄制. -- 1盘卷片(5米61拍) ： 1:10,
2B ； 35mm银盐
收藏馆：缩微中心，国图

000O015371
清波杂志：十二卷别志三卷 / (宋)周煇撰
清(1644-1911)抄本. -- (清)鲍廷博校并跋。
1992年摄制. -- 1盘卷片(13米240拍) ：
1:10, 2B ； 35mm银盐
收藏馆：缩微中心，国图

000O015611
学林：十卷 / (宋)王观国撰
清(1644-1911)抄本
1993年摄制. -- 1盘卷片(21米422拍) ：
1:10, 2B ； 35mm银盐
收藏馆：缩微中心，国图

000O029297
容斋随笔：十六卷续笔十六卷 / (宋)洪迈撰
宋嘉定五年(1212)章贡郡斋刻本. -- 缪荃孙
跋。
1997年摄制. -- 1盘卷片(23米423拍) ：
1:10, 2B ； 35mm银盐
收藏馆：缩微中心，苏州

000O014074
容斋三笔：一百六十七卷四笔十六卷 / (宋)洪迈撰
明永乐五年(1407)内府抄本. -- 存十卷：三
笔卷一至卷四、四笔卷十一至卷十六。
1992年摄制. -- 1盘卷片(8米127拍) ： 1:10,
2B ； 35mm银盐
收藏馆：缩微中心，国图

000O021853
容斋随笔：十六卷续笔十六卷三笔十六卷四笔十六卷五笔十卷 / (宋)洪迈撰
明崇祯三年(1630)马元调刻本. -- (清)竹珊
批校，(清)王鸣盛跋。
1995年摄制. -- 2盘卷片(64米1134拍) ：
1:10, 2B ； 35mm银盐
收藏馆：缩微中心，湖北

000O015521
容斋随笔：十六卷二笔十六卷容斋三笔十六卷四笔十六卷五笔十卷 / (宋)洪迈撰
明(1368-1644)刻本
1993年摄制. -- 2盘卷片(58米1181拍) ：
1:10, 2B ； 35mm银盐
收藏馆：缩微中心，国图

000O022271
容斋随笔：十六卷续笔十六卷三笔十六卷四笔十六卷五笔十卷 / (宋)洪迈撰
明(1368-1644)抄本
1995年摄制. -- 2盘卷片(61米1252拍) ：
1:10, 2B ； 35mm银盐
收藏馆：缩微中心，国图

000O004827
容斋随笔：十六卷续笔十六卷三笔十六卷四笔十六卷五笔十卷 / (宋)洪迈撰
清(1644-1911)抄本. -- (清)吴骞跋并录(清)
何焯批跋题识。
1986年摄制. -- 2盘卷片(55.8米1253拍) ：
1:10, 2B ； 35mm银盐
收藏馆：缩微中心，国图

000O013248
容斋随笔：十六卷续笔十六卷三笔十六卷四笔十六卷五笔十卷 / (宋)洪迈撰
明弘治十一年(1498)李瀚刻本. -- (清)丁丙
跋。
1991年摄制. -- 2盘卷片(45米1042拍) ：
1:10, 2B ； 35mm银盐
收藏馆：缩微中心，南京

000O015517
容斋随笔：十六卷续笔十六卷三笔十六卷四笔十六卷五笔十卷 / (宋)洪迈撰
明弘治十一年(1498)李瀚刻本. -- 存六十九
卷：随笔十六卷、续笔十六卷、三笔十六卷、
四笔十六卷、五笔卷六至卷十。
1993年摄制. -- 2盘卷片(45米899拍) ：
1:10, 2B ； 35mm银盐
收藏馆：缩微中心，国图

000O008450
墨庄漫录：十卷 / (宋)张邦基撰
明万历(1573-1620)商濬刻稗海四十八种
本. -- 存七卷：卷一至卷七。(清)劳格校并
录(清)钱曾、(清)鲍廷博校跋。
1988年摄制. -- 1盘卷片(8米150拍) ： 1:10,
2B ； 35mm银盐
收藏馆：缩微中心，国图

000O005203
东园丛说：二卷 / (宋)李如箎撰
清(1644-1911)抄本. -- (清)孔广栻校。
1986年摄制. -- 1盘卷片(5.3米91拍) ：
1:10, 2B ； 35mm银盐
收藏馆：缩微中心，国图

00O006778
二老堂杂志：五卷 / (宋)周必大撰
清(1644-1911)抄本
1986年摄制. -- 1盘卷片(4.2米64拍)：
1:10，2B；35mm银盐
收藏馆：缩微中心，国图

00O003103
考古编：十卷 / (宋)程大昌撰
清(1644-1911)海虞瞿氏恬裕斋抄本. -- 十行
二十字黑口左右双边。(清)瞿镛校，(清)黄廷
鉴校并跋。
1986年摄制. -- 1盘卷片(7米126拍)：1:10,
2B；35mm银盐
收藏馆：缩微中心，国图

00O021928
程氏续考古编：十卷 / (宋)程大昌撰
明(1368-1644)钮氏世学楼抄本. -- 存五卷：
卷六至卷十。
1995年摄制. -- 1盘卷片(5米56拍)：1:10,
2B；35mm银盐
收藏馆：缩微中心，国图

00O025410
程氏续考古编：十卷 / (宋)程大昌撰
瞿氏铁琴铜剑楼抄本
1996年摄制. -- 1盘卷片(7米98拍)：1:10,
2B；35mm银盐
收藏馆：缩微中心，国图

00O004158
程氏续考古编：十卷 / (宋)程大昌撰
明(1368-1644)抄本. -- (清)王芑孙跋，瞿熙
邦校并跋。
1986年摄制. -- 1盘卷片(6米94拍)：1:10,
2B；35mm银盐
收藏馆：缩微中心，国图

00O012492
能改斋漫录：十八卷 / (宋)吴曾撰
明初(1368-1424)抄本. -- 存十五卷：卷一至
卷十五。
1990年摄制. -- 1盘卷片(23米518拍)：
1:10，2B；35mm银盐
收藏馆：缩微中心，山东

00O016053
能改斋漫录：十八卷 / (宋)吴曾撰
清初(1644-1722)钱氏述古堂抄本. -- 存八
卷：卷十一至卷十八。(清)陈壮猷跋。
1993年摄制. -- 1盘卷片(13米221拍)：
1:10，2B；35mm银盐

收藏馆：缩微中心，国图

00O006805
能改斋漫录：十八卷 / (宋)吴曾撰
清(1644-1911)抄本. -- (清)陈昱批校并跋。
1988年摄制. -- 1盘卷片(27米590拍)：
1:10，2B；35mm银盐
收藏馆：缩微中心，国图

00O004733
西溪丛语：二卷 / (宋)姚宽撰
明嘉靖二十七年(1548)俞宪鸂鸣馆刻本
1987年摄制. -- 1盘卷片(6米105拍)：1:10,
2B；35mm银盐
收藏馆：缩微中心，国图

00O006578
西溪丛语：二卷 / (宋)姚宽撰
明嘉靖二十七年(1548)俞宪鸂鸣馆刻本. --
(清)黄丕烈跋，缪荃孙校。
1987年摄制. -- 1盘卷片(6米104拍)：1:10,
2B；35mm银盐
收藏馆：缩微中心，国图

00O015359
西溪丛语：二卷 / (宋)姚宽撰
明嘉靖二十七年(1548)俞宪鸂鸣馆刻本
1992年摄制. -- 1盘卷片(6米90拍)：1:10,
2B；35mm银盐
收藏馆：缩微中心，国图

00O020787
西溪丛语：二卷 / (宋)姚宽撰
明嘉靖二十七年(1548)俞宪鸂鸣馆刻本
1994年摄制. -- 1盘卷片(6米89拍)：1:10,
2B；35mm银盐
收藏馆：缩微中心，国图

00O021936
西溪丛语：二卷 / (宋)姚宽撰
明嘉靖二十七年(1548)俞宪鸂鸣馆刻本
1995年摄制. -- 1盘卷片(6米90拍)：1:10,
2B；35mm银盐
收藏馆：缩微中心，国图

00O000966
乐庵先生遗书：四卷后题一卷 / (宋)李衡撰
明万历四十六年(1618)李通刻本
1985年摄制. -- 1盘卷片(5.1米80拍)：
1:10，2B；35mm银盐
收藏馆：缩微中心，国图

000O003705
老学庵笔记：十卷 / (宋)陆游撰
明崇祯(1628-1644)毛氏汲古阁刻津逮秘书
本. -- 佚名录(清)毛表校并跋。
1985年摄制. -- 1盘卷片(11米211拍)：
1:10，2B；35mm银盐
收藏馆：缩微中心，国图

000O018582
老学庵笔记：十卷 / (宋)陆游撰
明崇祯(1628-1644)毛氏汲古阁刻津逮秘书
本. -- (清)张绍仁校并跋。
1993年摄制. -- 1盘卷片(19米191拍)：
1:10，2B；35mm银盐
收藏馆：缩微中心，国图

000O025911
老学庵笔记：十卷 / (宋)陆游撰
明天启三年(1623)周应仪王志坚刻本. --
(清)丁丙跋。
1996年摄制. -- 1盘卷片(11米204拍)：
1:10，2B；35mm银盐
收藏馆：缩微中心，南京

000O013391
老学庵笔记：十卷 / (宋)陆游撰
明(1368-1644)抄本
1991年摄制. -- 1盘卷片(9米144拍)：1:10,
2B；35mm银盐
收藏馆：缩微中心，国图

000O015827
老学庵笔记：十卷 / (宋)陆游撰
明(1368-1644)抄本. -- 存五卷：卷一至卷
五。
1993年摄制. -- 1盘卷片(5米73拍)：1:10,
2B；35mm银盐
收藏馆：缩微中心，国图

000O014380
习学记言：五十卷 / (宋)叶适撰
明(1368-1644)抄本. -- (清)叶万跋，(清)周
星诒校并跋。
1992年摄制. -- 1盘卷片(31米612拍)：
1:10，2B；35mm银盐
收藏馆：缩微中心，国图

000O013242
习学记言序目：五十卷 / (宋)叶适撰
明崇祯十年(1637)抄本. -- (清)孙衣言校
跋，(清)丁丙跋。
1991年摄制. -- 1盘卷片(30米657拍)：
1:10，2B；35mm银盐

收藏馆：缩微中心，南京

000O025412
习学记言序目：五十卷 / (宋)叶适撰
清光绪九年(1883)刻本
1996年摄制. -- 2盘卷片(43米856拍)：
1:10，2B；35mm银盐
收藏馆：缩微中心，国图

000O005000
习学记言序目：五十卷 / (宋)叶适撰
清(1644-1911)抄本. -- 丁秉衡校。
1987年摄制. -- 2盘卷片(39.7米870拍)：
1:10，2B；35mm银盐
收藏馆：缩微中心，国图

000O017552
习学记言：五十卷 / (宋)叶适撰
清(1644-1911)抄本. -- (清)唐翰题，吴重憙
跋。
1993年摄制. -- 2盘卷片(40米800拍)：
1:10，2B；35mm银盐
收藏馆：缩微中心，国图

000O017725
经钼堂杂志：八卷 / (宋)倪思撰
明万历二十八年(1600)潘大复刻本
1993年摄制. -- 1盘卷片(10米169拍)：
1:10，2B；35mm银盐
收藏馆：缩微中心，国图

000O006444
经钼堂杂志：八卷 / (宋)倪思撰
明万历三十年(1602)金有华刻本
1987年摄制. -- 1盘卷片(12.6米193拍)：
1:10，2B；35mm银盐
收藏馆：缩微中心，国图

000O022205
经钼堂杂志：八卷 / (宋)倪思撰
清(1644-1911)田夐抄本
1995年摄制. -- 1盘卷片(7米99拍)：1:10,
2B；35mm银盐
收藏馆：缩微中心，国图

000O004745
云麓漫抄：四卷 / (宋)赵彦卫撰
明(1368-1644)王氏郁冈斋抄本. -- 傅增湘
跋。
1986年摄制. -- 1盘卷片(4.8米67拍)：
1:10，2B；35mm银盐
收藏馆：缩微中心，国图

00O015757
云麓漫抄：四卷 / (宋)赵彦卫撰
清(1644-1911)洗桐斋抄本. -- (清)徐松跋。
1993年摄制. -- 1盘卷片(5米55拍) ： 1:10,
2B ； 35mm银盐
收藏馆：缩微中心，国图

00O007965
云麓漫抄：十五卷 / (宋)赵彦卫撰
清乾隆四十五年(1780)吴骞抄本
1988年摄制. -- 1盘卷片(13.1米268拍) ：
1:10, 2B ； 35mm银盐
收藏馆：缩微中心，湖南

00O013411
新刊潮溪先生扪虱新话：十五卷 / (宋)陈善撰
清初(1644-1722)抄本
1991年摄制. -- 1盘卷片(9米153拍) ： 1:10,
2B ； 35mm银盐
收藏馆：缩微中心，国图

00O027363
潮溪先生扪虱新话：十五卷 / (宋)陈善撰
明末(1621-1644)祁氏淡生堂抄本
1996年摄制. -- 1盘卷片(8米147拍) ： 1:10,
2B ； 35mm银盐
收藏馆：缩微中心，南京

00O026769
潮溪先生扪虱新话：十五卷 / (宋)陈善撰
清(1644-1911)丁氏八千卷楼抄本. -- (清)黄
丕烈校跋，(清)丁丙跋。
1996年摄制. -- 1盘卷片(9米150拍) ： 1:10,
2B ； 35mm银盐
收藏馆：缩微中心，南京

00O019427
芦浦笔记：十卷 / (宋)刘昌诗撰
清初(1644-1722)抄本
1994年摄制. -- 1盘卷片(6米77拍) ： 1:10,
2B ； 35mm银盐
收藏馆：缩微中心，国图

00O002230
芦浦笔记：十卷 / (宋)刘昌诗撰
清(1644-1911)抄本. -- (清)刘喜海跋。
1986年摄制. -- 1盘卷片(5.3米88拍) ：
1:10, 2B ； 35mm银盐
收藏馆：缩微中心，国图

00O017334
芦浦笔记：十卷 / (宋)刘昌诗撰
清(1644-1911)抄本

1993年摄制. -- 1盘卷片(5米76拍) ： 1:10,
2B ； 35mm银盐
收藏馆：缩微中心，国图

00O019710
芦浦笔记：十卷 / (宋)刘昌诗撰
清(1644-1911)抄本. -- (清)惠栋校，(清)张
绍仁校并跋。
1994年摄制. -- 1盘卷片(6米78拍) ： 1:10,
2B ； 35mm银盐
收藏馆：缩微中心，国图

00O001786
肯綮录：一卷 / (宋)赵叔向撰
清(1644-1911)抄本. -- (清)鲍廷博校。
1986年摄制. -- 1盘卷片(3米23拍) ： 1:10,
2B ； 35mm银盐
收藏馆：缩微中心，国图

00O003106
游宦纪闻：十卷 / (宋)张世南撰
明万历(1573-1620)商濬刻稗海本. -- (清)毛
文光校并跋，(清)毛璋跋。
1986年摄制. -- 1盘卷片(7米112拍) ： 1:10,
2B ； 35mm银盐
收藏馆：缩微中心，国图

00O016215
游宦纪闻：十卷 / (宋)张世南撰
明(1368-1644)抄本
1993年摄制. -- 1盘卷片(5米72拍) ： 1:10,
2B ； 35mm银盐
收藏馆：缩微中心，国图

00O015472
梁溪漫志：十卷 / (宋)费衮撰
明(1368-1644)刻本
1993年摄制. -- 1盘卷片(9米142拍) ： 1:10,
2B ； 35mm银盐
收藏馆：缩微中心，国图

00O027489
梁溪漫志：十卷 / (宋)费衮撰
明(1368-1644)刻本. -- (清)丁丙跋。
1996年摄制. -- 1盘卷片(9米167拍) ： 1:10,
2B ； 35mm银盐
收藏馆：缩微中心，南京

00O025945
涧泉日记：三卷 / (宋)韩淲撰
清乾隆(1736-1795)武英殿聚珍版丛书活字印
本. -- (清)卢文弨校并跋。
1996年摄制. -- 1盘卷片(5米64拍) ： 1:10,

2B ；35mm银盐
收藏馆：缩微中心，南京

00O017712
宾退录：十卷 / (宋)赵与时撰
明(1368-1644)抄本
1993年摄制. -- 1盘卷片(10米166拍) ：
1:10, 2B ；35mm银盐
收藏馆：缩微中心，国图

00O021927
宾退录：十卷 / (宋)赵与时撰
明(1368-1644)抄本
1995年摄制. -- 1盘卷片(9米145拍) ： 1:10,
2B ；35mm银盐
收藏馆：缩微中心，国图

00O016506
宾退录：十卷 / (宋)赵与时撰
清初(1644-1722)抄本. -- 存五卷：卷六至卷
十。(清)吴焯校并跋。
1993年摄制. -- 1盘卷片(5米66拍) ： 1:10,
2B ；35mm银盐
收藏馆：缩微中心，国图

00O025415
宾退录：十卷 / (宋)赵与时撰
清乾隆十七年(1752)存恕堂刻本. -- 王国维
校并跋。
1996年摄制. -- 1盘卷片(11米204拍) ：
1:10, 2B ；35mm银盐
收藏馆：缩微中心，国图

00O028095
宾退录：十卷 / (宋)赵与时撰
清乾隆十七年(1752)存恕堂刻本. -- (清)潘
介繁跋并录(清)胡珽校。
1997年摄制. -- 1盘卷片(12米224拍) ：
1:10, 2B ；35mm银盐
收藏馆：缩微中心，广东

00O004791
宾退录：十卷 / (宋)赵与时撰
清(1644-1911)何煌抄本. -- 周叔弢校跋并录
(清)何焯、(清)杨继震题识。
1986年摄制. -- 1盘卷片(11.2米229拍) ：
1:10, 2B ；35mm银盐
收藏馆：缩微中心，国图

00O004793
宾退录：十卷 / (宋)赵与时撰
清道光二年(1822)李璋煜抄本. -- (清)李璋
煜校并跋。

1987年摄制. -- 1盘卷片(9.3米173拍) ：
1:10, 2B ；35mm银盐
收藏馆：缩微中心，国图

00O001588
宾退录：十卷 / (宋)赵与时撰
清(1644-1911)抄本. -- (清)翁同书跋。
1986年摄制. -- 1盘卷片(10米205拍) ：
1:10, 2B ；35mm银盐
收藏馆：缩微中心，国图

00O014316
宾退录：十卷 / (宋)赵与时撰
清(1644-1911)抄本
1992年摄制. -- 1盘卷片(10米167拍) ：
1:10, 2B ；35mm银盐
收藏馆：缩微中心，国图

00O015618
宾退录：十卷 / (宋)赵与时撰
清(1644-1911)抄本
1992年摄制. -- 1盘卷片(9米144拍) ： 1:10,
2B ；35mm银盐
收藏馆：缩微中心，国图

00O001766
密斋笔记：五卷续记一卷 / (宋)谢采伯撰
清乾隆(1736-1795)翰林院抄本. -- 四库底
本。
1986年摄制. -- 1盘卷片(6米103拍) ： 1:10,
2B ；35mm银盐
收藏馆：缩微中心，国图

00O000174
鹤林玉露：十六卷 / (宋)罗大经撰
明(1368-1644)刻本
1985年摄制. -- 1盘卷片(12.2米250拍) ：
1:10, 2B ；35mm银盐
收藏馆：缩微中心，国图

00O006047
鹤林玉露：十六卷 / (宋)罗大经撰
明(1368-1644)刻本
1987年摄制. -- 1盘卷片(13米278拍) ：
1:10, 2B ；35mm银盐
收藏馆：缩微中心，国图

00O006323
鹤林玉露：十六卷 / (宋)罗大经撰
明(1368-1644)刻本
1987年摄制. -- 1盘卷片(11米200拍) ：
1:10, 2B ；35mm银盐
收藏馆：缩微中心，吉林

000O006779
鹤林玉露：十六卷 / (宋)罗大经撰
明(1368-1644)刻本
1986年摄制. -- 1盘卷片(11.6米239拍)：
1:10, 2B ; 35mm银盐
收藏馆：缩微中心，国图

000O015835
鹤林玉露：十六卷 / (宋)罗大经撰
明(1368-1644)刻本
1993年摄制. -- 1盘卷片(15米225拍)：
1:10, 2B ; 35mm银盐
收藏馆：缩微中心，国图

000O023169
鹤林玉露：十六卷 / (宋)罗大经撰
明(1368-1644)刻本
1995年摄制. -- 1盘卷片(13米247拍)：
1:10, 2B ; 35mm银盐
收藏馆：缩微中心，国图

000O013717
**鹤林玉露：十六卷 / (宋)罗大经撰．补：八卷 /
(明)谢天瑞撰**
明万历二十九年(1601)谢伟刻本
1991年摄制. -- 1盘卷片(22米455拍)：
1:10, 2B ; 35mm银盐
收藏馆：缩微中心，国图

000O016357
鹤林玉露：十六卷 / (宋)罗大经撰
明(1368-1644)刻万历七年(1579)林大黼重修
本
1993年摄制. -- 1盘卷片(14米247拍)：
1:10, 2B ; 35mm银盐
收藏馆：缩微中心，国图

000O009650
鹤林玉露：十六卷 / (宋)罗大经撰
明嘉靖(1522-1566)刻万历七年(1579)重修本
1988年摄制. -- 1盘卷片(17米342拍)：
1:10, 2B ; 35mm银盐
收藏馆：缩微中心，甘肃

000O007020
鹤林玉露：六卷 / (宋)罗大经撰
明(1368-1644)抄本. -- (清)徐大临跋。
1987年摄制. -- 1盘卷片(6米107拍)：1:10,
2B ; 35mm银盐
收藏馆：缩微中心，国图

000O023171
鹤林玉露：六卷 / (宋)罗大经撰

明(1368-1644)活字印本. -- (清)柯溪校并
跋。
1995年摄制. -- 1盘卷片(7米105拍)：1:10,
2B ; 35mm银盐
收藏馆：缩微中心，国图

000O021017
鹤林玉露：十六卷补遗一卷 / (宋)罗大经撰
明(1368-1644)刻本
1994年摄制. -- 1盘卷片(14米261拍)：
1:10, 2B ; 35mm银盐
收藏馆：缩微中心，国图

000O028163
鹤林玉露：十六卷补遗一卷 / (宋)罗大经撰
明(1368-1644)刻本. -- 鹤林玉露补遗为清
(1644-1911)抄本。(明)赵琦美辑并跋，(清)
许昂霄校，(清)陈鳣校并跋。
1996年摄制. -- 1盘卷片(14米269拍)：
1:10, 2B ; 35mm银盐
收藏馆：缩微中心，南京

000O028899
鹤林玉露：十六卷补遗一卷 / (宋)罗大经撰
明(1368-1644)刻本. -- (明)赵琦美辑补并
跋，(清)许昂霄校，(清)陈鳣校并跋。
1990年摄制. -- 1盘卷片(13米219拍)：
1:10, 2B ; 35mm银盐
收藏馆：缩微中心，南京

000O026887
贵耳集：三卷 / (宋)张端义撰
明崇祯(1628-1644)毛氏汲古阁刻津逮秘书
本. -- (清)毛表校并跋。
1996年摄制. -- 1盘卷片(9米149拍)：1:10,
2B ; 35mm银盐
收藏馆：缩微中心，南京

000O028293
吹剑录：一卷 / (宋)俞文豹撰
明嘉靖二十六年(1547)古涿百川高氏抄本
1996年摄制. -- 1盘卷片(4米56拍)：1:10,
2B ; 35mm银盐
收藏馆：缩微中心，福建

000O005577
吹剑录：一卷 / (宋)俞文豹撰
明(1368-1644)抄本. -- (清)许心宸、周叔弢
跋。
1987年摄制. -- 1盘卷片(4.2米64拍)：
1:10, 2B ; 35mm银盐
收藏馆：缩微中心，国图

00O016989
玉峰先生脚气集：一卷 / (宋)车若水撰
清初(1644-1722)抄本
1993年摄制. -- 1盘卷片(4米47拍) : 1:10,
2B ; 35mm银盐
收藏馆：缩微中心，国图

00O006162
藏一话腴：内编二卷外编二卷 / (宋)陈郁撰
明(1368-1644)抄本. -- (清)王振声校并跋。
1987年摄制. -- 1盘卷片(7米124拍) : 1:10,
2B ; 35mm银盐
收藏馆：缩微中心，四川

00O003856
藏一话腴：二卷 / (宋)陈郁撰
明末(1621-1644)毛氏汲古阁抄本. -- (清)王
振声校。
1985年摄制. -- 1盘卷片(5米86拍) : 1:10,
2B ; 35mm银盐
收藏馆：缩微中心，国图

00O025913
佩韦斋辑闻：四卷 / (宋)俞德邻撰
清初(1644-1722)抄本. -- (清)丁丙跋。
1996年摄制. -- 1盘卷片(5米71拍) : 1:10,
2B ; 35mm银盐
收藏馆：缩微中心，南京

00O003098
佩韦斋辑闻：四卷 / (宋)俞德邻撰
清(1644-1911)抄本
1986年摄制. -- 1盘卷片(5米67拍) : 1:10,
2B ; 35mm银盐
收藏馆：缩微中心，国图

00O003793
书斋夜话：四卷 / (宋)俞琰撰
清(1644-1911)抄本. -- (清)鱼元傅、(清)王
大椿跋。
1985年摄制. -- 1盘卷片(5米69拍) : 1:10,
2B ; 35mm银盐
收藏馆：缩微中心，国图

00O003876
建炎以来朝野杂记：四十卷 / (宋)李心传撰
明(1368-1644)抄本. -- 存一卷：甲集十二.
(清)王大椿跋。
1985年摄制. -- 1盘卷片(2.5米25拍) :
1:10, 2B ; 35mm银盐
收藏馆：缩微中心，国图

00O007703
齐东野语：二十卷 / (宋)周密撰
明正德十年(1515)胡文壁刻本
1988年摄制. -- 1盘卷片(19.6米422拍) :
1:10, 2B ; 35mm银盐
收藏馆：缩微中心，重庆

00O004881
志雅堂杂钞：一卷 / (宋)周密撰 . 吴中旧事：一
卷 / (元)陆友仁撰
清(1644-1911)抄本. -- (清)李文锐补目并
跋，(清)戴光曾跋，(清)鲍廷博校。
1987年摄制. -- 1盘卷片(6米91拍) : 1:10,
2B ; 35mm银盐
收藏馆：缩微中心，国图

00O008093
志雅堂杂抄：二卷 / (宋)周密撰
清嘉庆十四年(1809)余集刻本
1988年摄制. -- 1盘卷片(6.5米96拍) :
1:10, 2B ; 35mm银盐
收藏馆：缩微中心，湖北

00O027382
志雅堂杂抄：八卷 / (宋)周密撰
清(1644-1911)抄本. -- (清)丁丙跋。
1996年摄制. -- 1盘卷片(6米91拍) : 1:10,
2B ; 35mm银盐
收藏馆：缩微中心，南京

00O028680
癸辛杂识前集：一卷后集一卷续集二卷别集二
卷 / (宋)周密撰
清乾隆(1736-1795)卢文弨抄本. -- 前集、后
集、续集配清(1644-1911)抄本。(清)卢文弨
校并跋，(清)丁丙跋。
1990年摄制. -- 1盘卷片(14米266拍) :
1:10, 2B ; 35mm银盐
收藏馆：缩微中心，南京

00O001890
癸辛杂识前集：一卷后集一卷 / (宋)周密撰
明(1368-1644)抄本
1986年摄制. -- 1盘卷片(7米115拍) : 1:10,
2B ; 35mm银盐
收藏馆：缩微中心，国图

00O014444
善诱文：一卷 / (宋)陈录撰
明(1368-1644)抄本
1992年摄制. -- 1盘卷片(3米19拍) : 1:10,
2B ; 35mm银盐
收藏馆：缩微中心，国图

000O004823
敬斋古今黈：十二卷补录一卷 / (元)李冶撰
清咸丰八年(1858)劳氏丹铅精舍抄本. --
(清)劳权校并跋。
1986年摄制. -- 1盘卷片(9米177拍)：1:10,
2B ；35mm银盐
收藏馆：缩微中心，国图

000O004515
困学斋杂录：一卷 / (元)鲜于枢撰
清(1644-1911)赵之玉星凤阁抄本. -- (清)赵
之玉校，(清)周星诒跋。
1986年摄制. -- 1盘卷片(3米38拍)：1:10,
2B ；35mm银盐
收藏馆：缩微中心，国图

000O003511
困学斋杂录：一卷 / (元)鲜于枢撰
清(1644-1911)抄本. -- (清)杨复吉跋。
1985年摄制. -- 1盘卷片(3米35拍)：1:10,
2B ；35mm银盐
收藏馆：缩微中心，国图

000O003265
湛渊静语：二卷 / (元)白珽撰
清(1644-1911)吴氏绣谷亭抄本
1986年摄制. -- 1盘卷片(5米67拍)：1:10,
2B ；35mm银盐
收藏馆：缩微中心，国图

000O005954
湛渊静语：二卷 / (元)白珽撰
清(1644-1911)张德荣抄本. -- (清)韩应陛
跋。
1987年摄制. -- 1盘卷片(5米73拍)：1:10,
2B ；35mm银盐
收藏馆：缩微中心，国图

000O003104
黄文献公笔记：一卷 / (元)黄溍撰
明(1368-1644)抄本
1986年摄制. -- 1盘卷片(3米32拍)：1:10,
2B ；35mm银盐
收藏馆：缩微中心，国图

000O021964
黄文献公笔记：一卷 / (元)黄溍撰
明(1368-1644)抄本. -- 还有合刻著作：大唐
传载一卷。
1995年摄制. -- 1盘卷片(3米20拍)：1:10,
2B ；35mm银盐
收藏馆：缩微中心，国图

000O002151
庶斋老学丛谈：三卷 / (元)盛如梓撰
清(1644-1911)抄本. -- (清)厉鹗、(清)黄丕
烈跋。
1986年摄制. -- 1盘卷片(6米98拍)：1:10,
2B ；35mm银盐
收藏馆：缩微中心，国图

000O003107
庶斋老学丛谈：三卷 / (元)盛如梓撰
清(1644-1911)抄本
1986年摄制. -- 1盘卷片(5米84拍)：1:10,
2B ；35mm银盐
收藏馆：缩微中心，国图

000O015527
研北杂志：二卷 / (元)陆友撰
明(1368-1644)项德棻宛委堂刻本. -- (清)王
韬跋。
1993年摄制. -- 1盘卷片(7米106拍)：1:10,
2B ；35mm银盐
收藏馆：缩微中心，国图

000O026821
研北杂志：二卷 / (元)陆友撰
明(1368-1644)项德棻宛委堂刻本. -- (清)厉
鹗、(清)丁敬、(清)孙从添、(清)赵一清校并
跋，(清)丁秉衡校，(清)丁申、(清)丁丙跋。
1996年摄制. -- 1盘卷片(7米122拍)：1:10,
2B ；35mm银盐
收藏馆：缩微中心，南京

000O013446
研北杂志：二卷 / (元)陆友撰
明末(1621-1644)刻本. -- (清)孔继涵校跋并
录(清)孙雨题识，傅增湘、朱文钧跋。
1991年摄制. -- 1盘卷片(6米77拍)：1:10,
2B ；35mm银盐
收藏馆：缩微中心，国图

000O001873
闲居录：一卷 / (元)吾衍撰
明末(1621-1644)毛氏汲古阁抄本
1986年摄制. -- 1盘卷片(4米44拍)：1:10,
2B ；35mm银盐
收藏馆：缩微中心，国图

000O025915
闲居录：一卷 / (元)吾衍撰
清乾隆三十二年(1767)赵氏竹影庵抄本. --
(清)丁丙校并跋。
1996年摄制. -- 1盘卷片(3米34拍)：1:10,
2B ；35mm银盐

收藏馆：缩微中心，南京

00O008104
闲居录：一卷 / (元)吾衍撰
清乾隆四十一年(1776)吾氏竹素山房刻本
1988年摄制. -- 1盘卷片(3米41拍) : 1:10,
2B ; 35mm银盐
收藏馆：缩微中心，湖北

00O002377
闲居录：一卷 / (元)吾衍撰
清(1644-1911)吴氏绣谷亭抄本. -- (清)吴
城、(清)徐承礼校，(清)周星诒校并跋。
1986年摄制. -- 1盘卷片(3米34拍) : 1:10,
2B ; 35mm银盐
收藏馆：缩微中心，国图

00O032098
闲居录：一卷 / (元)吾衍撰
清(1644-1911)吴氏绣谷亭抄本. -- 十行二十
字白口四周单边。(清)吴城、(清)徐承礼校，
(清)周星诒校并跋。
2011年摄制. -- 1盘卷片(4米37拍) : 1:12,
2B ; 35mm银盐
收藏馆：缩微中心，国图

00O006780
闲居录：一卷 / (元)吾衍撰
清(1644-1911)郁氏东啸轩抄本
1986年摄制. -- 1盘卷片(3米34拍) : 1:10,
2B ; 35mm银盐
收藏馆：缩微中心，国图

00O019584
闲中漫编：二卷 / (元)吾衍撰
明万历二十一年(1593)谈氏燕申斋刻本
1994年摄制. -- 1盘卷片(4米36拍) : 1:10,
2B ; 35mm银盐
收藏馆：缩微中心，国图

00O023132
冀越集：一卷 / (元)熊太古撰
清(1644-1911)抄本
1995年摄制. -- 1盘卷片(3米25拍) : 1:10,
2B ; 35mm银盐
收藏馆：缩微中心，国图

00O003731
南村辍耕录：三十卷 / (明)陶宗仪撰
明(1368-1644)刻本
1985年摄制. -- 1盘卷片(18.7米410拍) :
1:10, 2B ; 35mm银盐
收藏馆：缩微中心，国图

00O020070
南村辍耕录：三十卷 / (明)陶宗仪撰
明(1368-1644)刻本. -- 卷二十八至卷三十配
明末(1621-1644)毛氏汲古阁刻本。
1994年摄制. -- 1盘卷片(20米391拍) :
1:10, 2B ; 35mm银盐
收藏馆：缩微中心，国图

00O019542
南村辍耕录：三十卷 / (明)陶宗仪撰
明成化十年(1474)戴珊刻本
1994年摄制. -- 1盘卷片(26米497拍) :
1:10, 2B ; 35mm银盐
收藏馆：缩微中心，国图

00O013488
南村辍耕录：三十卷 / (明)陶宗仪撰
明成化十年(1474)戴珊刻递修本. -- 卷七至
卷九配陶氏涉园影明(1368-1644)刻本，卷
二十三至卷二十五、卷二十九至卷三十配清
(1644-1911)丁氏嘉惠堂抄本。
1991年摄制. -- 1盘卷片(26米511拍) :
1:10, 2B ; 35mm银盐
收藏馆：缩微中心，国图

00O016482
南村辍耕录：三十卷 / (明)陶宗仪撰
明成化十年(1474)戴珊刻递修本
1993年摄制. -- 1盘卷片(26米500拍) :
1:10, 2B ; 35mm银盐
收藏馆：缩微中心，国图

00O005128
南村辍耕录：三十卷 / (明)陶宗仪撰
明(1368-1644)玉兰草堂刻本. -- (清)李鼎元
批点并跋，(清)张穆、(清)翁心存、(清)翁同
书、(清)朱学勤跋。
1986年摄制. -- 1盘卷片(24.8米552拍) :
1:10, 2B ; 35mm银盐
收藏馆：缩微中心，国图

00O016415
南村辍耕录：三十卷 / (明)陶宗仪撰
明(1368-1644)玉兰草堂刻本
1993年摄制. -- 1盘卷片(29米529拍) :
1:10, 2B ; 35mm银盐
收藏馆：缩微中心，国图

00O020734
南村辍耕录：三十卷 / (明)陶宗仪撰
明(1368-1644)玉兰草堂刻本
1994年摄制. -- 1盘卷片(27米521拍) :
1:10, 2B ; 35mm银盐

收藏馆：缩微中心，国图

000O016802
辍耕录：三十卷 / (明)陶宗仪撰
明(1368-1644)刻万历六年(1578)徐球重修本
1993年摄制. -- 1盘卷片(27米558拍)：
1:10，2B；35mm银盐
收藏馆：缩微中心，国图

000O004828
退耕录：三十卷 / (明)陶宗仪撰
明(1368-1644)抄本
1986年摄制. -- 2盘卷片(36米776拍)：
1:10，2B；35mm银盐
收藏馆：缩微中心，国图

000O028151
龙门子凝道记：三卷 / (明)宋濂撰
明(1368-1644)刻本. --(清)丁丙跋。
1996年摄制. -- 1盘卷片(5.5米79拍)：
1:10，2B；35mm银盐
收藏馆：缩微中心，南京

000O028984
郁离子：十卷 / (明)刘基撰
明洪武十九年(1386)刻本. -- 叶启勋题识。
1999年摄制. -- 1盘卷片(7米128拍)：1:10，
2B；35mm银盐
收藏馆：缩微中心，湖南

000O015535
郁离子：二卷 / (明)刘基撰
明嘉靖三十五年(1556)何镗刻刘宋二子本
1993年摄制. -- 1盘卷片(7米117拍)：1:10，
2B；35mm银盐
收藏馆：缩微中心，国图

000O016505
霏雪录：不分卷 / (明)刘绩撰
清(1644-1911)抄本
1993年摄制. -- 1盘卷片(9米160拍)：1:10，
2B；35mm银盐
收藏馆：缩微中心，国图

000O014507
草木子：四卷 / (明)叶子奇撰
明正德十一年(1516)叶溥刻本
1991年摄制. -- 1盘卷片(7.7米144拍)：
1:9，2B；35mm银盐
收藏馆：缩微中心，重庆

000O015620
草木子：四卷 / (明)叶子奇撰

明嘉靖八年(1529)廖直显刻本
1993年摄制. -- 1盘卷片(8米125拍)：1:10，
2B；35mm银盐
收藏馆：缩微中心，国图

000O022258
草木子：四卷 / (明)叶子奇撰
明嘉靖八年(1529)廖直显刻本
1995年摄制. -- 1盘卷片(8米125拍)：1:10，
2B；35mm银盐
收藏馆：缩微中心，国图

000O001962
草木子：四卷 / (明)叶子奇撰
明嘉靖二十二年(1543)王宏刻万历八年(1580)
林大黼重修本
1986年摄制. -- 1盘卷片(8米145拍)：1:10，
2B；35mm银盐
收藏馆：缩微中心，国图

000O003196
草木子：四卷 / (明)叶子奇撰
明万历三十四年(1606)林有麟刻本
1986年摄制. -- 1盘卷片(9.2米180拍)：
1:10，2B；35mm银盐
收藏馆：缩微中心，国图

000O013993
草木子：四卷 / (明)叶子奇撰
明(1368-1644)刻本
1992年摄制. -- 1盘卷片(8米128拍)：1:10，
2B；35mm银盐
收藏馆：缩微中心，国图

000O014051
重刊草木子：四卷 / (明)叶子奇撰
明(1368-1644)杨瑞刻本. -- 存一卷：卷一。
(清)邵懿辰跋。
1991年摄制. -- 1盘卷片(3米21拍)：1:10，
2B；35mm银盐
收藏馆：缩微中心，国图

000O022281
天游别集：三卷 / (明)王达撰
明嘉靖二十年(1541)舒迁刘启东[等]刻本
1995年摄制. -- 1盘卷片(5米72拍)：1:10，
2B；35mm银盐
收藏馆：缩微中心，国图

000O002125
虑得集：四卷附录二卷 / (明)华悰韡撰
明万历四十二年(1614)华继祥刻本
1986年摄制. -- 1盘卷片(5.2米88拍)：

1:10, 2B ; 35mm银盐
收藏馆：缩微中心，国图

000O005460
虑得集：四卷附录二卷 / (明)华烽耕撰
明万历四十二年(1614)华继祥刻本
1986年摄制. -- 1盘卷片(6米88拍) : 1:10,
2B ; 35mm银盐
收藏馆：缩微中心，国图

000O022602
海涵万象录：四卷 / (明)黄润玉撰
明正德十六年(1521)陈槐刻本
1995年摄制. -- 1盘卷片(4米41拍) : 1:10,
2B ; 35mm银盐
收藏馆：缩微中心，河南

000O021982
谰言长语：不分卷 / (明)曹安撰
明正德十三年(1518)赵元刻本. -- (明)范钦
批点。
1995年摄制. -- 1盘卷片(5米54拍) : 1:10,
2B ; 35mm银盐
收藏馆：缩微中心，国图

000O025884
适园杂著：一卷 / (清)陆树声撰
清道光十八年(1838)怀璞斋抄本. -- (清)郭
柏苍跋。
1996年摄制. -- 1盘卷片(3米35拍) : 1:10,
2B ; 35mm银盐
收藏馆：缩微中心，浙江

000O016136
闲中今古：二卷 / (明)陈颀撰
明(1368-1644)抄本
1993年摄制. -- 1盘卷片(4米42拍) : 1:10,
2B ; 35mm银盐
收藏馆：缩微中心，国图

000O005290
蟫精集：十六卷 / (明)徐伯龄撰
明(1368-1644)抄本. -- 存八卷：卷九至卷
十六。
1986年摄制. -- 1盘卷片(5.9米105拍) :
1:10, 2B ; 35mm银盐
收藏馆：缩微中心，国图

000O003558
菽园杂记：十五卷 / (明)陆容撰
清(1644-1911)抄本
1985年摄制. -- 1盘卷片(11米216拍) :
1:10, 2B ; 35mm银盐

收藏馆：缩微中心，国图

000O001995
新编策学矜式：一卷
明弘治三年(1490)冯忠刻本
1986年摄制. -- 1盘卷片(4米62拍) : 1:10,
2B ; 35mm银盐
收藏馆：缩微中心，国图

000O006439
青溪暇笔：二卷 / (明)姚福撰
明(1368-1644)邢氏来禽馆抄本
1987年摄制. -- 1盘卷片(4米57拍) : 1:10,
2B ; 35mm银盐
收藏馆：缩微中心，国图

000O017284
震泽长语：二卷 / (明)王鏊撰
明末(1621-1644)刻本
1993年摄制. -- 1盘卷片(7米96拍) : 1:10,
2B ; 35mm银盐
收藏馆：缩微中心，国图

000O014205
余冬序录：六十五卷 / (明)何孟春撰
明嘉靖七年(1528)郴州家塾刻本
1992年摄制. -- 2盘卷片(43米864拍) :
1:10, 2B ; 35mm银盐
收藏馆：缩微中心，国图

000O023172
余冬序录：六十五卷 / (明)何孟春撰
明嘉靖七年(1528)郴州家塾刻本
1995年摄制. -- 2盘卷片(43米860拍) :
1:10, 2B ; 35mm银盐
收藏馆：缩微中心，国图

000O003518
余冬序录：六十五卷 / (明)何孟春撰
明嘉靖七年(1528)郴州家塾刻本
1985年摄制. -- 2盘卷片(42米917拍) :
1:10, 2B ; 35mm银盐
收藏馆：缩微中心，国图

000O005358
余冬序录：六十五卷 / (明)何孟春撰
明嘉靖七年(1528)何孟春郴州家塾刻万历
(1573-1620)黄齐贤张汝贤重修本
1986年摄制. -- 2盘卷片(42米927拍) :
1:10, 2B ; 35mm银盐
收藏馆：缩微中心，国图

00O018450
余冬序录：六十五卷 / (明)何孟春撰
明嘉靖七年(1528)郴州家塾刻本
1993年摄制. -- 2盘卷片(43米856拍) :
1:10, 2B ; 35mm银盐
收藏馆：缩微中心，国图

00O007826
余冬序录：二卷 / (明)何孟春撰；(明)杨慎辑
明(1368-1644)刻本
1988年摄制. -- 1盘卷片(11.2米226拍) :
1:11, 2B ; 35mm银盐
收藏馆：缩微中心，重庆

00O006881
燕泉何先生余冬序录：六十五卷 / (明)何孟春撰
明万历十二年(1584)黄齐贤张汝贤刻本
1987年摄制. -- 2盘卷片(44.8米971拍) :
1:10, 2B ; 35mm银盐
收藏馆：缩微中心，重庆

00O002362
燕泉何先生余冬序录：六十卷又五卷 / (明)何孟
春撰
清(1644-1911)抄本. --(清)翁同龢跋。
1986年摄制. -- 2盘卷片(42米920拍) :
1:10, 2B ; 35mm银盐
收藏馆：缩微中心，国图

00O020352
祝子罪知录：十卷 / (明)祝允明撰
明(1368-1644)刻本
1994年摄制. -- 1盘卷片(15米295拍) :
1:10, 2B ; 35mm银盐
收藏馆：缩微中心，国图

00O000728
龙江梦余录：四卷 / (明)唐锦撰
明弘治十七年(1504)郭经刻本
1985年摄制. -- 1盘卷片(5.5米95拍) :
1:10, 2B ; 35mm银盐
收藏馆：缩微中心，国图

00O014989
龙江梦余录：四卷 / (明)唐锦撰
明弘治十七年(1504)郭经刻本
1992年摄制. -- 1盘卷片(6米80拍) : 1:10,
2B ; 35mm银盐
收藏馆：缩微中心，国图

00O017637
龙江梦余录：四卷 / (明)唐锦撰
明(1368-1644)抄本

1993年摄制. -- 1盘卷片(4米50拍) : 1:10,
2B ; 35mm银盐
收藏馆：缩微中心，国图

00O005831
两山墨谈：十八卷 / (明)陈霆撰
明嘉靖十八年(1539)李檗刻本. -- 存十卷：
卷一至卷十。
1987年摄制. -- 1盘卷片(9米177拍) : 1:10,
2B ; 35mm银盐
收藏馆：缩微中心，国图

00O018876
两山墨谈：十八卷 / (明)陈霆撰
明嘉靖十八年(1539)李檗刻本
1993年摄制. -- 1盘卷片(14米290拍) :
1:10, 2B ; 35mm银盐
收藏馆：缩微中心，天津

00O012981
静虚斋惜阴录：十二卷附录一卷 / (明)顾应祥撰
明(1368-1644)刻本
1991年摄制. -- 1盘卷片(17米311拍) :
1:10, 2B ; 35mm银盐
收藏馆：缩微中心，国图

00O014120
静虚斋惜阴录：十二卷附录一卷 / (明)顾应祥撰
清(1644-1911)抄本. -- (清)李文田校。
1992年摄制. -- 1盘卷片(16米311拍) :
1:10, 2B ; 35mm银盐
收藏馆：缩微中心，国图

00O016650
灼薪剧谈：二卷 / (明)朱承爵撰
明(1368-1644)抄本
1993年摄制. -- 1盘卷片(3米28拍) : 1:10,
2B ; 35mm银盐
收藏馆：缩微中心，国图

00O026831
濯缨亭笔记：十卷；礼记集说辩疑：一卷 / (明)
戴冠撰
明嘉靖二十六年(1547)华察刻本. -- (清)丁
丙跋。
1996年摄制. -- 1盘卷片(10米176拍) :
1:10, 2B ; 35mm银盐
收藏馆：缩微中心，南京

00O001369
杨子卮言：六卷 / (明)杨慎撰
明嘉靖四十三年(1564)刘大昌刻本
1985年摄制. -- 1盘卷片(11.5米235拍) :

1:10，2B ；35mm银盐
收藏馆：缩微中心，国图

000O015815
真珠船：八卷 / (明)胡侍撰
明嘉靖(1522-1566)刻本
1993年摄制. -- 1盘卷片(8米116拍) : 1:10，
2B ；35mm银盐
收藏馆：缩微中心，国图

000O003456
墅谈：六卷 / (明)胡侍撰
明嘉靖(1522-1566)刻本
1986年摄制. -- 1盘卷片(5.5米94拍) :
1:10，2B ；35mm银盐
收藏馆：缩微中心，国图

000O004226
七修类稿：五十一卷 / (明)郎瑛撰
明(1368-1644)刻本
1986年摄制. -- 2盘卷片(35米748拍) :
1:10，2B ；35mm银盐
收藏馆：缩微中心，国图

000O015702
七修类稿：五十一卷 / (明)郎瑛撰
明(1368-1644)刻本
1993年摄制. -- 2盘卷片(35米684拍) :
1:10，2B ；35mm银盐
收藏馆：缩微中心，国图

000O017102
七修类稿：五十一卷续稿七卷 / (明)郎瑛撰
清乾隆(1736-1795)周棠耕烟草堂刻本
1993年摄制. -- 2盘卷片(51米1018拍) :
1:10，2B ；35mm银盐
收藏馆：缩微中心，国图

000O002144
山樵暇语：十卷 / (明)俞弁撰
明(1368-1644)抄本. -- (清)顾锡麒校。
1986年摄制. -- 1盘卷片(9米179拍) : 1:10，
2B ；35mm银盐
收藏馆：缩微中心，国图

000O000244
不共书：四卷 / (清)计东撰
明崇祯十七年(1644)计氏枕戈草堂刻本. --
(清)江标批点并跋。
1985年摄制. -- 1盘卷片(5米75拍) : 1:10，
2B ；35mm银盐
收藏馆：缩微中心，国图

000O006568
古言：二卷 / (明)郑晓撰
明嘉靖四十四年(1565)项笃寿刻本
1987年摄制. -- 1盘卷片(7米126拍) : 1:10，
2B ；35mm银盐
收藏馆：缩微中心，国图

000O009648
古言：二卷；今言：四卷 / (明)郑晓撰
明嘉靖四十四年至四十五年(1565-1566)刻本
1988年摄制. -- 1盘卷片(22.6米447拍) :
1:10，2B ；35mm银盐
收藏馆：缩微中心，甘肃

000O021479
古言：二卷；今言：四卷 / (明)郑晓撰
明(1368-1644)刻本. -- 存四卷：古言二卷、
今言卷一至卷二。
1995年摄制. -- 1盘卷片(8米130拍) : 1:10，
2B ；35mm银盐
收藏馆：缩微中心，国图

000O020216
郑端简公古言：二卷 / (明)郑晓撰
明(1368-1644)刻本
1994年摄制. -- 1盘卷片(7米115拍) : 1:10，
2B ；35mm银盐
收藏馆：缩微中心，国图

000O015234
壶天映语：一卷 / (明)顾起元撰
明天启二年(1622)顾氏归鸿馆刻本
1992年摄制. -- 1盘卷片(4米49拍) : 1:10，
2B ；35mm银盐
收藏馆：缩微中心，国图

000O019943
龙惕书：一卷 / (明)季本[等]撰
明万历三十一年(1603)刘毅刻本. -- 撰者还
有：(明)聂豹、(明)李默、(明)薛侃等。
1994年摄制. -- 1盘卷片(4米53拍) : 1:10，
2B ；35mm银盐
收藏馆：缩微中心，国图

000O006799
芝园外集：二十四卷 / (明)张时彻撰
明嘉靖(1522-1566)刻本
1987年摄制. -- 1盘卷片(24米529拍) :
1:10，2B ；35mm银盐
收藏馆：缩微中心，国图

000O002022
芝园外集说林：十六卷 / (明)张时彻撰

明嘉靖(1522-1566)刻本. -- 存八卷：卷一至卷八。
1986年摄制. -- 1盘卷片(9米170拍) : 1:10, 2B ; 35mm银盐
收藏馆：缩微中心，国图

000O005732
古源山人二论：八卷 / (明)李呈祥撰
明(1368-1644)李敬之李谦然刻本
1987年摄制. -- 1盘卷片(17米354拍) : 1:10, 2B ; 35mm银盐
收藏馆：缩微中心，国图

000O008170
迨旃琐言：二卷 / (明)苏佑撰
明嘉靖(1522-1566)刻本. -- 版框高十九厘米宽十四厘米。有墨笔圈点。
1987年摄制. -- 1盘卷片(7米114拍) : 1:10, 2B ; 35mm银盐
收藏馆：缩微中心，广东

000O018902
钱磬室杂录：不分卷 / (明)钱榖辑
明(1368-1644)稿本. -- 钤"刘世珩经眼"等印。(明)文从简跋，罗振玉题款。
1994年摄制. -- 1盘卷片(14米285拍) : 1:10, 2B ; 35mm银盐
收藏馆：缩微中心，天津

000O023153
邅言：十七卷 / (明)孙宜撰
明万历二十三年(1595)孙鹏初刻本
1995年摄制. -- 1盘卷片(10米171拍) : 1:10, 2B ; 35mm银盐
收藏馆：缩微中心，国图

000O006630
玄亭闲话：六卷 / (明)周锡撰
明隆庆元年(1567)张振之刻本
1987年摄制. -- 1盘卷片(7米118拍) : 1:10, 2B ; 35mm银盐
收藏馆：缩微中心，国图

000O026309
畏斋薛先生绪言：四卷 / (明)薛甲撰
明隆庆二年(1568)刻本
1996年摄制. -- 1盘卷片(6米93拍) : 1:10, 2B ; 35mm银盐
收藏馆：缩微中心，福建

000O006377
黄潭先生读书一得：四卷 / (明)黄训撰
明嘉靖四十一年(1562)黄子学刻本

1987年摄制. -- 1盘卷片(10米199拍) : 1:10, 2B ; 35mm银盐
收藏馆：缩微中心，国图

000O014041
宙载：二卷 / (明)张合撰
清(1644-1911)抄本
1992年摄制. -- 1盘卷片(6米91拍) : 1:10, 2B ; 35mm银盐
收藏馆：缩微中心，国图

000O025936
宙载：二卷 / (明)张合撰
清(1644-1911)抄本. -- (清)丁丙跋。
1996年摄制. -- 1盘卷片(6米104拍) : 1:10, 2B ; 35mm银盐
收藏馆：缩微中心，南京

000O024785
觉山先生绪言：二卷 / (明)洪垣撰；(明)洪允温辑
明万历三十六年(1608)刻本
1995年摄制. -- 1盘卷片(9米154拍) : 1:10, 2B ; 35mm银盐
收藏馆：缩微中心，浙江

000O023115
虚舟集：一卷 / (明)陈尧撰
明嘉靖(1522-1566)刻本
1995年摄制. -- 1盘卷片(3米21拍) : 1:10, 2B ; 35mm银盐
收藏馆：缩微中心，国图

000O022005
掌中宇宙：十四卷 / (明)卢翰撰
明万历三十三年(1605)欧阳东凤刻本
1995年摄制. -- 1盘卷片(19米382拍) : 1:10, 2B ; 35mm银盐
收藏馆：缩微中心，国图

000O019602
昼永编：二卷 / (明)宋岳撰
明嘉靖四十三年(1564)阎承光刻本
1994年摄制. -- 1盘卷片(9米144拍) : 1:10, 2B ; 35mm银盐
收藏馆：缩微中心，国图

000O011341
刘子威杂俎：十卷 / (明)刘凤撰
明万历(1573-1620)刘鸿英刻本
1989年摄制. -- 2盘卷片(41.3米910拍) : 1:10, 2B ; 35mm银盐
收藏馆：缩微中心，辽宁

000O021211
金罍子：四十四卷 / (明)陈绛撰
明万历三十四年(1606)刻本
1995年摄制. -- 2盘卷片(46米925拍) :
1:10, 2B ; 35mm银盐
收藏馆：缩微中心, 国图

000O026633
菊经漫谈：十四卷 / (明)石磐撰
明万历十九年(1591)刻本
1995年摄制. -- 1盘卷片(21米471拍) :
1:10, 2B ; 35mm银盐
收藏馆：缩微中心, 河南

000O013659
篷底浮谈：十五卷 / (明)张元谕撰
明隆庆四年(1570)董原道刻本
1991年摄制. -- 1盘卷片(12米192拍) :
1:10, 2B ; 35mm银盐
收藏馆：缩微中心, 国图

000O017972
篷底浮谈：十五卷 / (明)张元谕撰
明隆庆四年(1570)董原道刻本
1993年摄制. -- 1盘卷片(11米191拍) :
1:10, 2B ; 35mm银盐
收藏馆：缩微中心, 国图

000O024783
学道纪言：五卷补遗一卷附录一卷 / (明)周思兼
撰
明万历二十三年(1595)徐汝晋刻本
1995年摄制. -- 1盘卷片(12米220拍) :
1:10, 2B ; 35mm银盐
收藏馆：缩微中心, 浙江

000O001170
推篷寤语：九卷 / (明)李豫亨撰
明隆庆五年(1571)李豫亨刻本. -- 存八卷：
卷一至卷八。
1985年摄制. -- 1盘卷片(13.5米284拍) :
1:10, 2B ; 35mm银盐
收藏馆：缩微中心, 国图

000O021691
推篷寤语：九卷余录一卷 / (明)李豫亨撰
明隆庆五年(1571)李氏思敬堂刻本
1995年摄制. -- 1盘卷片(18米326拍) :
1:10, 2B ; 35mm银盐
收藏馆：缩微中心, 国图

000O014739
千一录：二十六卷 / (明)方弘静撰

明万历(1573-1620)刻本
1992年摄制. -- 2盘卷片(39米790拍) :
1:10, 2B ; 35mm银盐
收藏馆：缩微中心, 国图

000O015704
千一录：二十六卷 / (明)方弘静撰
明万历(1573-1620)刻本
1993年摄制. -- 2盘卷片(40米790拍) :
1:10, 2B ; 35mm银盐
收藏馆：缩微中心, 国图

000O011531
认字测：三卷 / (明)周宇撰
明万历二十三年(1595)刻本
1990年摄制. -- 1盘卷片(10米195拍) :
1:10, 2B ; 35mm银盐
收藏馆：缩微中心, 甘肃

000O014063
忍字测：三卷 / (明)周宇撰
明万历(1573-1620)刻本. -- 存二卷：卷上、
卷中。
1992年摄制. -- 1盘卷片(8米119拍) : 1:10,
2B ; 35mm银盐
收藏馆：缩微中心, 国图

000O018754
学范辑览：八卷 / (明)冯桂芳辑
明隆庆六年(1572)忠爱堂刻本. -- 存四卷：
卷一至卷二、卷七至卷八。
1994年摄制. -- 1盘卷片(6米82拍) : 1:10,
2B ; 35mm银盐
收藏馆：缩微中心, 国图

000O015007
四友斋丛说：三十八卷 / (明)何良俊撰
明万历七年(1579)龚元成刻本. -- 存二十八
卷：卷一至卷二十八。
1992年摄制. -- 1盘卷片(21米420拍) :
1:10, 2B ; 35mm银盐
收藏馆：缩微中心, 国图

000O015916
四友斋丛说：三十八卷 / (明)何良俊撰
明万历七年(1579)龚元成刻本
1993年摄制. -- 1盘卷片(27米554拍) :
1:10, 2B ; 35mm银盐
收藏馆：缩微中心, 国图

000O026823
四友斋丛说：十六卷 / (明)何良俊撰
明隆庆(1567-1572)活字印本. -- (清)丁丙

跋。
1996年摄制. -- 1盘卷片(10米210拍)：
1:10, 2B ; 35mm银盐
收藏馆：缩微中心，南京

00O021733
四友斋丛说：二十六卷 / (明)何良俊撰
明隆庆三年(1569)活字印本
1995年摄制. -- 1盘卷片(18米358拍)：
1:10, 2B ; 35mm银盐
收藏馆：缩微中心，国图

00O012994
禅寄笔谈：十卷 / (明)陈师撰
明万历二十一年(1593)陈师刻本
1991年摄制. -- 1盘卷片(23米438拍)：
1:10, 2B ; 35mm银盐
收藏馆：缩微中心，国图

00O018877
厌次琐谈：一卷 / (明)刘世伟撰
清(1644-1911)抄本. -- 钤"八千卷楼珍藏善
本""钱塘丁氏正修堂藏书"印。
1993年摄制. -- 1盘卷片(4米49拍) : 1:10,
2B ; 35mm银盐
收藏馆：缩微中心，天津

00O023618
沈公家政：二卷 / (明)沈鲤撰
明万历三十年(1602)李三才刻本. -- 书名原
题：文雅社约一卷，附录一卷。书名据后序书
口题。
1995年摄制. -- 1盘卷片(9米151拍) : 1:10,
2B ; 35mm银盐
收藏馆：缩微中心，浙江

00O015708
续羊枣集：九卷附二卷 / (明)骆问礼撰
清(1644-1911)抄本
1993年摄制. -- 1盘卷片(13米246拍)：
1:10, 2B ; 35mm银盐
收藏馆：缩微中心，国图

00O011481
谭辂：三卷 / (明)张凤翼撰
明万历(1573-1620)刻本
1989年摄制. -- 1盘卷片(6.6米122拍)：
1:10, 2B ; 35mm银盐
收藏馆：缩微中心，辽宁

00O014783
会心编：六卷 / (明)邓以诰辑
明万历三十七年(1609)邓以诰刻本

1992年摄制. -- 1盘卷片(19米356拍)：
1:10, 2B ; 35mm银盐
收藏馆：缩微中心，国图

00O001218
朱秉器杂著：六卷 / (明)朱孟震撰
明万历(1573-1620)刻本
1985年摄制. -- 1盘卷片(18.5米402拍)：
1:10, 2B ; 35mm银盐
收藏馆：缩微中心，国图

00O011171
谷山笔麈：十八卷 / (明)于慎行撰
明万历四十一年(1613)于纬刻本
1989年摄制. -- 1盘卷片(17米347拍)：
1:10, 2B ; 35mm银盐
收藏馆：缩微中心，山东

00O005736
谷山笔麈：十八卷 / (明)于慎行撰
明天启五年(1625)于纬刻本
1987年摄制. -- 1盘卷片(18米394拍)：
1:10, 2B ; 35mm银盐
收藏馆：缩微中心，国图

00O010408
谷山笔麈：十八卷 / (明)于慎行撰
明天启(1621-1627)沈域刻本
1989年摄制. -- 1盘卷片(22米409拍)：
1:10, 2B ; 35mm银盐
收藏馆：缩微中心，四川

00O006654
新刊艺圃琳琅集注：四卷 / (明)林大桂撰
明万历(1573-1620)张可久刻本
1987年摄制. -- 1盘卷片(12米245拍)：
1:10, 2B ; 35mm银盐
收藏馆：缩微中心，国图

00O006533
抢榆子评古：一卷；覆瓿语：一卷 / (明)蒋以化
撰
明万历三十二年(1604)蒋以化刻本
1987年摄制. -- 1盘卷片(4米50拍) : 1:10,
2B ; 35mm银盐
收藏馆：缩微中心，国图

00O024201
说颐：八卷 / (明)余懋学撰
明万历三十六年(1608)新安余氏直方堂刻
本. -- 版框高二十二厘米宽十五厘米。
1996年摄制. -- 1盘卷片(17米334拍)：
1:10, 2B ; 35mm银盐

收藏馆：缩微中心，广东

000O014153
明辨类函：六十四卷 / (明)詹景凤撰
明崇祯五年(1632)张溥刻本
1992年摄制. -- 3盘卷片(86米1738拍)：
1:10，2B；35mm银盐
收藏馆：缩微中心，国图

000O013043
从先维俗议：五卷 / (明)管志道撰
明(1368-1644)刻本
1991年摄制. -- 2盘卷片(36米704拍)：
1:10，2B；35mm银盐
收藏馆：缩微中心，国图

000O006527
顾大司马揽苣微言：一卷 / (明)顾梦鹤撰
明崇祯(1628-1644)刻本
1987年摄制. -- 1盘卷片(4.2米61拍)：
1:10，2B；35mm银盐
收藏馆：缩微中心，国图

000O024229
艺苑诵言：二卷 / (明)王廷举辑
明万历(1573-1620)刻本
1996年摄制. -- 1盘卷片(6米129拍)：1:10，
2B；35mm银盐
收藏馆：缩微中心，安徽

000O006355
闻雁斋笔谈：六卷 / (明)张大复撰
明万历三十三年(1605)顾孟兆唐淳伯刻本
1987年摄制. -- 1盘卷片(10米181拍)：
1:10，2B；35mm银盐
收藏馆：缩微中心，国图

000O007083
吕公实政录：七卷 / (明)吕坤撰
明万历二十六年(1598)赵文炳刻本
1987年摄制. -- 1盘卷片(25.5米548拍)：
1:10，2B；35mm银盐
收藏馆：缩微中心，山西

000O007185
甘露园短书：十一卷 / (明)陈汝锜撰
清康熙六年(1667)刘愿刻本
1987年摄制. -- 1盘卷片(17米354拍)：
1:10，2B；35mm银盐
收藏馆：缩微中心，山东

000O020000
娑罗园清语：一卷续一卷戒杀放生文一卷 / (明)

屠隆撰
明万历(1573-1620)刻本
1994年摄制. -- 1盘卷片(5米63拍)：1:10，
2B；35mm银盐
收藏馆：缩微中心，国图

000O016817
屠纬真先生藿语：一卷 / (明)屠隆撰
明(1368-1644)李氏友爱堂刻本
1993年摄制. -- 1盘卷片(5米49拍)：1:10，
2B；35mm银盐
收藏馆：缩微中心，国图

000O004261
祝子小言：一卷 / (明)祝世禄撰
明万历(1573-1620)刻本
1986年摄制. -- 1盘卷片(3.6米48拍)：
1:10，2B；35mm银盐
收藏馆：缩微中心，国图

000O020884
刍荛子：六卷 / (明)胡其久撰
明(1368-1644)刻本
1994年摄制. -- 1盘卷片(12米197拍)：
1:10，2B；35mm银盐
收藏馆：缩微中心，国图

000O013235
太史杨复所先生证学编：四卷首一卷；论策：
二卷 / (明)杨起元撰
明万历四十五年(1617)佘永宁刻本
1991年摄制. -- 1盘卷片(20米393拍)：
1:10，2B；35mm银盐
收藏馆：缩微中心，南京

000O001770
笔丛正集：三十二卷续集十六卷 / (明)胡应麟撰
明万历三十四年(1606)吴勉学刻本
1986年摄制. -- 2盘卷片(38米815拍)：
1:10，2B；35mm银盐
收藏馆：缩微中心，国图

000O018590
笔丛正集：三十二卷续集十六卷 / (明)胡应麟撰
明万历三十四年(1606)吴勉学刻本
1993年摄制. -- 2盘卷片(40米751拍)：
1:10，2B；35mm银盐
收藏馆：缩微中心，国图

000O023178
笔丛正集：三十二卷续集十六卷 / (明)胡应麟撰
明万历三十四年(1606)吴勉学刻本
1995年摄制. -- 2盘卷片(38米745拍)：

1:10，2B；35mm银盐
收藏馆：缩微中心，国图

00O007054
笔丛：三十二卷续集十六卷 / (明)胡应麟撰
明万历四十二年(1614)赵世宠刻本
1987年摄制. -- 2盘卷片(46米970拍)：
1:10，2B；35mm银盐
收藏馆：缩微中心，山东

00O005408
窦子纪闻类编：四卷 / (明)窦文照撰
明万历六年(1578)窦文照刻本
1986年摄制. -- 1盘卷片(16米332拍)：
1:10，2B；35mm银盐
收藏馆：缩微中心，国图

00O007961
牖景录：六卷 / (清)徐璈撰
清(1644-1911)抄本
1988年摄制. -- 1盘卷片(6米83拍)：1:10，
2B；35mm银盐
收藏馆：缩微中心，湖南

00O025456
牖景录：六卷 / (清)徐璈撰
清道光(1821-1850)刻本
1996年摄制. -- 1盘卷片(7米114拍)：1:10，
2B；35mm银盐
收藏馆：缩微中心，国图

00O005471
庸斋日记：八卷余言二卷家则一卷野志一卷附
志一卷；信古余论：八卷；采芹录：四卷 / (明)
徐三重撰
清(1644-1911)抄本. -- 还有合抄著作：牖景
录二卷/(明)徐三重撰。
1986年摄制. -- 2盘卷片(48米1071拍)：
1:10，2B；35mm银盐
收藏馆：缩微中心，国图

00O015177
庸斋日记：八卷 / (明)徐三重撰
清(1644-1911)抄本
1992年摄制. -- 1盘卷片(14米254拍)：
1:10，2B；35mm银盐
收藏馆：缩微中心，国图

00O008981
墨卿谈乘：十四卷 / (明)张懋修撰
明(1368-1644)刻本. -- 卷一至卷二配抄本。
1988年摄制. -- 1盘卷片(18米341拍)：
1:10，2B；35mm银盐

收藏馆：缩微中心，湖北

00O012974
漫录评正前集：六卷别集九卷多集六卷畸集五
卷 / (明)伍袁萃撰；(明)贺灿然评正. 驳漫录评
正：不分卷 / (明)伍袁萃撰
明万历(1573-1620)刻本
1991年摄制. -- 1盘卷片(25米434拍)：
1:10，2B；35mm银盐
收藏馆：缩微中心，国图

00O012920
林居漫录：前集六卷别集九卷畸集五卷多集六
卷 / (明)伍袁萃撰
清(1644-1911)抄本
1991年摄制. -- 1盘卷片(19米398拍)：
1:10，2B；35mm银盐
收藏馆：缩微中心，南京

00O000540
欧余漫录：十二卷 / (明)闵元衢撰
明万历(1573-1620)刻本
1985年摄制. -- 1盘卷片(11.4米231拍)：
1:10，2B；35mm银盐
收藏馆：缩微中心，国图

00O018169
燕居功课：二十七卷 / (明)安世凤撰
明万历(1573-1620)刻本
1993年摄制. -- 1盘卷片(13米257拍)：
1:10，2B；35mm银盐
收藏馆：缩微中心，山东

00O014208
墨林快事：十二卷 / (明)安世凤撰
清(1644-1911)抄本. -- (清)汪大经跋。
1992年摄制. -- 1盘卷片(19米374拍)：
1:10，2B；35mm银盐
收藏馆：缩微中心，国图

00O017737
菜根谭前集：一卷后集一卷 / (明)洪自诚撰
明(1368-1644)刻本
1993年摄制. -- 1盘卷片(5米60拍)：1:10，
2B；35mm银盐
收藏馆：缩微中心，国图

00O020443
菜根谭前集：一卷后集一卷 / (明)洪自诚撰
明(1368-1644)刻本
1994年摄制. -- 1盘卷片(5米57拍)：1:10，
2B；35mm银盐
收藏馆：缩微中心，国图

000O005120
焦氏笔乘：六卷续集八卷 / (明)焦竑撰
明万历三十四年(1606)谢与栋刻本
1986年摄制. -- 1盘卷片(23米508拍)：
1:10, 2B ; 35mm银盐
收藏馆：缩微中心, 国图

000O016832
焦氏笔乘：六卷续集八卷 / (明)焦竑撰
明万历三十四年(1606)谢与栋刻本
1993年摄制. -- 1盘卷片(23米471拍)：
1:10, 2B ; 35mm银盐
收藏馆：缩微中心, 国图

000O018974
尊生镜：二卷 / (明)程绍撰
清(1644-1911)抄本. -- (清)卢世㴶跋。
1993年摄制. -- 1盘卷片(6米94拍)：1:10,
2B ; 35mm银盐
收藏馆：缩微中心, 山东

000O003260
书兴：三卷 / (明)刘有余撰
明崇祯(1628-1644)刻本
1986年摄制. -- 1盘卷片(7.8米148拍)：
1:10, 2B ; 35mm银盐
收藏馆：缩微中心, 国图

000O022561
知言：二卷 / (明)郝敬撰
明万历二十一年(1593)刻本
1995年摄制. -- 1盘卷片(5.6米90拍)：
1:10, 2B ; 35mm银盐
收藏馆：缩微中心, 湖北

000O013040
郁冈斋笔麈：四卷 / (明)王肯堂撰
明万历(1573-1620)刻本
1991年摄制. -- 1盘卷片(16米314拍)：
1:10, 2B ; 35mm银盐
收藏馆：缩微中心, 国图

000O016811
郁冈斋笔麈：四卷 / (明)王肯堂撰
明万历(1573-1620)刻本
1993年摄制. -- 1盘卷片(16米315拍)：
1:10, 2B ; 35mm银盐
收藏馆：缩微中心, 国图

000O014865
嘉言摘粹：八卷 / (明)姚光祚纂
明万历(1573-1620)刻本
1992年摄制. -- 1盘卷片(23米509拍)：

1:10, 2B ; 35mm银盐
收藏馆：缩微中心, 吉林

000O018461
五杂俎：十六卷 / (明)谢肇淛撰
明(1368-1644)如韦馆刻本. -- 存四卷：卷一
至卷四。
1993年摄制. -- 1盘卷片(10米183拍)：
1:10, 2B ; 35mm银盐
收藏馆：缩微中心, 国图

000O011613
五杂俎：十六卷 / (明)谢肇淛撰
明万历四十四年(1616)潘膺祉如韦馆刻本
1989年摄制. -- 2盘卷片(40米784拍)：
1:10, 2B ; 35mm银盐
收藏馆：缩微中心, 四川

000O000687
五杂俎：十六卷 / (明)谢肇淛撰
明(1368-1644)刻本
1985年摄制. -- 2盘卷片(35.3米749拍)：
1:10, 2B ; 35mm银盐
收藏馆：缩微中心, 国图

000O019450
曹门学则：四卷 / (明)曹于汴撰
明(1368-1644)马之骐刻本. -- 存二卷：卷三
至卷四。
1994年摄制. -- 1盘卷片(6米79拍)：1:10,
2B ; 35mm银盐
收藏馆：缩微中心, 国图

000O023237
珊瑚林：二卷；金屑编：一卷 / (明)袁宏道撰
明(1368-1644)清响斋刻本
1995年摄制. -- 1盘卷片(9米147拍)：1:10,
2B ; 35mm银盐
收藏馆：缩微中心, 国图

000O000481
稽古疑问：四卷 / (明)杨楩撰
明(1368-1644)刻本
1985年摄制. -- 1盘卷片(8.2米157拍)：
1:10, 2B ; 35mm银盐
收藏馆：缩微中心, 国图

000O003464
偶记：二卷 / (明)佘翘撰
明(1368-1644)抄本. -- (明)徐𬇙跋。
1986年摄制. -- 1盘卷片(7.6米142拍)：
1:10, 2B ; 35mm银盐
收藏馆：缩微中心, 国图

00O000463
道听录：五卷 / (明)李春熙撰
清(1644-1911)抄本
1985年摄制. -- 1盘卷片（7.5米140拍）：
1:10, 2B；35mm银盐
收藏馆：缩微中心，国图

00O022869
道听录：四卷 / (明)李春熙撰
清(1644-1911)罗氏恬养斋抄本
1995年摄制. -- 1盘卷片（5米85拍）：1:10,
2B；35mm银盐
收藏馆：缩微中心，南京

00O026840
类次书肆说铃：二卷 / (明)叶秉敬撰
明万历二十五年(1597)刻本. -- (清)丁丙跋。
1990年摄制. -- 1盘卷片（8米140拍）：1:10,
2B；35mm银盐
收藏馆：缩微中心，南京

00O001156
类次书肆说铃：二卷 / (明)叶秉敬撰
明万历(1573-1620)刻本
1985年摄制. -- 1盘卷片（7.4米135拍）：
1:10, 2B；35mm银盐
收藏馆：缩微中心，国图

00O020165
理论：二卷 / (明)叶秉敬撰
明(1368-1644)刻本
1994年摄制. -- 1盘卷片（10米168拍）：
1:10, 2B；35mm银盐
收藏馆：缩微中心，国图

00O000243
邸中杂记：一卷 / (明)刘永澄撰
清初(1644-1722)刘中从刻本
1985年摄制. -- 1盘卷片（3.2米37拍）：
1:10, 2B；35mm银盐
收藏馆：缩微中心，国图

00O005829
管天笔记外编：不分卷 / (明)王嗣奭撰
清(1644-1911)抄本. -- 廖寿慈跋。
1987年摄制. -- 1盘卷片（5米84拍）：1:10,
2B；35mm银盐
收藏馆：缩微中心，国图

00O007501
澹生堂外集宋贤杂佩：一卷 / (明)祁承㸁撰
明(1368-1644)刻本

1987年摄制. -- 1盘卷片（4米58拍）：1:10,
2B；35mm银盐
收藏馆：缩微中心，国图

00O004288
小柴桑喃喃录：二卷 / (明)陶奭龄撰
明崇祯八年(1635)李为芝刻本
1986年摄制. -- 1盘卷片（9米166拍）：1:10,
2B；35mm银盐
收藏馆：缩微中心，国图

00O029310
南郭丛谈：二卷 / (明)史叔成撰
清(1644-1911)抄本
1999年摄制. -- 1盘卷片（5米45拍）：1:10,
2B；35mm银盐
收藏馆：缩微中心，苏州

00O015532
剡溪漫笔：六卷 / (明)孙能传撰
明万历四十一年(1613)孙能正鄂辇堂刻本
1993年摄制. -- 1盘卷片（8米131拍）：1:10,
2B；35mm银盐
收藏馆：缩微中心，国图

00O013002
樗斋漫录：十二卷 / (明)许自昌撰
明万历(1573-1620)刻本
1991年摄制. -- 1盘卷片（13米237拍）：
1:10, 2B；35mm银盐
收藏馆：缩微中心，国图

00O024771
槎庵小乘：四十一卷 / (明)来斯行撰
明崇祯四年(1631)刻本
1995年摄制. -- 3盘卷片（71米1433拍）：
1:10, 2B；35mm银盐
收藏馆：缩微中心，浙江

00O024974
闲署日抄：六卷 / (明)舒荣都辑
明天启(1621-1627)刻本
1996年摄制. -- 2盘卷片（37米696拍）：
1:10, 2B；35mm银盐
收藏馆：缩微中心，安徽

00O000852
对问编：八卷 / (明)江应晓撰
明万历(1573-1620)刻本
1985年摄制. -- 1盘卷片（8.2米159拍）：
1:10, 2B；35mm银盐
收藏馆：缩微中心，国图

00O017812
对问编：八卷 / (明)江应晓撰
明万历(1573-1620)刻崇祯十一年(1638)江德
新江德中[等]重修本
1993年摄制. -- 1盘卷片(9米149拍) : 1:10,
2B ; 35mm银盐
收藏馆：缩微中心，国图

00O017455
孤竹宾谈：四卷 / (明)陈德文撰
明嘉靖二十八年(1549)苏继白以道刻蓝印本
1993年摄制. -- 1盘卷片(6米84拍) : 1:10,
2B ; 35mm银盐
收藏馆：缩微中心，国图

00O000518
快书小品：十四卷 / (明)罗鹤撰
明(1368-1644)非力斋刻本
1985年摄制. -- 1盘卷片(9.7米192拍) :
1:10, 2B ; 35mm银盐
收藏馆：缩微中心，国图

00O001265
剩言：十七卷 / (明)戴君恩撰
明(1368-1644)刻本
1985年摄制. -- 1盘卷片(11.8米244拍) :
1:10, 2B ; 35mm银盐
收藏馆：缩微中心，国图

00O018884
山居日记：八卷兴图考略二卷 / (明)寇慎撰
清(1644-1911)抄本
1994年摄制. -- 1盘卷片(25米541拍) :
1:10, 2B ; 35mm银盐
收藏馆：缩微中心，天津

00O000425
容安斋苏谭：七卷 / (明)白胤昌撰
清康熙元年(1662)白胤谦王同春刻本
1985年摄制. -- 1盘卷片(9米171拍) : 1:10,
2B ; 35mm银盐
收藏馆：缩微中心，国图

00O020344
容安斋苏谭：十卷 / (明)白胤昌撰
清康熙元年(1662)白胤谦王同春刻本
1994年摄制. -- 1盘卷片(9米150拍) : 1:10,
2B ; 35mm银盐
收藏馆：缩微中心，国图

00O023135
三戍丛谭：十三卷 / (明)茅元仪撰
明崇祯(1628-1644)刻本

1995年摄制. -- 1盘卷片(11米183拍) :
1:10, 2B ; 35mm银盐
收藏馆：缩微中心，国图

00O020294
暇老斋杂记：三十二卷 / (明)茅元仪撰
清光绪(1875-1908)李文田抄本. -- (清)李文
田批校并跋。
1994年摄制. -- 1盘卷片(16米319拍) :
1:10, 2B ; 35mm银盐
收藏馆：缩微中心，国图

00O019270
野航史话：四卷 / (明)茅元仪撰
明末(1621-1644)刻本
1994年摄制. -- 1盘卷片(5米59拍) : 1:10,
2B ; 35mm银盐
收藏馆：缩微中心，国图

00O003460
息斋笔记：二卷 / (明)吴桂森撰
明崇祯(1628-1644)刻本
1986年摄制. -- 1盘卷片(9米160拍) : 1:10,
2B ; 35mm银盐
收藏馆：缩微中心，国图

00O021821
闲存录：四卷 / (明)王永祚辑
明崇祯(1628-1644)二思堂刻本
1995年摄制. -- 1盘卷片(16米328拍) :
1:10, 2B ; 35mm银盐
收藏馆：缩微中心，南京

00O013230
留青日札：三十九卷 / (明)田艺蘅撰
明万历(1573-1620)刻本. -- (清)丁丙跋。
1991年摄制. -- 1盘卷片(30米699拍) :
1:10, 2B ; 35mm银盐
收藏馆：缩微中心，南京

00O018696
留青日札：三十九卷 / (明)田艺蘅撰
明万历元年(1573)刻本
1994年摄制. -- 1盘卷片(31米622拍) :
1:10, 2B ; 35mm银盐
收藏馆：缩微中心，国图

00O021663
留青日札：三十九卷 / (明)田艺蘅撰
明万历元年(1573)刻本
1995年摄制. -- 1盘卷片(32米631拍) :
1:10, 2B ; 35mm银盐
收藏馆：缩微中心，国图

000O021836
留青日札：三十九卷 / (明)田艺蘅撰
明万历三十七年(1609)徐懋升刻本
1995年摄制. -- 1盘卷片(30米674拍) ：
1:10，2B ；35mm银盐
收藏馆：缩微中心，南京

000O007221
天都载：六卷 / (明)马大壮撰
明万历(1573-1620)刻本. -- 存三卷：卷一至
卷三。
1987年摄制. -- 1盘卷片(9米162拍) ：1:10,
2B ；35mm银盐
收藏馆：缩微中心，国图

000O013736
天都载：六卷 / (明)马大壮撰
明万历(1573-1620)刻本
1991年摄制. -- 1盘卷片(13米257拍) ：
1:10，2B ；35mm银盐
收藏馆：缩微中心，国图

000O005135
新刻异识资谐：四卷续识资谐四卷 / (明)薛朝选撰
明万历三十二年(1604)书林王守渠珍萃堂刻本
1986年摄制. -- 1盘卷片(16.2米347拍) ：
1:10，2B ；35mm银盐
收藏馆：缩微中心，国图

000O011107
续识资谐：二卷 / (明)薛朝选辑
明末(1621-1644)书林王守渠珍萃堂刻本
1989年摄制. -- 1盘卷片(7米103拍) ：1:10,
2B ；35mm银盐
收藏馆：缩微中心，天津

000O000264
炳烛斋随笔：一卷 / (明)顾大韶撰
清(1644-1911)孙胜雨抄本
1985年摄制. -- 1盘卷片(6.1米107拍) ：
1:10，2B ；35mm银盐
收藏馆：缩微中心，国图

000O021150
王圣俞评选国胜：三卷 / (明)王圣俞评选
明末(1621-1644)刻本
1992年摄制. -- 1盘卷片(6米98拍) ：1:10,
2B ；35mm银盐
收藏馆：缩微中心，吉林

000O012985
文园漫语：一卷 / (明)程希尧撰
明(1368-1644)抄本
1991年摄制. -- 1盘卷片(4米42拍) ：1:10,
2B ；35mm银盐
收藏馆：缩微中心，国图

000O016653
沈氏弋说：六卷 / (明)沈长卿撰；(明)黄可师[等]评
明万历(1573-1620)刻本. -- 评者还有：(明)
卓尔康、(明)沈守正、(明)闻启祥、(明)徐如
珩。
1993年摄制. -- 1盘卷片(25米490拍) ：
1:10，2B ；35mm银盐
收藏馆：缩微中心，国图

000O012967
雪庵清史：五卷 / (明)乐纯撰
明(1368-1644)书林李少泉刻本
1991年摄制. -- 1盘卷片(19米370拍) ：
1:10，2B ；35mm银盐
收藏馆：缩微中心，国图

000O020681
雪庵清史：五卷 / (明)乐纯撰
明(1368-1644)书林李少泉刻本
1994年摄制. -- 1盘卷片(19米350拍) ：
1:10，2B ；35mm银盐
收藏馆：缩微中心，国图

000O009546
姚伯子论：不分卷 / (明)姚应仁撰
明万历四十七年(1619)刻本
1988年摄制. -- 1盘卷片(4米57拍) ：1:10,
2B ；35mm银盐
收藏馆：缩微中心，重庆

000O025946
学易堂笔记：一卷；学易三章：一卷 / (明)项皋谟撰
明(1368-1644)刻本
1996年摄制. -- 1盘卷片(5米54拍) ：1:10,
2B ；35mm银盐
收藏馆：缩微中心，南京

000O019446
学易堂三笔：一卷；滴露轩杂著：一卷 / (明)项皋谟撰
明(1368-1644)刻本
1994年摄制. -- 1盘卷片(5米55拍) ：1:10,
2B ；35mm银盐
收藏馆：缩微中心，国图

00O015529
露书:十四卷 / (明)姚旅撰
明天启(1621-1627)刻本
1993年摄制. -- 1盘卷片(28米554拍) :
1:10, 2B ; 35mm银盐
收藏馆:缩微中心, 国图

00O023181
露书:十四卷 / (明)姚旅撰
明天启(1621-1627)刻本
1995年摄制. -- 1盘卷片(28米556拍) :
1:10, 2B ; 35mm银盐
收藏馆:缩微中心, 国图

00O019920
苍崖子:一卷 / (明)朱健撰
明末(1621-1644)刻本
1994年摄制. -- 1盘卷片(7米96拍) : 1:10,
2B ; 35mm银盐
收藏馆:缩微中心, 国图

00O014812
苍崖子:不分卷 / (明)朱健撰
明末(1621-1644)刻本
1992年摄制. -- 1盘卷片(7米94拍) : 1:10,
2B ; 35mm银盐
收藏馆:缩微中心, 国图

00O025006
南牖日笺:七卷 / (明)王佐撰
明崇祯九年(1636)观文堂刻本
1996年摄制. -- 1盘卷片(13米267拍) :
1:14, 2B ; 35mm银盐
收藏馆:缩微中心, 安徽

00O001585
张子远先生矗下语:二卷 / (明)张复撰
明天启二年(1622)刻本
1986年摄制. -- 1盘卷片(5.5米123拍) :
1:10, 2B ; 35mm银盐
收藏馆:缩微中心, 国图

00O001195
槎上老舌:不分卷 / (明)陈衎撰
明崇祯(1628-1644)刻本
1985年摄制. -- 1盘卷片(5.3米85拍) :
1:10, 2B ; 35mm银盐
收藏馆:缩微中心, 国图

00O031017
槎上老舌:一卷 / (明)陈衎撰
明崇祯(1628-1644)刻本
2004年摄制. -- 1盘卷片(6米90拍) : 1:10,
2B ; 35mm银盐
收藏馆:缩微中心, 国图

00O031220
论古闲眸:不分卷 / (明)张韩撰
清(1644-1911)抄本
2004年摄制. -- 1盘卷片(6米80拍) : 1:9,
2B ; 35mm银盐
收藏馆:缩微中心, 国图

00O008448
论古闲眸:不分卷 / (明)张韩撰
清(1644-1911)抄本. -- (清)臧庸跋。
1988年摄制. -- 1盘卷片(5.1米82拍) :
1:10, 2B ; 35mm银盐
收藏馆:缩微中心, 国图

00O021912
兰叶笔存:一卷 / (明)释本以撰
清(1644-1911)抄本
1995年摄制. -- 1盘卷片(3米27拍) : 1:10,
2B ; 35mm银盐
收藏馆:缩微中心, 国图

00O020098
假庵杂著:一卷纪季父遗言遗事一卷 / (明)归昌
世撰
明(1368-1644)稿本
1994年摄制. -- 1盘卷片(3米17拍) : 1:10,
2B ; 35mm银盐
收藏馆:缩微中心, 国图

00O014767
日北居独坐谈:一卷 / (明)洪化昭撰
明崇祯八年(1635)洪化昭刻本
1992年摄制. -- 1盘卷片(4米44拍) : 1:10,
2B ; 35mm银盐
收藏馆:缩微中心, 国图

00O000452
吹景集:十四卷 / (明)董斯张撰
明崇祯(1628-1644)刻本
1985年摄制. -- 1盘卷片(13.1米279拍) :
1:10, 2B ; 35mm银盐
收藏馆:缩微中心, 国图

00O000863
吹景集:十四卷 / (明)董斯张撰
明崇祯(1628-1644)刻本
1985年摄制. -- 1盘卷片(13.7米287拍) :
1:10, 2B ; 35mm银盐
收藏馆:缩微中心, 国图

00O007273
吹景集：十四卷 / (明)董斯张撰
清(1644-1911)抄本
1987年摄制. -- 1盘卷片(14米293拍)：
1:10, 2B；35mm银盐
收藏馆：缩微中心，国图

00O023617
吹景集：十四卷 / (明)董斯张撰
清(1644-1911)抄本. -- 存九卷：卷一至卷
九。(清)姚燮跋。
1995年摄制. -- 1盘卷片(9米163拍)：1:10，
2B；35mm银盐
收藏馆：缩微中心，浙江

00O013412
计然子：不分卷 / (明)董汉策撰
明崇祯(1628-1644)陆信甫刻本
1991年摄制. -- 1盘卷片(8米148拍)：1:10，
2B；35mm银盐
收藏馆：缩微中心，国图

00O017329
真珠船：二十卷 / (明)黄焜辑
明末(1621-1644)刻本
1993年摄制. -- 2盘卷片(50米1024拍)：
1:10, 2B；35mm银盐
收藏馆：缩微中心，国图

00O011464
原李耳载：二卷 / (明)李中馥撰
清乾隆三十二年(1767)李青房刻本
1989年摄制. -- 1盘卷片(6.2米113拍)：
1:10, 2B；35mm银盐
收藏馆：缩微中心，辽宁

00O023190
戊幕闲谈：一卷
明(1368-1644)抄本
1995年摄制. -- 1盘卷片(3米8拍)：1:10，
2B；35mm银盐
收藏馆：缩微中心，国图

00O019847
西学凡：一卷；三山论学纪：一卷 / (意大利)艾儒略撰
明天启(1621-1627)刻天学初函本
1994年摄制. -- 1盘卷片(3米26拍)：1:10，
2B；35mm银盐
收藏馆：缩微中心，国图

00O004210
枣林杂俎：□□卷 / (明)谈迁撰

清(1644-1911)抄本. -- 存十二卷。
1985年摄制. -- 1盘卷片(15米315拍)：
1:10, 2B；35mm银盐
收藏馆：缩微中心，国图

00O002146
枣林杂俎：六卷 / (明)谈迁撰
清(1644-1911)述郑斋抄本
1986年摄制. -- 1盘卷片(22米440拍)：
1:10, 2B；35mm银盐
收藏馆：缩微中心，国图

00O015864
枣林杂俎：六卷外索三卷 / (明)谈迁撰
清(1644-1911)抄本
1993年摄制. -- 2盘卷片(39米764拍)：
1:10, 2B；35mm银盐
收藏馆：缩微中心，国图

00O014775
枣林外索：三卷 / (明)谈迁撰
清初(1644-1722)抄本. -- (清)唐翰题跋。
1992年摄制. -- 1盘卷片(19米378拍)：
1:10, 2B；35mm银盐
收藏馆：缩微中心，国图

00O025414
枣林外索：三卷 / (明)谈迁撰
清(1644-1911)抄本. -- 佚名校点。
1996年摄制. -- 1盘卷片(16米300拍)：
1:10, 2B；35mm银盐
收藏馆：缩微中心，国图

00O015886
枣林艺篑：一卷 / (明)谈迁撰
清(1644-1911)抄本. -- (清)王堉跋。
1993年摄制. -- 1盘卷片(5米61拍)：1:10，
2B；35mm银盐
收藏馆：缩微中心，国图

00O019057
乾初先生遗集：四卷 / (明)陈确撰
清(1644-1911)餐霞轩抄本
1994年摄制. -- 1盘卷片(4米39拍)：1:10，
2B；35mm银盐
收藏馆：缩微中心，国图

00O000853
因树屋书影：十卷 / (清)周亮工撰
清康熙(1662-1722)周氏赖古堂刻本
1985年摄制. -- 1盘卷片(21米464拍)：
1:10, 2B；35mm银盐
收藏馆：缩微中心，国图

000O002247
因树屋书影：十卷 / (清)周亮工撰
清康熙(1662-1722)周氏赖古堂刻本
1986年摄制. -- 1盘卷片(20.8米459拍)：
1:10, 2B ; 35mm银盐
收藏馆：缩微中心，国图

000O024098
雪亭梦语：一卷 / (清)魏莲陆撰
清乾隆三十四年(1769)鲁九皋抄本. -- (清)
鲁九皋校并跋。
1996年摄制. -- 1盘卷片(7米130拍)：1:10,
2B ; 35mm银盐
收藏馆：缩微中心，湖北

000O000415
云谷卧余：二十卷续八卷 / (清)张习孔撰
清顺治十八年(1661)张习孔刻本
1985年摄制. -- 1盘卷片(24米530拍)：
1:10, 2B ; 35mm银盐
收藏馆：缩微中心，国图

000O001463
云谷卧余：二十卷续八卷 / (清)张习孔撰
清顺治十八年(1661)张习孔刻本
1985年摄制. -- 1盘卷片(24米539拍)：
1:10, 2B ; 35mm银盐
收藏馆：缩微中心，国图

000O017272
容膝居杂录：六卷 / (清)葛芝撰
清(1644-1911)抄本
1993年摄制. -- 1盘卷片(11米179拍)：
1:10, 2B ; 35mm银盐
收藏馆：缩微中心，国图

000O025416
匡林：二卷 / (清)毛先舒撰
清初(1644-1722)刻本
1996年摄制. -- 1盘卷片(7米102拍)：1:10,
2B ; 35mm银盐
收藏馆：缩微中心，国图

000O012958
潜书：四卷 / (清)唐甄撰
清康熙(1662-1722)王闻远刻本
1991年摄制. -- 1盘卷片(15米287拍)：
1:10, 2B ; 35mm银盐
收藏馆：缩微中心，国图

000O009292
三冈识略：十卷续识略一卷 / (清)董含撰
清康熙(1662-1722)刻本

1988年摄制. -- 1盘卷片(22米450拍)：
1:10, 2B ; 35mm银盐
收藏馆：缩微中心，湖南

000O020378
摘抄三冈识略：十卷续识略二卷 / (清)董含撰
清(1644-1911)李文田抄本. -- (清)李文田
跋。
1994年摄制. -- 1盘卷片(7米104拍)：1:10,
2B ; 35mm银盐
收藏馆：缩微中心，国图

000O011478
读书杂述：十卷 / (清)李铠撰
清康熙三十八年(1699)恪素堂刻本
1989年摄制. -- 1盘卷片(8.5米169拍)：
1:10, 2B ; 35mm银盐
收藏馆：缩微中心，辽宁

000O027292
天中许子政学合一集：不分卷 / (清)许三礼撰
清康熙(1662-1722)刻本
1997年摄制. -- 1盘卷片(17米339拍)：
1:10, 2B ; 35mm银盐
收藏馆：缩微中心，国图

000O007015
士学古编：十二卷又八卷 / (清)于琳撰
清(1644-1911)稿本
1987年摄制. -- 1盘卷片(9米177拍)：1:10,
2B ; 35mm银盐
收藏馆：缩微中心，国图

000O014644
庚寅漫录：一卷 / (清)王士骥撰
清(1644-1911)稿本
1992年摄制. -- 1盘卷片(3米17拍)：1:10,
2B ; 35mm银盐
收藏馆：缩微中心，国图

000O015893
庭训录：一卷 / (清)沈珩撰
清乾隆四十九年(1784)吴重意抄本. -- (清)
吴骞跋。
1993年摄制. -- 1盘卷片(2米40拍)：1:10,
2B ; 35mm银盐
收藏馆：缩微中心，国图

000O017394
逸楼论文：一卷论史一卷 / (清)李中黄撰
清(1644-1911)刻本
1993年摄制. -- 1盘卷片(7米104拍)：1:10,
2B ; 35mm银盐

收藏馆：缩微中心，国图

000O025421
山志：六卷；大明世系：一卷 / (清)王弘撰撰
清初(1644-1722)刻本
1996年摄制. -- 1盘卷片(11米204拍) :
1:10, 2B ; 35mm银盐
收藏馆：缩微中心，国图

000O018204
艮斋笔记：八卷 / (清)李澄中撰
清(1644-1911)抄本
1993年摄制. -- 1盘卷片(8米137拍) : 1:10,
2B ; 35mm银盐
收藏馆：缩微中心，山东

000O021654
松塵剩言：二卷 / (清)邹天嘉辑 ; (清)高棅校订
清乾隆(1736-1795)刻本
1995年摄制. -- 1盘卷片(5米59拍) : 1:10,
2B ; 35mm银盐
收藏馆：缩微中心，国图

000O016771
栎阳金：六卷 / (清)杨沉撰
清(1644-1911)稿本
1993年摄制. -- 1盘卷片(34米674拍) :
1:10, 2B ; 35mm银盐
收藏馆：缩微中心，国图

000O000480
隙光亭杂识：四卷 / (清)揆叙撰
清康熙(1662-1722)谦牧堂刻本
1985年摄制. -- 1盘卷片(10.7米219拍) :
1:10, 2B ; 35mm银盐
收藏馆：缩微中心，国图

000O001202
隙光亭杂识：六卷 / (清)揆叙撰
清康熙(1662-1722)谦牧堂刻本
1985年摄制. -- 1盘卷片(15米317拍) :
1:10, 2B ; 35mm银盐
收藏馆：缩微中心，国图

000O001933
隙光亭杂识：六卷 / (清)揆叙撰
清康熙(1662-1722)揆叙谦牧堂刻本
1986年摄制. -- 1盘卷片(15米312拍) :
1:10, 2B ; 35mm银盐
收藏馆：缩微中心，国图

000O000873
蓉槎蠡说：十二卷 / (清)程哲撰

清康熙五十年(1711)程氏七略书堂刻本
1985年摄制. -- 1盘卷片(11米220拍) :
1:10, 2B ; 35mm银盐
收藏馆：缩微中心，国图

000O000967
蓉槎蠡说：十二卷 / (清)程哲撰
清康熙五十年(1711)程氏七略书堂刻本
1985年摄制. -- 1盘卷片(11.1米225拍) :
1:10, 2B ; 35mm银盐
收藏馆：缩微中心，国图

000O002282
蓉槎蠡说：十二卷 / (清)程哲撰
清康熙五十年(1711)程氏七略书堂刻本
1986年摄制. -- 1盘卷片(11米213拍) :
1:10, 2B ; 35mm银盐
收藏馆：缩微中心，国图

000O000552
在园杂志：四卷 / (清)刘廷玑撰
清康熙五十四年(1715)刘廷玑刻本
1985年摄制. -- 1盘卷片(11米221拍) :
1:10, 2B ; 35mm银盐
收藏馆：缩微中心，国图

000O001412
在园杂志：四卷 / (清)刘廷玑撰
清康熙五十四年(1715)刘廷玑刻本
1985年摄制. -- 1盘卷片(11米222拍) :
1:10, 2B ; 35mm银盐
收藏馆：缩微中心，国图

000O003646
南村随笔：六卷 / (清)陆廷灿撰
清雍正十三年(1735)陆氏寿椿堂刻本
1986年摄制. -- 1盘卷片(9.5米178拍) :
1:10, 2B ; 35mm银盐
收藏馆：缩微中心，国图

000O031191
南村随笔：六卷 / (清)陆廷灿撰
清雍正十三年(1735)陆廷灿刻本
2004年摄制. -- 1盘卷片(10米170拍) :
1:10, 2B ; 35mm银盐
收藏馆：缩微中心，国图

000O000943
受宜堂宦游笔记：四十六卷 / (清)纳兰常安撰
清乾隆十一年(1746)纳兰常安刻本
1985年摄制. -- 2盘卷片(55米1231拍) :
1:10, 2B ; 35mm银盐
收藏馆：缩微中心，国图

00O017205
雪岩翁集：八卷 / (清)成芸撰
清(1644-1911)抄本
1993年摄制. -- 1盘卷片(7米119拍) ：1:10,
2B ；35mm银盐
收藏馆：缩微中心，山东

00O027813
消夏录：二卷 / (清)黄仕撰
清乾隆四十年(1775)余文仪刻本
1996年摄制. -- 1盘卷片(7米108拍) ：1:10,
2B ；35mm银盐
收藏馆：缩微中心，南京

00O013543
读书作文谱：十二卷；父师善诱法：二卷 / (清)
唐彪撰
清康熙四十九年(1710)文监堂刻本
1991年摄制. -- 1盘卷片(13米235拍) ：
1:10, 2B ；35mm银盐
收藏馆：缩微中心，浙江

00O020941
见闻琐录：三卷 / (清)宋在诗撰
清乾隆(1736-1795)刻本
1994年摄制. -- 1盘卷片(4米57拍) ：1:10,
2B ；35mm银盐
收藏馆：缩微中心，山西

00O025437
衍谢：一卷 / (清)陈伟撰
清(1644-1911)抄本. -- (清)卢文弨校。
1996年摄制. -- 1盘卷片(4米33拍) ：1:10,
2B ；35mm银盐
收藏馆：缩微中心，国图

00O003409
闲渔闲闲录：九卷 / (清)蔡显撰
清(1644-1911)抄本. -- 缪荃孙跋。
1986年摄制. -- 1盘卷片(11米220拍) ：
1:10, 2B ；35mm银盐
收藏馆：缩微中心，国图

00O019805
不惑论：一卷 / (清)吴玫中撰
清(1644-1911)抄本. -- (清)吴骞校并跋。
1994年摄制. -- 1盘卷片(3米15拍) ：1:10,
2B ；35mm银盐
收藏馆：缩微中心，国图

00O021695
瀛山笔记：二卷 / (清)黄士坰撰
清乾隆三十年(1765)黄煜绣雪堂刻本

1995年摄制. -- 1盘卷片(4米34拍) ：1:10,
2B ；35mm银盐
收藏馆：缩微中心，国图

00O021253
稽古严：二卷 / (清)张奇逢撰
清(1644-1911)刻本
1995年摄制. -- 1盘卷片(8米129拍) ：1:10,
2B ；35mm银盐
收藏馆：缩微中心，国图

00O015948
尖阳丛笔：十卷续笔一卷 / (清)吴骞撰
清(1644-1911)抄本. -- (清)徐鸿熙跋。
1993年摄制. -- 1盘卷片(9米147拍) ：1:10,
2B ；35mm银盐
收藏馆：缩微中心，国图

00O015492
小桐溪随笔：不分卷 / (清)吴骞撰
清(1644-1911)抄本. -- (清)吴骞校。
1993年摄制. -- 1盘卷片(4米50拍) ：1:10,
2B ；35mm银盐
收藏馆：缩微中心，国图

00O016734
桐阴日省编：不分卷 / (清)吴骞撰. 慎终录要：
一卷 / (清)徐容撰；(清)吴骞订
清(1644-1911)抄本
1993年摄制. -- 1盘卷片(4米40拍) ：1:10,
2B ；35mm银盐
收藏馆：缩微中心，国图

00O015479
桐阴日省编：二卷 / (清)吴骞撰. 慎终录要：一
卷 / (清)徐容撰；(清)吴骞订
清(1644-1911)抄本. -- (清)吴骞校。
1993年摄制. -- 1盘卷片(4米44拍) ：1:10,
2B ；35mm银盐
收藏馆：缩微中心，国图

00O008460
噩梦录：六卷 / (清)孙震撰
清(1644-1911)抄本
1988年摄制. -- 1盘卷片(7米114拍) ：1:10,
2B ；35mm银盐
收藏馆：缩微中心，国图

00O005474
乡谈：一卷 / (清)田易撰
清(1644-1911)王宗炎抄本. -- (清)王宗炎
跋。
1986年摄制. -- 1盘卷片(4米60拍) ：1:10,

2B ；35mm银盐
收藏馆：缩微中心，国图

000O000949
书隐丛说：十九卷 / (清)袁栋撰
清乾隆(1736-1795)袁栋锄经楼刻本
1985年摄制. -- 1盘卷片(24.6米548拍) ：
1:10, 2B ；35mm银盐
收藏馆：缩微中心，国图

000O008092
柚堂笔谈：四卷 / (清)盛百二撰
清乾隆三十四年(1769)刻本
1988年摄制. -- 1盘卷片(6.5米96拍) ：
1:10, 2B ；35mm银盐
收藏馆：缩微中心，湖北

000O004229
水曹清眼录：十六卷 / (清)汪启淑撰
清乾隆五十七年(1792)汪氏飞鸿堂刻本
1986年摄制. -- 1盘卷片(14米300拍) ：
1:10, 2B ；35mm银盐
收藏馆：缩微中心，国图

000O013237
水曹清眼录：十六卷 / (清)汪启淑撰
清乾隆五十七年(1792)汪氏飞鸿堂刻本
1991年摄制. -- 1盘卷片(14米318拍) ：
1:10, 2B ；35mm银盐
收藏馆：缩微中心，南京

000O031216
水曹清眼录：十六卷 / (清)汪启淑撰
清乾隆五十七年(1792)汪氏飞鸿堂刻本
2004年摄制. -- 1盘卷片(14米290拍) ：1:8,
2B ；35mm银盐
收藏馆：缩微中心，国图

000O000630
苏叟养疴闲记：四卷 / (清)陆锦撰
清(1644-1911)刻本
1985年摄制. -- 1盘卷片(7.8米147拍) ：
1:10, 2B ；35mm银盐
收藏馆：缩微中心，国图

000O018742
钝砚卮言：不分卷 / (清)钱绮撰
清道光(1821-1850)刻本
1994年摄制. -- 1盘卷片(6米89拍) ：1:10,
2B ；35mm银盐
收藏馆：缩微中心，国图

000O012489
稗记：一卷 / (清)梁彬撰
清嘉庆元年(1796)王定柱抄本
1990年摄制. -- 1盘卷片(3米55拍) ：1:10,
2B ；35mm银盐
收藏馆：缩微中心，山东

000O014633
茶余客话：十卷 / (清)阮葵生撰
清(1644-1911)稿本
1992年摄制. -- 2盘卷片(44米885拍) ：
1:10, 2B ；35mm银盐
收藏馆：缩微中心，国图

000O018872
茶余客话：十二卷 / (清)阮葵生撰；(清)戴璐选
清乾隆(1736-1795)七录斋活字印本. -- 钤
"周氏叔弢"印，周叔弢捐赠。
1994年摄制. -- 1盘卷片(11米212拍) ：
1:10, 2B ；35mm银盐
收藏馆：缩微中心，天津

000O018189
困学录：不分卷 / (清)蔡柏撰
清(1644-1911)稿本
1993年摄制. -- 1盘卷片(12米238拍) ：
1:10, 2B ；35mm银盐
收藏馆：缩微中心，山东

000O015963
炙砚琐谈：三卷 / (清)汤大奎撰
清乾隆五十七年(1792)赵氏亦有生斋刻本
1993年摄制. -- 1盘卷片(7米102拍) ：1:10,
2B ；35mm银盐
收藏馆：缩微中心，国图

000O025426
循陔纂闻：四卷 / (清)周广业撰
清(1644-1911)抄本
1996年摄制. -- 1盘卷片(12米205拍) ：
1:10, 2B ；35mm银盐
收藏馆：缩微中心，国图

000O005109
砚北杂录：十六卷札记一卷 / (清)黄叔琳撰
清(1644-1911)汉阳叶氏抄本
1986年摄制. -- 1盘卷片(20米437拍) ：
1:10, 2B ；35mm银盐
收藏馆：缩微中心，国图

000O016680
砚北杂录：十六卷札记一卷 / (清)黄叔琳撰
清(1644-1911)征草轩抄本

1993年摄制. -- 1盘卷片(23米456拍)：
1:10, 2B；35mm银盐
收藏馆：缩微中心，国图

00O026240
何氏学：四卷 / (清)何治运撰
清嘉庆(1796-1820)爱日轩刻本
1997年摄制. -- 1盘卷片(11米191拍)：
1:10, 2B；35mm银盐
收藏馆：缩微中心，国图

00O018256
花隐庵随笔：一卷 / (清)牛坤撰
清(1644-1911)稿本
1993年摄制. -- 1盘卷片(6米92拍)：1:10,
2B；35mm银盐
收藏馆：缩微中心，山东

00O016126
小草庐丛谈：不分卷 / (清)吴邦达撰
清(1644-1911)吟雪山房抄本. -- (清)彭诩题
款。
1993年摄制. -- 1盘卷片(5米60拍)：1:10,
2B；35mm银盐
收藏馆：缩微中心，国图

00O006754
里堂道听录：四十卷又一卷 / (清)焦循撰
清(1644-1911)稿本
1986年摄制. -- 3盘卷片(69.4米1537拍)：
1:10, 2B；35mm银盐
收藏馆：缩微中心，国图

00O013067
里堂道听录：四十卷又一卷 / (清)焦循撰
清(1644-1911)稿本
1991年摄制. -- 3盘卷片(70米1322拍)：
1:10, 2B；35mm银盐
收藏馆：缩微中心，国图

00O026950
忆书：六卷 / (清)焦循撰
清光绪十年(1884)李盛铎抄本. -- 李盛铎
跋。
1992年摄制. -- 1盘卷片(5米58拍)：1:10,
2B；35mm银盐
收藏馆：缩微中心，国图

00O005477
读书小记：一卷因柳阁读书录一卷 / (清)焦廷琥
撰
清(1644-1911)稿本
1986年摄制. -- 1盘卷片(4米44拍)：1:10,

2B；35mm银盐
收藏馆：缩微中心，国图

00O000959
静学斋偶志：四卷 / (清)史承谦撰
清嘉庆(1796-1820)刻本
1985年摄制. -- 1盘卷片(6.1米107拍)：
1:10, 2B；35mm银盐
收藏馆：缩微中心，国图

00O019683
竹叶亭杂记：八卷 / (清)姚元之撰
清(1644-1911)稿本
1994年摄制. -- 1盘卷片(10米169拍)：
1:10, 2B；35mm银盐
收藏馆：缩微中心，国图

00O004070
竹叶亭杂记：八卷 / (清)姚元之撰
清光绪十九年(1893)姚虞卿刻本. -- (清)翁
同龢批注。
1986年摄制. -- 1盘卷片(9米164拍)：1:10,
2B；35mm银盐
收藏馆：缩微中心，国图

00O025446
春漪斋笔识：六卷 / (清)张霞房撰
清(1644-1911)抄本. -- 佚名校。
1996年摄制. -- 1盘卷片(9米146拍)：1:10,
2B；35mm银盐
收藏馆：缩微中心，国图

00O019227
亦斋随笔：三卷 / (清)雷树芝撰
清(1644-1911)稿本
1994年摄制. -- 1盘卷片(5米62拍)：1:10,
2B；35mm银盐
收藏馆：缩微中心，国图

00O019367
瑟榭丛谈：二卷 / (清)沈涛撰
清道光二十五年(1845)刻本
1994年摄制. -- 1盘卷片(4米45拍)：1:10,
2B；35mm银盐
收藏馆：缩微中心，国图

00O025536
交翠轩笔记：四卷 / (清)沈涛撰
清道光(1821-1850)刻本
1996年摄制. -- 1盘卷片(8米112拍)：1:10,
2B；35mm银盐
收藏馆：缩微中心，国图

00O003967
鸥陂渔话：六卷 / (清)叶廷琯撰
清同治八年至九年(1869-1870)刻本. -- (清)
翁同龢批注。
1985年摄制. -- 1盘卷片(9.7米192拍) :
1:10, 2B ; 35mm银盐
收藏馆：缩微中心，国图

00O016816
扪虱琐谭：二卷 / (清)曹宗载撰
清(1644-1911)抄本
1993年摄制. -- 1盘卷片(5米55拍) : 1:10,
2B ; 35mm银盐
收藏馆：缩微中心，国图

00O028047
校邠庐初稿：二卷 / (清)冯桂芬撰
清(1644-1911)抄本. -- (清)谢章铤校并跋。
1996年摄制. -- 1盘卷片(7.53米134拍) :
1:10, 2B ; 35mm银盐
收藏馆：缩微中心，福建

00O019660
止园笔谈：十二卷 / (清)史梦兰撰
清(1644-1911)抄本. -- (清)史梦兰校。
1994年摄制. -- 1盘卷片(22米412拍) :
1:10, 2B ; 35mm银盐
收藏馆：缩微中心，国图

00O023626
小匏庵杂录：不分卷 / (清)吴仰贤撰
清(1644-1911)稿本
1995年摄制. -- 1盘卷片(21米405拍) :
1:10, 2B ; 35mm银盐
收藏馆：缩微中心，浙江

00O024782
婴啼记：六卷 / (清)戴以恒撰
清(1644-1911)稿本
1995年摄制. -- 1盘卷片(4米56拍) : 1:10,
2B ; 35mm银盐
收藏馆：缩微中心，浙江

00O020756
考古随录：一卷 / (清)汪鋆撰
清(1644-1911)稿本
1994年摄制. -- 1盘卷片(3米21拍) : 1:10,
2B ; 35mm银盐
收藏馆：缩微中心，国图

00O026348
桥西杂记：一卷 / (清)叶名澧撰
清同治十年(1871)吴县潘氏滂喜斋丛书稿本

1997年摄制. -- 1盘卷片(5米80拍) : 1:10,
2B ; 35mm银盐
收藏馆：缩微中心，湖北

00O004138
危言：四卷 / (清)汤震撰
清(1644-1911)抄本
1986年摄制. -- 1盘卷片(11.6米238拍) :
1:10, 2B ; 35mm银盐
收藏馆：缩微中心，国图

00O008556
章安杂说：不分卷 / (清)赵之谦撰
清(1644-1911)稿本
1988年摄制. -- 1盘卷片(4米57拍) : 1:10,
2B ; 35mm银盐
收藏馆：缩微中心，国图

00O026336
锄经撦记：十四卷 / (清)成瑰撰
清(1644-1911)稿本
1997年摄制. -- 2盘卷片(38米660拍) :
1:10, 2B ; 35mm银盐
收藏馆：缩微中心，湖北

00O016930
补闲：三卷 / (高丽)崔滋撰
高丽刻本
1993年摄制. -- 1盘卷片(7米91拍) : 1:10,
2B ; 35mm银盐
收藏馆：缩微中心，国图

00O003833
补闲集：三卷 / (高丽)崔滋撰
朝鲜抄本. -- (清)赵寅永跋，(清)刘喜海题
款。
1985年摄制. -- 1盘卷片(5米107拍) : 1:10,
2B ; 35mm银盐
收藏馆：缩微中心，国图

00O001276
菊壶笔话：一卷 / (朝鲜)李肇源撰
稿本
1985年摄制. -- 1盘卷片(5米69拍) : 1:10,
2B ; 35mm银盐
收藏馆：缩微中心，国图

00O003955
独断：二卷 / (汉)蔡邕撰
明弘治十六年(1503)刘逊刻本
1985年摄制. -- 1盘卷片(4米44拍) : 1:10,
2B ; 35mm银盐
收藏馆：缩微中心，国图

000O029324
独断：二卷 / (汉)蔡邕撰
明万历(1573-1620)程荣刻汉魏丛书本. -- 四库底本。(汉)程荣校。
1999年摄制. -- 1盘卷片(4米49拍) : 1:10, 2B ; 35mm银盐
收藏馆：缩微中心，湖南

000O028127
独断：一卷 / (汉)蔡邕撰
明万历(1573-1620)何允中刻广汉魏丛书本. -- (清)卢文弨校并跋，(清)丁丙跋。
1996年摄制. -- 1盘卷片(4米47拍) : 1:10, 2B ; 35mm银盐
收藏馆：缩微中心，南京

000O028147
崔豹古今注：三卷 / (晋)崔豹撰
明嘉靖十三年(1534)陈钺刻本. -- (清)丁丙跋。
1996年摄制. -- 1盘卷片(4米45拍) : 1:10, 2B ; 35mm银盐
收藏馆：缩微中心，南京

000O004639
崔豹古今注：三卷 / [题](晋)崔豹撰
明(1368-1644)抄本. -- (清)卢文弨校。
1986年摄制. -- 1盘卷片(3米33拍) : 1:10, 2B ; 35mm银盐
收藏馆：缩微中心，国图

000O001755
古今注：三卷 / [题](晋)崔豹撰
明崇祯二年(1629)影明(1368-1644)抄本
1986年摄制. -- 1盘卷片(4米48拍) : 1:10, 2B ; 35mm银盐
收藏馆：缩微中心，国图

000O005881
古今注释：七卷 / (明)朱朋来撰
明嘉靖(1522-1566)刻本. -- (清)劳格校并跋，(清)朱学勤题款。
1987年摄制. -- 1盘卷片(3.6米48拍) : 1:10, 2B ; 35mm银盐
收藏馆：缩微中心，国图

000O017317
中华古今注：三卷 / (五代)马缟撰
明嘉靖三十一年(1552)张臬刻本
1993年摄制. -- 1盘卷片(4米43拍) : 1:10, 2B ; 35mm银盐
收藏馆：缩微中心，国图

000O003108
中华古今注：三卷 / (五代)马缟撰
明(1368-1644)抄本
1986年摄制. -- 1盘卷片(4米62拍) : 1:10, 2B ; 35mm银盐
收藏馆：缩微中心，国图

000O014097
中华古今注：三卷 / (五代)马缟撰
清(1644-1911)抄本
1992年摄制. -- 1盘卷片(4米45拍) : 1:10, 2B ; 35mm银盐
收藏馆：缩微中心，国图

000O014286
资暇集：三卷 / (唐)李匡乂撰. 牛羊日历：一卷 / (唐)刘轲撰
清(1644-1911)抄本. -- (清)李文田校并跋。
1992年摄制. -- 1盘卷片(4米38拍) : 1:10, 2B ; 35mm银盐
收藏馆：缩微中心，国图

000O014565
东观余论：二卷 / (宋)黄伯思撰
明嘉靖十七年(1538)叶伯寅抄本. -- (清)叶伯寅、(清)叶国华、(清)陈棠溪跋。
1992年摄制. -- 1盘卷片(8米134拍) : 1:10, 2B ; 35mm银盐
收藏馆：缩微中心，国图

000O002148
东观余论：二卷 / (宋)黄伯思撰
明万历十二年(1584)项笃寿万卷堂刻本
1986年摄制. -- 1盘卷片(11米211拍) : 1:10, 2B ; 35mm银盐
收藏馆：缩微中心，国图

000O004526
东观余论：二卷 / (宋)黄伯思撰
明万历十二年(1584)项笃寿万卷堂刻本. -- (清)潘宗欧跋，(清)胡珽校并跋，(清)勒方锜、(清)潘遵祁等题款。
1987年摄制. -- 1盘卷片(11米222拍) : 1:10, 2B ; 35mm银盐
收藏馆：缩微中心，国图

000O015853
东观余论：二卷 / (宋)黄伯思撰
明万历十二年(1584)项笃寿万卷堂刻本
1993年摄制. -- 1盘卷片(11米196拍) : 1:10, 2B ; 35mm银盐
收藏馆：缩微中心，国图

000O005823
东观余论：二卷 / (宋)黄伯思撰
明万历十二年(1584)项笃寿万卷堂刻本
1987年摄制. -- 1盘卷片(10.7米221拍) :
1:10, 2B ; 35mm银盐
收藏馆：缩微中心，国图

000O015379
东观余论：二卷 / (宋)黄伯思撰
明(1368-1644)抄本
1992年摄制. -- 1盘卷片(9米159拍) : 1:10,
2B ; 35mm银盐
收藏馆：缩微中心，国图

000O005578
东观余论：二卷 / (宋)黄伯思撰
明(1368-1644)抄本. -- (清)黄丕烈跋。
1987年摄制. -- 1盘卷片(7.4米137拍) :
1:10, 2B ; 35mm银盐
收藏馆：缩微中心，国图

000O003754
东观余论：二卷 / (宋)黄伯思撰
清(1644-1911)抄本
1985年摄制. -- 1盘卷片(9米175拍) : 1:10,
2B ; 35mm银盐
收藏馆：缩微中心，国图

000O031781
东观余论：不分卷 / (宋)黄伯思撰
明(1368-1644)抄本
2005年摄制. -- 1盘卷片(7米115拍) : 1:10,
2B ; 35mm银盐
收藏馆：缩微中心，国图

000O018614
东观余论：四卷 / (宋)黄伯思撰
明(1368-1644)李春熙刻本
1992年摄制. -- 1盘卷片(9米173拍) : 1:12,
2B ; 35mm银盐
收藏馆：缩微中心，重庆

000O013410
东观余论：二卷附录一卷 / (宋)黄伯思撰
明末(1621-1644)毛氏汲古阁刻津逮秘书
本. -- (清)翁方纲校并跋。
1991年摄制. -- 1盘卷片(11米210拍) :
1:10, 2B ; 35mm银盐
收藏馆：缩微中心，国图

000O000226
东观余论：二卷附录一卷 / (宋)黄伯思撰
明崇祯(1628-1644)毛氏汲古阁刻津逮秘书

本. -- (清)劳权校并跋。
1985年摄制. -- 1盘卷片(11.2米227拍) :
1:10, 2B ; 35mm银盐
收藏馆：缩微中心，国图

000O015157
云谷杂记：不分卷 / (宋)张淏撰．投辖录：一卷 /
(宋)王明清撰
清(1644-1911)纯白斋抄本
1992年摄制. -- 1盘卷片(4米37拍) : 1:10,
2B ; 35mm银盐
收藏馆：缩微中心，国图

000O028160
云谷杂纪：四卷首一卷末一卷 / (宋)张淏撰
清乾隆(1736-1795)武英殿聚珍版丛书活字印
本. -- (清)卢文弨校，(清)丁丙跋。
1996年摄制. -- 1盘卷片(7.5米113拍) :
1:10, 2B ; 35mm银盐
收藏馆：缩微中心，南京

000O019614
演繁露：不分卷 / (宋)程大昌撰
清(1644-1911)抄本. -- (清)陈鳣跋。
1994年摄制. -- 1盘卷片(4米41拍) : 1:10,
2B ; 35mm银盐
收藏馆：缩微中心，国图

000O000276
程氏演繁露：十六卷续集六卷 / (宋)程大昌撰
明嘉靖三十年(1551)程焌刻本
1985年摄制. -- 1盘卷片(16.6米359拍) :
1:10, 2B ; 35mm银盐
收藏馆：缩微中心，国图

000O015531
程氏演繁露：十六卷续集六卷 / (宋)程大昌撰
明嘉靖三十年(1551)程焌刻本
1993年摄制. -- 1盘卷片(17米319拍) :
1:10, 2B ; 35mm银盐
收藏馆：缩微中心，国图

000O003109
程氏演繁露：十六卷续集六卷 / (宋)程大昌撰
明万历四十五年(1617)邓渼刻本
1986年摄制. -- 1盘卷片(17米361拍) :
1:10, 2B ; 35mm银盐
收藏馆：缩微中心，国图

000O009205
程氏演繁露：十六卷续集六卷 / (宋)程大昌撰
明万历四十五年(1617)邓渼刻本
1988年摄制. -- 1盘卷片(16.8米382拍) :

1:10，2B；35mm银盐
收藏馆：缩微中心，湖南

00O016324
程氏演繁露：十六卷续集六卷 / (宋)程大昌撰
清(1644-1911)彭氏知圣道斋抄本. -- (清)彭
元瑞批校并跋，谢宝树校。
1992年摄制. -- 1盘卷片(16米316拍)：
1:10，2B；35mm银盐
收藏馆：缩微中心，国图

00O002174
纬略：十二卷 / (宋)高似孙撰
明(1368-1644)王氏郁冈斋抄本. -- 傅增湘
跋。
1986年摄制. -- 1盘卷片(12米242拍)：
1:10，2B；35mm银盐
收藏馆：缩微中心，国图

00O013400
纬略：十二卷 / (宋)高似孙撰
明(1368-1644)抄本
1991年摄制. -- 1盘卷片(16米315拍)：
1:10，2B；35mm银盐
收藏馆：缩微中心，国图

00O016330
纬略：十二卷 / (宋)高似孙撰
清初(1644-1722)抄本. -- 叶德辉抄补并跋。
1992年摄制. -- 1盘卷片(16米323拍)：
1:10，2B；35mm银盐
收藏馆：缩微中心，国图

00O008161
纬略：十二卷 / (宋)高似孙撰
清顺治(1644-1661)白鹿山房活字印本
1988年摄制. -- 1盘卷片(14米294拍)：
1:10，2B；35mm银盐
收藏馆：缩微中心，湖北

00O031190
纬略：十二卷 / (宋)高似孙撰
清(1644-1911)白鹿山房活字印本. -- 叶德辉
跋。
2004年摄制. -- 1盘卷片(15米300拍)：1:9，
2B；35mm银盐
收藏馆：缩微中心，国图

00O030175
瓮牖闲评：八卷 / (宋)袁文撰；(清)吕世宜批点
清乾隆(1736-1795)武英殿活字印本
2001年摄制. -- 1盘卷片(6.4米107拍)：
1:10，2B；35mm银盐

收藏馆：缩微中心，厦门

00O005127
野客丛书：三十卷附录野老记闻一卷 / (宋)王楙撰
明嘉靖四十一年(1562)王谷祥刻本
1986年摄制. -- 1盘卷片(20.4米448拍)：
1:10，2B；35mm银盐
收藏馆：缩微中心，国图

00O015523
野客丛书：三十卷附录野老记闻一卷 / (宋)王楙撰
明嘉靖四十一年(1562)王谷祥刻本
1993年摄制. -- 1盘卷片(21米420拍)：
1:10，2B；35mm银盐
收藏馆：缩微中心，国图

00O015526
野客丛书：三十卷附录野老记闻一卷 / (宋)王楙撰
明嘉靖四十一年(1562)王谷祥刻本
1993年摄制. -- 1盘卷片(22米421拍)：
1:10，2B；35mm银盐
收藏馆：缩微中心，国图

00O020910
野客丛书：三十卷附录野老记闻一卷 / (宋)王楙撰
明嘉靖四十一年(1562)王谷祥刻本. -- 目
录、卷一至卷三配清(1644-1911)李文田抄
本。(清)李文田跋。
1994年摄制. -- 1盘卷片(22米419拍)：
1:10，2B；35mm银盐
收藏馆：缩微中心，国图

00O028706
野客丛书：三十卷附录野老记闻一卷 / (宋)王楙撰
明嘉靖四十一年(1562)王谷祥刻本. -- (清)
丁丙跋。
1990年摄制. -- 1盘卷片(21米447拍)：
1:10，2B；35mm银盐
收藏馆：缩微中心，南京

00O020320
野客丛书：三十卷附录野老记闻一卷 / (宋)王楙撰
明(1368-1644)刻本
1994年摄制. -- 1盘卷片(25米484拍)：
1:10，2B；35mm银盐
收藏馆：缩微中心，国图

00O020274
野客丛书：三十卷 / (宋)王楙撰
明(1368-1644)抄本. -- 存十五卷：卷一至卷十五。(清)黄丕烈跋。
1994年摄制. -- 1盘卷片(11米190拍) : 1:10, 2B ; 35mm银盐
收藏馆：缩微中心，国图

00O000162
野客丛书：三十一卷 / (宋)王楙撰
明(1368-1644)钮氏世学楼抄本
1985年摄制. -- 1盘卷片(18.1米392拍) : 1:10, 2B ; 35mm银盐
收藏馆：缩微中心，国图

00O018145
野客丛书考证：三十卷附录一卷 / (清)万应椿撰
清(1644-1911)稿本
1993年摄制. -- 1盘卷片(5米86拍) : 1:10, 2B ; 35mm银盐
收藏馆：缩微中心，山东

00O000182
履斋示儿编：二十三卷 / (宋)孙奕撰
明(1368-1644)潘膺祉如韦馆刻本
1985年摄制. -- 1盘卷片(18.1米372拍) : 1:10, 2B ; 35mm银盐
收藏馆：缩微中心，国图

00O016500
履斋示儿编：二十三卷 / (宋)孙奕撰
明(1368-1644)刻本
1993年摄制. -- 1盘卷片(18米359拍) : 1:10, 2B ; 35mm银盐
收藏馆：缩微中心，国图

00O023166
履斋示儿编：二十三卷 / (宋)孙奕撰
明(1368-1644)雪晴斋抄本. -- (清)彭元瑞校并跋。
1995年摄制. -- 1盘卷片(17米312拍) : 1:10, 2B ; 35mm银盐
收藏馆：缩微中心，国图

00O004221
履斋示儿编：二十三卷 / (宋)孙奕撰
明(1368-1644)抄本
1986年摄制. -- 1盘卷片(15米320拍) : 1:10, 2B ; 35mm银盐
收藏馆：缩微中心，国图

00O015025
履斋示儿编：二十三卷 / (宋)孙奕撰

清(1644-1911)影明(1368-1644)抄本
1992年摄制. -- 1盘卷片(18.5米356拍) : 1:10, 2B ; 35mm银盐
收藏馆：缩微中心，国图

00O020348
履斋示儿编：二十三卷 / (宋)孙奕撰
清(1644-1911)抄本
1994年摄制. -- 1盘卷片(18米348拍) : 1:10, 2B ; 35mm银盐
收藏馆：缩微中心，国图

00O000366
渠阳读书杂抄：五卷 / (宋)魏了翁撰
清(1644-1911)抄本
1985年摄制. -- 1盘卷片(7米117拍) : 1:10, 2B ; 35mm银盐
收藏馆：缩微中心，国图

00O000854
古今考：三十八卷 / (宋)魏了翁撰；(元)方回续撰
明万历十二年(1584)王圻刻本
1985年摄制. -- 1盘卷片(31米702拍) : 1:10, 2B ; 35mm银盐
收藏馆：缩微中心，国图

00O016473
古今考：三十八卷 / (宋)魏了翁撰；(元)方回续撰
明万历十二年(1584)王圻刻本
1992年摄制. -- 2盘卷片(37米678拍) : 1:10, 2B ; 35mm银盐
收藏馆：缩微中心，国图

00O007115
古今考：三十八卷 / (宋)魏了翁撰；(元)方回续撰
明崇祯九年(1636)谢三宾刻本
1987年摄制. -- 2盘卷片(48.2米1054拍) : 1:10, 2B ; 35mm银盐
收藏馆：缩微中心，重庆

00O002153
学斋占毕：四卷 / (宋)史绳祖撰
明(1368-1644)抄本. -- (清)黄丕烈跋，(清)顾广圻抄补缺页并跋。
1986年摄制. -- 1盘卷片(6米95拍) : 1:10, 2B ; 35mm银盐
收藏馆：缩微中心，国图

00O002361
朝野类要：五卷 / (宋)赵升撰

清(1644-1911)抄本
1986年摄制. -- 1盘卷片(5米73拍) ：1:10，
2B ；35mm银盐
收藏馆：缩微中心，国图

000O004819
朝野类要：五卷 / (宋)赵升撰
清(1644-1911)抄本. --(清)彭元瑞校。
1986年摄制. -- 1盘卷片(5米77拍) ：1:10，
2B ；35mm银盐
收藏馆：缩微中心，国图

000O028140
朝野类要：五卷 / (宋)赵升撰
清(1644-1911)抄本. --(清)沈叔埏录(清)惠
栋校跋，(清)丁丙跋。
1996年摄制. -- 1盘卷片(5米83拍) ：1:10，
2B ；35mm银盐
收藏馆：缩微中心，南京

000O000461
困学纪闻：二十卷 / (宋)王应麟撰
明(1368-1644)吴献台刻本
1985年摄制. -- 1盘卷片(26米577拍) ：
1:10，2B ；35mm银盐
收藏馆：缩微中心，国图

000O000983
困学纪闻：二十卷 / (宋)王应麟撰
明万历三十一年(1603)吴献台刻本
1985年摄制. -- 1盘卷片(26.3米586拍) ：
1:10，2B ；35mm银盐
收藏馆：缩微中心，国图

000O003713
困学纪闻：二十卷 / (宋)王应麟撰
明(1368-1644)刻本
1985年摄制. -- 1盘卷片(29米642拍) ：
1:10，2B ；35mm银盐
收藏馆：缩微中心，国图

000O004015
困学纪闻：二十卷 / (宋)王应麟撰
明(1368-1644)刻本. --(清)翁同龢校。
1985年摄制. -- 1盘卷片(29米641拍) ：
1:10，2B ；35mm银盐
收藏馆：缩微中心，国图

000O007293
困学纪闻：二十卷 / (宋)王应麟撰
明(1368-1644)刻本
1987年摄制. -- 1盘卷片(29米655拍) ：
1:10，2B ；35mm银盐

收藏馆：缩微中心，国图

000O015528
困学纪闻：二十卷 / (宋)王应麟撰
明(1368-1644)刻本. --(清)蒋杲校跋并录
(清)阎若璩校注，(清)何焯校跋，(清)彭兆荪
跋。
1993年摄制. -- 1盘卷片(30米615拍) ：
1:10，2B ；35mm银盐
收藏馆：缩微中心，国图

000O019758
困学纪闻：二十卷 / (宋)王应麟撰
清(1644-1911)抄本
1994年摄制. -- 2盘卷片(43米860拍) ：
1:10，2B ；35mm银盐
收藏馆：缩微中心，国图

000O019434
**困学纪闻：二十卷 / (宋)王应麟撰；(清)阎若璩
笺**
清乾隆三年(1738)马氏丛书楼刻本
1994年摄制. -- 1盘卷片(27米539拍) ：
1:10，2B ；35mm银盐
收藏馆：缩微中心，国图

000O006839
**困学纪闻：二十卷 / (宋)王应麟撰；(清)何焯评；
(清)阎若璩笺**
清(1644-1911)汪垕桐阴书塾刻本. --(清)李
旦华、(清)李富孙圈点批识并跋。
1987年摄制. -- 1盘卷片(22米468拍) ：
1:10，2B ；35mm银盐
收藏馆：缩微中心，国图

000O028557
**校订困学纪闻三笺：二十卷 / (清)阎若璩[等]撰；
(清)屠继序辑**
清嘉庆九年(1804)刻本. -- 撰者还有：(清)
何焯、(清)全祖望。(清)归鹤修跋并录(清)钱
大昕、(清)邵齐熊校跋。
1996年摄制. -- 1盘卷片(24米518拍) ：
1:10，2B ；35mm银盐
收藏馆：缩微中心，南京

000O031784
困学纪闻注：二十卷 / (清)翁元圻撰
清(1644-1911)稿本. -- 存十九卷：卷二至卷
二十。
2005年摄制. -- 2盘卷片(55米1175拍) ：
1:10，2B ；35mm银盐
收藏馆：缩微中心，国图

000O010277
困学纪闻注：二十卷 / (清)翁元圻撰
清道光五年(1825)翁氏守福堂刻本. -- 杨守敬批校。
1989年摄制. -- 2盘卷片(51.5米1081拍)：1:10, 2B ; 35mm银盐
收藏馆：缩微中心，湖北

000O017820
困学纪闻注：二十卷 / (清)翁元圻撰
清道光五年(1825)翁氏守福堂刻本. -- (清)李慈铭批注并跋。
1993年摄制. -- 2盘卷片(49米1021拍)：1:10, 2B ; 35mm银盐
收藏馆：缩微中心，国图

000O014477
困学纪闻补注：二十卷 / 杨守敬撰
清(1644-1911)稿本. -- 存一卷：卷二。
1992年摄制. -- 1盘卷片(3.1米36拍)：1:9, 2B ; 35mm银盐
收藏馆：缩微中心，重庆

000O004826
识遗：十卷 / (宋)罗璧撰
明(1368-1644)抄本
1986年摄制. -- 1盘卷片(10.1米202拍)：1:10, 2B ; 35mm银盐
收藏馆：缩微中心，国图

000O002232
识遗：十卷 / (宋)罗璧撰
清(1644-1911)抄本. -- (清)吴城批校并跋，(清)陈昱校并跋，(清)蒋凤藻跋。
1986年摄制. -- 1盘卷片(9米200拍)：1:10, 2B ; 35mm银盐
收藏馆：缩微中心，国图

000O003419
识遗：十卷 / (宋)罗璧撰
清(1644-1911)抄本. -- (清)戈宙襄校。
1986年摄制. -- 1盘卷片(10米201拍)：1:10, 2B ; 35mm银盐
收藏馆：缩微中心，国图

000O014647
识遗：十卷 / (宋)罗璧撰
清(1644-1911)抄本. -- 存二卷：卷一至卷二。(清)顾莼跋，(清)张绍仁题款。
1992年摄制. -- 1盘卷片(4米42拍)：1:10, 2B ; 35mm银盐
收藏馆：缩微中心，国图

000O021820
爱日斋丛抄：五卷补遗一卷 / (宋)叶寘撰
清(1644-1911)王氏十万卷楼抄本. -- (清)王宗炎校。
1995年摄制. -- 1盘卷片(9米154拍)：1:10, 2B ; 35mm银盐
收藏馆：缩微中心，南京

000O024772
经史问答：不分卷 / (明)刘定之撰
清(1644-1911)抄本
1995年摄制. -- 1盘卷片(17米325拍)：1:10, 2B ; 35mm银盐
收藏馆：缩微中心，浙江

000O019626
箐斋读书录：二卷 / (明)周洪谟撰
清(1644-1911)抄本
1994年摄制. -- 1盘卷片(4米42拍)：1:10, 2B ; 35mm银盐
收藏馆：缩微中心，国图

000O002877
丹铅总录：二十七卷 / (明)杨慎撰
明嘉靖三十三年(1554)梁佐刻蓝印本
1986年摄制. -- 1盘卷片(22米477拍)：1:10, 2B ; 35mm银盐
收藏馆：缩微中心，国图

000O014013
丹铅总录：二十七卷 / (明)杨慎撰
明嘉靖三十三年(1554)梁佐刻本
1992年摄制. -- 1盘卷片(23米455拍)：1:10, 2B ; 35mm银盐
收藏馆：缩微中心，国图

000O024770
丹铅总录：二十七卷 / (明)杨慎撰
明嘉靖三十三年(1554)梁佐刻本. -- (明)邓以赞批校并跋。
1995年摄制. -- 1盘卷片(25米504拍)：1:10, 2B ; 35mm银盐
收藏馆：缩微中心，浙江

000O007837
丹铅总录：二十七卷 / (明)杨慎撰
明隆庆(1567-1572)凌云翼黄思迈刻本
1988年摄制. -- 1盘卷片(28.4米625拍)：1:11, 2B ; 35mm银盐
收藏馆：缩微中心，重庆

000O001526
丹铅总录：二十七卷 / (明)杨慎撰

明万历(1573-1620)刻本
1986年摄制. -- 1盘卷片(30.1米680拍)：
1:10, 2B ; 35mm银盐
收藏馆：缩微中心，吉林

000000749
丹铅总录：二十七卷 / (明)杨慎撰
明(1368-1644)刻本
1985年摄制. -- 1盘卷片(29.2米658拍)：
1:10, 2B ; 35mm银盐
收藏馆：缩微中心，国图

000013673
丹铅总录：二十七卷 / (明)杨慎撰
明(1368-1644)刻本
1991年摄制. -- 1盘卷片(30米619拍)：
1:10, 2B ; 35mm银盐
收藏馆：缩微中心，国图

000009689
丹铅总录：二十七卷 / (明)杨慎撰
明(1368-1644)抄本. -- 存十一卷：卷一至卷
二、卷八至卷十四、卷十八至卷十九。
1988年摄制. -- 1盘卷片(15米273拍)：
1:10, 2B ; 35mm银盐
收藏馆：缩微中心，四川

000027448
丹铅余录：十三卷 / (明)杨慎撰
明隆庆六年(1572)凌云翼刻本
1996年摄制. -- 1盘卷片(11米192拍)：
1:10, 2B ; 35mm银盐
收藏馆：缩微中心，南京

000008943
丹铅余录：十七卷 / (明)杨慎撰
明(1368-1644)刻本
1988年摄制. -- 1盘卷片(17米319拍)：
1:10, 2B ; 35mm银盐
收藏馆：缩微中心，湖北

000005737
丹铅续录：十二卷 / (明)杨慎撰
明嘉靖(1522-1566)刻本
1987年摄制. -- 1盘卷片(10米207拍)：
1:10, 2B ; 35mm银盐
收藏馆：缩微中心，国图

000014135
丹铅续录：十二卷 / (明)杨慎撰
明嘉靖(1522-1566)刻本
1992年摄制. -- 1盘卷片(11米182拍)：
1:10, 2B ; 35mm银盐

收藏馆：缩微中心，国图

000027968
丹铅续录：十二卷 / (明)杨慎撰
明嘉靖(1522-1566)刻本. -- (清)丁丙跋。
1996年摄制. -- 1盘卷片(11米218拍)：
1:10, 2B ; 35mm银盐
收藏馆：缩微中心，南京

000018469
艺林伐山：二十卷 / (明)杨慎撰
明万历元年(1573)凌云翼邵梦麟刻本
1993年摄制. -- 1盘卷片(10米164拍)：
1:10, 2B ; 35mm银盐
收藏馆：缩微中心，国图

000009649
艺林伐山：二十卷 / (明)杨慎撰
明万历三年(1575)刻本
1988年摄制. -- 1盘卷片(10米196拍)：
1:10, 2B ; 35mm银盐
收藏馆：缩微中心，甘肃

000005328
艺林伐山：二十卷 / (明)杨慎撰
明万历三十四年(1606)杨芳刻本
1986年摄制. -- 1盘卷片(14米201拍)：
1:10, 2B ; 35mm银盐
收藏馆：缩微中心，国图

000002027
艺林伐山：二十卷 / (明)杨慎撰
明万历三十五年(1607)孙居相刻本
1986年摄制. -- 1盘卷片(10米203拍)：
1:10, 2B ; 35mm银盐
收藏馆：缩微中心，国图

000001494
艺林伐山：四卷 / (明)杨慎撰
明隆庆六年(1572)刻本
1986年摄制. -- 1盘卷片(9.6米195拍)：
1:10, 2B ; 35mm银盐
收藏馆：缩微中心，吉林

000009529
艺林伐山：二卷 / (明)杨慎撰
清嘉庆五年(1800)徐松抄本. -- (清)徐松
跋。
1988年摄制. -- 1盘卷片(8.5米163拍)：
1:11, 2B ; 35mm银盐
收藏馆：缩微中心，重庆

00O004454
升庵外集：一百卷 / (明)杨慎撰；(明)焦竑辑
明万历(1573-1620)刻崇祯十一年(1638)重修本
1986年摄制. -- 4盘卷片(92米2025拍) :
1:10, 2B ; 35mm银盐
收藏馆：缩微中心，国图

00O010262
升庵外集：一百卷 / (明)杨慎撰；(明)焦竑辑
明万历四十五年(1617)刻本
1988年摄制. -- 3盘卷片(91.5米2004拍) :
1:10, 2B ; 35mm银盐
收藏馆：缩微中心，湖北

00O027975
正杨：四卷 / (明)陈耀文撰
明隆庆三年(1569)刻本. -- (清)丁丙跋。
1996年摄制. -- 1盘卷片(8.5米148拍) :
1:10, 2B ; 35mm银盐
收藏馆：缩微中心，南京

00O025712
学林就正：四卷 / (明)陈耀文撰
明万历(1573-1620)刻本
1996年摄制. -- 1盘卷片(17米359拍) :
1:10, 2B ; 35mm银盐
收藏馆：缩微中心，河南

00O028953
古今论略：十卷 / (明)张珍撰
明嘉靖十九年(1540)刻本
1998年摄制. -- 1盘卷片(18米328拍) :
1:10, 2B ; 35mm银盐
收藏馆：缩微中心，苏州

00O028757
一斋日记：四卷 / (明)方瑜撰
明嘉靖四十二年(1563)刻本
1998年摄制. -- 1盘卷片(8米115拍) : 1:10,
2B ; 35mm银盐
收藏馆：缩微中心，苏州

00O005833
古今原始：十四卷 / (明)赵钺撰
明嘉靖四十一年(1562)赵钺刻本
1987年摄制. -- 1盘卷片(18米392拍) :
1:10, 2B ; 35mm银盐
收藏馆：缩微中心，国图

00O028437
古今原始：十四卷 / (明)赵钺撰
明嘉靖四十一年(1562)刻本. -- (清)丁丙

跋。
1996年摄制. -- 1盘卷片(18米380拍) :
1:10, 2B ; 35mm银盐
收藏馆：缩微中心，南京

00O012727
经史直解：六卷 / (明)殷士儋撰
明隆庆元年(1567)赫杰刻本
1990年摄制. -- 1盘卷片(12.7米279拍) :
1:10, 2B ; 35mm银盐
收藏馆：缩微中心，辽宁

00O009086
丹浦欬言：四卷 / (明)李蓘撰
明(1368-1644)刻本
1988年摄制. -- 1盘卷片(6米104拍) : 1:10,
2B ; 35mm银盐
收藏馆：缩微中心，湖南

00O009747
炳烛编：一卷 / (明)王之垣撰
明万历(1573-1620)刻本
1989年摄制. -- 1盘卷片(3.4米44拍) :
1:10, 2B ; 35mm银盐
收藏馆：缩微中心，重庆

00O002045
青溪山人文集常谈考误：四卷 / (明)周梦旸撰
明万历三十年(1602)刻本
1986年摄制. -- 1盘卷片(7.6米144拍) :
1:10, 2B ; 35mm银盐
收藏馆：缩微中心，国图

00O005197
青溪山人文集常谈考误：四卷 / (明)周梦旸撰
明万历三十年(1602)刻本. -- 存三卷：卷一至卷三。
1986年摄制. -- 1盘卷片(7米123拍) : 1:10,
2B ; 35mm银盐
收藏馆：缩微中心，国图

00O015534
疑耀：七卷 / (明)张萱撰
明万历(1573-1620)刻本
1993年摄制. -- 1盘卷片(17米331拍) :
1:10, 2B ; 35mm银盐
收藏馆：缩微中心，国图

00O023183
疑耀：七卷 / (明)张萱撰
明万历(1573-1620)刻本
1995年摄制. -- 1盘卷片(17米326拍) :
1:10, 2B ; 35mm银盐

收藏馆：缩微中心，国图

000O023187
疑耀：七卷 / (明)张萱撰
明万历(1573-1620)刻本
1995年摄制. -- 1盘卷片(17米326拍) :
1:10, 2B ; 35mm银盐
收藏馆：缩微中心，国图

000O017991
疑耀：七卷 / (明)张萱撰
明万历(1573-1620)吕东山刻本. -- 郑振铎
跋。
1993年摄制. -- 1盘卷片(17米328拍) :
1:10, 2B ; 35mm银盐
收藏馆：缩微中心，国图

000O014779
桐薪：三卷 / (明)钱希言撰
明万历(1573-1620)刻本
1992年摄制. -- 1盘卷片(8米126拍) : 1:10,
2B ; 35mm银盐
收藏馆：缩微中心，国图

000O000189
名义考：十二卷 / (明)周祈撰
明万历十二年(1584)黄中色刻本
1985年摄制. -- 1盘卷片(12米246拍) :
1:10, 2B ; 35mm银盐
收藏馆：缩微中心，国图

000O000247
名义考：十二卷 / (明)周祈撰
明万历十二年(1584)黄中色刻本
1985年摄制. -- 1盘卷片(11.8米242拍) :
1:10, 2B ; 35mm银盐
收藏馆：缩微中心，国图

000O000557
青藤山人路史：二卷 / (明)徐渭撰
明(1368-1644)刻本
1985年摄制. -- 1盘卷片(7米116拍) : 1:10,
2B ; 35mm银盐
收藏馆：缩微中心，国图

000O014817
玄亭涉笔：十卷 / (明)王志远撰
明万历三十七年(1609)王志远刻本
1992年摄制. -- 1盘卷片(8米121拍) : 1:10,
2B ; 35mm银盐
收藏馆：缩微中心，国图

000O018885
秕言：四卷 / (明)郑明选撰；(明)徐守纲校
明万历二十四年(1596)刻本
1994年摄制. -- 1盘卷片(9米152拍) : 1:10,
2B ; 35mm银盐
收藏馆：缩微中心，天津

000O017325
高唐照乘堂舆识随笔：十六卷 / (明)杨德周撰
明(1368-1644)刻本. -- 存十四卷：卷三至卷
十六。
1993年摄制. -- 1盘卷片(20米391拍) :
1:10, 2B ; 35mm银盐
收藏馆：缩微中心，国图

000O000832
玉唾壶：二卷 / (明)王一槐撰
明(1368-1644)抄本
1985年摄制. -- 1盘卷片(3.6米47拍) :
1:10, 2B ; 35mm银盐
收藏馆：缩微中心，国图

000O019619
读书考定：三十卷 / (明)程良孺撰
明万历(1573-1620)刻本. -- 存二十七卷：卷
一至卷十五、卷十九至卷三十。
1994年摄制. -- 2盘卷片(42米828拍) :
1:10, 2B ; 35mm银盐
收藏馆：缩微中心，国图

000O026308
山居闲考：一卷 / (明)林弘衍撰
明天启(1621-1627)刻本
1996年摄制. -- 1盘卷片(6.5米104拍) :
1:10, 2B ; 35mm银盐
收藏馆：缩微中心，福建

000O016990
徐氏笔精：八卷续二卷 / (明)徐𤊻撰
明崇祯五年(1632)邵捷春黄居中刻本. -- 续
笔精配清(1644-1911)万花楼抄本。
1993年摄制. -- 1盘卷片(21米462拍) :
1:10, 2B ; 35mm银盐
收藏馆：缩微中心，国图

000O021669
徐氏笔精：八卷 / (明)徐𤊻撰；(明)黄居中增订
明崇祯五年(1632)邵捷春黄居中刻本
1995年摄制. -- 1盘卷片(21米408拍) :
1:10, 2B ; 35mm银盐
收藏馆：缩微中心，国图

000O006089
徐氏笔精：八卷 / (明)徐𤊹撰
明崇祯五年(1632)此藏轩刻本
1986年摄制. -- 1盘卷片(20.2米445拍)：
1:10, 2B ；35mm银盐
收藏馆：缩微中心，吉林

000O008077
增定雅俗稽言：四十卷 / (明)张存绅撰
清康熙(1662-1722)楚颂堂刻本. -- 佚名批
点。
1988年摄制. -- 2盘卷片(36米726拍)：
1:10, 2B ；35mm银盐
收藏馆：缩微中心，湖北

000O002056
厄林：十卷补遗一卷 / (明)周婴撰
明崇祯(1628-1644)刻本
1986年摄制. -- 1盘卷片(18.1米393拍)：
1:10, 2B ；35mm银盐
收藏馆：缩微中心，国图

000O023160
厄林：十卷补遗一卷 / (明)周婴撰
清(1644-1911)抄本. -- 四库底本。
1995年摄制. -- 1盘卷片(25米501拍)：
1:10, 2B ；35mm银盐
收藏馆：缩微中心，国图

000O020866
通雅：五十二卷首三卷 / (清)方以智撰
清康熙五年(1666)姚氏浮山此藏轩刻本
1994年摄制. -- 3盘卷片(69米1386拍)：
1:10, 2B ；35mm银盐
收藏馆：缩微中心，国图

000O003191
日知录：三十二卷 / (清)顾炎武撰
清康熙三十四年(1695)潘耒遂初堂刻本. --
佚名录(清)阎若璩、(清)杨琼等批注，(清)王
仁俊跋。
1986年摄制. -- 2盘卷片(51米1085拍)：
1:10, 2B ；35mm银盐
收藏馆：缩微中心，国图

000O003249
日知录：三十二卷 / (清)顾炎武撰
清康熙三十四年(1695)潘耒遂初堂刻本. --
(清)鱼元傅抄补并跋又录(清)孙潓圈点题识,
(清)杨名宁批校，(清)戴高跋。
1986年摄制. -- 2盘卷片(51米1122拍)：
1:10, 2B ；35mm银盐
收藏馆：缩微中心，国图

000O018545
日知录：三十二卷 / (清)顾炎武撰
清康熙三十四年(1695)潘耒遂初堂刻本. --
(清)徐鸿熙录(清)李富孙批校题识，(清)钱泰
吉题识。
1993年摄制. -- 2盘卷片(50米1029拍)：
1:10, 2B ；35mm银盐
收藏馆：缩微中心，国图

000O007452
日知录：三十二卷 / (清)顾炎武撰
清(1644-1911)刻本. -- (清)丁晏、(清)丁寿
昌批注并跋，(清)吕均跋。
1987年摄制. -- 2盘卷片(52.1米1171拍)：
1:10, 2B ；35mm银盐
收藏馆：缩微中心，国图

000O027518
日知录：三十二卷 / (清)顾炎武撰
清(1644-1911)刻本. -- (清)蒋彬蔚跋，(清)
沈彤批校。
1997年摄制. -- 2盘卷片(55米1095拍)：
1:10, 2B ；35mm银盐
收藏馆：缩微中心，苏州

000O001423
日知录：八卷；谲觚十事：一卷 / (清)顾炎武撰
清康熙九年(1670)顾炎武刻本. -- 傅增湘
跋。
1985年摄制. -- 1盘卷片(9米174拍)：1:10,
2B ；35mm银盐
收藏馆：缩微中心，国图

000O019458
日知录：八卷 / (清)顾炎武撰
清康熙九年(1670)顾炎武刻本
1994年摄制. -- 1盘卷片(9米137拍)：1:10,
2B ；35mm银盐
收藏馆：缩微中心，国图

000O022468
日知录之余：四卷 / (清)顾炎武撰
清(1644-1911)抄本. -- (清)邵恩多校跋。
1995年摄制. -- 1盘卷片(9米165拍)：1:10,
2B ；35mm银盐
收藏馆：缩微中心，南京

000O028396
艺省斋随笔：八卷；日知录续补正：三卷 / (清)
李遇孙撰
清(1644-1911)稿本. -- 存五卷：艺省斋随笔
卷一至卷五。
1997年摄制. -- 1盘卷片(11米231拍)：

1:10，2B；35mm银盐
收藏馆：缩微中心，辽宁

00O016580
菰中随笔：三卷；诗律蒙告：一卷 / (清)顾炎武撰．亭林著书目录 / (清)顾衍生辑
清(1644-1911)黄丕烈家抄本． -- 傅增湘校。
1993年摄制． -- 1盘卷片(9.8米192拍)：
1:10，2B；35mm银盐
收藏馆：缩微中心，山西

00O009155
菰中随笔：不分卷 / (清)顾炎武撰
清乾隆(1736-1795)孔氏玉虹楼刻本
1988年摄制． -- 1盘卷片(6米100拍)：1:10，
2B；35mm银盐
收藏馆：缩微中心，湖南

00O025419
菰中随笔：不分卷 / (清)顾炎武撰
清乾隆(1736-1795)孔氏玉虹楼刻本
1996年摄制． -- 1盘卷片(6米82拍)：1:10，
2B；35mm银盐
收藏馆：缩微中心，国图

00O007425
悦心集：四卷
清雍正四年(1726)武英殿刻本
1987年摄制． -- 1盘卷片(8米139拍)：1:10，
2B；35mm银盐
收藏馆：缩微中心，吉林市

00O025418
义府：二卷 / (清)黄生撰
清道光二十二年(1842)黄承吉刻本
1996年摄制． -- 1盘卷片(10米171拍)：
1:10，2B；35mm银盐
收藏馆：缩微中心，国图

00O006321
古今释疑：十八卷 / (清)方中履撰
清康熙(1662-1722)刻本
1987年摄制． -- 2盘卷片(45米988拍)：
1:10，2B；35mm银盐
收藏馆：缩微中心，吉林

00O009269
潜邱札记：六卷 / (清)阎若璩撰
清乾隆九年(1744)阎学林眷西堂刻本
1988年摄制． -- 1盘卷片(24.3米520拍)：
1:10，2B；35mm银盐
收藏馆：缩微中心，湖南

00O026147
潜邱札记：六卷 / (清)阎若璩撰
清乾隆九年(1744)阎学林眷西堂刻本． -- 傅增湘校并跋。
1996年摄制． -- 1盘卷片(23米459拍)：
1:10，2B；35mm银盐
收藏馆：缩微中心，国图

00O028132
潜邱札记：不分卷 / (清)阎若璩撰
清(1644-1911)王闻远抄本． -- (清)潘耒校。
1996年摄制． -- 1盘卷片(15米301拍)：
1:10，2B；35mm银盐
收藏馆：缩微中心，南京

00O026960
畏垒笔记：四卷 / (清)徐昂发撰
清康熙(1662-1722)徐氏德有邻堂刻本
1997年摄制． -- 1盘卷片(7米98拍)：1:10，
2B；35mm银盐
收藏馆：缩微中心，国图

00O021776
酿川读书记：不分卷 / (清)许尚质撰
清(1644-1911)稿本． -- 傅增湘跋。
1995年摄制． -- 1盘卷片(9米155拍)：1:10，
2B；35mm银盐
收藏馆：缩微中心，国图

00O000416
北窗偶谈：三卷 / (清)胡彦颖撰
清乾隆(1736-1795)刻本
1985年摄制． -- 1盘卷片(5.1米81拍)：
1:10，2B；35mm银盐
收藏馆：缩微中心，国图

00O028150
樵香小记：二卷 / (清)何琇撰
清(1644-1911)汪氏环碧山房抄本
1996年摄制． -- 1盘卷片(4米42拍)：1:10，
2B；35mm银盐
收藏馆：缩微中心，南京

00O025424
识小编：二卷 / (清)董丰垣撰
清乾隆(1736-1795)刻本
1996年摄制． -- 1盘卷片(5米59拍)：1:10，
2B；35mm银盐
收藏馆：缩微中心，国图

00O004833
群书校正：不分卷 / (清)卢文弨撰
清(1644-1911)抄本． -- (清)孔继涵校。

1986年摄制. -- 1盘卷片(7.4米140拍)：
1:10, 2B ；35mm银盐
收藏馆：缩微中心，国图

00O006753
群书校正：不分卷 / (清)卢文弨撰
清(1644-1911)抄本. -- (清)金绍纶校。
1986年摄制. -- 1盘卷片(7.4米138拍)：
1:10, 2B ；35mm银盐
收藏馆：缩微中心，国图

00O023944
抑未录：四卷 / (清)黄之纪撰
清乾隆(1736-1795)编录堂刻本
1996年摄制. -- 1盘卷片(7米98拍)：1:10,
2B ；35mm银盐
收藏馆：缩微中心，河南

00O013913
焠掌录：二卷 / (清)汪启淑撰
清(1644-1911)汪氏开万楼刻本
1991年摄制. -- 1盘卷片(4米46拍)：1:10,
2B ；35mm银盐
收藏馆：缩微中心，国图

00O025408
焠掌录：二卷 / (清)汪启淑撰
清(1644-1911)汪氏开万楼刻本. -- (清)焦循
跋。
1996年摄制. -- 1盘卷片(4米45拍)：1:10,
2B ；35mm银盐
收藏馆：缩微中心，国图

00O006460
蛾术编：九十五卷 / (清)王鸣盛撰
清(1644-1911)述郑斋抄本
1987年摄制. -- 3盘卷片(78米1697拍)：
1:10, 2B ；35mm银盐
收藏馆：缩微中心，国图

00O004277
十驾斋养新录：二十卷余录三卷 / (清)钱大昕撰
清嘉庆(1796-1820)刻本. -- (清)王敬之批
注。
1986年摄制. -- 1盘卷片(27米609拍)：
1:10, 2B ；35mm银盐
收藏馆：缩微中心，国图

00O020713
晓读书斋初录：二卷二录二卷三录二卷四录二卷 / (清)洪亮吉撰
清道光二十二年(1842)洪氏刻本. -- (清)梁
佶修批校并跋。

1994年摄制. -- 1盘卷片(9米141拍)：1:10,
2B ；35mm银盐
收藏馆：缩微中心，国图

00O000522
读书脞录：七卷续编四卷 / (清)孙志祖撰
清嘉庆四年(1799)孙志祖刻本. -- 伦明临陈
鳢批校。
1985年摄制. -- 1盘卷片(12.6米264拍)：
1:10, 2B ；35mm银盐
收藏馆：缩微中心，国图

00O025445
读书脞录：七卷续编四卷 / (清)孙志祖撰
清嘉庆四年(1799)孙志祖刻本. -- (清)李慈
铭校注并跋。
1996年摄制. -- 1盘卷片(13米251拍)：
1:10, 2B ；35mm银盐
收藏馆：缩微中心，国图

00O025434
读书杂志：八十二卷余编二卷 / (清)王念孙撰
清嘉庆十七年至道光十二年(1812-1832)刻本
1996年摄制. -- 4盘卷片(103米2143拍)：
1:10, 2B ；35mm银盐
收藏馆：缩微中心，国图

00O025431
读书杂志：四十一卷 / (清)王念孙撰．经义述闻太岁考：二卷 / (清)王引之撰
清嘉庆二十二年至道光十一年(1817-1831)刻本
1996年摄制. -- 2盘卷片(56米1154拍)：
1:10, 2B ；35mm银盐
收藏馆：缩微中心，国图

00O000379
读书杂志：二十五卷 / (清)王念孙撰
清嘉庆(1796-1820)刻本
1985年摄制. -- 2盘卷片(36.8米792拍)：
1:10, 2B ；35mm银盐
收藏馆：缩微中心，国图

00O003626
读书杂志：汉书十六卷墨子六卷 / (清)王念孙撰
清(1644-1911)稿本. -- 存十一卷：汉书卷六
至卷十、墨子六卷。
1986年摄制. -- 2盘卷片(41.2米904拍)：
1:10, 2B ；35mm银盐
收藏馆：缩微中心，国图

00O024114
汝麋玉屑：十五卷 / (清)王谟撰 ；(清)曾香

墅,(清)胡香海评
清(1644-1911)抄本
1996年摄制. -- 1盘卷片(19米390拍) : 1:10, 2B ; 35mm银盐
收藏馆:缩微中心,湖北

00O025435
二初斋读书记:十卷/(清)倪思宽撰
清(1644-1911)涵和堂刻本
1996年摄制. -- 1盘卷片(9米148拍) : 1:10, 2B ; 35mm银盐
收藏馆:缩微中心,国图

00O025422
过夏杂录:六卷续录一卷/(清)周广业撰
清(1644-1911)种松书塾抄本. -- (清)周勋懋校。
1996年摄制. -- 1盘卷片(15米277拍) : 1:10, 2B ; 35mm银盐
收藏馆:缩微中心,国图

00O025524
三余摭录:三卷/(清)周广业撰
清(1644-1911)稿本
1996年摄制. -- 1盘卷片(6米91拍) : 1:10, 2B ; 35mm银盐
收藏馆:缩微中心,国图

00O012952
经史避名汇考:四十六卷/(清)周广业撰
清(1644-1911)抄本. -- (清)周广业、(清)周勋懋校并跋,(清)周勋常校。
1991年摄制. -- 2盘卷片(59米1178拍) : 1:10, 2B ; 35mm银盐
收藏馆:缩微中心,国图

00O000824
礼耕堂丛说:一卷/(清)施国祁撰
清(1644-1911)劳格抄本
1985年摄制. -- 1盘卷片(3.4米42拍) : 1:10, 2B ; 35mm银盐
收藏馆:缩微中心,国图

00O001450
礼耕堂丛说:一卷史论五答一卷/(清)施国祁撰
清(1644-1911)刻本
1985年摄制. -- 1盘卷片(5米73拍) : 1:10, 2B ; 35mm银盐
收藏馆:缩微中心,国图

00O000635
质疑删存:三卷/(清)张宗泰撰
清(1644-1911)何榛刻本
1985年摄制. -- 1盘卷片(5.5米94拍) : 1:10, 2B ; 35mm银盐
收藏馆:缩微中心,国图

00O025420
札朴:十卷/(清)桂馥撰
清嘉庆十八年(1813)李宏信小李山房刻本. -- (清)李慈铭校。
1996年摄制. -- 1盘卷片(22米447拍) : 1:10, 2B ; 35mm银盐
收藏馆:缩微中心,国图

00O000543
消暑录:一卷/(清)赵绍祖撰
清道光元年(1821)赵氏古墨斋刻本
1985年摄制. -- 1盘卷片(3.4米41拍) : 1:10, 2B ; 35mm银盐
收藏馆:缩微中心,国图

00O025439
炳烛编:四卷/(清)李赓芸撰
清同治十一年(1872)潘祖荫刻滂喜斋丛书本. -- (清)李慈铭校注并跋。
1996年摄制. -- 1盘卷片(9米162拍) : 1:10, 2B ; 35mm银盐
收藏馆:缩微中心,国图

00O017012
类抄:不分卷/(清)丁晏撰
清(1644-1911)稿本
1993年摄制. -- 1盘卷片(7米108拍) : 1:10, 2B ; 35mm银盐
收藏馆:缩微中心,国图

00O000223
蕙榜杂记:一卷/(清)严元照撰
清(1644-1911)劳权抄本
1985年摄制. -- 1盘卷片(3.6米45拍) : 1:10, 2B ; 35mm银盐
收藏馆:缩微中心,国图

00O021830
蕙榜杂记选抄:一卷/(清)严元照撰
清(1644-1911)叶廷全抄本. -- (清)叶廷全跋。
1995年摄制. -- 1盘卷片(4米42拍) : 1:10, 2B ; 35mm银盐
收藏馆:缩微中心,南京

00O023620
朴学斋笔记:八卷/(清)盛大士撰
清(1644-1911)抄本. -- (清)沈端批校并跋。
1995年摄制. -- 1盘卷片(8米133拍) : 1:10,

2B ；35mm银盐
收藏馆：缩微中心，浙江

000O018165
箬园日札：初稿五卷续不分卷 / (清)成瓘撰
清(1644-1911)稿本. -- (清)叶志诜跋。
1993年摄制. -- 1盘卷片(28米586拍)：
1:10, 2B ；35mm银盐
收藏馆：缩微中心，山东

000O010142
箬园日札：八卷 / (清)成瓘撰
清(1644-1911)稿本. -- 存四卷：卷一至卷
四。
1989年摄制. -- 1盘卷片(13米262拍)：
1:10, 2B ；35mm银盐
收藏馆：缩微中心，山东

000O018914
箬园日札：七种九卷 / (清)成瓘撰
清(1644-1911)抄本
1993年摄制. -- 1盘卷片(27米580拍)：
1:10, 2B ；35mm银盐
收藏馆：缩微中心，山东

000O025442
读书丛录：二十四卷 / (清)洪颐煊撰
清道光二年(1822)广州富文斋刻本. -- (清)
李慈铭校注并跋。
1996年摄制. -- 1盘卷片(23米462拍)：
1:10, 2B ；35mm银盐
收藏馆：缩微中心，国图

000O025448
蔇厓考古录：四卷 / (清)钟褱撰
清嘉庆十三年(1808)阮元刻本
1996年摄制. -- 1盘卷片(4米48拍)：1:10,
2B ；35mm银盐
收藏馆：缩微中心，国图

000O025537
经史质疑录：不分卷 / (清)张聪咸撰
清嘉庆(1796-1820)刻本
1996年摄制. -- 1盘卷片(4米48拍)：1:10,
2B ；35mm银盐
收藏馆：缩微中心，国图

000O001197
经史管窥：六卷 / (清)萧曇撰
清嘉庆二十三年(1818)萧氏读五千卷斋刻本
1985年摄制. -- 1盘卷片(9.1米178拍)：
1:10, 2B ；35mm银盐
收藏馆：缩微中心，国图

000O025441
酌史岩摭谭：一卷 / (清)冯登府撰
清(1644-1911)稿本
1996年摄制. -- 1盘卷片(3米26拍)：1:10,
2B ；35mm银盐
收藏馆：缩微中心，国图

000O008616
癸巳胜稿：一卷 / (清)俞正燮撰；(清)胡澍辑
清(1644-1911)抄本
1988年摄制. -- 1盘卷片(7米125拍)：1:10,
2B ；35mm银盐
收藏馆：缩微中心，国图

000O027587
癸巳类稿：十五卷 / (清)俞正燮撰
清道光十三年(1833)求日益斋刻本. -- (清)
李慈铭批校并跋。
1997年摄制. -- 2盘卷片(35米695拍)：
1:10, 2B ；35mm银盐
收藏馆：缩微中心，国图

000O000987
癸巳存稿：十五卷 / (清)俞正燮撰
清道光二十八年(1848)灵石杨氏刻连筠簃丛书
本. -- (清)胡澍校并跋。
1985年摄制. -- 1盘卷片(26.5米594拍)：
1:10, 2B ；35mm银盐
收藏馆：缩微中心，国图

000O008545
癸巳存稿未刻文：一卷 / (清)俞正燮撰
清同治八年(1869)胡葵园抄本. -- 邓实跋。
1988年摄制. -- 1盘卷片(3米41拍)：1:10,
2B ；35mm银盐
收藏馆：缩微中心，国图

000O016805
日涉录：不分卷
清(1644-1911)抄本
1993年摄制. -- 1盘卷片(8米120拍)：1:10,
2B ；35mm银盐
收藏馆：缩微中心，国图

000O024374
强识编：八卷 / (清)朱士端撰
清(1644-1911)稿本
1996年摄制. -- 1盘卷片(10米181拍)：
1:10, 2B ；35mm银盐
收藏馆：缩微中心，国图

000O028142
强识编：八卷 / (清)朱士端撰

清(1644-1911)稿本. -- (清)胡玉缙校。
1996年摄制. -- 1盘卷片(9米149拍) : 1:10,
2B ; 35mm银盐
收藏馆：缩微中心，南京

000O013607
东塾读书记残稿：不分卷 / (清)陈澧撰
清(1644-1911)稿本
1991年摄制. -- 1盘卷片(8米102拍) : 1:10,
2B ; 35mm银盐
收藏馆：缩微中心，国图

000O028340
东塾读书记：不分卷 / (清)陈澧撰
清(1644-1911)稿本
1998年摄制. -- 1盘卷片(16米326拍) :
1:10, 2B ; 35mm银盐
收藏馆：缩微中心，广东

000O013424
愈愚录：六卷另一卷 / (清)刘宝楠撰
清(1644-1911)稿本. -- (清)孙诒让、(清)丁
寿昌批注，(清)宋焜跋。
1991年摄制. -- 1盘卷片(14米256拍) :
1:10, 2B ; 35mm银盐
收藏馆：缩微中心，国图

000O013065
愈愚续录：不分卷 / (清)刘宝楠撰
清(1644-1911)稿本
1991年摄制. -- 2盘卷片(41米810拍) :
1:10, 2B ; 35mm银盐
收藏馆：缩微中心，国图

000O026324
学古堂墨迹考：不分卷 / (清)林侗撰
清(1644-1911)稿本
1996年摄制. -- 1盘卷片(5米69拍) : 1:10,
2B ; 35mm银盐
收藏馆：缩微中心，湖北

000O021585
石芝西堪校订清真词：一卷 / (清)郑文焯撰
清(1644-1911)稿本
1995年摄制. -- 1盘卷片(3米17拍) : 1:10,
2B ; 35mm银盐
收藏馆：缩微中心，国图

000O014141
世说新语：八卷 / (南朝宋)刘义庆撰
明万历二十四年(1596)吴瑞征刻本
1992年摄制. -- 1盘卷片(17米324拍) :
1:10, 2B ; 35mm银盐

收藏馆：缩微中心，国图

000O020722
世说新语：八卷 / (南朝宋)刘义庆撰
明万历二十四年(1596)吴瑞征刻本
1994年摄制. -- 1盘卷片(17米323拍) :
1:10, 2B ; 35mm银盐
收藏馆：缩微中心，国图

000O007459
世说新语注：八卷 / (梁)刘孝标撰；(明)王世懋
批点
明(1368-1644)凌瀛初刻本
1987年摄制. -- 1盘卷片(17米368拍) :
1:10, 2B ; 35mm银盐
收藏馆：缩微中心，国图

000O013271
世说新语：三卷 / (南朝宋)刘义庆撰；(梁)刘孝
标注
明嘉靖十四年(1535)袁氏嘉趣堂刻万历(1573-1620)
重刻本
1991年摄制. -- 1盘卷片(16.5米334拍) :
1:10, 2B ; 35mm银盐
收藏馆：缩微中心，湖北

000O004651
世说新语注：三卷 / (南朝宋)刘义庆撰；(梁)刘
孝标注
明嘉靖十四年(1535)袁氏嘉趣堂刻本
1986年摄制. -- 1盘卷片(15米321拍) :
1:10, 2B ; 35mm银盐
收藏馆：缩微中心，国图

000O014269
世说新语注：三卷 / (南朝宋)刘义庆撰；(梁)刘
孝标注
明嘉靖十四年(1535)吴郡袁氏嘉趣堂刻本. --
(明)周天球跋。
1992年摄制. -- 1盘卷片(16米305拍) :
1:10, 2B ; 35mm银盐
收藏馆：缩微中心，国图

000O019522
世说新语注：三卷 / (梁)刘孝标撰
明万历七年(1579)管大勋刻本
1994年摄制. -- 1盘卷片(16米307拍) :
1:10, 2B ; 35mm银盐
收藏馆：缩微中心，国图

000O014898
世说新语：三卷 / (南朝宋)刘义庆撰；(梁)刘孝
标注

明万历二十五年(1597)赵氏野鹿园刻本
1992年摄制. -- 1盘卷片(15.9米340拍) :
1:10, 2B ; 35mm银盐
收藏馆：缩微中心，辽宁

000O006304
世说新语：三卷 / (南朝宋)刘义庆撰
明万历(1573-1620)刻本
1987年摄制. -- 1盘卷片(16米352拍) :
1:10, 2B ; 35mm银盐
收藏馆：缩微中心，吉林

000O005220
世说新语：三卷 / (南朝宋)刘义庆撰；(梁)刘孝标注
清道光(1821-1850)周心如纷欣阁刻本. --
(清)李慈铭校注并跋。
1986年摄制. -- 1盘卷片(14米300拍) :
1:10, 2B ; 35mm银盐
收藏馆：缩微中心，国图

000O001529
世说新语：六卷 / (南朝宋)刘义庆撰
明万历(1573-1620)刻套印本
1986年摄制. -- 1盘卷片(21.1米490拍) :
1:10, 2B ; 35mm银盐
收藏馆：缩微中心，吉林

000O021646
世说新语：六卷 / (南朝宋)刘义庆撰；(梁)刘孝标注；(明)王世懋批点
明万历九年(1581)刻本
1995年摄制. -- 1盘卷片(18米346拍) :
1:10, 2B ; 35mm银盐
收藏馆：缩微中心，国图

000O014983
世说新语：六卷 / (南朝宋)刘义庆撰；(梁)刘孝标注
明(1368-1644)刻本
1992年摄制. -- 1盘卷片(16米303拍) :
1:10, 2B ; 35mm银盐
收藏馆：缩微中心，国图

000O016131
世说新语：六卷 / (南朝宋)刘义庆撰；(梁)刘孝标注
清光绪三年(1877)崇文书局刻本. -- 章钰校
并录吴昌绶题识。
1993年摄制. -- 1盘卷片(13米229拍) :
1:10, 2B ; 35mm银盐
收藏馆：缩微中心，国图

000O021525
世说新语：六卷 / (南朝宋)刘义庆撰；(梁)刘孝标注；(宋)刘辰翁评
明(1368-1644)刻合刻宋刘须溪点校书九种本
1995年摄制. -- 1盘卷片(18米341拍) :
1:10, 2B ; 35mm银盐
收藏馆：缩微中心，国图

000O002257
世说新语：三卷 / (梁)刘孝标撰；(宋)刘辰翁评
明(1368-1644)刻本. -- (清)□孝耕校并跋,
(清)戴熙艾跋并录(清)沈岩校跋, (清)吴嘉泰
题识。
1986年摄制. -- 1盘卷片(17米367拍) :
1:10, 2B ; 35mm银盐
收藏馆：缩微中心，国图

000O028442
世说新语：八卷 / (南朝宋)刘义庆撰；(梁)刘孝标注；(明)王世贞批点
明万历十四年(1586)余碧泉刻本. -- (清)丁
丙跋。
1996年摄制. -- 1盘卷片(19米392拍) :
1:10, 2B ; 35mm银盐
收藏馆：缩微中心，南京

000O001292
世说新语：八卷 / (南朝宋)刘义庆撰；(梁)刘孝标注；(宋)刘辰翁[等]评
明(1368-1644)凌瀛初刻四色套印本. -- 评者
还有：(宋)刘应登、(明)王世懋等。
1985年摄制. -- 1盘卷片(21.2米465拍) :
1:10, 2B ; 35mm银盐
收藏馆：缩微中心，国图

000O020868
世说新语：八卷 / (南朝宋)刘义庆撰；(梁)刘孝标注；(宋)刘辰翁[等]批点
明(1368-1644)凌瀛初刻四色套印本. -- 批点
者还有：(宋)刘应登、(明)王世懋等。
1994年摄制. -- 1盘卷片(22米432拍) :
1:10, 2B ; 35mm银盐
收藏馆：缩微中心，国图

000O031903
世说新语：八卷 / (南朝宋)刘义庆撰；(梁)刘孝标注；(宋)刘辰翁[等]评
明(1368-1644)凌瀛初刻四色套印本. -- 评者
还有：(宋)刘应登、(明)王世懋等。
2010年摄制. -- 1盘卷片(26米499拍) :
1:12, 2B ; 35mm银盐
收藏馆：缩微中心，国图

000O032004

世说新语：八卷 / (南朝宋)刘义庆撰；(梁)刘孝标注；(宋)刘辰翁[等]评

明(1368-1644)凌瀛初刻四色套印本. -- 评者还有：(宋)刘应登、(明)王世懋等。八行十八字小字双行同白口四周单边。

2010年摄制. -- 1盘卷片(27米497拍)：1:12, 2B；35mm银盐

收藏馆：缩微中心，国图

000O020151

世说新语注：八卷 / (南朝宋)刘义庆撰；(宋)刘辰翁[等]评

明(1368-1644)凌瀛初刻四色套印本. -- 评者还有：(宋)刘应登、(明)王世懋等。

1994年摄制. -- 1盘卷片(22米431拍)：1:10, 2B；35mm银盐

收藏馆：缩微中心，国图

000O001530

世说新语：三卷 / (南朝宋)刘义庆撰；(梁)刘孝标注 . 世说新语补：四卷 / (明)何良俊撰；(明)王世贞删定

明万历(1573-1620)刻本

1986年摄制. -- 1盘卷片(25米560拍)：1:10, 2B；35mm银盐

收藏馆：缩微中心，吉林

000O013867

世说新语注：三卷考证一卷释名一卷 / (南朝宋)刘义庆撰；(梁)刘孝标注 . 引用书目：一卷佚文一卷 / 叶德辉辑 . 校勘小识：一卷补一卷 / (清)王先谦撰

清光绪十七年(1891)思贤讲舍刻本. -- 程笃原校注。

1992年摄制. -- 1盘卷片(17米339拍)：1:10, 2B；35mm银盐

收藏馆：缩微中心，国图

000O021571

世说新语补：二十卷附释名一卷 / (南朝宋)刘义庆撰；(梁)刘孝标注；(明)何良俊增补；(明)王世贞删定;(明)王世懋批释

明万历十三年(1585)张文柱刻本

1995年摄制. -- 1盘卷片(28米539拍)：1:10, 2B；35mm银盐

收藏馆：缩微中心，国图

000O005153

批释校注世说新语补：二十卷释名一卷 / (梁)刘孝标撰；(明)何良俊增补；(明)王世贞删定；(明)王世懋批释；(明)张文柱校注

明万历十三年(1585)张文柱刻本

1986年摄制. -- 1盘卷片(26米569拍)：1:10, 2B；35mm银盐

收藏馆：缩微中心，国图

000O005738

批释校注世说新语补：二十卷释名一卷 / (梁)刘孝标撰；(明)何良俊增补；(明)王世贞删定；(明)王世懋批释；(明)张文柱校注

明万历十三年(1585)张文柱刻本

1987年摄制. -- 1盘卷片(26米586拍)：1:10, 2B；35mm银盐

收藏馆：缩微中心，国图

000O022552

世说新语广抄：二卷 / (明)邢侗辑

明末(1621-1644)刻本. -- (明)陈偕校阅。

1995年摄制. -- 1盘卷片(6.5米110拍)：1:10, 2B；35mm银盐

收藏馆：缩微中心，湖北

000O005897

世说新语姓汇韵：十二卷

朝鲜铜活字印本

1986年摄制. -- 1盘卷片(20米425拍)：1:10, 2B；35mm银盐

收藏馆：缩微中心，国图

000O016654

朝野金载：五卷 / [题](唐)张鷟撰

明(1368-1644)抄本

1993年摄制. -- 1盘卷片(6米76拍)：1:10, 2B；35mm银盐

收藏馆：缩微中心，国图

000O022490

朝野金载：十卷 / (唐)张鷟撰

清(1644-1911)抄本

1995年摄制. -- 1盘卷片(9米185拍)：1:10, 2B；35mm银盐

收藏馆：缩微中心，南京

000O023182

唐国史补：三卷 / (唐)李肇撰

明(1368-1644)抄本

1995年摄制. -- 1盘卷片(4米50拍)：1:10, 2B；35mm银盐

收藏馆：缩微中心，国图

000O002014

唐世说新语：十三卷 / (唐)刘肃撰

明万历三十一年(1603)潘玄度刻本

1986年摄制. -- 1盘卷片(13米255拍)：1:10, 2B；35mm银盐

收藏馆：缩微中心，国图

000O014142
唐世说新语：十三卷 / (唐)刘肃撰
明万历三十一年(1603)潘玄度刻本. -- 叶德辉跋。
1992年摄制. -- 1盘卷片(13米232拍) : 1:10，2B ；35mm银盐
收藏馆：缩微中心，国图

000O024774
唐世说新语：十三卷 / (唐)刘肃撰
明万历三十七年(1609)俞安期刻本
1995年摄制. -- 1盘卷片(11米210拍) : 1:10，2B ；35mm银盐
收藏馆：缩微中心，浙江

000O001391
大唐新语：十三卷 / (唐)刘肃撰
明万历(1573-1620)商濬刻稗海本. -- 傅增湘校。
1985年摄制. -- 1盘卷片(11.4米232拍) : 1:10，2B ；35mm银盐
收藏馆：缩微中心，国图

000O003110
大唐传载：一卷
明(1368-1644)抄本
1986年摄制. -- 1盘卷片(3米39拍) : 1:10，2B ；35mm银盐
收藏馆：缩微中心，国图

000O021963
大唐传载：一卷；黄文献公笔记：一卷 / (元)黄溍撰
明(1368-1644)抄本
1995年摄制. -- 1盘卷片(3米27拍) : 1:10，2B ；35mm银盐
收藏馆：缩微中心，国图

000O004654
大唐传载：一卷
清顺治四年(1647)孙明志抄本. -- 还有合刻著作：甘泽谣一卷/(唐)袁郊撰，附录一卷，卧游录一卷/[题](宋)吕祖谦撰，山家清事一卷/(宋)林洪撰，博异志一卷/[题](唐)谷神子撰。(清)孙明志校并跋。
1986年摄制. -- 1盘卷片(3.2米40拍) : 1:10，2B ；35mm银盐
收藏馆：缩微中心，国图

000O027942
教坊记：一卷 / (唐)崔令钦撰

清(1644-1911)抄本. -- (清)丁丙跋。
1996年摄制. -- 1盘卷片(3米24拍) : 1:10，2B ；35mm银盐
收藏馆：缩微中心，南京

000O003096
云溪友议：三卷 / (唐)范摅撰
明(1368-1644)刻本. -- (清)曹炎、(清)徐绍乾校并跋。
1986年摄制. -- 1盘卷片(6米102拍) : 1:10，2B ；35mm银盐
收藏馆：缩微中心，国图

000O015533
云溪友议：三卷 / (唐)范摅撰
明(1368-1644)刻本
1993年摄制. -- 1盘卷片(6米91拍) : 1:10，2B ；35mm银盐
收藏馆：缩微中心，国图

000O015539
云溪友议：三卷 / (唐)范摅撰
明(1368-1644)刻本. -- 配抄本。佚名录(清)徐绍乾校跋。
1993年摄制. -- 1盘卷片(7米107拍) : 1:10，2B ；35mm银盐
收藏馆：缩微中心，国图

000O028155
云溪友议：三卷 / (唐)范摅撰
明(1368-1644)刻本. -- (清)顾广圻、(清)丁丙跋。
1996年摄制. -- 1盘卷片(6.5米106拍) : 1:10，2B ；35mm银盐
收藏馆：缩微中心，南京

000O005945
杜阳杂编：三卷 / (唐)苏鹗撰
明(1368-1644)抄本
1987年摄制. -- 1盘卷片(3.8米52拍) : 1:10，2B ；35mm银盐
收藏馆：缩微中心，国图

000O003087
杜阳杂编：三卷 / (唐)苏鹗撰
清(1644-1911)抄本. -- (清)黄廷鉴校并跋。
1986年摄制. -- 1盘卷片(4米58拍) : 1:10，2B ；35mm银盐
收藏馆：缩微中心，国图

000O019329
孙内翰北里志：一卷 / (唐)孙棨撰
明嘉靖二十三年(1544)陆楫俨山书院云山书院

刻古今说海本
1994年摄制. -- 1盘卷片(4米32拍) ： 1:10,
2B ；35mm银盐
收藏馆：缩微中心，国图

00O003086
南北史续世说：十卷 / (唐)李垕撰
明万历(1573-1620)安茂卿刻万历三十七年
(1609)俞安期廖蓼阁重修本
1986年摄制. -- 1盘卷片(18米397拍) ：
1:10, 2B ；35mm银盐
收藏馆：缩微中心，国图

00O015470
玉泉子闻见真录：一卷
明(1368-1644)抄本
1993年摄制. -- 1盘卷片(4米37拍) ： 1:10,
2B ；35mm银盐
收藏馆：缩微中心，国图

00O020259
唐摭言：十五卷 / (五代)王定保撰
清(1644-1911)影宋(960-1279)抄本. -- 存五
卷：卷一至卷五。
1994年摄制. -- 1盘卷片(5米67拍) ： 1:10,
2B ；35mm银盐
收藏馆：缩微中心，国图

00O013382
唐摭言：十五卷 / (五代)王定保撰
清初(1644-1722)抄本. -- (清)宋筠校跋并录
(清)王士禛、(清)朱彝尊题识。
1991年摄制. -- 1盘卷片(12米217拍) ：
1:10, 2B ；35mm银盐
收藏馆：缩微中心，国图

00O018911
唐摭言：十五卷 / (五代)王定保撰
清(1644-1911)文瑞楼抄本. -- 卷十五卷次
错；钤"小李山房""董文信印""黄裳"
印。(清)宋宾王录(清)朱彝尊、(清)王士禛
跋，(清)李宏信校并跋。
1994年摄制. -- 1盘卷片(10米184拍) ：
1:10, 2B ；35mm银盐
收藏馆：缩微中心，天津

00O000464
唐摭言：十五卷 / (五代)王定保撰
清(1644-1911)抄本. -- 存八卷：卷八至卷
十五。(清)厉鹗校并跋，(清)劳权题款。
1985年摄制. -- 1盘卷片(6.1米107拍) ：
1:10, 2B ；35mm银盐
收藏馆：缩微中心，国图

00O005595
唐摭言：十五卷 / (五代)王定保撰
清(1644-1911)抄本
1987年摄制. -- 1盘卷片(12.3米256拍) ：
1:10, 2B ；35mm银盐
收藏馆：缩微中心，国图

00O016948
唐摭言：十五卷 / (五代)王定保撰
清(1644-1911)抄本. -- 存九卷：卷一至卷
三、卷七至卷十二。
1993年摄制. -- 1盘卷片(8米128拍) ： 1:10,
2B ；35mm银盐
收藏馆：缩微中心，国图

00O019863
唐摭言：十五卷 / (五代)王定保撰
清(1644-1911)抄本
1994年摄制. -- 1盘卷片(12米214拍) ：
1:10, 2B ；35mm银盐
收藏馆：缩微中心，国图

00O021962
摭言：十五卷 / (五代)王定保撰
明(1368-1644)抄本. -- 存十卷：卷一至卷
十。
1995年摄制. -- 1盘卷片(7米102拍) ： 1:10,
2B ；35mm银盐
收藏馆：缩微中心，国图

00O029840
**唐摭言：十五卷 / (五代)王定保撰；(清)吴昂
驹,(清)方成珪校正**
清道光二十三年(1843)管庭芬抄本. -- (清)
管庭芬、(清)丙鸿跋。
2001年摄制. -- 1盘卷片(12米228拍) ：
1:10, 2B ；35mm银盐
收藏馆：缩微中心，国图

00O028170
金华子：二卷 / (南唐)刘崇远撰
清嘉庆二年(1797)赵辑宁抄本. -- (清)丁丙
跋。
1996年摄制. -- 1盘卷片(4米55拍) ： 1:10,
2B ；35mm银盐
收藏馆：缩微中心，南京

00O026314
陈眉公订正南唐近事：一卷 / (宋)郑文宝撰
明万历(1573-1620)宝颜堂刻本. -- (清)郑杰
校。
1996年摄制. -- 1盘卷片(3.5米41拍) ：
1:10, 2B ；35mm银盐

收藏馆：缩微中心，福建

00O019340
陈眉公订正南唐近事：一卷 / (宋)郑文宝撰
清(1644-1911)彭氏知圣道斋抄本
1994年摄制. -- 1盘卷片(3米21拍) ： 1:10,
2B ； 35mm银盐
收藏馆：缩微中心，国图

00O003851
南唐近事：三卷 / (宋)郑文宝撰
清初(1644-1722)抄本
1985年摄制. -- 1盘卷片(3米40拍) ： 1:10,
2B ； 35mm银盐
收藏馆：缩微中心，国图

00O014089
**南唐近事：三卷 / (宋)郑文宝撰 .杨太真外传：
二卷 / [题](宋)乐史撰 .梅妃传：一卷**
清嘉庆二十年(1815)吴翌凤抄本. -- 还有合
刻著作：飞燕外传一卷/[题](汉)伶玄撰。
1992年摄制. -- 1盘卷片(3米23拍) ： 1:10,
2B ； 35mm银盐
收藏馆：缩微中心，国图

00O006483
南唐近事：三卷 / (宋)郑文宝撰
清(1644-1911)抄本. -- 邓邦述校并跋。
1987年摄制. -- 1盘卷片(4米46拍) ： 1:10,
2B ； 35mm银盐
收藏馆：缩微中心，国图

00O016779
北梦琐言：二十卷 / (宋)孙光宪撰
明万历(1573-1620)商濬刻稗海本. -- (清)杨
熙录叶万校跋。
1993年摄制. -- 1盘卷片(12米207拍) ：
1:10, 2B ； 35mm银盐
收藏馆：缩微中心，国图

00O003097
儒林公议：一卷 / (宋)田况撰
明(1368-1644)抄本. -- (清)胡珽跋。
1986年摄制. -- 1盘卷片(4米54拍) ： 1:10,
2B ； 35mm银盐
收藏馆：缩微中心，国图

00O004727
涑水记闻：二卷 / (宋)司马光撰
明(1368-1644)抄本
1986年摄制. -- 1盘卷片(11米218拍) ：
1:10, 2B ； 35mm银盐
收藏馆：缩微中心，国图

00O019325
涑水记闻：二卷 / (宋)司马光撰
清初(1644-1722)抄本
1994年摄制. -- 1盘卷片(12米221拍) ：
1:10, 2B ； 35mm银盐
收藏馆：缩微中心，国图

00O028154
涑水记闻：二卷 / (宋)司马光撰
清(1644-1911)抄本. -- (清)丁丙跋。
1996年摄制. -- 1盘卷片(14米283拍) ：
1:10, 2B ； 35mm银盐
收藏馆：缩微中心，南京

00O010093
涑水记闻：二卷 / (宋)司马光撰
清(1644-1911)抄本
1989年摄制. -- 1盘卷片(13.4米273拍) ：
1:10, 2B ； 35mm银盐
收藏馆：缩微中心，祁县

00O026603
涑水记闻：十四卷 / (宋)司马光撰
清乾隆(1736-1795)武英殿聚珍版丛书活字印
本
1997年摄制. -- 1盘卷片(14米269拍) ：
1:10, 2B ； 35mm银盐
收藏馆：缩微中心，国图

00O021598
渑水燕谭录：十卷 / (宋)王辟之撰
明(1368-1644)钮氏世学楼抄本. -- 存五卷：
卷一至卷五。
1995年摄制. -- 1盘卷片(4米41拍) ： 1:10,
2B ； 35mm银盐
收藏馆：缩微中心，国图

00O028162
渑水燕谈录：十卷 / (宋)王辟之撰
清(1644-1911)抄本. -- (清)黄丕烈校并跋,
(清)丁丙跋。
1996年摄制. -- 1盘卷片(9米155拍) ： 1:10,
2B ； 35mm银盐
收藏馆：缩微中心，南京

00O024081
渑水燕谭录：十卷 / (宋)王辟之撰
清(1644-1911)彭氏知圣道斋抄本. -- (清)彭
元瑞校并跋。
1995年摄制. -- 1盘卷片(8米150拍) ： 1:10,
2B ； 35mm银盐
收藏馆：缩微中心，湖北

00O016416
东斋记事：五卷遗一卷 / (宋)范镇撰
清(1644-1911)抄本. -- (清)鲍廷博校。
1993年摄制. -- 1盘卷片(5米67拍) ： 1:10,
2B ；35mm银盐
收藏馆：缩微中心，国图

00O002944
苏黄门龙川略志：十卷 / (宋)苏辙撰
明弘治十四年(1501)华珵刻百川学海本
1986年摄制. -- 1盘卷片(4米57拍) ： 1:10,
2B ；35mm银盐
收藏馆：缩微中心，国图

00O011506
苏黄门龙川别志：八卷 / (宋)苏辙撰
明(1368-1644)蓝格抄本
1990年摄制. -- 1盘卷片(4米56拍) ： 1:10,
2B ；35mm银盐
收藏馆：缩微中心，甘肃

00O013383
龙川略志：六卷别志四卷 / (宋)苏辙撰
清(1644-1911)影宋(960-1279)抄本
1991年摄制. -- 1盘卷片(7米77拍) ： 1:10,
2B ；35mm银盐
收藏馆：缩微中心，国图

00O016652
画墁录：一卷 / (宋)张舜民撰
明万历(1573-1620)商濬刻稗海本. -- (清)劳
权校并跋。
1993年摄制. -- 1盘卷片(4米39拍) ： 1:10,
2B ；35mm银盐
收藏馆：缩微中心，国图

00O004820
画墁录：一卷 / (宋)张舜民撰
明(1368-1644)十洲抄本. -- (清)胡珽校，周
叔弢跋。
1986年摄制. -- 1盘卷片(3.3米42拍) ：
1:10, 2B ；35mm银盐
收藏馆：缩微中心，国图

00O004628
**甲申杂记：一卷 / (宋)王巩撰 . 随手杂录：一卷 .
闻见近录：一卷**
清(1644-1911)影宋(960-1279)抄本
1987年摄制. -- 1盘卷片(5米85拍) ： 1:10,
2B ；35mm银盐
收藏馆：缩微中心，国图

00O004999
改正湘山野录：三卷续录一卷 / (宋)释文莹撰
清(1644-1911)抄本. -- (清)胡珽校并跋，
(清)瞿启甲跋。
1987年摄制. -- 1盘卷片(7米116拍) ： 1:10,
2B ；35mm银盐
收藏馆：缩微中心，国图

00O001712
湘山野录：三卷续录一卷 / (宋)释文莹撰
明崇祯(1628-1644)毛氏汲古阁刻津逮秘书
本. -- 傅增湘跋并临(清)黄丕烈校。
1986年摄制. -- 1盘卷片(8米137拍) ： 1:10,
2B ；35mm银盐
收藏馆：缩微中心，国图

00O015347
玉壶清话：十卷 / (宋)释文莹撰
明(1368-1644)抄本. -- (明)范钦宝、(明)孝
劼跋。
1992年摄制. -- 1盘卷片(8米129拍) ： 1:10,
2B ；35mm银盐
收藏馆：缩微中心，国图

00O020115
玉壶清话：十卷 / (宋)释文莹撰
明(1368-1644)抄本. -- 存五卷：卷一至卷
五。
1994年摄制. -- 1盘卷片(5米62拍) ： 1:10,
2B ；35mm银盐
收藏馆：缩微中心，国图

00O003787
玉壶野史：十卷 / (宋)释文莹撰
清(1644-1911)抄本. -- (清)周星诒校并跋。
1985年摄制. -- 1盘卷片(9.1米178拍) ：
1:10, 2B ；35mm银盐
收藏馆：缩微中心，国图

00O013466
东轩笔录：十五卷 / (宋)魏泰撰
明嘉靖三十四年(1555)沈敕楚山书屋刻本. --
傅增湘跋。
1991年摄制. -- 1盘卷片(10米175拍) ：
1:10, 2B ；35mm银盐
收藏馆：缩微中心，国图

00O028530
东轩笔录：十五卷 / (宋)魏泰撰
明(1368-1644)抄本. -- 缪荃孙跋。
1996年摄制. -- 1盘卷片(8米137拍) ： 1:10,
2B ；35mm银盐
收藏馆：缩微中心，南京

00O010961

唐语林：二卷 / (宋)王谠撰
明嘉靖二年(1523)齐之鸾刻本. -- (明)江藩题识。
1989年摄制. -- 1盘卷片(10.5米185拍)：1:10, 2B；35mm银盐
收藏馆：缩微中心，湖北

00O021960

唐语林：二卷 / (宋)王谠撰
明(1368-1644)抄本. -- (清)黄丕烈跋并录(清)周锡瓒题识。
1995年摄制. -- 1盘卷片(10米164拍)：1:10, 2B；35mm银盐
收藏馆：缩微中心，国图

00O002203

默记：一卷 / (宋)王铚撰
清乾隆四十一年(1776)胡凤苞抄本. -- (清)陈鳣校并跋又录(清)鲍廷博、(清)朱文藻、(清)吴骞批校题识。
1986年摄制. -- 1盘卷片(6米85拍)：1:10, 2B；35mm银盐
收藏馆：缩微中心，国图

00O006837

默记：一卷 / (宋)王铚撰
清(1644-1911)抄本. -- (清)张载华校。
1987年摄制. -- 1盘卷片(5米65拍)：1:10, 2B；35mm银盐
收藏馆：缩微中心，国图

00O009259

默记：一卷 / (宋)王铚撰
清(1644-1911)汪季青古香楼抄本
1988年摄制. -- 1盘卷片(6米93拍)：1:10, 2B；35mm银盐
收藏馆：缩微中心，湖南

00O001701

默记：三卷 / (宋)王铚撰 . 北窗炙輠录：二卷 / (宋)施德操撰
清(1644-1911)抄本
1986年摄制. -- 1盘卷片(5米77拍)：1:10, 2B；35mm银盐
收藏馆：缩微中心，国图

00O002228

默记：三卷 / (宋)王铚撰
清(1644-1911)抄本. -- 瞿熙邦校并跋。
1986年摄制. -- 1盘卷片(5米71拍)：1:10, 2B；35mm银盐
收藏馆：缩微中心，国图

00O028215

挥尘前录：四卷后录十一卷第三录三卷余话二卷 / (宋)王明清撰
清乾隆(1736-1795)卢文弨抄本. -- 挥尘前录挥尘后录卷一至卷二，挥尘余话配清(1644-1911)抄本。(清)卢文弨校并跋，(清)丁丙跋。
1996年摄制. -- 1盘卷片(18米380拍)：1:10, 2B；35mm银盐
收藏馆：缩微中心，南京

00O004713

玉照新志：五卷 / (宋)王明清撰
清(1644-1911)抄本
1986年摄制. -- 1盘卷片(5.9米104拍)：1:10, 2B；35mm银盐
收藏馆：缩微中心，国图

00O027906

玉照新志：六卷 / (宋)王明清撰
清(1644-1911)抄本. -- (清)鲍廷博校，(清)丁丙跋。
1996年摄制. -- 1盘卷片(9米156拍)：1:10, 2B；35mm银盐
收藏馆：缩微中心，南京

00O003942

河南邵氏闻见录：二十卷 / (宋)邵伯温撰
明(1368-1644)抄本
1985年摄制. -- 1盘卷片(9.1米179拍)：1:10, 2B；35mm银盐
收藏馆：缩微中心，国图

00O000216

邵氏闻见录：二十卷 / (宋)邵伯温撰
明(1368-1644)抄本
1985年摄制. -- 1盘卷片(11.1米225拍)：1:10, 2B；35mm银盐
收藏馆：缩微中心，国图

00O005948

河南邵氏闻见录：二十卷 / (宋)邵伯温撰
清(1644-1911)抄本. -- (清)陈墫校并跋。
1987年摄制. -- 1盘卷片(14米303拍)：1:10, 2B；35mm银盐
收藏馆：缩微中心，国图

00O003091

桯史：十五卷 / (宋)岳珂撰
宋(960-1279)刻元明(1271-1644)递修本. -- 存七卷：卷一至卷七。
1986年摄制. -- 1盘卷片(7米128拍)：1:10, 2B；35mm银盐

收藏馆：缩微中心，国图

000O023170
桯史：十五卷 / (宋)岳珂撰
宋(960-1279)刻元明(1271-1644)递修本. --
存十二卷：卷一至卷十二。
1995年摄制. -- 1盘卷片(12米206拍) :
1:10，2B ；35mm银盐
收藏馆：缩微中心，国图

000O027914
桯史：十五卷 / (宋)岳珂撰
宋(960-1279)刻元明(1271-1644)递修本. --
(清)鲍廷博校，(清)沈树镛、(清)沈曾植跋。
1996年摄制. -- 1盘卷片(15米297拍) :
1:10，2B ；35mm银盐
收藏馆：缩微中心，南京

000O001806
桯史：十五卷 / (宋)岳珂撰
明成化十一年(1475)江沂刻本
1985年摄制. -- 1盘卷片(11米224拍) :
1:10，2B ；35mm银盐
收藏馆：缩微中心，国图

000O003730
桯史：十五卷 / (宋)岳珂撰
明成化十一年(1475)江沂刻本
1985年摄制. -- 1盘卷片(10.7米218拍) :
1:10，2B ；35mm银盐
收藏馆：缩微中心，国图

000O005629
桯史：十五卷 / (宋)岳珂撰
明成化十一年(1475)江沂刻本
1987年摄制. -- 1盘卷片(10米209拍) :
1:10，2B ；35mm银盐
收藏馆：缩微中心，国图

000O019437
桯史：十五卷附录一卷 / (宋)岳珂撰
明嘉靖四年(1525)钱如京刻本
1994年摄制. -- 1盘卷片(13米245拍) :
1:10，2B ；35mm银盐
收藏馆：缩微中心，国图

000O023176
桯史：十五卷附录一卷 / (宋)岳珂撰
明嘉靖四年(1525)钱如京刻本
1995年摄制. -- 1盘卷片(13米244拍) :
1:10，2B ；35mm银盐
收藏馆：缩微中心，国图

000O004165
桯史：十五卷附录一卷 / (宋)岳珂撰
明(1368-1644)岳元声[等]刻本
1986年摄制. -- 1盘卷片(12.6米264拍) :
1:10，2B ；35mm银盐
收藏馆：缩微中心，国图

000O028168
桯史：十五卷附录一卷 / (宋)岳珂撰
明(1368-1644)岳元声[等]刻本
1996年摄制. -- 1盘卷片(14米266拍) :
1:10，2B ；35mm银盐
收藏馆：缩微中心，南京

000O002029
桯史：十五卷附录一卷 / (宋)岳珂撰
明(1368-1644)刻本
1986年摄制. -- 1盘卷片(13米262拍) :
1:10，2B ；35mm银盐
收藏馆：缩微中心，国图

000O015961
桯史：十五卷附录一卷 / (宋)岳珂撰
明(1368-1644)刻本
1993年摄制. -- 1盘卷片(13米175拍) :
1:10，2B ；35mm银盐
收藏馆：缩微中心，国图

000O015537
桯史：十五卷附录一卷 / (宋)岳珂撰
明(1368-1644)刻公文纸印本
1993年摄制. -- 1盘卷片(14米245拍) :
1:10，2B ；35mm银盐
收藏馆：缩微中心，国图

000O013621
愧郯录：十五卷 / (宋)岳珂撰
明(1368-1644)岳元声岳和声岳骏声刻本
1991年摄制. -- 1盘卷片(12米187拍) :
1:10，2B ；35mm银盐
收藏馆：缩微中心，国图

000O004834
**四朝闻见录：甲集一卷乙集一卷丙集一卷丁集
一卷戊集一卷 / (宋)叶绍翁撰**
清初(1644-1722)抄本. -- (清)吴长元、(清)
赵信校并跋，(清)鲍廷博校。
1986年摄制. -- 1盘卷片(12.2米252拍) :
1:10，2B ；35mm银盐
收藏馆：缩微中心，国图

000O000764
温公琐语：一卷

清(1644-1911)劳氏丹铅精舍抄本. -- (清)劳
权校.
1985年摄制. -- 1盘卷片(2.3米16拍) :
1:10, 2B ; 35mm银盐
收藏馆：缩微中心，国图

00O000234
漫堂随笔：一卷
清(1644-1911)劳氏丹铅精舍抄本. -- (清)劳
格校.
1985年摄制. -- 1盘卷片(2.8米27拍) :
1:10, 2B ; 35mm银盐
收藏馆：缩微中心，国图

00O000154
真率记事：一卷
清(1644-1911)劳氏丹铅精舍抄本. -- (清)劳
权校.
1985年摄制. -- 1盘卷片(2.3米16拍) :
1:10, 2B ; 35mm银盐
收藏馆：缩微中心，国图

00O003609
归潜志：十四卷 / (元)刘祁撰
明(1368-1644)抄本. -- 存十二卷：卷一至卷
十、卷十二、卷十四。(清)何煌校并跋.
1985年摄制. -- 1盘卷片(8.2米161拍) :
1:10, 2B ; 35mm银盐
收藏馆：缩微中心，国图

00O028425
归潜志：十四卷附录一卷 / (元)刘祁撰
清乾隆三十一年(1766)鲍廷博抄本. -- (清)
鲍廷博校并跋，(清)丁丙跋.
1996年摄制. -- 1盘卷片(11米205拍) :
1:10, 2B ; 35mm银盐
收藏馆：缩微中心，南京

00O026588
归潜志：十四卷 / (元)刘祁撰
清乾隆(1736-1795)武英殿聚珍版丛书活字印
本
1997年摄制. -- 1盘卷片(11米190拍) :
1:10, 2B ; 35mm银盐
收藏馆：缩微中心，国图

00O017331
归潜志：十四卷 / (元)刘祁撰
清(1644-1911)有竹堂抄本. -- 存八卷：卷一
至卷八。
1993年摄制. -- 1盘卷片(6米87拍) : 1:10,
2B ; 35mm银盐
收藏馆：缩微中心，国图

00O014531
**归潜志：八卷；大唐传载摘胜：一卷 / (元)刘祁
撰**
清康熙四十二年(1703)徐釚抄本. -- 罗振玉
跋.
1992年摄制. -- 1盘卷片(5.7米134拍) :
1:10, 2B ; 35mm银盐
收藏馆：缩微中心，辽宁

00O023185
**山房随笔：一卷 / (元)蒋正子撰. 纪善录：一卷 /
(明)杜琼撰**
明(1368-1644)抄本
1995年摄制. -- 1盘卷片(3米17拍) : 1:10,
2B ; 35mm银盐
收藏馆：缩微中心，国图

00O001946
山房随笔：一卷 / (元)蒋正子撰
明末(1621-1644)弄室抄本
1986年摄制. -- 1盘卷片(3米49拍) : 1:10,
2B ; 35mm银盐
收藏馆：缩微中心，国图

00O008555
**遂昌山人杂录：一卷 / (元)郑元祐撰. 广客谈：
一卷**
明(1368-1644)抄本. -- 黄裳跋.
1988年摄制. -- 1盘卷片(3米37拍) : 1:10,
2B ; 35mm银盐
收藏馆：缩微中心，国图

00O013358
水东日记：三十八卷 / (明)叶盛撰
明(1368-1644)刻本. -- (明)王玉芝题款.
1991年摄制. -- 1盘卷片(23米425拍) :
1:10, 2B ; 35mm银盐
收藏馆：缩微中心，国图

00O028549
水东日记：四十卷 / (明)叶盛撰
明末(1621-1644)叶重华刻本. -- (清)祁理孙
题款，(清)丁丙跋.
1996年摄制. -- 1盘卷片(25米523拍) :
1:10, 2B ; 35mm银盐
收藏馆：缩微中心，南京

00O002099
水东日记：四十卷 / (明)叶盛撰
明末(1621-1644)叶重华赐书楼刻清康熙十九
年(1680)叶方蔚重修本
1986年摄制. -- 1盘卷片(23.5米523拍) :
1:10, 2B ; 35mm银盐

收藏馆：缩微中心，国图

00O012997

双槐岁抄：十卷 / (明)黄瑜撰

明嘉靖三十八年(1559)陆延枝刻本

1991年摄制. -- 1盘卷片(16米280拍) ：

1:10，2B ；35mm银盐

收藏馆：缩微中心，国图

00O028139

寓圃杂记：十卷 / (明)王锜撰

明(1368-1644)抄本

1996年摄制. -- 1盘卷片(5.5米87拍) ：

1:10，2B ；35mm银盐

收藏馆：缩微中心，南京

00O028346

稗官记：五卷 / (明)马愈撰

清初(1644-1722)抄本

1998年摄制. -- 1盘卷片(7米113拍) ：1:10，

2B ；35mm银盐

收藏馆：缩微中心，广东

00O016451

震泽纪闻：一卷 / (明)王鏊撰

明(1368-1644)抄本

1993年摄制. -- 1盘卷片(4米47拍) ：1:10，

2B ；35mm银盐

收藏馆：缩微中心，国图

00O001284

震泽纪闻：二卷 / (明)王鏊撰

明嘉靖(1522-1566)刻本

1985年摄制. -- 1盘卷片(5米107拍) ：1:10，

2B ；35mm银盐

收藏馆：缩微中心，国图

00O015612

震泽纪闻：二卷 / (明)王鏊撰．续：一卷 / (明)王禹声撰

明末(1621-1644)刻本

1993年摄制. -- 1盘卷片(8米133拍) ：1:10，

2B ；35mm银盐

收藏馆：缩微中心，国图

00O021026

王文恪公笔记：一卷 / (明)王鏊撰

明(1368-1644)抄本. -- (清)王季烈校，(清)王颂蔚跋。

1994年摄制. -- 1盘卷片(4米38拍) ：1:10，

2B ；35mm银盐

收藏馆：缩微中心，国图

00O002205

蓬窗类纪：五卷 / (明)黄暐撰

明(1368-1644)抄本. -- (清)黄丕烈校并跋。

1986年摄制. -- 1盘卷片(7米87拍) ：1:10，

2B ；35mm银盐

收藏馆：缩微中心，国图

00O027910

野记：四卷 / (明)祝允明撰

明(1368-1644)毛文烨刻本. -- (清)丁丙跋。

1996年摄制. -- 1盘卷片(9米155拍) ：1:10，

2B ；35mm银盐

收藏馆：缩微中心，南京

00O015538

野记：四卷 / (明)祝允明撰

明(1368-1644)刻本

1993年摄制. -- 1盘卷片(8米133拍) ：1:10，

2B ；35mm银盐

收藏馆：缩微中心，国图

00O007560

野记：四卷 / (明)祝允明撰

明(1368-1644)抄本

1987年摄制. -- 1盘卷片(6米106拍) ：1:10，

2B ；35mm银盐

收藏馆：缩微中心，国图

00O014753

枝山野记：四卷 / (明)祝允明撰

清(1644-1911)抄本

1992年摄制. -- 1盘卷片(7米116拍) ：1:10，

2B ；35mm银盐

收藏馆：缩微中心，国图

00O015624

都公谭纂：二卷 / (明)都穆撰；(明)陆采辑

明(1368-1644)刻本

1993年摄制. -- 1盘卷片(5米72拍) ：1:10，

2B ；35mm银盐

收藏馆：缩微中心，国图

00O005009

都公谭纂：二卷 / (明)都穆撰；(明)陆采辑

明(1368-1644)抄本. -- (清)翁同龢跋。

1986年摄制. -- 1盘卷片(5.3米87拍) ：

1:10，2B ；35mm银盐

收藏馆：缩微中心，国图

00O027970

都公谭纂：二卷 / (明)都穆撰；(明)陆采辑

清(1644-1911)抄本. -- (清)宋宾王抄补并校，(清)丁丙跋。

1996年摄制. -- 1盘卷片(7米102拍) : 1:10,
2B ; 35mm银盐
收藏馆：缩微中心，南京

000O014383
见闻纪训：二卷 / (明)陈良谟撰
明万历三十九年(1611)闵元衢刻本
1992年摄制. -- 1盘卷片(5米61拍) : 1:10,
2B ; 35mm银盐
收藏馆：缩微中心，国图

000O023816
**见闻纪训：二卷 / (明)陈良谟撰．董汉阳碧里杂
存六事：一卷 / (明)董穀撰**
明万历七年(1579)徐琳刻本
1995年摄制. -- 1盘卷片(5米72拍) : 1:10,
2B ; 35mm银盐
收藏馆：缩微中心，浙江

000O001226
麈谈：二录一卷三录一卷四录一卷 / (明)沈仪撰
明(1368-1644)抄本
1985年摄制. -- 1盘卷片(7.8米149拍) :
1:10, 2B ; 35mm银盐
收藏馆：缩微中心，国图

000O015163
澹泉笔述：十二卷 / (明)郑晓撰
清(1644-1911)抄本
1992年摄制. -- 1盘卷片(11米203拍) :
1:10, 2B ; 35mm银盐
收藏馆：缩微中心，国图

000O006445
连抑武杂记：不分卷 / (明)连镶撰
清(1644-1911)稿本
1987年摄制. -- 1盘卷片(6米104拍) : 1:10,
2B ; 35mm银盐
收藏馆：缩微中心，国图

000O021961
张恭懿松窗梦语：八卷 / (明)张瀚撰
清(1644-1911)王氏十万卷楼抄本
1995年摄制. -- 1盘卷片(10米162拍) :
1:10, 2B ; 35mm银盐
收藏馆：缩微中心，国图

000O018254
闻见琐录：一卷 / (明)陶大年撰
清(1644-1911)沈氏鸣野山房抄本
1993年摄制. -- 1盘卷片(4米52拍) : 1:10,
2B ; 35mm银盐
收藏馆：缩微中心，山东

000O018004
见闻搜玉：八卷 / (明)高鹤辑
明(1368-1644)陈汝元刻本. -- 存四卷：卷五
至卷八.
1993年摄制. -- 1盘卷片(8米125拍) : 1:10,
2B ; 35mm银盐
收藏馆：缩微中心，国图

000O025417
戒庵老人漫笔：八卷 / (明)李诩撰
清顺治五年(1648)李成之世德堂刻本
1996年摄制. -- 1盘卷片(18米336拍) :
1:10, 2B ; 35mm银盐
收藏馆：缩微中心，国图

000O022859
聚善传芳录：八卷 / (明)窦卿辑
明万历三年(1575)窦季泉刻本
1995年摄制. -- 1盘卷片(11米229拍) :
1:10, 2B ; 35mm银盐
收藏馆：缩微中心，南京

000O021978
西台漫记：六卷 / (明)蒋以化撰
明万历(1573-1620)刻本
1995年摄制. -- 1盘卷片(11米199拍) :
1:10, 2B ; 35mm银盐
收藏馆：缩微中心，国图

000O006832
西台漫记：六卷 / (明)蒋以化撰
明万历(1573-1620)刻本
1987年摄制. -- 1盘卷片(12米231拍) :
1:10, 2B ; 35mm银盐
收藏馆：缩微中心，国图

000O009654
贤奕编：四卷附录二卷 / (明)刘元卿撰
明万历(1573-1620)贺仲蒙刻本
1988年摄制. -- 1盘卷片(11米215拍) :
1:10, 2B ; 35mm银盐
收藏馆：缩微中心，甘肃

000O023191
迩训：二十卷 / (明)方学渐撰
明(1368-1644)刻本
1995年摄制. -- 1盘卷片(12米221拍) :
1:10, 2B ; 35mm银盐
收藏馆：缩微中心，国图

000O006971
鹿苑闲谈：不分卷 / (明)钱五卿撰
清(1644-1911)抄本. -- (清)毛寿君批校并

跋.
1987年摄制. -- 1盘卷片(6米97拍) : 1:10,
2B ; 35mm银盐
收藏馆：缩微中心，国图

000O020422
六研斋二笔：四卷 / (明)李日华撰
明崇祯(1628-1644)刻本
1994年摄制. -- 1盘卷片(11米191拍) :
1:10, 2B ; 35mm银盐
收藏馆：缩微中心，国图

000O021271
紫桃轩杂缀：四卷又缀四卷 / (明)李日华撰
明(1368-1644)刻本
1995年摄制. -- 1盘卷片(17米319拍) :
1:10, 2B ; 35mm银盐
收藏馆：缩微中心，国图

000O027904
蝶庵道人清梦录：一卷 / (明)顾成宪撰
明(1368-1644)祁氏淡生堂抄本. -- (清)丁丙
跋.
1996年摄制. -- 1盘卷片(3米28拍) : 1:10,
2B ; 35mm银盐
收藏馆：缩微中心，南京

000O029854
松关偶钞：二卷 / (明)李宗之撰
明(1368-1644)李宗之抄本
2001年摄制. -- 1盘卷片(6米104拍) : 1:10,
2B ; 35mm银盐
收藏馆：缩微中心，国图

000O014595
尚友录：四卷 / (明)秦大夔撰
明万历十七年(1589)秦大夔刻本
1992年摄制. -- 1盘卷片(8米123拍) : 1:10,
2B ; 35mm银盐
收藏馆：缩微中心，国图

000O015705
陶世名言：六卷 / (明)高举,(明)高誉辑
明万历(1573-1620)刻本
1993年摄制. -- 1盘卷片(20米394拍) :
1:10, 2B ; 35mm银盐
收藏馆：缩微中心，国图

000O012968
弹园杂志：四卷 / (明)伍袁萃撰
明(1368-1644)刻本. -- 存一卷：雅集。
1991年摄制. -- 1盘卷片(8米124拍) : 1:10,
2B ; 35mm银盐

收藏馆：缩微中心，国图

000O000403
琅嬛史唾：十六卷 / (明)徐象梅撰
明万历(1573-1620)刻本
1985年摄制. -- 1盘卷片(23.3米518拍) :
1:10, 2B ; 35mm银盐
收藏馆：缩微中心，国图

000O018723
新刻暗然堂类纂皇明新故事：六卷 / (明)潘士藻
撰
明万历(1573-1620)乔山刘氏刻本
1994年摄制. -- 1盘卷片(9米152拍) : 1:10,
2B ; 35mm银盐
收藏馆：缩微中心，国图

000O018707
暗然堂类纂：六卷 / (明)潘士藻撰；(明)李载贽
评
明(1368-1644)刻本. -- 存四卷：卷一至卷
四。
1994年摄制. -- 1盘卷片(6米82拍) : 1:10,
2B ; 35mm银盐
收藏馆：缩微中心，国图

000O015121
暗然堂类纂：六卷 / (明)潘士藻撰
清(1644-1911)抄本
1992年摄制. -- 1盘卷片(10米159拍) :
1:10, 2B ; 35mm银盐
收藏馆：缩微中心，国图

000O009513
代警编：二卷 / (明)雒于仁撰
明万历二十六年(1598)雒于仁刻本
1988年摄制. -- 1盘卷片(6.9米125拍) :
1:11, 2B ; 35mm银盐
收藏馆：缩微中心，重庆

000O027809
玉麒麟：二卷 / (明)夏树芳撰
明万历(1573-1620)夏氏清远楼刻本
1996年摄制. -- 1盘卷片(8米127拍) : 1:10,
2B ; 35mm银盐
收藏馆：缩微中心，南京

000O028480
冰署笔谈：十二卷 / (明)黄汝良撰
明崇祯(1628-1644)刻本. -- 存五卷：卷一至
卷二、卷十至卷十二。
1997年摄制. -- 1盘卷片(9.6米184拍) :
1:10, 2B ; 35mm银盐

收藏馆：缩微中心，福建

00O028145
西山日记：二卷 / (明)丁元荐撰
清康熙二十八年(1689)先醒斋刻本
1996年摄制. -- 1盘卷片(11米210拍) :
1:10, 2B ; 35mm银盐
收藏馆：缩微中心，南京

00O008383
西山日记：二卷 / (明)丁元荐撰
清(1644-1911)抄本
1988年摄制. -- 1盘卷片(9米182拍) : 1:10,
2B ; 35mm银盐
收藏馆：缩微中心，国图

00O018881
玉堂丛语：八卷 / (明)焦竑辑；(明)方拱乾校
明万历(1573-1620)曼山馆刻本. -- 钤"拜经
楼吴氏藏书""海丰吴氏"印。(清)李葆恂
跋。
1994年摄制. -- 1盘卷片(20米431拍) :
1:10, 2B ; 35mm银盐
收藏馆：缩微中心，天津

00O001182
玉堂丛语：八卷 / (明)焦竑撰
明万历(1573-1620)刘必遂徐象橒刻本
1985年摄制. -- 1盘卷片(19.6米428拍) :
1:10, 2B ; 35mm银盐
收藏馆：缩微中心，国图

00O017974
玉堂丛语：八卷 / (明)焦竑撰
明万历(1573-1620)刘必遂徐象橒刻本
1993年摄制. -- 1盘卷片(20米401拍) :
1:10, 2B ; 35mm银盐
收藏馆：缩微中心，国图

00O017915
涌幢小品：三十二卷 / (明)朱国祯辑
明天启二年(1622)朱国祯刻本
1993年摄制. -- 2盘卷片(59米1202拍) :
1:10, 2B ; 35mm银盐
收藏馆：缩微中心，国图

00O020311
涌幢小品：三十二卷 / (明)朱国祯辑
明天启二年(1622)朱国祯刻本. -- 卷二十四
配抄本。
1994年摄制. -- 2盘卷片(60米1201拍) :
1:10, 2B ; 35mm银盐
收藏馆：缩微中心，国图

00O014551
薛帷琐语：□□卷 / (明)吴浙撰
明(1368-1644)稿本. -- 存八卷：卷一至卷
四、卷十三至卷十六。
1992年摄制. -- 1盘卷片(10米163拍) :
1:10, 2B ; 35mm银盐
收藏馆：缩微中心，国图

00O015201
阅耕余录：六卷 / (明)张所望撰
清(1644-1911)抄本. -- (清)汪启淑跋。
1992年摄制. -- 1盘卷片(11米188拍) :
1:10, 2B ; 35mm银盐
收藏馆：缩微中心，国图

00O030992
焦氏说楛：七卷 / (明)焦周撰
明万历(1573-1620)刻本. -- 严景华跋。
2004年摄制. -- 1盘卷片(14米261拍) :
1:10, 2B ; 35mm银盐
收藏馆：缩微中心，国图

00O025462
陶庵梦忆：八卷 / (明)张岱撰；(清)王文诰评
清乾隆五十九年(1794)王文诰刻本
1996年摄制. -- 1盘卷片(9米145拍) : 1:10,
2B ; 35mm银盐
收藏馆：缩微中心，国图

00O016149
陶庵梦忆：八卷 / (明)张岱撰
清同治十年(1871)刘履芬抄本. -- (清)刘履
芬跋。
1993年摄制. -- 1盘卷片(7米96拍) : 1:10,
2B ; 35mm银盐
收藏馆：缩微中心，国图

00O005442
隽区：十卷 / (明)郑仲夔撰
明崇祯三年(1630)邓氏来爽居刻本
1986年摄制. -- 1盘卷片(8米154拍) : 1:10,
2B ; 35mm银盐
收藏馆：缩微中心，国图

00O020178
偶记：八卷 / (明)郑仲夔撰
明(1368-1644)刻本
1994年摄制. -- 1盘卷片(7米106拍) : 1:10,
2B ; 35mm银盐
收藏馆：缩微中心，国图

00O004276
守官漫录：五卷 / (明)刘万春撰

明万历四十八年(1620)刘氏澹然居刻本
1986年摄制. -- 1盘卷片(17米374拍) :
1:10, 2B ; 35mm银盐
收藏馆：缩微中心，国图

000O023801
野获编：四十一卷 / (明)沈德符撰
清(1644-1911)抄本. -- (清)沈修诚题识。
1995年摄制. -- 2盘卷片(47米964拍) :
1:10, 2B ; 35mm银盐
收藏馆：缩微中心，浙江

000O012977
万历欣赏：□□卷 / (明)沈德符撰
清(1644-1911)抄本. -- 存七卷：卷一至卷
二、卷五至卷九。(清)刘履芬跋。
1991年摄制. -- 1盘卷片(13米237拍) :
1:10, 2B ; 35mm银盐
收藏馆：缩微中心，国图

000O013006
掌记：六卷 / (明)茅元仪撰
明崇祯元年(1628)茅元仪刻本
1991年摄制. -- 1盘卷片(5米76拍) : 1:10,
2B ; 35mm银盐
收藏馆：缩微中心，国图

000O007505
云间人物杂记：不分卷
明(1368-1644)抄本. -- 黄裳跋。
1987年摄制. -- 1盘卷片(6米99拍) : 1:10,
2B ; 35mm银盐
收藏馆：缩微中心，国图

000O028125
小隐窝爽言：二卷 / (明)王宋谦撰
明崇祯(1628-1644)刻本
1996年摄制. -- 1盘卷片(7.5米122拍) :
1:10, 2B ; 35mm银盐
收藏馆：缩微中心，南京

000O021666
玄壶杂俎：四卷附录一卷 / (明)赵尔昌辑
明万历三十九年(1611)刻本
1995年摄制. -- 1盘卷片(7米100拍) : 1:10,
2B ; 35mm银盐
收藏馆：缩微中心，国图

000O028956
追维往事录：二卷 / (清)陆文衡撰
清(1644-1911)稿本. -- (清)陆泰增、(清)陆
同寿跋。
1998年摄制. -- 1盘卷片(10米169拍) :

1:10, 2B ; 35mm银盐
收藏馆：缩微中心，苏州

000O013134
自叙宦梦录：四卷 / (明)黄景昉撰
清(1644-1911)抄本
1991年摄制. -- 1盘卷片(8.2米160拍) :
1:10, 2B ; 35mm银盐
收藏馆：缩微中心，辽宁

000O024129
**涉园琐记：不分卷 / (明)徐开禧撰；(明)孙元凯
评**
清初(1644-1722)抄本
1996年摄制. -- 1盘卷片(6米110拍) : 1:10,
2B ; 35mm银盐
收藏馆：缩微中心，湖北

000O004145
癸未夏抄：四卷 / (清)静福撰
清(1644-1911)抄本
1986年摄制. -- 1盘卷片(9米175拍) : 1:10,
2B ; 35mm银盐
收藏馆：缩微中心，国图

000O020504
玉堂荟记：二卷 / (清)杨士聪撰
清初(1644-1722)抄本
1994年摄制. -- 1盘卷片(10米167拍) :
1:10, 2B ; 35mm银盐
收藏馆：缩微中心，国图

000O027915
玉堂荟记：四卷 / (清)杨士聪撰
清(1644-1911)抄本. -- (清)顾沅跋。
1996年摄制. -- 1盘卷片(7米116拍) : 1:10,
2B ; 35mm银盐
收藏馆：缩微中心，南京

000O026961
拾箨余间：一卷 / (清)孔毓埏撰
清康熙(1662-1722)刻本. -- 佚名校。
1997年摄制. -- 1盘卷片(5米65拍) : 1:10,
2B ; 35mm银盐
收藏馆：缩微中心，国图

000O023621
蕊亭随笔摘要：八集 / (清)王孙骖撰
清(1644-1911)王近思抄本. -- (清)鲍镕批
点。
1995年摄制. -- 1盘卷片(16米313拍) :
1:10, 2B ; 35mm银盐
收藏馆：缩微中心，浙江

000O028898
刘继庄先生广阳杂记：五卷 / (清)刘献廷撰
清同治四年(1865)周星诒抄本. -- (清)周星
诒校并跋。
1990年摄制. -- 1盘卷片(15.5米325拍)：
1:10，2B；35mm银盐
收藏馆：缩微中心，南京

000O020217
广阳杂记：五卷 / (清)刘献廷撰
清光绪(1875-1908)潘祖荫刻本. -- (清)李文
田注。
1994年摄制. -- 1盘卷片(17米343拍)：
1:10，2B；35mm银盐
收藏馆：缩微中心，国图

000O024777
东轩晚语：一卷 / (清)吴震方辑
清(1644-1911)抄本
1995年摄制. -- 1盘卷片(5米77拍)：1:10，
2B；35mm银盐
收藏馆：缩微中心，浙江

000O004489
人海记：二卷 / (清)查慎行撰
清同治八年(1869)刘履芬抄本. -- (清)唐翰
题跋。
1986年摄制. -- 1盘卷片(7米119拍)：1:10，
2B；35mm银盐
收藏馆：缩微中心，国图

000O015881
人海记：不分卷 / (清)查慎行撰
清(1644-1911)抄本. -- 缺页配清(1644-1911)
徐氏汲修斋抄本。(清)徐光济跋。
1993年摄制. -- 1盘卷片(6米101拍)：1:10，
2B；35mm银盐
收藏馆：缩微中心，国图

000O015905
人海记：不分卷 / (清)查慎行撰
清(1644-1911)抄本。
1993年摄制. -- 1盘卷片(7米108拍)：1:10，
2B；35mm银盐
收藏馆：缩微中心，国图

000O025459
致福丰祥：二卷 / (清)黄树谷辑
清(1644-1911)刻本
1996年摄制. -- 1盘卷片(4米33拍)：1:10，
2B；35mm银盐
收藏馆：缩微中心，国图

000O019968
玉几山房听雨录：一卷 / (清)陈撰撰
清同治六年(1867)魏锡曾抄本. -- (清)魏锡
曾跋。
1994年摄制. -- 1盘卷片(7米100拍)：1:10，
2B；35mm银盐
收藏馆：缩微中心，国图

000O023800
松月堂目下旧见：不分卷 / (清)弘旺撰
清(1644-1911)抄本
1995年摄制. -- 1盘卷片(29米585拍)：
1:10，2B；35mm银盐
收藏馆：缩微中心，浙江

000O025425
竹窗情话：二卷；梦余谈剩：二卷 / (清)张开第
撰
清(1644-1911)绿云书屋抄本
1996年摄制. -- 1盘卷片(14米275拍)：
1:10，2B；35mm银盐
收藏馆：缩微中心，国图

000O014040
醉里耳余录：十二卷 / (清)陈铭撰
清(1644-1911)抄本
1992年摄制. -- 1盘卷片(10米171拍)：
1:10，2B；35mm银盐
收藏馆：缩微中心，国图

000O025230
二楼纪略：四卷 / (清)佟赋伟撰
清康熙(1662-1722)刻本
1996年摄制. -- 1盘卷片(9米164拍)：1:10，
2B；35mm银盐
收藏馆：缩微中心，国图

000O025451
伊江笔录：二卷 / (清)吴熊光撰
清(1644-1911)可庐抄本
1996年摄制. -- 1盘卷片(23米474拍)：
1:10，2B；35mm银盐
收藏馆：缩微中心，国图

000O027293
素壶便录：二卷 / (清)江登云撰
清嘉庆九年(1804)培德堂刻本
1997年摄制. -- 1盘卷片(8米141拍)：1:10，
2B；35mm银盐
收藏馆：缩微中心，国图

000O017307
陶庐杂录：六卷 / (清)法式善撰

清嘉庆二十二年(1817)陈预刻本
1992年摄制. -- 1盘卷片(14米252拍)：
1:10, 2B；35mm银盐
收藏馆：缩微中心，国图

000O025427
陶庐杂录：六卷 / (清)法式善撰
清嘉庆二十二年(1817)陈预刻本
1996年摄制. -- 1盘卷片(13米251拍)：
1:10, 2B；35mm银盐
收藏馆：缩微中心，国图

000O005008
恩福堂笔记：二卷 / (清)英和撰
清道光十七年(1837)刻本. -- (清)翁同龢批注。
1986年摄制. -- 1盘卷片(5.5米92拍)：
1:10, 2B；35mm银盐
收藏馆：缩微中心，国图

000O025465
花部农谭：一卷 / (清)焦循撰
清(1644-1911)稿本
1996年摄制. -- 1盘卷片(3米10拍)：1:10,
2B；35mm银盐
收藏馆：缩微中心，国图

000O023628
平津笔记：八卷 / (清)洪颐煊撰
清(1644-1911)稿本
1996年摄制. -- 1盘卷片(9米153拍)：1:10,
2B；35mm银盐
收藏馆：缩微中心，浙江

000O000287
啸亭杂录：十卷 / (清)昭梿撰
清(1644-1911)抄本
1985年摄制. -- 1盘卷片(13米270拍)：
1:10, 2B；35mm银盐
收藏馆：缩微中心，国图

000O018897
啸亭杂录：十卷续录三卷 / (清)昭梿撰
清(1644-1911)抄本
1994年摄制. -- 1盘卷片(24米515拍)：
1:10, 2B；35mm银盐
收藏馆：缩微中心，天津

000O031257
啸亭杂录：八卷续录二卷 / (清)昭梿撰
清光绪六年(1880)耀年潘骏德刻本. -- (清)翁同龢圈点批注。
2004年摄制. -- 1盘卷片(30米638拍)：1:7,

2B；35mm银盐
收藏馆：缩微中心，国图

000O016475
啸亭杂录：六卷续录四卷 / (清)昭梿撰
清(1644-1911)抄本
1993年摄制. -- 1盘卷片(29米591拍)：
1:10, 2B；35mm银盐
收藏馆：缩微中心，国图

000O005097
朝野琐记：不分卷 / (清)张宝璿撰
清(1644-1911)抄本
1986年摄制. -- 1盘卷片(10米183拍)：
1:10, 2B；35mm银盐
收藏馆：缩微中心，国图

000O025898
枸墟私语：不分卷 / (清)笠华辑注
清道光二十年(1840)韩应陛抄本
1996年摄制. -- 1盘卷片(4米63拍)：1:10,
2B；35mm银盐
收藏馆：缩微中心，浙江

000O018136
镜吾录：不分卷 / (清)张兴留撰
清(1644-1911)稿本
1993年摄制. -- 1盘卷片(15米306拍)：
1:10, 2B；35mm银盐
收藏馆：缩微中心，山东

000O018166
铸错山房笔记：不分卷 / (清)丁柔克撰
清(1644-1911)稿本
1993年摄制. -- 2盘卷片(43米875拍)：
1:10, 2B；35mm银盐
收藏馆：缩微中心，山东

000O027592
衡华馆杂稿：不分卷 / (清)王韬撰
清(1644-1911)稿本
1997年摄制. -- 1盘卷片(19米341拍)：
1:10, 2B；35mm银盐
收藏馆：缩微中心，国图

000O027748
赌棋山庄备忘杂录：不分卷 / (清)谢章铤辑
清(1644-1911)稿本
1996年摄制. -- 3盘卷片(69.2米1430拍)：
1:10, 2B；35mm银盐
收藏馆：缩微中心，福建

000O028267
鸿雪因缘图记：三集 / (清)麟庆撰
清道光二十九年(1849)崇实崇厚刻本
1997年摄制. -- 2盘卷片(37米810拍) :
1:10, 2B ; 35mm银盐
收藏馆：缩微中心，辽宁

000O008639
东坡先生物类相感志：十八卷 / [题](宋)释赞宁
撰
明(1368-1644)抄本
1988年摄制. -- 1盘卷片(11米218拍) :
1:10, 2B ; 35mm银盐
收藏馆：缩微中心，国图

000O002344
洞天清禄集：一卷 / (宋)赵希鹄撰
清乾隆四十九年(1784)吾进爱吾庐抄本. --
(清)吾进跋。
1986年摄制. -- 1盘卷片(4米53拍) : 1:10,
2B ; 35mm银盐
收藏馆：缩微中心，国图

000O006842
贞暄野录：二卷 / (宋)陈槱撰
清(1644-1911)抄本
1987年摄制. -- 1盘卷片(4米45拍) : 1:10,
2B ; 35mm银盐
收藏馆：缩微中心，国图

000O003719
云烟过眼录：一卷 / (宋)周密撰
明末(1621-1644)冯舒抄本
1985年摄制. -- 1盘卷片(4米55拍) : 1:10,
2B ; 35mm银盐
收藏馆：缩微中心，国图

000O004235
云烟过眼录：一卷 / (宋)周密撰
清(1644-1911)抄本. -- (清)鲍廷博校。
1986年摄制. -- 1盘卷片(4米57拍) : 1:10,
2B ; 35mm银盐
收藏馆：缩微中心，国图

000O004245
云烟过眼录：一卷 / (宋)周密撰
清(1644-1911)抄本. -- 谢口校注，(清)周星
诒校并跋。
1985年摄制. -- 1盘卷片(5.9米104拍) :
1:10, 2B ; 35mm银盐
收藏馆：缩微中心，国图

000O016158
云烟过眼录：一卷 / (宋)周密撰
清(1644-1911)抄本
1993年摄制. -- 1盘卷片(4米46拍) : 1:10,
2B ; 35mm银盐
收藏馆：缩微中心，国图

000O004402
云烟过眼录：二卷别录二卷 / (宋)周密撰
清(1644-1911)抄本. -- (清)严元照校跋并录
(清)丁敬题识，(清)劳格校并跋。
1986年摄制. -- 1盘卷片(6米104拍) : 1:10,
2B ; 35mm银盐
收藏馆：缩微中心，国图

000O001816
云烟过眼录：四卷 / (宋)周密撰. 续录：一卷 /
(元)汤允谟撰
清(1644-1911)抄本. -- (清)赵宗建校并跋。
1987年摄制. -- 1盘卷片(5.7米99拍) :
1:10, 2B ; 35mm银盐
收藏馆：缩微中心，国图

000O016083
云烟过眼续录：一卷 / (元)汤允谟撰
清乾隆(1736-1795)陆煊刻奇晋斋丛书本. --
(清)吴翌凤校。
1993年摄制. -- 1盘卷片(5米55拍) : 1:10,
2B ; 35mm银盐
收藏馆：缩微中心，国图

000O003600
居家必用事类全集：十卷
朝鲜刻本
1985年摄制. -- 1盘卷片(22米494拍) :
1:10, 2B ; 35mm银盐
收藏馆：缩微中心，国图

000O008587
多能鄙事：十二卷 / [题](明)刘基撰
明嘉靖(1522-1566)刻本
1988年摄制. -- 1盘卷片(13米276拍) :
1:10, 2B ; 35mm银盐
收藏馆：缩微中心，国图

000O022442
多能鄙事：十二卷 / [题](明)刘基撰
明(1368-1644)刻本
1995年摄制. -- 1盘卷片(12米214拍) :
1:10, 2B ; 35mm银盐
收藏馆：缩微中心，国图

000O000804

新增格古要论：十三卷 / (明)曹昭撰；(明)王佐增补

明天顺六年(1462)徐氏善得书堂刻本
1985年摄制. -- 1盘卷片(11.2米224拍) :
1:10, 2B ; 35mm银盐
收藏馆：缩微中心，国图

000O002145

新增格古要论：十三卷 / (明)曹昭撰；(明)王佐增补

明天顺六年(1462)徐氏善得书堂刻本
1986年摄制. -- 1盘卷片(11米227拍) :
1:10, 2B ; 35mm银盐
收藏馆：缩微中心，国图

000O001160

新增格古要论：十三卷 / (明)曹昭撰；(明)王佐增补

明(1368-1644)黄琪刻本
1985年摄制. -- 1盘卷片(15.8米339拍) :
1:10, 2B ; 35mm银盐
收藏馆：缩微中心，国图

000O007171

新增格古要论：十三卷 / (明)曹昭撰；(明)王佐增补

明(1368-1644)郑樸刻本
1987年摄制. -- 1盘卷片(16米322拍) :
1:10, 2B ; 35mm银盐
收藏馆：缩微中心，山东

000O027905

新增格古要论：十三卷 / (明)曹昭撰；(明)王佐增补

明万历(1573-1620)黄正位刻清(1644-1911)淑躬堂重修本. -- (清)卢文弨校并跋，(清)丁丙跋。
1996年摄制. -- 1盘卷片(16米336拍) :
1:10, 2B ; 35mm银盐
收藏馆：缩微中心，南京

000O008731

新增格古要论：十三卷 / (明)曹昭撰；(明)王佐增补

明(1368-1644)黄正位刻本
1988年摄制. -- 1盘卷片(16.6米351拍) :
1:11, 2B ; 35mm银盐
收藏馆：缩微中心，重庆

000O002806

新增格古要论：十三卷 / (明)曹昭撰；(明)王佐增补

明(1368-1644)黄正位刻清(1644-1911)淑躬堂重修本
1986年摄制. -- 1盘卷片(16米336拍) :
1:10, 2B ; 35mm银盐
收藏馆：缩微中心，国图

000O021198

新增格古要论：十三卷 / (明)曹昭撰；(明)王佐增补

明(1368-1644)黄正位刻清(1644-1911)淑躬堂重修本
1995年摄制. -- 1盘卷片(17米316拍) :
1:10, 2B ; 35mm银盐
收藏馆：缩微中心，国图

000O021527

新刻格古要论：五卷 / (明)曹昭撰；(明)王佐增补

明(1368-1644)胡氏文会堂刻格致丛书本
1995年摄制. -- 1盘卷片(10米176拍) :
1:10, 2B ; 35mm银盐
收藏馆：缩微中心，国图

000O004946

宋氏家要部：三卷；家规部：四卷；燕闲部：二卷 / (明)宋诩撰

明(1368-1644)刻本. -- 还有合刻著作：家仪部四卷/(明)宋诩撰。
1987年摄制. -- 1盘卷片(8.2米158拍) :
1:10, 2B ; 35mm银盐
收藏馆：缩微中心，国图

000O014612

新刻墨娥小录：十四卷

明(1368-1644)胡文焕刻格致丛书本. -- 存七卷：卷一至卷七。
1992年摄制. -- 1盘卷片(6米97拍) : 1:10,
2B ; 35mm银盐
收藏馆：缩微中心，国图

000O019640

新刻墨娥小录：十四卷

明(1368-1644)胡氏文会堂刻本
1994年摄制. -- 1盘卷片(11米186拍) :
1:10, 2B ; 35mm银盐
收藏馆：缩微中心，国图

000O004948

墨娥小录：十四卷

明隆庆五年(1571)吴继聚好堂刻本
1987年摄制. -- 1盘卷片(10.5米215拍) :
1:10, 2B ; 35mm银盐
收藏馆：缩微中心，国图

00O017563

墨娥小录：十四卷

明隆庆五年(1571)吴继聚好堂刻本. -- 存六卷：卷一至卷六。

1993年摄制. -- 1盘卷片(5米71拍) ： 1:10, 2B ；35mm银盐

收藏馆：缩微中心，国图

00O006671

墨娥小录：十四卷

明(1368-1644)抄本. -- 存五卷：卷一至卷五。

1987年摄制. -- 1盘卷片(5米67拍) ： 1:10, 2B ；35mm银盐

收藏馆：缩微中心，国图

00O015208

黿采馆清课：一卷 / (明)费元禄辑

明万历(1573-1620)刻本. -- (明)徐㶿跋。

1992年摄制. -- 1盘卷片(5米63拍) ： 1:10, 2B ；35mm银盐

收藏馆：缩微中心，国图

00O004950

雅尚斋遵生八笺：十九卷 / (明)高濂撰

明万历十九年(1591)高濂刻本

1987年摄制. -- 2盘卷片(56.8米1314拍) ： 1:10, 2B ；35mm银盐

收藏馆：缩微中心，国图

00O016293

雅尚斋遵生八笺：十九卷 / (明)高濂撰

明万历十九年(1591)高濂刻本

1993年摄制. -- 2盘卷片(57米1194拍) ： 1:10, 2B ；35mm银盐

收藏馆：缩微中心，国图

00O021686

雅尚斋遵生八笺：十九卷目录一卷 / (明)高濂辑

明万历十九年(1591)刻本

1995年摄制. -- 2盘卷片(59米1183拍) ： 1:10, 2B ；35mm银盐

收藏馆：缩微中心，国图

00O018307

研山斋杂记：四卷 / (清)孙炯撰

清(1644-1911)抄本. -- (清)刘位坦跋。

1993年摄制. -- 1盘卷片(6米100拍) ： 1:10, 2B ；35mm银盐

收藏馆：缩微中心，天津

00O021670

清闲供：八卷 / (明)程羽文撰

明(1368-1644)刻本

1995年摄制. -- 1盘卷片(8米145拍) ： 1:10, 2B ；35mm银盐

收藏馆：缩微中心，国图

00O005038

长物志：十二卷 / (明)文震亨撰

明(1368-1644)刻本

1986年摄制. -- 1盘卷片(8米158拍) ： 1:10, 2B ；35mm银盐

收藏馆：缩微中心，国图

00O017629

长物志：十二卷 / (明)文震亨撰

明(1368-1644)刻本

1993年摄制. -- 1盘卷片(11米143拍) ： 1:10, 2B ；35mm银盐

收藏馆：缩微中心，国图

00O015939

秋园杂佩：一卷 / (清)陈贞慧撰

清(1644-1911)抄本

1993年摄制. -- 1盘卷片(3米11拍) ： 1:10, 2B ；35mm银盐

收藏馆：缩微中心，国图

00O016983

韵石斋笔谈：二卷 / (明)姜绍书撰

清初(1644-1722)刻本. -- 郑振铎跋。

1993年摄制. -- 1盘卷片(6米70拍) ： 1:10, 2B ；35mm银盐

收藏馆：缩微中心，国图

00O001192

韵石斋笔谈：二卷 / (明)姜绍书撰

清乾隆十二年(1747)姜观光姜斗光[等]刻本

1985年摄制. -- 1盘卷片(5米69拍) ： 1:10, 2B ；35mm银盐

收藏馆：缩微中心，国图

00O016972

韵石斋笔谈：二卷 / (明)姜绍书撰

清(1644-1911)赵氏小山堂抄本

1993年摄制. -- 1盘卷片(4米42拍) ： 1:10, 2B ；35mm银盐

收藏馆：缩微中心，国图

00O019558

破铁网：三卷 / (清)管庭芬撰

清(1644-1911)稿本

1994年摄制. -- 1盘卷片(3米18拍) ： 1:10, 2B ；35mm银盐

收藏馆：缩微中心，国图

00O019470
草兮笔记：二卷 / (清)管庭芬撰
清(1644-1911)稿本
1994年摄制. -- 1盘卷片(5米67拍) : 1:10,
2B ; 35mm银盐
收藏馆：缩微中心，国图

00O003073
博物志：十卷 / [题](晋)张华撰；(宋)周日用注
明弘治十八年(1505)贺泰刻公文纸印本. --
(清)冯舒跋。
1986年摄制. -- 1盘卷片(4米57拍) : 1:10,
2B ; 35mm银盐
收藏馆：缩微中心，国图

00O003251
博物志：十卷 / [题](晋)张华撰；(宋)周日用注
明(1368-1644)刻本
1986年摄制. -- 1盘卷片(4米56拍) : 1:10,
2B ; 35mm银盐
收藏馆：缩微中心，国图

00O017841
博物志：十卷 / [题](晋)张华撰；(宋)周日用注
明(1368-1644)刻本
1993年摄制. -- 1盘卷片(4米44拍) : 1:10,
2B ; 35mm银盐
收藏馆：缩微中心，国图

00O020093
博物志：十卷 / [题](晋)张华撰；(宋)周日用注
明(1368-1644)刻本
1994年摄制. -- 1盘卷片(4米42拍) : 1:10,
2B ; 35mm银盐
收藏馆：缩微中心，国图

00O023817
博物志：十卷 / [题](晋)张华撰；(宋)周日用注
明(1368-1644)刻本. -- (清)陈鳣跋。
1995年摄制. -- 1盘卷片(5米78拍) : 1:10,
2B ; 35mm银盐
收藏馆：缩微中心，浙江

00O004160
续博物志：十卷 / (宋)李石撰
明(1368-1644)刻本
1986年摄制. -- 1盘卷片(5.2米74拍) :
1:10, 2B ; 35mm银盐
收藏馆：缩微中心，国图

00O000689
群书治要：五十卷 / (唐)魏征撰
日本天明七年(1787)尾张国刻本. -- 存

四十七卷：卷一至卷三、卷五至卷十二、卷
十四至卷十九、卷二十一至卷五十。
1985年摄制. -- 3盘卷片(66.7米1485拍) :
1:10, 2B ; 35mm银盐
收藏馆：缩微中心，国图

00O025450
群书治要：五十卷 / (唐)魏征撰
日本天明七年(1787)尾张国刻本. -- 存
四十七卷：卷一至卷三、卷五至卷十二、卷
十四至卷十九、卷二十一至卷五十。
1996年摄制. -- 3盘卷片(69米1363拍) :
1:10, 2B ; 35mm银盐
收藏馆：缩微中心，国图

00O004222
意林：五卷 / (唐)马总辑
明嘉靖五年(1526)黄凤仪刻本. -- (清)黄廷
鉴校并跋。
1986年摄制. -- 1盘卷片(8米145拍) : 1:10,
2B ; 35mm银盐
收藏馆：缩微中心，国图

00O013468
意林：五卷 / (唐)马总辑
明嘉靖五年(1526)黄凤仪刻本
1991年摄制. -- 1盘卷片(8米129拍) : 1:10,
2B ; 35mm银盐
收藏馆：缩微中心，国图

00O010144
意林：五卷 / (唐)马总辑
明嘉靖八年(1529)于鉴刻本
1989年摄制. -- 1盘卷片(9米173拍) : 1:10,
2B ; 35mm银盐
收藏馆：缩微中心，山东

00O023193
意林：五卷 / (唐)马总辑
明万历六年(1578)钱普刻本
1995年摄制. -- 1盘卷片(9米140拍) : 1:10,
2B ; 35mm银盐
收藏馆：缩微中心，国图

00O019482
意林：五卷 / (唐)马总辑
明(1368-1644)抄本. -- 存二卷：卷一至卷
二。
1994年摄制. -- 1盘卷片(4米48拍) : 1:10,
2B ; 35mm银盐
收藏馆：缩微中心，国图

000〇028126
意林：五卷补录一卷 / (唐)马总辑
清乾隆(1736-1795)武英殿聚珍版丛书活字印
本. -- (清)严可均校并跋，(清)丁丙跋。
1996年摄制. -- 1盘卷片(11米215拍) :
1:10, 2B ; 35mm银盐
收藏馆：缩微中心，南京

000〇002340
意林：五卷 / (唐)马总辑
清(1644-1911)抄本
1986年摄制. -- 1盘卷片(7米126拍) : 1:10,
2B ; 35mm银盐
收藏馆：缩微中心，国图

000〇031176
意林语要：五卷 / (唐)马总辑
明(1368-1644)刻本
2004年摄制. -- 1盘卷片(10米170拍) :
1:11, 2B ; 35mm银盐
收藏馆：缩微中心，国图

000〇015571
意林语要：五卷 / (唐)马总辑
清(1644-1911)纪氏阅微草堂抄本
1993年摄制. -- 1盘卷片(8米128拍) : 1:10,
2B ; 35mm银盐
收藏馆：缩微中心，国图

000〇024138
意林语要：五卷 / (唐)马总辑
清(1644-1911)抄本. -- (清)周震甲校并跋。
1996年摄制. -- 1盘卷片(8米160拍) : 1:10,
2B ; 35mm银盐
收藏馆：缩微中心，湖北

000〇005962
意林附注：五卷 / (清)周广业撰
清(1644-1911)抄本. -- (清)莫友芝校。
1987年摄制. -- 1盘卷片(12.2米255拍) :
1:10, 2B ; 35mm银盐
收藏馆：缩微中心，国图

000〇024775
意林：五卷 / (唐)马总辑；(清)周广业附注 . 意
林逸文：一卷 / (清)周广业辑
清(1644-1911)抄本. -- 缪荃孙批校，(清)莫
友芝批校并跋。
1995年摄制. -- 1盘卷片(15米293拍) :
1:10, 2B ; 35mm银盐
收藏馆：缩微中心，浙江

000〇020663
云仙散录：一卷 / (唐)冯贽辑
清(1644-1911)抄本. -- (清)徐渭仁跋。
1994年摄制. -- 1盘卷片(5米66拍) : 1:10,
2B ; 35mm银盐
收藏馆：缩微中心，国图

000〇003093
云仙杂记：十卷 / [题](唐)冯贽辑
明隆庆五年(1571)叶氏菉竹堂刻本
1986年摄制. -- 1盘卷片(7米113拍) : 1:10,
2B ; 35mm银盐
收藏馆：缩微中心，国图

000〇016660
云仙杂记：十卷 / [题](唐)冯贽辑
明隆庆五年(1571)叶氏菉竹堂刻本. -- 王思
范跋。
1993年摄制. -- 1盘卷片(7米98拍) : 1:10,
2B ; 35mm银盐
收藏馆：缩微中心，国图

000〇001332
绀珠集：十三卷
明天顺(1457-1464)刻本
1985年摄制. -- 1盘卷片(16.7米360拍) :
1:10, 2B ; 35mm银盐
收藏馆：缩微中心，国图

000〇003099
绀珠集：十三卷
明天顺(1457-1464)刻本
1986年摄制. -- 1盘卷片(17米359拍) :
1:10, 2B ; 35mm银盐
收藏馆：缩微中心，国图

000〇028551
绀珠集：十三卷
清康熙(1662-1722)尤贞起抄本. -- (清)尤贞
起校并跋，(清)丁丙跋。
1996年摄制. -- 1盘卷片(24米513拍) :
1:10, 2B ; 35mm银盐
收藏馆：缩微中心，南京

000〇006734
绀珠集：十三卷
清(1644-1911)抄本
1987年摄制. -- 1盘卷片(21米401拍) :
1:10, 2B ; 35mm银盐
收藏馆：缩微中心，四川

000〇016494
绀珠集：十三卷

清（1644-1911）抄本. -- （清）龚翔麟、（清）金志章校，（清）周广业、（清）唐翰题跋。
1993年摄制. -- 1盘卷片（27米562拍）：1:10, 2B；35mm银盐
收藏馆：缩微中心，国图

000O003973
清异录：二卷 / (宋)陶谷撰
明隆庆六年（1572）叶氏菉竹堂刻本
1985年摄制. -- 1盘卷片（9米176拍）：1:10, 2B；35mm银盐
收藏馆：缩微中心，国图

000O020844
清异录：二卷 / (宋)陶谷撰
明隆庆六年（1572）叶氏菉竹堂刻本
1994年摄制. -- 1盘卷片（10米159拍）：1:10, 2B；35mm银盐
收藏馆：缩微中心，国图

000O016656
清异录：二卷 / (宋)陶谷撰
明（1368-1644）陶元柱修群馆刻本
1993年摄制. -- 1盘卷片（9米150拍）：1:10, 2B；35mm银盐
收藏馆：缩微中心，国图

000O010940
清异录：二卷 / (宋)陶谷撰
清光绪元年（1875）陈氏庸闲斋刻本. -- （清）郑文焯批。
1989年摄制. -- 1盘卷片（9米154拍）：1:10, 2B；35mm银盐
收藏馆：缩微中心，湖北

000O005221
清异续录：一卷 / (明)李肇亨撰
清（1644-1911）抄本
1986年摄制. -- 1盘卷片（7米132拍）：1:10, 2B；35mm银盐
收藏馆：缩微中心，国图

000O004894
茅亭客话：十卷 / (宋)黄休复撰
清嘉庆二十年（1815）吴澄之抄本. -- （清）吴嘉泰校并跋，傅增湘跋。
1986年摄制. -- 1盘卷片（5米113拍）：1:10, 2B；35mm银盐
收藏馆：缩微中心，国图

000O002143
类说：六十卷 / (宋)曾慥辑
明天启六年（1626）岳钟秀刻本. -- 缪荃孙校。
1986年摄制. -- 4盘卷片（97米2129拍）：1:10, 2B；35mm银盐
收藏馆：缩微中心，国图

000O003722
类说：五十卷 / (宋)曾慥辑
明（1368-1644）有嘉堂抄本. -- 存三十六卷：卷五至卷十四、卷十九至卷二十、卷二十四至卷二十七、卷三十一至卷五十。
1985年摄制. -- 2盘卷片（55米1206拍）：1:10, 2B；35mm银盐
收藏馆：缩微中心，国图

000O016002
皇朝类苑：六十三卷目录五卷 / (宋)江少虞辑
明（1368-1644）抄本. -- 存六十卷：卷一至卷五十五、目录五卷。
1993年摄制. -- 2盘卷片（42米802拍）：1:10, 2B；35mm银盐
收藏馆：缩微中心，国图

000O003094
皇朝类苑：六十三卷目录五卷 / (宋)江少虞辑
清（1644-1911）抄本. -- 卷二十六至卷二十九、卷三十二至卷三十八、卷四十二至卷四十四、卷四十八至卷五十四、卷六十七配另一清（1644-1911）抄本。存六十卷：卷一至卷六、卷十五至卷六十三，目录五卷。李文锐、瞿熙邦校并跋。
1986年摄制. -- 2盘卷片（44米962拍）：1:10, 2B；35mm银盐
收藏馆：缩微中心，国图

000O004497
皇朝类苑：六十三卷目录五卷 / (宋)江少虞辑
清（1644-1911）抄本
1986年摄制. -- 2盘卷片（43.7米955拍）：1:10, 2B；35mm银盐
收藏馆：缩微中心，国图

000O028702
皇朝类苑：七十八卷 / (宋)江少虞辑
清（1644-1911）抄本. -- 卷十八至卷十九、卷二十七至卷三十、卷三十八至卷三十九、卷五十二至卷五十七、卷六十二至卷七十八配丁氏八千卷楼抄本。
1989年摄制. -- 2盘卷片（58米1216拍）：1:10, 2B；35mm银盐
收藏馆：缩微中心，南京

000O019753
皇朝仕学规范：四十卷 / (宋)张镃辑

明(1368-1644)刻本
1994年摄制. -- 1盘卷片(16米285拍)：
1:10, 2B；35mm银盐
收藏馆：缩微中心，国图

000O024781
仕学规范：八卷 / (宋)张镃辑；(明)范汝梓订
明天启五年(1625)范廷凤范廷骏刻本
1995年摄制. -- 1盘卷片(18米356拍)：
1:10, 2B；35mm银盐
收藏馆：缩微中心，浙江

000O004655
卧游录：一卷 / [题](宋)吕祖谦撰 . 甘泽谣：一
卷附录一卷 / (唐)袁郊撰 . 大唐传载：一卷
明崇祯六年(1633)孙明志抄本. -- 还有合刻
著作：山家清事一卷/(宋)林洪撰，博异志一
卷/[题](唐)谷神子撰。
1986年摄制. -- 1盘卷片(3米28拍)：1:10,
2B；35mm银盐
收藏馆：缩微中心，国图

000O024111
经子法语：二十四卷 / (宋)洪迈撰
清(1644-1911)抄本
1996年摄制. -- 1盘卷片(13米250拍)：
1:10, 2B；35mm银盐
收藏馆：缩微中心，湖北

000O027971
经子法语：二十四卷 / (宋)洪迈辑
清(1644-1911)抄本. -- (清)丁丙跋。
1996年摄制. -- 1盘卷片(12米230拍)：
1:10, 2B；35mm银盐
收藏馆：缩微中心，南京

000O018324
七十二子粹言：二卷 / (宋)朱南功撰
明(1368-1644)刻本
1993年摄制. -- 1盘卷片(5米68拍)：1:10,
2B；35mm银盐
收藏馆：缩微中心，天津

000O007246
新编醉翁谈录：八卷 / (宋)金盈之撰
明(1368-1644)抄本. -- 存四卷：卷五至卷
八。(清)毛宸校。
1987年摄制. -- 1盘卷片(3米43拍)：1:10,
2B；35mm银盐
收藏馆：缩微中心，国图

000O027913
新编醉翁谈录：八卷 / (宋)金盈之撰

清(1644-1911)抄本. -- 缪荃孙校并跋。
1996年摄制. -- 1盘卷片(5米63拍)：1:10,
2B；35mm银盐
收藏馆：缩微中心，南京

000O014722
醉翁谈录：八卷 / (宋)金盈之撰
清(1644-1911)蒋维基茹古精舍抄本
1992年摄制. -- 1盘卷片(5米62拍)：1:10,
2B；35mm银盐
收藏馆：缩微中心，国图

000O004656
山家清事：一卷 / (宋)林洪撰 . 甘泽谣：一
卷附录一卷 / (唐)袁郊撰 . 大唐传载：一卷
明崇祯六年(1633)孙明志抄本. -- 还有合刻
著作：卧游录一卷/[题](宋)吕祖谦撰，博异
志一卷/[题](唐)谷神子撰。
1986年摄制. -- 1盘卷片(3米22拍)：1:10,
2B；35mm银盐
收藏馆：缩微中心，国图

000O012596
自警编：五卷 / (宋)赵善璙辑
宋端平元年(1234)刻本. -- (清)翁方纲题
款。
1990年摄制. -- 1盘卷片(23.9米534拍)：
1:10, 2B；35mm银盐
收藏馆：缩微中心，辽宁

000O012587
自警编：五卷 / (宋)赵善璙辑
明初(1368-1424)刻本. -- 存三卷：甲卷、乙
卷、戊卷。
1990年摄制. -- 1盘卷片(15.8米344拍)：
1:10, 2B；35mm银盐
收藏馆：缩微中心，辽宁

000O003092
自警编：五卷 / (宋)赵善璙撰
明初(1368-1424)刻本
1986年摄制. -- 1盘卷片(23米511拍)：
1:10, 2B；35mm银盐
收藏馆：缩微中心，国图

000O015352
自警编：五卷 / (宋)赵善璙辑
明初(1368-1424)刻本
1992年摄制. -- 1盘卷片(25米484拍)：
1:10, 2B；35mm银盐
收藏馆：缩微中心，国图

00O004698
自警编：五卷 / (宋)赵善璙辑
明嘉靖七年(1528)蜀藩刻本
1986年摄制. -- 1盘卷片(24米521拍)：
1:10，2B；35mm银盐
收藏馆：缩微中心，国图

00O016474
自警编：五卷 / (宋)赵善璙辑
明嘉靖七年(1528)蜀藩刻本
1992年摄制. -- 1盘卷片(23米463拍)：
1:10，2B；35mm银盐
收藏馆：缩微中心，国图

00O007449
自警编：五卷 / (宋)赵善璙辑
朝鲜活字印本
1987年摄制. -- 1盘卷片(25.2米564拍)：
1:10，2B；35mm银盐
收藏馆：缩微中心，国图

00O028430
自警编：九卷 / (宋)赵善璙辑
明嘉靖四十年(1561)陈善刻本. -- (清)丁丙
跋。
1996年摄制. -- 1盘卷片(20米420拍)：
1:10，2B；35mm银盐
收藏馆：缩微中心，南京

00O021965
自警编：九卷 / (宋)赵善璙辑
明万历五年(1577)李超刻本
1995年摄制. -- 1盘卷片(20米394拍)：
1:10，2B；35mm银盐
收藏馆：缩微中心，国图

00O020213
自警编：九卷 / (宋)赵善璙辑
明(1368-1644)刻本. -- (清)李文田校注并
跋。
1994年摄制. -- 1盘卷片(21米420拍)：
1:10，2B；35mm银盐
收藏馆：缩微中心，国图

00O014143
自警编：十一卷 / (宋)赵善璙辑
明(1368-1644)刻本
1992年摄制. -- 1盘卷片(28米581拍)：
1:10，2B；35mm银盐
收藏馆：缩微中心，国图

00O001387
澄怀录：二卷 / (宋)周密辑

明嘉靖二十六年(1547)百川高氏抄本. --
(清)林佶跋。
1985年摄制. -- 1盘卷片(3.4米43拍)：
1:10，2B；35mm银盐
收藏馆：缩微中心，国图

00O003895
澄怀录：二卷 / (宋)周密辑
清光绪二年(1876)李文田抄本. -- (清)潘祖
荫跋，傅增湘校。
1986年摄制. -- 1盘卷片(4米46拍)：1:10，
2B；35mm银盐
收藏馆：缩微中心，国图

00O014738
澄怀录：二卷 / (宋)周密辑
清(1644-1911)抄本
1992年摄制. -- 1盘卷片(3米25拍)：1:10，
2B；35mm银盐
收藏馆：缩微中心，国图

00O004830
**芝秀堂抄澄怀录：二卷 / (宋)周密撰 . 登西台恸
哭记注：一卷冬青树引注一卷 / (明)张丁撰 . 平
江记事：一卷 / (元)高德基撰**
明(1368-1644)抄本. -- 傅增湘校并跋。
1986年摄制. -- 1盘卷片(3.1米36拍)：
1:10，2B；35mm银盐
收藏馆：缩微中心，国图

00O028158
忍经：一卷 / (元)吴亮撰
明正统十年(1445)刻本. -- (清)丁丙跋。
1996年摄制. -- 1盘卷片(4米46拍)：1:10，
2B；35mm银盐
收藏馆：缩微中心，南京

00O016444
忍书：一卷 / (元)吴亮撰
明崇祯二年(1629)杨君觇刻本
1993年摄制. -- 1盘卷片(4米46拍)：1:10，
2B；35mm银盐
收藏馆：缩微中心，国图

00O001097
忍书：一卷 / (元)吴亮撰
明(1368-1644)刻本
1985年摄制. -- 1盘卷片(3.8米54拍)：
1:10，2B；35mm银盐
收藏馆：缩微中心，国图

00O005740
劝忍百箴考注：四卷 / (□)释觉澄撰

明嘉靖十二年(1533)张诚刻本
1987年摄制. -- 1盘卷片(14米297拍)：
1:10，2B；35mm银盐
收藏馆：缩微中心，国图

000O018259
诚斋杂记：二卷 / [题](元)林坤撰
清初(1644-1722)毛氏汲古阁抄本
1993年摄制. -- 1盘卷片(4米49拍)：1:10，
2B；35mm银盐
收藏馆：缩微中心，山东

000O012641
琅嬛记：三卷 / (元)伊世珍辑
明万历(1573-1620)曹学佺刻本. -- (明)黄正
位校。
1990年摄制. -- 1盘卷片(5.2米89拍)：
1:10，2B；35mm银盐
收藏馆：缩微中心，辽宁

000O028753
琅嬛记：三卷 / (元)伊世珍辑
明(1368-1644)汲古阁抄本
1998年摄制. -- 1盘卷片(6米82拍)：1:10，
2B；35mm银盐
收藏馆：缩微中心，苏州

000O025862
纲常懿范：十卷 / (明)周是修撰
明崇祯三年(1630)周应鳌刻本
1996年摄制. -- 1盘卷片(23米521拍)：
1:10，2B；35mm银盐
收藏馆：缩微中心，安徽

000O009576
为善阴骘：十卷 / (明)成祖朱棣撰
明永乐十七年(1419)内府刻本
1988年摄制. -- 1盘卷片(12米228拍)：
1:10，2B；35mm银盐
收藏馆：缩微中心，山东

000O021971
大明仁孝皇后劝善书：二十卷 / (明)仁孝皇后徐
氏撰
明永乐三年(1405)内府刻本. -- 存十六卷。
1995年摄制. -- 1盘卷片(31米640拍)：
1:10，2B；35mm银盐
收藏馆：缩微中心，国图

000O023869
古隽：八卷 / (明)杨慎辑
明(1368-1644)刻本
1995年摄制. -- 1盘卷片(13米236拍)：

1:10，2B；35mm银盐
收藏馆：缩微中心，南京

000O018752
玉壶冰：一卷 / (明)都穆辑
明万历十一年(1583)赵以康刻本
1994年摄制. -- 1盘卷片(3米25拍)：1:10，
2B；35mm银盐
收藏馆：缩微中心，国图

000O000388
灼艾集：二卷续集二卷余集二卷别集二卷 / (明)
万表辑
明嘉靖(1522-1566)刻本
1985年摄制. -- 1盘卷片(20.6米453拍)：
1:10，2B；35mm银盐
收藏馆：缩微中心，国图

000O002061
灼艾集：二卷续集二卷别集二卷余集二卷 / (明)
万表辑
明嘉靖(1522-1566)刻本. -- 正集、别集、余
集配清(1644-1911)抄本。
1986年摄制. -- 1盘卷片(21米461拍)：
1:10，2B；35mm银盐
收藏馆：缩微中心，国图

000O006572
灼艾集：二卷续集二卷余集一卷别集二卷 / (明)
万表辑
明嘉靖(1522-1566)刻本
1987年摄制. -- 1盘卷片(21米461拍)：
1:10，2B；35mm银盐
收藏馆：缩微中心，国图

000O005035
灼艾集：二卷续集二卷新集二卷别集二卷余集
二卷 / (明)万表辑
明万历二十九年(1601)万邦孚刻本
1986年摄制. -- 1盘卷片(25米542拍)：
1:10，2B；35mm银盐
收藏馆：缩微中心，国图

000O018402
王太蒙先生类纂批评灼艾集：十八卷 / (明)万表
辑；(明)王佐纂评
明(1368-1644)刻本
1993年摄制. -- 1盘卷片(32米648拍)：
1:10，2B；35mm银盐
收藏馆：缩微中心，国图

000O020943
诸子品节：五十卷 / (明)陈深编

明万历十八年(1590)刻本
1994年摄制. -- 3盘卷片(67.2米1425拍)：
1:10, 2B ; 35mm银盐
收藏馆：缩微中心，山西

000O004835
杂抄：不分卷 / (明)范钦辑
明(1368-1644)稿本
1986年摄制. -- 1盘卷片(5米67拍) : 1:10,
2B ; 35mm银盐
收藏馆：缩微中心，国图

000O023635
谈资：三卷 / (明)秦鸣雷撰
明万历元年(1573)刻本
1996年摄制. -- 1盘卷片(8米140拍) : 1:10,
2B ; 35mm银盐
收藏馆：缩微中心，浙江

000O016655
学圃萱苏：六卷 / (明)陈耀文辑
明万历五年(1577)南峰刻本
1993年摄制. -- 1盘卷片(19米369拍) :
1:10, 2B ; 35mm银盐
收藏馆：缩微中心，国图

000O028439
学圃萱苏：六卷 / (明)陈耀文辑
明万历五年(1577)东棐刻本. -- (清)丁丙
跋。
1996年摄制. -- 1盘卷片(19米412拍) :
1:10, 2B ; 35mm银盐
收藏馆：缩微中心，南京

000O005742
六子归儒集：十卷 / (明)周良金辑
明万历十三年(1585)周治隆刻本
1987年摄制. -- 1盘卷片(20米448拍) :
1:10, 2B ; 35mm银盐
收藏馆：缩微中心，国图

000O007705
初潭集：三十卷 / (明)李贽撰
明万历(1573-1620)刻本
1987年摄制. -- 1盘卷片(26.5米581拍) :
1:9, 2B ; 35mm银盐
收藏馆：缩微中心，重庆

000O006318
初潭集：三十卷 / (明)李贽撰
明(1368-1644)刻本
1987年摄制. -- 1盘卷片(26米583拍) :
1:10, 2B ; 35mm银盐

收藏馆：缩微中心，吉林

000O021220
初潭集：三十卷 / (明)李贽撰
明(1368-1644)刻本
1995年摄制. -- 1盘卷片(29米582拍) :
1:10, 2B ; 35mm银盐
收藏馆：缩微中心，国图

000O020446
初潭集：十二卷 / (明)李贽撰
明末(1621-1644)刻本
1994年摄制. -- 1盘卷片(28米545拍) :
1:10, 2B ; 35mm银盐
收藏馆：缩微中心，国图

000O021710
初潭集：十二卷 / (明)李贽撰；(明)王克安重订
明末(1621-1644)刻本. -- 吴梅跋。
1995年摄制. -- 1盘卷片(26米545拍) :
1:10, 2B ; 35mm银盐
收藏馆：缩微中心，国图

000O007208
初潭集：三十卷 / (明)李贽撰；(明)闵邃,(明)闵杲辑
明(1368-1644)刻朱墨套印本
1987年摄制. -- 1盘卷片(28米606拍) :
1:10, 2B ; 35mm银盐
收藏馆：缩微中心，山东

000O000126
雅笑：三卷 / (明)李贽辑
明(1368-1644)刻本
1985年摄制. -- 1盘卷片(7米116拍) : 1:10,
2B ; 35mm银盐
收藏馆：缩微中心，国图

000O014068
文海流奇：十八卷 / (明)张烈文辑
明(1368-1644)刻本. -- 存十六卷：卷一至卷十六。
1992年摄制. -- 1盘卷片(13米228拍) :
1:10, 2B ; 35mm银盐
收藏馆：缩微中心，国图

000O016427
百氏统要：四卷 / (明)张烈文辑
明嘉靖(1522-1566)刻本
1993年摄制. -- 1盘卷片(11米208拍) :
1:10, 2B ; 35mm银盐
收藏馆：缩微中心，国图

000O024223
芸心识余：七卷续一卷 / (明)陈其力撰
明嘉靖(1522-1566)刻本
1996年摄制. -- 1盘卷片(9米191拍) : 1:10,
2B ; 35mm银盐
收藏馆：缩微中心，安徽

000O004416
芸心识余：七卷续一卷 / (明)陈其力撰
清(1644-1911)抄本
1986年摄制. -- 1盘卷片(9米171拍) : 1:10,
2B ; 35mm银盐
收藏馆：缩微中心，国图

000O009326
著疑录：九卷 / (明)戴有孚撰
明嘉靖三十七年(1558)刻本
1988年摄制. -- 1盘卷片(6米97拍) : 1:10,
2B ; 35mm银盐
收藏馆：缩微中心，湖南

000O018077
杨氏塾训：六卷 / (明)杨兆坊撰；(明)杨廷筠校
明万历三十一年(1603)刻本
1993年摄制. -- 1盘卷片(21米461拍) :
1:10, 2B ; 35mm银盐
收藏馆：缩微中心，天津

000O025715
杨氏塾训：六卷 / (明)杨兆坊撰
明万历三十三年(1605)李右谏刻本
1996年摄制. -- 1盘卷片(26米562拍) :
1:10, 2B ; 35mm银盐
收藏馆：缩微中心，河南

000O020396
诸家俊语：八卷 / (明)穆文熙辑
明万历二十一年(1593)周氏万卷楼刻本
1994年摄制. -- 1盘卷片(12米223拍) :
1:10, 2B ; 35mm银盐
收藏馆：缩微中心，国图

000O008571
男训：二十一卷 / (明)沈鲤,(明)冯琦撰；(明)徐
昌祚增补
明万历三十一年(1603)徐昌祚刻本
1988年摄制. -- 1盘卷片(10米200拍) :
1:10, 2B ; 35mm银盐
收藏馆：缩微中心，国图

000O011352
稗史汇编：一七五卷 / (明)王圻撰
明万历(1573-1620)刻本

1989年摄制. -- 9盘卷片(266.8米5895拍) :
1:10, 2B ; 35mm银盐
收藏馆：缩微中心，辽宁

000O006276
百家类纂：四十卷 / (明)沈津纂辑
明隆庆(1567-1572)刻本
1987年摄制. -- 4盘卷片(106米2364拍) :
1:10, 2B ; 35mm银盐
收藏馆：缩微中心，吉林

000O023623
新刻熙朝内阁评选六子纂要：十二卷 / (明)张
位,(明)赵志皋辑
明万历二十一年(1593)书林余成章刻本
1995年摄制. -- 2盘卷片(37米730拍) :
1:10, 2B ; 35mm银盐
收藏馆：缩微中心，浙江

000O007835
刻徐文长先生秘集：十二卷 / [题](明)徐渭辑
明天启(1621-1627)刻本
1988年摄制. -- 1盘卷片(25.7米563拍) :
1:9, 2B ; 35mm银盐
收藏馆：缩微中心，重庆

000O022867
徐文长先生秘集：二卷 / (明)徐渭撰
清(1644-1911)抄本
1995年摄制. -- 1盘卷片(6米90拍) : 1:10,
2B ; 35mm银盐
收藏馆：缩微中心，南京

000O023900
省身集要：四卷 / (明)胡宗洵辑
明万历十六年(1588)刻本
1993年摄制. -- 1盘卷片(14米265拍) :
1:10, 2B ; 35mm银盐
收藏馆：缩微中心，河南

000O028136
劝戒图说：不分卷；太上诸仙法语补集：二卷 /
(明)邹迪光辑
明万历十七年(1589)刻本
1996年摄制. -- 1盘卷片(7.5米121拍) :
1:10, 2B ; 35mm银盐
收藏馆：缩微中心，南京

000O009450
新刊君子亭群书摘草：五卷 / (明)王国宾辑
明万历(1573-1620)刻本
1987年摄制. -- 1盘卷片(22.1米481拍) :
1:9, 2B ; 35mm银盐

收藏馆：缩微中心，重庆

000O028870
诸经品节：二十卷 / (明)杨起元辑
明万历(1573-1620)刻本
1995年摄制. -- 3盘卷片(62米1155拍) :
1:10, 2B ; 35mm银盐
收藏馆：缩微中心，苏州

000O014820
余庆录：一卷 / (明)徐天衡辑
明万历(1573-1620)徐杕刻本
1992年摄制. -- 1盘卷片(3米23拍) : 1:10,
2B ; 35mm银盐
收藏馆：缩微中心，国图

000O023624
便于蒐检：四卷
明(1368-1644)衡藩刻本. -- 王存善跋。
1995年摄制. -- 1盘卷片(24米487拍) :
1:10, 2B ; 35mm银盐
收藏馆：缩微中心，浙江

000O012123
便于蒐检：四卷
明弘治(1488-1505)衡藩刻本
1990年摄制. -- 1盘卷片(20米435拍) :
1:10, 2B ; 35mm银盐
收藏馆：缩微中心，山东

000O015585
二篋：一卷 / (明)余蕴元撰
明万历(1573-1620)刻本
1992年摄制. -- 1盘卷片(3米10拍) : 1:10,
2B ; 35mm银盐
收藏馆：缩微中心，国图

000O013492
长生诠：六卷 / (明)洪应明撰
明万历(1573-1620)刻本
1991年摄制. -- 1盘卷片(14米256拍) :
1:10, 2B ; 35mm银盐
收藏馆：缩微中心，国图

000O021667
琅邪代醉编：四十卷 / (明)张鼎思辑
明万历二十五年(1597)陈性学刻本
1995年摄制. -- 2盘卷片(54米1092拍) :
1:10, 2B ; 35mm银盐
收藏馆：缩微中心，国图

000O000996
琅邪代醉编：四十卷 / (明)张鼎思辑

明万历(1573-1620)刻本
1985年摄制. -- 2盘卷片(53米1183拍) :
1:10, 2B ; 35mm银盐
收藏馆：缩微中心，国图

000O020577
新刊王太史汇选诸子类语：四卷 / (明)王衡辑
明(1368-1644)童云野刻本
1994年摄制. -- 1盘卷片(18米359拍) :
1:10, 2B ; 35mm银盐
收藏馆：缩微中心，国图

000O009101
绀珠集：不分卷 / (明)王玉汝撰
明崇祯(1628-1644)刻本
1988年摄制. -- 1盘卷片(21米434拍) :
1:10, 2B ; 35mm银盐
收藏馆：缩微中心，湖南

000O023883
小窗自纪：四卷艳纪十四卷清纪五卷别纪四卷 /
(明)吴从先撰
明(1368-1644)霞漪阁刻本
1995年摄制. -- 4盘卷片(103米2242拍) :
1:10, 2B ; 35mm银盐
收藏馆：缩微中心，南京

000O023641
真如子醒言：九卷 / (明)王化隆撰
明万历二十九年(1601)王化远王烈光刻本
1995年摄制. -- 1盘卷片(10米189拍) :
1:10, 2B ; 35mm银盐
收藏馆：缩微中心，浙江

000O013025
游翰稗编：五卷 / (明)谈修辑
明万历(1573-1620)刻本
1991年摄制. -- 1盘卷片(7米101拍) : 1:10,
2B ; 35mm银盐
收藏馆：缩微中心，国图

000O004303
百家录粹：六卷 / (明)廉斋子辑
明万历七年(1579)宏远堂刻本
1986年摄制. -- 1盘卷片(16.6米357拍) :
1:10, 2B ; 35mm银盐
收藏馆：缩微中心，国图

000O021673
沈氏学弢：十六卷 / (明)沈尧中撰
明万历二十九年(1601)刻本
1995年摄制. -- 1盘卷片(29米559拍) :
1:10, 2B ; 35mm银盐

收藏馆：缩微中心，国图

00O017297
刻李谏议山庐惜阴评纂 / (明)李廷谟撰
明万历三十五年(1607)李启晋李启泰刻本. --
存二卷：卷一、卷五。
1993年摄制. -- 1盘卷片(7米98拍) ： 1:10,
2B ； 35mm银盐
收藏馆：缩微中心，国图

00O012992
山林经济籍：二十四卷 / (明)屠本畯辑
明万历(1573-1620)惇德堂刻本
1991年摄制. -- 1盘卷片(23米459拍) ：
1:10, 2B ； 35mm银盐
收藏馆：缩微中心，国图

00O024788
千一疏：二十二卷 / (明)程涓撰
明万历三十七年(1609)陈所学范檞刻本
1995年摄制. -- 1盘卷片(26米529拍) ：
1:10, 2B ； 35mm银盐
收藏馆：缩微中心，浙江

00O027961
宋贤事汇：二卷 / (明)李廷机撰
明万历(1573-1620)胡士容袁熙臣刻本. --
(清)丁丙跋。
1996年摄制. -- 1盘卷片(10米177拍) ：
1:10, 2B ； 35mm银盐
收藏馆：缩微中心，南京

00O007842
说类：六十二卷 / (明)叶向高辑
明万历(1573-1620)刻本
1987年摄制. -- 2盘卷片(51.7米1141拍) ：
1:10, 2B ； 35mm银盐
收藏馆：缩微中心，重庆

00O014055
延令纂：二卷 / (明)王穉登撰
明万历(1573-1620)刻本
1991年摄制. -- 1盘卷片(4米49拍) ： 1:10,
2B ； 35mm银盐
收藏馆：缩微中心，国图

00O020203
冰月补：三卷 / (明)马思恭辑
明万历(1573-1620)刻本
1994年摄制. -- 1盘卷片(5米57拍) ： 1:10,
2B ； 35mm银盐
收藏馆：缩微中心，国图

00O013967
鸿乙通：一百二十五卷 / (明)周献臣辑
明天启(1621-1627)刻本
1992年摄制. -- 5盘卷片(132米2625拍) ：
1:10, 2B ； 35mm银盐
收藏馆：缩微中心，国图

00O003643
焦氏类林：八卷 / (明)焦竑辑
明万历十五年(1587)王元贞刻本
1986年摄制. -- 1盘卷片(22.7米503拍) ：
1:10, 2B ； 35mm银盐
收藏馆：缩微中心，国图

00O005101
焦氏类林：八卷 / (明)焦竑撰
明万历十五年(1587)王元贞刻本
1986年摄制. -- 1盘卷片(22.5米497拍) ：
1:10, 2B ； 35mm银盐
收藏馆：缩微中心，国图

00O015707
焦氏类林：八卷 / (明)焦竑辑
明万历十五年(1587)王元贞刻本
1993年摄制. -- 1盘卷片(25米477拍) ：
1:10, 2B ； 35mm银盐
收藏馆：缩微中心，国图

00O032061
焦氏类林：八卷 / (明)焦竑撰
明万历十五年(1587)王元贞刻本. -- 十行
二十字白口左右双边。
2011年摄制. -- 1盘卷片(27米503拍) ：
1:11, 2B ； 35mm银盐
收藏馆：缩微中心，国图

00O006536
广滑稽：三十六卷 / (明)陈禹谟辑
明万历(1573-1620)刻本. -- 卷二十九至卷
三十六配抄本。
1987年摄制. -- 2盘卷片(51.8米1154拍) ：
1:10, 2B ； 35mm银盐
收藏馆：缩微中心，国图

00O006053
新刊谐史：六卷 / (明)徐士范辑
明(1368-1644)三衢舒其才石泉堂刻本
1987年摄制. -- 1盘卷片(11米227拍) ：
1:10, 2B ； 35mm银盐
收藏馆：缩微中心，国图

00O001346
玄览：八卷 / (明)朱谋㙔撰

明万历(1573-1620)刻本
1985年摄制. -- 1盘卷片(5.7米96拍) :
1:10, 2B ; 35mm银盐
收藏馆：缩微中心，国图

000O006672
古今书钞：三十二卷 / (明)袁宏道辑
明万历(1573-1620)刻本
1987年摄制. -- 1盘卷片(31米625拍) :
1:10, 2B ; 35mm银盐
收藏馆：缩微中心，四川

000O022863
省括编：二十三卷 / (明)姚文蔚辑
明万历三十五年(1607)杨廷筠刻本
1995年摄制. -- 2盘卷片(47米1071拍) :
1:10, 2B ; 35mm银盐
收藏馆：缩微中心，南京

000O006877
翼学编：十三卷 / (明)朱应奎撰
明万历(1573-1620)刻本
1987年摄制. -- 1盘卷片(24米522拍) :
1:10, 2B ; 35mm银盐
收藏馆：缩微中心，重庆

000O012549
缉柳编：三卷 / (明)沈鹰元集
明(1368-1644)黄正位刻本
1990年摄制. -- 1盘卷片(4.5米72拍) :
1:10, 2B ; 35mm银盐
收藏馆：缩微中心，辽宁

000O006308
智品：十三卷 / (明)樊玉冲撰
明万历(1573-1620)刻本
1987年摄制. -- 2盘卷片(43米916拍) :
1:10, 2B ; 35mm银盐
收藏馆：缩微中心，吉林

000O009646
智品：十三卷 / (明)樊玉冲撰；(明)于伦增编
明万历(1573-1620)于斯行刻本
1988年摄制. -- 2盘卷片(40米885拍) :
1:10, 2B ; 35mm银盐
收藏馆：缩微中心，甘肃

000O021610
智品：十三卷 / (明)樊玉冲撰；(明)于伦增编
明万历(1573-1620)刻本
1995年摄制. -- 2盘卷片(41米822拍) :
1:10, 2B ; 35mm银盐
收藏馆：缩微中心，国图

000O023902
八行芳规：八卷 / (明)金励撰
明万历(1573-1620)刻本
1995年摄制. -- 1盘卷片(10米227拍) :
1:10, 2B ; 35mm银盐
收藏馆：缩微中心，河南

000O007550
世林：十八卷 / (明)蓝文炳撰
明(1368-1644)刻本
1987年摄制. -- 1盘卷片(17米359拍) :
1:10, 2B ; 35mm银盐
收藏馆：缩微中心，国图

000O002220
榴山茵古录：□□卷 / (明)蓝文炳辑
明(1368-1644)刻本. -- 存一卷：卷四。
1986年摄制. -- 1盘卷片(4米54拍) : 1:10,
2B ; 35mm银盐
收藏馆：缩微中心，国图

000O000194
检蠹随笔：十卷 / (明)杨宗吾撰
明万历三十三年(1605)王尚修刻本
1985年摄制. -- 1盘卷片(7.2米132拍) :
1:10, 2B ; 35mm银盐
收藏馆：缩微中心，国图

000O013483
谈冶录：十二卷 / (明)徐广辑
明万历四十一年(1613)陈仲麟刻本
1991年摄制. -- 1盘卷片(18米355拍) :
1:10, 2B ; 35mm银盐
收藏馆：缩微中心，国图

000O021989
谑浪：四卷 / (明)郁履行撰
明万历(1573-1620)秣陵聚奎楼刻本
1995年摄制. -- 1盘卷片(18米357拍) :
1:10, 2B ; 35mm银盐
收藏馆：缩微中心，国图

000O000015
经世奇谋：八卷 / (明)俞琳辑
明万历四十四年(1616)孟楠柴寅宾刻本
1986年摄制. -- 1盘卷片(19.1米403拍) :
1:10, 2B ; 35mm银盐
收藏馆：缩微中心，山西

000O015277
清适编：五卷 / (明)戴宗璠辑
明万历四十五年(1617)赵时来刻本
1992年摄制. -- 1盘卷片(5米74拍) : 1:10,

2B ；35mm银盐
收藏馆：缩微中心，国图

___000O010941___
表异录：二卷 / (明)王志坚辑
清光绪二年(1876)陈氏庸闲斋刻本. -- (清)郑文焯批。
1989年摄制. -- 1盘卷片(9米150拍) ：1:10,
2B ；35mm银盐
收藏馆：缩微中心，湖北

___000O004280___
舌华录：九卷 / (明)曹臣撰
明万历(1573-1620)刻本
1986年摄制. -- 1盘卷片(11.2米228拍) ：
1:10, 2B ；35mm银盐
收藏馆：缩微中心，国图

___000O005030___
舌华录：九卷 / (明)曹臣撰
明万历(1573-1620)刻本
1986年摄制. -- 1盘卷片(11.4米232拍) ：
1:10, 2B ；35mm银盐
收藏馆：缩微中心，国图

___000O020433___
癖颠小史：一卷 / (明)华淑撰；(明)袁宏道评
明(1368-1644)刻朱墨套印本
1994年摄制. -- 1盘卷片(4米40拍) ：1:10,
2B ；35mm银盐
收藏馆：缩微中心，国图

___000O031980___
癖颠小史：一卷 / (明)华淑撰；(明)袁宏道评
明(1368-1644)刻朱墨套印本
2010年摄制. -- 1盘卷片(5米57拍) ：1:11,
2B ；35mm银盐
收藏馆：缩微中心，国图

___000O017755___
镌竹浪轩珠渊：十卷 / (明)王路清辑
明万历(1573-1620)高一苇书坊刻本. -- 郑振铎跋。
1993年摄制. -- 1盘卷片(10米168拍) ：
1:10, 2B ；35mm银盐
收藏馆：缩微中心，国图

___000O001746___
逍遥游初集：十二卷 / (明)姜长荣辑；(明)吴世逬评
明万历(1573-1620)刻本
1986年摄制. -- 1盘卷片(10米189拍) ：
1:10, 2B ；35mm银盐

收藏馆：缩微中心，国图

___000O000976___
读书志：十三卷 / (明)周高起撰
明万历四十八年(1620)周氏玉柱山房刻本
1985年摄制. -- 1盘卷片(6.1米106拍) ：
1:10, 2B ；35mm银盐
收藏馆：缩微中心，国图

___000O016986___
读书志：十三卷 / (明)周高起撰
明万历四十八年(1620)周氏玉柱山房刻本
1993年摄制. -- 1盘卷片(7米106拍) ：1:10,
2B ；35mm银盐
收藏馆：缩微中心，国图

___000O020448___
智囊：二十八卷 / (明)冯梦龙辑
明末(1621-1644)刻本
1994年摄制. -- 2盘卷片(38米741拍) ：
1:10, 2B ；35mm银盐
收藏馆：缩微中心，国图

___000O017967___
智囊全集：二十八卷 / (明)冯梦龙辑
明末(1621-1644)还读斋刻本
1993年摄制. -- 1盘卷片(31米620拍) ：
1:10, 2B ；35mm银盐
收藏馆：缩微中心，国图

___000O011335___
智囊补：二十八卷 / (明)冯梦龙辑
明(1368-1644)刻本
1989年摄制. -- 2盘卷片(43.6米967拍) ：
1:10, 2B ；35mm银盐
收藏馆：缩微中心，辽宁

___000O016706___
性理论题摘要：不分卷
明(1368-1644)抄本
1993年摄制. -- 1盘卷片(11米196拍) ：
1:10, 2B ；35mm银盐
收藏馆：缩微中心，国图

___000O009480___
经史典奥：六十七卷 / (明)来斯行撰
明崇祯五年(1632)刻本
1987年摄制. -- 4盘卷片(103.1米2263拍) ：
1:9, 2B ；35mm银盐
收藏馆：缩微中心，重庆

___000O016944___
最乐编：五卷 / (明)高昂光辑

明天启三年(1623)计元勋刻本
1993年摄制. -- 1盘卷片(22米447拍)：
1:10, 2B；35mm银盐
收藏馆：缩微中心, 国图

000O014829
最乐编：五卷 / (明)高昂光辑
明天启四年(1624)计元勋刻本
1992年摄制. -- 1盘卷片(22米450拍)：
1:10, 2B；35mm银盐
收藏馆：缩微中心, 国图

000O021772
醉古堂剑扫：十二卷 / (明)陆绍珩辑
明天启(1621-1627)刻四色套印本. -- 存七
卷：卷一至卷七。
1995年摄制. -- 1盘卷片(9米146拍)：1:10,
2B；35mm银盐
收藏馆：缩微中心, 国图

000O009566
醉古堂剑扫：十二卷 / (明)陆绍珩辑
明天启四年(1624)刻套印本
1988年摄制. -- 1盘卷片(11米214拍)：
1:10, 2B；35mm银盐
收藏馆：缩微中心, 山东

000O017274
新雕耍家要诀嫖赌机关：四卷 / (明)沈元甫撰
明(1368-1644)刘无颖刻本
1992年摄制. -- 1盘卷片(7米103拍)：1:10,
2B；35mm银盐
收藏馆：缩微中心, 国图

000O018751
雾市选言：四卷 / (明)王宇辑
明(1368-1644)叶均字刻本
1994年摄制. -- 1盘卷片(7米106拍)：1:10,
2B；35mm银盐
收藏馆：缩微中心, 国图

000O031275
镌钟伯敬先生秘集：十五种十五卷 / (明)叶舟辑
明末(1621-1644)刻本
2004年摄制. -- 1盘卷片(23米533拍)：
1:10, 2B；35mm银盐
收藏馆：缩微中心, 国图

000O016850
苏米谭史广：六卷 / (明)郭化辑
明末(1621-1644)胡正言刻本
1993年摄制. -- 1盘卷片(9米137拍)：1:10,
2B；35mm银盐

收藏馆：缩微中心, 国图

000O020474
智水编：四卷 / (明)黄元会撰
明崇祯(1628-1644)刻本
1994年摄制. -- 1盘卷片(13米229拍)：
1:10, 2B；35mm银盐
收藏馆：缩微中心, 国图

000O013871
经世环应编：八卷 / (明)钱继登撰
明(1368-1644)刻本
1992年摄制. -- 1盘卷片(29米532拍)：
1:10, 2B；35mm银盐
收藏馆：缩微中心, 国图

000O014720
书匣：二十卷 / (明)支同春辑
明(1368-1644)抄本
1992年摄制. -- 2盘卷片(48米979拍)：
1:10, 2B；35mm银盐
收藏馆：缩微中心, 国图

000O016808
读七柳轩谈荟辑：四卷 / (明)徐应秋撰；(清)沈
绍姬辑
清(1644-1911)抄本
1993年摄制. -- 1盘卷片(18米343拍)：
1:10, 2B；35mm银盐
收藏馆：缩微中心, 国图

000O027468
愧林漫录：不分卷 / (明)瞿式耜辑
明崇祯九年(1636)瞿氏耕石斋刻本
1996年摄制. -- 1盘卷片(11米210拍)：
1:10, 2B；35mm银盐
收藏馆：缩微中心, 南京

000O000255
双清：三卷 / (明)杨梦衮撰
明万历四十八年(1620)杨梦衮刻本
1985年摄制. -- 1盘卷片(5.7米98拍)：
1:10, 2B；35mm银盐
收藏馆：缩微中心, 国图

000O013694
野客闲谭：二卷 / (明)陈虞佐辑
明(1368-1644)刻本
1991年摄制. -- 1盘卷片(7米110拍)：1:10,
2B；35mm银盐
收藏馆：缩微中心, 国图

000O023802

诸子奇赏：前集五十一卷后集六十卷 / (明)陈仁锡评选
明天启六年(1626)刻本
1995年摄制. -- 6盘卷片(167米3423拍)：1:10, 2B；35mm银盐
收藏馆：缩微中心，浙江

000O007707
新镌诸子拔萃：八卷 / (明)李云翔辑
明天启七年(1627)刻朱墨套印本
1988年摄制. -- 1盘卷片(22.8米495拍)：1:9, 2B；35mm银盐
收藏馆：缩微中心，重庆

000O020041
玑屑：一卷 / (明)倪鸿宝撰
明(1368-1644)稿本. -- (清)杜煦跋。
1994年摄制. -- 1盘卷片(4米31拍)：1:10, 2B；35mm银盐
收藏馆：缩微中心，国图

000O006567
喻汇：不分卷
明(1368-1644)抄本
1987年摄制. -- 2盘卷片(37.3米809拍)：1:10, 2B；35mm银盐
收藏馆：缩微中心，国图

000O018936
瓶花供：□□卷
明末(1621-1644)刻本. -- 存二卷：卷七至卷八。
1993年摄制. -- 1盘卷片(4米62拍)：1:10, 2B；35mm银盐
收藏馆：缩微中心，山东

000O016270
子苑：一百卷
明(1368-1644)抄本
1993年摄制. -- 5盘卷片(133米2725拍)：1:10, 2B；35mm银盐
收藏馆：缩微中心，国图

000O028007
格言类编：六卷 / (明)黄我素辑；(明)胡正言订正
明崇祯(1628-1644)刻本
1996年摄制. -- 1盘卷片(19米398拍)：1:10, 2B；35mm银盐
收藏馆：缩微中心，南京

000O008585
读书记：□□卷

明(1368-1644)小酉堂抄本. -- 存二卷：卷三至卷四。
1988年摄制. -- 1盘卷片(7米139拍)：1:10, 2B；35mm银盐
收藏馆：缩微中心，国图

000O001734
湘烟录：十六卷 / (明)闵元京,(明)凌义渠辑
明天启(1621-1627)刻本
1986年摄制. -- 1盘卷片(12米247拍)：1:10, 2B；35mm银盐
收藏馆：缩微中心，国图

000O004458
尧山堂外纪：一百卷 / (明)蒋一葵撰
明万历(1573-1620)舒一泉刻本
1986年摄制. -- 3盘卷片(85米1914拍)：1:10, 2B；35mm银盐
收藏馆：缩微中心，国图

000O007491
尧山堂外纪：一百卷 / (明)蒋一葵撰
明万历(1573-1620)舒一泉刻本
1987年摄制. -- 4盘卷片(92.6米2015拍)：1:10, 2B；35mm银盐
收藏馆：缩微中心，国图

000O019074
尧山堂外纪：一百卷 / (明)蒋一葵撰
明万历(1573-1620)舒一泉刻本. -- 郑振铎跋。
1994年摄制. -- 3盘卷片(86米1777拍)：1:10, 2B；35mm银盐
收藏馆：缩微中心，国图

000O012572
古今韵史：十二卷 / (明)陈继儒,(明)程金撰
明崇祯(1628-1644)刻本
1990年摄制. -- 1盘卷片(15.5米326拍)：1:10, 2B；35mm银盐
收藏馆：缩微中心，辽宁

000O006750
福寿全书：不分卷 / (明)陈继儒撰
明(1368-1644)刻本
1987年摄制. -- 1盘卷片(16米296拍)：1:10, 2B；35mm银盐
收藏馆：缩微中心，四川

000O021275
宝笏堂随笔：不分卷 / (清)石煦撰
清(1644-1911)稿本
1995年摄制. -- 1盘卷片(7米106拍)：1:10,

2B ；35mm银盐
收藏馆：缩微中心，国图

000O000474
爽心笑谈集：十四卷 / [题](明)陈继儒辑
明(1368-1644)刻本
1985年摄制. -- 1盘卷片(21.7米479拍)：
1:10, 2B ；35mm银盐
收藏馆：缩微中心，国图

000O009497
艺林粹言：四十一卷 / (明)陈继儒辑
明(1368-1644)刻本
1987年摄制. -- 2盘卷片(45米981拍)：
1:10, 2B ；35mm银盐
收藏馆：缩微中心，重庆

000O013680
文苑潇湘：八卷 / (明)陈继儒,(明)莫是斗辑
明(1368-1644)刻本. -- 存二卷：石集、丝集。
1991年摄制. -- 1盘卷片(15米275拍)：
1:10, 2B ；35mm银盐
收藏馆：缩微中心，国图

000O017842
新刻游览粹编：六卷 / (明)陈继儒辑
明(1368-1644)胡氏文会堂刻本
1993年摄制. -- 1盘卷片(18米335拍)：
1:10, 2B ；35mm银盐
收藏馆：缩微中心，国图

000O012874
居家必备：十卷九十三种
明末(1621-1644)刻本
1990年摄制. -- 2盘卷片(51.4米956拍)：
1:10, 2B ；35mm银盐
收藏馆：缩微中心，辽宁

000O023638
澹园醒语：八卷 / (明)金嘉贞撰
明崇祯(1628-1644)刻本
1996年摄制. -- 1盘卷片(5米65拍)：1:10,
2B ；35mm银盐
收藏馆：缩微中心，浙江

000O012622
史纂：四卷 / (明)郑奎光辑
明崇祯十五年(1642)刻本
1990年摄制. -- 1盘卷片(11.2米228拍)：
1:10, 2B ；35mm银盐
收藏馆：缩微中心，辽宁

000O012575
读书种子：二十二卷 / (明)唐一沂撰
明崇祯元年(1628)唐氏间奇堂刻本
1990年摄制. -- 1盘卷片(16.6米359拍)：
1:10, 2B ；35mm银盐
收藏馆：缩微中心，辽宁

000O029276
镜古集：五卷 / (明)董鸣玮辑
明崇祯十年(1637)刻本
1999年摄制. -- 1盘卷片(27米582拍)：
1:10, 2B ；35mm银盐
收藏馆：缩微中心，湖南

000O016922
昨非庵日纂：一集二十卷二集二十卷三集二十卷 / (明)郑瑄撰
明崇祯(1628-1644)刻本
1993年摄制. -- 3盘卷片(76米1516拍)：
1:10, 2B ；35mm银盐
收藏馆：缩微中心，国图

000O005832
迪吉录：八卷首一卷 / (明)颜茂猷撰
明(1368-1644)刻本
1987年摄制. -- 2盘卷片(40米835拍)：
1:10, 2B ；35mm银盐
收藏馆：缩微中心，国图

000O019852
情种：八卷 / (明)宋存标撰
明天启(1621-1627)翁少麓刻本
1994年摄制. -- 1盘卷片(13米243拍)：
1:10, 2B ；35mm银盐
收藏馆：缩微中心，国图

000O012998
情种：八卷 / (明)宋存标撰
明末(1621-1644)刻本
1991年摄制. -- 1盘卷片(14米243拍)：
1:10, 2B ；35mm银盐
收藏馆：缩微中心，国图

000O014136
今古钩玄：四十卷 / (明)诸茂卿辑
明(1368-1644)抄本
1992年摄制. -- 2盘卷片(56米1221拍)：
1:10, 2B ；35mm银盐
收藏馆：缩微中心，国图

000O017095
类集今古闲评客座清谈陶情集：二卷
明(1368-1644)书林余光熹刻本

1993年摄制. -- 1盘卷片(3米28拍) ： 1:10,
2B ；35mm银盐
收藏馆：缩微中心，国图

00O012726
枕函小史：四卷 / (明)闵于忱编
明(1368-1644)闵于忱松筠馆刻朱墨套印本. -- 米南宫谭史、艾子谭史和苏长公谭史的卷二合在一起。
1990年摄制. -- 1盘卷片(8.5米173拍) ：
1:10, 2B ；35mm银盐
收藏馆：缩微中心，辽宁

00O021568
枕函小史：四卷 / (明)闵于忱辑
明(1368-1644)吴兴闵氏刻套印本
1995年摄制. -- 1盘卷片(11米192拍) ：
1:10, 2B ；35mm银盐
收藏馆：缩微中心，国图

00O015972
书笑：不分卷
明(1368-1644)刻本
1993年摄制. -- 1盘卷片(6米81拍) ： 1:10,
2B ；35mm银盐
收藏馆：缩微中心，国图

00O015976
诗笑：二卷 / [题](□)池上餐华生辑
明(1368-1644)刻本
1993年摄制. -- 1盘卷片(6米99拍) ： 1:10,
2B ；35mm银盐
收藏馆：缩微中心，国图

00O016812
圭窬漫载：八卷
清(1644-1911)抄本
1993年摄制. -- 1盘卷片(19米364拍) ：
1:10, 2B ；35mm银盐
收藏馆：缩微中心，国图

00O015326
读书记：四卷
清(1644-1911)抄本
1992年摄制. -- 1盘卷片(13米254拍) ：
1:10, 2B ；35mm银盐
收藏馆：缩微中心，国图

00O000591
同书：四卷 / (清)周亮工辑
清顺治六年(1649)周氏楼林刻本
1985年摄制. -- 1盘卷片(16.2米346拍) ：
1:10, 2B ；35mm银盐

收藏馆：缩微中心，国图

00O018795
闲情偶寄：十六卷 / (清)李渔撰
清康熙(1662-1722)翼圣堂刻本
1994年摄制. -- 1盘卷片(24米483拍) ：
1:10, 2B ；35mm银盐
收藏馆：缩微中心，国图

00O000946
嗜退庵语存：十卷 / (明)严有穀撰
清康熙四年(1665)严我斯刻本
1985年摄制. -- 1盘卷片(15米318拍) ：
1:10, 2B ；35mm银盐
收藏馆：缩微中心，国图

00O023640
嗜退庵语存外编：十卷 / (明)严有穀撰
清(1644-1911)稿本. -- (清)张文瑞跋。
1996年摄制. -- 1盘卷片(15米290拍) ：
1:10, 2B ；35mm银盐
收藏馆：缩微中心，浙江

00O024787
寿世秘典：十八卷 / (清)丁其誉撰
清(1644-1911)稿本. -- 存十五卷：卷一至卷十二、卷十四、卷十七至卷十八。
1995年摄制. -- 2盘卷片(38米772拍) ：
1:10, 2B ；35mm银盐
收藏馆：缩微中心，浙江

00O028559
宋稗类钞：八卷 / (清)李宗孔辑
清康熙(1662-1722)刻本. -- (清)傅以礼批校并跋。
1996年摄制. -- 2盘卷片(38米818拍) ：
1:10, 2B ；35mm银盐
收藏馆：缩微中心，南京

00O031258
宋稗类钞：八卷 / (清)潘永因辑
清康熙(1662-1722)刻本. -- (清)翁同龢圈点批注。
2004年摄制. -- 2盘卷片(39米800拍) ： 1:9,
2B ；35mm银盐
收藏馆：缩微中心，国图

00O024720
倚湖樵书：不分卷 / (明)来集之撰
明(1368-1644)稿本
1996年摄制. -- 1盘卷片(7米120拍) ： 1:10,
2B ；35mm银盐
收藏馆：缩微中心，浙江

00O019573
三鱼堂日抄：二卷日记不分卷杂纂不分卷 / (清)陆陇其撰
清(1644-1911)然黎阁抄本
1994年摄制. -- 2盘卷片(54米1133拍) : 1:10, 2B ; 35mm银盐
收藏馆：缩微中心，国图

00O012999
闲书十五种：六卷 / (清)程作舟撰
清康熙(1662-1722)雩园刻本
1991年摄制. -- 1盘卷片(21米424拍) : 1:10, 2B ; 35mm银盐
收藏馆：缩微中心，国图

00O013000
妆史：二卷 / (清)田霡撰
清(1644-1911)稿本
1991年摄制. -- 1盘卷片(8米124拍) : 1:10, 2B ; 35mm银盐
收藏馆：缩微中心，国图

00O008159
大呼集：八卷 / (清)梁显祖撰
清康熙三十三年(1694)刻本
1988年摄制. -- 1盘卷片(20.5米454拍) : 1:10, 2B ; 35mm银盐
收藏馆：缩微中心，湖北

00O025423
骚屑：九卷 / (清)沈无咎辑
清(1644-1911)刻本
1996年摄制. -- 1盘卷片(13米232拍) : 1:10, 2B ; 35mm银盐
收藏馆：缩微中心，国图

00O004954
聊以备忘：四卷 / [题](清)查慎行撰
清(1644-1911)查氏敬业堂抄本. -- 存二卷：卷一至卷二。
1987年摄制. -- 1盘卷片(5.5米94拍) : 1:10, 2B ; 35mm银盐
收藏馆：缩微中心，国图

00O002338
述闻类编：十二卷 / (清)谢晋撰
清(1644-1911)抄本
1986年摄制. -- 1盘卷片(11米224拍) : 1:10, 2B ; 35mm银盐
收藏馆：缩微中心，国图

00O006658
述闻类编：十二卷 / (清)谢晋撰

清(1644-1911)抄本
1987年摄制. -- 1盘卷片(11米223拍) : 1:10, 2B ; 35mm银盐
收藏馆：缩微中心，国图

00O004973
抱经堂杂钞：不分卷 / (清)卢文弨辑
清(1644-1911)卢文弨抄本. -- (清)卢文弨校并跋。
1987年摄制. -- 1盘卷片(5.4米91拍) : 1:10, 2B ; 35mm银盐
收藏馆：缩微中心，国图

00O005061
覃溪杂抄：不分卷 / (清)翁方纲辑
清(1644-1911)稿本
1986年摄制. -- 1盘卷片(8米147拍) : 1:10, 2B ; 35mm银盐
收藏馆：缩微中心，国图

00O021725
咫闻集：二十四卷 / (清)郭为崃撰
清乾隆(1736-1795)郭带淮刻本
1995年摄制. -- 1盘卷片(9米135拍) : 1:10, 2B ; 35mm银盐
收藏馆：缩微中心，国图

00O025468
泺源随笔：不分卷 / (清)沈可培撰
清(1644-1911)稿本
1996年摄制. -- 1盘卷片(6米80拍) : 1:10, 2B ; 35mm银盐
收藏馆：缩微中心，国图

00O019469
抱瓮余闻：四卷 / (清)王曾畴撰
清(1644-1911)抄本
1994年摄制. -- 1盘卷片(6米77拍) : 1:10, 2B ; 35mm银盐
收藏馆：缩微中心，国图

00O001367
微波榭杂抄：不分卷 / (清)孔广栻辑
清(1644-1911)稿本
1985年摄制. -- 1盘卷片(21.4米474拍) : 1:10, 2B ; 35mm银盐
收藏馆：缩微中心，国图

00O000545
燕兰小谱：五卷 / (清)安乐山樵撰 . 海沤小谱：一卷 / (清)赵执信撰
清乾隆(1736-1795)刻本
1985年摄制. -- 1盘卷片(7.2米126拍) :

1:10, 2B；35mm银盐
收藏馆：缩微中心，国图

000O008503
读书杂抄：不分卷 / (清)丁晏辑
清(1644-1911)稿本
1988年摄制. -- 1盘卷片(2米25拍)：1:10,
2B；35mm银盐
收藏馆：缩微中心，国图

000O020040
杂记：不分卷 / (清)邵懿辰撰
清(1644-1911)稿本
1994年摄制. -- 1盘卷片(4米48拍)：1:10,
2B；35mm银盐
收藏馆：缩微中心，国图

000O025472
云门书院随笔：不分卷 / (清)沈铭彝撰
清(1644-1911)稿本
1996年摄制. -- 1盘卷片(7米112拍)：1:10,
2B；35mm银盐
收藏馆：缩微中心，国图

000O025438
芝庵杂记：四卷 / (清)陆云锦撰
清嘉庆八年(1803)陆云锦刻本
1996年摄制. -- 1盘卷片(14米269拍)：
1:10, 2B；35mm银盐
收藏馆：缩微中心，国图

000O019878
琅嬛集：四卷琅嬛天文集四卷 / (清)陈太初撰
清嘉庆八年(1803)抱兰轩活字印本
1994年摄制. -- 1盘卷片(20米390拍)：
1:10, 2B；35mm银盐
收藏馆：缩微中心，国图

000O019040
芷湘笔乘：一卷 / (清)管庭芬辑
清(1644-1911)稿本. -- 管康跋。
1994年摄制. -- 1盘卷片(4米37拍)：1:10,
2B；35mm银盐
收藏馆：缩微中心，国图

000O023639
漱霞仙馆谭粹：五卷首一卷 / (清)朱寿康撰 . 抱
膝庐谭粹残稿
清(1644-1911)稿本
1995年摄制. -- 1盘卷片(6米86拍)：1:10,
2B；35mm银盐
收藏馆：缩微中心，浙江

000O023630
长留阁随手丛订：不分卷 / (清)戴望辑
清(1644-1911)稿本
1996年摄制. -- 1盘卷片(9米150拍)：1:10,
2B；35mm银盐
收藏馆：缩微中心，浙江

000O023642
长恩阁丛钞：不分卷 / (清)傅以礼辑
清(1644-1911)稿本
1995年摄制. -- 1盘卷片(7米118拍)：1:10,
2B；35mm银盐
收藏馆：缩微中心，浙江

000O031263
香崖杂抄：不分卷 / (清)史梦兰撰
清(1644-1911)稿本
2004年摄制. -- 1盘卷片(6米80拍)：1:9,
2B；35mm银盐
收藏馆：缩微中心，国图

000O019894
粪心录：不分卷 / (清)史梦兰撰
清(1644-1911)稿本
1994年摄制. -- 1盘卷片(5米65拍)：1:10,
2B；35mm银盐
收藏馆：缩微中心，国图

000O019666
止园隐语：不分卷 / (清)史梦兰撰
清(1644-1911)稿本
1994年摄制. -- 1盘卷片(3米16拍)：1:10,
2B；35mm银盐
收藏馆：缩微中心，国图

000O003953
殿座门聊：不分卷
清(1644-1911)澹香书屋抄本
1985年摄制. -- 1盘卷片(10米200拍)：
1:10, 2B；35mm银盐
收藏馆：缩微中心，国图

000O004995
寿星岁事录：不分卷 / (清)姚元之撰
清(1644-1911)稿本
1987年摄制. -- 1盘卷片(3.8米52拍)：
1:10, 2B；35mm银盐
收藏馆：缩微中心，国图

000O003782
稽瑞楼杂钞：不分卷 / (清)陈揆辑
清(1644-1911)稿本
1985年摄制. -- 1盘卷片(20.4米450拍)：

1:10, 2B ; 35mm银盐
收藏馆：缩微中心，国图

000O000736
试差事宜：一卷 / (清)翁心存撰
清(1644-1911)稿本
1985年摄制. -- 1盘卷片(2.3米19拍) :
1:10, 2B ; 35mm银盐
收藏馆：缩微中心，国图

000O025463
闱事纪闻：六卷 / (清)周勋懋辑
清(1644-1911)抄本
1996年摄制. -- 1盘卷片(9米149拍) : 1:10,
2B ; 35mm银盐
收藏馆：缩微中心，国图

000O003414
书钞阁杂抄：不分卷
清(1644-1911)周星诒抄本. -- (清)周星诒
跋。
1986年摄制. -- 1盘卷片(3米24拍) : 1:10,
2B ; 35mm银盐
收藏馆：缩微中心，国图

000O000729
使黔杂记：不分卷 / (清)翁同书撰
清(1644-1911)稿本
1985年摄制. -- 1盘卷片(2.8米31拍) :
1:10, 2B ; 35mm银盐
收藏馆：缩微中心，国图

000O001926
苏斋诗中书画金石略记：不分卷 / (清)翁同龢辑
清(1644-1911)稿本. -- (清)丁立诚、邵松
年、宗舜年跋，赵不骞、张鸿、赵宽、丁祖
荫、王兆麟、傅增湘题款。
1986年摄制. -- 1盘卷片(4米50拍) : 1:10,
2B ; 35mm银盐
收藏馆：缩微中心，国图

000O026372
采真别墨：一卷 / (清)郑文焯撰
清(1644-1911)稿本
1992年摄制. -- 1盘卷片(6米111拍) : 1:10,
2B ; 35mm银盐
收藏馆：缩微中心，重庆

000O016778
艺风堂杂钞：八卷二辑十二卷补五卷 / 缪荃孙
辑
缪氏艺风堂抄本. -- 缪禄保、缪子彬校并
跋。

1993年摄制. -- 2盘卷片(45米886拍) :
1:10, 2B ; 35mm银盐
收藏馆：缩微中心，国图

000O025476
诸记抄：一卷
日本抄本
1996年摄制. -- 1盘卷片(4米44拍) : 1:10,
2B ; 35mm银盐
收藏馆：缩微中心，国图

类书类

000O017302
编珠：四卷 / [题](隋)杜公瞻辑
清(1644-1911)抄本
1992年摄制. -- 1盘卷片(7米106拍) : 1:10,
2B ; 35mm银盐
收藏馆：缩微中心，国图

000O003541
艺文类聚：一百卷 / (唐)欧阳询辑
明嘉靖六年至七年(1527-1528)胡缵宗陆采刻
本
1985年摄制. -- 2盘卷片(58.4米1317拍) :
1:10, 2B ; 35mm银盐
收藏馆：缩微中心，国图

000O003808
艺文类聚：一百卷 / (唐)欧阳询辑
明嘉靖六年至七年(1527-1528)胡缵宗陆采刻
本. -- 佚名录(清)陈揆校并跋。
1985年摄制. -- 2盘卷片(58.8米1328拍) :
1:10, 2B ; 35mm银盐
收藏馆：缩微中心，国图

000O006649
艺文类聚：一百卷 / (唐)欧阳询辑
明嘉靖六年至七年(1527-1528)胡缵宗陆采刻
本
1987年摄制. -- 3盘卷片(62.8米1355拍) :
1:10, 2B ; 35mm银盐
收藏馆：缩微中心，国图

000O017303
艺文类聚：一百卷 / (唐)欧阳询辑
明嘉靖六年至七年(1527-1528)胡缵宗陆采刻
本
1992年摄制. -- 2盘卷片(61米1264拍) :
1:10, 2B ; 35mm银盐
收藏馆：缩微中心，国图

00O018523
艺文类聚：一百卷 / (唐)欧阳询辑
明嘉靖六年至七年(1527-1528)胡缵宗陆采刻本
1993年摄制. -- 2盘卷片(62米1248拍)：1:10，2B；35mm银盐
收藏馆：缩微中心，国图

00O014215
艺文类聚：一百卷 / (唐)欧阳询辑
明嘉靖九年(1530)郑氏宗文堂刻本
1992年摄制. -- 3盘卷片(65米1263拍)：1:10，2B；35mm银盐
收藏馆：缩微中心，国图

00O006862
艺文类聚：一百卷 / (唐)欧阳询辑
明嘉靖(1522-1566)刻本
1987年摄制. -- 3盘卷片(68米1501拍)：1:10，2B；35mm银盐
收藏馆：缩微中心，吉林

00O012930
艺文类聚：一百卷 / (唐)欧阳询辑
明嘉靖二十八年(1549)平阳府刻本. -- (清)陈揆跋并录(明)冯舒校跋，(清)钱孙保题识，(清)董醇、(清)丁丙跋。
1991年摄制. -- 2盘卷片(62米1481拍)：1:10，2B；35mm银盐
收藏馆：缩微中心，南京

00O007585
艺文类聚：一百卷 / (唐)欧阳询辑
明万历(1573-1620)刻本
1987年摄制. -- 5盘卷片(126米2804拍)：1:10，2B；35mm银盐
收藏馆：缩微中心，吉林

00O007290
艺文类聚：一百卷 / (唐)欧阳询辑
明(1368-1644)刻本. -- 存二卷：卷五十五至卷五十六。
1987年摄制. -- 1盘卷片(4米43拍)：1:10，2B；35mm银盐
收藏馆：缩微中心，国图

00O014463
北堂书钞：一百六十卷 / (唐)虞世南辑
明(1368-1644)鄞县范氏卧云山房抄本. -- (明)宝康跋。
1992年摄制. -- 2盘卷片(52.2米1121拍)：1:10，2B；35mm银盐
收藏馆：缩微中心，重庆

00O014803
北堂书钞：一百六十卷 / (唐)虞世南辑
明(1368-1644)东吴徐氏抄本. -- 卷一百二十三至卷一百六十配清(1644-1911)盱眙吴氏抄本。
1992年摄制. -- 2盘卷片(55米1093拍)：1:10，2B；35mm银盐
收藏馆：缩微中心，国图

00O003189
北堂书钞：一百六十卷 / (唐)虞世南辑
清光绪十四年至十五年(1888-1889)姚觐元集福堂怀俭斋活字印本. -- 配清严可均刻本暨旧抄大唐类要本暨缪荃孙补抄本。(清)劳格校，缪荃孙校并跋。
1986年摄制. -- 2盘卷片(54米1110拍)：1:10，2B；35mm银盐
收藏馆：缩微中心，国图

00O031217
北堂书钞：一百六十卷 / (唐)虞世南辑
清光绪十五年(1889)集福堂怀俭斋活字印本. -- 存三十四卷：卷五十二至卷五十四、卷七十、卷七十二至卷七十六、卷八十、卷八十四、卷八十六、卷八十八至卷九十四、卷九十六至卷一百十。
2004年摄制. -- 1盘卷片(12米240拍)：1:11，2B；35mm银盐
收藏馆：缩微中心，国图

00O006435
北堂书钞：一百六十卷 / (唐)虞世南辑
清(1644-1911)抄本. -- (清)蒋光煦跋。
1987年摄制. -- 3盘卷片(68米1431拍)：1:10，2B；35mm银盐
收藏馆：缩微中心，国图

00O007122
北堂书钞：一百六十卷 / (唐)虞世南辑；(明)陈禹谟补注
明万历二十八年(1600)陈禹谟刻本
1987年摄制. -- 3盘卷片(75.5米1652拍)：1:10，2B；35mm银盐
收藏馆：缩微中心，重庆

00O021679
北堂书钞：一百六十卷 / (唐)虞世南辑；(明)陈禹谟补注
明万历二十八年(1600)刻本
1995年摄制. -- 3盘卷片(77米1587拍)：1:10，2B；35mm银盐
收藏馆：缩微中心，国图

000○028586
北堂书钞续校记：不分卷 / (清)林国赓撰
清(1644-1911)稿本
1998年摄制. -- 1盘卷片(3米44拍) ： 1:10,
2B ；35mm银盐
收藏馆：缩微中心，广东

000○018668
初学记：三十卷 / (唐)徐坚[等]辑
明嘉靖十年(1531)安国桂坡馆刻本. -- 卷十
至卷十一配明万历十五年(1587)徐守铭宁寿堂
刻本。
1994年摄制. -- 2盘卷片(43米849拍) ：
1:10, 2B ；35mm银盐
收藏馆：缩微中心，国图

000○020634
初学记：三十卷 / (唐)徐坚[等]辑
明嘉靖十年(1531)安国桂坡馆刻本. -- 存二
卷：卷十一至卷十二。
1994年摄制. -- 1盘卷片(5米68拍) ： 1:10,
2B ；35mm银盐
收藏馆：缩微中心，国图

000○026896
初学记：三十卷 / (唐)徐坚[等]辑
明嘉靖十年(1531)安国桂坡馆刻本
1996年摄制. -- 2盘卷片(42米909拍) ：
1:10, 2B ；35mm银盐
收藏馆：缩微中心，南京

000○001460
初学记：三十卷 / (唐)徐坚[等]辑
明嘉靖十年(1531)杨鑨九州书屋刻本
1985年摄制. -- 2盘卷片(41.3米905拍) ：
1:10, 2B ；35mm银盐
收藏馆：缩微中心，国图

000○007026
初学记：三十卷 / (唐)徐坚[等]辑
明嘉靖十年(1531)杨鑨九洲书屋刻本
1987年摄制. -- 2盘卷片(45米965拍) ：
1:10, 2B ；35mm银盐
收藏馆：缩微中心，国图

000○019748
初学记：三十卷 / (唐)徐坚[等]辑
明嘉靖十三年(1534)晋藩虚益堂刻本
1994年摄制. -- 2盘卷片(44米864拍) ：
1:10, 2B ；35mm银盐
收藏馆：缩微中心，国图

000○008079
初学记：三十卷 / (唐)徐坚[等]辑
明嘉靖二十三年(1544)沈藩刻本. -- 据安氏
桂坡馆刻本翻刻。
1988年摄制. -- 2盘卷片(43.5米970拍) ：
1:10, 2B ；35mm银盐
收藏馆：缩微中心，湖北

000○018149
初学记：三十卷 / (唐)徐坚[等]辑
明万历十五年(1587)徐守铭宁寿堂刻本
1993年摄制. -- 2盘卷片(45米931拍) ：
1:10, 2B ；35mm银盐
收藏馆：缩微中心，山东

000○009109
初学记：三十卷 / (唐)徐坚[等]辑
明万历二十五年至二十六年(1597-1598)陈大
科刻清(1644-1911)岱云楼重修本
1988年摄制. -- 2盘卷片(45.7米972拍) ：
1:10, 2B ；35mm银盐
收藏馆：缩微中心，湖南

000○019346
初学记：三十卷 / (唐)徐坚[等]辑
明(1368-1644)抄本. -- 存四卷：卷一至卷
二、卷二十三至卷二十四。
1994年摄制. -- 1盘卷片(7米113拍) ： 1:10,
2B ；35mm银盐
收藏馆：缩微中心，国图

000○010954
初学记：三十卷 / (唐)徐坚[等]辑
明(1368-1644)刻本. -- 杨守敬校。
1989年摄制. -- 2盘卷片(50米988拍) ：
1:10, 2B ；35mm银盐
收藏馆：缩微中心，湖北

000○008071
初学记：三十卷 / (唐)徐坚[等]辑
清光绪十四年(1888)安康黄氏蕴石斋刻本. --
(清)黄加焜校。
1988年摄制. -- 2盘卷片(50.5米1131拍) ：
1:10, 2B ；35mm银盐
收藏馆：缩微中心，安陆

000○002805
初学记：三十二卷 / (唐)徐坚[等]辑
明万历三十四年(1606)沈宗培刻巾箱本
1986年摄制. -- 4盘卷片(103米2289拍) ：
1:10, 2B ；35mm银盐
收藏馆：缩微中心，国图

00O003809
唐宋白孔六帖：一百卷 / (唐)白居易,(宋)孔传辑
明(1368-1644)抄本. -- 存六十一卷：卷三至卷十一、卷十六至卷二十、卷三十五至卷五十六、卷六十一至卷七十六、卷九十二至卷一百。
1985年摄制. -- 3盘卷片(73.8米1609拍) : 1:10, 2B ; 35mm银盐
收藏馆：缩微中心, 国图

00O006052
唐宋白孔六帖：一百卷目录二卷 / (唐)白居易,(宋)孔传辑
明(1368-1644)刻本
1987年摄制. -- 5盘卷片(138米3073拍) : 1:10, 2B ; 35mm银盐
收藏馆：缩微中心, 国图

00O019099
唐宋白孔六帖：一百卷目录二卷 / (唐)白居易,(宋)孔传辑
明(1368-1644)刻本. -- 卷八十四至卷八十五配清(1644-1911)抄本。
1994年摄制. -- 5盘卷片(150米2830拍) : 1:10, 2B ; 35mm银盐
收藏馆：缩微中心, 国图

00O020643
唐宋白孔六帖：一百卷 / (唐)白居易,(宋)孔传辑
明(1368-1644)刻本. -- 存二卷：卷五十四至卷五十五。
1994年摄制. -- 1盘卷片(5米55拍) : 1:10, 2B ; 35mm银盐
收藏馆：缩微中心, 国图

00O016320
唐宋白孔六帖：一百卷目录二卷 / (唐)白居易,(宋)孔传辑
明(1368-1644)抄本
1992年摄制. -- 4盘卷片(116米2402拍) : 1:10, 2B ; 35mm银盐
收藏馆：缩微中心, 国图

00O006340
唐宋白孔六帖：一百卷目录二卷 / (唐)白居易,(宋)孔传辑
明(1368-1644)抄本
1987年摄制. -- 5盘卷片(130米2773拍) : 1:10, 2B ; 35mm银盐
收藏馆：缩微中心, 国图

00O015978
事类赋注：三十卷 / (宋)吴淑撰
明嘉靖十一年(1532)崇正书院华麟祥刻本
1993年摄制. -- 1盘卷片(18米354拍) : 1:10, 2B ; 35mm银盐
收藏馆：缩微中心, 国图

00O028714
事类赋：三十卷 / (宋)吴淑撰
明嘉靖(1522-1566)刻本
1997年摄制. -- 1盘卷片(21米408拍) : 1:10, 2B ; 35mm银盐
收藏馆：缩微中心, 吉林

00O021285
事类赋：三十卷 / (宋)吴淑撰
明嘉靖十三年(1534)白圩刻本
1995年摄制. -- 1盘卷片(20米387拍) : 1:10, 2B ; 35mm银盐
收藏馆：缩微中心, 国图

00O002008
事类赋注：三十卷 / (宋)吴淑撰
明嘉靖十三年(1534)白圩刻本
1986年摄制. -- 1盘卷片(19米419拍) : 1:10, 2B ; 35mm银盐
收藏馆：缩微中心, 国图

00O006822
事类赋注：三十卷 / (宋)吴淑撰
明嘉靖十三年(1534)白圩刻本
1986年摄制. -- 1盘卷片(20米427拍) : 1:10, 2B ; 35mm银盐
收藏馆：缩微中心, 国图

00O014154
事类赋注：三十卷 / (宋)吴淑撰
明嘉靖十三年(1534)白圩刻本
1992年摄制. -- 1盘卷片(12米187拍) : 1:10, 2B ; 35mm银盐
收藏馆：缩微中心, 国图

00O017463
事类赋注：三十卷 / (宋)吴淑撰
明嘉靖十三年(1534)白圩刻本
1993年摄制. -- 1盘卷片(20米383拍) : 1:10, 2B ; 35mm银盐
收藏馆：缩微中心, 国图

00O007304
事类赋注：三十卷 / (宋)吴淑撰
明(1368-1644)徐守铭宁寿堂刻本. -- 存三卷：卷十三至卷十四、卷二十二。
1987年摄制. -- 1盘卷片(4米46拍) : 1:10, 2B ; 35mm银盐

收藏馆：缩微中心，国图

000O000367
事类赋注：三十卷 / (宋)吴淑撰辑
明嘉靖十一年(1532)蔡弼刻本
1985年摄制. -- 1盘卷片(17.5米376拍) :
1:10，2B ；35mm银盐
收藏馆：缩微中心，国图

000O025900
类赋：二十一卷 / (宋)吴淑撰并注；(清)史以甲
增补 . 续类赋：二十七卷 / (清)史以甲撰
清(1644-1911)抄本
1996年摄制. -- 6盘卷片(158米3377拍) :
1:10，2B ；35mm银盐
收藏馆：缩微中心，南京

000O023898
类书读：三十卷 / (宋)吴淑撰；(明)马士斐辑
明崇祯元年(1628)刻本
1995年摄制. -- 2盘卷片(32米711拍) :
1:10，2B ；35mm银盐
收藏馆：缩微中心，河南

000O006571
太平御览：一千卷目录十卷 / (宋)李昉[等]辑
明万历元年(1573)倪炳刻本. -- 卷二百十六
至卷二百三十七、卷二百五十六至卷
二百五十八、卷三百一至卷五百配明万历二年
(1574)周堂铜活字印本。(清)何元锡校并跋，
(清)宋炳经跋。
1987年摄制. -- 17盘卷片(488米10670拍) :
1:10，2B ；35mm银盐
收藏馆：缩微中心，国图

000O022275
太平御览：一千卷目录十卷 / (宋)李昉[等]辑
明万历元年(1573)倪炳刻本
1995年摄制. -- 15盘卷片(482米9495拍) :
1:10，2B ；35mm银盐
收藏馆：缩微中心，国图

000O022273
太平御览：一千卷 / (宋)李昉[等]辑
明万历二年(1574)周堂铜活字印本. -- 卷
九百八十四至卷九百九十配明(1368-1644)刻
本。存五十卷：卷九百五十一至卷一千。
1995年摄制. -- 1盘卷片(24米465拍) :
1:10，2B ；35mm银盐
收藏馆：缩微中心，国图

000O010173
太平御览：一千卷目录十五卷 / (宋)李昉[等]辑

明(1368-1644)抄本. -- 存六十六卷：卷
八百十四至卷八百二十六、卷八百三十三至卷
八百五十五、卷八百七十七至卷八百九十一、
卷九百一至卷九百十、卷九百二十二至卷
九百二十六。
1989年摄制. -- 1盘卷片(29米608拍) :
1:10，2B ；35mm银盐
收藏馆：缩微中心，山东

000O017269
太平御览：一千卷目录十五卷 / (宋)李昉[等]辑
明(1368-1644)抄本. -- 存九百八十三卷：
卷一至卷二百七十七、卷二百七十九至卷
三百九十二、卷三百九十六至卷七百二、卷
七百三十一至卷一千，目录十五卷。
1992年摄制. -- 18盘卷片(498米10199拍) :
1:10，2B ；35mm银盐
收藏馆：缩微中心，国图

000O031403
太平御览：一千卷目录十五卷 / (宋)李昉[等]辑
清嘉庆九年至十四年(1804-1809)张海鹏从善
堂刻本
2004年摄制. -- 16盘卷片(484米10554拍) :
1:10，2B ；35mm银盐
收藏馆：缩微中心，国图

000O025449
太平御览：一千卷目录十五卷 / (宋)李昉[等]辑
日本安政二年(1855)喜多邨氏学训堂铜活字印
本. -- 太平御览一千卷中的举讹为日本清本
宣作订讹。
1996年摄制. -- 15盘卷片(450米8963拍) :
1:10，2B ；35mm银盐
收藏馆：缩微中心，国图

000O007549
太平御览：一千卷 / (宋)李昉[等]辑
明(1368-1644)抄本. -- 存一百五十八卷：
卷十六至卷二十四、卷一百五十五至卷
一百六十四、卷四百十二至卷四百五十五、卷
八百二至卷八百九十六。
1987年摄制. -- 3盘卷片(65米1412拍) :
1:10，2B ；35mm银盐
收藏馆：缩微中心，国图

000O000125
册府元龟：一千卷 / (宋)王钦若[等]辑
明(1368-1644)抄本. -- 存四卷：卷五百一至
卷五百四。
1985年摄制. -- 1盘卷片(5.5米90拍) :
1:10，2B ；35mm银盐
收藏馆：缩微中心，国图

000O002202
册府元龟：一千卷 / (宋)王钦若[等]辑
明(1368-1644)抄本. -- 配清(1644-1911)抄本。
1986年摄制. -- 29盘卷片(850米17757拍) :
1:10，2B ；35mm银盐
收藏馆：缩微中心，国图

000O022978
册府元龟：一千卷 / (宋)王钦若[等]辑
明(1368-1644)抄本. -- 存五百六十三卷：卷
五十二至卷二百、卷二百四十六至卷三百、
卷四百一至卷六百五、卷六百五十一至卷
七百十、卷七百十六至卷七百九十五、卷
八百四十一至卷八百五十四。
1995年摄制. -- 16盘卷片(490米10235拍) :
1:10，2B ；35mm银盐
收藏馆：缩微中心，国图

000O007586
册府元龟：一千卷目录十卷 / (宋)王钦若[等]编
明崇祯(1628-1644)刻本
1987年摄制. -- 38盘卷片(1117米25228拍) :
1:10，2B ；35mm银盐
收藏馆：缩微中心，吉林

000O019744
册府元龟：一千卷目录十卷 / (宋)王钦若[等]辑
明崇祯十五年(1642)黄国琦刻本
1994年摄制. -- 34盘卷片(1126米23095拍) :
1:10，2B ；35mm银盐
收藏馆：缩微中心，国图

000O022981
新刊监本册府元龟：一千卷 / (宋)王钦若[等]辑
明(1368-1644)抄本. -- 存五十六卷：卷
六百七、卷七百二至卷七百五、卷七百九至
七百十六、卷七百三十三至卷七百三十六、卷
七百四十一、卷七百五十七至卷七百六十、卷
八百一至卷八百二、卷八百七至卷八百十、卷
八百十三至卷八百十四、卷八百六十六至卷
八百七十五、卷九百三十四至卷九百三十五、
卷九百三十九、卷九百四十三、卷九百四十八
至卷九百四十九、卷九百五十七至卷
九百六十六。
1995年摄制. -- 2盘卷片(40米769拍) :
1:10，2B ；35mm银盐
收藏馆：缩微中心，国图

000O021721
册府元龟：一千卷目录十卷 / (宋)王钦若[等]辑
明(1368-1644)蓝格抄本
1995年摄制. -- 25盘卷片(802米16406拍) :

1:10，2B ；35mm银盐
收藏馆：缩微中心，国图

000O008086
册府元龟序论：三十六卷 / (宋)王钦若[等]撰；(明)王泰征[等]辑
明崇祯十七年(1644)余元焘刻本
1988年摄制. -- 3盘卷片(79.5米1749拍) :
1:10，2B ；35mm银盐
收藏馆：缩微中心，湖北

000O008929
册府元龟独装：三十卷 / (明)曹胤昌辑
明末(1621-1644)刻本
1988年摄制. -- 3盘卷片(71米1560拍) :
1:10，2B ；35mm银盐
收藏馆：缩微中心，湖北

000O013849
新刻吕泾野先生校正中秘元本：二十卷 / (宋)任广辑
明(1368-1644)王世茂刻本
1992年摄制. -- 1盘卷片(14米267拍) :
1:10，2B ；35mm银盐
收藏馆：缩微中心，国图

000O000363
海录碎事：二十二卷 / (宋)叶廷珪辑
明万历二十六年(1598)刻本
1985年摄制. -- 2盘卷片(59米1331拍) :
1:10，2B ；35mm银盐
收藏馆：缩微中心，国图

000O026915
海录碎事：二十二卷 / (宋)叶廷珪辑
明万历二十六年(1598)刘凤刻本. -- (清)丁丙跋。
1996年摄制. -- 2盘卷片(60米1357拍) :
1:10，2B ；35mm银盐
收藏馆：缩微中心，南京

000O021974
海录碎事：二十二卷 / (宋)叶廷珪辑
明(1368-1644)海隅书屋抄本
1995年摄制. -- 3盘卷片(74米1526拍) :
1:10，2B ；35mm银盐
收藏馆：缩微中心，国图

000O028087
太学增修声律资用万卷菁华：前集八十卷后集八十卷
明(1368-1644)抄本
1997年摄制. -- 6盘卷片(150米3113拍) :

1:10，2B ；35mm银盐
收藏馆：缩微中心，广东

000O018879
帝王经世图谱：十六卷附录一卷 / (宋)唐仲友撰
清道光二十八年(1848)瞿氏清吟阁刻本. --
(清)胡宗楙批校并跋。
1993年摄制. -- 1盘卷片（30米586拍）：
1:10，2B ；35mm银盐
收藏馆：缩微中心，天津

000O000651
锦绣万花谷续集：四十卷
明(1368-1644)崇古书院刻本. -- 存十六卷：
卷一至卷十六。
1985年摄制. -- 1盘卷片（10米199拍）：
1:10，2B ；35mm银盐
收藏馆：缩微中心，国图

000O027723
锦绣万花谷：四十卷后集四十卷续集四十卷
明弘治五年(1492)华燧会通馆铜活字印本
1997年摄制. -- 3盘卷片（91米1820拍）：
1:10，2B ；35mm银盐
收藏馆：缩微中心，国图

000O029166
锦绣万花谷：四十卷后集四十卷续集四十卷
明弘治五年(1492)华燧会通馆铜活字印本
1999年摄制. -- 3盘卷片（89米2047拍）：
1:10，2B ；35mm银盐
收藏馆：缩微中心，国图

000O014391
锦绣万花谷：四十卷后集四十卷续集四十卷
明嘉靖十四年(1535)徽藩崇古书院刻本
1992年摄制. -- 4盘卷片（95米1818拍）：
1:10，2B ；35mm银盐
收藏馆：缩微中心，国图

000O000198
**锦绣万花谷：前集四十卷后集四十卷续集四十
卷**
明(1368-1644)刻本
1985年摄制. -- 3盘卷片（67.7米1499拍）：
1:10，2B ；35mm银盐
收藏馆：缩微中心，国图

000O019243
**锦绣万花谷：前集四十卷后集四十卷续集四十
卷别集三十卷**
明嘉靖十五年(1536)秦汴绣石书堂刻本
1994年摄制. -- 3盘卷片（82米1634拍）：

1:10，2B ；35mm银盐
收藏馆：缩微中心，国图

000O020742
锦绣万花谷：前集四十卷后集四十卷
明嘉靖十五年(1536)秦汴绣石书堂刻本. --
存四卷：前集卷二十九至卷三十、后集卷
三十七至卷三十八。
1994年摄制. -- 1盘卷片（6米78拍）：1:10，
2B ；35mm银盐
收藏馆：缩微中心，国图

000O021183
**锦绣万花谷：前集四十卷后集四十卷续集四十
卷别集三十卷**
明嘉靖十五年(1536)秦汴绣石书堂刻本
1995年摄制. -- 3盘卷片（84米1636拍）：
1:10，2B ；35mm银盐
收藏馆：缩微中心，国图

000O004081
**锦绣万花谷：前集四十卷后集四十卷续集四十
卷**
明嘉靖十五年(1536)秦汴绣石书堂刻本
1986年摄制. -- 3盘卷片（67米1443拍）：
1:10，2B ；35mm银盐
收藏馆：缩微中心，国图

000O008110
**新编古今事文类聚：前集六十卷后集五十卷续
集二十八卷别集三十二卷 / (宋)祝穆辑. 新编古
今事文类聚：新集三十六卷外集十五卷 / (元)富
大用辑**
元泰定三年(1326)庐陵武溪院刻明(1368-1644)
重修本
1988年摄制. -- 8盘卷片（229.5米5229拍）：
1:10，2B ；35mm银盐
收藏馆：缩微中心，湖北

000O023203
**新编古今事文类聚：后集五十卷续集二十八卷
别集三十二卷新集三十六卷 / (宋)祝穆辑**
元(1271-1368)刻本. -- 存二十七卷：后集卷
十八至卷二十七，续集卷五至卷七，别集卷五
至卷八、卷二十七至卷三十二，新集卷二十七
至卷三十。
1995年摄制. -- 1盘卷片（27米546拍）：
1:10，2B ；35mm银盐
收藏馆：缩微中心，国图

000O014326
**新编古今事文类聚：前集六十卷后集五十卷续
集二十八卷别集三十二卷 / (宋)祝穆辑. 新编古**

今事文类聚：新集三十六卷外集十五卷 / (元)富
大用辑
明(1368-1644)内府刻本
1992年摄制. -- 13盘卷片(370米7371拍)：
1:10，2B；35mm银盐
收藏馆：缩微中心，国图

000O018780
新编古今事文类聚：前集六十卷后集五十卷续
集二十八卷别集三十二卷 / (宋)祝穆辑. 新编古
今事文类聚：新集三十六卷外集十五卷 / (元)富
大用辑
明(1368-1644)书林明实堂刻本
1994年摄制. -- 6盘卷片(186米3175拍)：
1:10，2B；35mm银盐
收藏馆：缩微中心，国图

000O021066
新编古今事文类聚：前集六十卷后集五十卷续
集二十八卷别集三十二卷 / (宋)祝穆辑. 新编古
今事文类聚：新集三十六卷外集十五卷 / (元)富
大用辑
明(1368-1644)书林明实堂刻本
1994年摄制. -- 6盘卷片(184米3812拍)：
1:10，2B；35mm银盐
收藏馆：缩微中心，国图

000O007107
新编古今事文类聚：前集六十卷后集五十卷别
集三十二卷续集二十八卷 / (宋)祝穆辑. 新编古
今事文类聚：新集三十六卷外集十五卷 / (元)富
大用辑
明嘉靖四十年(1561)杨归仁刻本
1987年摄制. -- 6盘卷片(180.8米3997拍)：
1:10，2B；35mm银盐
收藏馆：缩微中心，重庆

000O009671
新编古今事文类聚：前集六十卷后集五十卷续
集二十八卷别集三十二卷 / (宋)祝穆编；(明)唐
富春校补. 新编古今事文类聚：新集三十六卷
外集十五卷 / (元)富大用辑. 新编古今事文类聚
遗集：十五卷 / (元)祝渊编
明万历三十二年(1604)金陵唐富春德寿堂刻
本. -- 版框高二十一厘米宽十五厘米。
1988年摄制. -- 11盘卷片(302米6434拍)：
1:10，2B；35mm银盐
收藏馆：缩微中心，广东

000O021835
新编古今事文类聚：前集六十卷后集五十卷续
集二十八卷别集三十二卷 / (宋)祝穆辑. 新编古
今事文类聚：新集三十六卷外集十五卷 / (元)富

大用辑. 新编古今事文类聚遗集：十五卷 / (元)
祝渊辑
明(1368-1644)邹可张书林唐富春刻本. --
(清)丁丙跋。
1995年摄制. -- 8盘卷片(213米4429拍)：
1:10，2B；35mm银盐
收藏馆：缩微中心，南京

000O021977
记纂渊海补集：四十七卷
明(1368-1644)抄本
1995年摄制. -- 2盘卷片(48米959拍)：
1:10，2B；35mm银盐
收藏馆：缩微中心，国图

000O028909
璧水群英待问会元：九十卷 / (宋)刘达可辑
明(1368-1644)丽泽堂活字印本. -- (清)丁丙
跋。
1990年摄制. -- 3盘卷片(74米1665拍)：
1:10，2B；35mm银盐
收藏馆：缩微中心，南京

000O023742
璧水群英待问会元选要：八十二卷 / (宋)刘达可
辑；(明)沈子淮选
明正德四年(1509)慎独斋刻本
1995年摄制. -- 2盘卷片(53米1107拍)：
1:10，2B；35mm银盐
收藏馆：缩微中心，浙江

000O001491
宋琐碎录：十卷 / (宋)叶候撰
明嘉靖(1522-1566)抄本
1986年摄制. -- 1盘卷片(19.1米374拍)：
1:10，2B；35mm银盐
收藏馆：缩微中心，吉林

000O023749
群书会元截江网：三十五卷
清(1644-1911)顾氏艺海楼抄本
1995年摄制. -- 2盘卷片(53米1067拍)：
1:10，2B；35mm银盐
收藏馆：缩微中心，浙江

000O006719
群书会元截江网：三十五卷
清(1644-1911)抄本. -- 版框高二十九厘米宽
十五厘米。
1987年摄制. -- 2盘卷片(52.5米1162拍)：
1:10，2B；35mm银盐
收藏馆：缩微中心，广东

000O023205

山堂先生群书考索：后集六十五卷续集五十六卷 / (宋)章如愚辑

元延祐七年(1320)圆沙书院刻本. -- 存二十三卷：后集卷五至卷十、卷四十五至卷四十九；续集卷三至卷十四。

1995年摄制. -- 1盘卷片(16米306拍) : 1:10, 2B ; 35mm银盐

收藏馆：缩微中心，国图

000O023208

山堂先生群书考索：前集六十六卷后集六十五卷 / (宋)章如愚辑

元延祐七年(1320)圆沙书院刻本. -- 存二十一卷：前集卷五十一至卷五十四，后集卷二十六至卷三十三、卷四十一至卷四十九。

1995年摄制. -- 1盘卷片(15米283拍) : 1:10, 2B ; 35mm银盐

收藏馆：缩微中心，国图

000O028516

山堂先生群书考索：前集六十六卷后集六十五卷续集五十六卷别集二十五卷 / (宋)章如愚辑

元延祐七年(1320)圆沙书院刻本. -- 本书次序紊乱，由于书口无页码，无法考证，故按原书顺序拍摄。存七十九卷：前集卷一至卷三、卷九至卷二十六，后集卷一至卷四十六、卷五十四至卷六十五。

1997年摄制. -- 2盘卷片(53.3米1154拍) : 1:10, 2B ; 35mm银盐

收藏馆：缩微中心，福建

000O003500

群书考索：前集六十六卷后集六十五卷续集五十六卷别集二十五卷 / (宋)章如愚辑

明正德十三年(1518)刘洪慎独书斋刻本

1985年摄制. -- 5盘卷片(146米3013拍) : 1:10, 2B ; 35mm银盐

收藏馆：缩微中心，国图

000O021980

群书考索：前集六十六卷后集六十五卷续集五十六卷别集二十五卷 / (宋)章如愚辑

明正德十三年(1518)刘洪慎独书斋刻本

1995年摄制. -- 5盘卷片(139米2701拍) : 1:10, 2B ; 35mm银盐

收藏馆：缩微中心，国图

000O012924

古今合璧事类备要：前集六十九卷后集八十一卷续集五十六卷别集九十四卷外集六十六卷 / (宋)谢维新辑

明嘉靖三十一年至三十五年(1552-1556)夏相刻本. -- (清)丁丙跋。

1991年摄制. -- 7盘卷片(198米4522拍) : 1:10, 2B ; 35mm银盐

收藏馆：缩微中心，南京

000O000300

古今合璧事类备要：前集六十九卷后集八十一卷续集五十六卷别集九十四卷外集六十六卷 / (宋)谢维新辑

明嘉靖三十一年至三十五年(1552-1556)夏相刻本

1985年摄制. -- 7盘卷片(195.7米4395拍) : 1:10, 2B ; 35mm银盐

收藏馆：缩微中心，国图

000O022985

古今合璧事类备要：前集六十九卷后集八十一卷别集九十四卷 / (宋)谢维新辑

明嘉靖三十一年至三十五年(1552-1556)夏相刻本

1995年摄制. -- 5盘卷片(148米2949拍) : 1:10, 2B ; 35mm银盐

收藏馆：缩微中心，国图

000O028687

古今合璧事类备要：前集六十九卷后集八十一卷续集五十六卷别集九十四卷外集六十六卷 / (宋)谢维新辑

明(1368-1644)锡山安氏馆铜活字印本. -- 存三百二十四卷：前集卷一至卷六十九、后集卷一至卷八十一、续集卷一至卷二十六、别集卷十三至卷九十四、外集卷一至卷六十六。

1989年摄制. -- 9盘卷片(249米5487拍) : 1:10, 2B ; 35mm银盐

收藏馆：缩微中心，南京

000O006281

古今合璧事类备要：前集六十九卷后集八十一卷续集五十六卷外集六十六卷别集九十四卷 / (宋)谢维新辑

明(1368-1644)刻本

1987年摄制. -- 7盘卷片(205米4562拍) : 1:10, 2B ; 35mm银盐

收藏馆：缩微中心，吉林

000O018272

纂图增新群书类要事林广记：前集二卷后集二卷 / (宋)陈元靓辑

明初(1368-1424)刻本

1993年摄制. -- 1盘卷片(8米130拍) : 1:10, 2B ; 35mm银盐

收藏馆：缩微中心，山东

00〇012602
新刊纂图大字群书类要事林广记：□□卷 / (宋)陈元靓辑
明嘉靖二十年(1541)余氏敬贤堂刻本. -- 存五卷：后集卷二、续集卷三、别集卷四、新集卷五、外集卷六。
1990年摄制. -- 1盘卷片(15.5米333拍)：1:10, 2B；35mm银盐
收藏馆：缩微中心，辽宁

00〇014064
纂图类聚天下至宝全补事林广记：□□卷
明(1368-1644)抄本. -- 存一卷：卷十一。
1992年摄制. -- 1盘卷片(5米25拍)：1:10, 2B；35mm银盐
收藏馆：缩微中心，国图

00〇015360
古今源流至论：前集十卷后集十卷续集十卷 / (宋)林駉撰. 别集：十卷 / (宋)黄履翁撰
明宣德二年(1427)书林刘克常刻本. -- 存三十五卷：前集卷二至卷十、后集卷三至卷十、续集卷二至卷十、别集卷二至卷十。
1992年摄制. -- 1盘卷片(28米507拍)：1:10, 2B；35mm银盐
收藏馆：缩微中心，国图

00〇006937
新笺决科古今源流至论：前集十卷后集十卷 / (宋)林駉撰
明嘉靖十六年(1537)白玶刻本
1987年摄制. -- 1盘卷片(27米586拍)：1:10, 2B；35mm银盐
收藏馆：缩微中心，国图

00〇018903
新刊笺注决科古今源流至论：前集十卷后集十卷续集十卷 / (宋)林駉撰. 别集：十卷 / (宋)黄履翁撰
明万历十八年(1590)郑世魁宗文堂刻本
1994年摄制. -- 1盘卷片(31米676拍)：1:10, 2B；35mm银盐
收藏馆：缩微中心，天津

00〇008738
新笺决科古今源流至论：前集十卷后集十卷续集十卷 / (宋)林駉. 别集：十卷 / (宋)黄履翁撰
明(1368-1644)刻本
1988年摄制. -- 2盘卷片(43.9米951拍)：1:10, 2B；35mm银盐
收藏馆：缩微中心，重庆

00〇003902
书言故事大全：十二卷 / (宋)胡继宗辑；(明)陈玩直注
明万历十七年(1589)吴怀保刻本
1986年摄制. -- 1盘卷片(26米584拍)：1:10, 2B；35mm银盐
收藏馆：缩微中心，国图

00〇017374
书言故事大全：十二卷 / (宋)胡继宗辑；(明)陈玩直注
明(1368-1644)刻本
1993年摄制. -- 1盘卷片(27米537拍)：1:10, 2B；35mm银盐
收藏馆：缩微中心，国图

00〇018448
京本音释注解书言故事大全：十二卷 / (宋)胡继宗辑；(明)陈玩直解
明万历十九年(1591)书林郑世豪宗文书舍刻本
1993年摄制. -- 1盘卷片(20米400拍)：1:10, 2B；35mm银盐
收藏馆：缩微中心，国图

00〇014309
京本音释注解书言故事大全：十二卷 / (宋)胡继宗辑；(明)陈玩直解
明万历二十八年(1600)书林郑世豪宗文书舍刻本
1992年摄制. -- 1盘卷片(5米65拍)：1:10, 2B；35mm银盐
收藏馆：缩微中心，国图

00〇016484
京本音释注解书言故事大全：十二卷 / (宋)胡继宗辑；(明)陈玩直解
明万历二十八年(1600)书林郑世豪宗文书舍刻本
1992年摄制. -- 1盘卷片(21米410拍)：1:10, 2B；35mm银盐
收藏馆：缩微中心，国图

00〇021281
新刊训解直音书言故事大全：六卷 / (宋)胡继宗辑；(明)陈玩直训解
明万历三十四年(1606)世德堂刻本
1995年摄制. -- 1盘卷片(14米305拍)：1:10, 2B；35mm银盐
收藏馆：缩微中心，国图

00〇023753
新锲类编明解正音京报书言故事：十卷 / (宋)胡继宗辑；(明)陈玩直注

明万历三十六年(1608)书林郑云林刻本
1995年摄制. -- 1盘卷片(18米345拍)：
1:10, 2B ; 35mm银盐
收藏馆：缩微中心，浙江

000O018270
鼎锲全补音注书言故事类编：□□卷 / (宋)胡继宗辑
明万历二十九年(1601)书林陈耀吾刻本. --
存五卷：卷一至卷五。
1993年摄制. -- 1盘卷片(11米196拍)：
1:10, 2B ; 35mm银盐
收藏馆：缩微中心，山东

000O017410
**屠王二先生参补注解书言故事一览抄：六卷 /
(宋)胡继宗辑 ; (明)陈玩直解**
明万历二十五年(1597)书林叶顺檀香馆刻本
1993年摄制. -- 1盘卷片(10米177拍)：
1:10, 2B ; 35mm银盐
收藏馆：缩微中心，国图

000O003576
玉海：二百四卷 / (宋)王应麟撰
元至元六年(1269)庆元路儒学刻本
1985年摄制. -- 16盘卷片(456米10278拍)：
1:10, 2B ; 35mm银盐
收藏馆：缩微中心，国图

000O022277
玉海：二百四卷 / (宋)王应麟撰
元至元六年(1269)庆元路儒学刻本. -- 存
一百十卷：卷一至卷四、卷七至卷九、卷十四
至卷十七、卷二十二至卷二十三、卷二十九至
卷三十、卷三十四至卷五十四、卷五十九至卷
六十、卷七十三至卷八十二、卷八十六至卷
八十八、卷九十三至卷九十八、卷一百五至
卷一百十、卷一百十七至卷一百二十一、卷
一百二十三至卷一百二十六、卷一百三十四至
卷一百三十七、卷一百四十至卷一百四十二、
卷一百四十五至卷一百四十七、卷一百五十三
至卷一百五十四、卷一百六十二至卷
一百六十九、卷一百七十三至卷一百八十六、
卷一百九十二至卷一百九十三、卷二百二至卷
二百三。
1995年摄制. -- 7盘卷片(196米3935拍)：
1:10, 2B ; 35mm银盐
收藏馆：缩微中心，国图

000O027731
玉海：二百卷 / (宋)王应麟撰
元至元六年(1269)庆元路儒学刻本. -- 存
十六卷：卷一百六十三至卷一百六十八、卷

一百七十三至卷一百七十八、卷一百八十五
至卷一百八十六、卷一百九十五至卷
一百九十六。
1997年摄制. -- 1盘卷片(26米509拍)：
1:10, 2B ; 35mm银盐
收藏馆：缩微中心，国图

000O022988
**玉海：二百卷；诗考：一卷；六经天文编：二卷 /
(宋)王应麟撰**
元至元六年(1269)庆元路儒学刻本. -- 本书
还装订有：诗考、六经天文编。存十七卷：卷
十四至卷十五、卷二十九至卷三十、卷五十九
至卷六十、卷七十九至卷八十、卷一百七十八
至卷一百八十三，诗考一卷，六经天文编二
卷。
1995年摄制. -- 2盘卷片(38米704拍)：
1:10, 2B ; 35mm银盐
收藏馆：缩微中心，国图

000O022280
玉海：二百卷；辞学指南：四卷 / (宋)王应麟撰
元至元六年(1269)庆元路儒学刻元明
(1271-1644)递修本
1995年摄制. -- 12盘卷片(376米7417拍)：
1:10, 2B ; 35mm银盐
收藏馆：缩微中心，国图

000O021988
玉海：二百四卷 / (宋)王应麟辑
元至元六年(1269)庆元路儒学刻递修本. --
存五十七卷：卷十至卷二十一、卷三十七至卷
四十四、卷四十六至卷四十八、卷五十七至
卷五十八、卷六十六至卷六十八、卷九十三
至卷九十五、卷九十八至卷一百、卷一百四
至卷一百六、卷一百十三至卷一百十五、卷
一百二十八至卷一百三十、卷一百五十二至卷
一百五十四、卷一百六十四至卷一百六十九、
卷一百八十二至卷一百八十四、卷二百至卷
二百一。
1995年摄制. -- 3盘卷片(97米2021拍)：
1:10, 2B ; 35mm银盐
收藏馆：缩微中心，国图

000O007059
京本玉海精粹：二十二卷 / (明)林文俊辑
明嘉靖二十五年(1546)作德堂刻本
1987年摄制. -- 2盘卷片(53米1153拍)：
1:10, 2B ; 35mm银盐
收藏馆：缩微中心，山东

000O011347
玉海纂：二十二卷 / (明)刘鸿训撰

清顺治四年(1647)刻本
1989年摄制. -- 2盘卷片(51.1米1147拍)：
1:10, 2B ; 35mm银盐
收藏馆：缩微中心，辽宁

000O023209
小学绀珠：十卷 / (宋)王应麟辑
明(1368-1644)抄本. -- 存四卷：卷五至卷
六、卷九至卷十。
1995年摄制. -- 1盘卷片(9米156拍)：1:10,
2B ; 35mm银盐
收藏馆：缩微中心，国图

000O001050
六帖补：二十卷 / (宋)杨伯嵒辑
明(1368-1644)抄本. -- 卷九至卷十四配清
(1644-1911)抄本。(清)江凤彝跋。
1985年摄制. -- 1盘卷片(9.7米192拍)：
1:10, 2B ; 35mm银盐
收藏馆：缩微中心，国图

000O003100
六帖补：二十卷 / (宋)杨伯嵒辑
清(1644-1911)海虞瞿氏恬裕斋抄本
1986年摄制. -- 1盘卷片(9米164拍)：1:10,
2B ; 35mm银盐
收藏馆：缩微中心，国图

000O012493
新编翰苑新书：前集七十卷
明(1368-1644)抄本. -- 存三卷：卷六十五至
卷六十七。
1990年摄制. -- 1盘卷片(5米68拍)：1:10,
2B ; 35mm银盐
收藏馆：缩微中心，山东

000O003583
新编翰苑新书：七十卷续集四十二卷
明(1368-1644)抄本
1985年摄制. -- 4盘卷片(96米2099拍)：
1:10, 2B ; 35mm银盐
收藏馆：缩微中心，国图

000O004968
**新编翰苑新书：前集七十卷后集三十二卷续集
四十二卷别集十二卷**
明(1368-1644)抄本. -- 前集卷一配明崇祯
十三年(1640)岳氏绿萝堂抄本。
1987年摄制. -- 4盘卷片(110.7米2487拍)：
1:10, 2B ; 35mm银盐
收藏馆：缩微中心，国图

000O023211
**新编翰苑新书：前集七十卷后集三十三卷续集
四十二卷别集十二卷**
明(1368-1644)抄本. -- 存一百五十六卷：前
集卷二至卷七十、后集三十三卷、续集四十二
卷、别集十二卷。
1995年摄制. -- 3盘卷片(96米1978拍)：
1:10, 2B ; 35mm银盐
收藏馆：缩微中心，国图

000O024093
**新编翰苑新书：后集二十一卷别集十二卷续集
四十二卷**
清初(1644-1722)抄本
1996年摄制. -- 2盘卷片(46米920拍)：
1:10, 2B ; 35mm银盐
收藏馆：缩微中心，湖北

000O027458
**新编簪缨必用翰苑新书：前集十二卷后集七卷
续集八卷别集二卷**
明万历十九年(1591)金陵书肆唐廷仁周曰校刻
本
1996年摄制. -- 3盘卷片(90米2020拍)：
1:10, 2B ; 35mm银盐
收藏馆：缩微中心，南京

000O022919
**新锲簪缨必用增补秘笈新书：十三卷别集三卷 /
(宋)谢枋得编；(明)吴道南增补**
明万历(1573-1620)萃庆堂刻本. -- 版框高
二十二厘米宽十五厘米。
1993年摄制. -- 2盘卷片(48米1062拍)：
1:10, 2B ; 35mm银盐
收藏馆：缩微中心，广东

000O007112
**新锲簪缨必用增补秘笈新书：十三卷别集三卷 /
(宋)谢枋得辑；(明)李九我增补**
明(1368-1644)刻本
1987年摄制. -- 2盘卷片(44.3米962拍)：
1:10, 2B ; 35mm银盐
收藏馆：缩微中心，重庆

000O003727
重刊增广分门类林杂说：十五卷 / (金)王朋寿辑
明(1368-1644)抄本
1985年摄制. -- 1盘卷片(5.1米86拍)：
1:10, 2B ; 35mm银盐
收藏馆：缩微中心，国图

000O006961
重刊增广分门类林杂说：十五卷 / (金)王朋寿辑

清(1644-1911)抄本. -- (清)黄丕烈、(清)张
蓉镜、(清)张本渊跋。
1987年摄制. -- 1盘卷片(6米107拍) ： 1:10,
2B ；35mm银盐
收藏馆：缩微中心，国图

000O019369
重刊增广分门类林杂说：十五卷 / (金)王朋寿辑
清(1644-1911)张氏爱日精庐抄本
1994年摄制. -- 1盘卷片(7米118拍) ： 1:10,
2B ；35mm银盐
收藏馆：缩微中心，国图

000O004964
**新编事文类聚翰墨全书：后丙集六卷 / (元)刘应
李辑**
明初(1368-1424)刻本. -- 存二卷：卷五至卷
六。
1987年摄制. -- 1盘卷片(3.4米44拍) ：
1:10, 2B ；35mm银盐
收藏馆：缩微中心，国图

000O003579
**新编事文类聚翰墨全书：甲集十二卷乙集九
卷丙集五卷丁集五卷戊集五卷己集七卷庚集
二十四卷辛集十卷壬集十二卷癸集十一卷后甲
集八卷后乙集三卷后丙集六卷后丁集八卷后戊
集九卷 / (元)刘应李辑**
明初(1368-1424)刻本. -- 存一百八卷：甲集
卷二至卷六、卷十一至卷十二，乙集卷一至卷
六、卷八至卷九，丙集五卷，戊集五卷，己集
七卷，庚集卷一至卷十三、卷十八至卷十九、
卷二十三至卷二十四，辛集卷一至卷二、卷六
至卷十，壬集十二卷，癸集十一卷，后甲集卷
一至卷六，后乙集卷上、卷下，后丙集六卷，
后丁集八卷，后戊集卷一至卷五、卷八至卷
九。(清)张蓉镜跋。
1985年摄制. -- 4盘卷片(93米2044拍) ：
1:10, 2B ；35mm银盐
收藏馆：缩微中心，国图

000O000301
**新编事文类聚翰墨全书：甲集十二卷乙集九
卷丙集五卷丁集五卷戊集五卷己集七卷庚集
二十四卷辛集十卷壬集十二卷癸集十一卷后甲
集八卷后乙集圣朝混一方舆胜览三卷后丙集六
卷后丁集八卷后戊集九卷 / (元)刘应李辑**
明(1368-1644)刻本
1985年摄制. -- 4盘卷片(112.3米2526拍) ：
1:10, 2B ；35mm银盐
收藏馆：缩微中心，国图

000O020397
**新编事文类聚翰墨大全：乙集九卷丁集五卷庚
集二十四卷 / (元)刘应李辑**
明(1368-1644)刻本. -- 存十九卷：乙集卷六
至卷九，丁集卷一至卷五，庚集卷十一至卷
十三、卷十八至卷二十四。
1994年摄制. -- 1盘卷片(16米290拍) ：
1:10, 2B ；35mm银盐
收藏馆：缩微中心，国图

000O008449
新编事文类聚翰墨大全：□□卷 / (元)刘应李辑
明初(1368-1424)刻本. -- 存六十四卷：甲集
卷一、卷五至卷九、卷十二，丁集卷二、卷
五，戊集卷三至卷四，己集卷一至卷四，庚集
卷八至卷九、卷十三至卷十五，辛集卷三至卷
十四，壬集卷六至卷十七，癸集卷三至卷五，
后甲集卷二至卷八，后乙集卷下，后丙集卷
一，后丁集卷一至卷四、卷六至卷八，后戊集
卷七。
1988年摄制. -- 2盘卷片(50米1102拍) ：
1:10, 2B ；35mm银盐
收藏馆：缩微中心，国图

000O000691
**新编事文类聚翰墨大全：甲集十二卷乙集九
卷丙集五卷丁集五卷戊集五卷己集七卷庚集
二十四卷辛集十卷壬集十二卷癸集十一卷后甲
集八卷后乙集三卷后丙集六卷后丁集八卷后戊
集九卷 / (元)刘应李辑**
明嘉靖三十六年(1557)杨氏归仁斋刻万历
三十九年(1611)安正堂重修本
1985年摄制. -- 4盘卷片(92.1米2049拍) ：
1:10, 2B ；35mm银盐
收藏馆：缩微中心，国图

000O008082
**新编事文类聚翰墨大全：甲集十二卷乙集八
卷丙级五卷丁集五卷戊集五卷己集七卷庚集
二十四卷辛集十卷壬集十二卷癸集十一卷后甲
集八卷后乙集二卷后丙集六卷后丁集八卷后戊
集九卷 / (元)刘应李辑**
明万历三十九年(1611)安正堂刻本
1988年摄制. -- 4盘卷片(99米2186拍) ：
1:10, 2B ；35mm银盐
收藏馆：缩微中心，湖北

000O028908
联新事备诗学大成：三十卷 / (元)林桢编
元至正九年(1349)建宁路市刘衡甫刻本. --
(清)丁丙跋。
1989年摄制. -- 1盘卷片(23米494拍) ：
1:10, 2B ；35mm银盐

收藏馆：缩微中心，南京

00O006261
联新事备诗学大成：三十卷 / (元)林桢编
明(1368-1644)内府刻本
1987年摄制. -- 2盘卷片(40米858拍) :
1:10，2B ；35mm银盐
收藏馆：缩微中心，吉林

00O013939
增广事联诗学大成：三十卷
明初(1368-1424)刻本
1991年摄制. -- 1盘卷片(25米490拍) :
1:10，2B ；35mm银盐
收藏馆：缩微中心，国图

00O008163
增广事联诗学大全：三十卷 / (元)林桢编
明初(1368-1424)刻洪熙元年至明末(1425-1644)
重修本. -- 版框高二十厘米宽十三厘米。
1987年摄制. -- 1盘卷片(25.9米558拍) :
1:10，2B ；35mm银盐
收藏馆：缩微中心，广东

00O022972
新编类增吟料诗学集成：三十卷
元(1271-1368)刻本. -- 存五卷：卷二十五至
卷二十八、卷三十。
1995年摄制. -- 1盘卷片(5米72拍) : 1:10,
2B ；35mm银盐
收藏馆：缩微中心，国图

00O023206
新编类增吟料诗学集成：三十卷
元(1271-1368)刻本. -- 存十四卷：卷八至卷
十四、卷二十四至卷三十。
1995年摄制. -- 1盘卷片(12米213拍) :
1:10，2B ；35mm银盐
收藏馆：缩微中心，国图

00O023764
群书钩玄：十二卷 / (元)高耻传辑
元至正(1341-1368)刻本. -- 存六卷：卷一至
卷六。
1995年摄制. -- 1盘卷片(6米91拍) : 1:10,
2B ；35mm银盐
收藏馆：缩微中心，浙江

00O017894
宋锁碎录：□□卷
明(1368-1644)杨氏家塾抄本. -- 存十卷：卷
一至卷十。
1993年摄制. -- 1盘卷片(16米312拍) :

1:10，2B ；35mm银盐
收藏馆：缩微中心，国图

00O004019
群书备数：十二卷 / (明)张九韶撰
明(1368-1644)刻本
1985年摄制. -- 1盘卷片(12米244拍) :
1:10，2B ；35mm银盐
收藏馆：缩微中心，国图

00O007552
新编群书纂数：十二卷 / (明)张九韶撰
明(1368-1644)刻本. -- 存二卷：卷一至卷
二。
1987年摄制. -- 1盘卷片(4米46拍) : 1:10,
2B ；35mm银盐
收藏馆：缩微中心，国图

00O020537
新刊翰苑博综群籍士林会要：□□卷
明(1368-1644)刻本. -- 存一卷：卷一。
1994年摄制. -- 1盘卷片(4米42拍) : 1:10,
2B ；35mm银盐
收藏馆：缩微中心，山东

00O014437
群书类编故事：二十四卷 / (元)王罂辑
清(1644-1911)抄本. -- 存十三卷：卷十二至
卷二十四。(清)冯登府跋。
1992年摄制. -- 1盘卷片(8米136拍) : 1:10,
2B ；35mm银盐
收藏馆：缩微中心，国图

00O026310
原始秘书：十卷 / (明)朱权辑
明万历二十三年(1595)周氏万卷楼刻本
1996年摄制. -- 2盘卷片(34米685拍) :
1:10，2B ；35mm银盐
收藏馆：缩微中心，福建

00O007495
群书集事渊海：四十七卷
明弘治十八年(1505)贾玉刻本. -- 存二卷：
卷二十六至二十七。
1987年摄制. -- 1盘卷片(6米107拍) : 1:10,
2B ；35mm银盐
收藏馆：缩微中心，国图

00O008765
群书集事渊海：四十七卷
明弘治十八年(1505)贾性刻本
1988年摄制. -- 6盘卷片(161.7米3565拍) :
1:9，2B ；35mm银盐

收藏馆：缩微中心，重庆

000O000702
群书集事渊海：四十七卷
明弘治十八年(1505)贾性刻四友堂重修本
1985年摄制. -- 6盘卷片(158.4米3540拍)：
1:10，2B；35mm银盐
收藏馆：缩微中心，国图

000O021304
类选大成：不分卷 / (明)杨循吉辑
明(1368-1644)蓝格抄本
1994年摄制. -- 1盘卷片(17米348拍)：
1:10，2B；35mm银盐
收藏馆：缩微中心，甘肃

000O018721
新刊大字分类校正日记大全：九卷 / (明)虞韶辑；(明)熊大木注
明嘉靖二十一年(1542)书林熊大木刻本
1994年摄制. -- 1盘卷片(6米87拍)：1:10，
2B；35mm银盐
收藏馆：缩微中心，国图

000O009484
楮记室：十五卷 / (明)潘埙辑
明(1368-1644)潘蔓刻本
1987年摄制. -- 1盘卷片(14.7米308拍)：
1:9，2B；35mm银盐
收藏馆：缩微中心，重庆

000O018733
古今经世格要：二十八卷 / (明)邹泉撰
明(1368-1644)书坊龚邦录刻本
1994年摄制. -- 1盘卷片(30米656拍)：
1:10，2B；35mm银盐
收藏馆：缩微中心，国图

000O023746
古今经世格要：二十八卷 / (明)邹泉撰
明(1368-1644)刻本
1995年摄制. -- 2盘卷片(42米830拍)：
1:10，2B；35mm银盐
收藏馆：缩微中心，浙江

000O006713
新刊唐荆川先生稗编：一百二十卷 / (明)唐顺之辑
明万历九年(1581)茅氏文霞阁刻本. -- 版框高十九厘米宽十四厘米。
1987年摄制. -- 7盘卷片(204.9米4441拍)：
1:10，2B；35mm银盐
收藏馆：缩微中心，广东

000O021819
新刊唐荆川先生稗编：一百二十卷 / (明)唐顺之辑
明万历九年(1581)茅一相刻本. -- (清)汪能肃跋。
1995年摄制. -- 7盘卷片(201米4087拍)：
1:10，2B；35mm银盐
收藏馆：缩微中心，南京

000O005171
修辞指南：二十卷 / (明)浦南金编
明嘉靖三十六年(1557)浦氏五乐堂刻本
1986年摄制. -- 1盘卷片(24.6米549拍)：
1:10，2B；35mm银盐
收藏馆：缩微中心，国图

000O021561
修辞指南：二十卷 / (明)浦南金编
明万历六年(1578)刻本
1995年摄制. -- 1盘卷片(27米528拍)：
1:10，2B；35mm银盐
收藏馆：缩微中心，国图

000O001884
记事珠：十四卷 / (明)刘国翰撰
明嘉靖十五年(1536)周藩刻本
1986年摄制. -- 1盘卷片(21米465拍)：
1:10，2B；35mm银盐
收藏馆：缩微中心，国图

000O021692
记事珠：十八卷 / (清)胡尚洪辑
清康熙四十六年(1707)胡凤诰刻本
1995年摄制. -- 1盘卷片(16米300拍)：
1:10，2B；35mm银盐
收藏馆：缩微中心，国图

000O009577
三才通考：三卷 / (明)秦汴撰
明嘉靖二十一年(1542)刻本. -- 存一卷：卷二。
1988年摄制. -- 1盘卷片(4米45拍)：1:10，
2B；35mm银盐
收藏馆：缩微中心，山东

000O026937
新刊增补古今名家诗学大成：二十四卷 / (明)李攀龙辑
明(1368-1644)刻本. -- (清)丁丙跋。
1996年摄制. -- 1盘卷片(27米570拍)：
1:10，2B；35mm银盐
收藏馆：缩微中心，南京

000O024978
新锓翰林校正螯头合并古今名家诗学会海大成：三十卷首一卷
明(1368-1644)书林余应虬刻本
1996年摄制. -- 1盘卷片(22米497拍)：1:10, 2B；35mm银盐
收藏馆：缩微中心，安徽

000O009415
汇苑详注：三十六卷 / [题](明)王世贞撰
明万历(1573-1620)刻本
1987年摄制. -- 4盘卷片(98.6米2154拍)：1:10, 2B；35mm银盐
收藏馆：缩微中心，重庆

000O015255
考古辞宗：二十卷 / (明)况叔祺辑
明嘉靖四十一年(1562)巫继咸刻本
1992年摄制. -- 2盘卷片(40米755拍)：1:10, 2B；35mm银盐
收藏馆：缩微中心，国图

000O011328
天中记：五十卷 / (明)陈耀文撰
明隆庆三年(1569)刻本
1989年摄制. -- 5盘卷片(156.3米2841拍)：1:10, 2B；35mm银盐
收藏馆：缩微中心，辽宁

000O007150
天中记：六十卷 / (明)陈耀文辑
明万历(1573-1620)刻本
1987年摄制. -- 7盘卷片(196.4米4330拍)：1:10, 2B；35mm银盐
收藏馆：缩微中心，重庆

000O007583
天中记：六十卷 / (明)陈耀文编
明万历(1573-1620)刻本
1987年摄制. -- 7盘卷片(194米4354拍)：1:10, 2B；35mm银盐
收藏馆：缩微中心，吉林

000O021290
天中记：六十卷 / (明)陈耀文编
明万历(1573-1620)刻本
1995年摄制. -- 6盘卷片(190米3961拍)：1:10, 2B；35mm银盐
收藏馆：缩微中心，国图

000O021182
尚古类氏集：十二卷 / (明)王文翰撰
明(1368-1644)罗田刻本

1994年摄制. -- 2盘卷片(64米1324拍)：1:10, 2B；35mm银盐
收藏馆：缩微中心，国图

000O020104
新刻俊英珠玑：不分卷 / (明)许国辑
明(1368-1644)刻本
1994年摄制. -- 1盘卷片(9米137拍)：1:10, 2B；35mm银盐
收藏馆：缩微中心，国图

000O019617
新镌京板图像音释金璧故事大成：十卷 / (明)吴国伦校释
明(1368-1644)书林郑世魁刻本
1994年摄制. -- 1盘卷片(8米125拍)：1:10, 2B；35mm银盐
收藏馆：缩微中心，国图

000O022440
国宪家猷：五十六卷 / (明)王可大撰
明万历十年(1582)王可大刻本
1995年摄制. -- 4盘卷片(131米2683拍)：1:10, 2B；35mm银盐
收藏馆：缩微中心，国图

000O027807
新编古今奇闻类纪：十卷 / (明)施显卿辑
明万历四年(1576)刻本
1996年摄制. -- 1盘卷片(21米448拍)：1:10, 2B；35mm银盐
收藏馆：缩微中心，南京

000O007840
新选古今类腴：十八卷 / (明)陈世宝[等]辑
明万历九年(1581)刻本
1987年摄制. -- 2盘卷片(45米977拍)：1:9, 2B；35mm银盐
收藏馆：缩微中心，重庆

000O021562
古今类腴：十八卷 / (明)王世懋撰
明万历十九年(1591)舒石泉集贤书舍刻本
1995年摄制. -- 2盘卷片(45米853拍)：1:10, 2B；35mm银盐
收藏馆：缩微中心，国图

000O007118
新刻古今类腴：十八卷 / [题](明)王世懋辑
明崇祯(1628-1644)静怀居刻本
1987年摄制. -- 2盘卷片(44.2米962拍)：1:9, 2B；35mm银盐
收藏馆：缩微中心，重庆

00O028793
三才图会：一百六卷 / (明)王圻辑；(明)王思义续辑
明万历三十七年(1609)刻本
1997年摄制. -- 10盘卷片(249米5576拍)：
1:10，2B；35mm银盐
收藏馆：缩微中心，湖南

00O025851
三才图会：一百四卷 / (明)王圻辑
明万历(1573-1620)刻本
1996年摄制. -- 9盘卷片(259米4925拍)：
1:10，2B；35mm银盐
收藏馆：缩微中心，国图

00O021689
三才图会：一百六卷 / (明)王圻辑；(明)王思义续辑
明万历(1573-1620)刻本
1995年摄制. -- 8盘卷片(247米5091拍)：
1:10，2B；35mm银盐
收藏馆：缩微中心，国图

00O017709
亘史钞：□□卷 / (明)潘之恒撰
明(1368-1644)刻本. -- 存十四卷：外纪卷八至卷九、卷十一至卷十二、卷二十二至卷二十三、卷二十六、卷二十九、卷三十一至卷三十六。
1993年摄制. -- 1盘卷片(10米165拍)：
1:10，2B；35mm银盐
收藏馆：缩微中心，国图

00O009227
续亘史：二十卷 / (明)汪家珍撰
明(1368-1644)抄本
1988年摄制. -- 1盘卷片(15米244拍)：
1:10，2B；35mm银盐
收藏馆：缩微中心，湖南

00O010276
刻海若汤先生合并注释五侯鲭对类：二十卷 / (明)汤显祖纂
明末(1621-1644)师俭堂刻本
1989年摄制. -- 1盘卷片(30.5米648拍)：
1:10，2B；35mm银盐
收藏馆：缩微中心，湖北

00O007305
喻林：一百二十卷 / (明)徐元太辑
明万历四十三年(1615)徐元太刻本
1987年摄制. -- 5盘卷片(140米2870拍)：
1:10，2B；35mm银盐

收藏馆：缩微中心，国图

00O014223
喻林：一百二十卷 / (明)徐元太辑
明万历四十三年(1615)徐元太刻本
1992年摄制. -- 5盘卷片(130米2712拍)：
1:10，2B；35mm银盐
收藏馆：缩微中心，国图

00O008694
喻林：八十卷 / (明)徐元太辑
明万历十七年(1589)何氏刻本
1988年摄制. -- 4盘卷片(102.1米2279拍)：
1:10，2B；35mm银盐
收藏馆：缩微中心，重庆

00O011886
喻林髓：二十四卷 / (明)徐元太辑
明天启二年(1622)邹道元刻本
1990年摄制. -- 1盘卷片(31米674拍)：
1:10，2B；35mm银盐
收藏馆：缩微中心，山东

00O006878
类隽：三十卷 / (明)郑若庸撰
明万历六年(1578)汪珙刻本
1987年摄制. -- 3盘卷片(70.5米1536拍)：
1:11，2B；35mm银盐
收藏馆：缩微中心，重庆

00O016842
类隽：三十卷 / (明)郑若庸辑
明万历六年(1578)汪珙刻本. -- 存二十八卷：卷二至卷三、卷五至卷三十。
1993年摄制. -- 3盘卷片(64米1273拍)：
1:10，2B；35mm银盐
收藏馆：缩微中心，国图

00O008691
古隽考略：四卷 / (明)李承勋,(明)顾充辑
明万历十四年(1586)刻本
1988年摄制. -- 1盘卷片(16.2米342拍)：
1:9，2B；35mm银盐
收藏馆：缩微中心，重庆

00O011664
古隽考略：六卷 / (明)顾充编
明万历二十七年(1599)刻本. -- (明)韩光曙等参校。
1990年摄制. -- 1盘卷片(21米448拍)：
1:10，2B；35mm银盐
收藏馆：缩微中心，天津

000O014759
大政管窥：七卷
清(1644-1911)抄本. -- 存四卷：卷一至卷三、卷七。
1992年摄制. -- 2盘卷片(34米685拍)：1:10, 2B；35mm银盐
收藏馆：缩微中心，国图

000O006875
古今类书纂要增删：十二卷 / (明)璩崑玉辑
明崇祯七年(1634)刻本
1987年摄制. -- 1盘卷片(26.4米578拍)：1:9, 2B；35mm银盐
收藏馆：缩微中心，重庆

000O013351
浮休杂志：十三卷 / (明)陈与郊辑
清(1644-1911)抄本. -- 存十一卷：卷一至卷七、卷十至卷十三。□德滋、傅增湘跋。
1991年摄制. -- 1盘卷片(9米161拍)：1:10, 2B；35mm银盐
收藏馆：缩微中心，国图

000O009533
书言群玉要删：二十卷 / (明)屠隆辑
明万历二十四年(1596)郑世豪刻本
1988年摄制. -- 1盘卷片(9.5米185拍)：1:11, 2B；35mm银盐
收藏馆：缩微中心，重庆

000O021297
图书编：一百二十七卷 / (明)章潢辑
明万历四十一年(1613)刻本
1994年摄制. -- 11盘卷片(336米7218拍)：1:10, 2B；35mm银盐
收藏馆：缩微中心，甘肃

000O014283
古今图书编：一百二十九卷 / (明)章潢辑
明(1368-1644)抄本. -- 存一百十五卷：卷一至卷二、卷四至卷六、卷八至卷四十八、卷五十四至卷五十五、卷五十七至卷八十三、卷八十六至卷九十九、卷一百一、卷一百三至卷一百六、卷一百九至卷一百二十九。
1992年摄制. -- 9盘卷片(266米5207拍)：1:10, 2B；35mm银盐
收藏馆：缩微中心，国图

000O017833
新镌赤心子汇编四民利观翰府锦囊：八卷 / [题](□)赤心子辑
明万历十三年(1585)明雅堂刻本
1993年摄制. -- 1盘卷片(10米173拍)：

1:10, 2B；35mm银盐
收藏馆：缩微中心，国图

000O018699
新镌赤心子汇编四民利观翰府锦囊：八卷 / [题](□)赤心子辑
明万历十三年(1585)明雅堂刻本. -- 郑振铎跋。
1994年摄制. -- 1盘卷片(9米163拍)：1:10, 2B；35mm银盐
收藏馆：缩微中心，国图

000O020078
更癸轩汇辑闲居笔记：五卷 / [题](□)赤心子辑
明(1368-1644)陈长卿刻本
1994年摄制. -- 1盘卷片(11米193拍)：1:10, 2B；35mm银盐
收藏馆：缩微中心，国图

000O018615
更癸轩汇辑闲居笔记：六卷 / [题](□)赤心子辑
明末(1621-1644)陈长卿刻本
1992年摄制. -- 1盘卷片(13.1米270拍)：1:9, 2B；35mm银盐
收藏馆：缩微中心，重庆

000O021775
柴桑问答：十九卷 / (明)劳堪编
明(1368-1644)活字印本
1995年摄制. -- 1盘卷片(15米278拍)：1:10, 2B；35mm银盐
收藏馆：缩微中心，国图

000O009441
玉府钩玄：六卷 / (明)沈尧中辑
明万历(1573-1620)刻本
1987年摄制. -- 1盘卷片(22.7米494拍)：1:10, 2B；35mm银盐
收藏馆：缩微中心，重庆

000O004323
卓氏藻林：八卷 / (明)卓明卿撰
明万历八年(1580)卓氏妙香室刻本
1986年摄制. -- 1盘卷片(25米561拍)：1:10, 2B；35mm银盐
收藏馆：缩微中心，国图

000O007593
卓氏藻林：八卷 / (明)卓明卿撰
明万历十一年(1583)抄本
1987年摄制. -- 1盘卷片(26米576拍)：1:10, 2B；35mm银盐
收藏馆：缩微中心，吉林

000O007844
新刻何氏类镕：三十五卷 / (明)何三畏撰
明万历四十七年(1619)刻本
1988年摄制. -- 2盘卷片(50米1092拍) :
1:11, 2B ; 35mm银盐
收藏馆：缩微中心，重庆

000O021641
新刻何氏类镕：三十五卷 / (明)何三畏撰
明万历(1573-1620)刻本
1995年摄制. -- 2盘卷片(53米1075拍) :
1:10, 2B ; 35mm银盐
收藏馆：缩微中心，国图

000O007361
学海君道部：二百三十卷目录八卷 / (明)饶伸辑
明万历三十六年(1608)刻本. -- 存六十一
卷：卷二至卷三、卷三十五至卷三十八、卷
七十三至卷七十五、卷七十九至卷八十五、卷
八十九至卷九十二、卷九十四至卷九十八、
卷一百至卷一百五、卷一百二十二至卷
一百二十五、卷一百四十至卷一百四十三、
卷一百四十九至卷一百五十一、卷一百七十二
至卷一百七十七、卷一百□□、卷二百二至
卷二百三、卷二百□□、卷二百二十七至卷
二百二十八，目录卷一至卷七。
1987年摄制. -- 3盘卷片(79米1787拍) :
1:10, 2B ; 35mm银盐
收藏馆：缩微中心，国图

000O021076
叶相国选订百子类函：四十卷 / (明)叶向高辑
明万历(1573-1620)周氏万卷楼刻本
1994年摄制. -- 3盘卷片(94米1959拍) :
1:10, 2B ; 35mm银盐
收藏馆：缩微中心，国图

000O015054
新镌翰林考正历朝故事统宗：□□卷 / (明)李廷机考正 ; (明)丘宗孔增释
明万历二十三年(1595)周曰校万卷楼刻本. --
存八卷：卷一至卷八。
1992年摄制. -- 1盘卷片(17米332拍) :
1:10, 2B ; 35mm银盐
收藏馆：缩微中心，国图

000O017340
镌彭会魁类编古今文髓：六卷 / (明)彭好古辑
明(1368-1644)书林徐宪成刻本
1993年摄制. -- 1盘卷片(21米377拍) :
1:10, 2B ; 35mm银盐
收藏馆：缩微中心，国图

000O026306
古今经世文衡：二十八卷 / (明)袁黄撰
明(1368-1644)书坊龚尧惠刻本
1996年摄制. -- 2盘卷片(34.5米703拍) :
1:10, 2B ; 35mm银盐
收藏馆：缩微中心，福建

000O021811
群书备考：六卷续三卷 / (明)袁俨撰
明(1368-1644)刻本
1995年摄制. -- 1盘卷片(21米445拍) :
1:10, 2B ; 35mm银盐
收藏馆：缩微中心，南京

000O008185
增订二三场群书备考：四卷 / (明)袁黄撰 ; (明)沈昌世增订 ; (明)袁俨注
明崇祯五年(1632)刻本. -- 版框高二十一厘
米宽十四厘米。
1988年摄制. -- 1盘卷片(21米451拍) :
1:10, 2B ; 35mm银盐
收藏馆：缩微中心，广东

000O009448
增订二三场群书备考：四卷 / (明)袁黄撰 ; (明)袁俨注
明崇祯(1628-1644)大观堂刻本
1987年摄制. -- 1盘卷片(19.4米417拍) :
1:9, 2B ; 35mm银盐
收藏馆：缩微中心，重庆

000O009516
增订二三场群书备考：四卷 / (明)袁黄撰 ; (明)袁俨注
明崇祯(1628-1644)澹思堂刻本
1988年摄制. -- 1盘卷片(21.2米457拍) :
1:9, 2B ; 35mm银盐
收藏馆：缩微中心，重庆

000O020712
袁了凡增订群书备考：四卷 / (明)袁黄撰 ; (明)袁俨注
明崇祯(1628-1644)刻本
1994年摄制. -- 1盘卷片(21米399拍) :
1:10, 2B ; 35mm银盐
收藏馆：缩微中心，国图

000O009481
词林海错：十六卷 / (明)夏树芳辑
明万历(1573-1620)刻本
1987年摄制. -- 2盘卷片(43.6米922拍) :
1:10, 2B ; 35mm银盐
收藏馆：缩微中心，重庆

00O006951
骈志：二十卷 / (明)陈禹谟辑
明万历(1573-1620)刻本
1987年摄制. -- 2盘卷片(42米850拍)：
1:10, 2B；35mm银盐
收藏馆：缩微中心，国图

00O019122
鼎镌校增评注五伦日记故事大全：四卷 / (明)吴
宗札校增；(明)彭滨评注
明万历二十一年(1593)书林郑世豪刻本
1994年摄制. -- 1盘卷片(11米175拍)：
1:10, 2B；35mm银盐
收藏馆：缩微中心，国图

00O015965
鼎梓校增评释五伦金璧故事大全：十卷 / (明)吴
宗札校增；(明)彭滨评注
明万历二十一年(1593)书林郑云竹刻本
1993年摄制. -- 1盘卷片(9米163拍)：1:10,
2B；35mm银盐
收藏馆：缩微中心，国图

00O021659
山堂肆考：二百四十卷 / (明)彭大翼编
明万历二十三年(1595)金陵书林周显刻本
1995年摄制. -- 8盘卷片(259米5401拍)：
1:10, 2B；35mm银盐
收藏馆：缩微中心，国图

00O006271
山堂肆考：二百四十卷 / (明)彭大翼编
明万历(1573-1620)刻本
1987年摄制. -- 9盘卷片(249米5591拍)：
1:10, 2B；35mm银盐
收藏馆：缩微中心，吉林

00O009477
群书考索古今事文玉屑：二十四卷 / (明)杨淙辑
明万历二十五年(1597)叶贵刻本
1988年摄制. -- 2盘卷片(50.4米1098拍)：
1:10, 2B；35mm银盐
收藏馆：缩微中心，重庆

00O013026
新锲燕台校正天下通行文林聚宝万卷星罗：
三十九卷 / (明)徐会瀛辑
明万历(1573-1620)书林余献可刻本
1991年摄制. -- 1盘卷片(30米561拍)：
1:10, 2B；35mm银盐
收藏馆：缩微中心，国图

00O000707
说略：三十卷 / (明)顾起元撰
明万历四十一年(1613)吴德聚刻本
1985年摄制. -- 2盘卷片(45.2米1006拍)：
1:10, 2B；35mm银盐
收藏馆：缩微中心，国图

00O028679
说略：三十卷 / (明)顾起元辑
明万历四十一年(1613)吴德聚刻本. -- (清)
丁丙跋
1990年摄制. -- 2盘卷片(48米1036拍)：
1:10, 2B；35mm银盐
收藏馆：缩微中心，南京

00O007499
说略：六十卷 / (明)顾起元撰
明天启四年(1624)顾起凤刻本
1987年摄制. -- 4盘卷片(97米2098拍)：
1:10, 2B；35mm银盐
收藏馆：缩微中心，国图

00O015724
续钞：二卷 / (明)徐良彦辑
明(1368-1644)刻本
1993年摄制. -- 1盘卷片(9米162拍)：1:10,
2B；35mm银盐
收藏馆：缩微中心，国图

00O016767
新刻故事汇纂补遗翰助详解：□□卷 / (明)汪文
启辑
明万历二十六年(1598)刻本. -- 存二卷：卷
一至卷二。
1993年摄制. -- 1盘卷片(9米151拍)：1:10,
2B；35mm银盐
收藏馆：缩微中心，国图

00O017103
仰止子详考古今名家润色诗林正宗：□□卷 /
(明)余象斗辑
明(1368-1644)余氏双峰堂刻本. -- 存四卷：
卷一至卷四。
1993年摄制. -- 1盘卷片(9米134拍)：1:10,
2B；35mm银盐
收藏馆：缩微中心，国图

00O024802
仰止子详考古今名家润色诗林正宗：十二卷韵
林正宗六卷 / (明)余象斗辑
明万历二十八年(1600)余氏双峰堂刻本
1995年摄制. -- 2盘卷片(41米802拍)：
1:10, 2B；35mm银盐

收藏馆：缩微中心，浙江

000O009961
诸书考略：四卷 / (明)徐鉴编
明万历四十三年(1615)刻本. -- 存二卷：卷一至卷二。
1989年摄制. -- 1盘卷片(10米195拍)：1:10，2B；35mm银盐
收藏馆：缩微中心，天津

000O015209
诸经纪数：十八卷 / (明)徐鉴撰
明万历(1573-1620)刻本
1992年摄制. -- 1盘卷片(18米362拍)：1:10，2B；35mm银盐
收藏馆：缩微中心，国图

000O014284
新刻搜集群书纪载大千生鉴：六卷 / (明)刘维诏辑
明万历三十一年(1603)王世茂车书楼周时泰博古堂刻本
1992年摄制. -- 1盘卷片(19米325拍)：1:10，2B；35mm银盐
收藏馆：缩微中心，国图

000O014324
海内名公云翰玉唾新编：□□卷 / [题](明)王稺登选校；(明)屠隆评释
明(1368-1644)书林叶顺檀香馆刻本. -- 存五卷：卷一至卷五。
1992年摄制. -- 1盘卷片(6米85拍)：1:10，2B；35mm银盐
收藏馆：缩微中心，国图

000O014312
分门定类今古名贤尺素天海奇声：九卷
明万历十二年(1584)戴皇恩刻本. -- 存六卷：卷四至卷九。
1992年摄制. -- 1盘卷片(8米125拍)：1:10，2B；35mm银盐
收藏馆：缩微中心，国图

000O000207
唐类函：二百卷 / (明)俞安期辑
明万历三十一年(1603)俞安期刻本
1985年摄制. -- 10盘卷片(267.6米6003拍)：1:10，2B；35mm银盐
收藏馆：缩微中心，国图

000O008166
唐类函：二百卷目录二卷 / (明)俞安期汇纂
明万历三十一年(1603)东吴俞氏刻本. -- 版

框高二十一厘米宽十五厘米。
1988年摄制. -- 10盘卷片(286米6110拍)：1:10，2B；35mm银盐
收藏馆：缩微中心，广东

000O009427
唐类函：二百卷目录二卷 / (明)俞安期辑
明万历三十一年(1603)刻养正堂重修本
1987年摄制. -- 10盘卷片(272.7米5993拍)：1:10，2B；35mm银盐
收藏馆：缩微中心，重庆

000O014083
镌五侯鲭：十二卷 / (明)彭俨撰
明万历三十一年(1603)吴勉学刻本
1992年摄制. -- 1盘卷片(18米351拍)：1:10，2B；35mm银盐
收藏馆：缩微中心，国图

000O002034
镌五侯鲭：十二卷 / (明)彭俨撰
明万历(1573-1620)刻本
1986年摄制. -- 1盘卷片(17米375拍)：1:10，2B；35mm银盐
收藏馆：缩微中心，国图

000O006896
刘氏类山：十卷 / (明)刘胤昌撰
明万历三十三年(1605)刘胤昌刻本
1987年摄制. -- 1盘卷片(20.7米447拍)：1:9，2B；35mm银盐
收藏馆：缩微中心，重庆

000O015049
刘氏类山：十卷 / (明)刘胤昌撰
明万历三十三年(1605)刘胤昌刻清初(1644-1722)刘鸿仪重修本
1992年摄制. -- 1盘卷片(25米501拍)：1:10，2B；35mm银盐
收藏馆：缩微中心，国图

000O008770
新镌时用通式翰墨全书：十二卷 / (明)王宇辑
明天启六年(1626)王宇刻本
1988年摄制. -- 1盘卷片(20.6米445拍)：1:10，2B；35mm银盐
收藏馆：缩微中心，重庆

000O018397
刘氏鸿书：一百八卷 / (明)刘仲达辑
明万历(1573-1620)刻本
1993年摄制. -- 4盘卷片(118米2480拍)：1:10，2B；35mm银盐

收藏馆：缩微中心，国图

000O006894
刘氏鸿书：一百八卷 / (明)刘仲达辑
明万历(1573-1620)陈长卿刻本
1987年摄制. -- 4盘卷片(118.4米2616拍)：
1:10，2B；35mm银盐
收藏馆：缩微中心，重庆

000O026389
问奇类林：三十五卷续三十卷 / (明)郭良翰辑
明万历三十八年(1610)刻本
1996年摄制. -- 3盘卷片(71米1454拍)：
1:10，2B；35mm银盐
收藏馆：缩微中心，福建

000O002865
续问奇类林：三十卷 / (明)郭良翰撰
明万历(1573-1620)刻本
1986年摄制. -- 1盘卷片(21米463拍)：
1:10，2B；35mm银盐
收藏馆：缩微中心，国图

000O014264
续问奇类林：三十卷 / (明)郭良翰撰
明万历(1573-1620)刻本
1992年摄制. -- 1盘卷片(21米428拍)：
1:10，2B；35mm银盐
收藏馆：缩微中心，国图

000O000705
事言要玄：天集三卷地集八卷人集十四卷事集四卷物集三卷引用诸书源流一卷 / (明)陈懋学辑
明万历四十六年(1618)杨秉正王民皞[等]刻本
1985年摄制. -- 5盘卷片(132.7米2972拍)：
1:10，2B；35mm银盐
收藏馆：缩微中心，国图

000O025861
艺林聚锦增补故事白眉：十卷 / (明)许以忠辑；(明)顾志谟补
明(1368-1644)书林爱庆堂刻两节本
1996年摄制. -- 1盘卷片(25米514拍)：
1:10，2B；35mm银盐
收藏馆：缩微中心，安徽

000O006901
锲音注艺林唐故事白眉：十二卷 / (明)邓志谟辑
明万历三十五年(1607)余彰德萃庆堂刻本
1987年摄制. -- 1盘卷片(20.2米437拍)：
1:10，2B；35mm银盐
收藏馆：缩微中心，重庆

000O026109
精选故事黄眉：十卷 / (明)邓志谟辑
明(1368-1644)芳香阁刻本
1996年摄制. -- 1盘卷片(20米407拍)：
1:10，2B；35mm银盐
收藏馆：缩微中心，安庆

000O024806
锲旁注事类捷录：十五卷 / (明)邓志谟撰
明万历(1573-1620)余彰德萃庆堂刻本
1995年摄制. -- 1盘卷片(20米401拍)：
1:10，2B；35mm银盐
收藏馆：缩微中心，浙江

000O007174
新锲袁中郎校订旁训古事镜：十二卷 / (明)郑志谟撰
明万历四十三年(1615)金陵郑大经四德堂刻本
1987年摄制. -- 1盘卷片(18米356拍)：
1:10，2B；35mm银盐
收藏馆：缩微中心，山东

000O011469
新刻四六旁训古事苑：二十三卷 / (明)邓志谟撰
明万历四十五年(1617)金陵书林郑大经四德堂刻本
1989年摄制. -- 1盘卷片(16.0米350拍)：
1:10，2B；35mm银盐
收藏馆：缩微中心，辽宁

000O017975
新刻一札三奇：四卷 / (明)邓志谟辑
明(1368-1644)刻本
1993年摄制. -- 1盘卷片(10米157拍)：
1:10，2B；35mm银盐
收藏馆：缩微中心，国图

000O008668
新镌名公释义全备墨庄白眉故事：六卷 / [题](□)皆寠子辑
明(1368-1644)万君甫刻本
1987年摄制. -- 1盘卷片(13.5米280拍)：
1:8，2B；35mm银盐
收藏馆：缩微中心，重庆

000O016733
新镌名公释义全备墨庄书言故事：六卷 / [题](□)皆寠子辑
明(1368-1644)书林黄灿宇刻本. -- 存三卷：卷一至卷三。
1993年摄制. -- 1盘卷片(8米123拍)：1:10，2B；35mm银盐
收藏馆：缩微中心，国图

000O020466
新刻名公注释全备墨庄书言故事：六卷
明(1368-1644)刻本. -- 存四卷：卷三至卷六。
1994年摄制. -- 1盘卷片(10米162拍)：
1:10，2B；35mm银盐
收藏馆：缩微中心，国图

000O023741
朱翼：不分卷 / (明)江旭奇辑
明万历四十四年(1616)刻本
1995年摄制. -- 3盘卷片(92米1912拍)：
1:10，2B；35mm银盐
收藏馆：缩微中心，浙江

000O001780
枳记：二十八卷 / (明)吕元启撰
明万历(1573-1620)刻本
1986年摄制. -- 1盘卷片(10米190拍)：
1:10，2B；35mm银盐
收藏馆：缩微中心，国图

000O016823
菽林寻到源头：八卷 / (明)余昌宗辑
明万历(1573-1620)刻本
1993年摄制. -- 1盘卷片(11米197拍)：
1:10，2B；35mm银盐
收藏馆：缩微中心，国图

000O023779
菽林寻到源头：八卷 / (明)余昌宗辑
明末(1621-1644)刻本
1995年摄制. -- 1盘卷片(12米226拍)：
1:10，2B；35mm银盐
收藏馆：缩微中心，浙江

000O017413
诸家笔筹：四卷 / [题](□)慕鸠山人辑
明万历(1573-1620)星源游氏余庆堂刻本
1993年摄制. -- 1盘卷片(7米119拍)：1:10，
2B；35mm银盐
收藏馆：缩微中心，国图

000O007595
八编类纂：二百八十五卷 / (明)陈仁锡纂
明天启(1621-1627)刻本
1987年摄制. -- 14盘卷片(431米9752拍)：
1:10，2B；35mm银盐
收藏馆：缩微中心，吉林

000O006045
潜确居类书：一百二十卷 / (明)陈仁锡辑
明崇祯三年(1630)徐氏大观堂刻本
1987年摄制. -- 10盘卷片(274米5898拍)：
1:10，2B；35mm银盐
收藏馆：缩微中心，国图

000O009391
潜确居类书：一百二十卷 / (明)陈仁锡辑
明崇祯七年(1634)松草庐刻本
1988年摄制. -- 9盘卷片(265.5米5830拍)：
1:10，2B；35mm银盐
收藏馆：缩微中心，湖北

000O006872
潜确居类书：一百二十卷 / (明)陈仁锡辑
明崇祯(1628-1644)刻本
1987年摄制. -- 9盘卷片(263米5893拍)：
1:10，2B；35mm银盐
收藏馆：缩微中心，吉林

000O006907
四六霞肆：十六卷 / (明)胡伟然辑
明末(1621-1644)胡正言十竹斋刻本
1987年摄制. -- 2盘卷片(45米977拍)：1:9，
2B；35mm银盐
收藏馆：缩微中心，重庆

000O017852
新镌翰府素翁云翰精华：六卷
明万历二十九年(1601)书林熊冲宇刻本. --
郑振铎跋。
1993年摄制. -- 1盘卷片(12米205拍)：
1:10，2B；35mm银盐
收藏馆：缩微中心，国图

000O017357
新刻石渠阁汇纂诸书法海：三十四卷
明(1368-1644)宝善堂刻本
1993年摄制. -- 1盘卷片(29米567拍)：
1:10，2B；35mm银盐
收藏馆：缩微中心，国图

000O020220
新刻石渠阁汇纂诸书法海：三十四卷
明末(1621-1644)刻本
1994年摄制. -- 1盘卷片(29米561拍)：
1:10，2B；35mm银盐
收藏馆：缩微中心，国图

000O021299
古今好议论：十卷 / (明)吕一经辑
明崇祯元年至九年(1628-1636)登龙馆刻本
1994年摄制. -- 1盘卷片(25米528拍)：
1:10，2B；35mm银盐
收藏馆：缩微中心，甘肃

000O026946
古今好议论：十卷 / (明)吕一经编
明崇祯(1628-1644)刻本
1997年摄制. -- 2盘卷片(33米608拍) :
1:10, 2B ; 35mm银盐
收藏馆：缩微中心，苏州

000O009505
尚友录：二十二卷 / (明)廖用贤辑
明天启元年(1621)刻本
1987年摄制. -- 2盘卷片(56.6米1245拍) :
1:9, 2B ; 35mm银盐
收藏馆：缩微中心，重庆

000O014761
史要聚选：□□卷
明(1368-1644)刻本. -- 存六卷：卷二至卷
七。
1992年摄制. -- 1盘卷片(7米106拍) : 1:10,
2B ; 35mm银盐
收藏馆：缩微中心，国图

000O020450
新板全补天下便用文林纱锦万宝全书：□□卷
明(1368-1644)刻本. -- 存七卷：卷八至卷
十四。
1994年摄制. -- 1盘卷片(8米119拍) : 1:10,
2B ; 35mm银盐
收藏馆：缩微中心，国图

000O006724
新镌雅俗通用珠玑薮：八卷 / (明)西湖散人编集
明(1368-1644)刻本. -- 书口题：珠玑薮。版
框高二十一厘米宽十四厘米。
1987年摄制. -- 1盘卷片(22米464拍) :
1:10, 2B ; 35mm银盐
收藏馆：缩微中心，广东

000O019054
鼎镌十二方家参订万事不求人博考全编：六卷 /
[题](□)博览子辑
明(1368-1644)萧少衢师俭堂刻本
1994年摄制. -- 1盘卷片(8米126拍) : 1:10,
2B ; 35mm银盐
收藏馆：缩微中心，国图

000O016496
群书备览：□□卷
明(1368-1644)抄本. -- 存七卷：卷四至卷
十。
1993年摄制. -- 1盘卷片(27米556拍) :
1:10, 2B ; 35mm银盐
收藏馆：缩微中心，国图

000O021697
玄圃群玉：八卷 / (明)杨柱臣辑
明万历(1573-1620)刻本
1995年摄制. -- 1盘卷片(14米266拍) :
1:10, 2B ; 35mm银盐
收藏馆：缩微中心，国图

000O007891
广志：一百十卷
清初(1644-1722)抄本. -- 版框高二十厘米宽
十五厘米。存七十九卷：卷一至卷七十九。
1988年摄制. -- 2盘卷片(59米1292拍) :
1:10, 2B ; 35mm银盐
收藏馆：缩微中心，广东

000O028422
红豆庄杂录：不分卷 / [题](清)钱谦益辑
清初(1644-1722)抄本. --(清)丁丙跋。
1996年摄制. -- 1盘卷片(10米174拍) :
1:10, 2B ; 35mm银盐
收藏馆：缩微中心，南京

000O012515
广喻林：三十卷 / (清)顾伯宿辑
清(1644-1911)抄本. -- 本书为未定稿抄本，
书根注有册次号，次序不能重排，特按原貌
著录。其中广喻林内编卷十一注为卷十，卷
十四、卷十六未注卷次，卷十八注为外编卷
六；广喻林外编卷二、卷六、卷十一未注卷
次，卷八注为卷十一，卷九注为卷二，卷十注
为卷八，卷十二注为卷十。
1990年摄制. -- 4盘卷片(116.3米2624拍) :
1:10, 2B ; 35mm银盐
收藏馆：缩微中心，辽宁

000O010758
陆生口谱：五卷 / (清)陆圻撰
清道光二十二年(1842)郁泰峰抄本. -- (清)
郁泰峰、(清)冯桂芝、(清)钱嘉栋跋。
1989年摄制. -- 2盘卷片(37米782拍) :
1:10, 2B ; 35mm银盐
收藏馆：缩微中心，天津

000O021812
陆生口谱：四卷 / (清)陆圻辑
清(1644-1911)抄本
1995年摄制. -- 1盘卷片(20米422拍) :
1:10, 2B ; 35mm银盐
收藏馆：缩微中心，南京

000O018201
二酉汇删：二十四卷 / (清)王训撰
清康熙三年(1664)泽雅堂刻本

1993年摄制. -- 2盘卷片(35米711拍)：
1:10, 2B；35mm银盐
收藏馆：缩微中心，山东

000O000693
振绮类纂：四卷 / (清)翁天游,(清)宗观辑
清康熙(1662-1722)刻本
1985年摄制. -- 1盘卷片(11.2米231拍)：
1:10, 2B；35mm银盐
收藏馆：缩微中心，国图

000O024805
四部类稿：六十四卷 / (清)陆云庆辑
清(1644-1911)爱日堂抄本
1995年摄制. -- 3盘卷片(73米1458拍)：
1:10, 2B；35mm银盐
收藏馆：缩微中心，浙江

000O018640
四部日抄：不分卷 / (清)蒋如馨辑
清(1644-1911)稿本
1993年摄制. -- 4盘卷片(90.4米1962拍)：
1:8, 2B；35mm银盐
收藏馆：缩微中心，重庆

000O014498
四部日抄：不分卷 / [题](清)周延龄辑
清(1644-1911)十经书屋抄本
1992年摄制. -- 4盘卷片(106.9米2347拍)：
1:10, 2B；*35mm银盐
收藏馆：缩微中心，重庆

000O018305
獭祭录：六十三卷 / (清)李绳远辑
清(1644-1911)抄本
1993年摄制. -- 2盘卷片(47米1041拍)：
1:10, 2B；35mm银盐
收藏馆：缩微中心，天津

000O023744
樵岚獭祭录：三十卷 / (清)李绳远辑
清(1644-1911)抄本. -- (清)李遇孙跋
1995年摄制. -- 2盘卷片(50米1037拍)：
1:10, 2B；35mm银盐
收藏馆：缩微中心，浙江

000O028693
古事比：五十二卷 / (清)方中德辑
清康熙四十五年(1706)书种斋刻本
1998年摄制. -- 3盘卷片(85米1822拍)：
1:10, 2B；35mm银盐
收藏馆：缩微中心，湖南

000O025484
渊鉴类函：四百五十卷目录四卷 / (清)张英[等]纂辑
清康熙四十九年(1710)内府刻本. -- 纂辑者还有：(清)王士祯。
1996年摄制. -- 24盘卷片(741米15618拍)：
1:10, 2B；35mm银盐
收藏馆：缩微中心，国图

000O020840
读书纪数略：五十四卷 / (清)宫梦仁辑
清康熙四十六年(1707)宫梦仁刻本
1994年摄制. -- 2盘卷片(50米1005拍)：
1:10, 2B；35mm银盐
收藏馆：缩微中心，国图

000O025478
读书纪数略：五十四卷 / (清)宫梦仁纂辑
清康熙(1662-1722)刻本
1996年摄制. -- 2盘卷片(49米1005拍)：
1:10, 2B；35mm银盐
收藏馆：缩微中心，国图

000O018521
备忘录：一卷 / (清)法式善撰
清(1644-1911)抄本
1993年摄制. -- 1盘卷片(3米20拍)：1:10,
2B；35mm银盐
收藏馆：缩微中心，国图

000O029130
古今图书集成：一万卷 / (清)蒋廷锡[等]辑
清雍正(1723-1735)刻本. -- 辑者还有：(清)陈梦雷。存：草木典插图四十页。
1999年摄制. -- 1盘卷片(4米90拍)：1:10,
2B；35mm银盐
收藏馆：缩微中心，国图

000O029160
古今图书集成：一万卷 / (清)蒋廷锡[等]辑
清雍正四年(1726)内府活字印本. -- 辑者还有：(清)陈梦雷。存九卷：山川典二十五、卷二十六、卷二十九、卷三十一、卷三十五至卷三十六、卷四十一、卷五十五至卷五十六。
1999年摄制. -- 1盘卷片(13米309拍)：
1:10, 2B；35mm银盐
收藏馆：缩微中心，国图

000O030976
钦定古今图书集成：一万卷目录四卷 / (清)蒋廷锡[等]辑
清雍正四年(1726)内府活字印本. -- 拍摄时不能拆，故有压字不清。辑者还有：(清)陈梦雷。
2004年摄制. -- 686盘卷片(21056米459587
拍) : 1:10, 2B ; 35mm银盐
收藏馆：缩微中心，国图

000O009905
墨池鱼：不分卷
清(1644-1911)抄本
1989年摄制. -- 1盘卷片(16米316拍) :
1:10, 2B ; 35mm银盐
收藏馆：缩微中心，天津

000O031886
蕊珠合锦：不分卷 / (清)任启运辑
清(1644-1911)朱墨抄本
2010年摄制. -- 1盘卷片(8米78拍) : 1:10,
2B ; 35mm银盐
收藏馆：缩微中心，国图

000O011899
稽古琐言：二卷续言三卷 / (清)张开第辑
清(1644-1911)稿本. -- (清)郑经跋。
1990年摄制. -- 1盘卷片(28米607拍) :
1:10, 2B ; 35mm银盐
收藏馆：缩微中心，山东

000O020759
**省轩考古类编：十二卷 / (清)柴绍炳撰；(清)姚
培谦评**
清乾隆二十三年(1758)刻本
1994年摄制. -- 1盘卷片(20米392拍) :
1:10, 2B ; 35mm银盐
收藏馆：缩微中心，国图

000O004299
问奇典注增释：六卷 / (清)唐英撰
清乾隆十一年(1746)唐氏古柏堂刻本
1986年摄制. -- 1盘卷片(15米311拍) :
1:10, 2B ; 35mm银盐
收藏馆：缩微中心，国图

000O015226
图书集成图：不分卷
清雍正四年(1726)内府刻本
1992年摄制. -- 2盘卷片(61米1146拍) :
1:10, 2B ; 35mm银盐
收藏馆：缩微中心，国图

000O013078
奁史：一百卷拾遗一卷 / (清)王初桐辑
清嘉庆二年(1797)古香堂刻本
1991年摄制. -- 4盘卷片(85米1611拍) :
1:10, 2B ; 35mm银盐

收藏馆：缩微中心，国图

000O025461
披芸漫笔：十八卷 / (清)江绍莲纂辑
清嘉庆六年(1801)培荆堂刻本
1996年摄制. -- 2盘卷片(37米698拍) :
1:10, 2B ; 35mm银盐
收藏馆：缩微中心，国图

000O011174
典制测蠡：十六卷 / (清)侯功超辑
清(1644-1911)抄本
1989年摄制. -- 2盘卷片(66米1425拍) :
1:10, 2B ; 35mm银盐
收藏馆：缩微中心，山东

000O018130
典制测蠡：十六卷 / (清)侯功超辑
清(1644-1911)稿本
1993年摄制. -- 3盘卷片(67米1417拍) :
1:10, 2B ; 35mm银盐
收藏馆：缩微中心，山东

000O003908
图书便览：一百五十六卷 / (清)史梦兰辑
清光绪(1875-1908)抄本
1986年摄制. -- 13盘卷片(370.2米8251拍) :
1:10, 2B ; 35mm银盐
收藏馆：缩微中心，国图

000O019887
姓氏异同小录：不分卷 / (清)史梦兰撰
清(1644-1911)稿本
1994年摄制. -- 1盘卷片(4米32拍) : 1:10,
2B ; 35mm银盐
收藏馆：缩微中心，国图

000O026861
余庵杂录：三卷 / (明)陈恂撰
清初(1644-1722)抄本
1990年摄制. -- 1盘卷片(5米54拍) : 1:10,
2B ; 35mm银盐
收藏馆：缩微中心，南京

000O002891
**考事撮要：三卷附录一卷 / (朝鲜)鱼叔权[等]撰；
(朝鲜)崔鸣吉增补**
朝鲜铜活字印本. -- 存三卷：卷中、卷下，
附录一卷。
1986年摄制. -- 1盘卷片(9.7米193拍) :
1:10, 2B ; 35mm银盐
收藏馆：缩微中心，国图

00O002882
经史集说：十五卷
朝鲜刻本
1986年摄制. -- 2盘卷片(34.5米745拍)：
1:10, 2B；35mm银盐
收藏馆：缩微中心，国图

00O000788
和名类聚抄：十卷 / (日)狩谷望之撰
日本抄本. -- 存二卷：卷二、卷四。
1985年摄制. -- 1盘卷片(6米101拍)：1:10,
2B；35mm银盐
收藏馆：缩微中心，国图

00O002130
龙筋凤髓判：二卷 / (唐)张鷟撰
明弘治十七年(1504)沈津刻本. -- (清)钱天
树跋。
1986年摄制. -- 1盘卷片(5米79拍)：1:10,
2B；35mm银盐
收藏馆：缩微中心，国图

00O008591
龙筋凤髓判：二卷 / (唐)张鷟撰
清(1644-1911)张德荣抄本. -- (清)张德荣
校，(清)韩应陛跋。
1988年摄制. -- 1盘卷片(4米62拍)：1:10,
2B；35mm银盐
收藏馆：缩微中心，国图

00O001922
龙筋凤髓判：二卷 / (唐)张鷟撰
清(1644-1911)抄本. -- 佚名校。
1986年摄制. -- 1盘卷片(4米58拍)：1:10,
2B；35mm银盐
收藏馆：缩微中心，国图

00O007340
龙筋凤髓判：二卷 / (唐)张鷟撰
清(1644-1911)抄本. -- (清)彭元瑞校并跋。
1987年摄制. -- 1盘卷片(5米85拍)：1:10,
2B；35mm银盐
收藏馆：缩微中心，国图

00O007337
龙筋凤髓判注：四卷 / (明)刘允鹏撰
明万历五年(1577)魏大平魏大用刻本
1987年摄制. -- 1盘卷片(9米170拍)：1:10,
2B；35mm银盐
收藏馆：缩微中心，国图

00O000692
蒙求：三卷 / (唐)李瀚撰. 考异：二卷 / (日)龟

田兴撰
日本宽政十二年(1800)江户书林若林清兵卫刻
本. -- 杨守敬校。
1985年摄制. -- 1盘卷片(10米198拍)：
1:10, 2B；35mm银盐
收藏馆：缩微中心，国图

00O025473
标题徐状元补注蒙求：三卷 / (唐)李瀚撰并注；
(宋)徐子光补注
日本刻本
1996年摄制. -- 1盘卷片(13米252拍)：
1:10, 2B；35mm银盐
收藏馆：缩微中心，国图

00O012566
诚斋四六发遣膏馥：十卷 / (宋)杨万里撰
元(1271-1368)余卓刻本
1990年摄制. -- 1盘卷片(5.7米99拍)：
1:10, 2B；35mm银盐
收藏馆：缩微中心，辽宁

00O004155
文选双字类要：三卷 / [题](宋)苏易简撰
明嘉靖十九年(1540)姚虞季本刻公文纸印本
1985年摄制. -- 1盘卷片(12米236拍)：
1:10, 2B；35mm银盐
收藏馆：缩微中心，国图

00O028212
文选双字类要：三卷 / [题](宋)苏易简撰
明嘉靖十九年(1540)姚虞季本刻本. -- (清)
丁丙跋。
1996年摄制. -- 1盘卷片(13米253拍)：
1:10, 2B；35mm银盐
收藏馆：缩微中心，南京

00O018719
文选双字类要：三卷 / [题](宋)苏易简撰
明(1368-1644)抄本. -- 存二卷：卷上、卷
下。
1994年摄制. -- 1盘卷片(8米132拍)：1:10,
2B；35mm银盐
收藏馆：缩微中心，国图

00O016350
文选类林：十八卷 / (宋)刘放辑
明嘉靖三十七年(1558)吴思贤刻本
1992年摄制. -- 1盘卷片(29米565拍)：
1:10, 2B；35mm银盐
收藏馆：缩微中心，国图

000O006090
文选类林：十八卷 / (宋)刘放辑
明万历四十四年(1616)刻本
1986年摄制. -- 1盘卷片(26.9米605拍) :
1:10, 2B ; 35mm银盐
收藏馆：缩微中心，吉林

000O018753
文选类林：十八卷 / (宋)刘放辑
明(1368-1644)刻本
1994年摄制. -- 1盘卷片(30米566拍) :
1:10, 2B ; 35mm银盐
收藏馆：缩微中心，国图

000O023216
重修事物纪原集：十卷 / (宋)高承辑
宋(960-1279)刻本. -- 存四卷：卷六至卷九。
1995年摄制. -- 1盘卷片(4米42拍) : 1:10,
2B ; 35mm银盐
收藏馆：缩微中心，国图

000O009168
事物纪原集类：十卷 / (宋)高承辑
明正统十二年(1447)阎敬刻本
1988年摄制. -- 1盘卷片(22.9米487拍) :
1:10, 2B ; 35mm银盐
收藏馆：缩微中心，湖南

000O006277
事物纪原集类：十卷 / (宋)高承辑
明成化(1465-1487)刻本
1987年摄制. -- 1盘卷片(19米445拍) :
1:10, 2B ; 35mm银盐
收藏馆：缩微中心，吉林

000O022260
事物纪原集类：十卷 / (宋)高承辑
明成化八年(1472)李果刻本. -- 卷一配清
(1644-1911)抄本。(清)姚觐元校。
1995年摄制. -- 1盘卷片(20米371拍) :
1:10, 2B ; 35mm银盐
收藏馆：缩微中心，国图

000O027431
事物纪原集类：十卷 / (宋)高承辑
明成化八年(1472)李梁刻本. -- (清)沈岩校
并跋，(清)黄丕烈、(清)丁丙跋。
1996年摄制. -- 1盘卷片(19米400拍) :
1:10, 2B ; 35mm银盐
收藏馆：缩微中心，南京

000O028184
事物纪原集类：十卷 / (宋)高承辑
明成化八年(1472)李果刻本. -- (清)沈岩校
并跋，(清)黄丕烈、(清)丁丙跋。
1996年摄制. -- 1盘卷片(19米398拍) :
1:10, 2B ; 35mm银盐
收藏馆：缩微中心，南京

000O007064
事物纪原集类：十卷 / (宋)高承辑
明弘治十八年(1505)魏氏仁实堂刻本
1987年摄制. -- 1盘卷片(20米429拍) :
1:10, 2B ; 35mm银盐
收藏馆：缩微中心，山东

000O004102
事物纪原集类：十卷 / (宋)高承辑
明(1368-1644)刻本. -- 存八卷：卷三至卷十。(清)邵恩多校并跋。
1986年摄制. -- 1盘卷片(14.7米312拍) :
1:10, 2B ; 35mm银盐
收藏馆：缩微中心，国图

000O018491
事物纪原集类：十卷 / (宋)高承辑
明(1368-1644)刻本
1993年摄制. -- 1盘卷片(20米372拍) :
1:10, 2B ; 35mm银盐
收藏馆：缩微中心，国图

000O022270
事物纪原集类：十卷 / (宋)高承辑
明(1368-1644)刻本
1995年摄制. -- 1盘卷片(20米372拍) :
1:10, 2B ; 35mm银盐
收藏馆：缩微中心，国图

000O000228
新刻事物纪原：十卷 / (宋)高承撰
明(1368-1644)胡文焕刻格致丛书本
1985年摄制. -- 1盘卷片(25.2米562拍) :
1:10, 2B ; 35mm银盐
收藏馆：缩微中心，国图

000O015256
事物纪原：二十卷 / (宋)高承辑
明正统九年(1444)陈华刻本
1992年摄制. -- 1盘卷片(11米173拍) :
1:10, 2B ; 35mm银盐
收藏馆：缩微中心，国图

000O001713
事物纪原：二十卷 / (宋)高承撰

明(1368-1644)刻本
1986年摄制. -- 1盘卷片（10米200拍）：
1:10, 2B ; 35mm银盐
收藏馆：缩微中心，国图

000O003089
书叙指南：二十卷 / (宋)任广辑
明嘉靖六年(1527)沈松刻本
1986年摄制. -- 1盘卷片（12米249拍）：
1:10, 2B ; 35mm银盐
收藏馆：缩微中心，国图

000O016499
书叙指南：十二卷 / (宋)任广辑；(明)柴紫增定
明嘉靖三十七年(1558)柴紫白石书屋刻本
1993年摄制. -- 1盘卷片（8米129拍）：1:10,
2B ; 35mm银盐
收藏馆：缩微中心，国图

000O022274
书叙指南：十二卷 / (宋)任广辑
明嘉靖三十七年(1558)柴紫刻本. -- (清)黄
丕烈跋。
1995年摄制. -- 1盘卷片（8米134拍）：1:10,
2B ; 35mm银盐
收藏馆：缩微中心，国图

000O016284
班左诲蒙：三卷 / (宋)程俱撰
清(1644-1911)抄本
1993年摄制. -- 1盘卷片（6米88拍）：1:10,
2B ; 35mm银盐
收藏馆：缩微中心，国图

000O006050
职官分纪：五十卷 / (宋)孙逢吉辑
明(1368-1644)抄本. -- 卷一至卷三、卷
四十三至卷五十配清(1644-1911)抄本。夏孙
桐跋。
1987年摄制. -- 3盘卷片（65米1379拍）：
1:10, 2B ; 35mm银盐
收藏馆：缩微中心，国图

000O003724
职官分纪：五十卷 / (宋)孙逢吉辑
清(1644-1911)抄本
1985年摄制. -- 3盘卷片（63米1367拍）：
1:10, 2B ; 35mm银盐
收藏馆：缩微中心，国图

000O015399
职官分纪：五十卷 / (宋)孙逢吉辑
清(1644-1911)抄本. -- (清)张穆跋。

1992年摄制. -- 2盘卷片（54米1097拍）：
1:10, 2B ; 35mm银盐
收藏馆：缩微中心，国图

000O014562
东莱先生分门诗律武库：十五卷后集十五卷 /
[题](宋)吕祖谦辑
清(1644-1911)影宋(960-1279)抄本
1992年摄制. -- 1盘卷片（13米240拍）：
1:10, 2B ; 35mm银盐
收藏馆：缩微中心，国图

000O021984
东莱先生诗律武库：不分卷 / [题](宋)吕祖谦辑
明(1368-1644)抄本. -- (清)黄丕烈校并跋。
1995年摄制. -- 1盘卷片（13米238拍）：
1:10, 2B ; 35mm银盐
收藏馆：缩微中心，国图

000O017873
圣宋名贤四六丛珠：一百卷 / (宋)叶蕡辑
明(1368-1644)抄本. -- 存六十七卷：卷二至
卷六十八。
1993年摄制. -- 2盘卷片（40米804拍）：
1:10, 2B ; 35mm银盐
收藏馆：缩微中心，国图

000O015239
圣宋名贤四六丛珠：一百卷 / (宋)叶蕡辑
明(1368-1644)抄本. -- 存七十二卷：卷一至
卷十、卷三十九至卷一百。
1992年摄制. -- 2盘卷片（42米800拍）：
1:10, 2B ; 35mm银盐
收藏馆：缩微中心，国图

000O022187
圣宋名贤四六丛珠：一百卷 / (宋)叶蕡辑
清(1644-1911)抄本. -- 存四卷：卷十四至卷
十七。
1995年摄制. -- 1盘卷片（6米90拍）：1:10,
2B ; 35mm银盐
收藏馆：缩微中心，国图

000O014232
宋四六丛珠汇选：十卷
明(1368-1644)刻本
1992年摄制. -- 1盘卷片（17米322拍）：
1:10, 2B ; 35mm银盐
收藏馆：缩微中心，国图

000O018658
宋四六丛珠汇选：十卷
明(1368-1644)刻本

1994年摄制. -- 1盘卷片(17米324拍) :
1:10, 2B ; 35mm银盐
收藏馆：缩微中心, 国图

000O009158
姬侍类偶：一卷 / (宋)周守忠辑
清(1644-1911)抄本
1988年摄制. -- 1盘卷片(4米55拍) : 1:10,
2B ; 35mm银盐
收藏馆：缩微中心, 湖南

000O020190
全芳备祖：前集二十七卷后集三十一卷 / (宋)陈景沂辑
清(1644-1911)抄本
1994年摄制. -- 2盘卷片(47米937拍) :
1:10, 2B ; 35mm银盐
收藏馆：缩微中心, 国图

000O012929
天台陈先生类编花果卉木全芳备祖 : 前集二十七卷后集三十一卷 / (宋)陈景沂辑
清(1644-1911)抄本. -- (清)丁丙跋。
1991年摄制. -- 2盘卷片(53米1139拍) :
1:10, 2B ; 35mm银盐
收藏馆：缩微中心, 南京

000O006255
全芳备祖：五十八卷 / (宋)陈景沂辑
清(1644-1911)抄本
1987年摄制. -- 2盘卷片(39米829拍) :
1:10, 2B ; 35mm银盐
收藏馆：缩微中心, 吉林

000O019376
全芳备祖后集：三十一卷 / (宋)陈景沂辑
清(1644-1911)抄本
1994年摄制. -- 1盘卷片(28米558拍) :
1:10, 2B ; 35mm银盐
收藏馆：缩微中心, 国图

000O005235
自号录：一卷 / (宋)徐光溥辑
清(1644-1911)赵之玉星凤阁抄本
1986年摄制. -- 1盘卷片(3米35拍) : 1:10,
2B ; 35mm银盐
收藏馆：缩微中心, 国图

000O007294
居家必用事类全集：十卷
明(1368-1644)刻本
1987年摄制. -- 2盘卷片(42.1米933拍) :
1:10, 2B ; 35mm银盐

000O017996
居家必用事类全集：十卷
明(1368-1644)刻本
1993年摄制. -- 2盘卷片(42米835拍) :
1:10, 2B ; 35mm银盐
收藏馆：缩微中心, 国图

000O025901
居家必用事类全集：十卷
明(1368-1644)刻本. -- (清)丁丙跋。
1996年摄制. -- 2盘卷片(44米896拍) :
1:10, 2B ; 35mm银盐
收藏馆：缩微中心, 南京

000O005596
明本大字应用碎金：二卷
明(1368-1644)刻本
1987年摄制. -- 1盘卷片(3.4米44拍) :
1:10, 2B ; 35mm银盐
收藏馆：缩微中心, 国图

000O016657
明本大字应用碎金：二卷
明(1368-1644)刻本
1993年摄制. -- 1盘卷片(4米32拍) : 1:10,
2B ; 35mm银盐
收藏馆：缩微中心, 国图

000O018449
碎金：不分卷
明(1368-1644)刻本
1993年摄制. -- 1盘卷片(6米89拍) : 1:10,
2B ; 35mm银盐
收藏馆：缩微中心, 国图

000O016279
声律发蒙：五卷 / (元)祝明,(元)潘瑛撰；(明)刘节辑
明万历二十一年(1593)涂时相刻本
1993年摄制. -- 1盘卷片(12米221拍) :
1:10, 2B ; 35mm银盐
收藏馆：缩微中心, 国图

000O023204
新编诏诰章表事文拟题：五卷；皇元大科三场文选：二卷；新编诏诰章表事实：四卷
元(1271-1368)刻本. -- 存八卷：拟题卷四至卷五、文选卷一至卷二、事实卷一至卷四。
1995年摄制. -- 1盘卷片(6米82拍) : 1:10,
2B ; 35mm银盐
收藏馆：缩微中心, 国图

000O023214
千家姓：一卷百家姓一卷 / (明)吴伯宗撰．补：
一卷 / (清)钟万撰
清咸丰九年(1859)管庭芬抄本．-- (清)管庭
芬跋。
1995年摄制．-- 1盘卷片(6米91拍)：1:10,
2B；35mm银盐
收藏馆：缩微中心，国图

000O014545
新刊姓源珠玑：六卷 / (明)杨信民辑
明万历二十八年(1600)阎伯子刻本
1992年摄制．-- 1盘卷片(19米360拍)：
1:10, 2B；35mm银盐
收藏馆：缩微中心，国图

000O016924
新刊姓源珠玑：六卷 / (明)杨信民辑
明万历二十八年(1600)阎伯子刻本
1993年摄制．-- 1盘卷片(19米357拍)：
1:10, 2B；35mm银盐
收藏馆：缩微中心，国图

000O006048
对类考注：二十卷 / (明)吴勉学撰
明万历二十三年(1595)吴勉学刻本
1987年摄制．-- 2盘卷片(40米872拍)：
1:10, 2B；35mm银盐
收藏馆：缩微中心，国图

000O001624
对类：二十卷
明(1368-1644)刻本
1986年摄制．-- 1盘卷片(24米535拍)：
1:10, 2B；35mm银盐
收藏馆：缩微中心，国图

000O008796
对类：二十卷
明(1368-1644)刻本
1988年摄制．-- 2盘卷片(41米890拍)：
1:11, 2B；35mm银盐
收藏馆：缩微中心，重庆

000O014280
对类：二十卷
明(1368-1644)刻本
1992年摄制．-- 2盘卷片(42米821拍)：
1:10, 2B；35mm银盐
收藏馆：缩微中心，国图

000O015711
对类：二十卷

明(1368-1644)刻本
1993年摄制．-- 2盘卷片(42米817拍)：
1:10, 2B；35mm银盐
收藏馆：缩微中心，国图

000O020333
对类：二十卷
明(1368-1644)刻本．-- 存十九卷：卷一至卷
十九。
1994年摄制．-- 2盘卷片(39米755拍)：
1:10, 2B；35mm银盐
收藏馆：缩微中心，国图

000O013164
缥缃对类大全：二十卷
明末(1621-1644)二乙堂书坊刻本．-- 存十八
卷：卷一至卷十八。
1991年摄制．-- 2盘卷片(37.1米813拍)：
1:10, 2B；35mm银盐
收藏馆：缩微中心，辽宁

000O005438
新镌京板全补源流引蒙登龙会海对类：二十卷
明万历(1573-1620)黄正慈集义堂刻本．-- 存
十七卷：卷一至卷四、卷八至卷二十。
1986年摄制．-- 1盘卷片(16米336拍)：
1:10, 2B；35mm银盐
收藏馆：缩微中心，国图

000O015563
新刻订补注释会海对类：十九卷首一卷
明(1368-1644)书林杨帝卿刻本
1992年摄制．-- 1盘卷片(16米316拍)：
1:10, 2B；35mm银盐
收藏馆：缩微中心，国图

000O023771
新镌幼学备览注释青缃对类：二十卷首一卷
明万历(1573-1620)刻本
1996年摄制．-- 1盘卷片(29米576拍)：
1:10, 2B；35mm银盐
收藏馆：缩微中心，浙江

000O016776
鼎镌增补注释详备便蒙标英对类统宗：□□卷
明(1368-1644)刻本．-- 存十二卷：卷四、卷
七至卷八、卷十至卷十四、卷十六至卷十九。
1993年摄制．-- 1盘卷片(7米136拍)：1:10,
2B；35mm银盐
收藏馆：缩微中心，国图

000O009569
物原：一卷 / (明)罗颀撰

明嘉靖二十二年(1543)文津火坤刻本
1988年摄制. -- 1盘卷片(5米64拍) ：1:10,
2B ；35mm银盐
收藏馆：缩微中心，山东

000O005433
物原：一卷 / (明)罗顾撰
明嘉靖二十四年(1545)李宪刻本
1986年摄制. -- 1盘卷片(5米66拍) ：1:10,
2B ；35mm银盐
收藏馆：缩微中心，国图

000O015542
物原：一卷 / (明)罗顾撰
明嘉靖二十四年(1545)李宪刻本
1993年摄制. -- 1盘卷片(4米52拍) ：1:10,
2B ；35mm银盐
收藏馆：缩微中心，国图

000O016306
蒙求续编：二卷 / (明)孙绪撰；(明)李际可注
明嘉靖十六年(1537)孙悟刻本
1993年摄制. -- 1盘卷片(7米103拍) ：1:10,
2B ；35mm银盐
收藏馆：缩微中心，国图

000O015284
新刊王制考：四卷 / (明)李黼撰
明(1368-1644)刻本
1992年摄制. -- 1盘卷片(14米264拍) ：
1:10, 2B ；35mm银盐
收藏馆：缩微中心，国图

000O023643
策场备览：一百七十三卷 / (明)唐周辑
明(1368-1644)抄本
1995年摄制. -- 3盘卷片(80米1606拍) ：
1:10, 2B ；35mm银盐
收藏馆：缩微中心，浙江

000O002217
新编博物策会：十七卷 / (明)戴璟撰
明嘉靖十七年(1538)李复初高凤鸣刻本
1986年摄制. -- 1盘卷片(16米352拍) ：
1:10, 2B ；35mm银盐
收藏馆：缩微中心，国图

000O023867
骚苑：三卷 / (明)黄省曾撰．补：一卷 / (明)张所敬撰
明万历二十六年(1598)潘云献刻本
1995年摄制. -- 1盘卷片(8米139拍) ：1:10,
2B ；35mm银盐

收藏馆：缩微中心，南京

000O003788
新纂群书纪载万岁寿谱：五卷续遗二卷 / [题](明)陈束辑；(明)万寿祺补
清(1644-1911)抄本
1985年摄制. -- 1盘卷片(16.6米357拍) ：
1:10, 2B ；35mm银盐
收藏馆：缩微中心，国图

000O021650
左粹类纂：十二卷 / (明)施仁辑；(明)孙应鳌批点
明嘉靖(1522-1566)刻本
1995年摄制. -- 1盘卷片(25米505拍) ：
1:10, 2B ；35mm银盐
收藏馆：缩微中心，国图

000O008683
左粹类纂：十二卷 / (明)施仁辑
明万历十一年(1583)任养心刻本
1988年摄制. -- 1盘卷片(28.8米634拍) ：
1:11, 2B ；35mm银盐
收藏馆：缩微中心，重庆

000O013893
事物考：八卷 / (明)王三聘撰
明嘉靖四十二年(1563)何起鸣刻本
1992年摄制. -- 1盘卷片(13米234拍) ：
1:10, 2B ；35mm银盐
收藏馆：缩微中心，国图

000O019963
事物考：八卷 / (明)王三聘撰
明嘉靖四十二年(1563)何起鸣刻本. -- 存五卷：卷一、卷四、卷六至卷八。
1994年摄制. -- 1盘卷片(10米153拍) ：
1:10, 2B ；35mm银盐
收藏馆：缩微中心，国图

000O019916
异物汇苑：十八卷 / (明)闵文振辑
明万历(1573-1620)活字印本
1994年摄制. -- 1盘卷片(12米220拍) ：
1:10, 2B ；35mm银盐
收藏馆：缩微中心，国图

000O014341
考古汇编：经集六卷史集六卷文集六卷续集六卷 / (明)傅钺辑
明嘉靖三十一年(1552)翁晓溪刻本
1992年摄制. -- 1盘卷片(26米533拍) ：
1:10, 2B ；35mm银盐

收藏馆：缩微中心，国图

000O000330
名物类考：四卷 / (明)耿随朝撰
明万历三十九年(1611)耿如瑾刻本
1985年摄制. -- 1盘卷片(11.8米244拍) ：
1:10, 2B ；35mm银盐
收藏馆：缩微中心，国图

000O009228
策元会览：九卷 / (明)梁佐辑
明嘉靖三十二年(1553)刻本. -- 目录有九卷，书口只标有四卷，著录仍按目录卷数。存三卷：卷一至卷三。
1988年摄制. -- 1盘卷片(15米291拍) ：
1:10, 2B ；35mm银盐
收藏馆：缩微中心，湖南

000O021579
新刻事物异名：二卷 / (明)余庭璧撰
明(1368-1644)胡氏文会堂刻格致丛书本
1995年摄制. -- 1盘卷片(6米83拍) ： 1:10,
2B ；35mm银盐
收藏馆：缩微中心，国图

000O001826
新刻事物略名：二卷 / (明)余庭璧撰
日本抄本
1985年摄制. -- 1盘卷片(5.5米95拍) ：
1:10, 2B ；35mm银盐
收藏馆：缩微中心，国图

000O016400
文选钩玄：二卷 / (明)华文甫辑
明(1368-1644)刻本
1992年摄制. -- 1盘卷片(9米158拍) ： 1:10,
2B ；35mm银盐
收藏馆：缩微中心，国图

000O003502
文林绮绣：五种五十九卷 / (明)凌迪知辑
明万历(1573-1620)刻本
1985年摄制. -- 3盘卷片(77米1686拍) ：
1:10, 2B ；35mm银盐
收藏馆：缩微中心，国图

000O014537
两汉隽言：十六卷 / (宋)林越,(明)凌迪知辑
明万历(1573-1620)刻本
1992年摄制. -- 1盘卷片(19米354拍) ：
1:10, 2B ；35mm银盐
收藏馆：缩微中心，国图

000O012243
两汉隽言：十六卷 / (宋)林越,(明)凌迪知辑
明万历十五年(1587)詹氏易斋刻本
1990年摄制. -- 1盘卷片(17米388拍) ：
1:10, 2B ；35mm银盐
收藏馆：缩微中心，南京

000O008072
二三场经济考：六卷 / (明)王世贞辑；(明)江旭奇补辑
明崇祯元年(1628)刻本
1988年摄制. -- 4盘卷片(93米2058拍) ：
1:10, 2B ；35mm银盐
收藏馆：缩微中心，湖北

000O015037
新刊翰苑广记补订四民捷用学海群玉：□□卷 / (明)武纬子撰
明(1368-1644)熊冲宇刻本. -- 存八卷：卷一至卷八。
1992年摄制. -- 1盘卷片(8米138拍) ： 1:10,
2B ；35mm银盐
收藏馆：缩微中心，国图

000O024804
新刊翰林诸书选粹：四卷 / (明)张元汴辑
明万历二年(1574)李廷楫刻本
1995年摄制. -- 1盘卷片(10米177拍) ：
1:10, 2B ；35mm银盐
收藏馆：缩微中心，浙江

000O014772
新辑人物考疑：四卷 / (明)顾充辑
明万历(1573-1620)八咏楼刻本
1992年摄制. -- 1盘卷片(15米293拍) ：
1:10, 2B ；35mm银盐
收藏馆：缩微中心，国图

000O016838
经济类编：一百卷 / (明)冯琦辑
明万历三十二年(1604)吴光义郑之惠[等]刻本
1993年摄制. -- 9盘卷片(274米5749拍) ：
1:10, 2B ；35mm银盐
收藏馆：缩微中心，国图

000O028698
经济类编：一百卷 / (明)冯琦辑
清(1644-1911)抄四库全书本. -- 存二卷：卷五十一至卷五十二。
1998年摄制. -- 1盘卷片(7米122拍) ： 1:10,
2B ；35mm银盐
收藏馆：缩微中心，湖南

00O015106
类选苑诗秀句：十二卷 / (明)顾起纶辑
明万历(1573-1620)刻本
1992年摄制. -- 1盘卷片(21米422拍) :
1:10, 2B ; 35mm银盐
收藏馆：缩微中心, 国图

00O007805
李先生编辑梁昭明太子文选品汇：十八卷 / (明)李廷机辑
明万历三十二年(1604)刻本
1987年摄制. -- 1盘卷片(27.4米605拍) :
1:10, 2B ; 35mm银盐
收藏馆：缩微中心, 重庆

00O017149
新刻刘太史汇选古今举业文弢注释评林：四卷 / (明)刘曰宁辑
明万历二十四年(1596)金陵书坊周昆冈刻本
1993年摄制. -- 1盘卷片(15.8米342拍) :
1:10, 2B ; 35mm银盐
收藏馆：缩微中心, 辽宁

00O002135
新刻刘太史汇选古今举业文弢注释评林：四卷 / (明)刘曰宁辑 ; (明)朱之蕃评注
明万历(1573-1620)金陵书坊周昆冈刻本
1986年摄制. -- 1盘卷片(16米341拍) :
1:10, 2B ; 35mm银盐
收藏馆：缩微中心, 国图

00O023767
强识略：四十卷 / (明)吴楚材撰
明万历十七年(1589)刻本
1995年摄制. -- 2盘卷片(46米840拍) :
1:10, 2B ; 35mm银盐
收藏馆：缩微中心, 浙江

00O020235
事物绀珠：四十六卷 / (明)黄一正辑注
明(1368-1644)吴勉学刻本
1994年摄制. -- 2盘卷片(44米850拍) :
1:10, 2B ; 35mm银盐
收藏馆：缩微中心, 国图

00O014338
新镌古今事物原始全书：三十卷 / (明)徐炬撰
明万历二十一年(1593)徐炬刻本
1992年摄制. -- 1盘卷片(29米606拍) :
1:10, 2B ; 35mm银盐
收藏馆：缩微中心, 国图

00O018778
新镌古今事物原始全书：三十卷 / (明)徐炬撰
明万历二十一年(1593)徐炬刻本. -- 存二十九卷：卷一至卷二十三、卷二十五至卷三十。
1994年摄制. -- 1盘卷片(30米574拍) :
1:10, 2B ; 35mm银盐
收藏馆：缩微中心, 国图

00O022928
对制谈经：十五卷 / (明)杜泾辑
明万历(1573-1620)晋陵杜氏泰初堂刻本
1994年摄制. -- 1盘卷片(10米194拍) :
1:10, 2B ; 35mm银盐
收藏馆：缩微中心, 甘肃

00O023747
新刊邵翰林评选举业捷学宇宙文芒：十二卷 / (明)邵景尧评选 ; (明)卢效祖汇辑
明万历(1573-1620)周时泰博古堂刻本
1995年摄制. -- 1盘卷片(22米432拍) :
1:10, 2B ; 35mm银盐
收藏馆：缩微中心, 浙江

00O016699
新刻顾会元注释古今捷学举业天衢：十卷 / (明)顾起元辑 ; (明)陆翀之删定
明(1368-1644)周曰校万卷楼刻本
1993年摄制. -- 1盘卷片(21米414拍) :
1:10, 2B ; 35mm银盐
收藏馆：缩微中心, 国图

00O020407
大备对宗：十九卷首一卷 / (明)张士俊辑
明万历二十八年(1600)余氏萃庆堂刻本
1994年摄制. -- 1盘卷片(30米621拍) :
1:10, 2B ; 35mm银盐
收藏馆：缩微中心, 国图

00O016411
编年拔秀：二卷 / (明)孙森辑
明万历三十年(1602)刘汝弼吴惟咸[等]刻本
1993年摄制. -- 1盘卷片(6米90拍) : 1:10,
2B ; 35mm银盐
收藏馆：缩微中心, 国图

00O014818
玄对：三卷 / (明)梅鼎祚辑
明万历四十三年(1615)梅士劝徐昭庆刻本
1992年摄制. -- 1盘卷片(5米70拍) : 1:10,
2B ; 35mm银盐
收藏馆：缩微中心, 国图

00O019994
玄对：三卷 / (明)梅鼎祚辑
明万历四十三年(1615)梅士劝徐昭庆刻本
1994年摄制. -- 1盘卷片(5米70拍) ： 1:10,
2B ； 35mm银盐
收藏馆：缩微中心，国图

00O023644
蒙养指南：四卷 / [题](明)秀水屠钓主人瞻山子
辑
明万历(1573-1620)刻本
1995年摄制. -- 1盘卷片(12米226拍) ：
1:10, 2B ； 35mm银盐
收藏馆：缩微中心，浙江

00O014784
事物别名：十二卷 / (明)李蔚重订
明(1368-1644)刻本
1992年摄制. -- 1盘卷片(11米186拍) ：
1:10, 2B ； 35mm银盐
收藏馆：缩微中心，国图

00O018919
新刻音释启蒙总龟对类大全：八卷 / (明)谢天佑
订正
明万历三十六年(1608)金陵书坊唐氏富春堂刻
本
1993年摄制. -- 1盘卷片(22米445拍) ：
1:10, 2B ； 35mm银盐
收藏馆：缩微中心，山东

00O012604
六朝余韵：八卷 / (明)王良臣辑
明万历(1573-1620)李之才刻本. -- 存二卷：
卷一至卷二。
1990年摄制. -- 1盘卷片(5.5米96拍) ：
1:10, 2B ； 35mm银盐
收藏馆：缩微中心，辽宁

00O028445
名物通：十卷附一卷 / (明)钟惺辑
明(1368-1644)王氏整万馆刻本
1996年摄制. -- 1盘卷片(18米380拍) ：
1:10, 2B ； 35mm银盐
收藏馆：缩微中心，南京

00O001764
新镌编年全书：二卷 / (明)谢绍芳辑
明(1368-1644)刻本
1986年摄制. -- 1盘卷片(11米215拍) ：
1:10, 2B ； 35mm银盐
收藏馆：缩微中心，国图

00O024228
子书类纂：七卷 / (明)胡胤嘉辑
明天启五年(1625)张鸿举刻本
1996年摄制. -- 1盘卷片(14米307拍) ：
1:10, 2B ； 35mm银盐
收藏馆：缩微中心，安徽

00O008964
广博物志增删：二十卷 / (明)董斯张辑；(明)陈
一彭增删
明崇祯十六年(1643)郑元凤刻本
1988年摄制. -- 1盘卷片(23米420拍) ：
1:10, 2B ； 35mm银盐
收藏馆：缩微中心，湖北

00O007146
儒函数类：六十二卷目录四卷 / (明)汪宗姬撰
明万历四十年(1612)汪犹龙刻本
1987年摄制. -- 2盘卷片(47.8米1042拍) ：
1:10, 2B ； 35mm银盐
收藏馆：缩微中心，重庆

00O018732
锲便蒙二十四孝日记故事：一卷；新锲徽郡原
板校正绘像注释魁字便蒙日记故事：四卷
明万历四十二年(1614)周静吾四有堂刻本. --
郑振铎跋。
1994年摄制. -- 1盘卷片(5米65拍) ： 1:10,
2B ； 35mm银盐
收藏馆：缩微中心，国图

00O019244
新刊徽郡原板绘像注释魁字登云日记故事：二
卷 / (明)何胤宗校正
明(1368-1644)书林黄正达刻本
1994年摄制. -- 1盘卷片(5米68拍) ： 1:10,
2B ； 35mm银盐
收藏馆：缩微中心，国图

00O018737
新刊徽郡原板校正绘像注释魁字登云三注故事：
四卷
明(1368-1644)书林黄正达刻本
1994年摄制. -- 1盘卷片(5米64拍) ： 1:10,
2B ； 35mm银盐
收藏馆：缩微中心，国图

00O023751
新锲猎古词章释字训解三台对类正宗：十九卷
首一卷 / (明)唐居子编注
明万历四十五年(1617)余氏双峰堂刻本
1995年摄制. -- 1盘卷片(32米692拍) ：
1:10, 2B ； 35mm银盐

收藏馆：缩微中心，浙江

000O020802
新刻分类摘联四六积玉：二十卷 / (明)章斐然辑
明万历(1573-1620)刻本
1994年摄制. -- 1盘卷片(24米480拍)：
1:10，2B；35mm银盐
收藏馆：缩微中心，国图

000O008187
四六鸳鸯谱：十二卷新集十二卷 / (明)阴化阳,(明)苏紫盖汇辑；(明)王养恬参注
明崇祯七年至九年(1634-1636)吕太如刻本. -- 版框高二十二厘米宽十四厘米。
1988年摄制. -- 2盘卷片(35米700拍)：
1:10，2B；35mm银盐
收藏馆：缩微中心，广东

000O006889
博物典汇：二十卷 / (明)黄道周撰
明崇祯(1628-1644)刻本
1987年摄制. -- 2盘卷片(34.3米728拍)：
1:9，2B；35mm银盐
收藏馆：缩微中心，重庆

000O011175
博物典汇：二十卷 / (明)黄道周撰
明崇祯(1628-1644)刻本. -- (清)张晓渔批校。
1989年摄制. -- 2盘卷片(35米721拍)：
1:10，2B；35mm银盐
收藏馆：缩微中心，山东

000O018140
博物典汇：二十卷 / (明)黄道周撰
明崇祯(1628-1644)刻本. -- (清)张晓渔批校。
1993年摄制. -- 2盘卷片(35米723拍)：
1:10，2B；35mm银盐
收藏馆：缩微中心，山东

000O021629
博物典汇：二十卷 / (明)黄道周撰
明崇祯(1628-1644)刻本
1995年摄制. -- 1盘卷片(33米674拍)：
1:10，2B；35mm银盐
收藏馆：缩微中心，国图

000O000396
庶物异名疏：三十卷 / (明)陈懋仁撰
明崇祯(1628-1644)刻本
1985年摄制. -- 1盘卷片(24.4米543拍)：
1:10，2B；35mm银盐

收藏馆：缩微中心，国图

000O017962
庶物异名疏：三十卷 / (明)陈懋仁撰
明崇祯(1628-1644)刻本. -- 郑振铎跋。
1993年摄制. -- 1盘卷片(24米497拍)：
1:10，2B；35mm银盐
收藏馆：缩微中心，国图

000O020793
新刻古今玄消长八谱：六卷
明(1368-1644)刻本
1994年摄制. -- 1盘卷片(7米102拍)：1:10,
2B；35mm银盐
收藏馆：缩微中心，国图

000O006314
丽句集：六卷 / (明)许之吉辑
明天启(1621-1627)刻本
1987年摄制. -- 1盘卷片(23米508拍)：
1:10，2B；35mm银盐
收藏馆：缩微中心，吉林

000O021611
丽句集：六卷 / (明)许之吉辑
明天启(1621-1627)刻本
1995年摄制. -- 1盘卷片(24米474拍)：
1:10，2B；35mm银盐
收藏馆：缩微中心，国图

000O028555
丽句集：六卷 / (明)许之吉辑
明天启(1621-1627)刻本. -- (清)吴锡麒圈点并跋。
1996年摄制. -- 1盘卷片(24米518拍)：
1:10，2B；35mm银盐
收藏馆：缩微中心，南京

000O028699
丽句集：六卷 / (明)许之吉辑
明天启(1621-1627)刻本. -- (清)金兆蕃批校并跋。
1998年摄制. -- 1盘卷片(24米533拍)：
1:10，2B；35mm银盐
收藏馆：缩微中心，湖南

000O015940
古今名喻：八卷 / (明)吴仕期辑
明万历(1573-1620)叶贵刻本
1993年摄制. -- 1盘卷片(23米454拍)：
1:10，2B；35mm银盐
收藏馆：缩微中心，国图

000O024803
黔类：十八卷 / (明)郭子章辑
清(1644-1911)抄本. -- 题传是后人跋。
1995年摄制. -- 1盘卷片(16米304拍) :
1:10, 2B ; 35mm银盐
收藏馆：缩微中心, 浙江

000O009124
谣语：三卷 / (明)郭子章辑
明万历(1573-1620)刻本
1988年摄制. -- 1盘卷片(5米81拍) : 1:10,
2B ; 35mm银盐
收藏馆：缩微中心, 湖南

000O013892
茹古略集：三十卷 / (明)程良孺撰
明崇祯四年(1631)程良孺韵楼刻本
1992年摄制. -- 2盘卷片(40米803拍) :
1:10, 2B ; 35mm银盐
收藏馆：缩微中心, 国图

000O011705
龙乘：十六卷 / (明)胡世安辑
明崇祯十一年(1638)刻本
1990年摄制. -- 1盘卷片(22米477拍) :
1:10, 2B ; 35mm银盐
收藏馆：缩微中心, 山西

000O017988
刻精选百家锦绣联：六卷 / [题](□)竹溪主人辑
明(1368-1644)刻本
1993年摄制. -- 1盘卷片(12米213拍) :
1:10, 2B ; 35mm银盐
收藏馆：缩微中心, 国图

000O006874
子史类语：二十四卷 / (明)胡尚洪辑
明天启六年(1626)刻本
1987年摄制. -- 1盘卷片(27米592拍) :
1:10, 2B ; 35mm银盐
收藏馆：缩微中心, 重庆

000O011668
菉斐堂子史汇纂：二十四卷 / (明)冯廷章编
明崇祯十六年(1643)菉斐堂精刻本. -- (明)
冯骏声校。
1989年摄制. -- 2盘卷片(57米1261拍) :
1:10, 2B ; 35mm银盐
收藏馆：缩微中心, 天津

000O020475
新编增补注解天星甲子诸家应用千金诀：三卷 /
(明)程守信辑
明(1368-1644)刻本
1994年摄制. -- 1盘卷片(6米78拍) : 1:10,
2B ; 35mm银盐
收藏馆：缩微中心, 国图

000O031012
鼎镌四民便览柬学珠玑：四卷首一卷 / (明)李望
槐辑
明万历三十七年(1609)书林余熙宇刻本
2004年摄制. -- 1盘卷片(9米160拍) : 1:8,
2B ; 35mm银盐
收藏馆：缩微中心, 国图

000O018687
鼎镌吴宁野汇选四民切要时制尺牍芳规：四卷 /
(明)吴从先辑
明(1368-1644)黄裔我存诚堂刻本
1994年摄制. -- 1盘卷片(7米109拍) : 1:10,
2B ; 35mm银盐
收藏馆：缩微中心, 国图

000O014764
新刻古今切要士民便用书简翰苑玄英：四卷 /
(明)谢君度撰
明(1368-1644)书林邵文聘刻本
1992年摄制. -- 1盘卷片(7米107拍) : 1:10,
2B ; 35mm银盐
收藏馆：缩微中心, 国图

000O010203
五刻徽郡释义经书士民便用通考杂字：□□卷
明末(1621-1644)刻两节本. -- 存二卷：卷
一、卷二(残)。
1989年摄制. -- 1盘卷片(5米63拍) : 1:10,
2B ; 35mm银盐
收藏馆：缩微中心, 天津

000O019932
烹雪斋新编四民捷用注解翰墨骏：五卷 / (明)项
仲昭辑
明(1368-1644)书林余寅伯刻本. -- 存二卷：
卷一、卷四。
1994年摄制. -- 1盘卷片(5米61拍) : 1:10,
2B ; 35mm银盐
收藏馆：缩微中心, 国图

000O006726
皇明泳化类编：一百三十六卷 / (明)邓球编
明隆庆二年(1568)刻本. -- 版框高二十厘米
宽十三厘米。朱笔圈点。
1987年摄制. -- 5盘卷片(148米3167拍) :
1:10, 2B ; 35mm银盐
收藏馆：缩微中心, 广东

00O013056
皇明泳化类编：一百三十六卷续编十七卷 / (明)邓球编
明隆庆(1567-1572)刻本
1991年摄制. -- 6盘卷片(171米3131拍)：
1:10, 2B ; 35mm银盐
收藏馆：缩微中心，国图

00O006197
皇明泳化类编：一百三十六卷续编十七卷 / (明)邓球撰
明隆庆(1567-1572)刻本
1987年摄制. -- 6盘卷片(168米3356拍)：
1:10, 2B ; 35mm银盐
收藏馆：缩微中心，四川

00O020171
鼎镌李先生增补四民便用积玉全书：三十二卷 / (明)李光裕辑
明崇祯(1628-1644)忠贤世家刻本
1994年摄制. -- 1盘卷片(23米468拍)：
1:10, 2B ; 35mm银盐
收藏馆：缩微中心，国图

00O019939
新镌李先生类纂音释捷用云笺：六卷 / (明)李光祚撰
明(1368-1644)书林长庚馆刻本
1994年摄制. -- 1盘卷片(12米214拍)：
1:10, 2B ; 35mm银盐
收藏馆：缩微中心，国图

00O010779
新镌翰林考正历朝统宗：十卷附历朝人君考资一卷 / (明)李廷机考正；(明)丘家孔增释
明万历二十三年(1595)金陵周氏万卷楼刻本
1989年摄制. -- 1盘卷片(22米482拍)：
1:10, 2B ; 35mm银盐
收藏馆：缩微中心，天津

00O024800
典类：四十二卷 / (清)刘光亨辑
清(1644-1911)稿本. -- 内容为四十二项，实为四十一卷。
1995年摄制. -- 3盘卷片(81米1676拍)：
1:10, 2B ; 35mm银盐
收藏馆：缩微中心，浙江

00O025471
年华录：四卷 / (清)全祖望撰
清嘉庆二十年(1815)日新堂刻本
1996年摄制. -- 1盘卷片(10米165拍)：
1:10, 2B ; 35mm银盐

收藏馆：缩微中心，国图

00O004212
年华录：一百卷 / (清)归焕辑
清(1644-1911)抄本
1986年摄制. -- 2盘卷片(44米961拍)：
1:10, 2B ; 35mm银盐
收藏馆：缩微中心，国图

00O020196
别号录：九卷 / (清)葛万里辑
清(1644-1911)抄本. -- (清)李文田校注。
1994年摄制. -- 1盘卷片(9米158拍)：1:10,
2B ; 35mm银盐
收藏馆：缩微中心，国图

00O002337
别号录前编：一卷；明人别号录：八卷 / (清)葛万里辑
清(1644-1911)抄本
1986年摄制. -- 1盘卷片(9.1米181拍)：
1:10, 2B ; 35mm银盐
收藏馆：缩微中心，国图

00O027960
别号录前编：一卷；明人别号录：八卷 / (清)葛万里辑
清(1644-1911)抄本. -- (清)丁丙跋。
1996年摄制. -- 1盘卷片(10米180拍)：
1:10, 2B ; 35mm银盐
收藏馆：缩微中心，南京

00O008150
格致镜原：一百卷 / (清)陈元龙辑
清康熙五十六年(1717)刻后印本
1988年摄制. -- 4盘卷片(107米2444拍)：
1:10, 2B ; 35mm银盐
收藏馆：缩微中心，湖北

00O007028
子史精华：一百六十卷 / (清)吴士玉[等]辑
清雍正五年(1727)武英殿刻本. -- 辑者还有：(清)吴襄。
1987年摄制. -- 6盘卷片(171米3738拍)：
1:10, 2B ; 35mm银盐
收藏馆：缩微中心，国图

00O024151
榴书堂历代姓氏考：二十卷 / (清)秦天治汇纂
清(1644-1911)抄本
1996年摄制. -- 8盘卷片(208米4160拍)：
1:10, 2B ; 35mm银盐
收藏馆：缩微中心，湖北

00O020364
清丽集：三卷
清(1644-1911)抄本
1994年摄制. -- 1盘卷片(10米179拍)：
1:10, 2B；35mm银盐
收藏馆：缩微中心，国图

00O023759
国朝别号录：十卷末一卷 / (清)沈复粲辑
清(1644-1911)稿本. -- 存七卷：卷一至卷
四、卷九至卷十、末一卷。(清)王宗炎、(清)
陈鸿熙跋。
1995年摄制. -- 1盘卷片(15米289拍)：
1:10, 2B；35mm银盐
收藏馆：缩微中心，浙江

00O000680
倭名类聚钞：二十卷 / (日)源顺撰
日本宽文七年(1667)村上勘兵卫刻本
1985年摄制. -- 1盘卷片(20米433拍)：
1:10, 2B；35mm银盐
收藏馆：缩微中心，国图

00O000723
倭名类聚钞：二十卷 / (日)源顺撰
日本宽文七年(1667)村上勘兵卫刻本
1985年摄制. -- 1盘卷片(20米444拍)：
1:10, 2B；35mm银盐
收藏馆：缩微中心，国图

00O025470
倭名类聚钞：二十卷 / (日)源顺撰
日本贞享五年(1688)书肆村上平乐寺刻本
1996年摄制. -- 1盘卷片(15米257拍)：
1:10, 2B；35mm银盐
收藏馆：缩微中心，国图

00O021855
韵府群玉：二十卷 / (宋)阴时夫辑；(宋)阴中夫
注
明初(1368-1424)刻本
1995年摄制. -- 2盘卷片(60米1200拍)：
1:10, 2B；35mm银盐
收藏馆：缩微中心，湖北

00O000654
韵府群玉：二十卷 / (宋)阴时夫辑；(宋)阴中夫
注
明(1368-1644)刻本
1985年摄制. -- 2盘卷片(47.9米1068拍)：
1:10, 2B；35mm银盐
收藏馆：缩微中心，国图

00O020745
新增说文韵府群玉：二十卷 / (宋)阴时夫辑；
(宋)阴中夫注
元(1271-1368)刻本. -- 卷十五配元元统二
年(1334)梅溪书院刻本。存二卷：卷六、卷
十五。
1994年摄制. -- 1盘卷片(7米102拍)：1:10,
2B；35mm银盐
收藏馆：缩微中心，国图

00O022783
新增说文韵府群玉：二十卷 / (元)阴时夫辑；
(元)阴中夫注
明天顺六年(1462)叶氏南山书堂刻本. --
(清)丁丙跋。
1995年摄制. -- 2盘卷片(46米1061拍)：
1:10, 2B；35mm银盐
收藏馆：缩微中心，南京

00O020158
新增说文韵府群玉：二十卷 / (宋)阴时夫辑；
(宋)阴中夫注
明(1368-1644)刻本
1994年摄制. -- 2盘卷片(47米932拍)：
1:10, 2B；35mm银盐
收藏馆：缩微中心，国图

00O002867
新增直音说文韵府群玉：二十卷 / (宋)阴时夫辑；
(宋)阴中夫注
明(1368-1644)刻本
1986年摄制. -- 2盘卷片(45米989拍)：
1:10, 2B；35mm银盐
收藏馆：缩微中心，国图

00O000393
新编古今姓氏遥华韵：甲集十卷乙集十卷丙集
十一卷丁集十卷戊集十一卷己集八卷庚集十卷
辛集十卷壬集八卷癸集十卷 / (元)洪景修辑
明(1368-1644)抄本. -- 甲集卷一至卷七配
清(1644-1911)抄本。戊集存五卷：卷一至卷
五。
1985年摄制. -- 2盘卷片(40.7米891拍)：
1:10, 2B；35mm银盐
收藏馆：缩微中心，国图

00O014656
新编古今姓氏遥华韵：甲集十卷乙集十卷丁集
十卷戊集十一卷己集八卷庚集十卷辛集十卷壬
集八卷癸集十卷 / (元)洪景修辑
清道光二十八年(1848)刘氏嘉荫簃抄本. --
存八十一卷：乙集卷一至卷四，余全。(清)刘
喜海跋。

1992年摄制. -- 2盘卷片(43米877拍) :
1:10, 2B ; 35mm银盐
收藏馆：缩微中心, 国图

000O004404
新编古今姓氏遥华韵：甲集十卷乙集十卷丙集
十一卷丁集十卷戊集十一卷己集八卷庚集十卷
辛集十卷壬集八卷癸集十卷 / (元)洪景修撰
清(1644-1911)抄本. -- (清)翁同书跋。
1986年摄制. -- 2盘卷片(56米1106拍) :
1:10, 2B ; 35mm银盐
收藏馆：缩微中心, 国图

000O019811
诗学集成押韵渊海：二十卷 / (元)严毅辑
元至元六年(1269)蔡氏梅轩刻本
1994年摄制. -- 1盘卷片(32米650拍) :
1:10, 2B ; 35mm银盐
收藏馆：缩微中心, 国图

000O028681
诗学集成押韵渊海：二十卷 / (元)严毅辑
元至元十七年(1280)蔡氏梅轩抄本. -- (清)
丁丙跋。
1990年摄制. -- 1盘卷片(30米600拍) :
1:10, 2B ; 35mm银盐
收藏馆：缩微中心, 南京

000O001918
诗学集成押韵渊海：二十卷 / (元)严毅辑
明初(1368-1424)刻成化二十三年(1487)重修
本
1986年摄制. -- 2盘卷片(34米728拍) :
1:10, 2B ; 35mm银盐
收藏馆：缩微中心, 国图

000O013507
永乐大典玄字韵：十八卷 / (明)解缙[等]辑
清(1644-1911)抄本
1991年摄制. -- 2盘卷片(38米739拍) :
1:10, 2B ; 35mm银盐
收藏馆：缩微中心, 国图

000O000812
永乐大典广字韵：三卷 / (明)解缙[等]辑
清光绪(1875-1908)文廷式家抄本. -- (清)李
文田跋。
1985年摄制. -- 1盘卷片(10.1米203拍) :
1:10, 2B ; 35mm银盐
收藏馆：缩微中心, 国图

000O001807
永乐大典目录：六十卷韵总歌括一卷韵总四卷 /

(明)解缙[等]辑
清(1644-1911)抄本
1985年摄制. -- 5盘卷片(129米2877拍) :
1:10, 2B ; 35mm银盐
收藏馆：缩微中心, 国图

000O017733
哲匠金桴：五卷 / (明)杨慎撰
明隆庆(1567-1572)刻本. -- 存四卷：卷二至
卷五。郑振铎跋。
1993年摄制. -- 1盘卷片(12米222拍) :
1:10, 2B ; 35mm银盐
收藏馆：缩微中心, 国图

000O021809
哲匠金桴：五卷 / (明)杨慎撰
明隆庆(1567-1572)刻本
1995年摄制. -- 1盘卷片(9米181拍) : 1:10,
2B ; 35mm银盐
收藏馆：缩微中心, 南京

000O008733
均藻：四卷 / (明)杨慎撰
清(1644-1911)郑氏注韩居抄本
1988年摄制. -- 1盘卷片(8.9米170拍) :
1:9, 2B ; 35mm银盐
收藏馆：缩微中心, 重庆

000O014085
氏族博考：十四卷 / (明)凌迪知撰
明(1368-1644)刻本
1992年摄制. -- 1盘卷片(13米243拍) :
1:10, 2B ; 35mm银盐
收藏馆：缩微中心, 国图

000O009418
文奇豹斑：十二卷 / (明)陈继儒辑
明天启五年(1625)刘怀川刻本
1987年摄制. -- 1盘卷片(20.5米443拍) :
1:9, 2B ; 35mm银盐
收藏馆：缩微中心, 重庆

000O006728
五车韵瑞：一百六十卷 / (明)凌稚隆编
明(1368-1644)文茂堂刻本. -- 版框高二十三
厘米宽十六厘米。
1987年摄制. -- 4盘卷片(119米2551拍) :
1:10, 2B ; 35mm银盐
收藏馆：缩微中心, 广东

000O007155
广韵藻：六卷 / (明)方夏撰
明崇祯十五年(1642)方来刻本

1987年摄制. -- 1盘卷片(27米584拍)：
1:10, 2B；35mm银盐
收藏馆：缩微中心，山东

000O008923
广韵藻：六卷 / (明)方夏辑
明崇祯十五年(1642)方来刻本
1988年摄制. -- 1盘卷片(28.5米597拍)：
1:10, 2B；35mm银盐
收藏馆：缩微中心，湖北

000O000258
佩文韵府：一百六卷 / (清)张玉书[等]辑. 拾遗：
一百六卷 / (清)汪灏[等]辑
清康熙五十年(1711)内府刻本. -- 佩文韵府
辑者还有：(清)蔡升元；拾遗辑者还有：(清)
何焯. 拾遗为清康熙五十九年(1720)内府刻
本。
1985年摄制. -- 36盘卷片(944.4米18713拍)：
1:10, 2B；35mm银盐
收藏馆：缩微中心，国图

000O011440
佩文诗韵删注：五卷
清(1644-1911)内府刻本
1989年摄制. -- 1盘卷片(9.5米190拍)：
1:10, 2B；35mm银盐
收藏馆：缩微中心，辽宁

000O014202
三体摭韵：十二卷 / (清)朱昆田辑；(清)陶越增
订
清(1644-1911)抄本
1992年摄制. -- 2盘卷片(59米1164拍)：
1:10, 2B；35mm银盐
收藏馆：缩微中心，国图

000O016129
三体摭韵：十二卷 / (清)朱昆田辑
清(1644-1911)抄本
1993年摄制. -- 2盘卷片(39米768拍)：
1:10, 2B；35mm银盐
收藏馆：缩微中心，国图

000O025482
韵府大成：不分卷 / (清)李贻德辑
清(1644-1911)稿本
1996年摄制. -- 1盘卷片(21米423拍)：
1:10, 2B；35mm银盐
收藏馆：缩微中心，国图

000O023754
韵林獭祭：不分卷 / (清)姚振宗撰

清(1644-1911)稿本
1995年摄制. -- 2盘卷片(55米1130拍)：
1:10, 2B；35mm银盐
收藏馆：缩微中心，浙江

小说类

000O003266
三水小牍补遗：一卷 / (唐)皇甫枚撰；(清)徐鲲
辑. 洞天福地岳渎名山记：一卷 / (五代)杜光庭
撰. 膳夫经：一卷 / (唐)杨晔撰
清(1644-1911)抄本. -- (清)周星诒跋。
1986年摄制. -- 1盘卷片(3米28拍)：1:10,
2B；35mm银盐
收藏馆：缩微中心，国图

000O015647
墨客挥犀：十卷 / (宋)彭乘撰
清(1644-1911)抄本
1993年摄制. -- 1盘卷片(6米79拍)：1:10,
2B；35mm银盐
收藏馆：缩微中心，国图

000O003090
续墨客挥犀：十卷 / (宋)彭乘撰
明正德四年(1509)志雅斋抄本
1986年摄制. -- 1盘卷片(6米94拍)：1:10,
2B；35mm银盐
收藏馆：缩微中心，国图

000O025440
续墨客挥犀：十卷 / (宋)彭乘撰
瞿氏铁琴铜剑楼抄本
1996年摄制. -- 1盘卷片(6米78拍)：1:10,
2B；35mm银盐
收藏馆：缩微中心，国图

000O001586
续墨客挥犀：十卷 / (宋)彭乘撰
明(1368-1644)抄本. -- 存五卷：卷一至卷
五。(清)翁同龢跋。
1986年摄制. -- 1盘卷片(4米65拍)：1:10,
2B；35mm银盐
收藏馆：缩微中心，国图

000O027381
续墨客挥犀：十卷 / (宋)彭乘撰
清(1644-1911)抄本. -- (清)丁丙跋。
1996年摄制. -- 1盘卷片(6米75拍)：1:10,
2B；35mm银盐
收藏馆：缩微中心，南京

00O025429
续墨客挥犀：十卷 / (宋)彭乘撰
清宣统(1909-1911)抄本. -- 王国维校并跋。
1996年摄制. -- 1盘卷片(6米98拍) : 1:10,
2B ；35mm银盐
收藏馆：缩微中心，国图

00O027973
投辖录：一卷 / (宋)王明清撰
清初(1644-1722)抄本. -- (清)丁丙跋。
1996年摄制. -- 1盘卷片(4米62拍) : 1:10,
2B ；35mm银盐
收藏馆：缩微中心，南京

00O015158
投辖录：一卷 / (宋)王明清撰 . 云谷杂记：不分卷 / (宋)张淏撰
清(1644-1911)纯白斋抄本
1992年摄制. -- 1盘卷片(4米37拍) : 1:10,
2B ；35mm银盐
收藏馆：缩微中心，国图

00O023908
罗湖野录：二卷 / (宋)释晓莹撰
明(1368-1644)抄本
1996年摄制. -- 1盘卷片(7米155拍) : 1:10,
2B ；35mm银盐
收藏馆：缩微中心，河南

00O001828
罗湖野录：二卷 / (宋)释晓莹撰
日本宽永十五年(1639)风月宗智刻本
1985年摄制. -- 1盘卷片(5米86拍) : 1:10,
2B ；35mm银盐
收藏馆：缩微中心，国图

00O014650
孤忠小史：□□卷 / [题](元)戴九思撰
明(1368-1644)抄本. -- 存七卷：卷七至卷十三。(清)莫友芝跋。
1992年摄制. -- 1盘卷片(5米58拍) : 1:10,
2B ；35mm银盐
收藏馆：缩微中心，国图

00O008554
广客谈：一卷；遂昌山人杂录：一卷 / (元)郑元祐撰
明(1368-1644)抄本
1988年摄制. -- 1盘卷片(2米23拍) : 1:10,
2B ；35mm银盐
收藏馆：缩微中心，国图

00O003732
静斋至正直记：四卷 / (元)孔齐撰
清(1644-1911)抄本. -- (清)董兆熊校，(清)季锡畴跋。
1985年摄制. -- 1盘卷片(9.7米192拍) : 1:10, 2B ；35mm银盐
收藏馆：缩微中心，国图

00O016787
静斋至正直记：四卷 / (元)孔齐撰
清(1644-1911)抄本
1993年摄制. -- 1盘卷片(10米17拍) : 1:10,
2B ；35mm银盐
收藏馆：缩微中心，国图

00O014211
石田翁客座新闻：十一卷 / (明)沈周撰
清初(1644-1722)抄本
1992年摄制. -- 1盘卷片(13米233拍) : 1:10, 2B ；35mm银盐
收藏馆：缩微中心，国图

00O013623
石田翁客座新闻：十一卷 / (明)沈周撰
清(1644-1911)抄本
1991年摄制. -- 1盘卷片(10米158拍) : 1:10, 2B ；35mm银盐
收藏馆：缩微中心，国图

00O013909
何氏语林：三十卷 / (明)何良俊撰并注
明嘉靖二十九年(1550)何氏清森阁刻本
1991年摄制. -- 2盘卷片(38米751拍) : 1:10, 2B ；35mm银盐
收藏馆：缩微中心，国图

00O025675
何氏语林：三十卷 / (明)何良俊撰
明嘉靖二十九年(1550)何氏清森阁刻本. -- (清)丁申、(清)丁丙跋。
1996年摄制. -- 2盘卷片(37米811拍) : 1:10, 2B ；35mm银盐
收藏馆：缩微中心，南京

00O007035
何氏语林：三十卷 / (明)何良俊撰
明嘉靖二十九年(1550)何氏清森阁刻本
1987年摄制. -- 2盘卷片(38米804拍) : 1:10, 2B ；35mm银盐
收藏馆：缩微中心，国图

00O021810
何氏语林：三十卷 / (明)何良俊撰；(明)茅坤评

明天启四年(1624)刻本
1995年摄制. -- 2盘卷片(40米840拍) :
1:10, 2B ; 35mm银盐
收藏馆：缩微中心，南京

000O022871
松窗梦语：八卷 / (明)张瀚撰
清(1644-1911)抄本. --(清)丁丙跋。
1995年摄制. -- 1盘卷片(11米230拍) :
1:10, 2B ; 35mm银盐
收藏馆：缩微中心，南京

000O017641
客座赘语：十卷 / (明)顾起元撰
明万历四十六年(1618)顾起元刻本
1993年摄制. -- 1盘卷片(22米419拍) :
1:10, 2B ; 35mm银盐
收藏馆：缩微中心，国图

000O021535
客座赘语：十卷 / (明)顾起元撰
明万历四十六年(1618)顾起元刻本
1995年摄制. -- 1盘卷片(21米419拍) :
1:10, 2B ; 35mm银盐
收藏馆：缩微中心，国图

000O027907
客座赘语：十卷 / (明)顾起元撰
清同治十年(1871)潘芷洲抄本. --(清)孙文
川跋。
1996年摄制. -- 1盘卷片(14米278拍) :
1:10, 2B ; 35mm银盐
收藏馆：缩微中心，南京

000O001815
异林：十六卷 / (明)朱谋㙔辑
明(1368-1644)帅廷镇刻本
1987年摄制. -- 1盘卷片(11.4米231拍) :
1:10, 2B ; 35mm银盐
收藏馆：缩微中心，国图

000O010174
孤树裒谈：十卷 / (明)李默撰
明(1368-1644)抄本
1989年摄制. -- 1盘卷片(29米615拍) :
1:10, 2B ; 35mm银盐
收藏馆：缩微中心，山东

000O020124
孤树裒谈：十卷 / (明)李默撰
明(1368-1644)刻本. -- 存一卷：卷一。
1994年摄制. -- 1盘卷片(4米43拍) : 1:10,
2B ; 35mm银盐

收藏馆：缩微中心，国图

000O017301
孤树裒谈：十卷 / (明)李默撰
明(1368-1644)刻本
1992年摄制. -- 1盘卷片(23米437拍) :
1:10, 2B ; 35mm银盐
收藏馆：缩微中心，国图

000O020215
孤树裒谈：五卷 / (明)李默撰
清(1644-1911)抄本. --(清)李文田校并跋。
1994年摄制. -- 1盘卷片(27米544拍) :
1:10, 2B ; 35mm银盐
收藏馆：缩微中心，国图

000O020623
皇明世说新语：八卷释名一卷 / (明)李绍文撰
明(1368-1644)刻本
1994年摄制. -- 1盘卷片(16米284拍) :
1:10, 2B ; 35mm银盐
收藏馆：缩微中心，国图

000O018308
古今谭概：三十六卷 / (明)冯梦龙撰；(明)梅之
煷阅
明(1368-1644)刻本. -- 卷二十八至卷三十配
抄本。卷二十四第十七页和第十九、第十八页
颠倒。
1993年摄制. -- 2盘卷片(41米888拍) :
1:10, 2B ; 35mm银盐
收藏馆：缩微中心，天津

000O013949
说储：八卷 / (明)陈禹谟撰
明万历(1573-1620)刻本
1991年摄制. -- 1盘卷片(10米166拍) :
1:10, 2B ; 35mm银盐
收藏馆：缩微中心，国图

000O018442
说储：八卷二集四卷 / (明)陈禹谟撰
明万历(1573-1620)刻本
1993年摄制. -- 1盘卷片(14米248拍) :
1:10, 2B ; 35mm银盐
收藏馆：缩微中心，国图

000O020387
说储：八卷二集八卷 / (明)陈禹谟撰
明万历(1573-1620)刻本
1994年摄制. -- 1盘卷片(16米321拍) :
1:10, 2B ; 35mm银盐
收藏馆：缩微中心，国图

000O019372
说储：八卷 / (明)陈禹谟撰
明(1368-1644)徐腾芳刻本
1994年摄制. -- 1盘卷片(9米138拍) ： 1:10,
2B ； 35mm银盐
收藏馆：缩微中心，国图

000O012921
说储：八卷二集八卷 / (明)陈禹谟撰
明万历三十七年(1609)徐腾芳刻本. -- (清)
丁丙跋。
1991年摄制. -- 1盘卷片(16米314拍) ：
1:10, 2B ； 35mm银盐
收藏馆：缩微中心，南京

000O014177
耳新：十卷 / (明)郑仲夔撰
明(1368-1644)刻本
1992年摄制. -- 1盘卷片(9米140拍) ： 1:10,
2B ； 35mm银盐
收藏馆：缩微中心，国图

000O023410
耳新：十卷 / (明)郑仲夔撰
清(1644-1911)抄本
1995年摄制. -- 1盘卷片(8米134拍) ： 1:10,
2B ； 35mm银盐
收藏馆：缩微中心，国图

000O009216
霞外尘谈：十卷 / (明)周应治撰
明崇祯六年(1633)刻本
1988年摄制. -- 1盘卷片(5.6米94拍) ：
1:10, 2B ； 35mm银盐
收藏馆：缩微中心，湖南

000O005265
见闻杂记：九卷续二卷 / (明)李乐撰
明万历(1573-1620)刻本
1986年摄制. -- 1盘卷片(24.6米550拍) ：
1:10, 2B ； 35mm银盐
收藏馆：缩微中心，国图

000O008757
见闻杂记：九卷续二卷 / (明)李乐撰
明万历(1573-1620)刻本. -- 本书为连卷。罗
振玉跋。
1988年摄制. -- 1盘卷片(27米596拍) ：
1:10, 2B ； 35mm银盐
收藏馆：缩微中心，重庆

000O020185
玉剑尊闻：十卷 / (清)梁维枢撰

清顺治(1644-1661)赐麟堂刻本
1994年摄制. -- 1盘卷片(19米366拍) ：
1:10, 2B ； 35mm银盐
收藏馆：缩微中心，国图

000O016827
渠丘耳梦录：四卷 / (清)张贞撰
清康熙四十八年(1709)张贞刻本
1993年摄制. -- 1盘卷片(8米113拍) ： 1:10,
2B ； 35mm银盐
收藏馆：缩微中心，国图

000O023818
见闻记略：四卷 / (清)杨树本撰
清(1644-1911)稿本
1995年摄制. -- 1盘卷片(5米80拍) ： 1:10,
2B ； 35mm银盐
收藏馆：缩微中心，浙江

000O030045
柳崖外编：十六卷 / (清)徐昆撰
清乾隆五十七年(1792)贮书楼刻本
2001年摄制. -- 1盘卷片(29米589拍) ：
1:10, 2B ； 35mm银盐
收藏馆：缩微中心，天津

000O020892
铁若笔谈初集：四卷 / (清)萨克达·双保撰
清(1644-1911)抄本
1994年摄制. -- 1盘卷片(12米203拍) ：
1:10, 2B ； 35mm银盐
收藏馆：缩微中心，国图

000O026326
铸庵随笔二编：八卷 / (清)张培仁撰
清(1644-1911)稿本
1996年摄制. -- 1盘卷片(15.5米296拍) ：
1:10, 2B ； 35mm银盐
收藏馆：缩微中心，湖北

000O018006
初月楼闻见录：十卷 / (清)吴德旋撰
清(1644-1911)抄本
1993年摄制. -- 1盘卷片(8米125拍) ： 1:10,
2B ； 35mm银盐
收藏馆：缩微中心，国图

000O021530
增删坚瓠集：八卷 / (清)汪燮辑
清乾隆二十一年(1756)汪氏刻本
1995年摄制. -- 1盘卷片(18米345拍) ：
1:10, 2B ； 35mm银盐
收藏馆：缩微中心，国图

000O013622
山海经传：十八卷 / (晋)郭璞传
明成化四年(1468)北京国子监刻本
1991年摄制. -- 1盘卷片(11米167拍) :
1:10, 2B ; 35mm银盐
收藏馆：缩微中心，国图

000O008997
山海经：十八卷；水经：四十卷 / (晋)郭璞传；
(汉)桑钦撰；(北魏)郦道元注
明嘉靖十三年(1534)黄省曾刻本
1988年摄制. -- 2盘卷片(47.5米994拍) :
1:10, 2B ; 35mm银盐
收藏馆：缩微中心，湖北

000O009074
山海经：十八卷 / (晋)郭璞传
明嘉靖十三年(1534)黄省曾刻本. -- 据山海
经水经合刻本刻.
1988年摄制. -- 1盘卷片(8.2米152拍) :
1:10, 2B ; 35mm银盐
收藏馆：缩微中心，湖南

000O004577
山海经传：十八卷 / (晋)郭璞撰
明万历(1573-1620)吴琯刻古今逸史本. --
(清)邵恩多校并跋.
1987年摄制. -- 1盘卷片(8米151拍) : 1:10,
2B ; 35mm银盐
收藏馆：缩微中心，国图

000O013310
山海经：十八卷 / (晋)郭璞传；(晋)蒋应镐绘
明(1368-1644)刻本
1987年摄制. -- 1盘卷片(12.4米257拍) :
1:9, 2B ; 35mm银盐
收藏馆：缩微中心，重庆

000O003983
山海经传：十八卷 / (晋)郭璞传
明(1368-1644)抄本
1986年摄制. -- 1盘卷片(6.3米128拍) :
1:10, 2B ; 35mm银盐
收藏馆：缩微中心，国图

000O005767
山海经：十八卷 / (晋)郭璞注
清康熙五十三年至五十四年(1714-1715)项纲
群玉书堂刻本. -- (清)王念孙校注，(清)费
念慈跋.
1987年摄制. -- 1盘卷片(7米141拍) : 1:10,
2B ; 35mm银盐
收藏馆：缩微中心，国图

000O005950
山海经传：十八卷 / (晋)郭璞传
清康熙五十三年(1714)项纲群玉书堂刻本. --
(□)□□泰临(清)何焯校跋。
1987年摄制. -- 1盘卷片(7.4米140拍) :
1:10, 2B ; 35mm银盐
收藏馆：缩微中心，国图

000O005143
山海经传：十八卷 / (晋)郭璞撰
清乾隆(1736-1795)黄晟槐荫草堂刻本
1986年摄制. -- 1盘卷片(7.8米151拍) :
1:10, 2B ; 35mm银盐
收藏馆：缩微中心，国图

000O008945
山海经：十八卷 / (晋)郭璞传；(宋)刘辰翁评
明末(1621-1644)刻本
1988年摄制. -- 1盘卷片(11米174拍) :
1:10, 2B ; 35mm银盐
收藏馆：缩微中心，湖北

000O028014
山海经：十八卷 / (晋)郭璞传；(清)毕沅校正.
古今本篇目考：一卷 / (清)毕沅撰
清乾隆四十六年(1781)毕氏灵岩山馆刻经
训堂丛书本. -- 山海经卷三至卷四配清
(1644-1911)抄本。(清)卢文弨校，(清)丁丙
跋。
1996年摄制. -- 1盘卷片(12米217拍) :
1:10, 2B ; 35mm银盐
收藏馆：缩微中心，南京

000O015433
山海经释义：十八卷 / (明)王崇庆撰
明嘉靖(1522-1566)刻本
1992年摄制. -- 1盘卷片(11米196拍) :
1:10, 2B ; 35mm银盐
收藏馆：缩微中心，国图

000O021968
山海经释义：十八卷 / (晋)郭璞撰；(明)王崇庆
释义
明嘉靖(1522-1566)刻本
1995年摄制. -- 1盘卷片(12米199拍) :
1:10, 2B ; 35mm银盐
收藏馆：缩微中心，国图

000O016658
山海经释义：十八卷图一卷 / (明)王崇庆撰
明万历二十五年(1597)蒋一葵尧山堂刻本
1993年摄制. -- 1盘卷片(17米304拍) :
1:10, 2B ; 35mm银盐

收藏馆：缩微中心，国图

00O017701
新刻山海经图：二卷
明(1368-1644)胡文焕刻格致丛书本. -- 郑振铎跋。
1993年摄制. -- 1盘卷片(9米142拍) ： 1:10,
2B ； 35mm银盐
收藏馆：缩微中心，国图

00O019832
穆天子传：六卷 / (晋)郭璞注；(明)程荣校
明万历(1573-1620)程荣刻汉魏丛书本. -- 钤"尧翁更字复翁"。(清)黄丕烈校并跋。
1994年摄制. -- 1盘卷片(4米51拍) ： 1:10,
2B ； 35mm银盐
收藏馆：缩微中心，天津

00O002147
穆天子传注：六卷 / (晋)郭璞撰
明(1368-1644)抄本
1986年摄制. -- 1盘卷片(3米29拍) ： 1:10,
2B ； 35mm银盐
收藏馆：缩微中心，国图

00O002243
穆天子传：六卷 / (晋)郭璞注
清光绪(1875-1908)翁斌孙抄本. -- (清)翁斌孙录(清)卢文弨校跋。
1986年摄制. -- 1盘卷片(4米49拍) ： 1:10,
2B ； 35mm银盐
收藏馆：缩微中心，国图

00O025501
覆校穆天子传：六卷补遗一卷 / (晋)郭璞注；(清)翟云升校
清道光(1821-1850)翟氏刻五经岁遍斋校书三种本. -- 王国维注并跋。
1996年摄制. -- 1盘卷片(4米43拍) ： 1:10,
2B ； 35mm银盐
收藏馆：缩微中心，国图

00O008437
海内十洲记：一卷 / [题](汉)东方朔撰 . 集异记：二卷 / (唐)薛用弱撰 . 汉武帝别国洞冥记：四卷 / [题](汉)郭宪撰
明(1368-1644)抄本
1988年摄制. -- 1盘卷片(3米20拍) ： 1:10,
2B ； 35mm银盐
收藏馆：缩微中心，国图

00O008438
汉武帝别国洞冥记：四卷 / [题](汉)郭宪撰 . 集

异记：二卷 / (唐)薛用弱撰 . 海内十洲记：一卷 / [题](汉)东方朔撰
明(1368-1644)抄本
1988年摄制. -- 1盘卷片(3米20拍) ： 1:10,
2B ； 35mm银盐
收藏馆：缩微中心，国图

00O006977
新刻出像增补搜神记：六卷
明万历(1573-1620)金陵唐氏富春堂刻本
1986年摄制. -- 1盘卷片(12米241拍) ：
1:10, 2B ； 35mm银盐
收藏馆：缩微中心，国图

00O017056
新刻出像增补搜神记：六卷
明万历(1573-1620)唐氏富春堂刻本
1993年摄制. -- 1盘卷片(12米207拍) ：
1:10, 2B ； 35mm银盐
收藏馆：缩微中心，国图

00O005924
西京杂记：六卷 / [题](晋)葛洪撰
明(1368-1644)沈氏野竹斋刻本. -- 莫棠跋。
1987年摄制. -- 1盘卷片(3.7米50拍) ：
1:10, 2B ； 35mm银盐
收藏馆：缩微中心，国图

00O014402
西京杂记：六卷 / [题](晋)葛洪撰
明(1368-1644)沈氏野竹斋刻本
1992年摄制. -- 1盘卷片(4米42拍) ： 1:10,
2B ； 35mm银盐
收藏馆：缩微中心，国图

00O009214
西京杂记：六卷 / [题](晋)葛洪撰
明嘉靖三十一年(1552)孔天胤刻本. -- 叶德辉、叶启勋跋。
1988年摄制. -- 1盘卷片(4.3米63拍) ：
1:10, 2B ； 35mm银盐
收藏馆：缩微中心，湖南

00O022241
西京杂记：六卷 / [题](晋)葛洪撰
明万历三十年(1602)陕西布政使司刻秦汉图记本. -- (清)黄丕烈校并跋。
1995年摄制. -- 1盘卷片(5米55拍) ： 1:10,
2B ； 35mm银盐
收藏馆：缩微中心，国图

00O019173
西京杂记：六卷 / [题](晋)葛洪撰

明万历(1573-1620)刻本
1994年摄制. -- 1盘卷片(5米56拍) : 1:10,
2B ; 35mm银盐
收藏馆：缩微中心，国图

000O003085
王子年拾遗记：十卷 / [题](后秦)王嘉撰
明嘉靖十三年(1534)顾春世德堂刻本. --
(清)孙江跋。
1986年摄制. -- 1盘卷片(7米131拍) : 1:10,
2B ; 35mm银盐
收藏馆：缩微中心，国图

000O005323
王子年拾遗记：十卷 / [题](后秦)王嘉撰；(梁)萧绮辑
明嘉靖十三年(1534)吴郡顾春世德堂刻本. --
(明)赵六息校并跋，(清)陈仲和跋。
1986年摄制. -- 1盘卷片(7.2米136拍) :
1:10, 2B ; 35mm银盐
收藏馆：缩微中心，国图

000O023212
王子年拾遗记：十卷 / [题](后秦)王嘉撰
明嘉靖十三年(1534)顾春世德堂刻本
1995年摄制. -- 1盘卷片(8米114拍) : 1:10,
2B ; 35mm银盐
收藏馆：缩微中心，国图

000O032053
王子年拾遗记：十卷 / [题](后秦)王嘉撰；(梁)萧绮辑
明嘉靖十三年(1534)顾春世德堂刻本. -- 十
行十八字白口左右双边。(明)赵六息校并跋，
(清)陈仲和跋。
2011年摄制. -- 1盘卷片(9米142拍) : 1:13,
2B ; 35mm银盐
收藏馆：缩微中心，国图

000O029644
王子年拾遗记：十卷 / [题](后秦)王嘉撰
明(1368-1644)刻本
2000年摄制. -- 1盘卷片(7米135拍) : 1:10,
2B ; 35mm银盐
收藏馆：缩微中心，南京

000O002126
述异记：二卷 / [题](梁)任昉撰
明(1368-1644)刻本. -- 佚名录(清)叶万校
跋。
1986年摄制. -- 1盘卷片(3.6米49拍) :
1:10, 2B ; 35mm银盐
收藏馆：缩微中心，国图

000O004048
唐段少卿酉阳杂俎：前集二十卷续集十卷 / (唐)段成式撰
明万历三十六年(1608)李云鹄刻本
1985年摄制. -- 1盘卷片(16米338拍) :
1:10, 2B ; 35mm银盐
收藏馆：缩微中心，国图

000O018705
唐段少卿酉阳杂俎：前集二十卷续集十卷 / (唐)段成式撰
明万历三十六年(1608)李云鹄刻本
1994年摄制. -- 1盘卷片(17米330拍) :
1:10, 2B ; 35mm银盐
收藏馆：缩微中心，国图

000O023218
唐段少卿酉阳杂俎：前集二十卷续集十卷 / (唐)段成式撰
明万历三十六年(1608)李云鹄刻本
1995年摄制. -- 1盘卷片(17米338拍) :
1:10, 2B ; 35mm银盐
收藏馆：缩微中心，国图

000O003999
唐段少卿酉阳杂俎：二十卷 / (唐)段成式撰
明(1368-1644)刻本
1985年摄制. -- 1盘卷片(11.6米241拍) :
1:10, 2B ; 35mm银盐
收藏馆：缩微中心，国图

000O023219
唐段少卿酉阳杂俎：二十卷 / (唐)段成式撰
明(1368-1644)刻本
1995年摄制. -- 1盘卷片(11米185拍) :
1:10, 2B ; 35mm银盐
收藏馆：缩微中心，国图

000O027902
唐段少卿酉阳杂俎：二十卷 / (唐)段成式撰
明(1368-1644)刻本. -- (清)丁丙跋。
1996年摄制. -- 1盘卷片(12米227拍) :
1:10, 2B ; 35mm银盐
收藏馆：缩微中心，南京

000O020597
唐段少卿酉阳杂俎：前集二十卷续集十卷 / (唐)段成式撰
明万历三十六年(1608)李云鹄刻本
1994年摄制. -- 1盘卷片(18米332拍) :
1:10, 2B ; 35mm银盐
收藏馆：缩微中心，国图

00O003046
前定录：一卷续录一卷 / (唐)钟辂撰
明(1368-1644)抄本
1986年摄制. -- 1盘卷片(4米47拍) : 1:10, 2B ; 35mm银盐
收藏馆：缩微中心，国图

00O011515
阙史：二卷 / (五代)高彦休撰
清康熙(1662-1722)抄本
1990年摄制. -- 1盘卷片(3米25拍) : 1:10, 2B ; 35mm银盐
收藏馆：缩微中心，甘肃

00O007325
独异志：三卷 / (唐)李冗撰
明(1368-1644)抄本
1987年摄制. -- 1盘卷片(4米61拍) : 1:10, 2B ; 35mm银盐
收藏馆：缩微中心，国图

00O001591
广异记：六卷
清(1644-1911)抄本. -- (清)周星诒校并跋，(清)蒋凤藻跋。
1986年摄制. -- 1盘卷片(6米92拍) : 1:10, 2B ; 35mm银盐
收藏馆：缩微中心，国图

00O003081
广异记：六卷
清(1644-1911)抄本
1986年摄制. -- 1盘卷片(6米119拍) : 1:10, 2B ; 35mm银盐
收藏馆：缩微中心，国图

00O004535
录异记：八卷 / (五代)杜光庭撰
明(1368-1644)抄本
1987年摄制. -- 1盘卷片(5米69拍) : 1:10, 2B ; 35mm银盐
收藏馆：缩微中心，国图

00O001513
太平广记：五百卷 / (宋)李昉[等]辑
明嘉靖四十五年(1566)刻本
1986年摄制. -- 6盘卷片(180.1米4063拍) : 1:10, 2B ; 35mm银盐
收藏馆：缩微中心，吉林

00O012269
太平广记：五百卷目录十卷 / (宋)李昉辑
明嘉靖四十五年(1566)谈恺刻本. -- (清)丁丙跋。
1990年摄制. -- 7盘卷片(176米4186拍) : 1:10, 2B ; 35mm银盐
收藏馆：缩微中心，南京

00O014581
太平广记：五百卷目录十卷 / (宋)李昉[等]辑
明嘉靖四十五年(1566)谈恺刻本. -- 卷七至卷十、卷十七至卷二十、卷二百六十一至卷二百六十四、卷三百六至卷三百七、卷四百七十七、目录卷八至卷十配清(1644-1911)抄本。(清)周星诒跋。
1992年摄制. -- 7盘卷片(195米3899拍) : 1:10, 2B ; 35mm银盐
收藏馆：缩微中心，国图

00O009438
太平广记：五百卷目录十卷 / (宋)李昉[等]辑
明(1368-1644)许自昌刻本
1988年摄制. -- 7盘卷片(174米3808拍) : 1:9, 2B ; 35mm银盐
收藏馆：缩微中心，重庆

00O023197
太平广记：五百卷目录十卷 / (宋)李昉[等]辑
明(1368-1644)刻本. -- (清)吴骞跋，(清)陈鳣校。
1995年摄制. -- 6盘卷片(171米3592拍) : 1:10, 2B ; 35mm银盐
收藏馆：缩微中心，国图

00O023200
太平广记：五百卷目录十卷 / (宋)李昉[等]辑
明(1368-1644)沈氏野竹斋刻本
1995年摄制. -- 6盘卷片(180米3797拍) : 1:10, 2B ; 35mm银盐
收藏馆：缩微中心，国图

00O026363
太平广记引用书目：一卷补一卷 / 杨守敬撰
清(1644-1911)稿本
1997年摄制. -- 1盘卷片(3米40拍) : 1:10, 2B ; 35mm银盐
收藏馆：缩微中心，湖北

00O004379
附太平广记通志等书签讹总档：不分卷
清(1644-1911)稿本
1986年摄制. -- 1盘卷片(21米468拍) : 1:10, 2B ; 35mm银盐
收藏馆：缩微中心，国图

000○003077
括异志：十卷 / (宋)张师正撰
明正德十年(1515)俞洪抄本
1986年摄制. -- 1盘卷片(7米127拍)：1:10，
2B；35mm银盐
收藏馆：缩微中心，国图

000○028179
括异志：十卷 / (宋)张师正撰
明(1368-1644)抄本. -- (清)黄丕烈跋。
1996年摄制. -- 1盘卷片(9.5米164拍)：
1:10，2B；35mm银盐
收藏馆：缩微中心，南京

000○002290
括异志：十卷 / (宋)张师正撰
清(1644-1911)抄本
1986年摄制. -- 1盘卷片(7米129拍)：1:10，
2B；35mm银盐
收藏馆：缩微中心，国图

000○003917
友会谈丛：三卷 / (宋)上官融撰
清(1644-1911)抄本. -- (清)周星诒校并跋。
1986年摄制. -- 1盘卷片(4米45拍)：1:10，
2B；35mm银盐
收藏馆：缩微中心，国图

000○012537
青琐高议：前集十卷后集十卷别集七卷 / (宋)刘斧撰
明万历(1573-1620)张梦锡刻本. -- 存六卷：
前集卷一至卷二、卷六至卷九。(明)张梦锡校。
1990年摄制. -- 1盘卷片(5.3米90拍)：
1:10，2B；35mm银盐
收藏馆：缩微中心，辽宁

000○017555
青琐高议：前集十卷后集十卷别集七卷 / (宋)刘斧撰
明(1368-1644)抄本. -- (清)陈宝晋跋。
1993年摄制. -- 1盘卷片(15米271拍)：
1:10，2B；35mm银盐
收藏馆：缩微中心，国图

000○027963
青琐高议：前集十卷后集十卷别集七卷 / (宋)刘斧撰
清(1644-1911)红药山房抄本. -- 存二十六
卷：前集卷一至卷十、后集卷一至卷九、别集
卷一至卷七。(清)丁丙跋。
1996年摄制. -- 1盘卷片(15米307拍)：

1:10，2B；35mm银盐
收藏馆：缩微中心，南京

000○023199
新增京本青琐高议：前集十卷后集十卷 / (宋)刘斧撰
明(1368-1644)抄本. -- 存十三卷：前集卷一
至卷五、后集卷一至卷八。
1995年摄制. -- 1盘卷片(10米174拍)：
1:10，2B；35mm银盐
收藏馆：缩微中心，国图

000○023198
青琐高议：前集十卷后集十卷 / (宋)刘斧撰
清(1644-1911)抄本
1995年摄制. -- 1盘卷片(12米224拍)：
1:10，2B；35mm银盐
收藏馆：缩微中心，国图

000○028143
五色线集：三卷
明(1368-1644)刻本
1996年摄制. -- 1盘卷片(8米116拍)：1:10，
2B；35mm银盐
收藏馆：缩微中心，南京

000○004159
灯下闲谈：二卷
清(1644-1911)抄本
1986年摄制. -- 1盘卷片(3.9米50拍)：
1:10，2B；35mm银盐
收藏馆：缩微中心，国图

000○004564
阴德录：一卷
明(1368-1644)刻本
1987年摄制. -- 1盘卷片(3米37拍)：1:10，
2B；35mm银盐
收藏馆：缩微中心，国图

000○004963
稽神录：六卷拾遗一卷 / (宋)徐铉撰
明末(1621-1644)抄本
1987年摄制. -- 1盘卷片(5.9米105拍)：
1:10，2B；35mm银盐
收藏馆：缩微中心，国图

000○008440
江淮异人录：一卷 / (宋)吴淑撰 . 疑仙传：三卷 / [题](□)隐夫玉简撰 . 仙苑编珠：三卷 / (唐)王松年撰
明(1368-1644)抄本
1988年摄制. -- 1盘卷片(3米20拍)：1:10，

2B ；35mm银盐
收藏馆：缩微中心，国图

00O013511
鬼董：五卷
清(1644-1911)抄本
1991年摄制. -- 1盘卷片(5米67拍) ：1:10，
2B ；35mm银盐
收藏馆：缩微中心，国图

00O004821
鬼董狐：五卷
清(1644-1911)抄本. -- (清)蔡廷相校并跋。
1986年摄制. -- 1盘卷片(5.2米86拍) ：
1:10, 2B ；35mm银盐
收藏馆：缩微中心，国图

00O000185
新编分类夷坚志：五十一卷 / (宋)洪迈撰；(宋)叶祖荣辑
明嘉靖二十五年(1546)洪楩清平山堂刻本
1985年摄制. -- 1盘卷片(29米653拍) ：
1:10, 2B ；35mm银盐
收藏馆：缩微中心，国图

00O000993
新订增补夷坚志：五十卷 / (宋)洪迈撰；(明)钟惺评
明(1368-1644)李玄晖邓嗣德刻本
1985年摄制. -- 1盘卷片(26米581拍) ：
1:10, 2B ；35mm银盐
收藏馆：缩微中心，国图

00O017099
夷坚志：甲集二卷乙集二卷丙集二卷丁集二卷戊集二卷己集二卷庚集二卷辛集二卷壬集二卷癸集二卷 / (宋)洪迈撰
清乾隆四十三年(1778)周楺耕烟草堂刻本. -- 陈乃乾校跋并录(清)黄丕烈题识。
1993年摄制. -- 2盘卷片(56米1117拍) ：
1:10, 2B ；35mm银盐
收藏馆：缩微中心，国图

00O000912
湖海新闻夷坚续志后集：六卷
明(1368-1644)抄本
1985年摄制. -- 1盘卷片(6米99拍) ：1:10，
2B ；35mm银盐
收藏馆：缩微中心，国图

00O007324
重刊湖海新闻夷坚续志后集：不分卷
明(1368-1644)薛诩刻本

1987年摄制. -- 1盘卷片(6米102拍) ：1:10，
2B ；35mm银盐
收藏馆：缩微中心，国图

00O016394
续夷坚志：前集一卷后集一卷 / [题](金)元好问撰
清(1644-1911)抄本
1992年摄制. -- 1盘卷片(6米94拍) ：1:10，
2B ；35mm银盐
收藏馆：缩微中心，国图

00O027964
重刊湖海新闻夷坚续志：前集二卷后集二卷补遗一卷
清(1644-1911)抄本
1996年摄制. -- 1盘卷片(16米330拍) ：
1:10, 2B ；35mm银盐
收藏馆：缩微中心，南京

00O002336
耆旧续闻：十卷 / (宋)陈鹄撰
清(1644-1911)抄本. -- (清)翁同书校并跋。
1986年摄制. -- 1盘卷片(5.9米102拍) ：
1:10, 2B ；35mm银盐
收藏馆：缩微中心，国图

00O014257
西塘集耆旧续闻：十卷 / (宋)陈鹄撰
清(1644-1911)抄本. -- □根石校并跋。
1992年摄制. -- 1盘卷片(6米77拍) ：1:10，
2B ；35mm银盐
收藏馆：缩微中心，国图

00O015653
西塘集耆旧续闻：十卷 / (宋)陈鹄撰
清(1644-1911)抄本
1993年摄制. -- 1盘卷片(6米78拍) ：1:10，
2B ；35mm银盐
收藏馆：缩微中心，国图

00O006976
新编连相搜神广记：前集一卷后集一卷 / (元)秦子晋撰
元(1271-1368)刻本
1986年摄制. -- 1盘卷片(5米83拍) ：1:10，
2B ；35mm银盐
收藏馆：缩微中心，国图

00O012058
雪牕谭翼：八卷 / (明)杨循吉辑
明(1368-1644)刻本
1990年摄制. -- 2盘卷片(33.2米684拍) ：

1:10, 2B ; 35mm银盐
收藏馆：缩微中心，山西

000O019180
湖海搜奇：二卷 / (明)王兆云撰
明(1368-1644)徐应瑞舒世忠刻本
1994年摄制. -- 1盘卷片(6米88拍) : 1:10, 2B ; 35mm银盐
收藏馆：缩微中心，国图

000O017759
白醉璅言：二卷 / (明)王兆云撰
明(1368-1644)徐应瑞刻本. -- 郑振铎跋。
1993年摄制. -- 1盘卷片(7米118拍) : 1:10, 2B ; 35mm银盐
收藏馆：缩微中心，国图

000O002036
挥麈新谭：二卷 / (明)王兆云撰
明(1368-1644)三衢徐应瑞刻本
1986年摄制. -- 1盘卷片(8米133拍) : 1:10, 2B ; 35mm银盐
收藏馆：缩微中心，国图

000O018659
挥麈新谭：二卷 / (明)王兆云撰
明(1368-1644)徐应瑞刻本. -- 郑振铎跋。
1994年摄制. -- 1盘卷片(8米127拍) : 1:10, 2B ; 35mm银盐
收藏馆：缩微中心，国图

000O024319
祝子志怪录：五卷 / (明)祝允明撰
明万历四十年(1612)祝世廉刻本
1996年摄制. -- 1盘卷片(8米139拍) : 1:10, 2B ; 35mm银盐
收藏馆：缩微中心，国图

000O015136
西樵野纪：十卷 / (明)侯甸撰
明(1368-1644)抄本. -- 存五卷：卷一至卷五。
1992年摄制. -- 1盘卷片(4米43拍) : 1:10, 2B ; 35mm银盐
收藏馆：缩微中心，国图

000O001279
汴京勾异记：八卷 / (明)李濂辑
明嘉靖二十六年(1547)李濂刻本
1985年摄制. -- 1盘卷片(7.6米141拍) : 1:10, 2B ; 35mm银盐
收藏馆：缩微中心，国图

000O015540
新镌仙媛纪事：九卷补遗一卷 / (明)杨尔曾撰
明万历三十年(1602)杨尔曾草玄居刻本
1993年摄制. -- 1盘卷片(18米325拍) : 1:10, 2B ; 35mm银盐
收藏馆：缩微中心，国图

000O017065
新镌仙媛纪事：九卷补遗一卷 / (明)杨尔曾撰
明万历三十年(1602)杨尔曾草玄居刻本
1993年摄制. -- 1盘卷片(17米326拍) : 1:10, 2B ; 35mm银盐
收藏馆：缩微中心，国图

000O028329
闻见录：一卷 / (明)姚宣集
明(1368-1644)抄本
1998年摄制. -- 1盘卷片(3米41拍) : 1:10, 2B ; 35mm银盐
收藏馆：缩微中心，广东

000O001893
寅斋闻见：一卷 / (明)姚宣撰
明末(1621-1644)毛氏汲古阁抄本
1986年摄制. -- 1盘卷片(4米45拍) : 1:10, 2B ; 35mm银盐
收藏馆：缩微中心，国图

000O027491
冶城客轮：一卷 / (明)陆采撰
清(1644-1911)抄本. -- (清)丁丙跋。
1996年摄制. -- 1盘卷片(5米69拍) : 1:10, 2B ; 35mm银盐
收藏馆：缩微中心，南京

000O002010
玉茗堂摘评王弇州先生艳异编：十二卷 / [题](明)王世贞撰；(明)汤显祖评
明(1368-1644)刻套印本
1986年摄制. -- 1盘卷片(15米317拍) : 1:10, 2B ; 35mm银盐
收藏馆：缩微中心，国图

000O017845
玉茗堂摘评王弇州先生艳异编：十二卷 / [题](明)王世贞撰；(明)汤显祖评
明(1368-1644)刻套印本
1993年摄制. -- 1盘卷片(16米290拍) : 1:10, 2B ; 35mm银盐
收藏馆：缩微中心，国图

000O031907
玉茗堂摘评王弇州先生艳异编：十二卷 /

[题](明)王世贞撰；(明)汤显祖评
明(1368-1644)刻套印本. -- 存八卷：卷一至卷八。
2010年摄制. -- 1盘卷片(15米256拍)：1:10, 2B；35mm银盐
收藏馆：缩微中心，国图

000O031955
玉茗堂摘评王弇州先生艳异编：十二卷 / [题](明)王世贞撰；(明)汤显祖评
明(1368-1644)刻套印本
2010年摄制. -- 1盘卷片(20米360拍)：1:12, 2B；35mm银盐
收藏馆：缩微中心，国图

000O002069
玉茗堂摘评王弇州先生艳异编：十二卷 / [题](明)王世贞撰；(明)汤显祖评
明(1368-1644)刻套印本. -- 存八卷：卷一至卷八。
1986年摄制. -- 1盘卷片(11米223拍)：1:10, 2B；35mm银盐
收藏馆：缩微中心，国图

000O028712
新镌玉茗堂批选王弇州先生艳异编：四十卷 / (明)王世贞撰
明末(1621-1644)刻本
1997年摄制. -- 1盘卷片(28米663拍)：1:10, 2B；35mm银盐
收藏馆：缩微中心，吉林

000O028713
新镌玉茗堂批选王弇州先生艳异编：十九卷 / (明)王世贞撰
明末(1621-1644)刻本
1997年摄制. -- 1盘卷片(13米297拍)：1:10, 2B；35mm银盐
收藏馆：缩微中心，吉林

000O006081
艳异编：四十卷续编十九卷 / (明)王世贞编
明末(1621-1644)刻本. -- 续编存九卷：卷一至卷九。
1987年摄制. -- 2盘卷片(48米1067拍)：1:10, 2B；35mm银盐
收藏馆：缩微中心，吉林

000O023227
艳异编：十二卷
明(1368-1644)刻本
1995年摄制. -- 2盘卷片(46米950拍)：1:10, 2B；35mm银盐

收藏馆：缩微中心，国图

000O005361
艳异编：四十五卷
明(1368-1644)刻本
1986年摄制. -- 2盘卷片(47米1032拍)：1:10, 2B；35mm银盐
收藏馆：缩微中心，国图

000O016234
艳异编：四十五卷
明(1368-1644)刻本. -- 存四十二卷：卷一至卷九、卷十三至卷四十五。
1993年摄制. -- 2盘卷片(46米899拍)：1:10, 2B；35mm银盐
收藏馆：缩微中心，国图

000O006928
说听：四卷 / (明)陆延枝撰
明万历十八年(1590)刻烟霞小说本
1986年摄制. -- 1盘卷片(7米121拍)：1:10, 2B；35mm银盐
收藏馆：缩微中心，国图

000O018322
无如：四卷 / (明)吕坤辑
明万历二十年(1592)刻本. -- 钤"吴式芬"印。(清)吴式芬题识。
1993年摄制. -- 1盘卷片(4米53拍)：1:10, 2B；35mm银盐
收藏馆：缩微中心，天津

000O021485
新刻徐比部燕山丛录：二十二卷 / (明)徐昌祚撰
明万历三十年(1602)徐昌祚刻本
1995年摄制. -- 1盘卷片(12米208拍)：1:10, 2B；35mm银盐
收藏馆：缩微中心，国图

000O013379
新刻徐比部燕山丛录：二十二卷 / (明)徐昌祚撰
清(1644-1911)抄本. -- 存二十一卷：卷一至卷二十一。
1991年摄制. -- 1盘卷片(11米192拍)：1:10, 2B；35mm银盐
收藏馆：缩微中心，国图

000O007143
仙佛奇踪：八卷 / (明)洪应明撰
明万历(1573-1620)刻本
1987年摄制. -- 1盘卷片(18.1米387拍)：1:10, 2B；35mm银盐
收藏馆：缩微中心，重庆

00○017091
仙佛奇踪：八卷 / (明)洪应明撰
明万历(1573-1620)刻本. -- 存三卷：仙卷二至卷三、佛卷二。
1993年摄制. -- 1盘卷片(8米131拍) : 1:10, 2B ; 35mm银盐
收藏馆：缩微中心，国图

00○006885
月旦堂仙佛奇踪合刻：八卷 / (明)洪应明撰
明(1368-1644)刻本
1987年摄制. -- 1盘卷片(14.7米307拍) : 1:8, 2B ; 35mm银盐
收藏馆：缩微中心，重庆

00○030035
狯园：十六卷 / (明)钱希言撰
清乾隆三十九年(1774)鲍氏知不足斋校刻巾箱本
2001年摄制. -- 1盘卷片(32米642拍) : 1:10, 2B ; 35mm银盐
收藏馆：缩微中心，天津

00○001969
狯园：十六卷 / (明)钱希言撰
清(1644-1911)抄本. -- (清)金泰阶跋，(清)陆维垣、(清)王叔掖题款，(清)金心山批并跋。
1986年摄制. -- 1盘卷片(24米535拍) : 1:10, 2B ; 35mm银盐
收藏馆：缩微中心，国图

00○001664
敝帚轩剩语：三卷补遗一卷 / (明)沈德符撰
清(1644-1911)抄本. -- (清)周星诒批校并跋。
1986年摄制. -- 1盘卷片(7米123拍) : 1:10, 2B ; 35mm银盐
收藏馆：缩微中心，国图

00○005760
新刻耳谈：十五卷 / (明)王同轨撰
明(1368-1644)刻本
1987年摄制. -- 1盘卷片(17米369拍) : 1:10, 2B ; 35mm银盐
收藏馆：缩微中心，国图

00○014214
阁史：一卷 / (明)周时复撰
清初(1644-1722)刻本
1992年摄制. -- 1盘卷片(4米44拍) : 1:10, 2B ; 35mm银盐
收藏馆：缩微中心，国图

00○002224
述异补遗：一卷
明(1368-1644)抄本
1986年摄制. -- 1盘卷片(3米38拍) : 1:10, 2B ; 35mm银盐
收藏馆：缩微中心，国图

00○015240
缀玉初编：二卷 / (明)施廉撰
清康熙十六年(1677)施埏宝刻本
1992年摄制. -- 1盘卷片(9米156拍) : 1:10, 2B ; 35mm银盐
收藏馆：缩微中心，国图

00○024185
情史类略：二十四卷 / (明)冯梦龙辑
明末(1621-1644)刻本. -- 版框高二十厘米宽十四厘米。
1996年摄制. -- 2盘卷片(61米1281拍) : 1:10, 2B ; 35mm银盐
收藏馆：缩微中心，广东

00○013308
情史类略：二十四卷 / (明)冯梦龙辑
清初(1644-1722)芥子园刻本
1987年摄制. -- 2盘卷片(44.4米962拍) : 1:9, 2B ; 35mm银盐
收藏馆：缩微中心，重庆

00○030044
情史类略：二十四卷 / (明)冯梦龙辑
清乾隆四十九年(1784)刻巾箱本
2001年摄制. -- 2盘卷片(47米922拍) : 1:10, 2B ; 35mm银盐
收藏馆：缩微中心，天津

00○013428
见闻录：四卷 / (清)徐岳撰
清乾隆十七年(1752)大德堂刻本. -- 傅增湘跋。
1991年摄制. -- 1盘卷片(13米231拍) : 1:10, 2B ; 35mm银盐
收藏馆：缩微中心，国图

00○016819
雷江脞录：四卷 / (清)章孝基撰
清(1644-1911)抄本
1993年摄制. -- 1盘卷片(6米85拍) : 1:10, 2B ; 35mm银盐
收藏馆：缩微中心，国图

00○003882
阅微草堂笔记：二十四卷 / (清)纪昀撰

清嘉庆二十一年(1816)北平盛氏刻本. --
(清)徐时栋批注并跋。
1986年摄制. -- 2盘卷片(39米833拍)：
1:10, 2B；35mm银盐
收藏馆：缩微中心，国图

000O032082

阅微草堂笔记：二十四卷 / (清)纪昀撰
清嘉庆二十一年(1816)北平盛氏刻本. -- 十
行二十一字黑口四周双边。(清)徐时栋批注并
跋。
2011年摄制. -- 2盘卷片(43米845拍)：
1:11, 2B；35mm银盐
收藏馆：缩微中心，国图

000O003405

阅微草堂笔记：二十四卷 / (清)纪昀撰
清(1644-1911)北平盛氏望益书屋刻本. --
(清)翁心存批。
1986年摄制. -- 2盘卷片(39米833拍)：
1:10, 2B；35mm银盐
收藏馆：缩微中心，国图

000O016421

闻见录：五卷 / (清)黄椿撰
清(1644-1911)抄本
1993年摄制. -- 1盘卷片(17米321拍)：
1:10, 2B；35mm银盐
收藏馆：缩微中心，国图

000O008562

**穆天子传地理考证：六卷纪日干支表一卷中国
人种从来考一卷 / (清)丁谦撰**
清(1644-1911)稿本
1988年摄制. -- 1盘卷片(6米104拍)：1:10,
2B；35mm银盐
收藏馆：缩微中心，国图

000O029689

**新刻黄棠纶先生评订神仙鉴：二十二卷 / (清)徐
衢撰**
清(1644-1911)刻本. -- 卷前冠有首集、一
集、二集、三集，但卷次连属。
2001年摄制. -- 3盘卷片(94米1954拍)：
1:10, 2B；35mm银盐
收藏馆：缩微中心，天津

000O001164

东皋杂抄：三卷 / [题](□)红豆诗人撰
清(1644-1911)抄本
1985年摄制. -- 1盘卷片(5米68拍)：1:10,
2B；35mm银盐
收藏馆：缩微中心，国图

000O022441

青泥莲花记：十三卷 / (明)梅鼎祚撰
明万历三十年(1602)鹿角山房刻本
1995年摄制. -- 1盘卷片(18米360拍)：
1:10, 2B；35mm银盐
收藏馆：缩微中心，国图

000O023194

青泥莲花记：十三卷 / (明)梅鼎祚撰
明(1368-1644)刻本
1995年摄制. -- 1盘卷片(18米359拍)：
1:10, 2B；35mm银盐
收藏馆：缩微中心，国图

000O014368

桐下听然：二十二卷 / (明)夸蛾斋主人撰
明崇祯(1628-1644)德寿堂刻本. -- 存五卷：
卷一至卷五。
1992年摄制. -- 1盘卷片(7米119拍)：1:10,
2B；35mm银盐
收藏馆：缩微中心，国图

000O026808

祝氏事偶：十五卷 / (明)祝彦辑
明崇祯(1628-1644)刻本
1996年摄制. -- 1盘卷片(29米599拍)：
1:10, 2B；35mm银盐
收藏馆：缩微中心，南京

000O020744

瓻剩续编：四卷 / (清)钮琇撰
清康熙(1662-1722)临野堂刻本
1994年摄制. -- 1盘卷片(7米106拍)：1:10,
2B；35mm银盐
收藏馆：缩微中心，国图

000O004298

广陵香影录：三卷 / (清)徐凤采辑
清道光元年(1821)徐凤采刻本
1986年摄制. -- 1盘卷片(5米78拍)：1:10,
2B；35mm银盐
收藏馆：缩微中心，国图

000O021177

女世说：四卷 / (清)李清撰
清(1644-1911)刻本
1994年摄制. -- 1盘卷片(11米195拍)：
1:10, 2B；35mm银盐
收藏馆：缩微中心，国图

000O028152

开颜集：二卷 / (宋)周文玘辑
清(1644-1911)抄本. -- (清)丁丙跋。

1996年摄制. -- 1盘卷片(3.5米36拍) :
1:10, 2B ; 35mm银盐
收藏馆: 缩微中心, 南京

000O001081
妆楼记: 二卷 / [题](□)玩花主人撰
明(1368-1644)刻本
1985年摄制. -- 1盘卷片(7米110拍) : 1:10,
2B ; 35mm银盐
收藏馆: 缩微中心, 国图

000O022382
文房四友除授集: 一卷
清(1644-1911)汪氏裘杼楼抄本. -- 还有合抄
著作: 献丑集一卷/(宋)许棐撰, 骚略三卷/(宋)
高似孙撰, 耕禄稿一卷/(宋)胡锜撰。
1995年摄制. -- 1盘卷片(3米25拍) : 1:10,
2B ; 35mm银盐
收藏馆: 缩微中心, 国图

000O006092
山中一夕话: 七卷 / (宋)文同撰; (明)李卓吾编
次
明末(1621-1644)刻本
1986年摄制. -- 1盘卷片(22米474拍) :
1:10, 2B ; 35mm银盐
收藏馆: 缩微中心, 吉林

000O004447
悦容编评林: 一卷 / [题](□)长水天放生辑; (明)
屠隆评
明(1368-1644)刻套印本
1986年摄制. -- 1盘卷片(3.6米47拍) :
1:10, 2B ; 35mm银盐
收藏馆: 缩微中心, 国图

000O018979
广谐史: 十卷 / (明)陈邦俊编
明万历四十三年(1615)沈应魁刻本
1995年摄制. -- 1盘卷片(32米664拍) :
1:10, 2B ; 35mm银盐
收藏馆: 缩微中心, 国图

000O004295
古今笑: 三十六卷 / (明)冯梦龙撰
明末(1621-1644)冯氏墨憨斋刻本
1986年摄制. -- 2盘卷片(38.7米848拍) :
1:10, 2B ; 35mm银盐
收藏馆: 缩微中心, 国图

000O012599
遗愁集: 十四卷 / (清)张贵胜辑
清康熙二十七年(1688)刻本

1990年摄制. -- 1盘卷片(24.9米558拍) :
1:10, 2B ; 35mm银盐
收藏馆: 缩微中心, 辽宁

000O003163
汉武帝内传: 一卷外传一卷
明(1368-1644)抄本
1986年摄制. -- 1盘卷片(4米59拍) : 1:10,
2B ; 35mm银盐
收藏馆: 缩微中心, 国图

000O014086
飞燕外传: 一卷 / [题](汉)伶玄撰 . 梅妃传: 一
卷 . 南唐近事: 三卷 / (宋)郑文宝撰
清(1644-1911)吴氏古欢堂抄本. -- 还有合刻
著作: 杨太真外传二卷/[题](宋)乐史撰。
1992年摄制. -- 1盘卷片(3米10拍) : 1:10,
2B ; 35mm银盐
收藏馆: 缩微中心, 国图

000O023220
游仙窟: 一卷 / (唐)张鷟撰
日本刻本
1995年摄制. -- 1盘卷片(5米65拍) : 1:10,
2B ; 35mm银盐
收藏馆: 缩微中心, 国图

000O000848
重刊会真记辩: 一卷
明弘治十六年(1503)员 刻本
1985年摄制. -- 1盘卷片(4.2米55拍) :
1:10, 2B ; 35mm银盐
收藏馆: 缩微中心, 国图

000O016009
增编会真记: 四卷 / (明)顾玄纬辑
明隆庆三年(1569)顾氏众芳书斋刻本
1993年摄制. -- 1盘卷片(4米52拍) : 1:10,
2B ; 35mm银盐
收藏馆: 缩微中心, 国图

000O013429
幽怪录: 四卷 / (唐)牛僧孺撰 . 续录: 一卷 /
(唐)李复言撰
明(1368-1644)书林陈应翔刻本. -- 缪荃孙
校, 傅增湘校并跋。
1991年摄制. -- 1盘卷片(9米137拍) : 1:10,
2B ; 35mm银盐
收藏馆: 缩微中心, 国图

000O008439
集异记: 二卷 / (唐)薛用弱撰 . 汉武帝别国洞冥
记: 四卷 / [题](汉)郭宪撰 . 海内十洲记: 一卷 /

[题](汉)东方朔撰
明(1368-1644)抄本
1988年摄制. -- 1盘卷片(3米20拍) ：1:10,
2B ；35mm银盐
收藏馆：缩微中心，国图

000O025787
博异志：一卷 / (唐)郑怀古撰
瞿氏铁琴铜剑楼抄本
1996年摄制. -- 1盘卷片(3米19拍) ：1:10,
2B ；35mm银盐
收藏馆：缩微中心，国图

000O004652
博异志：一卷 / (唐)郑怀古撰．大唐传载：一卷．
卧游录：一卷 / [题](宋)吕祖谦撰
明崇祯六年(1633)孙明志抄本. -- 还有合刻
著作：山家清事一卷/(宋)林洪撰，甘泽谣一
卷附录一卷/(唐)袁郊撰。
1986年摄制. -- 1盘卷片(3米32拍) ：1:10,
2B ；35mm银盐
收藏馆：缩微中心，国图

000O003812
宣室志：十卷补遗一卷 / (唐)张读撰
明(1368-1644)抄本
1985年摄制. -- 1盘卷片(12米244拍) ：
1:10, 2B ；35mm银盐
收藏馆：缩微中心，国图

000O004653
甘泽谣：一卷附录一卷 / (唐)袁郊撰．博异志：
一卷 / (唐)郑怀古撰．大唐传载：一卷 / [题](宋)
吕祖谦撰
明崇祯十三年(1640)孙明志抄本. -- 还有合
刻著作：卧游录一卷/[题](宋)吕祖谦撰，山
家清事一卷/(宋)林洪撰。(明)孙明志校并
跋。
1986年摄制. -- 1盘卷片(3米33拍) ：1:10,
2B ；35mm银盐
收藏馆：缩微中心，国图

000O004836
传奇：三卷 / (唐)裴铏撰
清(1644-1911)抄本. -- 唐兰跋。
1986年摄制. -- 1盘卷片(5米71拍) ：1:10,
2B ；35mm银盐
收藏馆：缩微中心，国图

000O000704
剧谈录：二卷 / (唐)康骈撰
明崇祯(1628-1644)毛氏汲古阁刻津逮秘书本
1985年摄制. -- 1盘卷片(5.3米87拍) ：

1:10, 2B ；35mm银盐
收藏馆：缩微中心，国图

000O014446
剧谈录：二卷 / (唐)康骈撰
明崇祯(1628-1644)毛氏汲古阁刻津逮秘书
本. -- 缪荃孙校并跋。
1992年摄制. -- 1盘卷片(6米80拍) ：1:10,
2B ；35mm银盐
收藏馆：缩微中心，国图

000O001595
剧谈录：二卷 / (唐)康骈撰
明(1368-1644)刻本
1986年摄制. -- 1盘卷片(5米75拍) ：1:10,
2B ；35mm银盐
收藏馆：缩微中心，国图

000O003076
剧谈录：二卷 / (唐)康骈撰
明(1368-1644)刻本. -- (明)文从鼎跋。
1986年摄制. -- 1盘卷片(5米72拍) ：1:10,
2B ；35mm银盐
收藏馆：缩微中心，国图

000O003392
剧谈录：二卷 / (唐)康骈撰
明(1368-1644)刻本. -- (清)周星诒跋。
1986年摄制. -- 1盘卷片(5米72拍) ：1:10,
2B ；35mm银盐
收藏馆：缩微中心，国图

000O006929
剧谈录：二卷 / (唐)康骈撰
明(1368-1644)抄本. -- (清)黄丕烈跋。
1986年摄制. -- 1盘卷片(4米59拍) ：1:10,
2B ；35mm银盐
收藏馆：缩微中心，国图

000O023124
剧谈录：二卷 / (唐)康骈撰
明(1368-1644)刻本
1995年摄制. -- 1盘卷片(5米61拍) ：1:10,
2B ；35mm银盐
收藏馆：缩微中心，国图

000O014087
杨太真外传：二卷 / [题](宋)乐史撰．飞燕外传：
一卷 / [题](汉)伶玄撰．梅妃传：一卷 / (宋)郑文
宝撰
清(1644-1911)吴氏古欢堂抄本. -- 还有合刻
著作：南唐近事三卷/(宋)郑文宝撰。(清)吴
翌凤校并跋。

1992年摄制. -- 1盘卷片(3米22拍) : 1:10,
2B ; 35mm银盐
收藏馆:缩微中心, 国图

000O014088

梅妃传:一卷;杨太真外传:二卷 / [题](宋)乐
史撰 . 南唐近事:三卷 / (宋)郑文宝撰
清(1644-1911)吴氏古欢堂抄本. -- 还有合刻
著作:飞燕外传一卷 / [题](汉)伶玄撰。
1992年摄制. -- 1盘卷片(3米6拍) : 1:10,
2B ; 35mm银盐
收藏馆:缩微中心, 国图

000O014188

李师师外传:一卷附录一卷
清道光十年(1830)黄廷鉴抄本
1992年摄制. -- 1盘卷片(3米8拍) : 1:10,
2B ; 35mm银盐
收藏馆:缩微中心, 国图

000O022974

新镌批点出像一见赏心编:□□卷
明(1368-1644)世德堂刻本. -- 存二卷:卷
二十四至卷二十五。
1995年摄制. -- 1盘卷片(4米50拍) : 1:10,
2B ; 35mm银盐
收藏馆:缩微中心, 国图

000O004531

新增补相剪灯新话大全:四卷附录一卷 / (明)瞿
佑撰 . 新增全相湖海新奇剪灯余话大全:四卷 /
(明)李昌祺撰
明正德六年(1511)杨氏清江堂刻本
1987年摄制. -- 1盘卷片(8米155拍) : 1:10,
2B ; 35mm银盐
收藏馆:缩微中心, 国图

000O017558

剪灯新话:四卷附录一卷 / (明)瞿佑撰 . 剪灯余
话:四卷 / (明)李昌祺撰
明(1368-1644)刻本
1993年摄制. -- 1盘卷片(13米242拍) :
1:10, 2B ; 35mm银盐
收藏馆:缩微中心, 国图

000O023221

剪灯新话:四卷附录一卷 / (明)瞿佑撰 . 剪灯余
话:四卷附录一卷元白遗音一卷 / (明)李昌祺撰
明(1368-1644)刻本
1995年摄制. -- 1盘卷片(16米293拍) :
1:10, 2B ; 35mm银盐
收藏馆:缩微中心, 国图

000O015541

剪灯余话:四卷 / (明)李昌祺撰 . 剪灯新话:四
卷 / (明)瞿佑撰
明(1368-1644)黄正位刻本. -- 存四卷:余话
卷一至卷三、新话卷四。
1993年摄制. -- 1盘卷片(7米160拍) : 1:10,
2B ; 35mm银盐
收藏馆:缩微中心, 国图

000O014409

剪灯余话:四卷附录一卷 / (明)李昌祺撰
明(1368-1644)刻本
1992年摄制. -- 1盘卷片(12米196拍) :
1:10, 2B ; 35mm银盐
收藏馆:缩微中心, 国图

000O020039

剪灯丛话:十二卷
明末(1621-1644)刻本
1994年摄制. -- 1盘卷片(25米503拍) :
1:10, 2B ; 35mm银盐
收藏馆:缩微中心, 国图

000O017092

新刊奇见异闻笔坡丛脞:一卷 / (明)雷燮撰
明弘治十七年(1504)书林江氏宗德堂刻本
1993年摄制. -- 1盘卷片(5米74拍) : 1:10,
2B ; 35mm银盐
收藏馆:缩微中心, 国图

000O022006

剑侠传:四卷附录一卷
明隆庆三年(1569)履谦子刻本
1995年摄制. -- 1盘卷片(5米76拍) : 1:10,
2B ; 35mm银盐
收藏馆:缩微中心, 国图

000O004955

虞初志:三十二卷
明(1368-1644)弦歌精舍如隐草堂刻本
1987年摄制. -- 1盘卷片(14.6米347拍) :
1:10, 2B ; 35mm银盐
收藏馆:缩微中心, 国图

000O014102

虞初志:二十卷
明(1368-1644)弦歌精舍凤桥别墅刻本
1992年摄制. -- 1盘卷片(13米227拍) :
1:10, 2B ; 35mm银盐
收藏馆:缩微中心, 国图

000O005953

虞初志:十三卷

明(1368-1644)刻本
1987年摄制. -- 1盘卷片(7.4米138拍)：
1:10, 2B ；35mm银盐
收藏馆：缩微中心，国图

000018715
虞初志：七卷 / (明)袁宏道评
明(1368-1644)凌性德刻套印本
1994年摄制. -- 1盘卷片(17米307拍)：
1:10, 2B ；35mm银盐
收藏馆：缩微中心，国图

000030040
虞初志：七卷 / (明)袁宏道参评；(明)屠隆点阅
明(1368-1644)凌氏刻套印本
2001年摄制. -- 1盘卷片(18米348拍)：
1:10, 2B ；35mm银盐
收藏馆：缩微中心，天津

000031978
虞初志：七卷 / (明)袁宏道评
明(1368-1644)凌性德刻套印本
2010年摄制. -- 1盘卷片(21米373拍)：
1:12, 2B ；35mm银盐
收藏馆：缩微中心，国图

000015923
新刊项橐小儿论汇纂张子房归山诗选：一卷
明(1368-1644)书林徐梁成刻本
1993年摄制. -- 1盘卷片(3米60拍)：1:10,
2B ；35mm银盐
收藏馆：缩微中心，国图

000015917
汇纂较正解学士诗选：一卷
明(1368-1644)书林郑象文刻本
1993年摄制. -- 1盘卷片(3米19拍)：1:10,
2B ；35mm银盐
收藏馆：缩微中心，国图

000014048
幽怪诗谭：六卷 / (明)碧山卧樵撰
明末(1621-1644)刻本. -- 存二卷：卷一至卷
二。
1991年摄制. -- 1盘卷片(5米53拍)：1:10,
2B ；35mm银盐
收藏馆：缩微中心，国图

000027289
重刻增补燕居笔记：十卷 / (清)何大抡编
清初(1644-1722)□盛堂刻本
1997年摄制. -- 1盘卷片(17米307拍)：
1:10, 2B ；35mm银盐

收藏馆：缩微中心，国图

000020202
逸史搜奇：十集 / (明)汪云程编
明(1368-1644)刻本. -- 存甲、乙、丙、丁四
集四十卷。
1994年摄制. -- 1盘卷片(18米344拍)：
1:10, 2B ；35mm银盐
收藏馆：缩微中心，国图

000028659
逸史搜奇：八集九十八卷 / (明)汪云程编
明(1368-1644)刻本
1996年摄制. -- 2盘卷片(36米778拍)：
1:10, 2B ；35mm银盐
收藏馆：缩微中心，南京

000017048
女才子：十二卷首一卷 / (明)徐震撰
明末(1621-1644)刻本
1993年摄制. -- 1盘卷片(14米257拍)：
1:10, 2B ；35mm银盐
收藏馆：缩微中心，国图

000020417
女才子：十二卷首一卷 / (清)徐震撰
清初(1644-1722)刻本
1994年摄制. -- 1盘卷片(14米260拍)：
1:10, 2B ；35mm银盐
收藏馆：缩微中心，国图

000028258
聊斋志异：不分卷 / (清)蒲松龄撰
清(1644-1911)稿本
1997年摄制. -- 1盘卷片(20米443拍)：
1:10, 2B ；35mm银盐
收藏馆：缩微中心，辽宁

000030342
聊斋志异：十六卷 / (清)蒲松龄撰；(清)王士正
评
清乾隆三十一年(1766)赵起杲青柯享刻本
2001年摄制. -- 2盘卷片(60米1207拍)：
1:10, 2B ；35mm银盐
收藏馆：缩微中心，天津

000028861
聊斋志异：十六卷 / (清)蒲松龄撰
清(1644-1911)抄本. -- 存十四卷：卷一至卷
三、卷五至卷十五。
1998年摄制. -- 2盘卷片(44米872拍)：
1:10, 2B ；35mm银盐
收藏馆：缩微中心，天津

000O028855

批点聊斋志异：十六卷 / (清)蒲松龄撰；(清)何守奇批

清嘉庆二十一年(1816)一经堂刻本. -- 存十五卷：卷首、卷一至卷四、卷六至卷七、卷九至卷十六。

1998年摄制. -- 2盘卷片(53米1057拍)：1:10，2B；35mm银盐

收藏馆：缩微中心，天津

000O028853

聊斋志异新评：十六卷 / (清)蒲松龄撰；(清)王士祯,(清)但明伦评

清道光二十二年(1842)广顺但氏刻套印本

1998年摄制. -- 2盘卷片(55米1244拍)：1:10，2B；35mm银盐

收藏馆：缩微中心，天津

000O028845

聊斋志异新评：十六卷 / (清)蒲松龄撰；(清)但明伦新评

清光绪三十三年(1907)书业德刻本

1998年摄制. -- 2盘卷片(57米1145拍)：1:10，2B；35mm银盐

收藏馆：缩微中心，天津

000O029206

聊斋志异遗稿：四卷 / (清)蒲松龄撰

清光绪四年(1878)京都聚珍堂活字印本

1999年摄制. -- 1盘卷片(5米68拍)：1:10，2B；35mm银盐

收藏馆：缩微中心，天津

000O030046

聊斋志异遗稿：四卷 / (清)蒲松龄撰

清光绪四年(1878)京都聚珍堂活字印巾箱本

2001年摄制. -- 1盘卷片(5米72拍)：1:10，2B；35mm银盐

收藏馆：缩微中心，天津

000O021779

聊斋七篇宗旨图说：一卷 / (清)蒲松龄撰

清(1644-1911)稿本

1995年摄制. -- 1盘卷片(3米22拍)：1:10，2B；35mm银盐

收藏馆：缩微中心，国图

000O029690

燕山外史四六传奇：四卷 / (清)陈球撰

清同治五年(1866)鸣盛堂刻本. -- 裕德堂藏版。

2001年摄制. -- 1盘卷片(7米119拍)：1:10，2B；35mm银盐

收藏馆：缩微中心，天津

000O029694

燕山外史：八卷 / (清)陈球撰

清嘉庆(1796-1820)三陋居刻本. -- (清)吴贞甫题款。

2001年摄制. -- 1盘卷片(7米138拍)：1:10，2B；35mm银盐

收藏馆：缩微中心，天津

000O029700

燕山外史：八卷 / (清)陈球撰

清嘉庆十六年(1811)三陋居刻本

2000年摄制. -- 1盘卷片(8米138拍)：1:10，2B；35mm银盐

收藏馆：缩微中心，天津

000O004557

新编宋文忠公苏学士东坡诗话：二卷

清(1644-1911)二酉堂刻本

1986年摄制. -- 1盘卷片(4米48拍)：1:10，2B；35mm银盐

收藏馆：缩微中心，国图

000O017060

翡翠轩：一卷；梅杏争春：一卷

明(1368-1644)洪氏清平山堂刻本

1993年摄制. -- 1盘卷片(3米25拍)：1:10，2B；35mm银盐

收藏馆：缩微中心，国图

000O014662

绣谷春容：十二卷 / [题](明)起北赤心子辑

明(1368-1644)刻本

1992年摄制. -- 1盘卷片(29米595拍)：1:10，2B；35mm银盐

收藏馆：缩微中心，国图

000O014387

新刊皇明诸司廉明奇判公案：四卷 / (明)余象斗撰

明万历二十六年(1598)余氏文台堂刻本

1992年摄制. -- 1盘卷片(13米251拍)：1:10，2B；35mm银盐

收藏馆：缩微中心，国图

000O022283

新刻全像海刚峰先生居官公案：四卷 / (明)李春芳撰

明万历三十四年(1606)金陵万卷楼刻本

1995年摄制. -- 1盘卷片(10米195拍)：1:10，2B；35mm银盐

收藏馆：缩微中心，国图

000O030034
新镌批评绣像烈女演义：六卷 / (明)冯梦龙撰
清顺治元年至二年(1644-1645)三多斋刻本. -- 西湖须眉客评阅。
2001年摄制. -- 1盘卷片(17米319拍) ：1:10, 2B；35mm银盐
收藏馆：缩微中心，天津

000O020819
列女演义：二卷 / (明)冯梦龙撰
清(1644-1911)抄本
1994年摄制. -- 1盘卷片(6米93拍) ：1:10, 2B；35mm银盐
收藏馆：缩微中心，国图

000O030340
拍案惊奇：十八卷 / (明)凌濛初撰
清嘉庆二十一年(1816)书业堂刻小字本
2001年摄制. -- 1盘卷片(27米545拍) ：1:10, 2B；35mm银盐
收藏馆：缩微中心，天津

000O011087
拍案惊奇：三十六卷 / (明)凌濛初撰
明(1368-1644)刻本
1989年摄制. -- 2盘卷片(36米761拍) ：1:10, 2B；35mm银盐
收藏馆：缩微中心，天津

000O029373
拍案惊奇：三十五回 / (明)凌濛初撰
清(1644-1911)敬业堂刻本. -- 存三十四回：第一回至三十二回、三十四回至三十五回。
1999年摄制. -- 1盘卷片(27米535拍) ：1:10, 2B；35mm银盐
收藏馆：缩微中心，天津

000O004624
幻影：八卷三十回 / [题](明)梦觉道人,(明)西湖主人撰
明末(1621-1644)刻本. -- 存七回：一回至七回。
1987年摄制. -- 1盘卷片(9米166拍) ：1:10, 2B；35mm银盐
收藏馆：缩微中心，国图

000O016423
七十二朝人物演义：四十卷
明(1368-1644)刻本. -- 存三十五卷：卷一至卷四、卷十至卷四十。
1993年摄制. -- 2盘卷片(40米810拍) ：1:10, 2B；35mm银盐
收藏馆：缩微中心，国图

000O014014
合刻名公案断法林灼见：二卷首一卷 / (明)清虚子撰
明(1368-1644)书林高阳生刻本
1992年摄制. -- 1盘卷片(7米111拍) ：1:10, 2B；35mm银盐
收藏馆：缩微中心，国图

000O020034
今古奇观：四十卷 / (明)抱瓮老人辑
清初(1644-1722)刻本
1994年摄制. -- 2盘卷片(43米868拍) ：1:10, 2B；35mm银盐
收藏馆：缩微中心，国图

000O030598
今古奇观：四十卷 / (明)抱瓮老人辑
清光绪十四年(1888)茂怨萃珍书屋石印本
2002年摄制. -- 1盘卷片(23米459拍) ：1:10, 2B；35mm银盐
收藏馆：缩微中心，天津

000O030344
今古奇观：四十卷 / (明)抱瓮老人辑
清光绪十六年(1890)善成堂刻本
2001年摄制. -- 1盘卷片(21米418拍) ：1:10, 2B；35mm银盐
收藏馆：缩微中心，天津

000O029228
今古奇观：四十卷 / (明)抱瓮老人辑
清(1644-1911)三让堂刻本
1999年摄制. -- 1盘卷片(32米647拍) ：1:10, 2B；35mm银盐
收藏馆：缩微中心，天津

000O029213
今古奇观：四十卷 / (明)抱瓮老人辑
清(1644-1911)刻本
1999年摄制. -- 2盘卷片(45米886拍) ：1:10, 2B；35mm银盐
收藏馆：缩微中心，天津

000O017053
石点头：十四卷 / [题](明)天然痴叟撰；(明)冯梦龙评
明末(1621-1644)叶敬池刻递修本
1993年摄制. -- 1盘卷片(26米510拍) ：1:10, 2B；35mm银盐
收藏馆：缩微中心，国图

000O029696
石点头：十四卷 / [题](明)天然痴叟撰

清(1644-1911)刻本. -- 存十卷：卷三至卷九、卷十二至卷十四。
2001年摄制. -- 1盘卷片（14米271拍）：1:10，2B；35mm银盐
收藏馆：缩微中心，天津

000029371
石点头：六卷十四回 / (明)天然痴叟撰；(明)墨憨主人评
清道光四年(1824)竹春堂刻本
1999年摄制. -- 1盘卷片（18米350拍）：1:10，2B；35mm银盐
收藏馆：缩微中心，天津

000014412
醉醒石：十五回 / [题](明)东鲁古狂生辑
清初(1644-1722)刻本. -- 卷十五配清(1644-1911)抄本。
1992年摄制. -- 1盘卷片（17米318拍）：1:10，2B；35mm银盐
收藏馆：缩微中心，国图

000029597
醉醒石：十四回 / [题](明)东鲁古狂生辑
清乾隆五十四年(1789)瀛经堂刻本
2001年摄制. -- 1盘卷片（17米322拍）：1:10，2B；35mm银盐
收藏馆：缩微中心，天津

000019969
吴生三美集：一卷
明(1368-1644)刻本
1994年摄制. -- 1盘卷片（6米87拍）：1:10，2B；35mm银盐
收藏馆：缩微中心，国图

000022282
觉世名言：十二卷三十八回 / (清)李渔撰
清顺治(1644-1661)刻本
1995年摄制. -- 1盘卷片（20米399拍）：1:10，2B；35mm银盐
收藏馆：缩微中心，国图

000029699
觉世名言：十二卷三十八回 / (清)李渔撰；(清)睡乡祭酒批评
清乾隆五十五年(1790)文宝堂重刻本. -- 卷端题：觉世稗官编次。
2000年摄制. -- 1盘卷片（15米278拍）：1:10，2B；35mm银盐
收藏馆：缩微中心，天津

000029676
觉世名言：六卷三十八回 / (清)李渔撰
清嘉庆五年(1800)会成堂重刻本
2001年摄制. -- 1盘卷片（16米316拍）：1:10，2B；35mm银盐
收藏馆：缩微中心，天津

000012714
新评龙图神断公案：十卷 / (明)李卓吾评
清乾隆四十年(1775)书业堂刻本
1990年摄制. -- 1盘卷片（16.2米348拍）：1:10，2B；35mm银盐
收藏馆：缩微中心，辽宁

000030033
新评龙图神断公案：十卷一百则
清(1644-1911)刻本. -- 存七卷：卷一至卷三、卷六至卷九。
2001年摄制. -- 1盘卷片（19米364拍）：1:10，2B；35mm银盐
收藏馆：缩微中心，天津

000029675
春柳莺：四卷十回 / [题](清)鹛冠史者编；(清)拼饮潜夫评
清(1644-1911)精刻本. -- 卷一配抄本。
2001年摄制. -- 1盘卷片（10米174拍）：1:10，2B；35mm银盐
收藏馆：缩微中心，天津

000019654
西湖佳话古今遗迹：十六卷 / [题](清)墨浪子撰
清康熙(1662-1722)金陵王衙刻彩色套印本
1994年摄制. -- 1盘卷片（21米388拍）：1:10，2B；35mm银盐
收藏馆：缩微中心，国图

000009919
豆棚闲话：十二卷 / (清)艾衲居士编；(清)紫髯狂客评
清初(1644-1722)精刻本
1989年摄制. -- 1盘卷片（12米250拍）：1:10，2B；35mm银盐
收藏馆：缩微中心，天津

000029197
豆棚闲话：十二卷
清(1644-1911)刻本. -- 存六卷：卷七至卷十二。
1999年摄制. -- 1盘卷片（7米105拍）：1:10，2B；35mm银盐
收藏馆：缩微中心，天津

00O030038
新刻今古传奇：十四卷 / (清)梦闲子编
清嘉庆二十三年(1818)刻本. -- 书名依目录题。
2001年摄制. -- 1盘卷片(12米219拍)：1:10，2B；35mm银盐
收藏馆：缩微中心，天津

00O020769
斩鬼传：五卷十回 / [题](清)烟霞散人撰
清(1644-1911)怀雅堂抄本
1994年摄制. -- 1盘卷片(11米187拍)：1:10，2B；35mm银盐
收藏馆：缩微中心，国图

00O029241
醒梦骈言：十二回 / (清)蒲崖主人辑
清(1644-1911)刻本
1999年摄制. -- 1盘卷片(16米308拍)：1:10，2B；35mm银盐
收藏馆：缩微中心，天津

00O030351
西湖拾遗：四十四卷附录一卷 / (清)陈树基撰
清(1644-1911)申报馆上海铅印本
2001年摄制. -- 1盘卷片(32米651拍)：1:10，2B；35mm银盐
收藏馆：缩微中心，天津

00O029193
娱目醒心编：十六卷三十九回 / (清)杜纲撰；(清)许宝善评
清咸丰二年(1852)三星堂刻本. -- (清)玉山草亭老人编次，(清)茸城自怡轩主人评。
1999年摄制. -- 1盘卷片(19米363拍)：1:10，2B；35mm银盐
收藏馆：缩微中心，天津

00O028857
鬼谷四友志：三卷 / (清)杨景昌撰
清道光四年(1824)暨阳聚珍堂刻本
1998年摄制. -- 1盘卷片(10米180拍)：1:10，2B；35mm银盐
收藏馆：缩微中心，天津

00O029229
删订二奇合传：十六卷四十回 / (清)[芝香馆居士编]
清光绪四年(1878)渝城二胜刻本. -- 卷首冠芝香馆居士序。
1999年摄制. -- 1盘卷片(35米701拍)：1:10，2B；35mm银盐
收藏馆：缩微中心，天津

00O029383
新选今古奇闻：二十二卷 / (清)王寅选
清光绪十三年(1887)东麟山房上海刻本. -- 卷端题：东壁山房主人编次。
1999年摄制. -- 1盘卷片(24米464拍)：1:10，2B；35mm银盐
收藏馆：缩微中心，天津

00O029232
新选今古奇闻：二十二卷 / (清)王寅编；(清)退思轩主人校
清光绪十七年(1891)文成堂刻本
1999年摄制. -- 1盘卷片(25米511拍)：1:10，2B；35mm银盐
收藏馆：缩微中心，天津

00O030603
最新时事滑稽小说新天地：二卷 / [题](□)书带子撰
清宣统二年(1910)集文书局石印本
2002年摄制. -- 1盘卷片(6米89拍)：1:10，2B；35mm银盐
收藏馆：缩微中心，天津

00O029250
灵犀劫：十二回
清(1644-1911)抄本
1999年摄制. -- 1盘卷片(4米50拍)：1:10，2B；35mm银盐
收藏馆：缩微中心，天津

00O018792
传奇漫录：四卷 / (越南)阮屿撰
越南书坊阮自信刻本
1994年摄制. -- 1盘卷片(11米187拍)：1:10，2B；35mm银盐
收藏馆：缩微中心，国图

00O029416
精订纲鉴廿一史通俗衍义：二十六卷四十四回 / (清)吕抚撰
清(1644-1911)正气堂泥活字印本
2000年摄制. -- 2盘卷片(47米939拍)：1:10，2B；35mm银盐
收藏馆：缩微中心，天津

00O011660
精订纲鉴廿一史通俗衍义：二十六卷四十四回 / (清)吕抚撰
清(1644-1911)活字印本
1989年摄制. -- 2盘卷片(43米938拍)：1:10，2B；35mm银盐
收藏馆：缩微中心，天津

000O030611

精订纲鉴廿四史通俗衍义：二十六卷四十四回 /
(清)吕抚撰
清光绪十三年(1887)广百宋斋上海铅印本
2002年摄制. -- 1盘卷片(25米508拍) :
1:10, 2B ; 35mm银盐
收藏馆：缩微中心，天津

000O029214

精订纲鉴廿四史通俗衍义：二十六卷四十四回 /
(清)吕抚撰
清光绪十三年(1887)善成堂刻本
1999年摄制. -- 1盘卷片(27米517拍) :
1:10, 2B ; 35mm银盐
收藏馆：缩微中心，天津

000O015995

新刻全像演义三国志传：□□卷 / (明)罗本撰
明(1368-1644)刻本. -- 存三卷：卷五至卷
七。
1993年摄制. -- 1盘卷片(5米67拍) : 1:10,
2B ; 35mm银盐
收藏馆：缩微中心，国图

000O020691

新刻按鉴编纂开辟衍绎通俗志传：六卷八十回 /
(明)周游撰；(明)王黉释
明末(1621-1644)刻本
1994年摄制. -- 1盘卷片(17米321拍) :
1:10, 2B ; 35mm银盐
收藏馆：缩微中心，国图

000O028842

新刻按鉴编纂开辟衍绎通俗志传：六卷八十回 /
(明)周游撰
清道光十年(1830)刻本
1998年摄制. -- 1盘卷片(18米351拍) :
1:10, 2B ; 35mm银盐
收藏馆：缩微中心，天津

000O017464

新刊京本春秋五霸七雄全像列国志传：八卷 /
(明)余邵鱼撰；(明)余象斗评林
明(1368-1644)刻本. -- 存三卷：卷五至卷
六、卷八。
1993年摄制. -- 1盘卷片(13米222拍) :
1:10, 2B ; 35mm银盐
收藏馆：缩微中心，国图

000O029230

新刻京本列国志传：八卷 / (明)余邵鱼撰
清(1644-1911)文锦堂刻本. -- 封面残破仅存
一条有"锦堂"二字，由西归书目五十七页折

出"文锦堂"刻本。
1999年摄制. -- 1盘卷片(17米325拍) :
1:10, 2B ; 35mm银盐
收藏馆：缩微中心，天津

000O020032

新镌陈眉公先生批评春秋列国志传：十二卷 /
(明)余邵鱼撰；(明)陈继儒评
明(1368-1644)周誉吾得月斋刻本
1994年摄制. -- 2盘卷片(49米964拍) :
1:10, 2B ; 35mm银盐
收藏馆：缩微中心，国图

000O014713

新镌陈眉公先生批评春秋列国志传：十二卷 /
(明)余邵鱼撰；(明)陈继儒评
明(1368-1644)龚绍山刻本. -- 卷八配影明
(1368-1644)抄本。
1992年摄制. -- 2盘卷片(52米1017拍) :
1:10, 2B ; 35mm银盐
收藏馆：缩微中心，国图

000O017816

新列国志：一百八回 / (明)冯梦龙撰
明末(1621-1644)刻本
1993年摄制. -- 3盘卷片(70米1466拍) :
1:10, 2B ; 35mm银盐
收藏馆：缩微中心，国图

000O030029

新列国志：一百八回 / (明)冯梦龙撰
明(1368-1644)刻本. -- 书名依卷首题。
2001年摄制. -- 3盘卷片(79米1580拍) :
1:10, 2B ; 35mm银盐
收藏馆：缩微中心，天津

000O018380

新列国志：一百八回 / (明)冯梦龙撰
清初(1644-1722)刻本
1992年摄制. -- 3盘卷片(72.2米1593拍) :
1:10, 2B ; 35mm银盐
收藏馆：缩微中心，辽宁

000O028979

东周列国全志：二十三卷一百八回 / (清)蔡昇评
点
清光绪十三年(1887)东昌书叶德刻本
1998年摄制. -- 2盘卷片(49米964拍) :
1:10, 2B ; 35mm银盐
收藏馆：缩微中心，天津

000O003881

东周列国全志：二十二卷一百八回 / (明)余邵鱼

撰；(清)蔡奡评点
清咸丰四年(1854)书成山房刻套印本
1986年摄制. -- 2盘卷片(56米1257拍)：
1:10, 2B ; 35mm银盐
收藏馆：缩微中心，国图

00O029410
东周列国全志：二十三卷一百八回 / (清)蔡奡评
点
清咸丰四年(1854)书成山房刻套印本. --
附：图一卷。
1999年摄制. -- 2盘卷片(64米1302拍)：
1:10, 2B ; 35mm银盐
收藏馆：缩微中心，天津

00O031894
东周列国全志：二十三卷一百八回 / (明)余邵鱼
撰；(清)蔡奡评点
清咸丰四年(1854)书成山房刻套印本
2010年摄制. -- 3盘卷片(76米1365拍)：
1:10, 2B ; 35mm银盐
收藏馆：缩微中心，国图

00O029364
东周列国全志：二十三卷一百八回 / (清)蔡奡评
点
清(1644-1911)刻本. -- 封面题：姑苏原本。
1999年摄制. -- 2盘卷片(59米1234拍)：
1:10, 2B ; 35mm银盐
收藏馆：缩微中心，天津

00O030588
东周列国志：二十七卷一百八回 / (清)蔡奡评点
清光绪十四年(1888)上海点石斋石印本
2001年摄制. -- 1盘卷片(29米593拍)：
1:10, 2B ; 35mm银盐
收藏馆：缩微中心，天津

00O030615
东周列国志：二十七卷一百八回 / (清)蔡奡评点
清光绪十六年(1890)上海点石斋石印本
2002年摄制. -- 1盘卷片(26米569拍)：
1:10, 2B ; 35mm银盐
收藏馆：缩微中心，天津

00O029681
列国志辑要：八卷一百九十节 / (清)杨庸辑
清(1644-1911)四知堂刻本. -- (清)杨冈校。
2001年摄制. -- 1盘卷片(24米487拍)：
1:10, 2B ; 35mm银盐
收藏馆：缩微中心，天津

00O031727
锋剑春秋：五卷
清(1644-1911)抄本
2005年摄制. -- 1盘卷片(10米185拍)：
1:10, 2B ; 35mm银盐
收藏馆：缩微中心，国图

00O028772
锋剑春秋：十卷六十回 / (清)黄淦撰
清光绪二年(1876)刻本. -- 卷首冠嘉庆九年
(1804)黄淦自序。
1998年摄制. -- 1盘卷片(31米636拍)：
1:10, 2B ; 35mm银盐
收藏馆：缩微中心，天津

00O028978
孙庞演义：四卷二十回；新编批评绣像后七国
乐田演义：四卷十八回 / (清)徐震撰
清(1644-1911)文和堂刻本
1999年摄制. -- 1盘卷片(17米321拍)：
1:10, 2B ; 35mm银盐
收藏馆：缩微中心，天津

00O030612
绣像前七国志：六卷
清光绪三十四年(1908)成文厚营口石印本
2002年摄制. -- 1盘卷片(8米146拍)：1:10,
2B ; 35mm银盐
收藏馆：缩微中心，天津

00O029596
新编批评绣像后七国乐田演义：十八回 /
[题](□)遯世老人演辑
清(1644-1911)刻本
2001年摄制. -- 1盘卷片(16米314拍)：
1:10, 2B ; 35mm银盐
收藏馆：缩微中心，天津

00O029680
新镌孙庞演义：六卷二十回
清(1644-1911)古吴树本堂刻本
2001年摄制. -- 1盘卷片(16米315拍)：
1:10, 2B ; 35mm银盐
收藏馆：缩微中心，天津

00O023229
新刊京本编集二十四帝通俗演义西东汉志传：
二十卷 / (明)谢诏撰
明(1368-1644)书林余文台刻本
1995年摄制. -- 1盘卷片(28米548拍)：
1:10, 2B ; 35mm银盐
收藏馆：缩微中心，国图

000〇016559

新刻剑啸阁批评西汉通俗演义：八卷；东汉通俗演义：十卷 / (明)甄伟,(明)谢诏撰

明末(1621-1644)刻本

1992年摄制. -- 2盘卷片(45.1米1001拍) : 1:10, 2B ; 35mm银盐

收藏馆：缩微中心, 辽宁

000〇029219

新刻剑啸阁批评西汉演义传：八卷；东汉演义传：八卷

清(1644-1911)善成堂刻本. -- 东汉演义题："珊城清远道人重编"。

1999年摄制. -- 2盘卷片(39米763拍) : 1:10, 2B ; 35mm银盐

收藏馆：缩微中心, 天津

000〇029679

新刻剑啸阁批评西汉演义传：八卷；东汉演义传：十卷

清(1644-1911)刻本

2001年摄制. -- 2盘卷片(50米999拍) : 1:10, 2B ; 35mm银盐

收藏馆：缩微中心, 天津

000〇029203

新刻剑啸阁批评西汉演义传：八卷；东汉演义传：十卷

清(1644-1911)刻本

1999年摄制. -- 2盘卷片(46米933拍) : 1:10, 2B ; 35mm银盐

收藏馆：缩微中心, 天津

000〇029389

新刻剑啸阁批评西汉演义传：八卷

清(1644-1911)茂经楼刻本

1999年摄制. -- 1盘卷片(26米520拍) : 1:10, 2B ; 35mm银盐

收藏馆：缩微中心, 天津

000〇029201

新刻剑啸阁批评西汉演义传：八卷；东汉演义传：十卷

清(1644-1911)维经堂重刻本

1999年摄制. -- 2盘卷片(50米877拍) : 1:10, 2B ; 35mm银盐

收藏馆：缩微中心, 天津

000〇030595

绣像西汉演义：八卷一百回；东汉演义：十卷一百二十六回

清光绪十八年(1892)广百宋斋上海铅印本

2002年摄制. -- 1盘卷片(21米410拍) :

1:10, 2B ; 35mm银盐

收藏馆：缩微中心, 天津

000〇011279

三国志通俗演义：二十四卷 / (明)罗本撰

明嘉靖元年(1522)刻本

1989年摄制. -- 4盘卷片(100米2116拍) : 1:10, 2B ; 35mm银盐

收藏馆：缩微中心, 甘肃

000〇020480

新刊校正古本出像大字音释三国志传通俗演义：十二卷 / (明)罗本撰

明(1368-1644)刻本. -- 存六卷：卷三至卷六、卷九至卷十。

1994年摄制. -- 1盘卷片(25米568拍) : 1:10, 2B ; 35mm银盐

收藏馆：缩微中心, 国图

000〇015454

新刻考订按鉴通俗演义全像三国志传：二十卷附录一卷 / (明)罗本撰

明天启三年(1623)黄正甫刻本

1993年摄制. -- 1盘卷片(26米513拍) : 1:10, 2B ; 35mm银盐

收藏馆：缩微中心, 国图

000〇015877

新锲京本校正按鉴演义全像三国志传：二十卷 / (明)罗本撰

明(1368-1644)书林熊冲宇种德堂刻本. -- 存二卷：卷一至卷二。

1993年摄制. -- 1盘卷片(6米88拍) : 1:10, 2B ; 35mm银盐

收藏馆：缩微中心, 国图

000〇017324

新刻汤学士校正古本按鉴演义全像通俗三国志传：二十卷 / (明)罗本撰；(明)汤宾尹校正

明(1368-1644)刻本

1992年摄制. -- 2盘卷片(38米729拍) : 1:10, 2B ; 35mm银盐

收藏馆：缩微中心, 国图

000〇029380

新刻按鉴演义京本三国英雄志传：六卷 / (明)罗本演义

清同治十一年(1872)经纶堂湖南刻本

1999年摄制. -- 1盘卷片(22米485拍) : 1:10, 2B ; 35mm银盐

收藏馆：缩微中心, 天津

00O021605
三国志：一百二十回
清初(1644-1722)刻本. -- 存图像九十二回：二回至三十八回、四十二回至五十九回、六十一回至九十七回。(清)仲严跋。
1995年摄制. -- 1盘卷片(6米94拍) ：1:10, 2B ；35mm银盐
收藏馆：缩微中心，国图

00O013658
二刻按鉴演义全像三国英雄志传：二十卷 / (明)罗本撰
明(1368-1644)刻递修本. -- 存三卷：卷一至卷三。
1991年摄制. -- 1盘卷片(6米70拍) ：1:10, 2B ；35mm银盐
收藏馆：缩微中心，国图

00O022489
李卓吾先生批评三国志：一百二十回 / (明)罗本撰；(明)李贽评
明(1368-1644)刻本
1995年摄制. -- 3盘卷片(75米1686拍) ：1:10, 2B ；35mm银盐
收藏馆：缩微中心，南京

00O014015
李卓吾先生批评三国志：一百二十四回 / (明)罗本撰；(明)李贽评
明末(1621-1644)书林藜光楼植槐堂刻本
1992年摄制. -- 3盘卷片(82.3米1596拍) ：1:10, 2B ；35mm银盐
收藏馆：缩微中心，国图

00O020042
李笠翁批阅三国志：一百二十回 / (明)罗本撰；(清)李渔评
清初(1644-1722)刻本. -- 第五十六回配抄本。
1994年摄制. -- 3盘卷片(75米1647拍) ：1:10, 2B ；35mm银盐
收藏馆：缩微中心，国图

00O019657
三国志：二十四卷一百二十回 / (明)罗本撰；(清)李渔评
清初(1644-1722)刻彩色套印本. -- 存十二卷六十回：卷一至卷二、卷七至卷八、卷十三至卷十九、卷二十一，一回至十回、三十一回至四十回、六十一回至九十五回、一百一回至一百五回。
1994年摄制. -- 2盘卷片(40米768拍) ：1:10, 2B ；35mm银盐

收藏馆：缩微中心，国图

00O015456
四大奇书第一种三国志：六十卷一百二十回 / (明)罗本撰；(清)毛宗岗,(清)杭永年评定
清康熙(1662-1722)刻本. -- 附：读三国志法一卷。
1993年摄制. -- 3盘卷片(93米1917拍) ：1:10, 2B ；35mm银盐
收藏馆：缩微中心，国图

00O029698
四大奇书第一种：六十卷一百二十回 / (明)罗本撰；(清)毛宗岗评
清乾隆十七年(1752)姑苏书业堂刻本
2001年摄制. -- 3盘卷片(77米1551拍) ：1:10, 2B ；35mm银盐
收藏馆：缩微中心，天津

00O030592
第一才子书：六十卷一百二十回 / (明)罗本撰；(清)毛宗岗评
清光绪十六年(1890)上海书局上海石印本
2001年摄制. -- 2盘卷片(40米777拍) ：1:10, 2B ；35mm银盐
收藏馆：缩微中心，天津

00O030347
第一才子书：六十卷一百二十回 / (明)罗本撰；(清)毛宗岗评
清光绪十六年(1890)上海图书集成局铅印本
2001年摄制. -- 2盘卷片(52米1039拍) ：1:10, 2B ；35mm银盐
收藏馆：缩微中心，天津

00O029372
四大奇书第一种三国演义：六十卷一百二十回 / (明)罗本撰；(清)毛宗岗评
清(1644-1911)英德堂刻本
1999年摄制. -- 3盘卷片(74米1462拍) ：1:10, 2B ；35mm银盐
收藏馆：缩微中心，天津

00O029247
第一才子书：六十卷一百二十回 / (明)罗本撰；(清)毛宗岗评
清光绪九年(1883)筑野书屋刻巾箱本. -- 绣像第二十页题：平江吴家猷友如绘图桐城左忠训小崖监刻。卷六十末页题：板存上海著易堂。
1999年摄制. -- 2盘卷片(61米1245拍) ：1:10, 2B ；35mm银盐
收藏馆：缩微中心，天津

00○029697
四大奇书第一种三国演义：十九卷一百二十回卷首一卷 / (明)罗本撰；(清)毛宗岗评
清顺治(1644-1661)刻本
2001年摄制. -- 2盘卷片(67米1366拍)：
1:10, 2B；35mm银盐
收藏馆：缩微中心，天津

00○029243
四大奇书第一种三国演义：十九卷一百二十回 / (明)罗本撰；(清)毛宗岗评
清(1644-1911)宝经堂重刻本
1999年摄制. -- 2盘卷片(57米1138拍)：
1:10, 2B；35mm银盐
收藏馆：缩微中心，天津

00○029249
四大奇书第一种三国演义：五十一卷一百二十回 / (明)罗本撰；(清)毛宗岗评
清(1644-1911)文成室刻本
1999年摄制. -- 2盘卷片(53米1192拍)：
1:10, 2B；35mm银盐
收藏馆：缩微中心，天津

00○030594
第一才子书：六十卷一百二十回 / (清)毛宗岗评
清宣统元年(1909)上海时中书局铅印本. -- 存五十二卷：卷一至卷十二、卷十七至卷二十四、卷二十九至卷六十。
2002年摄制. -- 2盘卷片(47米926拍)：
1:10, 2B；35mm银盐
收藏馆：缩微中心，天津

00○020029
新镌东西晋演义：十二卷五十回 / (明)杨尔曾撰
明(1368-1644)泰和堂刻本
1994年摄制. -- 2盘卷片(40米785拍)：
1:10, 2B；35mm银盐
收藏馆：缩微中心，国图

00○029688
新镌全像东西两晋演义志传：十二卷五十回 / (明)杨尔曾编
清(1644-1911)余氏三台馆刻本. -- 存十卷：卷一至卷十，上图下文。(清)张璿题款。
2001年摄制. -- 1盘卷片(21米427拍)：
1:10, 2B；35mm银盐
收藏馆：缩微中心，天津

00○029677
新锲重定出像注释西晋志传通俗演义题评：四卷；东晋志传题评：八卷；纪元传：一卷 / [题](明)陈氏尺蠖斋评释
明(1368-1644)周氏大业堂刻世德堂补刻本. -- 东晋志传题评存二卷：卷一至卷二。
2001年摄制. -- 1盘卷片(22米430拍)：
1:10, 2B；35mm银盐
收藏馆：缩微中心，天津

00○030714
绣像三国演义续编：十二卷 / [题](明)陈氏尺蠖斋评释
清光绪十九年(1893)广百宋斋上海铅印本
2003年摄制. -- 1盘卷片(21米453拍)：
1:10, 2B；35mm银盐
收藏馆：缩微中心，天津

00○030634
绣像三国演义续编：十二卷 / [题](明)陈氏尺蠖斋评释
清光绪三十四年(1908)文宜书局上海石印本
2002年摄制. -- 1盘卷片(14米288拍)：
1:10, 2B；35mm银盐
收藏馆：缩微中心，天津

00○029605
北史演义：六十四卷 / (清)杜纲撰
清乾隆五十八年(1793)刻本. -- (清)许宝善评，(清)谭载华校订。
2001年摄制. -- 2盘卷片(40米789拍)：
1:10, 2B；35mm银盐
收藏馆：缩微中心，天津

00○029215
新刊北魏奇史闺孝烈传：十二卷四十六回 / (清)张绍贤撰
清道光三十年(1850)藏德堂刻本
1999年摄制. -- 1盘卷片(23米442拍)：
1:10, 2B；35mm银盐
收藏馆：缩微中心，天津

00○029218
南史演义：三十二卷 / (清)杜纲撰
清道光十年(1830)培德堂刻本
1999年摄制. -- 1盘卷片(23米461拍)：
1:10, 2B；35mm银盐
收藏馆：缩微中心，天津

00○010009
四雪草堂重订通俗隋唐演义：二十卷一百回 / (清)褚人获撰
清康熙三十四年(1695)四雪草堂刻本. -- 版框高二十厘米宽十四厘米。
1989年摄制. -- 3盘卷片(72米1522拍)：
1:10, 2B；35mm银盐
收藏馆：缩微中心，广东

00O007053

四雪草堂重订通俗隋唐演义：二十卷一百回 / (清)褚人获撰
清康熙(1662-1722)文盛堂重刻本. -- 据四雪草堂刻本重刻。
1987年摄制. -- 3盘卷片(76米1643拍) : 1:10, 2B ; 35mm银盐
收藏馆：缩微中心，山东

00O028783

四雪草堂重订通俗隋唐演义：二十卷一百回 / (清)褚人获撰
清同治五年(1866)连元阁重刻本
1998年摄制. -- 2盘卷片(67米1371拍) : 1:10, 2B ; 35mm银盐
收藏馆：缩微中心，天津

00O018984

新镌全像通俗演义隋炀帝艳史：八卷四十回爵里姓氏一卷图一卷 / (明)齐东野人撰；(明)不经先生批评
明崇祯四年(1631)人瑞堂刻本
1993年摄制. -- 2盘卷片(38米809拍) : 1:10, 2B ; 35mm银盐
收藏馆：缩微中心，天津

00O014566

新刊参采史鉴唐书志传通俗演义：八卷 / (明)熊钟谷撰
明嘉靖三十二年(1553)书林杨氏清江堂刻本
1992年摄制. -- 1盘卷片(21米405拍) : 1:10, 2B ; 35mm银盐
收藏馆：缩微中心，国图

00O017664

新刊出像补订参采史鉴唐书志传通俗演义题评：八卷 / [题](明)陈氏尺蠖斋评释
明(1368-1644)书林周氏大业堂刻本. -- 存七卷：卷一至卷四、卷六至卷八。郑振铎跋。
1993年摄制. -- 1盘卷片(23米436拍) : 1:10, 2B ; 35mm银盐
收藏馆：缩微中心，国图

00O029417

重刻绣像说唐演义全传：六十八回后传五十五回
清(1644-1911)崇德书院刻本
2000年摄制. -- 2盘卷片(70米1449拍) : 1:10, 2B ; 35mm银盐
收藏馆：缩微中心，天津

00O028779

说唐前传：十卷六十八回；说唐后传：六卷

四十二回 / (清)如莲居士编次
清(1644-1911)渔古山房刻本
1998年摄制. -- 1盘卷片(33米676拍) : 1:10, 2B ; 35mm银盐
收藏馆：缩微中心，天津

00O029599

异说征西演义全传：四十卷四十回 / [题](清)恂庄主人编次
清乾隆(1736-1795)鸿宝堂刻本
2001年摄制. -- 1盘卷片(19米374拍) : 1:10, 2B ; 35mm银盐
收藏馆：缩微中心，天津

00O028865

异说后唐传三集薛丁山征西樊梨花全传：十卷八十八回 / (清)如莲居士撰
清乾隆至清末(1736-1911)经文堂刻本
1998年摄制. -- 1盘卷片(20米389拍) : 1:10, 2B ; 35mm银盐
收藏馆：缩微中心，天津

00O029210

异说后唐传三集薛丁山征西樊梨花全传：十二卷八十八回 / (清)如莲居士撰
清光绪十九年(1893)崇德堂刻本
1999年摄制. -- 1盘卷片(23米445拍) : 1:10, 2B ; 35mm银盐
收藏馆：缩微中心，天津

00O028967

新刻异说南唐演义全传：十卷一百回
清(1644-1911)似菊别墅刻本
1998年摄制. -- 1盘卷片(18米341拍) : 1:10, 2B ; 35mm银盐
收藏馆：缩微中心，天津

00O030599

新刻中兴大唐演义传：十卷一百回 / (清)如莲居士编
清光绪十二年(1886)京都立盛堂刻本
2002年摄制. -- 1盘卷片(11米200拍) : 1:10, 2B ; 35mm银盐
收藏馆：缩微中心，天津

00O029209

新刻粉妆楼传记：八卷八十回
清光绪十九年(1893)泰山堂刻本
1999年摄制. -- 1盘卷片(16米298拍) : 1:10, 2B ; 35mm银盐
收藏馆：缩微中心，天津

00O028786
残唐五代演义传：十二卷六十回 / (明)罗本撰
清(1644-1911)刻本
1998年摄制. -- 1盘卷片(12米193拍) :
1:10, 2B ; 35mm银盐
收藏馆：缩微中心，天津

00O010531
镌李卓吾批点残唐五代演义传：八卷六十回 / (明)罗本编
清(1644-1911)刻本
1989年摄制. -- 1盘卷片(18米347拍) :
1:10, 2B ; 35mm银盐
收藏馆：缩微中心，天津

00O030348
镌玉茗堂批点残唐五代史演义传：二卷六十回 / (明)罗本辑
清光绪十六年(1890)经元堂刻本. -- 版心镌
"三让堂"三字。
2001年摄制. -- 1盘卷片(10米192拍) :
1:10, 2B ; 35mm银盐
收藏馆：缩微中心，天津

00O000250
新刻全像按鉴演义南北宋传题评：二十卷
明(1368-1644)刻本. -- 存四卷：卷四至卷
七。
1985年摄制. -- 1盘卷片(7米119拍) : 1:10,
2B ; 35mm银盐
收藏馆：缩微中心，国图

00O028868
新镌玉茗堂批评按鉴参补南宋志传：十卷五十回 / (明)研石山樵订正
南宋(1127-1279)善成堂刻本
1998年摄制. -- 1盘卷片(16米298拍) :
1:10, 2B ; 35mm银盐
收藏馆：缩微中心，天津

00O028869
新镌玉茗堂批评按鉴参补南宋志传：十卷五十回 / (明)熊大木撰
清(1644-1911)鸿文堂武林刻本. -- 原题：研
石山樵订，织里崎人校。
1998年摄制. -- 1盘卷片(20米384拍) :
1:10, 2B ; 35mm银盐
收藏馆：缩微中心，天津

00O029702
新镌玉茗堂批评按鉴参补南宋志传：十卷五十回 / (明)研石山樵订正；(明)织里崎人校阅
清(1644-1911)鸿文堂武林刻本

2000年摄制. -- 1盘卷片(19米372拍) :
1:10, 2B ; 35mm银盐
收藏馆：缩微中心，天津

00O029778
新镌玉茗堂批点按鉴参补北宋志传：十卷五十回 / (明)熊大木撰
明末(1621-1644)刻本
2000年摄制. -- 1盘卷片(18米351拍) :
1:10, 2B ; 35mm银盐
收藏馆：缩微中心，天津

00O029204
绣像北宋金枪全传：十卷五十回 / (明)研石山樵订正；(明)废闲主人校阅
清(1644-1911)刻本
1999年摄制. -- 1盘卷片(24米475拍) :
1:10, 2B ; 35mm银盐
收藏馆：缩微中心，天津

00O029686
新镌玉茗堂批点按鉴参补杨家将传：十卷五十回 / (明)研石山樵订正
明末(1621-1644)启元堂刻本
2001年摄制. -- 1盘卷片(14米271拍) :
1:10, 2B ; 35mm银盐
收藏馆：缩微中心，天津

00O010530
飞龙传：六十回 / (清)吴璿删定
清乾隆(1736-1795)崇德书院刻本
1989年摄制. -- 2盘卷片(45米978拍) :
1:10, 2B ; 35mm银盐
收藏馆：缩微中心，天津

00O029673
飞龙传：六十回 / (清)吴璿删定
清(1644-1911)刻本
2001年摄制. -- 2盘卷片(48米973拍) :
1:10, 2B ; 35mm银盐
收藏馆：缩微中心，天津

00O018791
镌出像杨家府世代忠勇演义志传：八卷 / [题](明)烟波钓叟参订
明万历三十四年(1606)刻卧松阁印本
1994年摄制. -- 1盘卷片(22米395拍) :
1:10, 2B ; 35mm银盐
收藏馆：缩微中心，国图

00O029375
新镌杨家府世代忠勇演义志传：八卷 / (明)秦淮墨客校阅；(明)烟波钓叟参订

清(1644-1911)刻本
1999年摄制. -- 1盘卷片(17米340拍) : 1:10, 2B ; 35mm银盐
收藏馆：缩微中心，天津

000O028849
后续大宋杨家将文武曲星包公狄青初传：十四卷六十八回 / (清)李雨堂撰
清咸丰八年(1858)维经堂刻本
1998年摄制. -- 1盘卷片(28米550拍) : 1:10, 2B ; 35mm银盐
收藏馆：缩微中心，天津

000O029236
新镌异说五虎平西珍珠旗演义狄青前传：十四卷一百十二回
清(1644-1911)同文堂刻本
1999年摄制. -- 1盘卷片(34米688拍) : 1:10, 2B ; 35mm银盐
收藏馆：缩微中心，天津

000O029224
新镌后续绣像五虎平南狄青演传：六卷四十二回
清(1644-1911)善成堂刻本
1999年摄制. -- 1盘卷片(16米304拍) : 1:10, 2B ; 35mm银盐
收藏馆：缩微中心，天津

000O019616
宣和遗事：二卷
明(1368-1644)刻本
1994年摄制. -- 1盘卷片(9米164拍) : 1:10, 2B ; 35mm银盐
收藏馆：缩微中心，国图

000O029779
新刊大宋宣和遗事：四卷
明(1368-1644)金陵王氏洛川刻本. -- (清)盛昱校并跋。
2001年摄制. -- 1盘卷片(10米191拍) : 1:10, 2B ; 35mm银盐
收藏馆：缩微中心，国图

000O017100
新刊大宋中兴通俗演义：十卷 / (明)熊大木撰
明万历(1573-1620)书林万卷楼刻本. -- 存一卷：卷一。
1993年摄制. -- 1盘卷片(4米47拍) : 1:10, 2B ; 35mm银盐
收藏馆：缩微中心，国图

000O017041
新镌全像武穆精忠传：八卷
明末(1621-1644)刻递修本. -- 存四卷：卷一至卷三、卷七。
1993年摄制. -- 1盘卷片(15米268拍) : 1:10, 2B ; 35mm银盐
收藏馆：缩微中心，国图

000O020049
新镌全像武穆精忠传：八卷
清初(1644-1722)刻本
1994年摄制. -- 1盘卷片(26米483拍) : 1:10, 2B ; 35mm银盐
收藏馆：缩微中心，国图

000O027988
新镌全像武穆精忠传：八卷 / (明)熊大木撰
清(1644-1911)映秀堂刻本
1997年摄制. -- 1盘卷片(24米511拍) : 1:10, 2B ; 35mm银盐
收藏馆：缩微中心，河南

000O029242
新镌全像武穆精忠传：八卷 / (明)熊大木撰
清(1644-1911)经文堂刻本
1999年摄制. -- 1盘卷片(19米363拍) : 1:10, 2B ; 35mm银盐
收藏馆：缩微中心，天津

000O029237
岳武穆精忠全传：六卷六十八回 / (明)邹元标编订
清(1644-1911)大文堂刻本
1999年摄制. -- 1盘卷片(14米258拍) : 1:10, 2B ; 35mm银盐
收藏馆：缩微中心，天津

000O024708
岳武穆精忠传：六卷六十八回 / (明)邹元标编订
清乾隆四十一年(1776)文光堂刻本
1996年摄制. -- 1盘卷片(11.5米213拍) : 1:10, 2B ; 35mm银盐
收藏馆：缩微中心，浙江

000O029208
新镌全像武穆精忠传：八卷 / (明)熊大木撰；(明)李卓吾评
清(1644-1911)刻本
1999年摄制. -- 1盘卷片(19米379拍) : 1:10, 2B ; 35mm银盐
收藏馆：缩微中心，天津

00O020052
岳武穆精忠传:六卷六十八回 / (明)邹元标编订
清(1644-1911)刻本
1994年摄制. -- 1盘卷片(16米266拍):
1:10, 2B;35mm银盐
收藏馆:缩微中心,国图

00O031223
岳武穆精忠传:六卷六十八回 / [题](明)邹元标编订
清(1644-1911)刻本
2004年摄制. -- 1盘卷片(15米303拍):1:9,
2B;35mm银盐
收藏馆:缩微中心,国图

00O017044
岳武穆尽忠报国传:七卷 / (明)于华玉删订
明末(1621-1644)友益斋刻本
1993年摄制. -- 1盘卷片(16米274拍):
1:10, 2B;35mm银盐
收藏馆:缩微中心,国图

00O030043
增订精忠演义说本全传:二十卷八十回 / (清)钱彩撰
清(1644-1911)大文堂刻本
2001年摄制. -- 2盘卷片(40米787拍):
1:10, 2B;35mm银盐
收藏馆:缩微中心,天津

00O028778
增订精忠演义说本全传:二十卷八十回 / (清)钱彩撰
清(1644-1911)泉城同文堂刻本
1998年摄制. -- 1盘卷片(32米657拍):
1:10, 2B;35mm银盐
收藏馆:缩微中心,天津

00O030613
增订绘图精忠说岳全传:八卷八十回 / (清)钱彩撰
清光绪三十一年(1905)上海书局上海石印本
2002年摄制. -- 1盘卷片(16米308拍):
1:10, 2B;35mm银盐
收藏馆:缩微中心,天津

00O017051
新刻皇明开运辑略武功名世英烈传:六卷首一卷
明(1368-1644)刻本
1993年摄制. -- 1盘卷片(16米277拍):
1:10, 2B;35mm银盐
收藏馆:缩微中心,国图

00O028839
绣像京本云合奇踪:十卷八十回 / (明)徐渭撰
清(1644-1911)积秀堂刻本
1998年摄制. -- 1盘卷片(20米393拍):
1:10, 2B;35mm银盐
收藏馆:缩微中心,天津

00O028969
绣像京本云合奇踪玉茗英烈全传:十卷八十回 / (明)徐渭撰
清(1644-1911)刻本
1998年摄制. -- 1盘卷片(19米377拍):
1:10, 2B;35mm银盐
收藏馆:缩微中心,天津

00O030048
绣像京本云合奇踪全传:十卷八十回 / (明)徐渭撰
清(1644-1911)刻本
2001年摄制. -- 1盘卷片(18米355拍):
1:10, 2B;35mm银盐
收藏馆:缩微中心,天津

00O028977
绣像京本云合奇踪玉茗英烈全传:十卷八十回 / (明)徐渭撰
清(1644-1911)致和堂刻本
1998年摄制. -- 1盘卷片(20米387拍):
1:10, 2B;35mm银盐
收藏馆:缩微中心,天津

00O028843
绣像云合奇踪:五卷八十回 / (明)徐渭撰
清光绪十二年(1886)京都文和堂刻本. -- 京都文和堂藏版。
1998年摄制. -- 1盘卷片(10米171拍):
1:10, 2B;35mm银盐
收藏馆:缩微中心,天津

00O029704
绣像云合奇踪:五卷八十回 / (明)徐渭撰
清(1644-1911)文英堂刻本
2000年摄制. -- 1盘卷片(9米159拍):1:10,
2B;35mm银盐
收藏馆:缩微中心,天津

00O029406
新镌秘本续英烈传:二十回
清(1644-1911)刻本
1999年摄制. -- 1盘卷片(19米365拍):
1:10, 2B;35mm银盐
收藏馆:缩微中心,天津

00O029399
续英烈传：五卷三十四回 / (明)空谷老人编次
清(1644-1911)集古斋刻本
1999年摄制. -- 1盘卷片(13米245拍)：
1:10, 2B；35mm银盐
收藏馆：缩微中心，天津

00O007244
新刻全像三宝太监西洋记通俗演义：二十卷 /
(明)罗懋登撰
明(1368-1644)三山道人刻清初(1644-1722)步
月楼重修本
1987年摄制. -- 3盘卷片(67米1388拍)：
1:10, 2B；35mm银盐
收藏馆：缩微中心，国图

00O029948
新刻全像三宝太监西洋记通俗演义：二十卷 /
(明)罗懋登撰
明(1368-1644)三山道人刻本
2001年摄制. -- 3盘卷片(68米1401拍)：
1:10, 2B；35mm银盐
收藏馆：缩微中心，国图

00O030618
新刻三宝太监西洋记通俗演义：二十卷一百回 /
(明)罗懋登撰
清(1644-1911)申报馆铅印本
2002年摄制. -- 1盘卷片(22米484拍)：
1:10, 2B；35mm银盐
收藏馆：缩微中心，天津

00O016757
新刻逸田叟女仙外史大奇书：一百回 / (清)吕熊
撰
清康熙(1662-1722)钓璜轩刻本
1993年摄制. -- 2盘卷片(60米1188拍)：
1:10, 2B；35mm银盐
收藏馆：缩微中心，国图

00O029600
新刻逸田叟女仙外史大奇书：一百回 / (清)吕熊
撰
清康熙(1662-1722)刻本
2001年摄制. -- 2盘卷片(64米1298拍)：
1:10, 2B；35mm银盐
收藏馆：缩微中心，天津

00O030028
于少保萃忠全传：十卷四十传 / (明)孙高亮撰
明(1368-1644)刻本
2001年摄制. -- 1盘卷片(15米283拍)：
1:10, 2B；35mm银盐

收藏馆：缩微中心，天津

00O024666
于少保萃忠全传：十卷 / (明)孙高亮撰
明末(1621-1644)刻本
1996年摄制. -- 1盘卷片(15米280拍)：
1:10, 2B；35mm银盐
收藏馆：缩微中心，浙江

00O020890
于少保萃忠全传：十卷 / (明)孙高亮撰
清道光二年(1822)刻本
1994年摄制. -- 1盘卷片(14米251拍)：
1:10, 2B；35mm银盐
收藏馆：缩微中心，国图

00O029392
于少保萃忠全传：十卷四十传 / (明)孙高亮撰
清(1644-1911)宝翰楼刻本
1999年摄制. -- 1盘卷片(15米279拍)：
1:10, 2B；35mm银盐
收藏馆：缩微中心，天津

00O029245
于少保萃忠全传：十卷四十传 / (明)孙高亮撰
清(1644-1911)三让堂刻本
1999年摄制. -- 1盘卷片(15米274拍)：
1:10, 2B；35mm银盐
收藏馆：缩微中心，天津

00O017378
镌于少保萃忠传：十卷七十回 / (明)孙高亮撰；
(明)沈国元评
明末(1621-1644)刻本. -- 存二卷十六回：卷
九至卷十，五十五回至七十回。
1993年摄制. -- 1盘卷片(7米110拍)：1:10,
2B；35mm银盐
收藏馆：缩微中心，国图

00O024673
镌于少保萃忠传：十卷七十回 / (明)孙高亮撰；
(明)沈国元评
明(1368-1644)刻本
1996年摄制. -- 1盘卷片(27米538拍)：
1:10, 2B；35mm银盐
收藏馆：缩微中心，浙江

00O029409
大明正德皇游江南传：七卷四十五回 / (清)何梦
梅撰
清道光二十二年(1842)宝文堂刻本
1999年摄制. -- 1盘卷片(17米323拍)：
1:10, 2B；35mm银盐

收藏馆：缩微中心，天津

00O018700
京锲皇明通俗演义全像戚南塘剿平倭寇志传：□□卷
明(1368-1644)刻本. -- 存三卷：卷一至卷三。郑振铎跋。
1994年摄制. -- 1盘卷片(6米81拍)：1:10, 2B ；35mm银盐
收藏馆：缩微中心，国图

00O028867
原本海公大红袍全传：六十卷六十回 / (晋)李春芬编次
清道光二年(1822)书业堂刻本
1998年摄制. -- 1盘卷片(31米630拍)：1:10, 2B ；35mm银盐
收藏馆：缩微中心，天津

00O029391
梼杌闲评：五十卷五十回
清(1644-1911)刻本
1999年摄制. -- 2盘卷片(48米972拍)：1:10, 2B ；35mm银盐
收藏馆：缩微中心，天津

00O029683
剿闯小说：十卷附录一卷 / [题](明)西吴懒道人口授
清(1644-1911)抄本
2001年摄制. -- 1盘卷片(7米128拍)：1:10, 2B ；35mm银盐
收藏馆：缩微中心，天津

00O014574
新编剿闯孤忠小说：十卷
明末(1621-1644)刻本
1992年摄制. -- 1盘卷片(12米196拍)：1:10, 2B ；35mm银盐
收藏馆：缩微中心，国图

00O016169
新编剿闯小说：五卷 / [题](明)西吴懒道人口授
清(1644-1911)抄本. -- (清)傅以礼跋。
1993年摄制. -- 1盘卷片(6米92拍)：1:10, 2B ；35mm银盐
收藏馆：缩微中心，国图

00O029378
新史奇观演义全传：二十二回 / (清)蓬蒿子编
清嘉庆八年(1803)集古居刻本
2000年摄制. -- 1盘卷片(15米288拍)：1:10, 2B ；35mm银盐

收藏馆：缩微中心，天津

00O029244
铁冠图：八卷五十回
清光绪四年(1878)宏文堂刻本. -- 原题：松排山人编，龙岩子校阅。
1999年摄制. -- 1盘卷片(13米239拍)：1:10, 2B ；35mm银盐
收藏馆：缩微中心，天津

00O011656
台湾外记：三十卷 / (清)江日升撰
清康熙(1662-1722)求无不梦斋活字印本
1989年摄制. -- 2盘卷片(46米980拍)：1:10, 2B ；35mm银盐
收藏馆：缩微中心，天津

00O029367
绘图平金川：四卷三十二回 / (清)张小山撰
清光绪二十六年(1900)焕文堂刻本
1999年摄制. -- 1盘卷片(14米259拍)：1:10, 2B ；35mm银盐
收藏馆：缩微中心，天津

00O030640
民族小说洪秀全演义：四集八卷五十四回 / (清)黄小配撰
清宣统元年(1909)石印本. -- 本书分为四集且回数相连。
2002年摄制. -- 1盘卷片(13米261拍)：1:10, 2B ；35mm银盐
收藏馆：缩微中心，天津

00O030644
黄金世界：二卷二十回 / (清)碧荷馆主人著
清光绪三十二年(1906)小说林社上海铅印本
2002年摄制. -- 1盘卷片(7米138拍)：1:10, 2B ；35mm银盐
收藏馆：缩微中心，天津

00O029395
昭君传：八卷八十回
清(1644-1911)兆敬堂刻本
1999年摄制. -- 1盘卷片(25米499拍)：1:10, 2B ；35mm银盐
收藏馆：缩微中心，天津

00O017783
新刻绣像批评金瓶梅：二十卷一百回 / (明)兰陵笑笑生撰
明(1368-1644)刻本
1993年摄制. -- 3盘卷片(84米1824拍)：1:10, 2B ；35mm银盐

收藏馆：缩微中心，天津

000O029379
新镌刘生觅莲记：六卷十六回 / (清)吴敬所撰
清(1644-1911)竹轩刻本
2000年摄制. -- 1盘卷片(6米103拍) ：1:10,
2B ；35mm银盐
收藏馆：缩微中心，天津

000O029393
新编燕子笺：六卷十八回
清(1644-1911)刻本. -- 卷一至卷二、卷四至
卷六配抄本。
1999年摄制. -- 1盘卷片(7米102拍) ：1:10,
2B ；35mm银盐
收藏馆：缩微中心，天津

000O029381
双英记：十二回 / (清)河氏梦庄居士撰
清咸丰五年(1855)十二室刻本
1999年摄制. -- 1盘卷片(9米164拍) ：1:10,
2B ；35mm银盐
收藏馆：缩微中心，天津

000O029369
醒世姻缘传：一百回 / (清)西周生辑
清同治九年(1870)刻本. -- 存五十回：一回
至五十回。
1999年摄制. -- 2盘卷片(39米760拍) ：
1:10, 2B ；35mm银盐
收藏馆：缩微中心，天津

000O030591
醒世姻缘传：一百回 / (清)西周生辑撰
清同治九年(1870)重刻本. -- 据孙楷第《中
国通俗小说书目》考证：本书为蒲松龄所著，
书中所记顺康间淄川商邱两县之事，而淄川事
尤切，留仙(蒲)之地域时代皆相当。
2002年摄制. -- 3盘卷片(74米1506拍) ：
1:10, 2B ；35mm银盐
收藏馆：缩微中心，天津

000O018794
新镌绣像小说吴江雪：四卷 / [题](清)佩蘅子撰
清初(1644-1722)刻本
1994年摄制. -- 1盘卷片(12米203拍) ：
1:10, 2B ；35mm银盐
收藏馆：缩微中心，国图

000O029610
天花藏批评玉娇梨：五卷二十回 / (清)张匀撰.
天花藏批评平山冷燕：五卷二十回 / (清)张匀撰
清乾隆三十六年(1771)刻两节本

2001年摄制. -- 1盘卷片(17米335拍) ：
1:10, 2B ；35mm银盐
收藏馆：缩微中心，天津

000O019653
新编批评绣像平山冷燕：二十回
清初(1644-1722)刻本. -- 存十六回：一回至
十六回。
1994年摄制. -- 1盘卷片(15米281拍) ：
1:10, 2B ；35mm银盐
收藏馆：缩微中心，国图

000O020059
天花藏批评平山冷燕：六卷二十回
清(1644-1911)玉兰堂刻本
1994年摄制. -- 1盘卷片(8米115拍) ：1:10,
2B ；35mm银盐
收藏馆：缩微中心，国图

000O029235
新刻天花藏批评平山冷燕：四卷二十回 / (清)荻岸散人编
清光绪二十八年(1902)刻本
1999年摄制. -- 1盘卷片(15米294拍) ：
1:10, 2B ；35mm银盐
收藏馆：缩微中心，天津

000O029222
新刻天花藏批评平山冷燕：四卷二十回 / (清)荻岸散人编
清(1644-1911)大文堂刻本
1999年摄制. -- 1盘卷片(12米216拍) ：
1:10, 2B ；35mm银盐
收藏馆：缩微中心，天津

000O029246
新刻批评平山冷燕：六卷二十回
清(1644-1911)静寄山房刻本. -- 封面题：永
玉主人批点。
1999年摄制. -- 1盘卷片(19米369拍) ：
1:10, 2B ；35mm银盐
收藏馆：缩微中心，天津

000O021028
新刻批评绣像平山冷燕：六卷二十四回 / (清)弘晓批点
清(1644-1911)静寄山房刻本
1994年摄制. -- 1盘卷片(19米336拍) ：
1:10, 2B ；35mm银盐
收藏馆：缩微中心，国图

000O019112
贯华堂评论金云翘传：四卷 / [题](清)青心才人

撰
清(1644-1911)卫花轩刻本
1994年摄制. -- 1盘卷片(10米135拍)：
1:10, 2B；35mm银盐
收藏馆：缩微中心, 国图

000O029368
双奇梦传：四卷二十回
清(1644-1911)刻本
1999年摄制. -- 1盘卷片(8米144拍)：1:10,
2B；35mm银盐
收藏馆：缩微中心, 天津

000O029233
新编绣像簇新小说麟儿报：十六回
清(1644-1911)鱣飞斋刻本
1999年摄制. -- 1盘卷片(10米172拍)：
1:10, 2B；35mm银盐
收藏馆：缩微中心, 天津

000O029365
新编绣像簇新小说麟儿报：十六回
清(1644-1911)啸花轩精刻本
1999年摄制. -- 1盘卷片(10米190拍)：
1:10, 2B；35mm银盐
收藏馆：缩微中心, 天津

000O029400
新镌批语绣像秘本定情人：十六回
清(1644-1911)刻本. -- 存六回：一回至六
回。
1999年摄制. -- 1盘卷片(8米130拍)：1:10,
2B；35mm银盐
收藏馆：缩微中心, 天津

000O029220
快心编：初集五卷十回二集五卷十回三集六卷
十二回
清(1644-1911)课花书屋刻大字本. -- 原题：
天花才子编, 四桥居士评点。
1999年摄制. -- 2盘卷片(45米948拍)：
1:10, 2B；35mm银盐
收藏馆：缩微中心, 天津

000O018101
快心编：初集五卷十回二集五卷十回三集六卷
十二回 / (清)天花才子；(清)四桥居士评
清(1644-1911)课花书屋刻本
1993年摄制. -- 2盘卷片(48米1010拍)：
1:10, 2B；35mm银盐
收藏馆：缩微中心, 山东

000O028982
快心录：七卷十四回 / (□)山石老人撰
清(1644-1911)抄本. -- 书名依书口题。
1999年摄制. -- 1盘卷片(17米336拍)：
1:10, 2B；35mm银盐
收藏馆：缩微中心, 天津

000O017488
合浦珠传奇：二卷 / (清)程瀚撰
清道光十六年(1836)刻本
1993年摄制. -- 1盘卷片(6米95拍)：1:10,
2B；35mm银盐
收藏馆：缩微中心, 国图

000O029376
铁花仙史：二十六回
清(1644-1911)恒谦堂刻本. -- 原题：云封山
人编次, 一啸居士评点。
1999年摄制. -- 1盘卷片(25米493拍)：
1:10, 2B；35mm银盐
收藏馆：缩微中心, 天津

000O029227
鸳鸯影：四卷十八回
清道光十五年(1835)刻本
1999年摄制. -- 1盘卷片(11米199拍)：
1:10, 2B；35mm银盐
收藏馆：缩微中心, 天津

000O030616
绘图银瓶梅：四卷二十四回
清光绪十六年至宣统三年(1890-1911)石印本
2002年摄制. -- 1盘卷片(3米61拍)：1:10,
2B；35mm银盐
收藏馆：缩微中心, 天津

000O029611
情梦柝：四卷二十回 / [题](清)安阳酒氏撰；
[题](清)灌菊散人评
清(1644-1911)刻本
2001年摄制. -- 1盘卷片(10米181拍)：
1:10, 2B；35mm银盐
收藏馆：缩微中心, 天津

000O012680
新镌奇传空空幻：十六回 / [题](清)悟岗主人编
清(1644-1911)刻本
1990年摄制. -- 1盘卷片(20.6米354拍)：
1:10, 2B；35mm银盐
收藏馆：缩微中心, 辽宁

000O021466
新镌才美巧相逢宛如约：四卷十六回 / [题](清)

惜花主人批评
清(1644-1911)醉月山居刻本
1995年摄制. -- 1盘卷片(8米130拍) : 1:10,
2B ; 35mm银盐
收藏馆：缩微中心，国图

000O029397
新镌才美巧相逢宛如约：四卷十六回
清(1644-1911)刻本
1999年摄制. -- 1盘卷片(9米155拍) : 1:10,
2B ; 35mm银盐
收藏馆：缩微中心，天津

000O028776
梦中缘：四卷十五回 / (清)李修行撰
清光绪十一年(1885)崇德堂刻本
1998年摄制. -- 1盘卷片(13米237拍) :
1:10, 2B ; 35mm银盐
收藏馆：缩微中心，天津

000O029609
凤凰池：四卷十六回 / [题](清)烟霞散人编
清(1644-1911)华文堂精刻本
2001年摄制. -- 1盘卷片(10米178拍) :
1:10, 2B ; 35mm银盐
收藏馆：缩微中心，天津

000O019176
快士传：十六卷 / [题](清)五色石主人撰
清初(1644-1722)刻本
1994年摄制. -- 1盘卷片(18米347拍) :
1:10, 2B ; 35mm银盐
收藏馆：缩微中心，国图

000O029366
水石缘：六卷 / (清)李春荣撰
清(1644-1911)刻本. -- 原题：稽山李春荣芳
普氏编辑。
1999年摄制. -- 1盘卷片(13米251拍) :
1:10, 2B ; 35mm银盐
收藏馆：缩微中心，天津

000O029607
水石缘：六卷三十段 / (清)李春荣撰
清(1644-1911)明德堂刻本. -- (清)云间幕空
子鉴订。
2001年摄制. -- 1盘卷片(15米297拍) :
1:10, 2B ; 35mm银盐
收藏馆：缩微中心，天津

000O029377
义侠好逑传：十八回
清同治五年(1866)佛山翰宝楼刻本. -- 原

题：名教中人编次，游方外客评。
2000年摄制. -- 1盘卷片(14米256拍) :
1:10, 2B ; 35mm银盐
收藏馆：缩微中心，天津

000O028974
义侠好逑传：四卷十八回
清(1644-1911)经国堂刻本. -- 原题：名教中
人编次。
1998年摄制. -- 1盘卷片(11米204拍) :
1:10, 2B ; 35mm银盐
收藏馆：缩微中心，天津

000O029407
好逑传：四卷十八回 / (清)名教中人编次
清(1644-1911)独处轩刻本
1999年摄制. -- 1盘卷片(16米309拍) :
1:10, 2B ; 35mm银盐
收藏馆：缩微中心，天津

000O028980
义侠好逑传：四卷十八回
清(1644-1911)文诚堂刻本. -- 原题：名教中
人编次，游方外客批评。
1998年摄制. -- 1盘卷片(11米198拍) :
1:10, 2B ; 35mm银盐
收藏馆：缩微中心，天津

000O028972
好逑传：四卷十八回 / [题](清)名教中人编次
清(1644-1911)益秀堂刻本. -- 封面题：授受
堂梓。
1998年摄制. -- 1盘卷片(8米132拍) : 1:10,
2B ; 35mm银盐
收藏馆：缩微中心，天津

000O028866
金石缘全传：八卷二十四回 / (清)省斋主人重编
清同治四年(1865)华经堂刻本
1998年摄制. -- 1盘卷片(14米263拍) :
1:10, 2B ; 35mm银盐
收藏馆：缩微中心，天津

000O028769
金石缘全传：八卷二十四回首一卷 / (清)省斋主
人重编
清(1644-1911)清省斋刻本
1998年摄制. -- 1盘卷片(11米196拍) :
1:10, 2B ; 35mm银盐
收藏馆：缩微中心，天津

000O029390
蝴蝶媒：四卷十六回 / (清)南岳道人编；(清)青

谿醉客评
清(1644-1911)四友堂刻本
1999年摄制. -- 1盘卷片(9米157拍)：1:10,
2B；35mm银盐
收藏馆：缩微中心，天津

000O028777
蝴蝶媒：四卷十六回 / (清)南岳道人编；(清)青
谿醉客评
清(1644-1911)刻本
1998年摄制. -- 1盘卷片(10米183拍)：
1:10, 2B；35mm银盐
收藏馆：缩微中心，天津

000O029603
儒林外史：五十六回 / (清)吴敬梓撰
清嘉庆八年(1803)卧闲草堂刻本
2001年摄制. -- 2盘卷片(51米1036拍)：
1:10, 2B；35mm银盐
收藏馆：缩微中心，天津

000O029602
儒林外史：五十六回 / (清)吴敬梓撰
清嘉庆二十一年(1816)古堂刻巾箱本
2001年摄制. -- 2盘卷片(52米1046拍)：
1:10, 2B；35mm银盐
收藏馆：缩微中心，天津

000O026155
儒林外史：五十六回 / (清)吴敬梓撰
清同治八年(1869)群玉斋活字印本
1996年摄制. -- 2盘卷片(43米849拍)：
1:10, 2B；35mm银盐
收藏馆：缩微中心，国图

000O029420
儒林外史：五十六回 / (清)吴敬梓撰
清同治八年(1869)群玉斋活字印本
2000年摄制. -- 2盘卷片(46米926拍)：
1:10, 2B；35mm银盐
收藏馆：缩微中心，天津

000O029239
儒林外史：五十六回 / (清)吴敬梓撰
清咸丰元年(1851)清江注礼阁刻本
1999年摄制. -- 2盘卷片(53米1050拍)：
1:10, 2B；35mm银盐
收藏馆：缩微中心，天津

000O029240
齐省堂增订儒林外史：五十六回 / (清)吴敬梓撰
清同治十三年(1874)齐省堂刻本
1999年摄制. -- 2盘卷片(51米997拍)：

1:10, 2B；35mm银盐
收藏馆：缩微中心，天津

000O030600
增补齐省堂儒林外史：六十回 / (清)吴敬梓撰
清光绪十四年(1888)鸿宝斋石印本
2002年摄制. -- 1盘卷片(15米326拍)：
1:10, 2B；35mm银盐
收藏馆：缩微中心，天津

000O030645
增补齐省堂儒林外史：六十回 / (清)吴敬梓撰
清光绪三十二年(1906)海左书局石印本
2002年摄制. -- 1盘卷片(16米345拍)：
1:10, 2B；35mm银盐
收藏馆：缩微中心，天津

000O019525
脂砚斋重评石头记：八十回 / (清)曹霑,(清)高鹗
撰；(清)脂砚斋主人评
清(1644-1911)抄本. -- 二十一回至三十回佚
名抄补转录乾隆己卯脂砚斋评本世称己卯本。
存五十回：一回至四十回、六十一回至七十
回。
1994年摄制. -- 1盘卷片(29米583拍)：
1:10, 2B；35mm银盐
收藏馆：缩微中心，国图

000O024918
石头记：八卷八十回 / (清)曹霑,(清)高鹗撰
清(1644-1911)抄本
1996年摄制. -- 3盘卷片(86米1766拍)：
1:10, 2B；35mm银盐
收藏馆：缩微中心，南京

000O013097
红楼梦：八十回 / (清)曹霑,(清)高鹗撰
清(1644-1911)抄本. -- 存四十回：一回至
四十回。
1991年摄制. -- 1盘卷片(4米31拍)：1:10,
2B；35mm银盐
收藏馆：缩微中心，国图

000O020283
红楼梦：八十回 / (清)曹霑,(清)高鹗撰
清(1644-1911)抄本. -- 存四十回：一回至
四十回。
1994年摄制. -- 1盘卷片(31米631拍)：
1:10, 2B；35mm银盐
收藏馆：缩微中心，国图

000O012955
红楼梦：一百二十回 / (清)曹霑,(清)高鹗撰

清乾隆五十六年(1791)萃文书屋活字印本
1991年摄制. -- 3盘卷片(84米1617拍) :
1:10, 2B ; 35mm银盐
收藏馆：缩微中心，国图

000O013481
红楼梦：一百二十回 / (清)曹霑,(清)高鹗撰
清乾隆五十六年(1791)萃文书屋活字印本. --
存八十回：一回至八十回。(清)张汝执跋。
1991年摄制. -- 2盘卷片(56米1091拍) :
1:10, 2B ; 35mm银盐
收藏馆：缩微中心，国图

000O021783
红楼梦：一百二十回 / (清)曹霑,(清)高鹗撰
清乾隆五十六年(1791)萃文书屋活字印本
1995年摄制. -- 3盘卷片(81米1616拍) :
1:10, 2B ; 35mm银盐
收藏馆：缩微中心，国图

000O013741
红楼梦：一百二十回 / (清)曹霑,(清)高鹗撰
清乾隆五十七年(1792)萃文书屋活字印本
1991年摄制. -- 3盘卷片(81米1624拍) :
1:10, 2B ; 35mm银盐
收藏馆：缩微中心，国图

000O017618
红楼梦：一百二十回 / (清)曹霑,(清)高鹗撰
清乾隆五十七年(1792)萃文书屋活字印本
1993年摄制. -- 3盘卷片(80米1621拍) :
1:10, 2B ; 35mm银盐
收藏馆：缩微中心，国图

000O030039
红楼梦：一百二十回 / (清)曹霑,(清)高鹗撰
清乾隆五十七年(1792)程氏翠文书屋活字印本
2001年摄制. -- 3盘卷片(91米1842拍) :
1:10, 2B ; 35mm银盐
收藏馆：缩微中心，天津

000O020127
红楼梦：一百二十回 / (清)曹霑,(清)高鹗撰
清(1644-1911)东观阁刻本
1994年摄制. -- 3盘卷片(85米1748拍) :
1:10, 2B ; 35mm银盐
收藏馆：缩微中心，国图

000O030030
红楼梦：一百二十回 / (清)曹霑,(清)高鹗撰
清嘉庆十六年(1811)东观阁刻巾箱本
2001年摄制. -- 3盘卷片(98米1968拍) :
1:10, 2B ; 35mm银盐

收藏馆：缩微中心，天津

000O020133
红楼梦：一百二十回 / (清)曹霑,(清)高鹗撰
清(1644-1911)刻本
1994年摄制. -- 3盘卷片(80米1611拍) :
1:10, 2B ; 35mm银盐
收藏馆：缩微中心，国图

000O028850
红楼梦：一百二十回 / (清)曹霑,(清)高鹗撰
清(1644-1911)刻本
1998年摄制. -- 2盘卷片(69米1401拍) :
1:10, 2B ; 35mm银盐
收藏馆：缩微中心，天津

000O020129
红楼梦：一百二十回 / (清)曹霑,(清)高鹗撰
清(1644-1911)抄本
1994年摄制. -- 2盘卷片(59米1062拍) :
1:10, 2B ; 35mm银盐
收藏馆：缩微中心，国图

000O020131
红楼梦：一百二十回 / (清)曹霑,(清)高鹗撰 ；
(清)王希廉评
清光绪二年(1876)聚珍堂活字印本
1994年摄制. -- 3盘卷片(95米1951拍) :
1:10, 2B ; 35mm银盐
收藏馆：缩微中心，国图

000O028859
红楼梦：一百二十回 / (清)曹霑,(清)高鹗撰 ；
(清)王希廉评
清光绪二年(1876)京都聚珍堂活字印本. --
附：论赞一卷总评一卷。
1998年摄制. -- 3盘卷片(99米1999拍) :
1:10, 2B ; 35mm银盐
收藏馆：缩微中心，天津

000O029601
红楼梦：一百二十回赞一卷总评一卷大观园图
说一卷像一卷 / (清)曹霑,(清)高鹗撰
清光绪二年(1876)京都聚珍堂活字印巾箱
本. -- (清)王希廉评。
2001年摄制. -- 3盘卷片(102米2096拍) :
1:10, 2B ; 35mm银盐
收藏馆：缩微中心，天津

000O028858
红楼梦：一百二十回 / (清)曹霑,(清)高鹗撰 ；
(清)王希廉评
清光绪三年(1877)芸居楼刻本

1998年摄制. -- 4盘卷片(106米2100拍)：
1:10，2B；35mm银盐
收藏馆：缩微中心，天津

000O017173

评订红楼梦：六卷一百二十回 / (清)张枞恒撰
清(1644-1911)稿本
1993年摄制. -- 1盘卷片(27米566拍)：
1:10，2B；35mm银盐
收藏馆：缩微中心，山东

000O028846

后红楼梦：三十回附刻吴下诸子和大观园菊花
社原韵诗二卷
清(1644-1911)刻本
1998年摄制. -- 2盘卷片(40米790拍)：
1:10，2B；35mm银盐
收藏馆：缩微中心，天津

000O029678

续红楼梦：三十卷
清嘉庆四年(1799)抱瓮轩刻本
2001年摄制. -- 2盘卷片(42米818拍)：
1:10，2B；35mm银盐
收藏馆：缩微中心，天津

000O030341

绮楼重梦：四十八回 / (清)兰皋居士编
清嘉庆四年(1799)刻巾箱本
2001年摄制. -- 1盘卷片(32米648拍)：
1:10，2B；35mm银盐
收藏馆：缩微中心，天津

000O000288

枣窗闲笔：不分卷 / (清)裕瑞撰
清(1644-1911)稿本. -- 邓之诚跋。
1985年摄制. -- 1盘卷片(5.1米84拍)：
1:10，2B；35mm银盐
收藏馆：缩微中心，国图

000O018639

读红楼梦随笔：十六卷 / (清)洪锡绶撰
清(1644-1911)抄本
1993年摄制. -- 2盘卷片(55.2米1211拍)：
1:9，2B；35mm银盐
收藏馆：缩微中心，重庆

000O028847

雪月梅传：十卷五十回 / (清)陈朗撰
清(1644-1911)德华堂刻本
1998年摄制. -- 1盘卷片(30米609拍)：
1:10，2B；35mm银盐
收藏馆：缩微中心，天津

000O029608

雪月梅传：十卷五十回 / (清)陈朗撰；(清)董孟
汾评
清乾隆四十年(1775)德华堂刻本. -- 邵松年
校。
2001年摄制. -- 1盘卷片(31米627拍)：
1:10，2B；35mm银盐
收藏馆：缩微中心，天津

000O025485

雪月梅传：十卷五十回 / (清)陈朗撰；(清)董孟
汾评释
清乾隆四十年(1775)刻本
1996年摄制. -- 1盘卷片(30米568拍)：
1:10，2B；35mm银盐
收藏馆：缩微中心，国图

000O028864

雪月梅传：十卷五十回 / (清)陈朗撰
清道光二十二年(1842)云香堂刻本
1998年摄制. -- 1盘卷片(32米651拍)：
1:10，2B；35mm银盐
收藏馆：缩微中心，天津

000O028841

雪月梅传：五十回 / (清)陈朗撰
清光绪(1875-1908)刻本
1998年摄制. -- 1盘卷片(24米478拍)：
1:10，2B；35mm银盐
收藏馆：缩微中心，天津

000O025486

歧路灯：一百五回二十卷 / (清)李海观撰
清(1644-1911)抄本
1996年摄制. -- 2盘卷片(57米1134拍)：
1:10，2B；35mm银盐
收藏馆：缩微中心，国图

000O028788

第十才子书：六卷二十四回 / (清)吴航野客编次；
(清)水箬散人评阅
清(1644-1911)刻本
1998年摄制. -- 1盘卷片(14米249拍)：
1:10，2B；35mm银盐
收藏馆：缩微中心，天津

000O029413

第一奇书野叟曝言：二十卷一百五十二回 / (清)
夏敬渠撰
清光绪七年(1881)昆陵汇珍楼木活字印本. --
卷四至卷五有抄配。
2000年摄制. -- 4盘卷片(108米2190拍)：
1:10，2B；35mm银盐

收藏馆：缩微中心，天津

00O029604
岭南逸史：八卷二十八回 / (清)黄耐庵撰
清嘉庆(1796-1820)文道堂刻本
2001年摄制. -- 1盘卷片(33米671拍) :
1:10，2B ; 35mm银盐
收藏馆：缩微中心，天津

00O030032
第八才子书白圭志：四卷十六回 / (清)崔象川撰
清嘉庆十年(1805)绣文堂刻巾箱本
2001年摄制. -- 1盘卷片(14米270拍) :
1:10，2B ; 35mm银盐
收藏馆：缩微中心，天津

00O030345
新刻增删二度梅奇说：六卷
清(1644-1911)谦亨堂刻本. -- 原题：惜阴堂
主人编辑。
2001年摄制. -- 1盘卷片(12米220拍) :
1:10，2B ; 35mm银盐
收藏馆：缩微中心，天津

00O028966
英云梦传：八卷 / (清)九容楼主人松云氏撰；
(清)扫花头陀剩斋氏评
清光绪十四年(1888)扫叶山房刻本
1998年摄制. -- 1盘卷片(18米352拍) :
1:10，2B ; 35mm银盐
收藏馆：缩微中心，天津

00O029405
英云梦传：八卷 / (清)九容楼主人松云氏撰
清(1644-1911)宝华顺刻本. -- 铃"苏斋"
"潭溪"印。
1999年摄制. -- 1盘卷片(19米367拍) :
1:10，2B ; 35mm银盐
收藏馆：缩微中心，天津

00O028781
常言道：四卷十六回 / (清)落魄道人编
清光绪元年(1875)得成堂刻本
1998年摄制. -- 1盘卷片(11米204拍) :
1:10，2B ; 35mm银盐
收藏馆：缩微中心，天津

00O012691
蜃楼志：八卷 / (清)庚岭劳人撰
清嘉庆十二年(1807)刻本
1990年摄制. -- 1盘卷片(10.8米222拍) :
1:10，2B ; 35mm银盐
收藏馆：缩微中心，辽宁

00O029419
听月楼：二十回
清(1644-1911)刻本
2000年摄制. -- 1盘卷片(14米260拍) :
1:10，2B ; 35mm银盐
收藏馆：缩微中心，天津

00O012657
争春园全传：四十八回 / [题](□)宁生氏撰
清嘉庆二十四年(1819)文德堂刻本
1990年摄制. -- 1盘卷片(24.4米546拍) :
1:10，2B ; 35mm银盐
收藏馆：缩微中心，辽宁

00O030037
风月鉴：十六卷十六回 / (清)吴贻先撰
清嘉庆(1796-1820)刻巾箱本. -- 存十四卷
十四回：卷一至卷十一、卷十四至卷十六，一
回至十一回、十四回至十六回。
2001年摄制. -- 1盘卷片(13米237拍) :
1:10，2B ; 35mm银盐
收藏馆：缩微中心，天津

00O029401
新镌三分梦全传：十六卷十六回 / (清)张士登撰
清道光十五年(1835)刻本
1999年摄制. -- 1盘卷片(19米370拍) :
1:10，2B ; 35mm银盐
收藏馆：缩微中心，天津

00O029238
新镌三分梦全传：十六卷十六回 / (清)张士登撰
清道光二十八年(1848)刻本
1999年摄制. -- 1盘卷片(20米379拍) :
1:10，2B ; 35mm银盐
收藏馆：缩微中心，天津

00O029225
新刊五美缘全传：八十回
清道光十二年(1832)三余堂刻本
1999年摄制. -- 1盘卷片(32米638拍) :
1:10，2B ; 35mm银盐
收藏馆：缩微中心，天津

00O029223
新编玉蟾记：六卷五十三回 / (清)崔象川撰
清道光十九年(1839)绿玉山房刻本. -- 原
题：通元子黄石著。
1999年摄制. -- 1盘卷片(19米368拍) :
1:10，2B ; 35mm银盐
收藏馆：缩微中心，天津

00O029234
新编玉蟾记：六卷五十三回 / (清)崔象川撰
清光绪元年(1875)刻本. -- 原题：通元子黄
石著。
1999年摄制. -- 1盘卷片(19米364拍)：
1:10, 2B；35mm银盐
收藏馆：缩微中心，天津

00O029199
林兰香：八卷六十四回
清道光十八年(1838)刻本
1999年摄制. -- 2盘卷片(39米764拍)：
1:10, 2B；35mm银盐
收藏馆：缩微中心，天津

00O029252
林兰香：八卷六十四回
清道光(1821-1850)刻本. -- 存四卷三十二
回：卷五至卷八，三十三回至六十四回。
1999年摄制. -- 1盘卷片(18米355拍)：
1:10, 2B；35mm银盐
收藏馆：缩微中心，天津

00O029195
林兰香：八卷六十四回
清(1644-1911)刻本. -- 原题：随缘下士编
辑，寄旅散人批点。
1999年摄制. -- 2盘卷片(40米777拍)：
1:10, 2B；35mm银盐
收藏馆：缩微中心，天津

00O028965
**美益奇观孝义传：八卷六十四回 / (清)随缘下士
编辑；(清)寄旅散人批点**
清(1644-1911)刻本
1998年摄制. -- 1盘卷片(30米612拍)：
1:10, 2B；35mm银盐
收藏馆：缩微中心，天津

00O029672
儿女英雄传评话：四十回首一回 / (清)文康撰
清光绪四年(1878)京都聚珍堂活字印巾箱
本. -- 钤"周氏叔弢"印，周叔弢捐赠。
1999年摄制. -- 2盘卷片(60米1229拍)：
1:10, 2B；35mm银盐
收藏馆：缩微中心，天津

00O028971
**儿女英雄传评话：四十回 / (清)文康撰；(清)董
恂评**
清光绪六年(1880)京都聚珍堂活字印本
1998年摄制. -- 2盘卷片(62米1248拍)：
1:10, 2B；35mm银盐

收藏馆：缩微中心，天津

00O028863
儿女英雄传：四十回 / (清)文康撰
清光绪十四年(1888)有益堂刻本
1998年摄制. -- 2盘卷片(44米859拍)：
1:10, 2B；35mm银盐
收藏馆：缩微中心，天津

00O029387
儿女英雄传：四十回 / (清)文康撰
清光绪二十四年(1898)扫叶山房石印本. --
魏兰亭点校并录还我读书室主人批。
1999年摄制. -- 2盘卷片(44米869拍)：
1:10, 2B；35mm银盐
收藏馆：缩微中心，天津

00O029211
西湖小史：四卷十六回 / (清)蓉江撰
清光绪二年(1876)六经堂刻巾箱本
1999年摄制. -- 1盘卷片(13米241拍)：
1:10, 2B；35mm银盐
收藏馆：缩微中心，天津

00O029198
花月痕全书：十六卷五十二回 / (清)魏秀仁撰
清光绪十四年(1888)刻本. -- 原题：眠鹤主
人编次。
1999年摄制. -- 1盘卷片(33米670拍)：
1:10, 2B；35mm银盐
收藏馆：缩微中心，天津

00O030608
绘图绘芳录：八卷八十回 / (清)西冷野樵著
清光绪二十年(1894)上海书局上海石印本. --
卷首冠光绪四年(戊寅)始宁竹秋氏自序。
2002年摄制. -- 1盘卷片(30米617拍)：
1:10, 2B；35mm银盐
收藏馆：缩微中心，天津

00O029196
**金钟传：八卷六十四回 / (清)正一子,(清)克明子
撰**
清光绪二十二年(1896)乐善堂刻本
1999年摄制. -- 1盘卷片(26米520拍)：
1:10, 2B；35mm银盐
收藏馆：缩微中心，天津

00O030597
绘图官场现形记：五编六十卷 / (清)李宝嘉撰
清(1644-1911)崇本堂石印本. -- 书名依书名
页题；全书共分五编，每编十二卷，卷次相
连。

2002年摄制. -- 1盘卷片(33米679拍)：
1:10，2B ；35mm银盐
收藏馆：缩微中心，天津

00O030653
一字不识之新党：二编三十三回 / (清)虎林真小人撰；(清)全唐布衣评
清光绪三十三年(1907)彪蒙书室铅印本
2002年摄制. -- 1盘卷片(13米274拍)：
1:10，2B ；35mm银盐
收藏馆：缩微中心，天津

00O030713
卫生小说医界现行记：四卷二十二回 / (清)郁闻尧著；(清)殷铭甫,(清)沙念勤校订
清光绪三十二年(1906)商务印书馆铅印本
2002年摄制. -- 1盘卷片(10米191拍)：
1:10，2B ；35mm银盐
收藏馆：缩微中心，天津

00O030715
社会小说二十年目睹之怪现状：八卷一百八回 / (清)吴沃尧撰
清光绪三十二年至宣统二年(1906-1910)上海广智书局铅印本. -- 著者原题：我佛山人。
2003年摄制. -- 2盘卷片(40米845拍)：
1:10，2B ；35mm银盐
收藏馆：缩微中心，天津

00O030619
老残游记：二十卷 / (清)刘鹗撰
日日新闻社天津铅印本
2002年摄制. -- 1盘卷片(7米149拍)：1:10,
2B ；35mm银盐
收藏馆：缩微中心，天津

00O027017
鸳鸯塚：一卷；课蒙余录：一卷 / (清)沈玉亮撰
清康熙(1662-1722)刻本
1997年摄制. -- 1盘卷片(3米41拍)：1:10,
2B ；35mm银盐
收藏馆：缩微中心，国图

00O030648
哀艳小说桃花新梦：二编 / (清)香梦词人记述；(清)绣鸳女士校勘
清宣统三年(1911)改良小说社铅印本
2002年摄制. -- 1盘卷片(4米48拍)：1:10,
2B ；35mm银盐
收藏馆：缩微中心，天津

00O029394
滑稽小说天上春秋：十八回；社会小说缙绅镜：

三十回附杂抄一卷
清光绪(1875-1908)王少泉抄本
1999年摄制. -- 1盘卷片(10米180拍)：
1:10，2B ；35mm银盐
收藏馆：缩微中心，天津

00O019381
忠义水浒传：一百回 / (元)施耐庵撰
明末(1621-1644)刻本. -- 存四十四回：一回至四十四回。
1994年摄制. -- 2盘卷片(40米790拍)：
1:10，2B ；35mm银盐
收藏馆：缩微中心，国图

00O018665
新刻出像京本忠义水浒传：十卷一百十五回 / (元)施耐庵撰
清初(1644-1722)德聚堂文星堂刻本
1994年摄制. -- 1盘卷片(25米481拍)：
1:10，2B ；35mm银盐
收藏馆：缩微中心，国图

00O028780
第五才子书：十二卷一百二十四回 / (元)施耐庵撰；(明)罗本参订；(元)金人瑞,(元)李贽定
清(1644-1911)刻本
1998年摄制. -- 1盘卷片(23米457拍)：
1:10，2B ；35mm银盐
收藏馆：缩微中心，天津

00O028835
第五才子书：十二卷一百二十四回 / (元)施耐庵撰
清(1644-1911)刻本
1998年摄制. -- 1盘卷片(27米530拍)：
1:10，2B ；35mm银盐
收藏馆：缩微中心，天津

00O001737
李卓吾先生批评忠义水浒传：一百卷一百回 / (元)施耐庵撰；(明)李贽评
明(1368-1644)容与堂刻本. -- 存八十卷：卷一至卷十、卷三十一至卷一百。
1986年摄制. -- 2盘卷片(60米1327拍)：
1:10，2B ；35mm银盐
收藏馆：缩微中心，国图

00O019333
李卓吾先生批评忠义水浒传：一百卷引首一卷 / (元)施耐庵撰；(明)李贽评
明(1368-1644)容与堂刻本
1994年摄制. -- 3盘卷片(83米1659拍)：
1:10，2B ；35mm银盐

收藏馆：缩微中心，国图

000O011927
忠义水浒全书：一百二十回首一卷图一卷 / (元)施耐庵撰；(明)罗本修
明末(1621-1644)郁郁堂刻本
1990年摄制. -- 4盘卷片(99米2182拍) :
1:10，2B ；35mm银盐
收藏馆：缩微中心，天津

000O010527
第五才子书施耐庵水浒传：七十五卷七十回 / (元)施耐庵撰
明崇祯(1628-1644)贯华堂刻本
1989年摄制. -- 3盘卷片(94米2119拍) :
1:10，2B ；35mm银盐
收藏馆：缩微中心，天津

000O030346
第五才子书水浒全传：七十五卷七十回 / (元)施耐庵撰；(清)金人瑞评
清光绪十四年(1888)上海大同书局石印本
2001年摄制. -- 1盘卷片(31米666拍) :
1:10，2B ；35mm银盐
收藏馆：缩微中心，天津

000O029691
第五才子书水浒传：七十五卷七十回 / (元)施耐庵撰；(清)金人瑞评
清(1644-1911)刻巾箱本
2001年摄制. -- 3盘卷片(75米1503拍) :
1:10，2B ；35mm银盐
收藏馆：缩微中心，天津

000O030593
评注图像水浒传：七十五卷七十回 / (元)施耐庵撰
清光绪三十三年(1908)石印本
2001年摄制. -- 1盘卷片(34米695拍) :
1:10，2B ；35mm银盐
收藏馆：缩微中心，天津

000O010478
水浒后传：八卷四十回论略一卷 / (明)陈忱撰
清(1644-1911)绍裕堂刻本. -- 卷端题：古宋遗民著、雁岩山樵评。
1989年摄制. -- 1盘卷片(31米702拍) :
1:10，2B ；35mm银盐
收藏馆：缩微中心，天津

000O029703
水浒后传：八卷四十回 / (明)陈忱撰
清(1644-1911)刻本

2001年摄制. -- 1盘卷片(19米375拍) :
1:10，2B ；35mm银盐
收藏馆：缩微中心，天津

000O029684
水浒后传：十卷四十回首一卷 / (明)陈忱撰；(清)蔡昇评
清乾隆(1736-1795)刻本
2001年摄制. -- 1盘卷片(33米677拍) :
1:10，2B ；35mm银盐
收藏馆：缩微中心，天津

000O029412
结水浒全传：七十卷七十回末一卷附结子一回 / (清)俞万春撰；(清)范辛来[等]校
清咸丰三年(1853)刻本
1999年摄制. -- 3盘卷片(83米1660拍) :
1:10，2B ；35mm银盐
收藏馆：缩微中心，天津

000O028787
结水浒全传：七十卷七十回附结子一回 / (清)俞万春撰
清咸丰七年(1857)东离山人刻本
1998年摄制. -- 3盘卷片(88米1799拍) :
1:10，2B ；35mm银盐
收藏馆：缩微中心，天津

000O028785
结水浒全传：七十卷一百四十回附结子一回 / (清)俞万春撰
清光绪二十六年至宣统三年(1900-1911)书业堂刻本
1998年摄制. -- 3盘卷片(90米1813拍) :
1:10，2B ；35mm银盐
收藏馆：缩微中心，天津

000O030602
绣像结水浒全传：一百四十回附结子一回 / (清)俞万春著；(清)范辛来,(清)邵祖恩参评
清光绪二十二年(1896)焕文书局石印本. -- 存七十回：七十一回至一百四十回。
2002年摄制. -- 1盘卷片(28米555拍) :
1:10，2B ；35mm银盐
收藏馆：缩微中心，天津

000O028784
结水浒传：七十卷一百四十回附结子一回 / (清)俞万春撰
清同治十年(1871)俞浚玉屏山馆刻本
1998年摄制. -- 3盘卷片(81米1613拍) :
1:10，2B ；35mm银盐
收藏馆：缩微中心，天津

00O018713
水浒传注略：二卷 / (清)程穆衡撰；(清)王开沃补
清道光二十五年(1845)王氏听香阁刻本
1994年摄制. -- 1盘卷片(7米115拍)：1:10,
2B；35mm银盐
收藏馆：缩微中心，国图

00O017045
水浒传注略：二卷 / (清)程穆衡撰
清(1644-1911)抄本. -- (清)王开沃订补。
1993年摄制. -- 1盘卷片(9米146拍)：1:10,
2B；35mm银盐
收藏馆：缩微中心，国图

00O029705
英雄谱：二种 / (明)熊飞辑
明末(1621-1644)金陵文元堂刻两节本. -- 忠义水浒传存二卷十四回：卷一至卷二，一回至十四回；四大奇书存二卷十二回：卷一至卷二，一回至十二回。
2000年摄制. -- 1盘卷片(7米116拍)：1:10,
2B；35mm银盐
收藏馆：缩微中心，天津

00O019056
英雄谱
明末(1621-1644)刻本. -- 存：目录、图。
1994年摄制. -- 1盘卷片(4米45拍)：1:10,
2B；35mm银盐
收藏馆：缩微中心，国图

00O019534
新镌批评出像通俗奇侠禅真逸史：八卷四十回 / (明)方汝浩撰
明末(1621-1644)刻本
1994年摄制. -- 2盘卷片(46米935拍)：
1:10, 2B；35mm银盐
收藏馆：缩微中心，国图

00O028768
新镌批评出像通俗奇侠禅真逸史：八卷四十回 / (明)方汝浩撰
清(1644-1911)文新堂重刻本. -- 据爽阁本重刻。
1998年摄制. -- 2盘卷片(44米953拍)：
1:10, 2B；35mm银盐
收藏馆：缩微中心，天津

00O029192
新镌批评出像通俗奇侠禅真逸史：八卷四十回 / (明)方汝浩撰
清(1644-1911)刻本. -- 原题：清心道人编。

1998年摄制. -- 2盘卷片(40米783拍)：
1:10, 2B；35mm银盐
收藏馆：缩微中心，天津

00O027977
新镌批评出像通俗奇侠禅真逸史：八卷四十回 / (明)方汝浩撰
清(1644-1911)刻本
1997年摄制. -- 2盘卷片(48米1066拍)：
1:10, 2B；35mm银盐
收藏馆：缩微中心，河南

00O017047
新镌批评出像通俗演义禅真后史：十卷六十回 / (明)方汝浩撰；(明)冲和居士评
明末(1621-1644)金衙刻本
1993年摄制. -- 2盘卷片(40米771拍)：
1:10, 2B；35mm银盐
收藏馆：缩微中心，国图

00O029202
新镌批评出像通俗演义禅真后史：八卷五十三回 / (清)清溪道人编次
清(1644-1911)刻本
1999年摄制. -- 1盘卷片(27米544拍)：
1:10, 2B；35mm银盐
收藏馆：缩微中心，天津

00O029692
新刻清风闸：四卷三十二回
清嘉庆二十四年(1819)奉孝轩刻巾箱本
2001年摄制. -- 1盘卷片(11米243拍)：
1:10, 2B；35mm银盐
收藏馆：缩微中心，天津

00O028852
新刻清风闸：四卷三十二回
清同治十三年(1874)重刻本
1998年摄制. -- 1盘卷片(11米196拍)：
1:10, 2B；35mm银盐
收藏馆：缩微中心，天津

00O029251
续纂施公案：三十六卷一百回
清光绪二十年(1894)梓潼会刻本
1999年摄制. -- 2盘卷片(50米1006拍)：
1:10, 2B；35mm银盐
收藏馆：缩微中心，天津

00O030614
新刊绣像全图施公案后传：二十五卷一百回
清光绪十九年(1893)上海书局上海石印本
2002年摄制. -- 1盘卷片(18米348拍)：

1:10, 2B ；35mm银盐
收藏馆：缩微中心，天津

000O029231
绣像绿牡丹全传：六卷六十四回
清道光十八年(1838)忠信堂刻本
1999年摄制. -- 1盘卷片(18米359拍) ：
1:10, 2B ；35mm银盐
收藏馆：缩微中心，天津

000O028771
绿牡丹全传：八卷六十四回
清光绪七年(1881)泰山堂刻本. -- 存四卷：
卷一至卷四。
1998年摄制. -- 1盘卷片(7米113拍) ：1:10,
2B ；35mm银盐
收藏馆：缩微中心，天津

000O029221
新纂四望亭全传：十一卷六十四回
清光绪十三年(1887)京都琉璃厂刻本
1999年摄制. -- 1盘卷片(21米410拍) ：
1:10, 2B ；35mm银盐
收藏馆：缩微中心，天津

000O029606
警富新书：四十回 / [题](清)安和先生撰
清道光十二年(1832)桐石山房刻本
2001年摄制. -- 1盘卷片(14米275拍) ：
1:10, 2B ；35mm银盐
收藏馆：缩微中心，天津

000O028782
云钟雁三闹太平庄全传：五十四回
清同治三年(1864)一笑轩刻本
1998年摄制. -- 1盘卷片(32米638拍) ：
1:10, 2B ；35mm银盐
收藏馆：缩微中心，天津

000O028774
新刻离合剑莲子瓶全集：三十二回
清道光二十二年(1842)绿云轩刻本
1998年摄制. -- 1盘卷片(14米266拍) ：
1:10, 2B ；35mm银盐
收藏馆：缩微中心，天津

000O029200
绣像忠烈全传：六十卷六十回
清(1644-1911)刻本
1999年摄制. -- 1盘卷片(26米517拍) ：
1:10, 2B ；35mm银盐
收藏馆：缩微中心，天津

000O029205
忠烈侠义传：一百二十回
清光绪五年(1879)刻本
1999年摄制. -- 2盘卷片(59米1186拍) ：
1:10, 2B ；35mm银盐
收藏馆：缩微中心，天津

000O029226
忠烈侠义传：一百二十回
清光绪八年(1882)京都聚珍堂活字印袖珍本
1999年摄制. -- 2盘卷片(59米1186拍) ：
1:10, 2B ；35mm银盐
收藏馆：缩微中心，天津

000O029386
续侠义传：十六回
清(1644-1911)刻本
1999年摄制. -- 1盘卷片(15米276拍) ：
1:10, 2B ；35mm银盐
收藏馆：缩微中心，天津

000O029415
七侠五义传：二十四卷一百二十回 / (清)石玉昆撰
清光绪二十二年(1896)广百宋斋上海刻本
2000年摄制. -- 1盘卷片(24米481拍) ：
1:10, 2B ；35mm银盐
收藏馆：缩微中心，天津

000O030631
绣像绘图七侠五义传：六卷一百回
上海大成书局石印本. -- 书名页题：侠义小说。
2002年摄制. -- 1盘卷片(9米183拍) ：1:10,
2B ；35mm银盐
收藏馆：缩微中心，天津

000O029418
小五义：一百二十四回
清光绪十七年(1891)文光楼刻本
2000年摄制. -- 2盘卷片(56米1146拍) ：
1:10, 2B ；35mm银盐
收藏馆：缩微中心，天津

000O030609
绣像全图小五义：一百二十四回
清光绪十六年(1890)文海堂上海铅印本
2002年摄制. -- 1盘卷片(21米425拍) ：
1:10, 2B ；35mm银盐
收藏馆：缩微中心，天津

000O030633
绣像续小五义：一百二十四回

清光绪十八年(1892)珍艺书局铅印本
2002年摄制. -- 1盘卷片(15米321拍) :
1:10, 2B ; 35mm银盐
收藏馆：缩微中心，天津

00O029374
续小五义：二十四卷一百二四回
清光绪十八年(1892)泰山堂刻本
1999年摄制. -- 2盘卷片(51米1024拍) :
1:10, 2B ; 35mm银盐
收藏馆：缩微中心，天津

00O030610
绣像仙侠五花剑：六卷三十回 / (清)海上剑痴撰
清光绪三十年(1904)上海书局上海石印本
2002年摄制. -- 1盘卷片(13米248拍) :
1:10, 2B ; 35mm银盐
收藏馆：缩微中心，天津

00O028836
新刊绣像彭公案：二十三卷一百回 / (清)贪梦道
人撰
清光绪二十年(1894)民安堂刻本
1998年摄制. -- 2盘卷片(42米817拍) :
1:10, 2B ; 35mm银盐
收藏馆：缩微中心，天津

00O030589
绣像永庆升平：十二卷九十七回；绣像永庆升
平后传：十二卷一百回 / (清)贪梦道人著
清光绪二十九年(1903)简青斋上海石印本
2002年摄制. -- 1盘卷片(16米328拍) :
1:10, 2B ; 35mm银盐
收藏馆：缩微中心，天津

00O030604
绣像永庆升平前传：二十四卷九十七回后传六
卷一百回 / (清)贪梦道人著
清光绪二十六年(1900)申昌书局上海石印
本. -- 绣像永庆升平后传为清光绪二十年
(1894)上海书局石印本。
2002年摄制. -- 1盘卷片(27米526拍) :
1:10, 2B ; 35mm银盐
收藏馆：缩微中心，天津

00O030047
新刊绣像永庆升平后传：二十三卷一百回 / (清)
贪梦道人撰
清光绪二十九年(1903)胜芳德林堂刻本
2001年摄制. -- 2盘卷片(50米903拍) :
1:10, 2B ; 35mm银盐
收藏馆：缩微中心，天津

00O030635
绘图三公奇案：二十卷
清光绪十七年(1891)正宜书局铅印本
2002年摄制. -- 1盘卷片(16米344拍) :
1:10, 2B ; 35mm银盐
收藏馆：缩微中心，天津

00O029216
李公案奇闻初集：三十四回 / (清)惜红居士撰
清光绪二十八年(1902)文光书场北京刻本
1999年摄制. -- 1盘卷片(13米242拍) :
1:10, 2B ; 35mm银盐
收藏馆：缩微中心，天津

00O028838
新刻大宋杨文广平南全传：四卷二十二回
清同治四年(1865)富经堂刻本
1998年摄制. -- 1盘卷片(8米130拍) : 1:10,
2B ; 35mm银盐
收藏馆：缩微中心，天津

00O029384
侠义小说璞玉葆真：□□回
清乾隆至民国九年(1736-1920)稿本. -- 卷首
钤"蠹斋"朱文印。存十四回：一回至十四
回。
1999年摄制. -- 1盘卷片(13米236拍) :
1:10, 2B ; 35mm银盐
收藏馆：缩微中心，天津

00O027406
李卓吾先生批评西游记：一百回 / (明)吴承恩撰；
(明)李贽评
明(1368-1644)刻本
1997年摄制. -- 3盘卷片(88米1954拍) :
1:10, 2B ; 35mm银盐
收藏馆：缩微中心，河南

00O028975
西游记传：四卷 / (明)吴承恩撰
清(1644-1911)聚古斋刻本
1998年摄制. -- 1盘卷片(8米140拍) : 1:10,
2B ; 35mm银盐
收藏馆：缩微中心，天津

00O017621
镌像古本西游证道书：一百回 / (明)吴承恩撰；
(清)黄太鸿,(清)汪象旭笺评
清初(1644-1722)刻本
1993年摄制. -- 2盘卷片(52米1043拍) :
1:10, 2B ; 35mm银盐
收藏馆：缩微中心，国图

000O029388
西游证道大奇书：二十卷一百回 / (清)汪象旭撰
清(1644-1911)九如堂刻本. -- 卷一、卷五、卷十七、卷十九配抄本。
1999年摄制. -- 2盘卷片（65米1337拍）：
1:10，2B；35mm银盐
收藏馆：缩微中心，天津

000O029687
西游真诠：一百回 / (清)陈士斌诠解
清乾隆(1736-1795)敬业堂刻本
2001年摄制. -- 2盘卷片（62米1279拍）：
1:10，2B；35mm银盐
收藏馆：缩微中心，天津

000O029685
西游真诠：一百回 / (清)陈士斌诠解
清(1644-1911)刻本
2001年摄制. -- 1盘卷片（20米412拍）：
1:10，2B；35mm银盐
收藏馆：缩微中心，天津

000O029212
西游真诠：一百回 / (清)陈士斌诠解
清(1644-1911)翠云山房刻本. -- 插图版心署：同志堂。
1999年摄制. -- 2盘卷片（62米1255拍）：
1:10，2B；35mm银盐
收藏馆：缩微中心，天津

000O030349
绘图增像西游记：一百回 / (清)陈士斌诠解
清光绪十五年(1889)广百宋斋上海铅印本
2001年摄制. -- 2盘卷片（38米784拍）：
1:10，2B；35mm银盐
收藏馆：缩微中心，天津

000O029414
新说西游记：一百回 / (清)张书绅注
清(1644-1911)刻本. -- 九十七回至一百回配抄本。
2000年摄制. -- 3盘卷片（86米1749拍）：
1:10，2B；35mm银盐
收藏馆：缩微中心，天津

000O030350
新说西游记：一百回 / (清)张书绅注
清光绪十四年(1888)味潜斋石印本
2001年摄制. -- 2盘卷片（43米866拍）：
1:10，2B；35mm银盐
收藏馆：缩微中心，天津

000O029402
西游原旨：二十四卷一百回 / (清)刘一明撰
清嘉庆二十四年(1819)同善分社常德刻本
1999年摄制. -- 3盘卷片（80米1615拍）：
1:10，2B；35mm银盐
收藏馆：缩微中心，天津

000O029370
新编续西游记：一百回
清(1644-1911)刻本
1999年摄制. -- 2盘卷片（51米1022拍）：
1:10，2B；35mm银盐
收藏馆：缩微中心，天津

000O005219
西游补：十六回 / (明)董说撰
明崇祯(1628-1644)刻本
1986年摄制. -- 1盘卷片（9米175拍）：1:10，
2B；35mm银盐
收藏馆：缩微中心，国图

000O029682
西游补：十六回 / (明)董说撰
清(1644-1911)空青室刻本
2001年摄制. -- 1盘卷片（8米146拍）：1:10，
2B；35mm银盐
收藏馆：缩微中心，天津

000O028848
新镌批评绣像后西游记：四十回
清(1644-1911)刻本
1998年摄制. -- 2盘卷片（39米759拍）：
1:10，2B；35mm银盐
收藏馆：缩微中心，天津

000O028851
后西游记：四十回
清乾隆至清末(1736-1911)刻本
1998年摄制. -- 1盘卷片（24米464拍）：
1:10，2B；35mm银盐
收藏馆：缩微中心，天津

000O028837
后西游记：四十回 / (清)天花才子评点
清道光元年(1821)贵文堂重刻本
1998年摄制. -- 2盘卷片（41米810拍）：
1:10，2B；35mm银盐
收藏馆：缩微中心，天津

000O030041
映旭斋增订北宋三遂平妖全传：十八卷四十回 / (明)罗本撰；(明)冯梦龙补
清(1644-1911)刻本

2001年摄制. -- 1盘卷片(17米335拍)：
1:10, 2B ；35mm银盐
收藏馆：缩微中心，天津

00O029695
平妖传：八卷四十回 / (明)罗本撰；(明)冯梦龙补
清嘉庆十七年(1812)书业堂刻本
2001年摄制. -- 1盘卷片(22米424拍)：
1:10, 2B ；35mm银盐
收藏馆：缩微中心，天津

00O024278
新刻晋代许旌阳得道擒蛟铁树记：二卷十五回 / (明)邓志谟撰
明(1368-1644)正声堂刻白云楼印本
1996年摄制. -- 1盘卷片(6米84拍)：1:10,
2B ；35mm银盐
收藏馆：缩微中心，安徽

00O029396
绣像四游全传：四种十四卷 / (明)吴元泰[等]撰
清道光十年(1830)书林致和堂刻本. -- 包括：
新刊八仙出处东游记二卷/(明)吴元泰[等]撰，
新刊北方真武玄天上帝出身志传四卷/(明)吴元泰[等]撰，刻全像五显灵官大帝华光天王传四卷/(明)吴元泰[等]撰，绣像西游记四卷。
1999年摄制. -- 1盘卷片(25米508拍)：
1:10, 2B ；35mm银盐
收藏馆：缩微中心，天津

00O017143
新刻钟伯敬先生批评封神演义：十九卷一百回 / (明)许仲琳撰；(明)钟惺评
清康熙(1662-1722)四雪草堂刻本
1993年摄制. -- 2盘卷片(53.8米1210拍)：
1:10, 2B ；35mm银盐
收藏馆：缩微中心，辽宁

00O028973
新刻钟伯敬先生批评封神演义：十九卷一百回 / (明)许仲琳撰
清光绪(1875-1908)扫叶山房刻本
1998年摄制. -- 2盘卷片(59米1196拍)：
1:10, 2B ；35mm银盐
收藏馆：缩微中心，天津

00O017050
新刻钟伯敬先生批评封神演义：二十卷一百回 / (明)许仲琳撰
清康熙(1662-1722)刻本
1993年摄制. -- 3盘卷片(72米1445拍)：
1:10, 2B ；35mm银盐

收藏馆：缩微中心，国图

00O029720
新刻钟伯敬先生批评封神演义：二十卷一百回 / (明)许仲琳撰
清乾隆四十七年(1782)刻巾箱本
2001年摄制. -- 2盘卷片(65米1330拍)：
1:10, 2B ；35mm银盐
收藏馆：缩微中心，天津

00O030596
绣像封神演义：一百回 / (明)许仲琳撰；钟伯敬评释
清光绪十五年(1889)广百宋斋上海铅印本
2002年摄制. -- 1盘卷片(34米687拍)：
1:10, 2B ；35mm银盐
收藏馆：缩微中心，天津

00O015958
全像封神传：十卷 / (明)许仲琳撰
明末(1621-1644)刻本. -- 存一卷：卷八。
1993年摄制. -- 1盘卷片(6米85拍)：1:10,
2B ；35mm银盐
收藏馆：缩微中心，国图

00O025581
诠解封神演义：一百回补遗一卷 / (清)俞景撰
清(1644-1911)稿本
1996年摄制. -- 1盘卷片(22米427拍)：
1:10, 2B ；35mm银盐
收藏馆：缩微中心，浙江

00O028970
封神演义诠解：十卷 / (清)俞景撰；(清)邹淦删补
清咸丰六年(1856)稿本
1998年摄制. -- 1盘卷片(30米611拍)：
1:10, 2B ；35mm银盐
收藏馆：缩微中心，天津

00O029674
夏商合传：十卷 / (明)钟惺编；(明)冯梦龙定
清嘉庆十九年(1814)稽古堂刻巾箱本. -- 题名"夏商合传"前有"嘉庆甲戌新镌"字样，后有"稽古堂梓"字样。
2001年摄制. -- 1盘卷片(23米461拍)：
1:10, 2B ；35mm银盐
收藏馆：缩微中心，天津

00O020616
新镌批评出相韩湘子：三十回 / (明)杨尔曾撰
明天启(1621-1627)金陵九如堂刻本
1994年摄制. -- 1盘卷片(21米388拍)：

1:10，2B ；35mm银盐
收藏馆：缩微中心，国图

000O010228
新编东游记：二十卷一百回 / (明)清溪道人撰
清初(1644-1722)云林刻本
1989年摄制． -- 2盘卷片(48米1039拍) :
1:10，2B ；35mm银盐
收藏馆：缩微中心，天津

000O021738
新编皇明通俗演义七曜平妖全传：六卷七十二回 / [题](明)清隐道士撰；(明)延平处士订正
明末(1621-1644)刻清(1644-1911)重修本
1995年摄制． -- 1盘卷片(18米344拍) :
1:10，2B ；35mm银盐
收藏馆：缩微中心，国图

000O014710
新镌绣像济颠大师全传：三十六卷 / [题](清)香婴居士重编；(清)紫髯道人评阅
清初(1644-1722)刻本． -- 莫棠跋。
1992年摄制． -- 1盘卷片(19米360拍) :
1:10，2B ；35mm银盐
收藏馆：缩微中心，国图

000O029693
新镌济颠大师醉菩提全传：二十回 / (清)天花藏主人编
清乾隆五十三年(1788)金阊古讲堂刻本
2001年摄制． -- 1盘卷片(11米200拍) :
1:10，2B ；35mm银盐
收藏馆：缩微中心，天津

000O030639
济颠大师醉菩提全传：二十回 / (清)西湖墨浪子撰
清光绪四年(1878)京都聚珍堂活字印袖珍本
2002年摄制． -- 1盘卷片(11米218拍) :
1:10，2B ；35mm银盐
收藏馆：缩微中心，天津

000O018470
济颠语录：不分卷
清初(1644-1722)刻本
1993年摄制． -- 1盘卷片(5米59拍) : 1:10,
2B ；35mm银盐
收藏馆：缩微中心，国图

000O002207
关帝历代显圣志传：四卷
明(1368-1644)刻本
1986年摄制． -- 1盘卷片(8米160拍) : 1:10,

2B ；35mm银盐
收藏馆：缩微中心，国图

000O020266
绿野仙踪：一百回 / (清)李百川撰
清(1644-1911)抄本
1994年摄制． -- 2盘卷片(51米1077拍) :
1:10，2B ；35mm银盐
收藏馆：缩微中心，国图

000O028773
绿野仙踪：八十回 / (清)李百川撰
清光绪二十一年(1895)刻本
1998年摄制． -- 2盘卷片(51米1043拍) :
1:10，2B ；35mm银盐
收藏馆：缩微中心，天津

000O028770
绿野仙踪：八十回 / (清)李百川撰
清道光十年(1830)刻本
1998年摄制． -- 2盘卷片(61米1281拍) :
1:10，2B ；35mm银盐
收藏馆：缩微中心，天津

000O029411
蟫史：二十卷 / (清)屠绅撰
清(1644-1911)庭梅朱氏刻本
1999年摄制． -- 1盘卷片(32米650拍) :
1:10，2B ；35mm银盐
收藏馆：缩微中心，天津

000O030587
蟫史：二十卷 / (清)屠绅撰
清光绪十六年至宣统三年(1890-1911)庭梅朱氏刻本． -- 原题：磊砢山房原本图像二卷。
2002年摄制． -- 2盘卷片(37米723拍) :
1:10，2B ；35mm银盐
收藏馆：缩微中心，天津

000O005282
雷峰塔奇传：四卷 / (清)方成培重订
清乾隆三十六年(1771)刻本． -- 吴梅跋。
1986年摄制． -- 1盘卷片(13米268拍) :
1:10，2B ；35mm银盐
收藏馆：缩微中心，国图

000O028789
新编雷峰塔奇传：五卷
清(1644-1911)刻本
1998年摄制． -- 1盘卷片(10米180拍) :
1:10，2B ；35mm银盐
收藏馆：缩微中心，天津

00O030036
新编雷峰塔奇传：五卷 / (清)玉花堂主人订
清嘉庆十一年(1806)刻巾箱本
2001年摄制. -- 1盘卷片(10米178拍)：
1:10, 2B；35mm银盐
收藏馆：缩微中心，天津

000O029403
希夷梦：四十卷 / (清)汪寄撰
清嘉庆十四年(1809)刻巾箱本
1999年摄制. -- 2盘卷片(61米1244拍)：
1:10, 2B；35mm银盐
收藏馆：缩微中心，天津

000O030042
希夷梦：四十卷 / (清)汪寄撰
清(1644-1911)刻本
2001年摄制. -- 2盘卷片(61米1227拍)：
1:10, 2B；35mm银盐
收藏馆：缩微中心，天津

000O029404
镜花缘：二十卷一百回 / (清)李汝珍撰
清嘉庆(1796-1820)刻本. -- 存十九卷：卷一
至卷四、卷六至卷二十。
1999年摄制. -- 2盘卷片(49米986拍)：
1:10, 2B；35mm银盐
收藏馆：缩微中心，天津

000O029408
镜花缘：二十卷一百回 / (清)李汝珍撰
清道光元年(1821)刻本
1999年摄制. -- 2盘卷片(50米999拍)：
1:10, 2B；35mm银盐
收藏馆：缩微中心，天津

000O029398
镜花缘：二十卷一百回 / (清)李汝珍撰
清(1644-1911)刻本
1999年摄制. -- 2盘卷片(56米1147拍)：
1:10, 2B；35mm银盐
收藏馆：缩微中心，天津

000O030031
镜花缘：二十卷一百回 / (清)李汝珍撰
清(1644-1911)刻本
2001年摄制. -- 2盘卷片(53米1054拍)：
1:10, 2B；35mm银盐
收藏馆：缩微中心，天津

000O030606
绘图镜花缘：一百回
清光绪十四年(1888)上海点石斋石印本
2002年摄制. -- 1盘卷片(24米489拍)：
1:10, 2B；35mm银盐
收藏馆：缩微中心，天津

000O010301
草木春秋演义：五卷三十二回 / (清)云间子集撰
清(1644-1911)最乐堂刻本
1989年摄制. -- 1盘卷片(16米317拍)：
1:10, 2B；35mm银盐
收藏馆：缩微中心，湖北

000O029385
绣云阁：一百四十三回 / (清)魏文中撰
清同治八年(1869)富顺刻本
1999年摄制. -- 2盘卷片(51米1023拍)：
1:10, 2B；35mm银盐
收藏馆：缩微中心，天津

000O028854
混元盒五毒全传：二十回
清同治十年(1871)授经堂刻本
1998年摄制. -- 1盘卷片(9米145拍)：1:10,
2B；35mm银盐
收藏馆：缩微中心，天津

000O029248
七真祖师列仙传：不分卷
清光绪十九年(1893)重刻本
1999年摄制. -- 1盘卷片(7米114拍)：1:10,
2B；35mm银盐
收藏馆：缩微中心，天津

000O030601
绘图增像万仙斗法：八卷六十回
清光绪二十六年(1900)江南书局上海石印本
2002年摄制. -- 1盘卷片(16米329拍)：
1:10, 2B；35mm银盐
收藏馆：缩微中心，天津

000O030605
绘图刘进忠三春梦：六卷三十三回
清光绪十六年至宣统三年(1890-1911)石印本
2002年摄制. -- 1盘卷片(7.5米130拍)：
1:10, 2B；35mm银盐
收藏馆：缩微中心，天津

000O028775
新镌异说奇闻绣像群英杰全传：六卷三十四回
清(1644-1911)佛山玉经楼刻本
1998年摄制. -- 1盘卷片(12米216拍)：
1:10, 2B；35mm银盐
收藏馆：缩微中心，天津

道家类

000O028684
四子：二十三卷
明(1368-1644)刻本. -- (清)丁丙跋。
1989年摄制. -- 1盘卷片(22米469拍)：
1:10, 2B；35mm银盐
收藏馆：缩微中心，南京

000O008714
四子全书：九卷 / (明)董逢元编
明万历二十三年(1595)董氏秋声阁刻本
1988年摄制. -- 1盘卷片(20米429拍)：
1:10, 2B；35mm银盐
收藏馆：缩微中心，重庆

000O013910
三子：十三卷
明(1368-1644)刻本
1991年摄制. -- 1盘卷片(11米190拍)：
1:10, 2B；35mm银盐
收藏馆：缩微中心，国图

000O006939
三子合刊：十三卷
明(1368-1644)闵齐伋刻套印本
1986年摄制. -- 1盘卷片(18米386拍)：
1:10, 2B；35mm银盐
收藏馆：缩微中心，国图

000O031911
三子合刊：十三卷
明(1368-1644)闵齐伋刻套印本
2010年摄制. -- 1盘卷片(23米412拍)：
1:13, 2B；35mm银盐
收藏馆：缩微中心，国图

000O022823
三子口义：十五卷 / (宋)林希逸撰
明嘉靖四年(1525)张士镐刻本. -- (清)丁丙
跋。
1995年摄制. -- 2盘卷片(42.5米913拍)：
1:10, 2B；35mm银盐
收藏馆：缩微中心，南京

000O006942
鬳斋三子口义：二十卷庄子释音一卷 / (宋)林希逸撰
明万历二年(1574)施观民刻本
1986年摄制. -- 1盘卷片(25.6米571拍)：
1:10, 2B；35mm银盐
收藏馆：缩微中心，国图

000O018768
鬳斋三子口义：二十卷庄子释音一卷 / (宋)林希逸撰
明万历二年(1574)施观民刻本
1994年摄制. -- 1盘卷片(25米500拍)：
1:10, 2B；35mm银盐
收藏馆：缩微中心，国图

000O006042
鬳斋庄子口义：十卷释音一卷 / (宋)林希逸撰
明万历二年(1574)施观民刻三子口义本
1987年摄制. -- 1盘卷片(18米383拍)：
1:10, 2B；35mm银盐
收藏馆：缩微中心，国图

000O012559
三子口义：十五卷 / (宋)林希逸撰
明万历二年(1574)敬义堂刻本. -- (明)张四
维校。
1990年摄制. -- 2盘卷片(36.3米784拍)：
1:10, 2B；35mm银盐
收藏馆：缩微中心，辽宁

000O014295
三子口义：十五卷 / (宋)林希逸撰；(明)张四维补
明万历五年(1577)何汝成刻本
1992年摄制. -- 2盘卷片(36米710拍)：
1:10, 2B；35mm银盐
收藏馆：缩微中心，国图

000O015671
三子口义：十五卷 / (宋)林希逸撰；(明)张四维补
明万历五年(1577)何汝成刻本
1993年摄制. -- 2盘卷片(40米750拍)：
1:10, 2B；35mm银盐
收藏馆：缩微中心，国图

000O018191
三经玄腊：四卷 / (明)沈志镁编
明崇祯二年(1629)刻本
1993年摄制. -- 1盘卷片(15米293拍)：
1:10, 2B；35mm银盐
收藏馆：缩微中心，山东

000O000172
老庄合刻：十卷
明万历二十三年至二十四年(1595-1596)郁文
瑞尚友轩刻本
1985年摄制. -- 1盘卷片(20.8米455拍)：
1:10, 2B；35mm银盐
收藏馆：缩微中心，国图

00O024980
新锲二太史汇选注释老庄评林：六卷 / (明)张位,(明)赵志皋评
明万历二十一年(1593)书林余成章刻本. -- 二节版。
1996年摄制. -- 1盘卷片(15米296拍)：1:10, 2B；35mm银盐
收藏馆：缩微中心, 安徽

00O007905
老庄通：十四卷 / (明)沈一贯撰
明万历十五年至十六年(1587-1588)蔡贵易刻本
1988年摄制. -- 1盘卷片(32米677拍)：1:10, 2B；35mm银盐
收藏馆：缩微中心, 湖南

00O028388
老子翼：三卷；庄子翼：八卷 / (明)焦竑撰
明万历十六年(1588)王元贞刻老庄翼本
1997年摄制. -- 2盘卷片(36米671拍)：1:10, 2B；35mm银盐
收藏馆：缩微中心, 辽宁

00O006160
老子翼：三卷；庄子翼：八卷 / (明)焦竑撰
明万历十六年(1588)王元贞刻老庄翼本
1987年摄制. -- 2盘卷片(38米743拍)：1:10, 2B；35mm银盐
收藏馆：缩微中心, 四川

00O008920
老庄郭注会解：二种十一卷 / (明)潘基庆集注
明(1368-1644)文枢堂刻本
1988年摄制. -- 1盘卷片(20.5米412拍)：1:10, 2B；35mm银盐
收藏馆：缩微中心, 安陆

00O005196
观老庄影响论：一卷 / (明)释德清撰
明万历(1573-1620)顾广曙刻本
1986年摄制. -- 1盘卷片(3.2米40拍)：1:10, 2B；35mm银盐
收藏馆：缩微中心, 国图

00O018898
老子道德经：二卷
明崇祯六年(1633)田大受抄本. -- 钤"田大受印""项子京家珍藏""翁方纲印"诸印。
1994年摄制. -- 1盘卷片(5米78拍)：1:10, 2B；35mm银盐
收藏馆：缩微中心, 天津

00O005199
老子道德经：二卷
明(1368-1644)如禅室刻本
1986年摄制. -- 1盘卷片(3.2米41拍)：1:10, 2B；35mm银盐
收藏馆：缩微中心, 国图

00O005601
老子：四卷
明嘉靖六年(1527)许宗鲁樊川别业刻六子书本. -- (清)丁晏批校,周叔弢跋。
1987年摄制. -- 1盘卷片(3米24拍)：1:10, 2B；35mm银盐
收藏馆：缩微中心, 国图

00O008798
太上老子道德经：二卷
明万历三十二年(1604)刻本
1988年摄制. -- 1盘卷片(3.5米47拍)：1:10, 2B；35mm银盐
收藏馆：缩微中心, 重庆

00O002090
老子道德经章句：二卷 / [题](汉)河上公撰
明(1368-1644)刻六子书本. -- (清)翁同龢跋并录(清)李鼎元批识。
1986年摄制. -- 1盘卷片(5米81拍)：1:10, 2B；35mm银盐
收藏馆：缩微中心, 国图

00O025696
老子道德经：二卷 / (汉)河上公章句
明(1368-1644)刻本
1996年摄制. -- 1盘卷片(9米208拍)：1:10, 2B；35mm银盐
收藏馆：缩微中心, 河南

00O004270
老子道德经：二卷 / (汉)河上公注；(清)王用之重校
清道光二十五年(1845)王氏竹山堂刻本. -- (清)丁晏校注。
1986年摄制. -- 1盘卷片(7米134拍)：1:10, 2B；35mm银盐
收藏馆：缩微中心, 国图

00O015386
道德经评注：二卷 / (汉)河上公章句；(明)文震孟订正
明天启(1621-1627)刻本
1992年摄制. -- 1盘卷片(6米79拍)：1:10, 2B；35mm银盐
收藏馆：缩微中心, 国图

00O014638
纂图附释文重言互注老子道德经：二卷 / [题](汉)河上公注
清(1644-1911)莫氏影山草堂抄本. -- (清)莫
友芝校并跋。
1992年摄制. -- 1盘卷片(4米34拍)：1:10,
2B；35mm银盐
收藏馆：缩微中心，国图

00O009521
纂图互注老子道德经：二卷 / (汉)河上公注
明初(1368-1424)刻本
1988年摄制. -- 1盘卷片(3.9米55拍)：
1:11, 2B；35mm银盐
收藏馆：缩微中心，重庆

00O006890
纂图互注老子道德经：不分卷 / [题](汉)河上公章句
明初(1368-1424)刻本
1987年摄制. -- 1盘卷片(3.8米53拍)：1:9,
2B；35mm银盐
收藏馆：缩微中心，重庆

00O003071
纂图互注老子道德经：二卷 / [题](汉)河上公注
明(1368-1644)刻本
1986年摄制. -- 1盘卷片(4米54拍)：1:10,
2B；35mm银盐
收藏馆：缩微中心，国图

00O027958
道德真经指归：十三卷首一卷 / [题](汉)严遵撰；(唐)谷神子注
清(1644-1911)抄本. -- 存八卷：卷七至卷
十三、首一卷。(清)吴骞跋。
1996年摄制. -- 1盘卷片(12米223拍)：
1:10, 2B；35mm银盐
收藏馆：缩微中心，南京

00O023819
道德真经注：四卷 / (魏)王弼撰
明(1368-1644)抄本
1995年摄制. -- 1盘卷片(6米85拍)：1:10,
2B；35mm银盐
收藏馆：缩微中心，浙江

00O025979
老子道德真经：二卷；道德经古今本考正：一卷 / [题](汉)河上公章句；(魏)王弼注
明(1368-1644)刻本
1996年摄制. -- 1盘卷片(6米98拍)：1:10,
2B；35mm银盐

收藏馆：缩微中心，南京

00O001943
道德真经传：四卷 / (唐)陆希声撰
清(1644-1911)抄本
1986年摄制. -- 1盘卷片(6米106拍)：1:10,
2B；35mm银盐
收藏馆：缩微中心，国图

00O029643
道德真经传：四卷 / (宋)吕惠卿撰
清(1644-1911)抄本
2000年摄制. -- 1盘卷片(5米81拍)：1:10,
2B；35mm银盐
收藏馆：缩微中心，南京

00O013247
道德真经广圣义：五十卷 / (五代)杜光庭撰
明(1368-1644)抄本. -- (清)丁丙跋。
1991年摄制. -- 2盘卷片(44米966拍)：
1:10, 2B；35mm银盐
收藏馆：缩微中心，南京

00O005458
道德真经注：四卷 / (宋)苏辙撰
明(1368-1644)存诚书馆抄本
1986年摄制. -- 1盘卷片(5米114拍)：1:10,
2B；35mm银盐
收藏馆：缩微中心，国图

00O006270
道德经：二卷 / (宋)苏辙注
明(1368-1644)刻本
1987年摄制. -- 1盘卷片(11米206拍)：
1:10, 2B；35mm银盐
收藏馆：缩微中心，吉林

00O003060
道德经解：二卷
明(1368-1644)抄本
1986年摄制. -- 1盘卷片(5米71拍)：1:10,
2B；35mm银盐
收藏馆：缩微中心，国图

00O014721
道德真经藏室纂微篇：十卷 / (宋)陈景元撰
明(1368-1644)抄本. -- 存八卷：卷一至卷
八。
1992年摄制. -- 1盘卷片(8米134拍)：1:10,
2B；35mm银盐
收藏馆：缩微中心，国图

000O002212
道德经讲义：十二卷 / (宋)吕知常撰
明宣德七年(1432)周思得刻本
1986年摄制. -- 1盘卷片(12米239拍)：
1:10, 2B；35mm银盐
收藏馆：缩微中心，国图

000O005807
道德经讲义：十二卷 / (宋)吕知常撰
明宣德七年(1432)周思得刻本
1987年摄制. -- 1盘卷片(12米250拍)：
1:10, 2B；35mm银盐
收藏馆：缩微中心，国图

000O023245
道德经讲义：十二卷 / (宋)吕知常撰
明宣德七年(1432)周思得刻本
1995年摄制. -- 1盘卷片(14米253拍)：
1:10, 2B；35mm银盐
收藏馆：缩微中心，国图

000O003072
道德经讲义：十二卷 / (宋)吕知常撰
明正德二年(1507)李玄机丘凤刻本
1986年摄制. -- 1盘卷片(12米236拍)：
1:10, 2B；35mm银盐
收藏馆：缩微中心，国图

000O009518
道德宝章：一卷 / (宋)葛长庚注
明万历十一年(1583)天倪阁刻本
1988年摄制. -- 1盘卷片(3.4米54拍)：1:9,
2B；35mm银盐
收藏馆：缩微中心，重庆

000O004677
道德宝章注：一卷 / (宋)葛长庚撰
明(1368-1644)刻本. -- (清)陆时化跋。
1986年摄制. -- 1盘卷片(5米73拍)：1:10,
2B；35mm银盐
收藏馆：缩微中心，国图

000O027297
道德宝章：一卷 / (宋)葛长庚注
清(1644-1911)刻本
1997年摄制. -- 1盘卷片(4米60拍)：1:10,
2B；35mm银盐
收藏馆：缩微中心，国图

000O001852
老子鬳斋口义：二卷 / (宋)林希逸撰
日本铜活字印本
1985年摄制. -- 1盘卷片(7米111拍)：1:10,
2B；35mm银盐
收藏馆：缩微中心，国图

000O004538
道德会元：不分卷 / (元)李道纯撰
明初(1368-1424)刻本
1987年摄制. -- 1盘卷片(4米61拍)：1:10,
2B；35mm银盐
收藏馆：缩微中心，国图

000O010955
道德真经注：四卷 / (元)吴澄撰
清乾隆三年(1738)致和堂刻本. -- (清)盛元
灏录(明)归有光批点。
1989年摄制. -- 1盘卷片(7.5米128拍)：
1:10, 2B；35mm银盐
收藏馆：缩微中心，湖北

000O022333
**大明太祖高皇帝御注道德真经：二卷 / (明)太祖
朱元璋撰**
明(1368-1644)抄本
1995年摄制. -- 1盘卷片(12米214拍)：
1:10, 2B；35mm银盐
收藏馆：缩微中心，国图

000O022339
老子集解：二卷考异一卷 / (明)薛蕙撰
明嘉靖(1522-1566)刻本
1995年摄制. -- 1盘卷片(7米101拍)：1:10,
2B；35mm银盐
收藏馆：缩微中心，国图

000O019774
老子解：二卷 / (明)徐学谟撰
明万历十八年(1590)申用嘉刻本
1994年摄制. -- 1盘卷片(10米168拍)：
1:10, 2B；35mm银盐
收藏馆：缩微中心，国图

000O028164
老子指玄：二卷 / (明)田艺蘅撰
明嘉靖(1522-1566)刻本
1996年摄制. -- 1盘卷片(8米117拍)：1:10,
2B；35mm银盐
收藏馆：缩微中心，南京

000O001782
老子通：二卷；读老概辨：一卷 / (明)沈一贯撰
明万历十五年(1587)蔡贵易刻本
1986年摄制. -- 1盘卷片(8米159拍)：1:10,
2B；35mm银盐
收藏馆：缩微中心，国图

00O006044

老子通：二卷；读庄概辨：一卷；读老概辨：一卷 / (明)沈一贯撰

明万历十五年(1587)蔡贵易刻本. -- 还有合刻著作：庄子通十卷/(明)沈一贯撰。

1987年摄制. -- 1盘卷片(30.1米677拍) ：1:10, 2B ；35mm银盐

收藏馆：缩微中心，国图

00O018887

道德经解：二卷 / (明)沈一贯撰；(明)沈一中订；(明)王道显校

明万历十五年(1587)蔡贵易刻本

1994年摄制. -- 1盘卷片(9米151拍) ：1:10, 2B ；35mm银盐

收藏馆：缩微中心，天津

00O001230

老解：二卷 / (明)郭子章撰

明(1368-1644)刻本

1985年摄制. -- 1盘卷片(7.6米144拍) ：1:10, 2B ；35mm银盐

收藏馆：缩微中心，国图

00O017998

老解：二卷 / (明)郭子章撰

清初(1644-1722)抄本

1993年摄制. -- 1盘卷片(7米100拍) ：1:10, 2B ；35mm银盐

收藏馆：缩微中心，国图

00O004822

老子翼：三卷 / (明)焦竑辑

明万历(1573-1620)刻本

1986年摄制. -- 1盘卷片(10.6米217拍) ：1:10, 2B ；35mm银盐

收藏馆：缩微中心，国图

00O027959

解老：二卷；解庄：五卷 / (明)陶望龄撰

明万历四十三年(1615)陶履中刻本

1996年摄制. -- 1盘卷片(15米301拍) ：1:10, 2B ；35mm银盐

收藏馆：缩微中心，南京

00O026305

老子道德经荟解：二卷 / (明)郭良翰辑

明(1368-1644)刻本

1996年摄制. -- 1盘卷片(13米254拍) ：1:10, 2B ；35mm银盐

收藏馆：缩微中心，福建

00O027976

道德经集义：二卷 / (明)周如砥撰

明崇祯九年(1636)周爆周熠刻本. -- (清)丁丙跋。

1996年摄制. -- 1盘卷片(8米142拍) ：1:10, 2B ；35mm银盐

收藏馆：缩微中心，南京

00O007943

老子道德经解：二卷 / (明)释德清撰

清(1644-1911)贝氏千墨莽抄本

1988年摄制. -- 1盘卷片(8米145拍) ：1:10, 2B ；35mm银盐

收藏馆：缩微中心，湖南

00O028161

道德经集解：二卷 / (明)释镇澄撰

明万历三十四年(1606)刻本

1996年摄制. -- 1盘卷片(6米89拍) ：1:10, 2B ；35mm银盐

收藏馆：缩微中心，南京

00O001112

道德经测：二卷 / (明)洪应绍撰

明万历四十六年(1618)毕懋康刻本

1985年摄制. -- 1盘卷片(8米151拍) ：1:10, 2B ；35mm银盐

收藏馆：缩微中心，国图

00O001142

老子道德经：二卷 / (明)董汉策注

清初(1644-1722)董氏沁园刻本

1985年摄制. -- 1盘卷片(7.2米130拍) ：1:10, 2B ；35mm银盐

收藏馆：缩微中心，国图

00O028598

老子说略：二卷 / (清)张尔岐撰

清光绪(1875-1908)孔氏岳雪楼抄本

1998年摄制. -- 1盘卷片(4米63拍) ：1:10, 2B ；35mm银盐

收藏馆：缩微中心，广东

00O016314

老子章义：二卷 / (清)姚鼐撰

清同治九年(1870)吴氏刻本. -- 章钰校并跋。

1993年摄制. -- 1盘卷片(3米23拍) ：1:10, 2B ；35mm银盐

收藏馆：缩微中心，国图

00O028149

老子章义：二卷 / (清)姚鼐撰

清同治九年(1870)吴氏刻本. -- (清)翁同龢
校并跋。
1996年摄制. -- 1盘卷片(3.5米36拍) :
1:10, 2B ; 35mm银盐
收藏馆：缩微中心，南京

00O016218
老子臆注：二卷 / (清)王定柱撰
清嘉庆(1796-1820)刻本. -- (清)戴望、(清)
魏锡曾校并跋。
1993年摄制. -- 1盘卷片(7米111拍) : 1:10,
2B ; 35mm银盐
收藏馆：缩微中心，国图

00O025888
老子道德经参互：二卷 / (清)朱敦毅撰
清(1644-1911)稿本
1996年摄制. -- 1盘卷片(6米88拍) : 1:10,
2B ; 35mm银盐
收藏馆：缩微中心，浙江

00O009298
道德经大义：三卷 / (清)黄传祁撰
清(1644-1911)稿本
1988年摄制. -- 1盘卷片(5.2米85拍) :
1:10, 2B ; 35mm银盐
收藏馆：缩微中心，湖南

00O009156
南华真经：十卷 / (战国)庄周撰
明(1368-1644)刻本
1988年摄制. -- 1盘卷片(13米260拍) :
1:10, 2B ; 35mm银盐
收藏馆：缩微中心，湖南

00O003058
庄子南华真经注：十卷 / (晋)郭象撰
明(1368-1644)刻本. -- (清)钱陆灿批点并
跋。
1986年摄制. -- 1盘卷片(23米504拍) :
1:10, 2B ; 35mm银盐
收藏馆：缩微中心，国图

00O001868
新添庄子十论：一卷 / (□)李世表撰
日本活字印本
1985年摄制. -- 1盘卷片(3米41拍) : 1:10,
2B ; 35mm银盐
收藏馆：缩微中心，国图

00O023251
纂图互注南华真经：十卷 / (晋)郭象注；(唐)陆
德明音义

宋(960-1279)刻元明(1271-1644)递修本
1995年摄制. -- 1盘卷片(14米242拍) :
1:10, 2B ; 35mm银盐
收藏馆：缩微中心，国图

00O028175
纂图互注南华真经：十卷 / (晋)郭象注；(唐)陆
德明音义
元(1271-1368)刻本. -- (清)丁丙跋。
1996年摄制. -- 1盘卷片(15米293拍) :
1:10, 2B ; 35mm银盐
收藏馆：缩微中心，南京

00O003069
纂图互注南华真经：十卷 / (晋)郭象注；(唐)陆
德明音义
明初(1368-1424)刻本
1986年摄制. -- 1盘卷片(14米283拍) :
1:10, 2B ; 35mm银盐
收藏馆：缩微中心，国图

00O019927
纂图互注南华真经：十卷 / (晋)郭象注；(唐)陆
德明音义
明初(1368-1424)刻本. -- 卷二至卷四抄配。
1994年摄制. -- 1盘卷片(15米266拍) :
1:10, 2B ; 35mm银盐
收藏馆：缩微中心，国图

00O022332
纂图互注南华真经：十卷 / (晋)郭象注；(唐)陆
德明音义
明初(1368-1424)刻本. -- 存八卷：卷一至卷
八。
1995年摄制. -- 1盘卷片(12米214拍) :
1:10, 2B ; 35mm银盐
收藏馆：缩微中心，国图

00O029983
纂图互注南华真经：十卷 / (晋)郭象注；(唐)陆
德明音义
明初(1368-1424)刻本
2001年摄制. -- 1盘卷片(16米316拍) :
1:10, 2B ; 35mm银盐
收藏馆：缩微中心，国图

00O006269
纂图互注南华真经：十卷 / (晋)郭象注；(唐)陆
德明音义
明(1368-1644)刻本
1987年摄制. -- 1盘卷片(12米245拍) :
1:10, 2B ; 35mm银盐
收藏馆：缩微中心，吉林

000O023821
南华真经：十卷 / (晋)郭象注；(唐)陆德明音义
明嘉靖十二年(1533)顾春世德堂刻六子全书本. -- (清)陆损之校并录(清)何焯批校。
1995年摄制. -- 1盘卷片(25米502拍) ：
1:10, 2B ；35mm银盐
收藏馆：缩微中心，浙江

000O029783
南华真经注：十卷 / (晋)郭象撰；(唐)陆德明音义
明嘉靖十二年(1533)顾春世德堂刻六子书本. -- (清)沈岩校并跋。
2001年摄制. -- 1盘卷片(23米472拍) ：
1:10, 2B ；35mm银盐
收藏馆：缩微中心，国图

000O020295
南华真经注：十卷 / (晋)郭象撰；(唐)陆德明音义
明嘉靖十二年(1533)顾春世德堂刻六子书本
1994年摄制. -- 1盘卷片(23米464拍) ：
1:10, 2B ；35mm银盐
收藏馆：缩微中心，国图

000O001853
南华真经注：十卷 / (晋)郭象撰
明(1368-1644)刻六子书本
1985年摄制. -- 1盘卷片(23米510拍) ：
1:10, 2B ；35mm银盐
收藏馆：缩微中心，国图

000O015669
南华真经注：十卷 / (晋)郭象撰；(唐)陆德明音义；(宋)林希逸口义
朝鲜活字印本
1993年摄制. -- 2盘卷片(35米676拍) ：
1:10, 2B ；35mm银盐
收藏馆：缩微中心，国图

000O021755
庄子郭注：十卷 / (晋)郭象撰；(唐)陆德明音义
明万历三十三年(1605)邹之峄刻本
1995年摄制. -- 1盘卷片(37米677拍) ：
1:10, 2B ；35mm银盐
收藏馆：缩微中心，国图

000O014558
庄子南华真经注释：十卷 / (晋)郭象撰；(唐)陆德明音义
明万历(1573-1620)刻中立四子集蓝印本
1992年摄制. -- 1盘卷片(15米269拍) ：
1:10, 2B ；35mm银盐

收藏馆：缩微中心，国图

000O006263
庄子南华真经：十卷 / (晋)郭象注
明(1368-1644)刻本
1987年摄制. -- 1盘卷片(24米540拍) ：
1:10, 2B ；35mm银盐
收藏馆：缩微中心，吉林

000O010275
庄子南华真经：十卷 / (晋)郭象注；(唐)陆德明音义
清光绪十一年(1885)传忠书局刻本. -- 杨守敬批校。
1989年摄制. -- 1盘卷片(26.5米542拍) ：
1:10, 2B ；35mm银盐
收藏馆：缩微中心，湖北

000O028141
庄子：十卷 / (晋)郭象注；(唐)陆德明音义
清光绪二年(1876)浙江书局刻二十二子本. -- (清)杨沂孙批点并跋。
1996年摄制. -- 1盘卷片(17.5米371拍) ：
1:10, 2B ；35mm银盐
收藏馆：缩微中心，南京

000O005733
南华真经：八卷
明(1368-1644)刻本
1987年摄制. -- 1盘卷片(13米261拍) ：
1:10, 2B ；35mm银盐
收藏馆：缩微中心，国图

000O019641
南华经注：十六卷 / (晋)郭象撰；(宋)林希逸释义；(宋)刘辰翁点校；(明)王世贞评点；(明)陈仁锡批注
明(1368-1644)凌君寔刻三色套印本
1994年摄制. -- 1盘卷片(21米374拍) ：
1:10, 2B ；35mm银盐
收藏馆：缩微中心，国图

000O029132
南华真经新传：二十卷拾遗一卷 / (宋)王雱撰
明(1368-1644)抄本
1999年摄制. -- 1盘卷片(19米426拍) ：
1:10, 2B ；35mm银盐
收藏馆：缩微中心，国图

000O019720
庄子鬳斋口义：十卷庄子释音一卷 / (宋)林希逸撰
宋(960-1279)刻本

1994年摄制. -- 1盘卷片(23米435拍)：
1:10, 2B ；35mm银盐
收藏馆：缩微中心，国图

000O003283
庄子鬳斋口义：十卷 庄子释音一卷 / (宋)林希逸撰
明正德十三年(1518)贾咏铜活字印本. -- 卷一至卷二抄配。
1986年摄制. -- 1盘卷片(24米527拍)：
1:10, 2B ；35mm银盐
收藏馆：缩微中心，国图

000O012291
南华真经义海纂微：一百六卷 / (宋)褚伯秀撰
清(1644-1911)杜氏知圣教斋抄本. -- (清)丁丙跋。
1990年摄制. -- 3盘卷片(86米1606拍)：
1:10, 2B ；35mm银盐
收藏馆：缩微中心，南京

000O005146
南华真经义纂：十卷 / (宋)褚伯秀,(明)朱得之撰；(明)李栻辑
明(1368-1644)刻本
1986年摄制. -- 1盘卷片(15.5米341拍)：
1:10, 2B ；35mm银盐
收藏馆：缩微中心，国图

000O031196
庄子通义：十卷 / (明)朱得之撰
明(1368-1644)王潼录刻本. -- (清)傅山评。
2004年摄制. -- 1盘卷片(25米530拍)：
1:11, 2B ；35mm银盐
收藏馆：缩微中心，国图

000O018438
南华真经评注：十卷 / (晋)郭象注；(明)归有光[等]评；(明)文震孟订正
明(1368-1644)刻本
1993年摄制. -- 1盘卷片(17米340拍)：
1:10, 2B ；35mm银盐
收藏馆：缩微中心，国图

000O006722
南华真经副墨：八卷 / (明)陆西星撰
明万历六年(1578)刻本. -- 版框高二十一厘米宽十三厘米。
1987年摄制. -- 2盘卷片(42.8米911拍)：
1:10, 2B ；35mm银盐
收藏馆：缩微中心，广东

000O015844
南华真经副墨：八卷 / (明)陆西星撰
明万历六年(1578)李齐芳刻本
1993年摄制. -- 2盘卷片(38米749拍)：
1:10, 2B ；35mm银盐
收藏馆：缩微中心，国图

000O009509
南华真经副墨：八卷；读南华真经杂说：一卷 / (明)陆西星撰
明万历十三年(1585)孙大绶刻本
1988年摄制. -- 2盘卷片(34.2米727拍)：
1:11, 2B ；35mm银盐
收藏馆：缩微中心，重庆

000O005744
南华真经副墨：八卷；读南华真经杂说：一卷 / (明)陆西星撰
明万历(1573-1620)天台馆刻本
1987年摄制. -- 1盘卷片(29米651拍)：
1:10, 2B ；35mm银盐
收藏馆：缩微中心，国图

000O010561
南华真经副墨：八卷；读南华真经杂说：一卷 / (明)陆西星撰
明(1368-1644)刻本
1989年摄制. -- 2盘卷片(42米829拍)：
1:10, 2B ；35mm银盐
收藏馆：缩微中心，四川

000O016719
少师张先生批评庄子义：十卷
明万历八年(1580)刘维刻本
1993年摄制. -- 1盘卷片(13米229拍)：
1:10, 2B ；35mm银盐
收藏馆：缩微中心，国图

000O002872
庄义要删：十卷 / (明)孙应鳌撰
明万历(1573-1620)陶幼学[等]刻本
1986年摄制. -- 2盘卷片(39米846拍)：
1:10, 2B ；35mm银盐
收藏馆：缩微中心，国图

000O001751
庄子通：十卷；读庄概辨：一卷 / (明)沈一贯撰
明万历(1573-1620)刻本
1986年摄制. -- 1盘卷片(23米503拍)：
1:10, 2B ；35mm银盐
收藏馆：缩微中心，国图

00O019379
南华真经标解：六卷 / (明)邵弁撰
明(1368-1644)刻本
1994年摄制. -- 1盘卷片（14米256拍）：
1:10, 2B ; 35mm银盐
收藏馆：缩微中心，国图

00O010172
南华经：六卷 / (明)杨起元注
明(1368-1644)刻本. -- 存五卷：卷二至卷
六.
1989年摄制. -- 1盘卷片（18米359拍）：
1:10, 2B ; 35mm银盐
收藏馆：缩微中心，山东

00O007939
庄子翼：八卷 / (明)焦竑撰
明(1368-1644)陈长卿刻本
1988年摄制. -- 1盘卷片（25米535拍）：
1:10, 2B ; 35mm银盐
收藏馆：缩微中心，湖南

00O021094
庄子翼：八卷 / (明)焦竑辑
明万历十六年(1588)王元贞刻本
1994年摄制. -- 1盘卷片（26米502拍）：
1:10, 2B ; 35mm银盐
收藏馆：缩微中心，国图

00O020520
孙月峰先生批点南华真经：六卷
明万历三十九年(1611)王澍刻本
1994年摄制. -- 1盘卷片（15米291拍）：
1:10, 2B ; 35mm银盐
收藏馆：缩微中心，广西二

00O006278
解庄：十二卷 / (明)郭明龙评
明(1368-1644)刻本
1987年摄制. -- 1盘卷片（16米337拍）：
1:10, 2B ; 35mm银盐
收藏馆：缩微中心，吉林

00O009466
说庄：三卷 / (明)李腾芳撰
明万历四十二年(1614)开万阁刻本
1988年摄制. -- 1盘卷片（10.8米216拍）：
1:10, 2B ; 35mm银盐
收藏馆：缩微中心，重庆

00O006675
说庄：三卷 / (明)李腾芳撰
明天启(1621-1627)刻本

1987年摄制. -- 1盘卷片（12米230拍）：
1:10, 2B ; 35mm银盐
收藏馆：缩微中心，四川

00O007404
南华真经旁注：五卷 / (明)方虚名辑注
明万历(1573-1620)刻本
1987年摄制. -- 1盘卷片（18米388拍）：
1:10, 2B ; 35mm银盐
收藏馆：缩微中心，吉林

00O009565
南华真经旁注：五卷 / (明)方虚名撰
明(1368-1644)金陵唐氏世德堂刻本
1988年摄制. -- 1盘卷片（19米397拍）：
1:10, 2B ; 35mm银盐
收藏馆：缩微中心，山东

00O023811
庄子膏肓：四卷 / (明)叶秉敬撰
明万历(1573-1620)刻本
1995年摄制. -- 1盘卷片（17米330拍）：
1:10, 2B ; 35mm银盐
收藏馆：缩微中心，浙江

00O029122
南华经荟解：三十三卷 / (明)郭良翰撰
明万历(1573-1620)刻本
1999年摄制. -- 1盘卷片（30米676拍）：
1:10, 2B ; 35mm银盐
收藏馆：缩微中心，国图

00O016469
南华经台县：三卷 / (明)吴伯敬撰
明(1368-1644)刻本
1992年摄制. -- 1盘卷片（16米326拍）：
1:10, 2B ; 35mm银盐
收藏馆：缩微中心，国图

00O010967
南华诂：六卷首一卷 / (明)魏光绪撰
明崇祯十年(1637)刻本
1989年摄制. -- 1盘卷片（21.5米402拍）：
1:10, 2B ; 35mm银盐
收藏馆：缩微中心，湖北

00O026819
丈荷斋南华日抄：四卷附录一卷 / (明)徐晓辑
明崇祯十年(1637)北京徐镶刻本
1996年摄制. -- 1盘卷片（22米471拍）：
1:10, 2B ; 35mm银盐
收藏馆：缩微中心，南京

00O019185
庄子内篇注：七卷 / (明)释德清撰
明天启元年(1621)管觉仙刻本
1994年摄制. -- 1盘卷片(9米150拍) : 1:10,
2B ; 35mm银盐
收藏馆：缩微中心，国图

00O028138
南华发覆：八卷 / (明)释性通撰
明天启(1621-1627)刻本
1996年摄制. -- 1盘卷片（18米386拍）:
1:10, 2B ; 35mm银盐
收藏馆：缩微中心，南京

00O008985
庄子南华真经：三卷 / (明)谭元春评
明崇祯八年(1635)张溥刻本
1988年摄制. -- 1盘卷片（14米273拍）:
1:10, 2B ; 35mm银盐
收藏馆：缩微中心，湖北

00O018443
南华经内篇集注：七卷 / (明)潘基庆辑
明(1368-1644)刻本
1993年摄制. -- 1盘卷片（14米265拍）:
1:10, 2B ; 35mm银盐
收藏馆：缩微中心，国图

00O009090
镌眉公陈先生评选庄子南华经隽：四卷 / (明)陈
继儒辑
明(1368-1644)萧少衢师俭堂刻本
1988年摄制. -- 1盘卷片（13米256拍）:
1:10, 2B ; 35mm银盐
收藏馆：缩微中心，湖南

00O006744
药地炮庄：九卷 / (清)方以智撰
清康熙(1662-1722)此藏轩刻本
1987年摄制. -- 1盘卷片（20米380拍）:
1:10, 2B ; 35mm银盐
收藏馆：缩微中心，四川

00O005409
咏庄集：一卷 / (清)程从大撰
清康熙十七年(1678)程氏培风堂刻本
1986年摄制. -- 1盘卷片（5米84拍） : 1:10,
2B ; 35mm银盐
收藏馆：缩微中心，国图

00O028954
庄子因：六卷 / (清)林云铭撰
清嘉庆二年(1797)刻本. -- (清)潘爵校并

跋。
1998年摄制. -- 1盘卷片（18米331拍）:
1:10, 2B ; 35mm银盐
收藏馆：缩微中心，苏州

00O023810
庄子释意：三卷 / (清)高秋月集说；(清)曹同春
诠正
清康熙二十九年(1690)曹同春刻庄骚合刻曹家
拥重修本. -- (清)管庭芬批校并跋。
1995年摄制. -- 1盘卷片（14米263拍）:
1:10, 2B ; 35mm银盐
收藏馆：缩微中心，浙江

00O019915
南华经解：三十三卷 / (清)宣颖撰
清同治五年(1866)吴坤修刻本. -- (清)翁同
龢跋并录佚名批注。
1994年摄制. -- 1盘卷片（15米278拍）:
1:10, 2B ; 35mm银盐
收藏馆：缩微中心，国图

00O010405
庄子独见：不分卷 / (清)胡文英撰
清乾隆(1736-1795)三多斋刻本. -- 廖平批。
1989年摄制. -- 1盘卷片（15米281拍）:
1:10, 2B ; 35mm银盐
收藏馆：缩微中心，四川

00O023805
庄子南华经心印：不分卷 / (清)朱敦毅撰
清(1644-1911)稿本
1995年摄制. -- 1盘卷片(8米130拍) : 1:10,
2B ; 35mm银盐
收藏馆：缩微中心，浙江

00O024232
关尹子：一卷
明(1368-1644)刻本
1996年摄制. -- 1盘卷片(2米47拍) : 1:10,
2B ; 35mm银盐
收藏馆：缩微中心，安徽

00O016042
关尹子：一卷
清光绪元年(1875)崇文书局刻百子全书本. --
章钰校并跋。
1993年摄制. -- 1盘卷片(3米24拍) : 1:10,
2B ; 35mm银盐
收藏馆：缩微中心，国图

00O003061
文始真经：三卷

明(1368-1644)刻本
1986年摄制. -- 1盘卷片(4米61拍) : 1:10,
2B ; 35mm银盐
收藏馆：缩微中心，国图

00O013715
文始真经言外经旨：三卷 / (宋)陈显微撰
明正德二年(1507)刘希古刻本
1991年摄制. -- 1盘卷片(8米138拍) : 1:10,
2B ; 35mm银盐
收藏馆：缩微中心，国图

00O016813
文始真经言外经旨：三卷 / (宋)陈显微撰
明万历二十一年(1593)蒋时馨刻本
1993年摄制. -- 1盘卷片(9米150拍) : 1:10,
2B ; 35mm银盐
收藏馆：缩微中心，国图

00O017565
文始真经言外经旨：三卷 / (宋)陈显微撰
明(1368-1644)刻本
1993年摄制. -- 1盘卷片(6米95拍) : 1:10,
2B ; 35mm银盐
收藏馆：缩微中心，国图

00O027965
文始真经言外经旨：三卷 / (宋)陈显微撰
明(1368-1644)刻本. -- (清)丁丙跋。
1996年摄制. -- 1盘卷片(9米150拍) : 1:10,
2B ; 35mm银盐
收藏馆：缩微中心，南京

00O029103
关尹子文始真经：九卷 / (宋)陈显微注
明万历二十七年(1599)汪氏环翠堂刻本
1999年摄制. -- 1盘卷片(10米209拍) :
1:10, 2B ; 35mm银盐
收藏馆：缩微中心，国图

00O014582
关尹子文始真经注：九卷 / (宋)陈显微撰
明万历二十七年(1599)汪廷讷环翠堂刻本
1992年摄制. -- 1盘卷片(10米159拍) :
1:10, 2B ; 35mm银盐
收藏馆：缩微中心，国图

00O006569
关尹子注：二卷 / (宋)陈显微撰
明(1368-1644)朱蔚然刻本
1987年摄制. -- 1盘卷片(7.2米134拍) :
1:10, 2B ; 35mm银盐
收藏馆：缩微中心，国图

00O027974
关尹子：二卷 / (宋)陈显微注
明(1368-1644)朱蔚然刻本. -- (清)丁丙跋。
1996年摄制. -- 1盘卷片(8米131拍) : 1:10,
2B ; 35mm银盐
收藏馆：缩微中心，南京

00O015690
关尹子阐玄：三卷 / (宋)杜道坚撰
清(1644-1911)曹炎抄本
1993年摄制. -- 1盘卷片(5米61拍) : 1:10,
2B ; 35mm银盐
收藏馆：缩微中心，国图

00O003922
文始真经注：九卷 / (元)牛道淳撰
明(1368-1644)刻本
1986年摄制. -- 1盘卷片(10米194拍) :
1:10, 2B ; 35mm银盐
收藏馆：缩微中心，国图

00O011284
冲虚至德真经：八卷 / (战国)列御寇撰；(晋)张湛注
元(1271-1368)刻本. -- (清)周星诒校。
1989年摄制. -- 1盘卷片(8米130拍) : 1:10,
2B ; 35mm银盐
收藏馆：缩微中心，甘肃

00O021753
冲虚至德真经：八卷 / (晋)张湛注；(唐)殷敬顺释文
明(1368-1644)刻本
1995年摄制. -- 1盘卷片(7米105拍) : 1:10,
2B ; 35mm银盐
收藏馆：缩微中心，国图

00O022340
冲虚至德真经：八卷 / (晋)张湛注；(唐)殷敬顺释文
明(1368-1644)刻本
1995年摄制. -- 1盘卷片(6米77拍) : 1:10,
2B ; 35mm银盐
收藏馆：缩微中心，国图

00O025981
冲虚至德真经：八卷 / (晋)张湛注；(唐)殷敬顺释文
明(1368-1644)刻本. -- (清)口云士校并跋。
1996年摄制. -- 1盘卷片(11米201拍) :
1:10, 2B ; 35mm银盐
收藏馆：缩微中心，南京

00O001778
冲虚至德真经注：八卷 / (晋)张湛撰；(唐)殷敬顺释文
明(1368-1644)刻本
1986年摄制. -- 1盘卷片(7米125拍)：1:10,
2B；35mm银盐
收藏馆：缩微中心，国图

00O003062
冲虚至德真经注：八卷 / (晋)张湛撰；(唐)殷敬顺释文
明(1368-1644)刻本
1986年摄制. -- 1盘卷片(7米127拍)：1:10,
2B；35mm银盐
收藏馆：缩微中心，国图

00O029784
冲虚至德真经注：八卷 / (晋)张湛撰
明(1368-1644)刻本. -- 存六卷：卷三至卷八。
2001年摄制. -- 1盘卷片(5米88拍)：1:10,
2B；35mm银盐
收藏馆：缩微中心，国图

00O027972
列子：八卷 / (晋)张湛注
明(1368-1644)刻本. -- (清)丁丙跋。
1996年摄制. -- 1盘卷片(9米160拍)：1:10,
2B；35mm银盐
收藏馆：缩微中心，南京

00O016041
列子注：八卷 / (晋)张湛撰；(唐)殷敬顺释文
清光绪二年(1876)浙江书局刻二十二子本. -- 章钰校并跋。
1993年摄制. -- 1盘卷片(8米130拍)：1:10,
2B；35mm银盐
收藏馆：缩微中心，国图

00O019341
列子解：八卷 / (唐)卢重元撰．考证：一卷 / (清)秦恩复撰
清嘉庆八年(1803)秦恩复石研斋刻本
1994年摄制. -- 1盘卷片(7米114拍)：1:10,
2B；35mm银盐
收藏馆：缩微中心，国图

00O020325
列子冲虚真经：不分卷
明(1368-1644)闵齐伋刻套印本
1994年摄制. -- 1盘卷片(7米99拍)：1:10,
2B；35mm银盐
收藏馆：缩微中心，国图

00O031988
列子冲虚真经：不分卷
明(1368-1644)闵齐伋刻套印本. -- 九行十九字白口四周单边。
2010年摄制. -- 1盘卷片(8米123拍)：1:12,
2B；35mm银盐
收藏馆：缩微中心，国图

00O004738
文子：一卷；子华子：一卷
明嘉靖(1522-1566)刻本
1987年摄制. -- 1盘卷片(3米28拍)：1:10,
2B；35mm银盐
收藏馆：缩微中心，国图

00O029179
通玄真经注：十二卷 / (宋)朱弁撰
明(1368-1644)抄本. -- 存七卷：卷一至卷七。
1999年摄制. -- 1盘卷片(8米182拍)：1:10,
2B；35mm银盐
收藏馆：缩微中心，国图

00O023964
文子：十二卷 / (唐)徐灵府,(宋)朱弁,(宋)杜道坚注；(明)徐镛评
明(1368-1644)梁杰刻本
1995年摄制. -- 1盘卷片(12米228拍)：1:10, 2B；35mm银盐
收藏馆：缩微中心，南京

00O003063
通玄真经缵义：十二卷释音一卷 / (宋)杜道坚撰
明(1368-1644)抄本
1986年摄制. -- 1盘卷片(10米188拍)：1:10, 2B；35mm银盐
收藏馆：缩微中心，国图

00O016045
亢仓子：一卷
清光绪元年(1875)崇文书局刻百子全书本. -- 章钰校并跋。
1993年摄制. -- 1盘卷片(3米20拍)：1:10,
2B；35mm银盐
收藏馆：缩微中心，国图

00O016155
亢仓子：一卷
清同治八年(1869)刘履芬抄本
1993年摄制. -- 1盘卷片(4米32拍)：1:10,
2B；35mm银盐
收藏馆：缩微中心，国图

00O009647

洞灵经；黄庭经 / [题](北周)庚桑楚撰

明(1368-1644)刻本. -- 书口均为卷十一。黄庭经分为黄庭内景玉经和黄庭外景经。洞灵经的页码为：一至十七页，黄庭内景玉经的页码为：又十七至三十七页，黄庭外景经的页码为：三十八至四十七页。

1988年摄制. -- 1盘卷片(4.1米61拍) : 1:10, 2B ; 35mm银盐

收藏馆：缩微中心，甘肃

00O001417

亢仓子：九卷 / [题](唐)何粲注；(明)黄谏音释

明(1368-1644)刻本. -- 傅增湘跋。

1985年摄制. -- 1盘卷片(3.8米53拍) : 1:10, 2B ; 35mm银盐

收藏馆：缩微中心，国图

00O030423-1

道藏 / (明)张宇初[等]编

明正统十年(1445)内府刻本

2002年摄制. -- 218盘卷片(9289米213583拍) : 1:10, 2B ; 35mm银盐

收藏馆：缩微中心，国图

00O029855

续道藏 / (明)张国祥[等]编

明万历三十五年(1607)内府刻本

2000年摄制. -- 13盘卷片(558米12359拍) : 1:10, 2B ; 35mm银盐

收藏馆：缩微中心，国图

00O023601

大明道藏经目录：四卷

清(1644-1911)抄本. -- (清)王蚬批校并跋。

1995年摄制. -- 1盘卷片(7米118拍) : 1:10, 2B ; 35mm银盐

收藏馆：缩微中心，浙江

00O028176

道藏：八种□□卷 / (明)毛晋编

明末(1621-1644)毛氏汲古阁刻本. -- 存四种八卷：汉武帝内传一卷、汉武帝外传一卷、疑仙传卷一至卷三、续仙传卷一至卷三。

1996年摄制. -- 1盘卷片(8.5米150拍) : 1:10, 2B ; 35mm银盐

收藏馆：缩微中心，南京

00O015048

金丹正理大全：二十四卷

明嘉靖十七年(1538)周藩朱□□刻本

1992年摄制. -- 1盘卷片(30米596拍) : 1:10, 2B ; 35mm银盐

收藏馆：缩微中心，国图

00O019491

金丹正理大全群仙珠玉集成：四卷

明成化七年(1471)刻本

1994年摄制. -- 1盘卷片(11米195拍) : 1:10, 2B ; 35mm银盐

收藏馆：缩微中心，国图

00O028167

清虚玄规迁谈蓝关三书：三卷

明嘉靖二十七年(1548)易巽刻本

1996年摄制. -- 1盘卷片(5.5米83拍) : 1:10, 2B ; 35mm银盐

收藏馆：缩微中心，南京

00O022539

道宗六书：三十六卷 / (明)李栻编

明万历四年(1576)黄世厚刻本

1995年摄制. -- 2盘卷片(42.5米850拍) : 1:10, 2B ; 35mm银盐

收藏馆：缩微中心，湖北

00O007852

道书全集真本：二十五种九十四卷 / (明)阎鹤洲编

明万历十九年(1591)刻清康熙二十一年(1682)周在廷重修本

1988年摄制. -- 4盘卷片(98.8米2164拍) : 1:9, 2B ; 35mm银盐

收藏馆：缩微中心，重庆

00O011242

道言内外：六卷 / (明)彭好古辑

明万历(1573-1620)吴勉学刻黄之寀重修本

1989年摄制. -- 2盘卷片(42米815拍) : 1:10, 2B ; 35mm银盐

收藏馆：缩微中心，四川

00O006083

集道言内外：六卷 / (明)彭好古[等]辑

明(1368-1644)刻本

1987年摄制. -- 2盘卷片(37米800拍) : 1:10, 2B ; 35mm银盐

收藏馆：缩微中心，吉林

00O021565

道言内外秘诀全书：六卷 / (明)彭好古辑

明崇祯(1628-1644)黄之寀刻本

1995年摄制. -- 2盘卷片(39米739拍) : 1:10, 2B ; 35mm银盐

收藏馆：缩微中心，国图

000O007873
一化元宗：十二卷 / (明)高时明辑
明天启四年(1624)刻本
1988年摄制. -- 2盘卷片(56.2米1238拍)：
1:11, 2B ; 35mm银盐
收藏馆：缩微中心，重庆

000O023599
李晦卿真人道书：八卷 / (明)李文烛撰
清初(1644-1722)抄本
1995年摄制. -- 1盘卷片(10米180拍)：
1:10, 2B ; 35mm银盐
收藏馆：缩微中心，浙江

000O028292
三十九种藏书：四十六卷
明(1368-1644)抄本. -- 又名道书三十九种。
1996年摄制. -- 2盘卷片(42.2米879拍)：
1:10, 2B ; 35mm银盐
收藏馆：缩微中心，福建

000O029989
道书：十八种二十卷
明(1368-1644)抄本
2001年摄制. -- 1盘卷片(10米184拍)：
1:10, 2B ; 35mm银盐
收藏馆：缩微中心，国图

000O026370
道书：八种八卷
明(1368-1644)抄本
1992年摄制. -- 1盘卷片(5米83拍) : 1:10,
2B ; 35mm银盐
收藏馆：缩微中心，重庆

000O013807
真仙上乘：三十四卷
明(1368-1644)抄本
1992年摄制. -- 1盘卷片(14米280拍)：
1:10, 2B ; 35mm银盐
收藏馆：缩微中心，国图

000O028285
道原：四十种四十五卷
明(1368-1644)抄本. -- 存三十五种三十六卷。
1996年摄制. -- 2盘卷片(38.5米781拍)：
1:10, 2B ; 35mm银盐
收藏馆：缩微中心，福建

000O003594
云笈七签：一百二十二卷 / (宋)张君房撰
明(1368-1644)张萱清真馆刻本

1985年摄制. -- 4盘卷片(115米2552拍)：
1:10, 2B ; 35mm银盐
收藏馆：缩微中心，国图

000O009492
云笈七签：一百二十二卷 / (宋)张君房辑
明(1368-1644)张萱清真馆刻本
1987年摄制. -- 4盘卷片(117米2582拍)：
1:9, 2B ; 35mm银盐
收藏馆：缩微中心，重庆

000O013508
云笈七签：一百二十二卷 / (宋)张君房撰
明初(1368-1424)抄本. -- 存二十九卷：卷一至卷十、卷五十一至卷六十、卷一百一十四至卷一百二十二。
1991年摄制. -- 1盘卷片(16米315拍)：
1:10, 2B ; 35mm银盐
收藏馆：缩微中心，国图

000O005330
云笈七签：一百二十二卷 / (宋)张君房撰
清乾隆(1736-1795)抄文澜阁四库全书本. -- 存六卷：卷八十五至卷八十七、卷九十五至卷九十七。
1986年摄制. -- 1盘卷片(7米124拍) : 1:10,
2B ; 35mm银盐
收藏馆：缩微中心，国图

000O028320
道经摘要全集内集：二十卷 / (明)黄省曾辑
明(1368-1644)抄本
1998年摄制. -- 1盘卷片(17米350拍)：
1:10, 2B ; 35mm银盐
收藏馆：缩微中心，广东

000O006975
太上洞玄灵宝无量度人上品妙经注：一卷；元始无量度人上品妙经注：三卷 / (元)陈观吾撰
明弘治十七年(1504)汪泰元刻本
1986年摄制. -- 1盘卷片(8米145拍) : 1:10,
2B ; 35mm银盐
收藏馆：缩微中心，国图

000O000106
九天应元雷声普化天尊玉枢宝经：二卷
明万历四十三年(1615)内府写本
1985年摄制. -- 1盘卷片(5.6米83拍)：
1:10, 2B ; 35mm银盐
收藏馆：缩微中心，国图

000O023602
阴符经：一卷附阴符经解一卷 / (宋)刘辰翁评；

(明)汤显祖解
明(1368-1644)唐瑜刻本
1995年摄制. -- 1盘卷片(3米40拍) : 1:10,
2B ; 35mm银盐
收藏馆：缩微中心，浙江

000O021244
阴符经解：一卷 / (明)章世纯撰
明崇祯(1628-1644)刻本
1995年摄制. -- 1盘卷片(3米19拍) : 1:10,
2B ; 35mm银盐
收藏馆：缩微中心，国图

000O023603
太上说平安灶经：一卷；太上正一天尊说镇宅
消灾龙虎妙经：一卷；太上玄灵北斗本命延生
真经：一卷
明(1368-1644)刻本. -- 还有合刻著作：太上
灵宝天尊说禳灾度厄真经一卷、元始天尊说北
方真武妙经一卷。
1996年摄制. -- 1盘卷片(3米28拍) : 1:10,
2B ; 35mm银盐
收藏馆：缩微中心，浙江

000O029111
太上说平安灶经：一卷
明(1368-1644)刻正统六年(1441)印本
1999年摄制. -- 1盘卷片(3米53拍) : 1:10,
2B ; 35mm银盐
收藏馆：缩微中心，国图

000O029129
太上说三官经序：一卷；太上元始天尊说三官
宝号：一卷；太上三元赐福赦罪解厄消灾延生
保命妙经：一卷
明天顺六年(1462)万政万铎刻本
1999年摄制. -- 1盘卷片(4米94拍) : 1:10,
2B ; 35mm银盐
收藏馆：缩微中心，国图

000O006301
黄庭内景玉经注：三卷；太上黄庭外景经：三
卷 / (唐)梁丘子,(唐)务成子注
明(1368-1644)刻本
1987年摄制. -- 1盘卷片(9米156拍) : 1:10,
2B ; 35mm银盐
收藏馆：缩微中心，吉林

000O013906
黄庭内景经注：二卷；黄庭外景经注：一卷 /
(明)李一元撰
明(1368-1644)琅嬛书屋刻本
1991年摄制. -- 1盘卷片(7米100拍) : 1:10,

2B ; 35mm银盐
收藏馆：缩微中心，国图

000O004448
黄庭内景玉经注解：二卷 / (明)汪旦撰
明嘉靖(1522-1566)刻本
1986年摄制. -- 1盘卷片(7米118拍) : 1:10,
2B ; 35mm银盐
收藏馆：缩微中心，国图

000O025490
太上黄庭内景玉经童注：二卷图说一卷 / (清)邵
穆生撰
清(1644-1911)刻本
1996年摄制. -- 1盘卷片(7米114拍) : 1:10,
2B ; 35mm银盐
收藏馆：缩微中心，国图

000O023856
黄庭经考异：不分卷 / [题](明)何所子撰
明万历三十四年(1606)张文郁刻本
1995年摄制. -- 1盘卷片(4米51拍) : 1:10,
2B ; 35mm银盐
收藏馆：缩微中心，浙江

000O014162
黄庭秘诀：一卷
明(1368-1644)刻本
1991年摄制. -- 1盘卷片(3米50拍) : 1:10,
2B ; 35mm银盐
收藏馆：缩微中心，国图

000O029859
太上消禳火灾经：不分卷；太上玄灵北斗本命
延生真经：不分卷；元始善巧清和开谛法门
一百大吉祥檀炽钧玉音神咒：不分卷
明(1368-1644)刻本. -- 还有合刻著作：火官
诰不分卷。
2001年摄制. -- 1盘卷片(3米31拍) : 1:10,
2B ; 35mm银盐
收藏馆：缩微中心，国图

000O012140
太上老君说常清静经：一卷 / (明)王元晖注
明正统十一年(1446)京都大德观刻本
1990年摄制. -- 1盘卷片(4米59拍) : 1:10,
2B ; 35mm银盐
收藏馆：缩微中心，甘肃

000O028148
太上老君说常清静经：不分卷 / (明)孙玄清注
明嘉靖四十二年(1563)刘爵杭钟刻本
1996年摄制. -- 1盘卷片(5米67拍) : 1:10,

2B ；35mm银盐
收藏馆：缩微中心，南京

00O029118
太上玄灵北斗本命延生经：一卷
明(1368-1644)刻正统十二年(1447)郭汶印本
1999年摄制. -- 1盘卷片(3米62拍) ：1:10,
2B ；35mm银盐
收藏馆：缩微中心，国图

00O000147
太上玄灵北斗本命延生真经：一卷
明万历四十三年(1615)内府写本
1985年摄制. -- 1盘卷片(3.4米43拍) ：
1:10, 2B ；35mm银盐
收藏馆：缩微中心，国图

00O029048
**太上玄灵北斗本命延生经：一卷；九天应元雷
声普化天尊王枢宾经：一卷**
明(1368-1644)刻本
1999年摄制. -- 1盘卷片(5米111拍) ：1:10,
2B ；35mm银盐
收藏馆：缩微中心，国图

00O017719
太上说天妃救苦灵验经：一卷
明永乐十八年(1420)刻本
1993年摄制. -- 1盘卷片(3米22拍) ：1:10,
2B ；35mm银盐
收藏馆：缩微中心，国图

00O029040
**太上三元赐福赦罪解厄消灾延生保命妙经：一
卷**
明成化十六年(1480)刻本
1999年摄制. -- 1盘卷片(7米102拍) ：1:10,
2B ；35mm银盐
收藏馆：缩微中心，国图

00O000148
**太上三元赐福赦罪解厄消灾延生保命妙经：一
卷**
明万历四十三年(1615)内府写本
1985年摄制. -- 1盘卷片(3.4米40拍) ：
1:10, 2B ；35mm银盐
收藏馆：缩微中心，国图

00O003547
太上三元赐福赦罪解厄延生经诰：一卷
明(1368-1644)刻天顺五年(1461)印本
1985年摄制. -- 1盘卷片(3.6米50拍) ：
1:10, 2B ；35mm银盐

收藏馆：缩微中心，国图

00O029182
太上三元赐福赦罪解厄延生经：一卷
明(1368-1644)刻正德二年(1507)焦琏印本
1999年摄制. -- 1盘卷片(4米77拍) ：1:10,
2B ；35mm银盐
收藏馆：缩微中心，国图

00O031402
太上三元赐福赦罪解危延生经：一卷
明(1368-1644)刻本
2004年摄制. -- 1盘卷片(5米55拍) ：1:10,
2B ；35mm银盐
收藏馆：缩微中心，国图

00O029181
太上三元消灾延生保命妙经：一卷
明(1368-1644)刻本
1999年摄制. -- 1盘卷片(4米77拍) ：1:10,
2B ；35mm银盐
收藏馆：缩微中心，国图

00O029049
太上三元赐福赦罪解厄消灾保命经：一卷
明(1368-1644)刻本
1999年摄制. -- 1盘卷片(6米73拍) ：1:10,
2B ；35mm银盐
收藏馆：缩微中心，国图

00O029126
**太上正一天尊说镇宅消灾龙虎妙经：一卷；太
上玄灵北斗本命延生真经：一卷；太上灵宝天
尊说禳灾度厄真经：一卷**
明宣德元年(1426)刻本. -- 还有合刻著作：
元始天尊说北方真武妙经一卷、太上说平安灶
经一卷。
1999年摄制. -- 1盘卷片(5米101拍) ：1:10,
2B ；35mm银盐
收藏馆：缩微中心，国图

00O029067
太上老君说黄妙真经：一卷
明(1368-1644)刻景泰五年(1454)印本
1999年摄制. -- 1盘卷片(3米58拍) ：1:10,
2B ；35mm银盐
收藏馆：缩微中心，国图

00O010863
太上混洞赤文女青诏书天律上：□□卷
元(1271-1368)刻本. -- 存一卷：卷上。
1988年摄制. -- 1盘卷片(3米44拍) ：1:10,
2B ；35mm银盐

收藏馆：缩微中心，甘肃

000O008790
太上感应灵篇：一卷
明嘉靖三十二年(1553)孙涛刻本
1988年摄制. -- 1盘卷片(3.4米45拍)：1:9,
2B；35mm银盐
收藏馆：缩微中心，重庆

000O028133
太上感应篇：二卷
明崇祯十五年(1642)汪汝淮庆蕃堂刻本
1996年摄制. -- 1盘卷片(12米228拍)：
1:10，2B；35mm银盐
收藏馆：缩微中心，南京

000O022346
太上感应篇：八卷 / (宋)李昌龄传；(宋)郑清之赞
元元贞二年(1296)何士清募刻本. -- 存四卷：卷三至卷四、卷七至卷八。
1995年摄制. -- 1盘卷片(6米95拍)：1:10,
2B；35mm银盐
收藏馆：缩微中心，国图

000O022344
太上感应篇：八卷 / (宋)李昌龄传；(宋)郑清之赞
元(1271-1368)刻本
1995年摄制. -- 1盘卷片(14米254拍)：
1:10，2B；35mm银盐
收藏馆：缩微中心，国图

000O022962
太上感应篇：八卷 / (宋)李昌龄传；(宋)郑清之赞
明(1368-1644)刻本. -- 存二卷：卷一至卷二。
1995年摄制. -- 1盘卷片(6米85拍)：1:10,
2B；35mm银盐
收藏馆：缩微中心，国图

000O022297
太上感应篇经传注：一卷 / (宋)李昌龄传注
明(1368-1644)刻本
1995年摄制. -- 1盘卷片(4米53拍)：1:10,
2B；35mm银盐
收藏馆：缩微中心，国图

000O025769
太上感应篇注：一卷 / (清)惠栋撰
清(1644-1911)敬恕堂刻本
1996年摄制. -- 1盘卷片(5米63拍)：1:10,

2B；35mm银盐
收藏馆：缩微中心，国图

000O013750
太上感应篇图说：八卷 / (清)许缵曾辑
清顺治十四年(1657)刻本
1991年摄制. -- 2盘卷片(34.9米766拍)：
1:10，2B；35mm银盐
收藏馆：缩微中心，辽宁

000O001137
太上感应篇图说：不分卷
清初(1644-1722)刻本
1985年摄制. -- 1盘卷片(7米123拍)：1:10,
2B；35mm银盐
收藏馆：缩微中心，国图

000O008507
文昌心忏：一卷
清咸丰九年(1859)韩应陛抄本
1988年摄制. -- 1盘卷片(2米23拍)：1:10,
2B；35mm银盐
收藏馆：缩微中心，国图

000O022343
无上黄箓大斋立成仪：五十六卷 / (宋)蒋叔舆撰
明(1368-1644)抄本. -- 存三卷：卷二十二、卷二十四至卷二十五。
1995年摄制. -- 1盘卷片(4米47拍)：1:10,
2B；35mm银盐
收藏馆：缩微中心，国图

000O022996
无上黄箓大斋立成仪：五十六卷 / (宋)蒋叔舆撰
明(1368-1644)刻本. -- 存四卷：卷二十三至卷二十六。
1995年摄制. -- 1盘卷片(4米32拍)：1:10,
2B；35mm银盐
收藏馆：缩微中心，国图

000O012597
黄箓科仪：十二卷 / (清)晏近坦辑
清乾隆十五年(1750)弘书刻朱墨套印本
1990年摄制. -- 1盘卷片(20.8米458拍)：
1:10，2B；35mm银盐
收藏馆：缩微中心，辽宁

000O022351
斗母急告心章：一卷
明(1368-1644)内府抄本
1995年摄制. -- 1盘卷片(3米11拍)：1:10,
2B；35mm银盐
收藏馆：缩微中心，国图

000O020859

资度早朝科：一卷午朝科一卷晚朝科一卷
明成化十四年(1478)碧潭道人抄本
1994年摄制. -- 1盘卷片(5米59拍) ： 1:10,
2B ； 35mm银盐
收藏馆：缩微中心，国图

000O024945

梵音斗科：二卷 / (清)娄近垣辑
清康熙(1662-1722)内府刻五色套印本. --
(清)金敔题款。
1996年摄制. -- 1盘卷片(9米158拍) ： 1:10,
2B ； 35mm银盐
收藏馆：缩微中心，南京

000O023858

玉音法事：不分卷
明成化(1465-1487)刻本
1995年摄制. -- 1盘卷片(12米215拍) ：
1:10, 2B ； 35mm银盐
收藏馆：缩微中心，浙江

000O014030

北极紫庭秘诀：不分卷
清康熙四十四年(1705)觉罗雯照抄本
1991年摄制. -- 1盘卷片(7米110拍) ： 1:10,
2B ； 35mm银盐
收藏馆：缩微中心，国图

000O006959

秘传正阳真人灵宝毕法：三卷
明(1368-1644)刻本. -- (清)黄丕烈跋，(清)
孙云鸿题款。
1987年摄制. -- 1盘卷片(4米52拍) ： 1:10,
2B ； 35mm银盐
收藏馆：缩微中心，国图

000O028919

灵宝毕法：三卷 / (唐)钟离权撰；(唐)吕岩传
清(1644-1911)刻本
1998年摄制. -- 1盘卷片(5米68拍) ： 1:10,
2B ； 35mm银盐
收藏馆：缩微中心，衡阳

000O005132

周易参同契：三卷
明(1368-1644)赵府味经堂刻本
1986年摄制. -- 1盘卷片(3米36拍) ： 1:10,
2B ； 35mm银盐
收藏馆：缩微中心，国图

000O022318

周易参同契：三卷

明(1368-1644)赵府味经堂刻本
1995年摄制. -- 1盘卷片(3米24拍) ： 1:10,
2B ； 35mm银盐
收藏馆：缩微中心，国图

000O005200

金丹正理大全周易参同契解：三卷 / (宋)陈显微
撰
明(1368-1644)刻本
1986年摄制. -- 1盘卷片(5.1米84拍) ：
1:10, 2B ； 35mm银盐
收藏馆：缩微中心，国图

000O004539

周易参同契发挥：三卷 / (宋)俞琰撰
明初(1368-1424)刻本. -- 存二卷：卷上、卷
中。
1987年摄制. -- 1盘卷片(7米125拍) ： 1:10,
2B ； 35mm银盐
收藏馆：缩微中心，国图

000O022337

周易参同契发挥：三卷释疑一卷 / (宋)俞琰撰
明初(1368-1424)刻本
1995年摄制. -- 1盘卷片(10米156拍) ：
1:10, 2B ； 35mm银盐
收藏馆：缩微中心，国图

000O022347

周易参同契发挥：三卷释疑一卷 / (宋)俞琰撰
明初(1368-1424)刻本. -- 存一卷：卷上。
1995年摄制. -- 1盘卷片(5米72拍) ： 1:10,
2B ； 35mm银盐
收藏馆：缩微中心，国图

000O024883

周易参同契发挥：三卷释疑一卷 / (宋)俞琰撰
明宣德三年(1428)朱文斌刻本
1996年摄制. -- 1盘卷片(12米235拍) ：
1:10, 2B ； 35mm银盐
收藏馆：缩微中心，南京

000O003056

周易参同契发挥：三卷释疑一卷后音一卷 / (宋)
俞琰撰
明(1368-1644)刻本
1986年摄制. -- 1盘卷片(9米180拍) ： 1:10,
2B ； 35mm银盐
收藏馆：缩微中心，国图

000O004012

伊府重刊周易参同契注解：三卷 / (汉)魏伯阳撰；
(元)陈致虚注

明嘉靖三十一年(1552)伊府刻本
1985年摄制. -- 1盘卷片(7米119拍) ：1:10,
2B ；35mm银盐
收藏馆：缩微中心，国图

000O023281
周易参同契注：三卷 / (元)陈致虚撰
明(1368-1644)刻本
1995年摄制. -- 1盘卷片(6米83拍) ：1:10,
2B ；35mm银盐
收藏馆：缩微中心，国图

000O023238
周易参同契注解：三卷 / (元)陈致虚撰
明(1368-1644)刻本
1995年摄制. -- 1盘卷片(7米101拍) ：1:10,
2B ；35mm银盐
收藏馆：缩微中心，国图

000O013513
参同契经文：三卷 / [题](汉)魏伯阳撰 . 三相类：二卷 / [题](汉)淳于叔通撰 . 笺注：三卷 / [题](汉)徐景休撰
明(1368-1644)刻本
1991年摄制. -- 1盘卷片(4米35拍) ：1:10,
2B ；35mm银盐
收藏馆：缩微中心，国图

000O023861
古文参同契：三卷
明嘉靖(1522-1566)刻本
1995年摄制. -- 1盘卷片(4米43拍) ：1:10,
2B ；35mm银盐
收藏馆：缩微中心，浙江

000O027990
参同易测：一卷 / (清)靳标嵩撰
清(1644-1911)稿本
1997年摄制. -- 1盘卷片(3米56拍) ：1:10,
2B ；35mm银盐
收藏馆：缩微中心，河南

000O028135
旌阳石函记：一卷 / [题](晋)许逊撰；(明)邵辅注
明嘉靖二十六年(1547)刻本. -- (清)丁丙跋。
1996年摄制. -- 1盘卷片(6.5米99拍) ：
1:10, 2B ；35mm银盐
收藏馆：缩微中心，南京

000O005244
采真机要：三卷 / [题](唐)混沌子撰；(明)鲁志刚注

明(1368-1644)抄本
1986年摄制. -- 1盘卷片(3米25拍) ：1:10,
2B ；35mm银盐
收藏馆：缩微中心，国图

000O014007
金丹百问：一卷 / [题](□)李光玄撰
明嘉靖二十六年(1547)顾元庆大石山房刻本
1991年摄制. -- 1盘卷片(3米17拍) ：1:10,
2B ；35mm银盐
收藏馆：缩微中心，国图

000O014643
金丹正理大全悟真篇注疏：三卷 / (宋)翁葆光,(元)戴起宗撰
明(1368-1644)刻本
1992年摄制. -- 1盘卷片(10米172拍) ：
1:10, 2B ；35mm银盐
收藏馆：缩微中心，国图

000O022338
悟真篇三注：三卷 / (宋)张伯端撰；(宋)薛式[等]注
明(1368-1644)金陵徐家书坊刻本
1995年摄制. -- 1盘卷片(9米160拍) ：1:10,
2B ；35mm银盐
收藏馆：缩微中心，国图

000O028156
张平叔悟真篇集注：五卷 / (宋)张伯端撰；(□)叶士表注
明(1368-1644)刻本. -- (清)丁丙跋。
1996年摄制. -- 1盘卷片(5米82拍) ：1:10,
2B ；35mm银盐
收藏馆：缩微中心，南京

000O028749
爱清子致命篇：二卷 / (宋)王庆升撰
明(1368-1644)抄本
1998年摄制. -- 1盘卷片(3米22拍) ：1:10,
2B ；35mm银盐
收藏馆：缩微中心，苏州

000O018181
删补性命圭旨：五卷 / (宋)尹清和著；(明)醉翁谁是我删订
明末(1621-1644)刻本
1993年摄制. -- 1盘卷片(11米224拍) ：
1:10, 2B ；35mm银盐
收藏馆：缩微中心，山东

000O008735
俞石涧易外别传：一卷 / (宋)俞琰撰

明(1368-1644)刻本
1988年摄制. -- 1盘卷片(3米34拍) : 1:10,
2B ; 35mm银盐
收藏馆：缩微中心，重庆

000O028128
俞石涧易外别传：一卷 / (宋)俞琰撰
清(1644-1911)抄本
1996年摄制. -- 1盘卷片(3.5米39拍) :
1:10, 2B ; 35mm银盐
收藏馆：缩微中心，南京

000O007242
席上辅谈：二卷 / (宋)俞琰撰
明(1368-1644)抄本. -- (清)顾湄校跋并录
(明)姚咨题识。
1987年摄制. -- 1盘卷片(5米67拍) : 1:10,
2B ; 35mm银盐
收藏馆：缩微中心，国图

000O014717
席上辅谈：二卷 / (宋)俞琰撰
清(1644-1911)抄本
1992年摄制. -- 1盘卷片(5米54拍) : 1:10,
2B ; 35mm银盐
收藏馆：缩微中心，国图

000O015190
席上辅谈：二卷 / (宋)俞琰撰
清(1644-1911)抄本
1992年摄制. -- 1盘卷片(4米36拍) : 1:10,
2B ; 35mm银盐
收藏馆：缩微中心，国图

000O016495
陈虚白规中指南：二卷 / (元)陈冲素撰
明正德九年(1514)李景先刻本
1993年摄制. -- 1盘卷片(3米26拍) : 1:10,
2B ; 35mm银盐
收藏馆：缩微中心，国图

000O007282
真诠：二卷 / (明)桑乔撰
明(1368-1644)抄本
1987年摄制. -- 1盘卷片(6米90拍) : 1:10,
2B ; 35mm银盐
收藏馆：缩微中心，国图

000O011507
金丹辩惑：一卷 / (□)刘太初编
明(1368-1644)刻本
1990年摄制. -- 1盘卷片(4米58拍) : 1:10,
2B ; 35mm银盐

收藏馆：缩微中心，甘肃

000O011511
还丹发秘：二卷 / (明)郑允璋撰
明(1368-1644)蓝格抄本
1990年摄制. -- 1盘卷片(3米39拍) : 1:10,
2B ; 35mm银盐
收藏馆：缩微中心，甘肃

000O009758
修养正传丹经类粹：三卷 / (明)方鹤年撰
明万历(1573-1620)刻本
1989年摄制. -- 1盘卷片(5.4米87拍) :
1:11, 2B ; 35mm银盐
收藏馆：缩微中心，重庆

000O016720
性命双修万神圭旨：四卷
明万历四十三年(1615)吴之鹤刻天启二年
(1622)涤玄阁印本
1993年摄制. -- 1盘卷片(11米182拍) :
1:10, 2B ; 35mm银盐
收藏馆：缩微中心，国图

000O017902
性命双修万神圭旨：四卷
明万历四十三年(1615)吴之鹤刻本
1993年摄制. -- 1盘卷片(10米173拍) :
1:10, 2B ; 35mm银盐
收藏馆：缩微中心，国图

000O027979
性命双修万神圭旨：不分卷
明(1368-1644)胡虞潢刻本
1997年摄制. -- 1盘卷片(11米239拍) :
1:10, 2B ; 35mm银盐
收藏馆：缩微中心，河南

000O018192
性命双修万神圭旨：四卷
明(1368-1644)抄本
1993年摄制. -- 1盘卷片(14米265拍) :
1:10, 2B ; 35mm银盐
收藏馆：缩微中心，山东

000O002889
性命双修万神圭旨：四卷
清康熙八年(1669)潘水臣刻本
1986年摄制. -- 1盘卷片(10米196拍) :
1:10, 2B ; 35mm银盐
收藏馆：缩微中心，国图

000O013666
性命宗指：二卷 / (明)乾贯山人撰
明(1368-1644)广居堂刻本
1991年摄制. -- 1盘卷片(6米75拍)：1:10,
2B ；35mm银盐
收藏馆：缩微中心，国图

000O007234
尊生阙汇：不分卷
明(1368-1644)抄本
1986年摄制. -- 1盘卷片(4米62拍)：1:10,
2B ；35mm银盐
收藏馆：缩微中心，国图

000O018689
道元一炁：五卷 / (明)曹士珩撰
明崇祯七年(1634)汪瀚[等]刻本
1994年摄制. -- 1盘卷片(13米244拍)：
1:10, 2B ；35mm银盐
收藏馆：缩微中心，国图

000O024897
金精直指：一卷
明嘉靖三十八年(1559)朱观烻刻本
1996年摄制. -- 1盘卷片(2米33拍)：1:10,
2B ；35mm银盐
收藏馆：缩微中心，南京

000O014002
金精直指注论：一卷
明(1368-1644)刻本
1991年摄制. -- 1盘卷片(3米9拍)：1:10,
2B ；35mm银盐
收藏馆：缩微中心，国图

000O014010
养生编：一卷 / (清)吴日萱辑
清(1644-1911)稿本. -- (清)吴骞跋。
1992年摄制. -- 1盘卷片(3米24拍)：1:10,
2B ；35mm银盐
收藏馆：缩微中心，国图

000O014451
金丹心法口诀：不分卷
清(1644-1911)翁同龢抄本. -- (清)翁同龢
跋。
1992年摄制. -- 1盘卷片(4米48拍)：1:10,
2B ；35mm银盐
收藏馆：缩微中心，国图

000O013926
金液还丹印证图：一卷
明(1368-1644)刻本

000O011532
郑所南先生太极祭炼内法：一卷 / (宋)郑思肖撰
元至大元年(1308)刻本
1990年摄制. -- 1盘卷片(6米103拍)：1:10,
2B ；35mm银盐
收藏馆：缩微中心，甘肃

000O002959
郑所南先生太极祭炼内法：一卷祭炼议略一卷
明初(1368-1424)傅启宗刻本
1986年摄制. -- 1盘卷片(6米91拍)：1:10,
2B ；35mm银盐
收藏馆：缩微中心，国图

000O007440
太清金阙玉华仙书八极神章三皇内秘文：三卷
明(1368-1644)抄本
1987年摄制. -- 1盘卷片(6米89拍)：1:10,
2B ；35mm银盐
收藏馆：缩微中心，国图

000O022361
侍宸祖师法语：一卷
明(1368-1644)内府抄本
1995年摄制. -- 1盘卷片(2米7拍)：1:10,
2B ；35mm银盐
收藏馆：缩微中心，国图

000O021987
诸阶镇贴符：不分卷 / (明)陶典真撰
明嘉靖二十一年(1542)写本
1995年摄制. -- 1盘卷片(4米36拍)：1:10,
2B ；35mm银盐
收藏馆：缩微中心，国图

000O022272
太上正一飞神谒帝章法：一卷
明(1368-1644)内府抄本
1995年摄制. -- 1盘卷片(3米18拍)：1:10,
2B ；35mm银盐
收藏馆：缩微中心，国图

000O018260
御爱南极荡凶忠孝秘法：不分卷
明(1368-1644)抄本
1993年摄制. -- 1盘卷片(3米36拍)：1:10,
2B ；35mm银盐
收藏馆：缩微中心，山东

00O022300
朱将军大法：一卷；上请天医五雷院保胎催生高天丁秘旨：一卷
明(1368-1644)内府抄本
1995年摄制. -- 1盘卷片(3米15拍)：1:10,2B；35mm银盐
收藏馆：缩微中心，国图

00O021991
诸阶行移：一卷
明(1368-1644)内府抄本
1995年摄制. -- 1盘卷片(4米47拍)：1:10,2B；35mm银盐
收藏馆：缩微中心，国图

00O022299
地祇诸阶秘法：一卷；追瘵四檄：一卷
明(1368-1644)内府抄本
1995年摄制. -- 1盘卷片(3米17拍)：1:10,2B；35mm银盐
收藏馆：缩微中心，国图

00O022997
祈祷文檄：一卷
明(1368-1644)内府抄本
1995年摄制. -- 1盘卷片(3米19拍)：1:10,2B；35mm银盐
收藏馆：缩微中心，国图

00O022359
祈祷诸阶秘旨：一卷
明(1368-1644)内府抄本
1995年摄制. -- 1盘卷片(3米15拍)：1:10,2B；35mm银盐
收藏馆：缩微中心，国图

00O022358
祈祷里社行移：一卷
明(1368-1644)内府抄本
1995年摄制. -- 1盘卷片(3米16拍)：1:10,2B；35mm银盐
收藏馆：缩微中心，国图

00O022998
祈祷家书立限便宜檄：一卷
明(1368-1644)内府抄本
1995年摄制. -- 1盘卷片(3米14拍)：1:10,2B；35mm银盐
收藏馆：缩微中心，国图

00O021995
祈祷节次诸式：一卷
明(1368-1644)内府抄本

1995年摄制. -- 1盘卷片(3米28拍)：1:10,2B；35mm银盐
收藏馆：缩微中心，国图

00O023133
祷雨天篆：一卷
明(1368-1644)内府抄本
1995年摄制. -- 1盘卷片(3米11拍)：1:10,2B；35mm银盐
收藏馆：缩微中心，国图

00O022031
太乙三山木郎祈雨神咒：一卷；大唐传载：一卷；玉清宗教祈雪文检：一卷
明(1368-1644)内府抄本
1995年摄制. -- 1盘卷片(3米10拍)：1:10,2B；35mm银盐
收藏馆：缩微中心，国图

00O022298
诸品灵章雷君秘旨：一卷
明(1368-1644)内府抄本
1995年摄制. -- 1盘卷片(3米17拍)：1:10,2B；35mm银盐
收藏馆：缩微中心，国图

00O023157
太乙月孛雷君秘法：一卷
明(1368-1644)内府抄本
1995年摄制. -- 1盘卷片(3米11拍)：1:10,2B；35mm银盐
收藏馆：缩微中心，国图

00O022007
天罡玄秘都雷法：一卷
明(1368-1644)内府抄本
1995年摄制. -- 1盘卷片(3米12拍)：1:10,2B；35mm银盐
收藏馆：缩微中心，国图

00O022350
诸阶火雷大法：一卷
明(1368-1644)内府抄本
1995年摄制. -- 1盘卷片(3米11拍)：1:10,2B；35mm银盐
收藏馆：缩微中心，国图

00O022353
温帅血脉家传：一卷；辛天君火笔：一卷
明(1368-1644)内府抄本
1995年摄制. -- 1盘卷片(3米25拍)：1:10,2B；35mm银盐
收藏馆：缩微中心，国图

00O019091
清微祈晴牒式文检：一卷
明(1368-1644)抄本
1994年摄制. -- 1盘卷片(3米16拍)：1:10,
2B；35mm银盐
收藏馆：缩微中心，国图

00O019218
东岳独体关元帅大法：一卷
明(1368-1644)抄本
1994年摄制. -- 1盘卷片(3米16拍)：1:10,
2B；35mm银盐
收藏馆：缩微中心，国图

00O021330
文昌帝君化书：二卷
清乾隆四十年(1775)尚书堂西宁刻本
1994年摄制. -- 1盘卷片(8米155拍)：1:10,
2B；35mm银盐
收藏馆：缩微中心，青海

00O003866
化书：六卷 / (五代)谭峭撰
明弘治十七年(1504)郑常清刻本. -- 瞿熙邦
校并跋。
1985年摄制. -- 1盘卷片(4米58拍)：1:10,
2B；35mm银盐
收藏馆：缩微中心，国图

00O005944
化书：六卷音义一卷 / (五代)谭峭撰
明弘治十七年(1504)刘达刻本
1987年摄制. -- 1盘卷片(5米68拍)：1:10,
2B；35mm银盐
收藏馆：缩微中心，国图

00O015781
化书：不分卷
明万历(1573-1620)刻本
1993年摄制. -- 1盘卷片(6米93拍)：1:10,
2B；35mm银盐
收藏馆：缩微中心，国图

00O009291
化书新声：六卷 / (五代)谭峭撰；(明)王一清注
明万历(1573-1620)刻本
1988年摄制. -- 1盘卷片(7.1米128拍)：
1:10, 2B；35mm银盐
收藏馆：缩微中心，湖南

00O016814
谭子化书：六卷 / (五代)谭峭撰
明末(1621-1644)刻本

1993年摄制. -- 1盘卷片(5米49拍)：1:10,
2B；35mm银盐
收藏馆：缩微中心，国图

00O014239
谭子化书：六卷 / (五代)谭峭撰；(明)杨慎评
明(1368-1644)刻本
1992年摄制. -- 1盘卷片(8米119拍)：1:10,
2B；35mm银盐
收藏馆：缩微中心，国图

00O017880
绣像文昌化书：四卷
清康熙二十五年(1686)周辰年刻本
1993年摄制. -- 1盘卷片(15米281拍)：
1:10, 2B；35mm银盐
收藏馆：缩微中心，国图

00O018643
神仙感遇传：五卷 / (五代)杜光庭撰
明(1368-1644)抄本
1993年摄制. -- 1盘卷片(5.9米102拍)：
1:10, 2B；35mm银盐
收藏馆：缩微中心，重庆

00O004406
太上老君混元上德皇帝实录：七卷 / (宋)谢守灏撰
明(1368-1644)抄本. -- (明)沈与文跋。
1986年摄制. -- 1盘卷片(20米441拍)：
1:10, 2B；35mm银盐
收藏馆：缩微中心，国图

00O023243
新刊足本类编全相启圣实录：前集一卷后集一卷续集一卷别集一卷
明永乐(1403-1424)刻本
1995年摄制. -- 1盘卷片(7米100拍)：1:10,
2B；35mm银盐
收藏馆：缩微中心，国图

00O001382
抱朴子：内篇二十卷外篇五十卷 / [题](晋)葛洪撰
明嘉靖四十四年(1565)鲁藩承训书院刻本
1985年摄制. -- 1盘卷片(24米536拍)：
1:10, 2B；35mm银盐
收藏馆：缩微中心，国图

00O012752
抱朴子：内篇二十卷外篇五十卷 / (晋)葛洪撰
明嘉靖四十四年(1565)鲁藩承训书院刻本. --
(清)卢文弨校，(清)袁廷梼、(清)丁丙跋。

1990年摄制. -- 1盘卷片(23米553拍)：
1:10, 2B；35mm银盐
收藏馆：缩微中心，南京

00O015416
抱朴子：内篇二十卷外篇五十卷 / (晋)葛洪撰
明嘉靖四十四年(1565)鲁藩承训书院刻本
1992年摄制. -- 1盘卷片(27米502拍)：
1:10, 2B；35mm银盐
收藏馆：缩微中心，国图

00O006738
抱朴子：内篇二十卷外篇五十卷 / (晋)葛洪撰
明(1368-1644)抄本. -- (清)陆偡跋。
1987年摄制. -- 1盘卷片(25米499拍)：
1:10, 2B；35mm银盐
收藏馆：缩微中心，四川

00O007960
抱朴子：内篇二十卷外篇五十卷 / (晋)葛洪撰
明(1368-1644)抄本
1988年摄制. -- 1盘卷片(23米491拍)：
1:10, 2B；35mm银盐
收藏馆：缩微中心，湖南

00O015619
抱朴子：内篇二十卷外篇五十卷 / (晋)葛洪撰
清嘉庆十八年(1813)孙星衍刻平津馆丛书本
1993年摄制. -- 1盘卷片(22米427拍)：
1:10, 2B；35mm银盐
收藏馆：缩微中心，国图

00O012878
抱朴子内篇：二十卷 / (晋)葛洪撰
宋绍兴二十二年(1152)临安荣六郎刻本
1990年摄制. -- 1盘卷片(7米125拍)：1:10,
2B；35mm银盐
收藏馆：缩微中心，辽宁

00O009796
新镌葛稚川内篇：四卷外篇四卷 / (晋)葛洪撰；
(明)张可大评校
明(1368-1644)刻本
1988年摄制. -- 1盘卷片(23米526拍)：
1:10, 2B；35mm银盐
收藏馆：缩微中心，四川

00O014345
新镌抱朴子：内篇四卷外篇四卷 / (晋)葛洪撰；
(明)慎懋官校
明万历十二年(1584)慎岑楼刻本. -- (明)徐
济忠校并跋。
1992年摄制. -- 1盘卷片(21米420拍)：

1:10, 2B；35mm银盐
收藏馆：缩微中心，国图

00O004951
新镌葛稚川内篇：四卷外篇四卷 / (晋)葛洪撰；
(明)张可大评校
明万历二十七年(1599)翁天霁刻张可大重修本
1987年摄制. -- 1盘卷片(20.6米453拍)：
1:10, 2B；35mm银盐
收藏馆：缩微中心，国图

00O027900
抱朴子外篇勖学：一卷 / (晋)葛洪撰
清(1644-1911)黄氏士礼居抄本. -- (清)黄丕
烈校并跋。
1996年摄制. -- 1盘卷片(14米281拍)：
1:10, 2B；35mm银盐
收藏馆：缩微中心，南京

00O031786
抱朴子外篇注：五十卷 / (清)王广恕撰
清(1644-1911)稿本
2005年摄制. -- 2盘卷片(40米820拍)：
1:10, 2B；35mm银盐
收藏馆：缩微中心，国图

00O006573
真诰：二十卷 / (梁)陶弘景撰
明万历二十八年(1600)刻本
1987年摄制. -- 1盘卷片(21米456拍)：
1:10, 2B；35mm银盐
收藏馆：缩微中心，国图

00O008412
真诰：二十卷 / (梁)陶弘景撰
明万历二十八年(1600)刻本. -- (清)张步瀛
校并跋，(清)程天焘跋。
1988年摄制. -- 1盘卷片(20米439拍)：
1:10, 2B；35mm银盐
收藏馆：缩微中心，国图

00O022341
真诰：二十卷 / (梁)陶弘景撰
明万历二十八年(1600)刻本
1995年摄制. -- 1盘卷片(20米406拍)：
1:10, 2B；35mm银盐
收藏馆：缩微中心，国图

00O029822
真诰：二十卷 / (梁)陶弘景撰
明万历二十八年(1600)刻本
2001年摄制. -- 1盘卷片(22米455拍)：
1:10, 2B；35mm银盐

收藏馆：缩微中心，国图

000O003075
真诰：二十卷 / (梁)陶弘景撰
明万历二十八年(1600)刻万历三十二年(1604)
俞安期重修本
1986年摄制. -- 1盘卷片(22米477拍) :
1:10, 2B ; 35mm银盐
收藏馆：缩微中心，国图

000O017668
玄真子：三卷 / (唐)张志和撰
明天启五年(1625)孟胤泰刻本
1993年摄制. -- 1盘卷片(4米34拍) : 1:10,
2B ; 35mm银盐
收藏馆：缩微中心，国图

000O022354
青羊万寿宫万字碑：一卷 / (唐)乐朋龟撰
明(1368-1644)抄本
1995年摄制. -- 1盘卷片(3米24拍) : 1:10,
2B ; 35mm银盐
收藏馆：缩微中心，国图

000O004561
华阳陶隐居内传：三卷 / (宋)贾嵩撰
明(1368-1644)抄本
1987年摄制. -- 1盘卷片(4米45拍) : 1:10,
2B ; 35mm银盐
收藏馆：缩微中心，国图

000O008744
至游子：二卷
明嘉靖四十五年(1566)姚汝循刻重修本
1988年摄制. -- 1盘卷片(8米152拍) : 1:10,
2B ; 35mm银盐
收藏馆：缩微中心，重庆

000O028134
清庵先生中和集：前集三卷后集三卷 / (元)李道
纯撰
清(1644-1911)抄本. -- (清)丁丙跋。
1996年摄制. -- 1盘卷片(7.5米122拍) :
1:10, 2B ; 35mm银盐
收藏馆：缩微中心，南京

000O027779
群仙要语纂集：不分卷 / (元)董汉醇辑
明弘治十七年(1504)刻本
1998年摄制. -- 1盘卷片(7米98拍) : 1:10,
2B ; 35mm银盐
收藏馆：缩微中心，苏州

000O005986
天皇至道太清玉册：二卷原道一卷 / (明)朱权撰
明万历三十七年(1609)张进刻本
1987年摄制. -- 1盘卷片(11米221拍) :
1:10, 2B ; 35mm银盐
收藏馆：缩微中心，国图

000O000968
神隐：二卷 / (明)朱权撰
明(1368-1644)刻本
1985年摄制. -- 1盘卷片(9.3米182拍) :
1:10, 2B ; 35mm银盐
收藏馆：缩微中心，国图

000O022296
神隐：二卷 / (明)朱权撰
明(1368-1644)刻本
1995年摄制. -- 1盘卷片(7米152拍) : 1:10,
2B ; 35mm银盐
收藏馆：缩微中心，国图

000O022356
神隐：二卷 / (明)朱权撰
明(1368-1644)刻本. -- 存一卷：卷上。
1995年摄制. -- 1盘卷片(5米68拍) : 1:10,
2B ; 35mm银盐
收藏馆：缩微中心，国图

000O024887
神隐：二卷 / (明)朱权撰
明(1368-1644)刻本. -- (清)丁丙跋。
1996年摄制. -- 1盘卷片(10米181拍) :
1:10, 2B ; 35mm银盐
收藏馆：缩微中心，南京

000O018015
新刻臞仙神隐：四卷 / (明)朱权撰
明(1368-1644)胡氏文会堂刻格致丛书本
1993年摄制. -- 1盘卷片(12米209拍) :
1:10, 2B ; 35mm银盐
收藏馆：缩微中心，国图

000O029051
武当山玄天上帝垂训：一卷
明(1368-1644)刻天顺二年(1458)阮信印本
1999年摄制. -- 1盘卷片(4米65拍) : 1:10,
2B ; 35mm银盐
收藏馆：缩微中心，国图

000O029164
武当山玄天上帝垂训：一卷
明(1368-1644)刻天顺二年(1458)印本
1999年摄制. -- 1盘卷片(3米69拍) : 1:10,

2B ；35mm银盐
收藏馆：缩微中心，国图

00O016954
武当山玄天上帝垂训：一卷
明嘉靖元年(1522)抄本
1993年摄制. -- 1盘卷片(3米18拍) ：1:10,
2B ；35mm银盐
收藏馆：缩微中心，国图

00O013716
玄宗印古：□□卷 / (明)周之德撰
明崇祯(1628-1644)刻本. -- 存一卷：卷上。
1991年摄制. -- 1盘卷片(4米39拍) ：1:10,
2B ；35mm银盐
收藏馆：缩微中心，国图

00O021274
历代神仙通鉴：六十卷 / (清)薛大训辑
明崇祯(1628-1644)刘宇亮[等]刻本
1995年摄制. -- 3盘卷片(90米1888拍) ：
1:10, 2B ；35mm银盐
收藏馆：缩微中心，国图

00O003267
**洞天福地岳渎名山记：一卷 / (五代)杜光庭撰 .
膳夫经：一卷 / (唐)杨晔撰 . 三水小牍补遗：一
卷 / (唐)皇甫枚撰 ; (清)徐鲲辑**
清(1644-1911)抄本
1986年摄制. -- 1盘卷片(3米19拍) ：1:10,
2B ；35mm银盐
收藏馆：缩微中心，国图

释家类

00O029990
**安吉州思溪法宝资福禅寺大藏经：五百九十九
函一千四百五十九部**
宋绍兴二年(1132)王永从刻本. -- 缺卷配日
本元禄九年(1696年)抄本，大般若波罗密多经
配宋(960-1279)平江府碛砂延圣院刻大藏本。
1996年摄制. -- 239盘卷片(10041米230941
拍) ：1:10, 2B ；35mm银盐
收藏馆：缩微中心，国图

00O027824
安吉州思溪法宝资福禅寺大藏经：□□卷
宋绍兴二年(1132)王永从刻本. -- 存五函
二十四部四十卷。
1997年摄制. -- 2盘卷片(57米1040拍) ：
1:10, 2B ；35mm银盐
收藏馆：缩微中心，国图

00O000040
洪武南藏：一百八十二卷
明洪武五年至永乐元年(1372-1403)刻本
1985年摄制. -- 10盘卷片(245米4620拍) ：
1:10, 2B ；35mm银盐
收藏馆：缩微中心，四川

00O009793-1
南藏
明洪武五年至永乐元年(1372-1403)刻本
1988年摄制. -- 268盘卷片(8040米168840拍) ：
1:10, 2B ；35mm银盐
收藏馆：缩微中心，四川

00O007582-1
方册大藏
明万历十七年至清康熙(1589-1722)楞严寺嘉
兴募刻本
1988年摄制. -- 155盘卷片(4686米93845拍) ：
1:10, 2B ；35mm银盐
收藏馆：缩微中心，四川

00O018980-1
**乾隆版大藏经：一千六百七十种七千二百四十
卷目录五卷 / (清)允禄,(清)弘昼辑**
清雍正十三年至乾隆三年(1735-1738)刻
本. -- 共计七百二十五函，存七百十九函。
1993年摄制. -- 271盘卷片(7824米167707拍) ：
1:10, 2B ；35mm银盐
收藏馆：缩微中心，湖南

00O003586
续高僧传：四十卷 / (唐)释道宣撰
明万历三十九年(1611)径山寂照庵刻径山藏本
1985年摄制. -- 2盘卷片(47.3米1050拍) ：
1:10, 2B ；35mm银盐
收藏馆：缩微中心，国图

00O021586
续高僧传：四十卷 / (唐)释道宣撰
明万历十九年三十八年三十九年(1591, 1610, 1611)
径山寂照庵刻径山藏本
1995年摄制. -- 2盘卷片(50米1014拍) ：
1:10, 2B ；35mm银盐
收藏馆：缩微中心，国图

00O023892
观音密集玄文九种：九卷
明(1368-1644)抄本
1995年摄制. -- 1盘卷片(4米34拍) ：1:10,
2B ；35mm银盐
收藏馆：缩微中心，国图

000O009089
佛祖三经：三卷 / (五代)释迦叶摩腾,(汉)释竺法兰译；(五代)释守遂注
明(1368-1644)刻本
1988年摄制. -- 1盘卷片(4.5米69拍) : 1:10, 2B；35mm银盐
收藏馆：缩微中心, 湖南

000O031137
佛经：十二种十二卷
清康熙五十一年(1712)孙德威抄本. -- (清)孙德威跋。
2004年摄制. -- 1盘卷片(10米170拍) : 1:10, 2B；35mm银盐
收藏馆：缩微中心, 国图

000O009972
维摩诘所说经：十四卷 / (后秦)释鸠摩罗什译. 释迦如来成道记：一卷 / (唐)王勃撰
明(1368-1644)凌濛初刻套印本
1989年摄制. -- 1盘卷片(7米135拍) : 1:10, 2B；35mm银盐
收藏馆：缩微中心, 浙江

000O021584
销释金刚科仪：二卷
明万历(1573-1620)刻本
1995年摄制. -- 1盘卷片(11米194拍) : 1:10, 2B；35mm银盐
收藏馆：缩微中心, 国图

000O021587
销释金刚科仪：四卷
明万历(1573-1620)刻本
1995年摄制. -- 1盘卷片(11米194拍) : 1:10, 2B；35mm银盐
收藏馆：缩微中心, 国图

000O018938
销释金刚科仪：一卷
明(1368-1644)刻本
1993年摄制. -- 1盘卷片(8米95拍) : 1:10, 2B；35mm银盐
收藏馆：缩微中心, 山东

000O011599
销释金刚科仪：不分卷 / (后秦)释鸠摩罗什[等]译
明(1368-1644)刻本
1990年摄制. -- 1盘卷片(8米141拍) : 1:10, 2B；35mm银盐
收藏馆：缩微中心, 湖南

000O031686
佛说阿弥陀经：一卷 / (后秦)释鸠摩罗什译
明初(1368-1424)刻本
2005年摄制. -- 1盘卷片(4米36拍) : 1:10, 2B；35mm银盐
收藏馆：缩微中心, 国图

000O029066
佛说三十五佛名经：一卷
明(1368-1644)刻本
1999年摄制. -- 1盘卷片(3米50拍) : 1:10, 2B；35mm银盐
收藏馆：缩微中心, 国图

000O029185
弥勒菩萨所问本愿经：一卷 / (晋)释竺法护译
日本康治元年(1142)抄本. -- 杨守敬跋。
1999年摄制. -- 1盘卷片(6米73拍) : 1:10, 2B；35mm银盐
收藏馆：缩微中心, 国图

000O003548
佛说摩诃衍宝严经：一卷
日本天养元年(1144)抄本
1985年摄制. -- 1盘卷片(5米67拍) : 1:10, 2B；35mm银盐
收藏馆：缩微中心, 国图

000O000682
大方等大集经日藏分：十卷 / (隋)释那连提耶舍译
日本抄本
1985年摄制. -- 1盘卷片(23米499拍) : 1:10, 2B；35mm银盐
收藏馆：缩微中心, 国图

000O019885
大方等大集月藏经：十卷 / (隋)释那连提耶舍译
宋(960-1279)刻本. -- 存一卷：卷五。
1994年摄制. -- 1盘卷片(4米43拍) : 1:10, 2B；35mm银盐
收藏馆：缩微中心, 国图

000O029169
大集月藏经：十卷 / (隋)释那连提耶舍译
日本古抄本. -- 存一卷：卷二。杨守敬跋。
1999年摄制. -- 1盘卷片(5米115拍) : 1:10, 2B；35mm银盐
收藏馆：缩微中心, 国图

000O029971
楞伽阿跋多罗宝经：四卷 / (宋)释求那跋陀罗译
明万历十九年(1591)郑昭服刻本

2001年摄制. -- 1盘卷片(11米207拍)：
1:10，2B ；35mm银盐
收藏馆：缩微中心，国图

00O000690
大乘入楞伽经：七卷 / (唐)释实叉难陀译
日本抄本. -- 杨守敬跋。
1985年摄制. -- 1盘卷片(19米370拍)：
1:10，2B ；35mm银盐
收藏馆：缩微中心，国图

00O023234
楞伽阿跋多罗宝经会译：四卷 / (明)释员珂辑
明万历八年(1580)冯梦祯募刻本
1995年摄制. -- 1盘卷片(24米493拍)：
1:10，2B ；35mm银盐
收藏馆：缩微中心，国图

00O021095
解深密经：五卷 / (唐)释玄奘译
明万历三十二年(1604)径山寂照庵刻径山藏本
1994年摄制. -- 1盘卷片(6米80拍)：1:10，
2B ；35mm银盐
收藏馆：缩微中心，国图

00O029074
大乘密严经：三卷 / (唐)释地婆诃罗译
日本古抄本. -- 存一卷：卷上。
1999年摄制. -- 1盘卷片(4米92拍)：1:10，
2B ；35mm银盐
收藏馆：缩微中心，国图

00O019933
诸法本无经：三卷 / (隋)释阇那崛多译
元(1271-1368)杭州路余杭大普宁寺刻普宁藏本. -- 存二卷：卷上、卷中。
1994年摄制. -- 1盘卷片(5米52拍)：1:10，
2B ；35mm银盐
收藏馆：缩微中心，国图

00O029964
持世经：四卷 / (后秦)释鸠摩罗什译
北宋熙宁元年(1068)吴拱写本. -- 金粟山广惠禅院大藏本。存一卷：卷一。
2001年摄制. -- 1盘卷片(4米43拍)：1:10，
2B ；35mm银盐
收藏馆：缩微中心，国图

00O029134
佛说坚固女经：一卷 / (隋)释那连提耶舍译
日本古抄本
1999年摄制. -- 1盘卷片(3米56拍)：1:10，
2B ；35mm银盐

收藏馆：缩微中心，国图

00O019886
大般若波罗蜜多经：六百卷 / (唐)释玄奘译
宋(960-1279)思溪圆觉禅院刻大藏本. -- 存一卷：卷一百三十一。
1994年摄制. -- 1盘卷片(4米34拍)：1:10，
2B ；35mm银盐
收藏馆：缩微中心，国图

00O020062
大般若波罗蜜多经：六百卷 / (唐)释玄奘译
北宋(960-1127)福州东禅等觉院刻本. -- 存三卷：卷二十二、卷二百四十六、卷五百三十九。
1994年摄制. -- 1盘卷片(8米120拍)：1:10，
2B ；35mm银盐
收藏馆：缩微中心，国图

00O031160
大般若波罗蜜多经：六百卷 / (唐)释玄奘译
元(1271-1368)刻本. -- 存一卷：卷四百八。
2004年摄制. -- 1盘卷片(5米79拍)：1:8，
2B ；35mm银盐
收藏馆：缩微中心，国图

00O031157
大般若波罗蜜多经：六百卷 / (唐)释玄奘译
明(1368-1644)刻本. -- 存四十六卷：卷四十一、卷四百六十二、卷五百十二至卷五百十三、卷五百十九、卷五百三十一、卷五百三十三、卷五百三十五至卷五百三十八、卷五百四十、卷五百四十八、卷五百五十至卷五百五十一、卷五百五十三、卷五百五十五、卷五百五十七、卷五百五十九至卷五百六十、卷五百六十二至卷五百六十三、卷五百六十六至卷五百七十、卷五百七十三至卷五百七十四、卷五百七十六、卷五百七十八至卷五百八十六、卷五百八十九至卷五百九十、卷五百九十二、卷五百九十六至卷五百九十九。
2004年摄制. -- 4盘卷片(98米2035拍)：1:11，2B ；35mm银盐
收藏馆：缩微中心，国图

00O029189
大般若波罗蜜多经：六百卷 / (唐)释玄奘译
日本古刻本. -- 存一卷：卷一百三十四。
1999年摄制. -- 1盘卷片(5米94拍)：1:10，
2B ；35mm银盐
收藏馆：缩微中心，国图

000O021523
**佛母出生三法藏般若波罗蜜多经：二十五卷 /
(宋)释施护译**
元(1271-1368)杭州路余杭大普宁寺刻普宁藏本. -- 存一卷：卷二十四。
1995年摄制. -- 1盘卷片(3米24拍) : 1:10,
2B ; 35mm银盐
收藏馆：缩微中心，国图

000O017403
金刚般若波罗蜜经：一卷 / (后秦)释鸠摩罗什译
明初(1368-1424)杨家经坊刻递修本
1993年摄制. -- 1盘卷片(4米32拍) : 1:10,
2B ; 35mm银盐
收藏馆：缩微中心，国图

000O011444
**金刚经：一卷解一卷；心经：一卷解一卷 / (唐)
释玄奘译；(明)释如玘注；(明)李贽评**
明(1368-1644)凌毓枬刻朱墨套印本
1989年摄制. -- 1盘卷片(5.4米95拍) :
1:10, 2B ; 35mm银盐
收藏馆：缩微中心，辽宁

000O031674
般若波罗蜜多心经：一卷 / (唐)释玄奘译
明宣德(1426-1435)田哑弥答室哩刻本
2005年摄制. -- 1盘卷片(3米20拍) : 1:10,
2B ; 35mm银盐
收藏馆：缩微中心，国图

000O031014
般若波罗蜜多心经：一卷 / (唐)释玄奘译
明(1368-1644)刻天顺二年(1458)石妙善印本
2004年摄制. -- 1盘卷片(4米20拍) : 1:10,
2B ; 35mm银盐
收藏馆：缩微中心，国图

000O031134
般若多心经：一卷 / (唐)释玄奘译
明(1368-1644)刻本
2004年摄制. -- 1盘卷片(3米25拍) : 1:10,
2B ; 35mm银盐
收藏馆：缩微中心，国图

000O031140
摩诃般若波罗蜜多心经：一卷 / (唐)释玄奘译
明(1368-1644)刻宣德元年(1426)马福童印本
2004年摄制. -- 1盘卷片(3米20拍) : 1:10,
2B ; 35mm银盐
收藏馆：缩微中心，国图

000O029059
摩诃般若波罗蜜多心经：一卷
明嘉靖十七年(1538)赵政刻本
1999年摄制. -- 1盘卷片(3米57拍) : 1:10,
2B ; 35mm银盐
收藏馆：缩微中心，国图

000O031734
摩诃般若波罗蜜多心经：一卷 / (唐)释玄奘译
明(1368-1644)刻本
2005年摄制. -- 1盘卷片(3米20拍) : 1:10,
2B ; 35mm银盐
收藏馆：缩微中心，国图

000O000678
大乘理趣六波罗蜜多经：十卷 / (唐)释般若译
日本抄本. -- 存九卷：卷一至卷三、卷五至
卷十。杨守敬跋。
1985年摄制. -- 1盘卷片(20米432拍) :
1:10, 2B ; 35mm银盐
收藏馆：缩微中心，国图

000O019719
大方广佛华严经：八十卷 / (唐)释实叉难陀译
宋(960-1279)刻本. -- 存一卷：卷十八。
1994年摄制. -- 1盘卷片(3米29拍) : 1:10,
2B ; 35mm银盐
收藏馆：缩微中心，国图

000O031677
大方广佛华严经：八十卷 / (唐)释实叉难陀译
明初(1368-1424)刻本. -- 存一卷：卷
四十八。
2005年摄制. -- 1盘卷片(5米64拍) : 1:10,
2B ; 35mm银盐
收藏馆：缩微中心，国图

000O000694
大方广如来秘密芷经：二卷
日本抄本
1985年摄制. -- 1盘卷片(5米79拍) : 1:10,
2B ; 35mm银盐
收藏馆：缩微中心，国图

000O031766
**过去庄严劫千佛名经：一卷 / (南朝宋)释畺良耶
舍译**
清顺治八年(1651)牛立志刻本
2005年摄制. -- 1盘卷片(6米80拍) : 1:10,
2B ; 35mm银盐
收藏馆：缩微中心，国图

00O010564
佛说观无量寿佛经：一卷 / (南朝宋)释畺良耶舍译
明弘治十三年(1500)刻本
1989年摄制. -- 1盘卷片(4米42拍) : 1:10,
2B ; 35mm银盐
收藏馆：缩微中心，四川

00O031435
佛说观无量寿佛经：一卷 / (南朝宋)释畺良耶舍译
明天启元年(1621)陆基志刻本
2004年摄制. -- 1盘卷片(7米100拍) : 1:10,
2B ; 35mm银盐
收藏馆：缩微中心，国图

00O019883
大般涅槃经：四十卷 / (北凉)释昙无谶译
宋(960-1279)刻本. -- 存一卷：卷二十八。
1994年摄制. -- 1盘卷片(4米42拍) : 1:10,
2B ; 35mm银盐
收藏馆：缩微中心，国图

00O020063
大般涅槃经：四十卷 / (北凉)释昙无谶译
宋元(960-1368)平江路碛砂延圣院刻本. --
存一卷：卷二十九。
1994年摄制. -- 1盘卷片(4米49拍) : 1:10,
2B ; 35mm银盐
收藏馆：缩微中心，国图

00O021534
[南本]大般涅槃经：四十卷 / (北凉)释昙无谶译
明万历四十年至四十五年(1612-1617)径山福
建刻本. -- 存三十六卷。
1995年摄制. -- 2盘卷片(43米874拍) :
1:10, 2B ; 35mm银盐
收藏馆：缩微中心，国图

00O018167
妙法莲华经：七卷 / (后秦)释鸠摩罗什释
明初(1368-1424)嘉兴楞严寺刻本
1993年摄制. -- 1盘卷片(17米347拍) :
1:10, 2B ; 35mm银盐
收藏馆：缩微中心，山东

00O030424
妙法莲华经：八卷 / (后秦)释鸠摩罗什译
日本刻本
2002年摄制. -- 1盘卷片(15米302拍) :
1:10, 2B ; 35mm银盐
收藏馆：缩微中心，国图

00O031235
妙法莲华经观世音菩萨普门品：一卷 / (后秦)释鸠摩罗什译
明初(1368-1424)沈家京都刻本
2004年摄制. -- 1盘卷片(5米70拍) : 1:5,
2B ; 35mm银盐
收藏馆：缩微中心，国图

00O030998
妙法莲华经观世音菩萨普门品：一卷 / (后秦)释鸠摩罗什译
明初(1368-1424)刻本
2004年摄制. -- 1盘卷片(3米30拍) : 1:10,
2B ; 35mm银盐
收藏馆：缩微中心，国图

00O017728
妙法莲华经观世音菩萨普门品：一卷 / (后秦)释鸠摩罗什译
明(1368-1644)高家经铺刻本
1993年摄制. -- 1盘卷片(3米21拍) : 1:10,
2B ; 35mm银盐
收藏馆：缩微中心，国图

00O031005
妙法莲华经观世音菩萨普门品：一卷 / (后秦)释鸠摩罗什译
明初(1368-1424)刻本
2004年摄制. -- 1盘卷片(3米30拍) : 1:10,
2B ; 35mm银盐
收藏馆：缩微中心，国图

00O031189
妙法莲华经观世音菩萨普门品：一卷 / (后秦)释鸠摩罗什译
明初(1368-1424)刻本
2004年摄制. -- 1盘卷片(3米35拍) : 1:5,
2B ; 35mm银盐
收藏馆：缩微中心，国图

00O031233
妙法莲华经观世音菩萨普门品：一卷 / (后秦)释鸠摩罗什译
明初(1368-1424)刻本
2004年摄制. -- 1盘卷片(3米20拍) : 1:11,
2B ; 35mm银盐
收藏馆：缩微中心，国图

00O031413
妙法莲华经观世音菩萨普门品：一卷 / (后秦)释鸠摩罗什译
明初(1368-1424)刻本
2004年摄制. -- 1盘卷片(3米27拍) : 1:10,

2B ； 35mm银盐
收藏馆：缩微中心，国图

00O031778
**妙法莲华经观世音菩萨普门品：一卷 / (后秦)释
鸠摩罗什译**
明初(1368-1424)刻本
2005年摄制. -- 1盘卷片(4米30拍) ： 1:10,
2B ； 35mm银盐
收藏馆：缩微中心，国图

00O017387
**妙法莲华经观世音菩萨普门品：一卷 / (后秦)释
鸠摩罗什译**
明(1368-1644)刻本
1993年摄制. -- 1盘卷片(3米6拍) ： 1:10,
2B ； 35mm银盐
收藏馆：缩微中心，国图

00O031003
**妙法莲华经观世音菩萨普门品：一卷 / (后秦)释
鸠摩罗什译**
明(1368-1644)刻本
2004年摄制. -- 1盘卷片(3米31拍) ： 1:10,
2B ； 35mm银盐
收藏馆：缩微中心，国图

00O031018
**妙法莲华经观世音菩萨普门品：一卷 / (后秦)释
鸠摩罗什译**
明(1368-1644)刻本
2004年摄制. -- 1盘卷片(3米35拍) ： 1:10,
2B ； 35mm银盐
收藏馆：缩微中心，国图

00O031021
**妙法莲华经观世音菩萨普门品：一卷 / (后秦)释
鸠摩罗什译**
明(1368-1644)刻本
2004年摄制. -- 1盘卷片(3米20拍) ： 1:10,
2B ； 35mm银盐
收藏馆：缩微中心，国图

00O031130
**妙法莲华经观世音菩萨普门品：一卷 / (后秦)释
鸠摩罗什译**
明(1368-1644)刻本
2004年摄制. -- 1盘卷片(5米35拍) ： 1:10,
2B ； 35mm银盐
收藏馆：缩微中心，国图

00O031131
妙法莲华经观世音菩萨普门品：一卷 / (后秦)释

鸠摩罗什译
明(1368-1644)刻本
2004年摄制. -- 1盘卷片(3米25拍) ： 1:10,
2B ； 35mm银盐
收藏馆：缩微中心，国图

00O031156
**妙法莲华经观世音菩萨普门品：一卷 / (后秦)释
鸠摩罗什译**
明(1368-1644)刻本
2004年摄制. -- 1盘卷片(3米20拍) ： 1:10,
2B ； 35mm银盐
收藏馆：缩微中心，国图

00O031725
**妙法莲华经观世音菩萨普门品：一卷 / (后秦)释
鸠摩罗什译**
明(1368-1644)刻本
2005年摄制. -- 1盘卷片(3米25拍) ： 1:10,
2B ； 35mm银盐
收藏馆：缩微中心，国图

00O031785
**妙法莲华经观世音菩萨普门品：一卷 / (后秦)释
鸠摩罗什译**
明(1368-1644)刻本
2005年摄制. -- 1盘卷片(4米35拍) ： 1:10,
2B ； 35mm银盐
收藏馆：缩微中心，国图

00O029088
**观世音菩萨普门品经：一卷 / (后秦)释鸠摩罗什
译**
明洪武二十八年(1395)应天府沙福智刻本
1999年摄制. -- 1盘卷片(4米92拍) ： 1:10,
2B ； 35mm银盐
收藏馆：缩微中心，国图

00O031772
**观世音菩萨普门品经：一卷 / (后秦)释鸠摩罗什
译**
明初(1368-1424)刻本
2005年摄制. -- 1盘卷片(5米75拍) ： 1:10,
2B ； 35mm银盐
收藏馆：缩微中心，国图

00O029119
妙法莲华经观世音菩萨普门品经：一卷
明正德五年(1510)牛福印本
1999年摄制. -- 1盘卷片(3米55拍) ： 1:10,
2B ； 35mm银盐
收藏馆：缩微中心，国图

00O020750

内藏百宝经：一卷；温室洗浴众僧经：一卷

元至元二十一年(1284)杭州路余杭大普宁寺刻普宁藏本

1994年摄制. -- 1盘卷片(3米24拍) : 1:10, 2B ; 35mm银盐

收藏馆：缩微中心，国图

00O029071

佛说二十六分功德疏经：一卷

明宣德四年(1429)刻宣德八年(1433)印本

1999年摄制. -- 1盘卷片(3米56拍) : 1:10, 2B ; 35mm银盐

收藏馆：缩微中心，国图

00O029168

正法念处经：七十卷 / (北魏)释瞿昙般若流支译

日本古抄本. -- 存三卷：卷二、卷四、卷七十。

1999年摄制. -- 1盘卷片(7米161拍) : 1:10, 2B ; 35mm银盐

收藏馆：缩微中心，国图

00O000684

飈陁劫三昧晋日贤劫定意经：十三卷 / (晋)释竺法护译

日本抄本

1985年摄制. -- 1盘卷片(26米574拍) : 1:10, 2B ; 35mm银盐

收藏馆：缩微中心，国图

00O001832

坚心正意经：一卷

日本抄本

1985年摄制. -- 1盘卷片(2米40拍) : 1:10, 2B ; 35mm银盐

收藏馆：缩微中心，国图

00O017753

佛说阎罗王经：一卷

明(1368-1644)刻本

1993年摄制. -- 1盘卷片(4米43拍) : 1:10, 2B ; 35mm银盐

收藏馆：缩微中心，国图

00O020751

嗟袜曩法天子受三归依获免恶道经：一卷 / (宋)释法天译 . 赞法界偈八十七颂：一卷 / (宋)释施获译

元(1271-1368)杭州路余杭大普宁寺刻普宁藏本

1994年摄制. -- 1盘卷片(3米24拍) : 1:10, 2B ; 35mm银盐

收藏馆：缩微中心，国图

00O029109

佛说龙王兄弟经：一卷 / (吴)释支谦译

日本古抄本

1999年摄制. -- 1盘卷片(5米53拍) : 1:10, 2B ; 35mm银盐

收藏馆：缩微中心，国图

00O001867

大乘三聚忏悔经：一卷 / (隋)释阇那崛多[等]译

高丽大藏刻本. -- 译者还有：(隋)笈多等。

1985年摄制. -- 1盘卷片(3.6米47拍) : 1:10, 2B ; 35mm银盐

收藏馆：缩微中心，国图

00O031182

根本萨婆多部律摄：十四卷 / (唐)释义净译

元(1271-1368)刻本. -- 存一卷：卷八。

2004年摄制. -- 1盘卷片(4米60拍) : 1:11, 2B ; 35mm银盐

收藏馆：缩微中心，国图

00O023226

沙弥十戒法并威仪：一卷

明崇祯八年(1635)力果道人刻本

1995年摄制. -- 1盘卷片(4米37拍) : 1:10, 2B ; 35mm银盐

收藏馆：缩微中心，国图

00O029064

佛说阿舍须摩提女经：一卷 / (吴)释支谦译

日本古抄本

1999年摄制. -- 1盘卷片(3米53拍) : 1:10, 2B ; 35mm银盐

收藏馆：缩微中心，国图

00O031177

舍头谏经：一卷 / (晋)释竺法护译

元(1271-1368)刻本

2004年摄制. -- 1盘卷片(5米80拍) : 1:10, 2B ; 35mm银盐

收藏馆：缩微中心，国图

00O021528

十住毗婆沙论：十五卷 / (后秦)释鸠摩罗什译

元(1271-1368)杭州路余杭大普宁寺刻普宁藏本. -- 存一卷：卷十。

1995年摄制. -- 1盘卷片(4米45拍) : 1:10, 2B ; 35mm银盐

收藏馆：缩微中心，国图

00O020072
大智度论：一百卷 / (后秦)释鸠摩罗什译
宋元(960-1368)平江路碛砂延圣院刻本. --
存二卷：卷一至卷二。
1994年摄制. -- 1盘卷片(7米116拍) ：1：10，
2B ；35mm银盐
收藏馆：缩微中心，国图

00O000787
十二门论：一卷 / (后秦)释鸠摩罗什译
日本抄本
1985年摄制. -- 1盘卷片(5米70拍) ：1：10，
2B ；35mm银盐
收藏馆：缩微中心，国图

00O001281
辨中边论：三卷 / (唐)释玄奘译
日本抄本
1985年摄制. -- 1盘卷片(3米44拍) ：1：10，
2B ；35mm银盐
收藏馆：缩微中心，国图

00O029814
大乘广五蕴论：一卷 / (唐)释地婆诃罗译. 大乘五蕴论：一卷 / (唐)玄奘译
明永乐至宣德(1403-1435)内府刻大藏本
2001年摄制. -- 1盘卷片(5米65拍) ：1：10，
2B ；35mm银盐
收藏馆：缩微中心，国图

00O001824
阿毗昙经：三十卷 / (前秦)僧伽提婆；(后秦)释竺佛念译
日本抄本. -- 存三卷：卷二十三、卷二十五至卷二十六。
1985年摄制. -- 1盘卷片(6米107拍) ：1：10，
2B ；35mm银盐
收藏馆：缩微中心，国图

00O019884
鞞婆沙论：十四卷 / (前秦)释僧伽跋澄译
北宋崇宁元年(1102)福州东禅等觉院刻万寿大藏递修本. -- 存一卷：卷九。
1994年摄制. -- 1盘卷片(4米49拍) ：1：10，
2B ；35mm银盐
收藏馆：缩微中心，国图

00O019656
阿毗达磨顺正理论：八十卷 / (唐)释玄奘译
宋(960-1279)刻本. -- 存一卷：卷十四。
1994年摄制. -- 1盘卷片(4米38拍) ：1：10，
2B ；35mm银盐
收藏馆：缩微中心，国图

00O019938
阿毗达磨藏显宗论：四十卷 / (唐)释玄奘译
元(1271-1368)杭州路余杭大普宁寺刻本. --
存十一卷：卷二、卷五、卷八、卷十至卷十一、卷十四至卷十九。
1994年摄制. -- 1盘卷片(21米391拍) ：
1：10，2B ；35mm银盐
收藏馆：缩微中心，国图

00O031270
佛说大悲空智金刚大教王仪轨：□□卷 / (宋)释法护译
元(1271-1368)刻本. -- 存一卷：卷一。
2004年摄制. -- 1盘卷片(3米40拍) ：1：10，
2B ；35mm银盐
收藏馆：缩微中心，国图

00O001858
金刚顶瑜伽中发阿耨多罗三藐三菩提心论：一卷 / (唐)释不空译
日本刻本
1985年摄制. -- 1盘卷片(3米27拍) ：1：10，
2B ；35mm银盐
收藏馆：缩微中心，国图

00O029176
金刚顶瑜伽中发阿耨多罗三藐三菩提心论：一卷 / (唐)释不空译
日本刻本
1999年摄制. -- 1盘卷片(3米53拍) ：1：10，
2B ；35mm银盐
收藏馆：缩微中心，国图

00O020221
佛说十一面观世音神咒经：一卷 / (北周)释耶舍崛多[等]译. 十一面神咒心经：一卷 / (唐)释玄奘译. 千转陀罗尼观世音菩萨咒经：一卷 / (唐)释智通译
明(1368-1644)刻本. -- 还有合刻著作：咒五首经一卷/(唐)释玄奘译，六字神咒经一卷/(唐)释菩提流志译，咒三首经一卷/(唐)释地婆诃罗译。
1994年摄制. -- 1盘卷片(5米58拍) ：1：10，
2B ；35mm银盐
收藏馆：缩微中心，国图

00O029780
诸佛菩萨妙相名号经咒：不分卷
明宣德六年(1431)释修积善住刻本
2001年摄制. -- 1盘卷片(9米178拍) ：1：10，
2B ；35mm银盐
收藏馆：缩微中心，国图

00O029811
诸佛菩萨妙相名号经咒：不分卷
明宣德六年(1431)释修积善住刻本. -- 存：
诸佛菩萨名号心咒、圣救度佛母二十一种赞
经。
2001年摄制. -- 1盘卷片(8米152拍) : 1:10,
2B ; 35mm银盐
收藏馆：缩微中心，国图

00O019951
佛说陀罗尼集经：十二卷 / (唐)释阿地瞿多译
元(1271-1368)杭州路余杭大普宁寺刻本. --
存一卷：卷一。
1994年摄制. -- 1盘卷片(5米73拍) : 1:10,
2B ; 35mm银盐
收藏馆：缩微中心，国图

00O029116
**药师瑠璃光如来本愿功德经：一卷 / (唐)释玄奘
译**
清乾隆二十三年(1758)内府刻本
1999年摄制. -- 1盘卷片(5米93拍) : 1:10,
2B ; 35mm银盐
收藏馆：缩微中心，国图

00O029089
**药师瑠璃光七佛本愿功德经：二卷 / (唐)释义净
译**
日本古抄本
1999年摄制. -- 1盘卷片(4米92拍) : 1:10,
2B ; 35mm银盐
收藏馆：缩微中心，国图

00O023202
**无量寿如来念诵修习观行仪轨：一卷 / (唐)释不
空译**
明(1368-1644)抄本
1995年摄制. -- 1盘卷片(4米35拍) : 1:10,
2B ; 35mm银盐
收藏馆：缩微中心，国图

00O003488
佛顶尊胜陀罗尼经疏：二卷 / (唐)释法崇撰
日本抄本
1985年摄制. -- 1盘卷片(6米108拍) : 1:10,
2B ; 35mm银盐
收藏馆：缩微中心，国图

00O031421
佛顶尊胜神咒：一卷
明(1368-1644)刻本
2004年摄制. -- 1盘卷片(4米52拍) : 1:10,
2B ; 35mm银盐

收藏馆：缩微中心，国图

00O019946
**息除中夭陀罗尼经：一卷；一切如来正法秘密
箧印心陀罗尼经：一卷 / (宋)释施护译**
元(1271-1368)杭州路余杭大普宁寺刻普宁藏
本
1994年摄制. -- 1盘卷片(3米27拍) : 1:10,
2B ; 35mm银盐
收藏馆：缩微中心，国图

00O031158
**不空羂索神变真言经：三十卷 / (唐)释菩提流志
译**
元(1271-1368)刻本. -- 存二卷：卷十二至卷
十三。
2004年摄制. -- 1盘卷片(6米100拍) : 1:11,
2B ; 35mm银盐
收藏馆：缩微中心，国图

00O031264
不空羂索陀罗尼经：二卷 / (唐)释无谄译
元(1271-1368)刻本. -- 存一卷：卷上。
2004年摄制. -- 1盘卷片(4米60拍) : 1:10,
2B ; 35mm银盐
收藏馆：缩微中心，国图

00O031180
不空羂索心咒王经：三卷 / (唐)释宝思惟译
元(1271-1368)刻本. -- 存一卷：卷上、卷中
(合一卷)。
2004年摄制. -- 1盘卷片(5米60拍) : 1:10,
2B ; 35mm银盐
收藏馆：缩微中心，国图

00O031159
**金刚恐怖集会方广轨仪观自在菩萨三世最胜心
明王大威力乌枢瑟么明王经：三卷 / (唐)释阿质
达霰译**
元(1271-1368)刻本. -- 存二卷：卷中、卷
下。
2004年摄制. -- 1盘卷片(6米98拍) : 1:11,
2B ; 35mm银盐
收藏馆：缩微中心，国图

00O003523
**大悲陀罗经：一卷；白衣大悲五印心陀罗尼经：
一卷**
明正统(1436-1449)刻本
1985年摄制. -- 1盘卷片(3米24拍) : 1:10,
2B ; 35mm银盐
收藏馆：缩微中心，国图

00O029131

大悲心陀罗尼经：一卷；白衣大悲五印心陀罗尼经：一卷

明(1368-1644)刻本

1999年摄制. -- 1盘卷片(3米67拍) ： 1:10, 2B ； 35mm银盐

收藏馆：缩微中心，国图

00O031145

大悲心陀罗尼经：一卷 / (唐)释不空译. 白衣大悲五印心陀罗尼经：一卷

明(1368-1644)刻天顺三年(1459)王瑄印本

2004年摄制. -- 1盘卷片(3米23拍) ： 1:8, 2B ； 35mm银盐

收藏馆：缩微中心，国图

00O018907

观世音菩萨大悲心陀罗尼神咒：一卷 / (清)吴荣光书

清(1644-1911)稿本. -- 钤"吴荣光印"。经折装。

1994年摄制. -- 1盘卷片(4米36拍) ： 1:10, 2B ； 35mm银盐

收藏馆：缩微中心，天津

00O031256

佛母大准提神咒：一卷

明(1368-1644)刻本

2004年摄制. -- 1盘卷片(3米20拍) ： 1:9, 2B ； 35mm银盐

收藏馆：缩微中心，国图

00O031116

佛说大方广曼殊室利经：□□卷 / (唐)释不空译. 念诵次第：一卷

日本抄本. -- 存一卷：卷三十一。

2004年摄制. -- 1盘卷片(6米85拍) ： 1:8, 2B ； 35mm银盐

收藏馆：缩微中心，国图

00O029083

底哩三昧耶不动尊威怒王使者念诵法：一卷 / (唐)释不空译

日本古抄本

1999年摄制. -- 1盘卷片(4米51拍) ： 1:10, 2B ； 35mm银盐

收藏馆：缩微中心，国图

00O017397

佛说摩利支天菩萨经：一卷 / (唐)释不空,(元)释法天译

明永乐元年(1403)郑和刻本

1993年摄制. -- 1盘卷片(3米15拍) ： 1:10,

2B ； 35mm银盐

收藏馆：缩微中心，国图

00O003587

阿唎多罗陀罗尼阿噜力品第十四：一卷 / (唐)释不空译

日本抄本

1985年摄制. -- 1盘卷片(3米40拍) ： 1:10, 2B ； 35mm银盐

收藏馆：缩微中心，国图

00O031162

金刚萨埵说频那夜迦天成就仪轨经：四卷 / (宋)释法贤译

元(1271-1368)刻本. -- 存一卷：卷三。

2004年摄制. -- 1盘卷片(4米40拍) ： 1:10, 2B ； 35mm银盐

收藏馆：缩微中心，国图

00O019707

佛说灌顶十二万神王护比丘尼咒经：□□卷 / (晋)释帛尸梨密多罗译

元(1271-1368)刻本. -- 存一卷：卷三。

1994年摄制. -- 1盘卷片(3米20拍) ： 1:10, 2B ； 35mm银盐

收藏馆：缩微中心，国图

00O029087

大乘经咒：一卷

明永乐九年至十年(1411-1412)刻本. -- 邵章跋。

1999年摄制. -- 1盘卷片(6米138拍) ： 1:10, 2B ； 35mm银盐

收藏馆：缩微中心，国图

00O019692

大方等陀罗尼经：四卷 / (北凉)释法众译

宋元(960-1368)平江府碛砂延圣院刻元明(1271-1644)递修本. -- 存三卷：卷一、卷三至卷四。

1994年摄制. -- 1盘卷片(7米111拍) ： 1:10, 2B ； 35mm银盐

收藏馆：缩微中心，国图

00O029098

金刚光焰止风雨陀罗尼经：一卷 / (唐)释菩提流志译

日本古抄本

1999年摄制. -- 1盘卷片(5米109拍) ： 1:10, 2B ； 35mm银盐

收藏馆：缩微中心，国图

00O031415
佛说救苦经尊胜咒：一卷
明(1368-1644)刻本
2004年摄制. -- 1盘卷片(4米53拍) ：1:10,
2B ；35mm银盐
收藏馆：缩微中心，国图

000O003494
古经题跋：二卷 / (日)释竺彻定辑
日本文久三年(1863)铜活字印本
1985年摄制. -- 1盘卷片(7米124拍) ：1:10,
2B ；35mm银盐
收藏馆：缩微中心，国图

000O003162
喜金刚中围内自受灌仪：一卷 / (元)释发思巴集
释；(元)释莎南屹啰译
明(1368-1644)抄本
1986年摄制. -- 1盘卷片(4米44拍) ：1:10,
2B ；35mm银盐
收藏馆：缩微中心，国图

000O022324
密哩斡巴上师道果：□□卷 / (元)释莎南屹罗译
明(1368-1644)抄本. -- 存一卷：卷十。
1995年摄制. -- 1盘卷片(3米30拍) ：1:10,
2B ；35mm银盐
收藏馆：缩微中心，国图

000O029782
端必瓦成就同生要：一卷；因得啰菩提手印道
要：一卷；大手印无字要：一卷 / (元)释莎南屹
啰译
清初(1644-1722)钱氏述古堂抄本
2001年摄制. -- 1盘卷片(3米22拍) ：1:10,
2B ；35mm银盐
收藏馆：缩微中心，国图

000O029805
因得啰菩提手印道要：一卷；端必瓦成就同生
要：一卷；大手印无字要：一卷 / (元)释莎南屹
啰译
清初(1644-1722)钱氏述古堂抄本
2001年摄制. -- 1盘卷片(3米28拍) ：1:10,
2B ；35mm银盐
收藏馆：缩微中心，国图

000O029785
大手印无字要：一卷；因得啰菩提手印道要：
一卷；端必瓦成就同生要：一卷 / (元)释莎南屹
啰译
清初(1644-1722)钱氏述古堂抄本
2001年摄制. -- 1盘卷片(3米26拍) ：1:10,

2B ；35mm银盐
收藏馆：缩微中心，国图

000O022325
新译吉祥饮血壬集轮无比修习毋一切中最胜上
乐集本续显释记：□□卷 / (□)释德云[等]译
明(1368-1644)抄本. -- 存一卷：卷三。
1995年摄制. -- 1盘卷片(3米20拍) ：1:10,
2B ；35mm银盐
收藏馆：缩微中心，国图

000O019808
吉祥喜金刚本续王后分注疏：不分卷
明(1368-1644)抄本
1994年摄制. -- 1盘卷片(4米47拍) ：1:10,
2B ；35mm银盐
收藏馆：缩微中心，国图

000O019930
菩萨璎珞本丛经：二卷 / (前秦)释竺佛念初译
元(1271-1368)杭州路余杭大普宁寺刻普宁藏
本
1994年摄制. -- 1盘卷片(6米94拍) ：1:10,
2B ；35mm银盐
收藏馆：缩微中心，国图

000O031174
佛说大报父母恩重经：一卷 / (后秦)释鸠摩罗什
译
明(1368-1644)刻本
2004年摄制. -- 1盘卷片(3米20拍) ：1:11,
2B ；35mm银盐
收藏馆：缩微中心，国图

000O029138
佛说大藏正教血盆经：一卷
明(1368-1644)刻本
1999年摄制. -- 1盘卷片(3米51拍) ：1:10,
2B ；35mm银盐
收藏馆：缩微中心，国图

000O023215
佛说梵网经：二卷 / (后秦)释鸠摩罗什译
明(1368-1644)王用宾刻本
1995年摄制. -- 1盘卷片(5米69拍) ：1:10,
2B ；35mm银盐
收藏馆：缩微中心，国图

000O019665
梵网经卢舍那佛说心地法门品菩萨戒本：一卷 /
(后秦)释鸠摩罗什译
明永乐十一年(1413)释了证刻本
1994年摄制. -- 1盘卷片(5米67拍) ：1:10,

2B ；35mm银盐
收藏馆：缩微中心，国图

000O029058
佛说寿生经：一卷
明天顺七年(1463)陆德首[等]刻本
1999年摄制. -- 1盘卷片(3米56拍) : 1:10,
2B ；35mm银盐
收藏馆：缩微中心，国图

000O005268
佛说寿生经：一卷
明(1368-1644)刻本
1986年摄制. -- 1盘卷片(2.3米15拍) :
1:10, 2B ；35mm银盐
收藏馆：缩微中心，国图

000O020669
佛说灌顶梵天王神策经：□□卷 / (晋)释帛尸梨密多罗译
元(1271-1368)刻本. -- 存一卷：卷十。
1994年摄制. -- 1盘卷片(3米26拍) : 1:10,
2B ；35mm银盐
收藏馆：缩微中心，国图

000O031201
佛说高王观世音经：一卷；佛说观世音菩萨救苦经：一卷
明(1368-1644)刻本
2004年摄制. -- 1盘卷片(3米25拍) : 1:7,
2B ；35mm银盐
收藏馆：缩微中心，国图

000O029073
佛说高王观世音经：一卷
明(1368-1644)刻本
1999年摄制. -- 1盘卷片(3米53拍) : 1:10,
2B ；35mm银盐
收藏馆：缩微中心，国图

000O029140
佛说高王观世音经：一卷
明(1368-1644)刻本
1999年摄制. -- 1盘卷片(3米50拍) : 1:10,
2B ；35mm银盐
收藏馆：缩微中心，国图

000O029143
佛说高王观世音经：一卷
明(1368-1644)刻本
1999年摄制. -- 1盘卷片(5米49拍) : 1:10,
2B ；35mm银盐
收藏馆：缩微中心，国图

000O031151
佛说高王观世音经：一卷
明(1368-1644)刻本
2004年摄制. -- 1盘卷片(3米20拍) : 1:10,
2B ；35mm银盐
收藏馆：缩微中心，国图

000O029106
佛说观世音菩萨救苦经：一卷；佛说护身咒：一卷
明隆庆二年(1568)汝安王妃李氏刻本
1999年摄制. -- 1盘卷片(3米43拍) : 1:10,
2B ；35mm银盐
收藏馆：缩微中心，国图

000O029158
佛说观世音菩萨救苦经：一卷
明(1368-1644)刻本
1999年摄制. -- 1盘卷片(2米18拍) : 1:10,
2B ；35mm银盐
收藏馆：缩微中心，国图

000O030996
佛顶心观世音菩萨大陀罗尼经：三卷
明(1368-1644)刻本. -- 存二卷：卷上、卷中。
2004年摄制. -- 1盘卷片(3米30拍) : 1:10,
2B ；35mm银盐
收藏馆：缩微中心，国图

000O031013
佛顶心观世音大陀罗尼经：一卷
明(1368-1644)刻洪熙元年(1425)马骏印本
2004年摄制. -- 1盘卷片(4米40拍) : 1:10,
2B ；35mm银盐
收藏馆：缩微中心，国图

000O018838
佛顶心大陀罗尼经：三卷
明(1368-1644)刻景泰七年(1456)王宣印本
1994年摄制. -- 1盘卷片(4米36拍) : 1:10,
2B ；35mm银盐
收藏馆：缩微中心，国图

000O020575
佛顶心大陀罗尼经：三卷
明(1368-1644)刻景泰七年(1456)印本
1994年摄制. -- 1盘卷片(3米15拍) : 1:10,
2B ；35mm银盐
收藏馆：缩微中心，国图

000O020603
佛顶心大陀罗尼经：三卷

明(1368-1644)刻正统五年(1440)印本
1994年摄制. -- 1盘卷片(3米15拍) : 1:10,
2B ; 35mm银盐
收藏馆：缩微中心，国图

000O020809
佛顶心大陀罗尼经：三卷
明(1368-1644)刻景泰元年(1450)印本
1994年摄制. -- 1盘卷片(3米15拍) : 1:10,
2B ; 35mm银盐
收藏馆：缩微中心，国图

000O021137
佛顶心大陀罗尼经：三卷
明(1368-1644)刻正统八年(1443)印本
1994年摄制. -- 1盘卷片(3米15拍) : 1:10,
2B ; 35mm银盐
收藏馆：缩微中心，国图

000O030997
佛顶心大陀罗尼经：三卷
明(1368-1644)刻宣德五年(1430)印本
2004年摄制. -- 1盘卷片(3米30拍) : 1:10,
2B ; 35mm银盐
收藏馆：缩微中心，国图

000O031199
佛顶心大陀罗尼经：三卷
明(1368-1644)刻正统元年(1436)印本
2004年摄制. -- 1盘卷片(4米30拍) : 1:7,
2B ; 35mm银盐
收藏馆：缩微中心，国图

000O031200
佛顶心大陀罗尼经：三卷
明(1368-1644)刻正统五年(1440)印本
2004年摄制. -- 1盘卷片(4米30拍) : 1:7,
2B ; 35mm银盐
收藏馆：缩微中心，国图

000O031173
佛顶心大陀罗尼经：三卷
刻本
2004年摄制. -- 1盘卷片(4米50拍) : 1:10,
2B ; 35mm银盐
收藏馆：缩微中心，国图

000O031783
佛顶心大陀罗尼经：三卷
明宣德七年(1432)魏妙秀刻本
2005年摄制. -- 1盘卷片(4米30拍) : 1:10,
2B ; 35mm银盐
收藏馆：缩微中心，国图

000O029076
佛顶心大陀罗尼经：三卷
明正统六年(1441)黄本诚[等]刻本
1999年摄制. -- 1盘卷片(3米61拍) : 1:10,
2B ; 35mm银盐
收藏馆：缩微中心，国图

000O031769
佛顶心大陀罗尼经：三卷
明景泰二年(1451)汤和刻本
2005年摄制. -- 1盘卷片(4米30拍) : 1:10,
2B ; 35mm银盐
收藏馆：缩微中心，国图

000O029075
佛顶心大陀罗尼经：三卷
明(1368-1644)观音寺胡同党家经坊刻本
1999年摄制. -- 1盘卷片(3米60拍) : 1:10,
2B ; 35mm银盐
收藏馆：缩微中心，国图

000O029174
佛顶心大陀罗尼经：三卷
明(1368-1644)刻本. -- 邵章跋。
1999年摄制. -- 1盘卷片(3米69拍) : 1:10,
2B ; 35mm银盐
收藏馆：缩微中心，国图

000O031277
佛顶心大陀罗尼经：三卷
明(1368-1644)刻正统五年(1440)印本
2004年摄制. -- 1盘卷片(4米30拍) : 1:7,
2B ; 35mm银盐
收藏馆：缩微中心，国图

000O031712
佛顶心大陀罗尼经：三卷
明(1368-1644)刻景泰七年(1456)印本
2005年摄制. -- 1盘卷片(4米30拍) : 1:10,
2B ; 35mm银盐
收藏馆：缩微中心，国图

000O031004
佛顶心陀罗尼经：三卷
明(1368-1644)刻天顺六年(1462)玺印本
2004年摄制. -- 1盘卷片(3米31拍) : 1:10,
2B ; 35mm银盐
收藏馆：缩微中心，国图

000O018831
佛顶心陀罗尼经：三卷
明(1368-1644)刻本
1994年摄制. -- 1盘卷片(4米40拍) : 1:10,

2B ；35mm银盐
收藏馆：缩微中心，国图

00O019156
佛顶心陀罗尼经：三卷
明(1368-1644)刻本
1994年摄制. -- 1盘卷片(4米36拍) ：1:10,
2B ；35mm银盐
收藏馆：缩微中心，国图

00O029055
白衣观音五印心陀罗尼经：一卷
明(1368-1644)刻正统四年(1439)印本
1999年摄制. -- 1盘卷片(3米57拍) ：1:10,
2B ；35mm银盐
收藏馆：缩微中心，国图

00O029072
白衣观音五印心陀罗尼经：一卷
明(1368-1644)刻正统八年(1443)印本
1999年摄制. -- 1盘卷片(3米53拍) ：1:10,
2B ；35mm银盐
收藏馆：缩微中心，国图

00O029186
白衣观音五印心陀罗尼经：一卷
明(1368-1644)刻正统八年(1443)印本
1999年摄制. -- 1盘卷片(3米56拍) ：1:10,
2B ；35mm银盐
收藏馆：缩微中心，国图

00O029100
白衣观音五印心陀罗尼经：一卷
明(1368-1644)刻正统九年(1444)印本
1999年摄制. -- 1盘卷片(3米55拍) ：1:10,
2B ；35mm银盐
收藏馆：缩微中心，国图

00O020612
白衣观音五印心陀罗尼经：一卷
明正统十四年(1449)王弼刻本
1994年摄制. -- 1盘卷片(3米11拍) ：1:10,
2B ；35mm银盐
收藏馆：缩微中心，国图

00O029050
白衣观音五印心陀罗尼经：一卷
明正统十四年(1449)王弼刻本
1999年摄制. -- 1盘卷片(4米59拍) ：1:10,
2B ；35mm银盐
收藏馆：缩微中心，国图

00O031255
白衣观音五印心陀罗尼经：一卷
明(1368-1644)刻景泰二年(1451)印本
2004年摄制. -- 1盘卷片(3米25拍) ：1:7,
2B ；35mm银盐
收藏馆：缩微中心，国图

00O029070
白衣五印心陀罗尼经：一卷
明(1368-1644)刻景泰四年(1453)印本
1999年摄制. -- 1盘卷片(3米57拍) ：1:10,
2B ；35mm银盐
收藏馆：缩微中心，国图

00O029113
白衣观音五印心陀罗尼经：一卷
明景泰五年(1454)戴普宽妻马妙成刻本
1999年摄制. -- 1盘卷片(3米42拍) ：1:10,
2B ；35mm银盐
收藏馆：缩微中心，国图

00O020804
白衣观音五印心陀罗尼经：一卷
明(1368-1644)刻景泰七年(1456)印本
1994年摄制. -- 1盘卷片(3米9拍) ：1:10,
2B ；35mm银盐
收藏馆：缩微中心，国图

00O029069
白衣观音五印心陀罗尼经：一卷
明(1368-1644)刻景泰七年(1456)印本
1999年摄制. -- 1盘卷片(3米57拍) ：1:10,
2B ；35mm银盐
收藏馆：缩微中心，国图

00O030994
白衣观音五印心陀罗尼经：一卷
明(1368-1644)刻景泰七年(1456)陈守方印本
2004年摄制. -- 1盘卷片(3米23拍) ：1:10,
2B ；35mm银盐
收藏馆：缩微中心，国图

00O020900
白衣五印心陀罗尼经：一卷
明(1368-1644)刻景泰七年(1456)印本
1994年摄制. -- 1盘卷片(3米11拍) ：1:10,
2B ；35mm银盐
收藏馆：缩微中心，国图

00O029068
白衣五印心陀罗尼经：一卷
明(1368-1644)刻景泰七年(1456)印本
1999年摄制. -- 1盘卷片(3米58拍) ：1:10,

2B ; 35mm银盐
收藏馆：缩微中心，国图

000O029099
白衣观音五印心陀罗尼经：一卷
明(1368-1644)刻天顺三年(1459)印本
1999年摄制. -- 1盘卷片(3米58拍) ： 1:10,
2B ; 35mm银盐
收藏馆：缩微中心，国图

000O029101
白衣观音五印心陀罗尼经：一卷
明天顺三年(1459)王铭张惠秀刻本
1999年摄制. -- 1盘卷片(3米55拍) ： 1:10,
2B ; 35mm银盐
收藏馆：缩微中心，国图

000O030993
白衣观音五印心陀罗尼经：一卷
明天顺三年(1459)王铭张惠秀刻本
2004年摄制. -- 1盘卷片(3米24拍) ： 1:10,
2B ; 35mm银盐
收藏馆：缩微中心，国图

000O029056
白衣观音五印心陀罗尼经：一卷
明(1368-1644)刻本
1999年摄制. -- 1盘卷片(3米57拍) ： 1:10,
2B ; 35mm银盐
收藏馆：缩微中心，国图

000O029094
白衣观音五印心陀罗尼经：一卷
明(1368-1644)刻本
1999年摄制. -- 1盘卷片(3米60拍) ： 1:10,
2B ; 35mm银盐
收藏馆：缩微中心，国图

000O030425
白衣观音五印心陀罗尼经：一卷
明(1368-1644)刻本
2002年摄制. -- 1盘卷片(3米23拍) ： 1:10,
2B ; 35mm银盐
收藏馆：缩微中心，国图

000O020805
白衣大悲五印心陀罗尼经：一卷
明(1368-1644)刻正统九年(1444)印本
1994年摄制. -- 1盘卷片(2米7拍) ： 1:10,
2B ; 35mm银盐
收藏馆：缩微中心，国图

000O029097
白衣大悲观音五印心陀罗尼经：一卷
明(1368-1644)刻正统十二年(1447)印本
1999年摄制. -- 1盘卷片(3米55拍) ： 1:10,
2B ; 35mm银盐
收藏馆：缩微中心，国图

000O019209
白衣大悲五印心陀罗尼经：一卷
明(1368-1644)刻正统十二年(1447)俞济是宋
妙喜印本
1994年摄制. -- 1盘卷片(3米13拍) ： 1:10,
2B ; 35mm银盐
收藏馆：缩微中心，国图

000O031427
白衣大悲五印心陀罗尼经：一卷
明正统十二年(1447)刻本
2004年摄制. -- 1盘卷片(3米26拍) ： 1:10,
2B ; 35mm银盐
收藏馆：缩微中心，国图

000O029057
白衣大悲五印心陀罗尼经：一卷
明(1368-1644)刻景泰元年(1450)印本
1999年摄制. -- 1盘卷片(3米53拍) ： 1:10,
2B ; 35mm银盐
收藏馆：缩微中心，国图

000O029190
白衣大悲五印心陀罗尼经：一卷
明(1368-1644)刻景泰七年(1456)印本
1999年摄制. -- 1盘卷片(3米54拍) ： 1:10,
2B ; 35mm银盐
收藏馆：缩微中心，国图

000O031146
**白衣大悲五印心陀罗尼经：一卷．大悲心陀罗
尼经：一卷 / (唐)释不空译**
明(1368-1644)刻天顺三年(1459)王瑄印本
2004年摄制. -- 1盘卷片(3米22拍) ： 1:8,
2B ; 35mm银盐
收藏馆：缩微中心，国图

000O019590
白衣大悲五印心陀罗尼经：一卷
明成化八年(1472)刻本
1994年摄制. -- 1盘卷片(3米8拍) ： 1:10,
2B ; 35mm银盐
收藏馆：缩微中心，国图

000O029108
白衣大悲五印心陀罗尼经：一卷

明成化八年(1472)刻本
1999年摄制. -- 1盘卷片(3米53拍) ：1:10,
2B ；35mm银盐
收藏馆：缩微中心，国图

000O029980
白衣大悲五印心陀罗尼经：一卷
明成化八年(1472)刻本
2001年摄制. -- 1盘卷片(3米21拍) ：1:10,
2B ；35mm银盐
收藏馆：缩微中心，国图

000O029095
白衣大悲五印心陀罗尼经：一卷
明(1368-1644)刻本
1999年摄制. -- 1盘卷片(3米54拍) ：1:10,
2B ；35mm银盐
收藏馆：缩微中心，国图

000O029096
白衣大悲五印心陀罗尼经：一卷
明(1368-1644)刻本
1999年摄制. -- 1盘卷片(3米54拍) ：1:10,
2B ；35mm银盐
收藏馆：缩微中心，国图

000O031396
白衣大悲五印心陀罗尼经：一卷
明(1368-1644)刻本
2004年摄制. -- 1盘卷片(3米21拍) ：1:10,
2B ；35mm银盐
收藏馆：缩微中心，国图

000O031113
观音灵感真言：一卷
明永乐十年(1412)刻本
2004年摄制. -- 1盘卷片(3米17拍) ：1:10,
2B ；35mm银盐
收藏馆：缩微中心，国图

000O029112
观世音菩萨救诸难咒：一卷
明(1368-1644)刻正统十三年(1448)印本
1999年摄制. -- 1盘卷片(3米41拍) ：1:10,
2B ；35mm银盐
收藏馆：缩微中心，国图

000O029139
观世音菩萨救诸难咒：一卷
明(1368-1644)刻正统十三年(1448)印本
1999年摄制. -- 1盘卷片(3米51拍) ：1:10,
2B ；35mm银盐
收藏馆：缩微中心，国图

000O031010
观世音菩萨救诸难咒：一卷
明(1368-1644)刻景泰三年(1452)印本
2004年摄制. -- 1盘卷片(3米20拍) ：1:10,
2B ；35mm银盐
收藏馆：缩微中心，国图

000O029107
观世音菩萨救诸难咒：一卷
明嘉靖四年(1525)王满刻本
1999年摄制. -- 1盘卷片(3米52拍) ：1:10,
2B ；35mm银盐
收藏馆：缩微中心，国图

000O031775
圣观自在求修六字禅定经：一卷
明宣德六年(1431)刘智刻本
2005年摄制. -- 1盘卷片(4米36拍) ：1:10,
2B ；35mm银盐
收藏馆：缩微中心，国图

000O021181
大佛顶如来密因修证了义诸菩萨万行首楞严经：
十卷 / (唐)释般剌密帝,(唐)释弥伽释迦译
明嘉靖二十三年(1544)刻本
1995年摄制. -- 1盘卷片(23米444拍) ：
1:10, 2B ；35mm银盐
收藏馆：缩微中心，国图

000O022991
大佛顶如来密因修证了义诸菩萨万行首楞严经：
十卷 / [题](唐)释般剌密帝,(唐)释弥伽释迦译 ；
(元)释惟则会解
明嘉靖四十年(1561)李元阳刻本
1995年摄制. -- 1盘卷片(20米384拍) ：
1:10, 2B ；35mm银盐
收藏馆：缩微中心，国图

000O009211
大佛顶如来密因修证了义诸菩萨万行首楞严经：
十卷 / (唐)释般剌密帝,(唐)释弥伽释迦译
明万历三十年(1602)朱应元刻本
1988年摄制. -- 1盘卷片(14米273拍) ：
1:10, 2B ；35mm银盐
收藏馆：缩微中心，湖南

000O029968
大佛顶如来密因修证了义诸菩萨万行首楞严经：
十卷 / [题](唐)释般剌密帝译
明万历三十年(1602)泖心澄照寺刻本
2001年摄制. -- 1盘卷片(14米278拍) ：
1:10, 2B ；35mm银盐
收藏馆：缩微中心，国图

000O006199
大佛顶如来密因修证了义诸菩萨万行首楞严经：十卷 / [题](唐)释般剌密帝,(唐)释弥伽释迦译；(宋)释恩坦集注
明万历(1573-1620)师古斋刻本
1987年摄制. -- 1盘卷片(17米325拍)：1:10, 2B；35mm银盐
收藏馆：缩微中心, 四川

000O029809
大佛顶如来密因修证了义诸菩萨万行首楞严经：十卷 / [题](唐)释般剌密帝,(唐)释弥伽释迦译
明(1368-1644)凌毓枏刻套印本
2001年摄制. -- 1盘卷片(14米292拍)：1:10, 2B；35mm银盐
收藏馆：缩微中心, 国图

000O019577
大佛顶如来密因修证了义诸菩萨万行首楞严经证疏：十卷 / (明)释界澄撰；(明)释弘沇会译
明天启元年(1621)凌弘宪刻套印本. -- 会译者还有：(明)释崇节等。
1994年摄制. -- 1盘卷片(21米400拍)：1:10, 2B；35mm银盐
收藏馆：缩微中心, 国图

000O031942
大佛顶如来密因修证了义诸菩萨万行首楞严经证疏：十卷 / (明)释界澄撰；(明)释弘沇会译
明天启元年(1621)凌弘宪刻套印本. -- 会译者还有：(明)释崇节等。
2010年摄制. -- 1盘卷片(26米481拍)：1:14, 2B；35mm银盐
收藏馆：缩微中心, 国图

000O029865
大佛顶如来密因修证了义诸菩萨万行首楞严经：十卷 / [题](唐)释般剌密帝,(唐)释弥伽释迦译
明(1368-1644)汤宾尹詹应凤刻本
2001年摄制. -- 1盘卷片(14米284拍)：1:10, 2B；35mm银盐
收藏馆：缩微中心, 国图

000O027330
大佛顶如来密因修证了义诸菩萨万行首楞严经：十卷 / [题](唐)释般剌密帝,(唐)释弥伽释迦译；(元)释惟则会解
清顺治(1644-1661)内府刻本
1997年摄制. -- 1盘卷片(23米453拍)：1:10, 2B；35mm银盐
收藏馆：缩微中心, 国图

000O001791
大方广圆觉修多罗了义经：□□卷 / (唐)释佛陀多罗译
明(1368-1644)刻本. -- 存一卷：上。
1985年摄制. -- 1盘卷片(3米35拍)：1:10, 2B；35mm银盐
收藏馆：缩微中心, 国图

000O007831
大方圆修多罗了义经：二卷 / (唐)释佛陀多罗译
明(1368-1644)刻套印本
1988年摄制. -- 1盘卷片(4.2米63拍)：1:10, 2B；35mm银盐
收藏馆：缩微中心, 重庆

000O022288
维摩诘所说经注：六卷 / (后秦)释鸠摩罗什译；(后秦)释僧肇注
明(1368-1644)戚继光刻本
1995年摄制. -- 1盘卷片(16米301拍)：1:10, 2B；35mm银盐
收藏馆：缩微中心, 国图

000O029798
维摩诘所说经注：六卷 / (后秦)释僧肇撰
明(1368-1644)刻本
2001年摄制. -- 1盘卷片(16米325拍)：1:10, 2B；35mm银盐
收藏馆：缩微中心, 国图

000O022284
维摩诘所说经折衷疏：三卷 / (明)释大贤撰
明崇祯(1628-1644)刻本
1995年摄制. -- 1盘卷片(17米310拍)：1:10, 2B；35mm银盐
收藏馆：缩微中心, 国图

000O031878
观楞伽阿跋多罗宝经记：四卷略科一卷 / (明)释德清撰
明万历(1573-1620)刻朱印本
2010年摄制. -- 1盘卷片(2米27拍)：1:10, 2B；35mm银盐
收藏馆：缩微中心, 国图

000O009817
楞伽阿跋多罗宝经参订疏：四卷 / (明)释广莫撰
明万历四十一年(1613)杭州刻本
1989年摄制. -- 1盘卷片(17米375拍)：1:10, 2B；35mm银盐
收藏馆：缩微中心, 浙江

00O009139
楞伽阿跋多罗宝经讲录：四卷附录一卷 / (明)释
乘旹撰
明天启二年(1622)汪益源刻本
1988年摄制. -- 1盘卷片(17米353拍)：
1:10, 2B；35mm银盐
收藏馆：缩微中心，湖南

00O029086
金刚般若波罗蜜经：四卷 / (宋)杨圭集注
明嘉靖四十年(1561)学易山人刻本
1999年摄制. -- 1盘卷片(12米281拍)：
1:10, 2B；35mm银盐
收藏馆：缩微中心，国图

00O010871
金刚经注解：四卷 / (后秦)释鸠摩罗什译；(明)
太祖朱元璋集注
明崇祯十一年(1638)顾玄濡刻本
1988年摄制. -- 1盘卷片(15米333拍)：
1:10, 2B；35mm银盐
收藏馆：缩微中心，甘肃

00O001554
金刚般若波罗蜜经集注：不分卷 / (明)成祖朱棣
撰
明永乐(1403-1424)刻本
1986年摄制. -- 1盘卷片(9米160拍)：1:10,
2B；35mm银盐
收藏馆：缩微中心，吉林

00O015758
宋文宪公护法录：十卷 / (明)宋濂撰；(明)释袾
宏辑
明天启元年至三年(1621-1623)径山化城寺刻
径山藏本
1993年摄制. -- 1盘卷片(20米409拍)：
1:10, 2B；35mm银盐
收藏馆：缩微中心，国图

00O029053
摩诃般若波罗蜜多心经：一卷 / [题](明)无垢子
注
明洪武(1368-1398)刻本
1999年摄制. -- 1盘卷片(5米116拍)：1:10,
2B；35mm银盐
收藏馆：缩微中心，国图

00O003490
般若心经秘键：一卷 / (日)释空海撰
日本刻本
1985年摄制. -- 1盘卷片(3米25拍)：1:10,
2B；35mm银盐

收藏馆：缩微中心，国图

00O001861
声字实相义：一卷 / (日)释空海撰
日本刻本
1985年摄制. -- 1盘卷片(3米31拍)：1:10,
2B；35mm银盐
收藏馆：缩微中心，国图

00O001839
秘藏宝钥：三卷 / (日)释空海撰
日本刻本
1985年摄制. -- 1盘卷片(6米99拍)：1:10,
2B；35mm银盐
收藏馆：缩微中心，国图

00O003491
秘藏宝钥：三卷 / (日)释空海撰
日本刻本
1985年摄制. -- 1盘卷片(6米99拍)：1:10,
2B；35mm银盐
收藏馆：缩微中心，国图

00O001862
吽字义：一卷 / (日)释空海撰
日本刻本
1985年摄制. -- 1盘卷片(3米38拍)：1:10,
2B；35mm银盐
收藏馆：缩微中心，国图

00O001860
即身成佛义：一卷 / (日)释空海撰
日本刻本
1985年摄制. -- 1盘卷片(3米31拍)：1:10,
2B；35mm银盐
收藏馆：缩微中心，国图

00O003590
华严经探玄记：二十卷 / (唐)释法藏撰
日本抄本. -- 存一卷：卷一。
1985年摄制. -- 1盘卷片(6米92拍)：1:10,
2B；35mm银盐
收藏馆：缩微中心，国图

00O008881
大方广佛华严经合论：一百二十卷 / (唐)释实叉
难陀译；(唐)李通玄论；(唐)释志宁合论
明隆庆三年至万历六年(1569-1578)释明德刻
本
1988年摄制. -- 4盘卷片(109米2459拍)：
1:10, 2B；35mm银盐
收藏馆：缩微中心，浙江

00O023743
观经义疏妙宗钞证义：二卷 / (明)释广承辑
明崇祯二年(1629)王时敏刻本
1995年摄制. -- 1盘卷片(7米115拍) ：1:10,
2B ；35mm银盐
收藏馆：缩微中心，浙江

00O020858
妙法莲华经玄义：二十卷 / (隋)释智顗撰
宋(960-1279)刻本. -- 存六卷：卷二至卷
七。
1994年摄制. -- 1盘卷片(24米471拍) ：
1:10, 2B ；35mm银盐
收藏馆：缩微中心，国图

00O007978
妙法莲华经文句：十卷 / (隋)释智顗撰
明(1368-1644)刻本
1988年摄制. -- 1盘卷片(26米552拍) ：
1:10, 2B ；35mm银盐
收藏馆：缩微中心，湖南

00O031161
法华文句记：三十卷 / (唐)释湛然撰
宋(960-1279)刻本. -- 存六卷：卷五至卷
十。
2004年摄制. -- 1盘卷片(28米590拍) ：
1:11, 2B ；35mm银盐
收藏馆：缩微中心，国图

00O019908
法华文句科：□□卷 / (唐)释湛然撰
宋(960-1279)刻本. -- 存四卷：卷二至卷
五。
1994年摄制. -- 1盘卷片(12米203拍) ：
1:10, 2B ；35mm银盐
收藏馆：缩微中心，国图

00O029794
妙法莲华经解：七卷 / (宋)释戒环撰
明永乐十七年(1419)释德仪刻本
2001年摄制. -- 1盘卷片(15米293拍) ：
1:10, 2B ；35mm银盐
收藏馆：缩微中心，国图

00O029123
妙法莲华经解：七卷 / (宋)释戒环撰
明弘治十三年(1500)释智昂募刻本
1999年摄制. -- 1盘卷片(14米318拍) ：
1:10, 2B ；35mm银盐
收藏馆：缩微中心，国图

00O006200
法华科注：七卷 / (明)释一如撰
明崇祯六年(1633)刻本
1987年摄制. -- 1盘卷片(29米585拍) ：
1:10, 2B ；35mm银盐
收藏馆：缩微中心，四川

00O007977
**妙法莲华经：七卷 / (后秦)释鸠摩罗什译；(明)
释一如集注**
明(1368-1644)释道焜刻本
1988年摄制. -- 1盘卷片(28米584拍) ：
1:10, 2B ；35mm银盐
收藏馆：缩微中心，湖南

00O008051
妙法莲华经击节：一卷 / (明)释德清撰
明万历二十六年(1598)释法济刻本
1988年摄制. -- 1盘卷片(4米60拍) ：1:10,
2B ；35mm银盐
收藏馆：缩微中心，湖南

00O009088
**妙法莲华经大窾：七卷 / (后秦)释鸠摩罗什译；
(明)释通润注**
清康熙三年(1664)广佛寺释寂中永州刻本
1988年摄制. -- 1盘卷片(31米670拍) ：
1:10, 2B ；35mm银盐
收藏馆：缩微中心，湖南

00O009202
妙法莲华经直指：七卷 / (清)释净纳撰
清顺治十四年(1657)大义山衡南刻本
1988年摄制. -- 2盘卷片(33.3米761拍) ：
1:10, 2B ；35mm银盐
收藏馆：缩微中心，湖南

00O029791
**佛说四十二章经：一卷 / (汉)释迦叶摩腾,(汉)释
竺法兰译.佛遗教经：一卷 / (后秦)释鸠摩罗什
译.永嘉真觉大师证道歌：一卷 / (唐)释玄觉撰**
明正统五年(1440)释德经[等]刻本. -- 还有
合刻著作：禅宗决疑集一卷/(元)释智彻撰。
2001年摄制. -- 1盘卷片(5米77拍) ：1:10,
2B ；35mm银盐
收藏馆：缩微中心，国图

00O022289
**大方广圆觉修多罗了义经略疏注：二卷 / (唐)释
宗密撰.真歇了禅师颂圆觉经：一卷 / (宋)释清
了撰.中峰普应国师圆觉提纲偈：一卷 / (元)释
明本撰**
明嘉靖十一年(1532)刻本

1995年摄制. -- 1盘卷片(11米204拍) :
1:10, 2B ; 35mm银盐
收藏馆：缩微中心，国图

000O022293
大方广圆觉修多罗了义经略疏注：二卷 / (唐)释宗密撰. 真歇了禅师颂圆觉经：一卷 / (宋)释清了撰. 中峰普应国师圆觉提纲偈：一卷 / (元)释明本撰
明隆庆五年(1571)代藩进德书院刻本
1995年摄制. -- 1盘卷片(13米242拍) :
1:10, 2B ; 35mm银盐
收藏馆：缩微中心，国图

000O013860
大方广圆觉修多罗了义经略疏：一卷 / (唐)释宗密撰
清(1644-1911)江沅抄本. -- (清)龚自珍跋。
1992年摄制. -- 1盘卷片(5米65拍) : 1:10,
2B ; 35mm银盐
收藏馆：缩微中心，国图

000O029974
梵网经心地品菩萨戒义疏发隐：五卷 / (明)释袾宏撰
明万历三十年(1602)释真可程应衢刻万历四十五年(1617)耿广晋印本
2001年摄制. -- 1盘卷片(17米347拍) :
1:10, 2B ; 35mm银盐
收藏馆：缩微中心，国图

000O003492
理趣经秘决：□□卷
日本抄本. -- 存二卷：卷五至卷六。
1985年摄制. -- 1盘卷片(5米87拍) : 1:10,
2B ; 35mm银盐
收藏馆：缩微中心，国图

000O019478
唯识开蒙问答：二卷 / (元)释云峰撰
明初(1368-1424)刻本
1994年摄制. -- 1盘卷片(8米137拍) : 1:10,
2B ; 35mm银盐
收藏馆：缩微中心，国图

000O013288
成唯识论疏：十卷 / (明)释广承疏；(清)释大基补辑
明万历四十年(1612)刻本
1991年摄制. -- 1盘卷片(27米596拍) :
1:10, 2B ; 35mm银盐
收藏馆：缩微中心，湖北

000O022326
成唯识论自考：十卷 / (明)释大惠撰
明崇祯元年(1628)卓□刻本
1995年摄制. -- 1盘卷片(34米700拍) :
1:10, 2B ; 35mm银盐
收藏馆：缩微中心，国图

000O009204
成唯识论讲录：十卷 / (明)释乘旹撰
明崇祯六年(1633)刻本
1988年摄制. -- 2盘卷片(34.1米741拍) :
1:10, 2B ; 35mm银盐
收藏馆：缩微中心，湖南

000O023262
八识规矩补注：二卷 / (明)释普泰撰
明(1368-1644)刻本
1995年摄制. -- 1盘卷片(5米54拍) : 1:10,
2B ; 35mm银盐
收藏馆：缩微中心，国图

000O004959
因明入正理论集解：一卷 / (明)释真贵撰
明万历二十年(1592)王效马祥刻本
1987年摄制. -- 1盘卷片(5米76拍) : 1:10,
2B ; 35mm银盐
收藏馆：缩微中心，国图

000O020622
相宗八要直解：八卷 / (清)释智旭撰
清初(1644-1722)释通瑞募刻本
1994年摄制. -- 1盘卷片(10米163拍) :
1:10, 2B ; 35mm银盐
收藏馆：缩微中心，国图

000O009284
观所缘缘论释发硎：一卷 / (唐)释义净译；(明)释通润解
明末(1621-1644)刻本
1988年摄制. -- 1盘卷片(5.4米87拍) :
1:10, 2B ; 35mm银盐
收藏馆：缩微中心，湖南

000O004970
起信论疏笔削记：六卷 / (宋)释子璿辑
明(1368-1644)刻本. -- (明)释如廉批注。
1987年摄制. -- 1盘卷片(28米633拍) :
1:10, 2B ; 35mm银盐
收藏馆：缩微中心，国图

000O006356
大乘起信论续疏：二卷 / (明)释通润撰
明万历四十八年(1620)管觉仙刻本

1987年摄制. -- 1盘卷片(10米185拍)：
1:10, 2B；35mm银盐
收藏馆：缩微中心，国图

00O001805
净土三部经音义集：四卷 / (日)释信瑞撰
日本抄本
1985年摄制. -- 1盘卷片(10米193拍)：
1:10, 2B；35mm银盐
收藏馆：缩微中心，国图

00O001835
净土三部经音义集：四卷 / (日)释信瑞撰
日本抄本
1985年摄制. -- 1盘卷片(10米192拍)：
1:10, 2B；35mm银盐
收藏馆：缩微中心，国图

00O014227
净土三部经音义集：四卷 / (日)释信瑞撰
日本抄本. -- 杨守敬校跋。
1992年摄制. -- 1盘卷片(8米173拍)：1:10,
2B；35mm银盐
收藏馆：缩微中心，国图

00O020167
首楞严义疏注经：二十卷 / (宋)释子璿撰
明万历二十八年至二十九年(1600-1601)径山
寂照庵刻径山藏本
1994年摄制. -- 1盘卷片(18米346拍)：
1:10, 2B；35mm银盐
收藏馆：缩微中心，国图

00O008171
首楞严经义海：三十卷 / (宋)释咸辉排经入注
明(1368-1644)抄本. -- 版框高二十五厘米宽
十三厘米。
1988年摄制. -- 2盘卷片(49米1027拍)：
1:10, 2B；35mm银盐
收藏馆：缩微中心，广东

00O022320
大佛顶如来密因修证了义诸菩萨万行首楞严经
会解：十卷 / (元)释惟则撰
明(1368-1644)戚继光刻本
1995年摄制. -- 1盘卷片(27米539拍)：
1:10, 2B；35mm银盐
收藏馆：缩微中心，国图

00O031774
大佛顶如来密因修证了义诸菩萨万行首楞严经
冥枢会解：十卷总科文一卷 / (明)释洪阔撰
明初(1368-1424)刻本. -- 存六卷：卷六至卷

十、总科文一卷。
2005年摄制. -- 1盘卷片(11米210拍)：
1:10, 2B；35mm银盐
收藏馆：缩微中心，国图

00O022327
大佛顶如来密因修证了义诸菩萨万行首楞严经
如说：十卷 / (明)钟惺撰
明天启(1621-1627)弘觉山房刻本
1995年摄制. -- 1盘卷片(28米589拍)：
1:10, 2B；35mm银盐
收藏馆：缩微中心，国图

00O006205
大佛顶首楞严经：正脉疏十卷悬示一卷科文一
卷 / (明)释真鉴撰
明万历二十八年(1600)释福登刻本
1987年摄制. -- 2盘卷片(57米1141拍)：
1:10, 2B；35mm银盐
收藏馆：缩微中心，四川

00O024200
楞严正脉：十卷首一卷 / (明)释真鉴撰
明崇祯六年(1633)刻本. -- 版框高二十一厘
米宽十五厘米。
1996年摄制. -- 1盘卷片(30米630拍)：
1:10, 2B；35mm银盐
收藏馆：缩微中心，广东

00O007793
大佛顶如来密因修证了义诸菩萨万行首楞严经
讲录：十卷 / (唐)释般刺密帝译；(明)释乘时讲
录
明天启二年(1622)汪益源刻本
1988年摄制. -- 1盘卷片(19.7米423拍)：
1:10, 2B；35mm银盐
收藏馆：缩微中心，重庆

00O009515
大佛顶如来密因修证了义诸菩萨万行首楞严经
合辙：十卷 / (明)释通润撰
明天启元年(1621)刻本
1988年摄制. -- 2盘卷片(39.8米854拍)：
1:9, 2B；35mm银盐
收藏馆：缩微中心，重庆

00O031129
大佛顶首楞严经玄义：四卷 / (明)释传灯撰
明万历(1573-1620)刻本
2004年摄制. -- 1盘卷片(10米190拍)：1:9,
2B；35mm银盐
收藏馆：缩微中心，国图

000O009113

大佛顶如来密因修证了义诸菩萨万行首楞严经道眼：十卷 / (唐)释般刺密帝,(唐)释弥伽释迦译；(清)释净讷辑

清顺治十六年(1659)刻本

1988年摄制. -- 1盘卷片(26.1米560拍)：1:10, 2B；35mm银盐

收藏馆：缩微中心，湖南

000O029825

大佛顶如来密因修证了义诸菩萨万行首楞严经旁训：十卷 / (明)祁骏佳撰

明(1368-1644)稿本

2001年摄制. -- 1盘卷片(20米427拍)：1:10, 2B；35mm银盐

收藏馆：缩微中心，国图

000O015857

大佛顶首楞严经疏解蒙钞目录后记：不分卷 / (清)钱谦益撰

清(1644-1911)稿本. -- (清)郑文焯题诗并跋。

1993年摄制. -- 1盘卷片(3米12拍)：1:10, 2B；35mm银盐

收藏馆：缩微中心，国图

000O029162

地藏经赞：一卷

明万历二年(1574)刻本

1999年摄制. -- 1盘卷片(3米55拍)：1:10, 2B；35mm银盐

收藏馆：缩微中心，国图

000O022302

肇论中吴集解：三卷 / (宋)释净源撰

明(1368-1644)刻本

1995年摄制. -- 1盘卷片(5米75拍)：1:10, 2B；35mm银盐

收藏馆：缩微中心，国图

000O026855

肇论中吴集解：三卷 / (宋)释净源撰

明(1368-1644)刻本. -- (清)沈复粲跋。

1990年摄制. -- 1盘卷片(6米89拍)：1:10, 2B；35mm银盐

收藏馆：缩微中心，南京

000O021327

成佛止观：不分卷 / (齐)释法度撰

明崇祯四年(1631)刻本

1994年摄制. -- 1盘卷片(4米66拍)：1:10, 2B；35mm银盐

收藏馆：缩微中心，青海

000O011176

摩诃止观：十卷 / (隋)释智颤撰

明万历十年(1582)刻本

1989年摄制. -- 1盘卷片(23米483拍)：1:10, 2B；35mm银盐

收藏馆：缩微中心，山东

000O019909

摩诃止观科文：□□卷 / (唐)释湛然撰

宋(960-1279)刻本. -- 存二卷：卷一、卷三。

1994年摄制. -- 1盘卷片(7米111拍)：1:10, 2B；35mm银盐

收藏馆：缩微中心，国图

000O001380

修习止观坐禅法要：二卷 / (隋)释智颤撰

明嘉靖四十三年(1564)赵瓒秦钺刻隆庆四年(1570)印本

1985年摄制. -- 1盘卷片(5米66拍)：1:10, 2B；35mm银盐

收藏馆：缩微中心，国图

000O014925

修习止观坐禅法要：一卷 / (隋)释智颤撰

明(1368-1644)刻本

1992年摄制. -- 1盘卷片(5米72拍)：1:10, 2B；35mm银盐

收藏馆：缩微中心，国图

000O011608

注华严法界观门：一卷 / (唐)释宗密撰

宋(960-1279)刻本

1989年摄制. -- 1盘卷片(4米45拍)：1:10, 2B；35mm银盐

收藏馆：缩微中心，四川

000O000444

华严七字经题法界观三十门颂：一卷 / (宋)释本嵩撰；(金)释琮湛集解

明万历六年(1578)张□刻本

1985年摄制. -- 1盘卷片(5.7米96拍)：1:10, 2B；35mm银盐

收藏馆：缩微中心，国图

000O017588

华严原人论：一卷 / (唐)释宗密撰

明万历五年(1577)代藩朱俊栅刻本

1993年摄制. -- 1盘卷片(3米18拍)：1:10, 2B；35mm银盐

收藏馆：缩微中心，国图

00O022555
华严原人论解：三卷 / (宋)释圆觉撰
明永乐七年(1409)刻本
1995年摄制. -- 1盘卷片(5.5米88拍) ：
1:10, 2B ；35mm银盐
收藏馆：缩微中心，湖北

00O022975
教诚新学比丘行护律仪：一卷 / (唐)释道宣撰
明(1368-1644)刻本
1995年摄制. -- 1盘卷片(3米28拍) ：1:10,
2B ；35mm银盐
收藏馆：缩微中心，国图

00O021323
弘戒法仪：不分卷 / (明)释法藏撰
明天启三年(1623)刻本
1994年摄制. -- 1盘卷片(10米200拍) ：
1:10, 2B ；35mm银盐
收藏馆：缩微中心，青海

00O019006
传演毗尼仪范别集：一卷 / (清)释照福撰；(清)
通理校
清(1644-1911)抄本
1994年摄制. -- 1盘卷片(6米92拍) ：1:10,
2B ；35mm银盐
收藏馆：缩微中心，天津

00O023634
仪注备简：十卷 / (明)释大惠撰
明崇祯九年(1636)陈昌遇刻本
1995年摄制. -- 1盘卷片(15米289拍) ：
1:10, 2B ；35mm银盐
收藏馆：缩微中心，浙江

00O001859
双林善慧大士小录：一卷 / (宋)楼颖撰
日本抄本
1985年摄制. -- 1盘卷片(2米23拍) ：1:10,
2B ；35mm银盐
收藏馆：缩微中心，国图

00O026049
禅宗永嘉集：二卷 / (唐)释玄觉撰
明嘉靖三十八年(1559)刻本. -- (清)丁丙
跋。
1990年摄制. -- 1盘卷片(7米118拍) ：1:10,
2B ；35mm银盐
收藏馆：缩微中心，南京

00O010625
禅宗永嘉集：一卷附证道歌一卷 / (唐)释玄觉撰

明万历二十一年(1593)刻本
1989年摄制. -- 1盘卷片(4米67拍) ：1:10,
2B ；35mm银盐
收藏馆：缩微中心，浙江

00O022345
禅宗永嘉集：二卷 / (明)释镇澄注
明万历二十年(1592)释常绅募刻本
1995年摄制. -- 1盘卷片(7米109拍) ：1:10,
2B ；35mm银盐
收藏馆：缩微中心，国图

00O004966
永嘉真觉大师证道歌注：一卷 / (宋)释彦琪撰
明弘治十七年(1504)释如岧刻本
1987年摄制. -- 1盘卷片(5.4米90拍) ：
1:10, 2B ；35mm银盐
收藏馆：缩微中心，国图

00O022373
证道歌：一卷 / (唐)释玄觉撰；(宋)释彦琪注
明(1368-1644)刻本
1995年摄制. -- 1盘卷片(5米65拍) ：1:10,
2B ；35mm银盐
收藏馆：缩微中心，国图

00O022371
顿悟入道要门论：二卷 / (唐)释慧海撰. 初祖菩
提达磨大师安心法门：一卷；佛说金刚经八道
门金沙论：一卷
明(1368-1644)抄本
1995年摄制. -- 1盘卷片(5米65拍) ：1:10,
2B ；35mm银盐
收藏馆：缩微中心，国图

00O020559
上乘藏经节要宗镜录：一百卷 / (宋)释延寿辑
明(1368-1644)敬义堂刻本
1994年摄制. -- 1盘卷片(28米597拍) ：
1:10, 2B ；35mm银盐
收藏馆：缩微中心，即墨

00O022295
宗镜会要：二卷 / (宋)释祖心撰
明(1368-1644)刻本
1995年摄制. -- 1盘卷片(11米197拍) ：
1:10, 2B ；35mm银盐
收藏馆：缩微中心，国图

00O023165
万善同归集：三卷 / (宋)释延寿撰
明成化十四年(1478)释如岧刻本
1995年摄制. -- 1盘卷片(8米135拍) ：1:10,

2B ；35mm银盐
收藏馆：缩微中心，国图

000O007205
正法眼藏：三卷 / (宋)释宗杲撰
明万历四十四年(1616)徐泽刻本
1987年摄制. -- 1盘卷片(17米362拍) ：
1:10, 2B ；35mm银盐
收藏馆：缩微中心，山东

000O009296
正法眼藏续集：二卷 / (明)释通际撰
明崇祯十五年(1642)刻本
1988年摄制. -- 1盘卷片(12.5米245拍) ：
1:10, 2B ；35mm银盐
收藏馆：缩微中心，湖南

000O022311
**大慧普觉禅师宗门武库：一卷 / (宋)释道谦撰 .
雪堂行和尚拾遗录：一卷**
明洪武十二年(1379)释慧钦募刻本
1995年摄制. -- 1盘卷片(6米82拍) ：1:10,
2B ；35mm银盐
收藏馆：缩微中心，国图

000O022308
大慧普觉禅师书：一卷 / (宋)释文昌辑
元(1271-1368)刻本
1995年摄制. -- 1盘卷片(4米48拍) ：1:10,
2B ；35mm银盐
收藏馆：缩微中心，国图

000O026859
大慧普觉禅师书：二卷 / (宋)释宗杲撰
明万历二年(1574)刻本
1996年摄制. -- 1盘卷片(6米105拍) ：1:10,
2B ；35mm银盐
收藏馆：缩微中心，南京

000O020670
大慧普觉禅师书：二卷 / (宋)释宗杲撰
明万历十三年(1585)释如慧刻本
1994年摄制. -- 1盘卷片(6米92拍) ：1:10,
2B ；35mm银盐
收藏馆：缩微中心，国图

000O014864
人天眼目：三卷 / (宋)释智昭集
明初(1368-1424)刻本
1992年摄制. -- 1盘卷片(9米153拍) ：1:10,
2B ；35mm银盐
收藏馆：缩微中心，吉林

000O010872
人天眼目：三卷 / (宋)释智昭撰
明(1368-1644)影宋刻本
1988年摄制. -- 1盘卷片(8米144拍) ：1:10,
2B ；35mm银盐
收藏馆：缩微中心，甘肃

000O004536
敕修百丈清规：二卷附著一卷 / (元)释德辉撰
明(1368-1644)刻本
1987年摄制. -- 1盘卷片(11米197拍) ：
1:10, 2B ；35mm银盐
收藏馆：缩微中心，国图

000O022323
敕修百丈清规：二卷附著一卷 / (元)释德辉撰
明(1368-1644)刻本
1995年摄制. -- 1盘卷片(10米161拍) ：
1:10, 2B ；35mm银盐
收藏馆：缩微中心，国图

000O018892
**青州百问：一卷；通玄百问：一卷 / (元)释从伦
颂**
明嘉靖三十六年(1557)宗镜庵金台刻本
1994年摄制. -- 1盘卷片(4米52拍) ：1:10,
2B ；35mm银盐
收藏馆：缩微中心，天津

000O015302
通玄百问：一卷；青州百问：一卷
明(1368-1644)生生道人刻本
1992年摄制. -- 1盘卷片(5米55拍) ：1:10,
2B ；35mm银盐
收藏馆：缩微中心，国图

000O022317
禅林宝训：二卷 / (宋)释净善辑
明(1368-1644)刻本
1995年摄制. -- 1盘卷片(6米82拍) ：1:10,
2B ；35mm银盐
收藏馆：缩微中心，国图

000O020673
禅林宝训：二卷 / (宋)释净善辑
明万历四年(1576)刻本
1994年摄制. -- 1盘卷片(11米197拍) ：
1:10, 2B ；35mm银盐
收藏馆：缩微中心，国图

000O003920
禅林宝训：二卷 / (宋)释净善辑
高丽辛祸四年(1377)忠州青龙寺刻本

1986年摄制. -- 1盘卷片(6米100拍) : 1:10,
2B ; 35mm银盐
收藏馆：缩微中心，国图

000○008175
禅林宝训珠类：八卷附拾遗一卷 / (宋)释妙喜,(宋)释竹庵共集；(宋)释净善重集；(明)释海光类
明崇祯二年(1629)刻本. -- 版框高十九厘米宽十二厘米。
1988年摄制. -- 1盘卷片(25米531拍) :
1:10, 2B ; 35mm银盐
收藏馆：缩微中心，广东

000○022321
缁门警训：二卷
元至正二十三年(1363)释慧钦刻本. -- 存一卷：卷下。
1995年摄制. -- 1盘卷片(5米64拍) : 1:10,
2B ; 35mm银盐
收藏馆：缩微中心，国图

000○022334
缁门警训：二卷
明成化(1465-1487)刻本. -- 存一卷：卷上。
1995年摄制. -- 1盘卷片(6米87拍) : 1:10,
2B ; 35mm银盐
收藏馆：缩微中心，国图

000○005362
缁门警训：二卷直音一卷
明(1368-1644)刻本
1986年摄制. -- 1盘卷片(11米210拍) :
1:10, 2B ; 35mm银盐
收藏馆：缩微中心，国图

000○014112
真觉禅宗：一卷 / (唐)释玄觉撰
明(1368-1644)刻本
1992年摄制. -- 1盘卷片(4米48拍) : 1:10,
2B ; 35mm银盐
收藏馆：缩微中心，国图

000○029799
禅源诸诠集都序：二卷 / (唐)释宗密撰
明初(1368-1424)刻本
2001年摄制. -- 1盘卷片(4米58拍) : 1:10,
2B ; 35mm银盐
收藏馆：缩微中心，国图

000○022287
黄檗山断际禅师传心法要：一卷；宛陵录：一卷 / (唐)裴休撰

明永乐十二年(1414)刻本
1995年摄制. -- 1盘卷片(4米41拍) : 1:10,
2B ; 35mm银盐
收藏馆：缩微中心，国图

000○026806
师子林天如和尚别录：五卷 / (元)释惟则撰
元至正(1341-1368)刻本. -- 存三卷：卷三至卷五。
1996年摄制. -- 1盘卷片(6米72拍) : 1:10,
2B ; 35mm银盐
收藏馆：缩微中心，南京

000○022993
蒙山和尚普说：四卷 / (元)释吾靖[等]辑
明(1368-1644)抄本
1995年摄制. -- 1盘卷片(6米95拍) : 1:10,
2B ; 35mm银盐
收藏馆：缩微中心，国图

000○022312
禅林类聚：二十卷 / (元)释道泰,(元)释智境辑
明初(1368-1424)刻本. -- 存十四卷：卷一至卷八、卷十三至卷十六、卷十九至卷二十。
1995年摄制. -- 2盘卷片(40米767拍) :
1:10, 2B ; 35mm银盐
收藏馆：缩微中心，国图

000○001830
禅林类聚：二十卷 / (元)释道泰,(元)释智境辑
日本庆安二年(1649)中野道伴刻本
1985年摄制. -- 2盘卷片(53米1181拍) :
1:10, 2B ; 35mm银盐
收藏馆：缩微中心，国图

000○014823
禅林钩玄：七卷 / (明)杨慎辑
明嘉靖三十八年(1559)刘大昌梁奕刻本. -- 存六卷：卷一至卷二、卷四至卷七。
1992年摄制. -- 1盘卷片(9米153拍) : 1:10,
2B ; 35mm银盐
收藏馆：缩微中心，国图

000○013744
禅那集：四卷 / (明)张一卿撰
明万历二十四年(1596)刻本. -- 存一卷：卷一。
1991年摄制. -- 1盘卷片(5.3米86拍) :
1:10, 2B ; 35mm银盐
收藏馆：缩微中心，辽宁

000○014930
宗门玄鉴图：一卷

明万历(1573-1620)刻本
1992年摄制. -- 1盘卷片(3米38拍) ： 1:10,
2B ； 35mm银盐
收藏馆：缩微中心，国图

000O006330
水月斋指月录：三十二卷 / (明)瞿汝稷撰
明万历二十九年(1601)严澂严泽[等]刻本
1987年摄制. -- 2盘卷片(51米1121拍) ：
1:10，2B ； 35mm银盐
收藏馆：缩微中心，国图

000O020942
指月录：三十二卷 / (明)瞿汝稷辑
明万历三十年(1602)刻本
1994年摄制. -- 2盘卷片(52米1118拍) ：
1:10，2B ； 35mm银盐
收藏馆：缩微中心，山西

000O006673
指月录：三十二卷 / (明)瞿汝稷辑
明(1368-1644)释弘礼刻本
1987年摄制. -- 2盘卷片(57米1129拍) ：
1:10，2B ； 35mm银盐
收藏馆：缩微中心，四川

000O002827
苕溪真寂禅院闻谷大师遗语：四卷 / (明)严调御[等]辑
明崇祯十一年(1638)汪尊刻本
1986年摄制. -- 1盘卷片(9米162拍) ： 1:10，
2B ； 35mm银盐
收藏馆：缩微中心，国图

000O020518
无依道人录：不分卷 / (清)徐昌辑
清康熙六年(1667)刻本
1994年摄制. -- 1盘卷片(6米64拍) ： 1:10，
2B ； 35mm银盐
收藏馆：缩微中心，广西二

000O025489
牧云和尚四悉书：十四卷 / (明)释通门撰；(清)释智时编次
清康熙三十五年(1696)释果得刻本
1996年摄制. -- 1盘卷片(17米340拍) ：
1:10，2B ； 35mm银盐
收藏馆：缩微中心，国图

000O023748
禅门锻炼说：一卷 / (清)释戒显撰
清顺治十八年(1661)杭州灵隐寺刻本
1995年摄制. -- 1盘卷片(5米63拍) ： 1:10，

2B ； 35mm银盐
收藏馆：缩微中心，浙江

000O015748
懒庵奇异居士别传录：八卷 / (清)毕奇撰
清康熙五十三年(1714)释照晟刻本
1993年摄制. -- 1盘卷片(15米260拍) ：
1:10，2B ； 35mm银盐
收藏馆：缩微中心，国图

000O021131
宗鉴法林：七十二卷 / [题](清)集云堂编
清康熙五十七年(1718)刻径山藏本
1994年摄制. -- 3盘卷片(83米1663拍) ：
1:10，2B ； 35mm银盐
收藏馆：缩微中心，国图

000O025488
金屑一撮：一卷
清(1644-1911)刻本
1996年摄制. -- 1盘卷片(5米58拍) ： 1:10，
2B ； 35mm银盐
收藏馆：缩微中心，国图

000O017370
牧牛图颂：一卷 / (明)释普明撰
明万历三十七年(1609)释袾宏刻本
1993年摄制. -- 1盘卷片(3米12拍) ： 1:10，
2B ； 35mm银盐
收藏馆：缩微中心，国图

000O022973
六祖坛经节录：一卷 / (明)袁宏道辑
明(1368-1644)刻本
1995年摄制. -- 1盘卷片(4米52拍) ： 1:10，
2B ； 35mm银盐
收藏馆：缩微中心，国图

000O023254
高峯龙泉院因师集贤语录：十五卷 / (元)释如瑛辑
元(1271-1368)刻本. -- 存十卷：卷一至卷十。
1995年摄制. -- 1盘卷片(6米79拍) ： 1:10，
2B ； 35mm银盐
收藏馆：缩微中心，国图

000O011513
大慧普觉禅师法语：二卷 / (宋)释宗果撰；(宋)释蕴闻辑
明(1368-1644)刻本
1990年摄制. -- 1盘卷片(6米99拍) ： 1:10，
2B ； 35mm银盐

收藏馆：缩微中心，甘肃

00O005173
普庵至善弘仁圆通智慧寂感妙应慈济真觉昭贶惠庆护国宣教大德菩萨语录：四卷家宝一卷
明永乐二十一年(1423)内府刻本
1986年摄制. -- 1盘卷片(13米274拍) : 1:10, 2B ; 35mm银盐
收藏馆：缩微中心，国图

00O022342
普庵至善弘仁圆通智慧寂感妙应慈济真觉昭贶惠庆护国宣教大德菩萨语录：四卷
明永乐二十一年(1423)内府刻本. -- 存二卷：卷一、卷三。
1995年摄制. -- 1盘卷片(8米127拍) : 1:10, 2B ; 35mm银盐
收藏馆：缩微中心，国图

00O015985
应庵和尚语录：不分卷 / (宋)释守诠[等]辑
日本刻本
1993年摄制. -- 1盘卷片(9米150拍) : 1:10, 2B ; 35mm银盐
收藏馆：缩微中心，国图

00O023207
偃溪语录：十一卷 / (宋)释元清[等]辑
日本宝永五年(1708)峨阜英杲活字印本. -- 辑者还有：(宋)释净志等。
1995年摄制. -- 1盘卷片(5米73拍) : 1:10, 2B ; 35mm银盐
收藏馆：缩微中心，国图

00O003896
物初和尚语录：七卷 / (宋)释德溥[等]辑
日本宝永三年(1706)活字印本
1986年摄制. -- 1盘卷片(5米80拍) : 1:10, 2B ; 35mm银盐
收藏馆：缩微中心，国图

00O007249
西岩和尚语录：不分卷 / (宋)释修义撰
日本刻本
1987年摄制. -- 1盘卷片(6米94拍) : 1:10, 2B ; 35mm银盐
收藏馆：缩微中心，国图

00O001841
虚堂和尚语录：三卷后录一卷 / (宋)释妙源撰
日本刻本
1985年摄制. -- 1盘卷片(12米251拍) : 1:10, 2B ; 35mm银盐

收藏馆：缩微中心，国图

00O005598
高峰原妙禅师语录：二卷
明(1368-1644)刻本. -- 存一卷：卷下。
1987年摄制. -- 1盘卷片(4米58拍) : 1:10, 2B ; 35mm银盐
收藏馆：缩微中心，国图

00O010865
高峰和尚禅要：一卷 / (元)释持正录；(元)洪乔祖编
元至元(1271-1294)刻本
1988年摄制. -- 1盘卷片(4米51拍) : 1:10, 2B ; 35mm银盐
收藏馆：缩微中心，甘肃

00O029867
高峰和尚参禅节要：一卷 / (元)释持正辑. 独峰和尚禅要：一卷 / (元)释福善辑
明(1368-1644)宋福晓刻本
2001年摄制. -- 1盘卷片(7米111拍) : 1:10, 2B ; 35mm银盐
收藏馆：缩微中心，国图

00O021970
高峰和尚参禅节要：一卷 / (元)洪乔祖辑
明(1368-1644)刻本
1995年摄制. -- 1盘卷片(4米39拍) : 1:10, 2B ; 35mm银盐
收藏馆：缩微中心，国图

00O008497
天目中峰和尚广录：三十卷 / (元)释明本撰
元元统三年(1335)释明瑞刻本. -- 存十七卷：卷一至卷二、卷四至卷八、卷十一至卷二十。
1988年摄制. -- 1盘卷片(13米270拍) : 1:10, 2B ; 35mm银盐
收藏馆：缩微中心，国图

00O023253
天目中峰和尚广录：三十卷 / (元)释明本撰
元元统三年(1335)释明瑞募刻本. -- 存五卷：卷十一下至卷十五。
1995年摄制. -- 1盘卷片(5米76拍) : 1:10, 2B ; 35mm银盐
收藏馆：缩微中心，国图

00O013093
天目中峰和尚广录：三十卷 / (元)释明本撰
元元统三年(1335)释明瑞刻本. -- 存十八卷：卷一至卷八、卷十一下至卷二十。

1991年摄制. -- 1盘卷片(13米252拍) :
1:10, 2B ; 35mm银盐
收藏馆：缩微中心, 国图

00O009256
天目中峰和尚广录：三十卷 / (元)释明本撰
明(1368-1644)刻本
1988年摄制. -- 1盘卷片(29米628拍) :
1:10, 2B ; 35mm银盐
收藏馆：缩微中心, 湖南

00O021825
天目中峰和尚广录：三十卷 / (元)释明本撰
明(1368-1644)刻本
1995年摄制. -- 1盘卷片(29米632拍) :
1:10, 2B ; 35mm银盐
收藏馆：缩微中心, 南京

00O023283
天目中峰和尚广录：十卷 / (元)释明本撰
明(1368-1644)刻本. -- 存四卷：卷一至卷
二、卷六至卷七。
1995年摄制. -- 1盘卷片(13米240拍) :
1:10, 2B ; 35mm银盐
收藏馆：缩微中心, 国图

00O022335
**石屋和尚住嘉兴当湖福源禅寺语录：一卷偈颂
一卷山居颂一卷塔铭一卷 / (元)释至柔辑**
明洪武(1368-1398)刻本
1995年摄制. -- 1盘卷片(5米73拍) : 1:10,
2B ; 35mm银盐
收藏馆：缩微中心, 国图

00O015338
**平石和尚初住庆元路保圣禅寺语录：一卷；定
水禅寺语录：一卷；天重禅寺语录：一卷 / (元)
释文栖子昶辑**
日本刻本. -- 还有合刻著作：真赞一卷/(元)
释文栖子昶辑, 偈颂一卷/(元)释文栖子昶
辑。(清)翁同龢题诗。
1992年摄制. -- 1盘卷片(4米50拍) : 1:10,
2B ; 35mm银盐
收藏馆：缩微中心, 国图

00O012718
**香严古溪和尚语录：十五卷 / (明)释古溪撰；
(明)释明炬辑**
明万历三十四年(1606)白邻刻本. -- 本书是
连卷, 共十五卷：香严古溪和尚语录卷一至
卷九、外集卷十至卷十二、续编卷十三至卷
十五。
1990年摄制. -- 1盘卷片(15米324拍) :

1:10, 2B ; 35mm银盐
收藏馆：缩微中心, 辽宁

00O005599
山云水石集：□□卷 / (明)释一贯辑
明(1368-1644)刻本. -- 存一卷：卷上。
1987年摄制. -- 1盘卷片(7米123拍) : 1:10,
2B ; 35mm银盐
收藏馆：缩微中心, 国图

00O018904
踪眼和尚机锋语录：一卷
明嘉靖四十一年(1562)精刻本. -- 钤"百镜
庵藏古雕刻记"。
1994年摄制. -- 1盘卷片(3米31拍) : 1:10,
2B ; 35mm银盐
收藏馆：缩微中心, 天津

00O013961
锡类法檀：十卷 / (明)释广湛撰
明末(1621-1644)刻本
1991年摄制. -- 1盘卷片(7米103拍) : 1:10,
2B ; 35mm银盐
收藏馆：缩微中心, 国图

00O022329
天隐和尚磬山集：十四卷 / (明)释通范辑
明崇祯(1628-1644)刻本
1995年摄制. -- 1盘卷片(15米284拍) :
1:10, 2B ; 35mm银盐
收藏馆：缩微中心, 国图

00O023760
弁山久默音禅师语录：四卷 / (明)释道眉[等]录
明崇祯(1628-1644)刻本. -- 录者还有：(明)
释智禹、(明)释智睿、(明)释智源。
1995年摄制. -- 1盘卷片(7米120拍) : 1:10,
2B ; 35mm银盐
收藏馆：缩微中心, 浙江

00O019650
**润州焦山硕机圣禅师语录：一卷 / (明)释通英上
绥记录**
明(1368-1644)释玄严释玄贞募刻本
1994年摄制. -- 1盘卷片(4米46拍) : 1:10,
2B ; 35mm银盐
收藏馆：缩微中心, 国图

00O014552
**樵隐和尚初住福州大中祥符禅寺语录：一卷 /
(日)释樵隐撰**
日本抄本
1992年摄制. -- 1盘卷片(6米83拍) : 1:10,

2B ；35mm银盐
收藏馆：缩微中心，国图

00O023213
禅宗颂古联珠通集：四十卷 / (宋)释法应辑；(元)释普会续辑
元(1271-1368)刻本. -- 存一卷：卷四。
1995年摄制. -- 1盘卷片(6米92拍) ：1:10，
2B ；35mm银盐
收藏馆：缩微中心，国图

00O003042
雪窦显和尚颂古：一卷 / (宋)释远尘辑
明(1368-1644)刻本
1986年摄制. -- 1盘卷片(4米46拍) ：1:10，
2B ；35mm银盐
收藏馆：缩微中心，国图

00O007034
雪窦显和尚颂古：一卷 / (宋)释远尘辑
明(1368-1644)三河大明禅寺释海岛刻本
1987年摄制. -- 1盘卷片(4米47拍) ：1:10，
2B ；35mm银盐
收藏馆：缩微中心，国图

00O019733
佛果圆悟禅师碧岩录：十卷 / (宋)释克勤撰
明初(1368-1424)释禧达刻本. -- 存二卷：卷三至卷四。
1994年摄制. -- 1盘卷片(5米59拍) ：1:10，
2B ；35mm银盐
收藏馆：缩微中心，国图

00O014986
佛果圆悟禅师碧岩录：十卷 / (宋)释克勤撰
明(1368-1644)刻本
1992年摄制. -- 1盘卷片(16米297拍) ：
1:10，2B ；35mm银盐
收藏馆：缩微中心，国图

00O006708
佛果圆悟禅师碧岩录：十卷 / (宋)释克勤撰
明(1368-1644)刻本. -- 版框高十八厘米宽十二厘米。
1987年摄制. -- 1盘卷片(22.7米483拍) ：
1:10，2B ；35mm银盐
收藏馆：缩微中心，广东

00O005269
佛果圆悟禅师碧岩录：十卷 / (宋)释克勤撰
日本源禅院刻本
1986年摄制. -- 1盘卷片(17米329拍) ：
1:10，2B ；35mm银盐

收藏馆：缩微中心，国图

00O023637
圆悟禅师评唱雪窦和尚颂古碧岩录：十卷 / (明)释性一阅
明(1368-1644)徐大莅刻本
1996年摄制. -- 1盘卷片(23米465拍) ：
1:10，2B ；35mm银盐
收藏馆：缩微中心，浙江

00O015805
佛果圆悟禅师击节雪窦显和尚拈古语要：二卷
明景泰三年(1452)释大机刻递修本
1993年摄制. -- 1盘卷片(6米91拍) ：1:10，
2B ；35mm银盐
收藏馆：缩微中心，国图

00O022314
万松老人评唱天童觉和尚颂古从容庵录：三卷 / (元)释离知辑．音义：三卷
明(1368-1644)刻本
1995年摄制. -- 1盘卷片(13米219拍) ：
1:10，2B ；35mm银盐
收藏馆：缩微中心，国图

00O002383
万松老人评唱天童觉和尚颂古从容庵录：三卷 / (元)释离知辑．音义：三卷
明(1368-1644)生生道人刻本
1986年摄制. -- 1盘卷片(17米363拍) ：
1:10，2B ；35mm银盐
收藏馆：缩微中心，国图

00O021694
万松老人评唱天童觉和尚拈古请益录：二卷 / (元)释从隆辑
明(1368-1644)刻本
1995年摄制. -- 1盘卷片(9米138拍) ：1:10，
2B ；35mm银盐
收藏馆：缩微中心，国图

00O023210
万松老人评唱天童觉和尚拈古请益录：二卷 / (元)释从隆辑
明(1368-1644)刻本
1995年摄制. -- 1盘卷片(8米140拍) ：1:10，
2B ；35mm银盐
收藏馆：缩微中心，国图

00O015377
林泉老人评唱投子青和尚颂古空谷传声集：三卷 / (元)释义聪辑
明初(1368-1424)刻本. -- 卷一抄配。

1992年摄制. -- 1盘卷片（10米171拍）：
1:10, 2B ; 35mm银盐
收藏馆：缩微中心，国图

000O023195
林泉老人评唱丹霞淳禅师颂古虚堂习听录：三卷 / (元)释慧泉辑
明初(1368-1424)刻本
1995年摄制. -- 1盘卷片（10米161拍）：
1:10, 2B ; 35mm银盐
收藏馆：缩微中心，国图

000O000487
空谷集：三卷 / (明)释景隆撰
明弘治(1488-1505)刻本
1985年摄制. -- 1盘卷片（5.9米102拍）：
1:10, 2B ; 35mm银盐
收藏馆：缩微中心，国图

000O016764
庐山问：二卷 / (明)陶宗皋撰
明万历(1573-1620)刻本
1993年摄制. -- 1盘卷片（4米67拍）：1:10,
2B ; 35mm银盐
收藏馆：缩微中心，国图

000O001897
修习法门：□□卷
明(1368-1644)抄本. -- 存一卷：卷五。
1986年摄制. -- 1盘卷片（5米84拍）：1:10,
2B ; 35mm银盐
收藏馆：缩微中心，国图

000O005088
元亨释书：三十卷 / (日)释师錬撰
日本宽永元年(1624)小嶋家富刻本. -- 师錬为元代时期僧人。
1986年摄制. -- 2盘卷片（41米905拍）：
1:10, 2B ; 35mm银盐
收藏馆：缩微中心，国图

000O001843
传法护国论：一卷
日本铜活字印本
1985年摄制. -- 1盘卷片（4米45拍）：1:10,
2B ; 35mm银盐
收藏馆：缩微中心，国图

000O023629
慈向集：十三卷 / (明)沈泰鸿辑
清(1644-1911)明八还堂抄本
1996年摄制. -- 1盘卷片（18米354拍）：
1:10, 2B ; 35mm银盐

收藏馆：缩微中心，浙江

000O014320
天圣广灯录：三十卷 / (宋)李遵勖撰
日本活字印本
1992年摄制. -- 1盘卷片（26米521拍）：
1:10, 2B ; 35mm银盐
收藏馆：缩微中心，国图

000O022313
龙舒增广净土文：十四卷 / (宋)王日休撰
明永乐十六年(1418)宋福顺[等]刻本
1995年摄制. -- 1盘卷片（13米224拍）：
1:10, 2B ; 35mm银盐
收藏馆：缩微中心，国图

000O022992
龙舒增广净土文：十四卷 / (宋)王日休撰
明(1368-1644)刻本. -- 存八卷：卷六至卷八、卷十至卷十四。
1995年摄制. -- 1盘卷片（7米101拍）：1:10,
2B ; 35mm银盐
收藏馆：缩微中心，国图

000O004105
龙舒增广净土文：十二卷 / (宋)王日休撰
明(1368-1644)刻本
1986年摄制. -- 1盘卷片（9米162拍）：1:10,
2B ; 35mm银盐
收藏馆：缩微中心，国图

000O023230
庐山莲宗宝鉴：十卷 / (元)释普度撰
元延祐元年(1314)高丽刻本. -- 存二卷：卷一至卷二。
1995年摄制. -- 1盘卷片（6米73拍）：1:10,
2B ; 35mm银盐
收藏馆：缩微中心，国图

000O022328
庐山白莲正宗昙华集：二卷 / (宋)释果满撰
明(1368-1644)刻本
1995年摄制. -- 1盘卷片（5米57拍）：1:10,
2B ; 35mm银盐
收藏馆：缩微中心，国图

000O000202
师子林天如和尚净土或问：一卷 / (元)释善遇辑
明(1368-1644)释洪慈募刻本
1985年摄制. -- 1盘卷片（5米75拍）：1:10,
2B ; 35mm银盐
收藏馆：缩微中心，国图

00O025969
净土决：四卷 / (明)李贽辑
明万历二十七年(1599)朱枋刻本
1996年摄制. -- 1盘卷片(6米105拍) ：1:10,
2B ；35mm银盐
收藏馆：缩微中心，南京

00O018716
西方合论：十卷 / (明)袁宏道撰
明万历三十一年(1603)刻本
1994年摄制. -- 1盘卷片(10米171拍) ：
1:10, 2B ；35mm银盐
收藏馆：缩微中心，国图

00O031001
劝念佛诵经西方净土公据：一卷
明永乐三年(1405)刻本
2004年摄制. -- 1盘卷片(4米47拍) ：1:10,
2B ；35mm银盐
收藏馆：缩微中心，国图

00O003577
繁昌古拙和尚勤念阿弥陀佛图公据：一卷
明(1368-1644)刻天顺三年(1459)印本
1985年摄制. -- 1盘卷片(3米28拍) ：1:10,
2B ；35mm银盐
收藏馆：缩微中心，国图

00O023261
归元直指集：四卷 / (明)释一元撰
明(1368-1644)刻本. -- 存一卷：卷二。
1995年摄制. -- 1盘卷片(5米64拍) ：1:10,
2B ；35mm银盐
收藏馆：缩微中心，国图

00O017544
天乐鸣空集：三卷 / (明)鲍宗肇撰
清初(1644-1722)刻本
1993年摄制. -- 1盘卷片(9米145拍) ：1:10,
2B ；35mm银盐
收藏馆：缩微中心，国图

00O023278
净土诗：一卷 / (元)释明本撰
明洪武二十四年(1391)刻本
1995年摄制. -- 1盘卷片(3米13拍) ：1:10,
2B ；35mm银盐
收藏馆：缩微中心，国图

00O000548
怀净土诗：一卷 / (元)释明本撰
明(1368-1644)刻本
1985年摄制. -- 1盘卷片(3米33拍) ：1:10,

2B ；35mm银盐
收藏馆：缩微中心，国图

00O003498
净土宗要集：六卷
日本庆长十八年(1613)铜活字印本
1985年摄制. -- 1盘卷片(12米243拍) ：
1:10, 2B ；35mm银盐
收藏馆：缩微中心，国图

00O029188
菩提场所说一字顶轮王经：五卷 / (唐)释不空译
日本古抄本. -- 存三卷：卷二、卷四至卷
五。
1999年摄制. -- 1盘卷片(8米148拍) ：1:10,
2B ；35mm银盐
收藏馆：缩微中心，国图

00O029866
菩提场所说一字顶轮王经：五卷 / (唐)释不空译
日本抄本. -- 存三卷：卷二、卷四至卷五。
2001年摄制. -- 1盘卷片(7米112拍) ：1:10,
2B ；35mm银盐
收藏馆：缩微中心，国图

00O003573
观自在大悲成就瑜珈莲华部念诵法门：一卷 /
(唐)释不空译
日本抄本
1985年摄制. -- 1盘卷片(4米44拍) ：1:10,
2B ；35mm银盐
收藏馆：缩微中心，国图

00O001840
辨显密二教论：二卷 / (日)释空海撰
日本刻本
1985年摄制. -- 1盘卷片(4米59拍) ：1:10,
2B ；35mm银盐
收藏馆：缩微中心，国图

00O029082
日本真言经轨法事集：不分卷
日本古抄本
1999年摄制. -- 1盘卷片(6米94拍) ：1:10,
2B ；35mm银盐
收藏馆：缩微中心，国图

00O001863
六字经法用心：不分卷
日本抄本
1985年摄制. -- 1盘卷片(3米33拍) ：1:10,
2B ；35mm银盐
收藏馆：缩微中心，国图

000O005192
弘明集：十四卷 / (梁)释僧祐辑
明万历(1573-1620)刻本
1986年摄制. -- 1盘卷片(20.8米460拍) :
1:10, 2B ; 35mm银盐
收藏馆：缩微中心，国图

000O009748
广弘明集：三十卷 / (唐)释道宣撰
明万历十四年(1586)汪道昆刻本
1989年摄制. -- 2盘卷片(49.4米1079拍) :
1:10, 2B ; 35mm银盐
收藏馆：缩微中心，重庆

000O001788
广弘明集：三十卷 / (唐)释道宣辑
明万历(1573-1620)刻本
1986年摄制. -- 2盘卷片(46米1002拍) :
1:10, 2B ; 35mm银盐
收藏馆：缩微中心，国图

000O003589
法苑珠林：一百二十卷 / (唐)释道世辑
明万历十八年至十九年(1590-1591)清凉山妙
德禅院刻径山藏本
1985年摄制. -- 5盘卷片(140米3094拍) :
1:10, 2B ; 35mm银盐
收藏馆：缩微中心，国图

000O025730
法苑珠林：一百二十卷 / (唐)释道世撰
明万历十九年(1591)清凉山妙德禅院刻本
1996年摄制. -- 6盘卷片(151米3352拍) :
1:10, 2B ; 35mm银盐
收藏馆：缩微中心，河南

000O022286
法苑珠林：一百卷 / (唐)释道世辑
明(1368-1644)抄本. -- 存三卷：卷八十四至
卷八十六。
1995年摄制. -- 1盘卷片(5米59拍) : 1:10,
2B ; 35mm银盐
收藏馆：缩微中心，国图

000O022291
法苑珠林：一百卷 / (唐)释道世辑
明(1368-1644)抄本. -- 存六十二卷：卷一至
卷八、卷十一至卷十九、卷二十三至卷三十、
卷三十三至卷三十九、卷四十六至卷五十三、
卷五十七至卷六十、卷六十五至卷六十七、卷
七十一至卷七十八、卷八十七至卷八十九、卷
九十七至卷一百。
1995年摄制. -- 3盘卷片(79米1591拍) :

1:10, 2B ; 35mm银盐
收藏馆：缩微中心，国图

000O013135
法苑珠林述意：二卷 / (明)周天球辑
明嘉靖(1522-1566)棐几斋抄本
1991年摄制. -- 1盘卷片(5.7米102拍) :
1:10, 2B ; 35mm银盐
收藏馆：缩微中心，辽宁

000O021326
御录经海一滴：六卷 / (清)世宗胤禛撰
清雍正十三年(1735)内府刻本
1994年摄制. -- 1盘卷片(27米566拍) :
1:10, 2B ; 35mm银盐
收藏馆：缩微中心，青海

000O022316
四明尊者教行录：七卷 / (宋)释宗晓辑
明嘉靖三十九年(1560)延庆寺刻本. -- 存四
卷：卷四至卷七。
1995年摄制. -- 1盘卷片(9米158拍) : 1:10,
2B ; 35mm银盐
收藏馆：缩微中心，国图

000O004957
三教出兴颂注：一卷 / (宋)释宗晓撰
日本刻本
1987年摄制. -- 1盘卷片(2.7米26拍) :
1:10, 2B ; 35mm银盐
收藏馆：缩微中心，国图

000O001827
释氏要览：三卷 / (宋)释道诚辑
日本前川茂右卫门尉刻本. -- 存二卷：卷
中、卷下。
1985年摄制. -- 1盘卷片(7米134拍) : 1:10,
2B ; 35mm银盐
收藏馆：缩微中心，国图

000O015936
释氏要览：三卷 / (宋)释道诚辑
日本前川茂右卫门尉刻本
1993年摄制. -- 1盘卷片(11米189拍) :
1:10, 2B ; 35mm银盐
收藏馆：缩微中心，国图

000O004965
国清百录：四卷 / (隋)释灌顶辑
清(1644-1911)沈氏十经斋抄本. -- (清)沈涛
跋。
1987年摄制. -- 1盘卷片(7.8米156拍) :
1:10, 2B ; 35mm银盐

收藏馆：缩微中心，国图

000O018891
象教皮编：六卷 / (明)陈士元辑
明万历(1573-1620)刻本. -- 钤"李盛铎"
印。
1994年摄制. -- 1盘卷片（12米242拍）：
1:10，2B；35mm银盐
收藏馆：缩微中心，天津

000O031183
陀罗尼杂集：十卷
元(1271-1368)刻本. -- 存一卷：卷六。
2004年摄制. -- 1盘卷片（4米60拍）：1:10，
2B；35mm银盐
收藏馆：缩微中心，国图

000O018883
显密圆通成佛心要集：二卷 / (明)释道殿辑
明嘉靖四十五年(1566)刻本
1994年摄制. -- 1盘卷片（6米88拍）：1:10，
2B；35mm银盐
收藏馆：缩微中心，天津

000O004967
显密圆通成佛心要集：三卷 / (辽)释道殿撰
明万历三年(1575)敬义堂精一堂刻本
1987年摄制. -- 1盘卷片（6米106拍）：1:10，
2B；35mm银盐
收藏馆：缩微中心，国图

000O031393
佛说地狱还报经：一卷
明景泰四年(1453)刻本
2004年摄制. -- 1盘卷片（3米38拍）：1:10，
2B；35mm银盐
收藏馆：缩微中心，国图

000O018871
法界安立图：三卷 / (明)释仁潮辑
明万历三十五年(1607)刻本
1994年摄制. -- 1盘卷片（9米174拍）：1:10，
2B；35mm银盐
收藏馆：缩微中心，天津

000O029827
佛国禅师文殊指南图赞：一卷
明(1368-1644)刻本
2001年摄制. -- 1盘卷片（3米33拍）：1:10，
2B；35mm银盐
收藏馆：缩微中心，国图

000O023239
诸佛菩萨圣像赞：不分卷
清(1644-1911)抄本
1995年摄制. -- 1盘卷片（19米367拍）：
1:10，2B；35mm银盐
收藏馆：缩微中心，国图

000O022319
冥司语录：一卷
明洪武三十一年(1398)顿克贞刻本
1995年摄制. -- 1盘卷片（3米20拍）：1:10，
2B；35mm银盐
收藏馆：缩微中心，国图

000O004364
刘子威玄应录：六卷 / (明)刘凤撰
明万历(1573-1620)刻本
1986年摄制. -- 1盘卷片（24米520拍）：
1:10，2B；35mm银盐
收藏馆：缩微中心，国图

000O019399
大圣文殊师利菩萨像：不分卷
五代至北宋(907-1127)刻本
1994年摄制. -- 1盘卷片（2米2拍）：1:10，
2B；35mm银盐
收藏馆：缩微中心，国图

000O019630
大圣文殊师利菩萨像
五代至北宋(907-1127)刻本. -- 贾敬颜跋。
1994年摄制. -- 1盘卷片（2米3拍）：1:10，
2B；35mm银盐
收藏馆：缩微中心，国图

000O003493
两部曼荼罗私抄：不分卷
日本延德三年(1491)抄本. -- 杨守敬跋。
1985年摄制. -- 1盘卷片（4米65拍）：1:10，
2B；35mm银盐
收藏馆：缩微中心，国图

000O018797
古写本手鉴：不分卷
写本
1994年摄制. -- 1盘卷片（4米32拍）：1:10，
2B；35mm银盐
收藏馆：缩微中心，国图

000O001837
人天宝鉴：一卷 / (宋)释昙秀辑
日本刻本
1985年摄制. -- 1盘卷片（6米97拍）：1:10，

2B；35mm银盐
收藏馆：缩微中心，国图

1:10，2B；35mm银盐
收藏馆：缩微中心，浙江

000O003591
宋高僧传：三十卷 / (宋)释赞宁[等]撰
明万历三十九年(1611)径山寂照庵刻径山藏本
1985年摄制. -- 2盘卷片(37米773拍)：
1:10，2B；35mm银盐
收藏馆：缩微中心，国图

000O004360
大慧普觉禅师年谱：一卷 / (宋)释祖咏撰
明(1368-1644)刻本
1986年摄制. -- 1盘卷片(5米77拍)：1:10，
2B；35mm银盐
收藏馆：缩微中心，国图

000O021589
宋高僧传：三十卷 / (宋)释赞宁[等]撰
明万历三十九年(1611)径山寂照庵刻径山藏本
1995年摄制. -- 2盘卷片(37米741拍)：
1:10，2B；35mm银盐
收藏馆：缩微中心，国图

000O024491
大慧普觉禅师年谱：一卷 / (宋)释祖咏撰
瞿氏铁琴铜剑楼抄本
1996年摄制. -- 1盘卷片(6米73拍)：1:10，
2B；35mm银盐
收藏馆：缩微中心，国图

000O026804
有宋高僧传：三十卷 / (宋)释赞宁撰
明(1368-1644)抄本. -- 存三卷：卷十五至卷
十七。
1996年摄制. -- 1盘卷片(7米79拍)：1:10，
2B；35mm银盐
收藏馆：缩微中心，南京

000O022336
普庵至善弘仁圆通智慧寂感妙应慈济真觉昭贶
惠庆护国宣教大德菩萨实录：一卷
明永乐二十一年(1423)内府刻本
1995年摄制. -- 1盘卷片(3米15拍)：1:10，
2B；35mm银盐
收藏馆：缩微中心，国图

000O016760
大唐西域求法高僧传：二卷 / (唐)释义净撰
明正统五年(1440)内府刻北藏本
1993年摄制. -- 1盘卷片(7米100拍)：1:10，
2B；35mm银盐
收藏馆：缩微中心，国图

000O005597
韩文公别传注：前集一卷后集一卷 / (元)释祥迈
撰
明(1368-1644)刻本
1987年摄制. -- 1盘卷片(5.2米87拍)：
1:10，2B；35mm银盐
收藏馆：缩微中心，国图

000O018701
万僧问答景德传灯全录：三十卷 / (宋)释道原撰
元(1271-1368)刻本. -- 存二卷：卷十一至卷
十二。
1994年摄制. -- 1盘卷片(5米76拍)：1:10，
2B；35mm银盐
收藏馆：缩微中心，国图

000O023724
蜀中高僧记：□□卷 / (明)曹学佺撰
明(1368-1644)刻本. -- 存四卷：卷一至卷
四。
1995年摄制. -- 1盘卷片(7米123拍)：1:10，
2B；35mm银盐
收藏馆：缩微中心，浙江

000O023225
新刊万僧问答景德传灯全录：三十卷 / (宋)释道
原撰
元(1271-1368)刻本. -- 存十卷：卷七至卷
十二、卷十七至卷二十。
1995年摄制. -- 1盘卷片(18米340拍)：
1:10，2B；35mm银盐
收藏馆：缩微中心，国图

000O001838
禅苑蒙求：三卷 / (金)释志明撰；(元)释无净注
日本宽文九年(1669)田原仁刻本
1985年摄制. -- 1盘卷片(9米159拍)：1:10，
2B；35mm银盐
收藏馆：缩微中心，国图

000O008894
万僧问答景德传灯全录：三十卷 / (宋)释道原撰
明(1368-1644)汪士贤刻本
1988年摄制. -- 2盘卷片(62米1309拍)：

000O001849
集成光明善导大师别传纂注：二卷 / (日)释葵翁
撰
日本宽政八年(1796)三缘山刻本
1985年摄制. -- 1盘卷片(8米145拍)：1:10，

2B ；35mm银盐
收藏馆：缩微中心，国图

000O014163
一切经音义：二十五卷 / (唐)释玄应撰
明洪武五年(1372)刻嘉靖四十四年(1565)重修本
1992年摄制. -- 2盘卷片(58米1178拍)：
1:10，2B ；35mm银盐
收藏馆：缩微中心，国图

000O014349
一切经音义：二十五卷 / (唐)释玄应撰
清乾隆五十一年(1786)庄炘刻本. -- (清)王筠校注并跋。
1992年摄制. -- 1盘卷片(20米401拍)：
1:10，2B ；35mm银盐
收藏馆：缩微中心，国图

000O029803
一切经音义：二十五卷 / (唐)释玄应撰
清乾隆五十一年(1786)庄炘刻本. -- (清)□宗济跋并录(清)钱仪吉、(清)臧庸校跋。
2001年摄制. -- 1盘卷片(20米427拍)：
1:10，2B ；35mm银盐
收藏馆：缩微中心，国图

000O025492
一切经音义：二十五卷 / (唐)释玄应撰；(清)庄炘[等]校 . 补订新译大方广佛华严经音义：二卷 / (唐)释慧苑撰；(清)臧庸纂录；(清)曹籀校
清同治八年(1869)曹籀刻本. -- (清)李慈铭校注。
1996年摄制. -- 1盘卷片(22米434拍)：
1:10，2B ；35mm银盐
收藏馆：缩微中心，国图

000O025494
一切经音义：二十五卷 / (唐)释玄应撰；(清)庄炘[等]校 . 补订新译大方广佛华严经音义：二卷 / (唐)释慧苑撰；(清)臧庸纂录；(清)曹籀校
清同治八年(1869)曹籀刻本. -- 王国维校并跋。
1996年摄制. -- 1盘卷片(5米98拍)：
1:10，2B ；35mm银盐
收藏馆：缩微中心，国图

000O029115
大方广佛华严经音义：四卷 / (唐)释慧苑撰
日本元禄九年(1696)书林郎氏刻本
1999年摄制. -- 1盘卷片(5米104拍)：1:10，
2B ；35mm银盐
收藏馆：缩微中心，国图

000O003074
新译大方广佛华严经音义：二卷 / (唐)释慧苑撰 . 叙录：一卷 / (清)臧庸撰
清(1644-1911)抄本
1986年摄制. -- 1盘卷片(4米55拍)：1:10，
2B ；35mm银盐
收藏馆：缩微中心，国图

000O026719
新译大方广佛华严经音义：二卷 / (唐)释慧苑撰
清道光十五年(1835)徐宝善刻本. -- (清)许瀚校并跋。
1996年摄制. -- 1盘卷片(6米98拍)：1:10，
2B ；35mm银盐
收藏馆：缩微中心，南京

000O004969
新译大方广佛华严经音义：二卷 / (唐)释慧苑撰；(清)陈潮,(清)徐宝善订正；(清)徐松校
清(1644-1911)抄本
1987年摄制. -- 1盘卷片(5.3米91拍)：
1:10，2B ；35mm银盐
收藏馆：缩微中心，国图

000O019293
五大部经忏直音集韵：不分卷
明万历二年(1574)龙渠寺刻本
1994年摄制. -- 1盘卷片(9米155拍)：1:10，
2B ；35mm银盐
收藏馆：缩微中心，国图

000O005600
五大部直音集韵：不分卷
明万历二年(1574)玛瑙寺释通晓杭州刻本
1987年摄制. -- 1盘卷片(7米114拍)：1:10，
2B ；35mm银盐
收藏馆：缩微中心，国图

000O022304
翻译名义集：七卷 / (宋)释法云撰
宋(960-1279)刻本. -- 存一卷：卷六。
1995年摄制. -- 1盘卷片(5米72拍)：1:10，
2B ；35mm银盐
收藏馆：缩微中心，国图

000O001834
翻译名义集：七卷 / (宋)释法云撰
日本铜活字印本
1985年摄制. -- 1盘卷片(20米434拍)：
1:10，2B ；35mm银盐
收藏馆：缩微中心，国图

00O014020
翻译名义集：十四卷 / (宋)释法云撰
明(1368-1644)刻本
1991年摄制. -- 1盘卷片(18米357拍) :
1:10, 2B ; 35mm银盐
收藏馆：缩微中心，国图

00O015299
翻译名义集：十四卷 / (宋)释法云撰
明(1368-1644)刻本
1992年摄制. -- 1盘卷片(19米357拍) :
1:10, 2B ; 35mm银盐
收藏馆：缩微中心，国图

00O022301
翻译名义集：十四卷 / (宋)释法云撰
明(1368-1644)刻本
1995年摄制. -- 1盘卷片(26米489拍) :
1:10, 2B ; 35mm银盐
收藏馆：缩微中心，国图

00O022303
翻译名义集：十四卷 / (宋)释法云撰
明(1368-1644)刻本
1995年摄制. -- 1盘卷片(19米349拍) :
1:10, 2B ; 35mm银盐
收藏馆：缩微中心，国图

00O001825
翻译名义集：二十卷 / (宋)释法云撰
明万历二十八年至三十一年(1600-1603)径山寂照庵刻径山藏本
1985年摄制. -- 1盘卷片(23米499拍) :
1:10, 2B ; 35mm银盐
收藏馆：缩微中心，国图

00O023284
藏乘法数：一卷 / (元)释西庵辑
明洪武十三年(1380)释妙贤刻本
1995年摄制. -- 1盘卷片(3米30拍) : 1:10,
2B ; 35mm银盐
收藏馆：缩微中心，国图

00O008956
教乘法数：十二卷 / (明)释圆瀞辑
明万历十七年(1589)刻本
1988年摄制. -- 1盘卷片(24米470拍) :
1:10, 2B ; 35mm银盐
收藏馆：缩微中心，湖北

00O009807
教乘法数：十二卷 / (明)释圆瀞辑
明崇祯九年(1636)杭州昭庆寺贝叶斋刻本

1989年摄制. -- 1盘卷片(21米470拍) :
1:10, 2B ; 35mm银盐
收藏馆：缩微中心，浙江

00O016763
众经宝卷音义：不分卷
明(1368-1644)刻本
1993年摄制. -- 1盘卷片(6米130拍) : 1:10,
2B ; 35mm银盐
收藏馆：缩微中心，国图

00O009062
佛尔雅：八卷 / (清)周春撰
清嘉庆二十一年(1816)陈鸿寿种榆仙馆刻本
1988年摄制. -- 1盘卷片(7米103拍) : 1:10,
2B ; 35mm银盐
收藏馆：缩微中心，湖南

00O025498
梵雅：一卷 / (清)冯登府撰
清(1644-1911)稿本
1996年摄制. -- 1盘卷片(3米24拍) : 1:10,
2B ; 35mm银盐
收藏馆：缩微中心，国图

00O015370
法数举要：八卷
清(1644-1911)抄本
1992年摄制. -- 2盘卷片(38米696拍) :
1:10, 2B ; 35mm银盐
收藏馆：缩微中心，国图

00O029077
大唐内典录：十卷 / (唐)释道宣撰
日本古抄本. -- 存六卷：卷二至卷四、卷六至卷八。
1999年摄制. -- 1盘卷片(13米299拍) :
1:10, 2B ; 35mm银盐
收藏馆：缩微中心，国图

00O008626
大元至元法宝勘同总录：十卷 / (元)庆吉祥[等]撰
清(1644-1911)姚氏师石山房抄本
1988年摄制. -- 1盘卷片(15米307拍) :
1:10, 2B ; 35mm银盐
收藏馆：缩微中心，国图

00O000995
至元法宝勘同总录：十卷 / (元)庆吉祥[等]撰
清(1644-1911)抄本. -- (清)刘喜海跋。
1985年摄制. -- 1盘卷片(15.4米328拍) :
1:10, 2B ; 35mm银盐

收藏馆：缩微中心，国图

000O021058
大藏一览：十卷 / (明)陈实撰
明万历四十二年(1614)姚舜渔刻本
1994年摄制. -- 1盘卷片(34米689拍)：
1:10，2B ；35mm银盐
收藏馆：缩微中心，国图

000O006328
大藏一览集：十卷 / (明)陈实撰
明洪武二十二年(1389)陈道坚[等]刻永乐至正统(1403-1449)递修本
1987年摄制. -- 1盘卷片(24米534拍)：
1:10，2B ；35mm银盐
收藏馆：缩微中心，国图

000O018325
大藏一览集：十卷 / (明)陈实编
明永乐十六年(1418)刻宣德至隆庆(1426-1572)递修本
1993年摄制. -- 1盘卷片(24米518拍)：
1:10，2B ；35mm银盐
收藏馆：缩微中心，天津

000O015254
大明三藏圣教目录：四卷；补刻嘉兴楞严寺藏经目录：一卷
明万历(1573-1620)刻清雍正元年(1723)续刻本
1992年摄制. -- 1盘卷片(16米312拍)：
1:10，2B ；35mm银盐
收藏馆：缩微中心，国图

000O020368
募刻五台山大藏经会约：一卷 / (明)释僧可,(明)释道开辑
明万历(1573-1620)刻本
1994年摄制. -- 1盘卷片(6米88拍)：1:10，2B ；35mm银盐
收藏馆：缩微中心，国图

000O006746
刻经缘起：一卷
明万历(1573-1620)刻本
1987年摄制. -- 1盘卷片(7米102拍)：1:10，2B ；35mm银盐
收藏馆：缩微中心，四川

000O009220
刻大藏经缘起：一卷
明万历二十九年(1601)刻本
1988年摄制. -- 1盘卷片(5.9米99拍)：

1:10，2B ；35mm银盐
收藏馆：缩微中心，湖南

000O001831
诸门阇梨真言秘教部类总录：二卷 / (日)释安然辑
日本刻本
1985年摄制. -- 1盘卷片(6米96拍)：1:10，2B ；35mm银盐
收藏馆：缩微中心，国图

000O009217
晁文元公道院集要：三卷；晁氏客语：一卷 / (宋)晁迥,(宋)晁说之撰
明嘉靖三十三年(1554)晁瑮宝文堂刻本
1988年摄制. -- 1盘卷片(6.7米119拍)：
1:10，2B ；35mm银盐
收藏馆：缩微中心，湖南

000O006041
法藏碎金录：十卷 / (宋)晁迥撰
明嘉靖二十五年(1546)晁瑮宝文堂刻本
1987年摄制. -- 1盘卷片(15米323拍)：
1:10，2B ；35mm银盐
收藏馆：缩微中心，国图

000O022292
法藏碎金录：十卷 / (宋)晁迥撰
明嘉靖二十五年(1546)晁瑮宝文堂刻本
1995年摄制. -- 1盘卷片(15米289拍)：
1:10，2B ；35mm银盐
收藏馆：缩微中心，国图

000O003070
法藏碎金录：十卷 / (宋)晁迥撰
明(1368-1644)赵府居敬堂刻本
1986年摄制. -- 1盘卷片(14米303拍)：
1:10，2B ；35mm银盐
收藏馆：缩微中心，国图

000O022310
法藏碎金录：十卷 / (宋)晁迥撰
明(1368-1644)赵府居敬堂刻本
1995年摄制. -- 1盘卷片(16米284拍)：
1:10，2B ；35mm银盐
收藏馆：缩微中心，国图

000O003067
林间录：二卷后集一卷 / (宋)释惠洪撰
明万历十二年(1584)顾云程刻本
1986年摄制. -- 1盘卷片(8米152拍)：1:10，2B ；35mm银盐
收藏馆：缩微中心，国图

00O012783
林间录：二卷后集一卷 / (宋)释惠洪撰
明万历十二年(1584)顾云程刻本. -- (清)丁
丙跋。
1990年摄制. -- 1盘卷片(8米172拍) ：1:10,
2B ；35mm银盐
收藏馆：缩微中心，南京

00O013238
林僧宝传：三十卷；临济宗旨：一卷 / (宋)释惠
洪撰
明(1368-1644)刻本. -- (清)丁丙跋。
1991年摄制. -- 1盘卷片(14米314拍) ：
1:10, 2B ；35mm银盐
收藏馆：缩微中心，南京

00O001836
感山云卧纪谈：二卷；云卧庵主书：一卷 / (宋)
释晓莹撰
日本刻本
1985年摄制. -- 1盘卷片(6米93拍) ：1:10,
2B ；35mm银盐
收藏馆：缩微中心，国图

00O022862
知儒编：一卷 / (明)周梦秀撰
明(1368-1644)吴祚刻本
1995年摄制. -- 1盘卷片(8米129拍) ：1:10,
2B ；35mm银盐
收藏馆：缩微中心，南京

00O023769
了心录：二卷 / [题](□)池上客辑
明万历二十五年(1597)刻本
1995年摄制. -- 1盘卷片(9米162拍) ：1:10,
2B ；35mm银盐
收藏馆：缩微中心，浙江

00O025500
了心录：二卷 / [题](□)池上客辑
清乾隆六年(1741)怡府刻本
1996年摄制. -- 1盘卷片(8米125拍) ：1:10,
2B ；35mm银盐
收藏馆：缩微中心，国图

00O011703
竹窗随笔：三卷；直道录：一卷 / (明)释袾宏撰
明万历四十三年(1615)刻本
1990年摄制. -- 1盘卷片(13米257拍) ：
1:10, 2B ；35mm银盐
收藏馆：缩微中心，山西

00O026703
甄正论：三卷 / (唐)释玄嶷撰
明(1368-1644)抄本. -- (清)丁丙跋。
1990年摄制. -- 1盘卷片(5米54拍) ：1:10,
2B ；35mm银盐
收藏馆：缩微中心，南京

00O022439
护法论：一卷 / (宋)张商英撰
明洪武(1368-1398)刻本
1995年摄制. -- 1盘卷片(4米48拍) ：1:10,
2B ；35mm银盐
收藏馆：缩微中心，国图

00O022305
护法论：一卷 / (宋)张商英撰
明正统二年(1437)释默庵募刻本
1995年摄制. -- 1盘卷片(5米58拍) ：1:10,
2B ；35mm银盐
收藏馆：缩微中心，国图

00O026865
夹注辅教编原教要义：一卷 / (宋)释契嵩撰并注
清光绪七年(1881)张炳翔影印本. -- 据元
(1271-1368)抄本影印。(清)张炳翔校并跋。
1996年摄制. -- 1盘卷片(6米74拍) ：1:10,
2B ；35mm银盐
收藏馆：缩微中心，南京

00O023201
夹注辅教编要义：六卷 / (宋)释契嵩撰
明正统十三年(1448)释大旺刻本. -- 存三
卷：卷四至卷六。
1995年摄制. -- 1盘卷片(7米107拍) ：1:10,
2B ；35mm银盐
收藏馆：缩微中心，国图

00O021986
如如居士三教语录：□□卷
明(1368-1644)刻本. -- 存八卷：丁集卷一至
卷四、己集卷一至卷四。
1995年摄制. -- 1盘卷片(6米95拍) ：1:10,
2B ；35mm银盐
收藏馆：缩微中心，国图

00O023256
折疑论：一卷 / (元)释子成撰
明初(1368-1424)刻本
1995年摄制. -- 1盘卷片(4米37拍) ：1:10,
2B ；35mm银盐
收藏馆：缩微中心，国图

000O026791

折疑论：二卷 / (元)释子成撰

明(1368-1644)刻本

1996年摄制. -- 1盘卷片(5米84拍)：1:10,
2B；35mm银盐

收藏馆：缩微中心，南京

000O014299

折疑论述注：一卷续增折疑论颂诗一卷 / (元)释
洪智撰

明万历四十年(1612)释如湛[等]刻本

1992年摄制. -- 1盘卷片(5米75拍)：1:10,
2B；35mm银盐

收藏馆：缩微中心，国图

000O022331

原教论：一卷 / (明)沈士荣撰

明洪武(1368-1398)刻本

1995年摄制. -- 1盘卷片(4米34拍)：1:10,
2B；35mm银盐

收藏馆：缩微中心，国图

000O000123

佛法金汤征文录：十卷 / (明)姚希孟辑

明崇祯七年(1634)姚氏紫薇堂刻本. -- 存九
卷：卷一至卷二、卷四至卷十。

1985年摄制. -- 2盘卷片(37.5米817拍)：
1:10, 2B；35mm银盐

收藏馆：缩微中心，国图

000O002012

慈悲道场忏法：十卷

明万历十三年(1585)沈同寅刻本

1986年摄制. -- 1盘卷片(9米188拍)：1:10,
2B；35mm银盐

收藏馆：缩微中心，国图

000O029110

敬礼三十五佛恰忏悔行门：一卷

明(1368-1644)刻本

1999年摄制. -- 1盘卷片(3米54拍)：1:10,
2B；35mm银盐

收藏馆：缩微中心，国图

000O029804

慈悲兰盆目连忏法道场：二卷

明(1368-1644)刻本

2001年摄制. -- 1盘卷片(8米138拍)：1:10,
2B；35mm银盐

收藏馆：缩微中心，国图

000O023231

大方广佛华严经海印道场十重行愿常遍礼忏仪：

四十二卷 / (唐)释慧觉辑；(宋)释普瑞补注．华
严海印道场九会请佛仪：一卷

明崇祯十三年至十四年(1640-1641)木增木懿
刻径山藏本

1995年摄制. -- 4盘卷片(118米2473拍)：
1:10, 2B；35mm银盐

收藏馆：缩微中心，国图

000O003166

大方广佛华严经海印道场仪：一卷

明(1368-1644)抄本

1986年摄制. -- 1盘卷片(5米72拍)：1:10,
2B；35mm银盐

收藏馆：缩微中心，国图

000O011514

销释金刚科仪录说记：二卷 / (后秦)释鸠摩罗什
译；(宋)释延寿述；(明)释成桂注

明正德十年(1515)刻本

1990年摄制. -- 1盘卷片(8米158拍)：1:10,
2B；35mm银盐

收藏馆：缩微中心，甘肃

000O021786

销释金刚科仪句解启蒙：十卷 / (清)释宗镜述；
(清)王尚儒解；(清)王宗孔重录

清乾隆十三年(1748)抄本

1995年摄制. -- 1盘卷片(33米674拍)：
1:10, 2B；35mm银盐

收藏馆：缩微中心，国图

000O021762

千手千眼观世音菩萨广大圆满无碍大悲心忏：
一卷 / (明)释智旭撰

清(1644-1911)泥金写彩绘本

1995年摄制. -- 1盘卷片(5米71拍)：1:10,
2B；35mm银盐

收藏馆：缩微中心，国图

000O025866

观世音菩萨三十二变相：一卷 / (明)丁云鹏绘

明天启(1621-1627)刻本

1996年摄制. -- 1盘卷片(4米44拍)：1:10,
2B；35mm银盐

收藏馆：缩微中心，安徽

000O001610

天地冥阳水陆仪文：三卷水陆杂文二卷

明正德十五年(1520)山西文水广报寺释文宝
[等]刻嘉靖元年(1522)释法空增刻本

1986年摄制. -- 1盘卷片(14米256拍)：
1:10, 2B；35mm银盐

收藏馆：缩微中心，国图

00O017862
瑜伽施食仪观：不分卷 / (清)释福聚重订
清乾隆六年(1741)释福聚刻本
1993年摄制. -- 1盘卷片(7米90拍) ：1:10,
2B ；35mm银盐
收藏馆：缩微中心，国图

00O001844
日本修法请僧书：不分卷
日本抄本
1985年摄制. -- 1盘卷片(26米572拍) ：
1:10, 2B ；35mm银盐
收藏馆：缩微中心，国图

诸教类

00O023051
重刻畸人十篇：二卷 / (意大利)利玛窦撰
明万历至天启(1573-1627)刻天学初函本
1995年摄制. -- 1盘卷片(8米127拍) ：1:10,
2B ；35mm银盐
收藏馆：缩微中心，国图

00O021572
代疑编：一卷 / (明)杨廷筠撰
明天启(1621-1627)刻本
1995年摄制. -- 1盘卷片(5米56拍) ：1:10,
2B ；35mm银盐
收藏馆：缩微中心，国图

00O023098
三山论学纪：一卷 / (意大利)艾儒略撰
明(1368-1644)段袭刻本
1995年摄制. -- 1盘卷片(4米36拍) ：1:10,
2B ；35mm银盐
收藏馆：缩微中心，国图

00O019848
三山论学纪：一卷；西学凡：一卷 / (意大利)艾儒略撰
明末(1621-1644)武林天主堂刻本
1994年摄制. -- 1盘卷片(4米35拍) ：1:10,
2B ；35mm银盐
收藏馆：缩微中心，国图

00O021626
性理真诠：六卷 / (清)孙璋撰
清乾隆十八年(1753)刻本
1995年摄制. -- 1盘卷片(27米542拍) ：
1:10, 2B ；35mm银盐
收藏馆：缩微中心，国图

00O021702
弥撒经典：五卷 / (意大利)利类思译
清康熙九年(1670)刻本
1995年摄制. -- 1盘卷片(19米362拍) ：
1:10, 2B ；35mm银盐
收藏馆：缩微中心，国图

00O028752
天主圣教圣人行实：七卷 / (意大利)高一志撰
明崇祯二年(1629)刻本
1998年摄制. -- 1盘卷片(23米424拍) ：
1:10, 2B ；35mm银盐
收藏馆：缩微中心，苏州

00O028157
不得已：二卷 / (清)杨光先撰
清同治八年(1869)抄本. -- (清)顾大昌批并
跋。
1996年摄制. -- 1盘卷片(7.5米116拍) ：
1:10, 2B ；35mm银盐
收藏馆：缩微中心，南京

00O004188
正教须知：六卷 / [题](清)真学人撰
清康熙(1662-1722)博济堂普济堂刻本
1986年摄制. -- 1盘卷片(8米145拍) ：1:10,
2B ；35mm银盐
收藏馆：缩微中心，国图

00O009816
**天方典礼择要解：二十卷；归正仪解：一卷 /
(清)刘智译**
清康熙(1662-1722)杨裴荩大椿楼刻本
1989年摄制. -- 1盘卷片(15米314拍) ：
1:10, 2B ；35mm银盐
收藏馆：缩微中心，浙江

00O005461
清真教考：一卷 / (清)沈懋中辑
清(1644-1911)刻本
1986年摄制. -- 1盘卷片(5米71拍) ：1:10,
2B ；35mm银盐
收藏馆：缩微中心，国图

00O021760
破邪显证钥匙：二卷 / (明)罗祖撰
明万历二十三年(1595)刻本. -- 存一卷：卷
上。
1995年摄制. -- 1盘卷片(7米108拍) ：1:10,
2B ；35mm银盐
收藏馆：缩微中心，国图

000O006936
林子全集：元部十一册亨部十册利部十册贞部十册 / (明)林兆恩撰
明崇祯(1628-1644)刻本
1987年摄制. -- 5盘卷片(120.3米2676拍) : 1:10, 2B ; 35mm银盐
收藏馆：缩微中心，国图

新学类

000O023106
日本舆地通志：六十一卷 / (日)关祖衡撰
清(1644-1911)刘氏味经书屋抄本
1995年摄制. -- 1盘卷片(21米402拍) : 1:10, 2B ; 35mm银盐
收藏馆：缩微中心，国图

000O029085
万国公法：四卷 / (清)何师孟[等]译
清同治三年(1864)京都崇实馆刻本. -- (清)翁同龢批点。
1999年摄制. -- 1盘卷片(13米306拍) : 1:10, 2B ; 35mm银盐
收藏馆：缩微中心，国图

000O020803
咸同以来中俄交涉记：三卷 / (清)江标译
清光绪二十一年(1895)味经刊书处刻本
1994年摄制. -- 1盘卷片(4米39拍) : 1:10, 2B ; 35mm银盐
收藏馆：缩微中心，国图